제 2 판

리더를 위한 심리학

강성록 · 고재원 · 구자일 · 김용주
문양호 · 이현엽 · 최윤영 · 현승주

박영story

PREFACE

서 문

심리학이 인간의 행동과 정신과정을 과학적으로 연구하기 시작한 지도 벌써 150여 년이 다 되어가고 있다. 그동안 심리학은 제1, 2차 세계대전을 계기로 급성장하였으며, 오늘날에는 우리의 삶에서 필수불가결한 가치를 지니고 있다. 빅데이터, 인공지능, 로봇공학, 사물인터넷, 자율주행, 3차원 인쇄, 나노기술 등으로 특징지어지는 제4차 산업혁명 시대에도 심리학은 지속적으로 각광받는 전공 분야로 언급되고 있다. 미국의 대학에서 심리학 전공자의 수는 여전히 높은 비율을 차지하고 있으며, 한국의 대학에서도 높은 경쟁률을 보이고 있다. 일반인에게도 심리학은 매우 친근한 학문 분야로 자리 잡고 있고, TV에서 방영되는 상담 관련 프로그램들은 대중으로부터 상당한 인기를 얻고 있다. 심리학의 연구 영역이 지속적으로 심화 및 확대되어 가는 추세라는 사실은 한국심리학회의 활동을 보아도 알 수 있다. 현재 한국심리학회에는 상담, 임상, 산업 및 조직, 사회 및 성격 등 기존의 전통적인 전공 분야에 중독, 코칭, 문화, 건강 등 새로운 분야가 추가되어 총 15개 분과학회가 활동 중이다. 오늘날 심리학은 자체의 학문영역을 넘어서서 인문학, 사회과학, 공학, 이학, 의학 등 거의 모든 학문 분야와 연결되어 융합학문으로서 가치를 인정받고 있다.

심리학은 리더에게 매우 유용한 정보를 제공함에 따라 필수적으로 배우고 익혀야 하는 학문으로 자리매김하고 있다. 특히 군의 정예장교를 양성하는 사관학교에서 심리학은 매우 의미 있는 과목이다. 졸업 후 리더로서의 역할을 수행하게 될 사관생도들에게 있어서 심리학적 지식에 기초한 인간에 대한 이해는 가장 필수적인 요소라고 볼 수 있다. 그 이유는 리더가 부하들과 소통하고 배려하며, 동기를 강화하여 부하들로 하여금 목표달성을 향해 움직이게 만들고, 건강하고 행복한 군대문화를 조성해나가기 위해서는 인간의 행동과 정신과정에 대한 충분한 이해가 반드시 선행되어야 하기 때문이다.

육군사관학교에서는 개교와 더불어 사관생도들에게 심리학 강의가 이루어져 왔으며, 자체적으로 제작된 교과서를 사용해 왔다. 지난 2010년에는 사회적 요구에 부응하여 일반적인 심리학 개론의 형식에 상담심리학 분야를 강화시킨 교과서를 제작하고, 『리더와 상담자를 위한 심리학』이라는 제목을 사용하였다. 이 책은 2010년에 집필된 교재를 개정한 것으로 주요 변경 내용은 다음과 같다. 첫째, 2개 장으로 저술된 상담심리학 분야가 1개 장으로 축소되어 일반적인 개론과 유사한 비중으로 환원되었다. 리더에게 요구되는 상담자로서의 역량교육은 별도의 프로그램에 의해 이루어지고 있다는 점을 고려하여 심리학 개론에서는 세부 영역들이 균형을 이루도록 만들었다. 둘째, 인지심리학, 이상심리학, 산업 및 조직심리학에 대한 내용이 추가되었다. 셋째, 각 장별로 마지막 절에 "군사적 활용" 부분을 추가하였다. 넷째, 전체적인 장별 편성은 2~8장까지 기초심리학 분야, 9~14장은 응용심리학 분야로 구성하였다.

이 책은 총 14개 장으로 구성되어 있다. 강성록 교수가 제5장 발달, 제11장 스트레스와 건강을, 고재원 교수가 제7장 동기와 정서, 제14장 산업 및 조직심리학을, 구자일 교수가 제9장 사회적 행동을, 김용주 교수가 제1장 심리학에 대한 이해, 제3장 감각과 지각, 제4장 기억 및 언어와 사고를, 문양호 교수가 제2장 행동의 생물학적 기초, 제6장 학습과 행동을, 이현엽 교수가 제8장 성격, 제12장 상담의 이론 및 방법을, 최윤영 교수가 제13장 이상심리를, 그리고 현승주 교수가 제10장 검사와 측정을 각각 담당하였다. 집필에 참여한 저자들 모두가 담당한 분야별로 가급적 최신의 내용을 수록하고 이해도와 유용성을 강화하기 위해 최선의 노력을 기울였지만, 여전히 미흡한 부분이 남아 있을 것으로 판단된다. 독자 여러분들의 기탄없는 피드백과 집필진의 지속적인 노력을 통해 보다 더 완성도가 높은 교재가 만들어질 수 있을 것이라고 믿는다. 끝으로 어려운 여건 속에서도 이 책의 저술을 지원해준 육군사관학교와 출판사 피와이메이트의 노현 대표님 그리고 이아름 편집자님을 비롯한 관계자 여러분에게 깊은 감사를 드린다.

2022년 7월

화랑대에서 저자 일동

CONTENTS

목 차

제 03 장

감각과 지각

제 04 장

기억 및 언어와 사고

제 05 장

발달

제 06 장

학습과 행동

제 07 장

동기와 정서

제 08 장

성격

제 09 장

사회적 행동

제 10 장

검사와 측정

제 11 장

스트레스와 건강

제 12 장

상담의 이론 및 방법

제 13 장

이상심리: 장애와 치료

제 14 장

산업 및 조직심리학

P S Y C H O L O G Y

제01장

심리학에 대한 이해

P S Y C H O L O G Y

01 심리학에 대한 이해

아침에 일어나서 어젯밤에 꾸었던 꿈을 회상해 본다. 상당 부분은 이미 기억에서 사라지고 없지만, 피자의 조각처럼 부분적으로 조금씩 머리에 떠오른다. 왜 그런 꿈을 꾸었을까 잠시 생각해 본다. 그렇지 않아도 요즈음은 한 달 전의 일조차 기억이 잘 나지 않는다. 그래도 젊었을 때는 기억력이 좋다는 평가를 받았는데, 나이가 들면서 점점 기억력이 약해지는 것 같다. 아내는 노인들의 경우 인지능력이 상당히 약해진다고 거들어 말한다. 요즈음 시험을 준비하는 딸은 학습하는 내용을 이해하기 힘들다고 불평한다. 그러고는 어떻게 하면 잘 암기할 수 있는지를 고민한다. 공부에 스트레스를 많이 받고 있는 것 같다.

TV 뉴스에서는 정부의 잘못된 정책이 비판받고 있다. 리더 혼자 결정하는 것도 아니고 전문가들이 모여서 수립한 방안들이 왜 자꾸 시행착오를 겪을까? 학교 주차장에서 출근 중인 상담선생님을 만났다. 요즈음의 근황을 서로 주고받았는데, 최근에 학생들의 상담방문이 부쩍 늘었다고 말한다. 세상살이가 온전한 정신을 유지하기 어렵게 만드는 건 아닌지? 사무실에 도착해서 인터넷을 켜고, 뉴스를 검색해 본다. 그러다가 우연히 두 개의 단어를 입력해 보았다. 검색 사이트에 심리학(psychology)을 입력하니 약 48억 1천만 건의 자료가 검색되었다(2022년 5월 기준). 그러고 보니 나의 일상생활 곳곳에서 심리학적 지식이 연관되어 있었다.

1.1 심리학이란 무엇인가?

1.1.1 심리학의 정의

심리학에 대한 정의는 학자마다 조금씩 다르지만, 오늘날 심리학(psychology)은 '인간의 행동(behavior)과 정신과정(mental process)의 과학적 연구'라는 정의에 대부분 동의한다[1]. 여기서 행동은 외부적으로 관찰할 수 있는 모든 신체적 동작이나 활동과 더불어 계기를 통하여 측정할 수 있는 체내·외의 모든 생리적 활동(예: 뇌파, 혈압, 내분비선의 활동, 피부 전기반응)을 말하며, 정신과정은 감각, 지각, 기억, 사고, 정서 등과 같은 인간의 의식 및 무의식적 활동과 작용을 말한다.

심리학의 정의에서 간단하게 '심리'를 연구하는 학문이라고 정의하지 않고 '행동과 정신과정'이라는 두 요소로 구분하는 이유는 무엇일까? 여기에는 심리학이 발전되어 온 역사적 배경에서 그 연원을 찾을 수 있다. 심리학이 처음 태동할 때는 인간의 의식(consciousness)이 주된 연구대상이었다. 그런데 당시의 연구방법론으로는 관찰하기 어려운 의식에 대한 연구에 어려움이 많았다. 특히 생리학, 물리학, 화학 등 자연과학의 발전으로 인해 인간에 대한 연구에도 과학적 방법을 적용해야 한다는 목소리가 높아지게 되었다. 그 결과 과학적 방법을 사용하기 어려운 '의식'이나 '마음'과 같은 것은 연구대상에서 배제하고, 객관적 관찰과 측정이 가능한 외현적인 행동만을 연구대상으로 삼아야 한다는 주장이 1920년대를 정점으로 심리학계를 지배하게 되었다. 그렇다고 하여 심리학자들이 '의식'이나 '마음'에 대한 연구를 포기한 것은 아니었다. 점차 인간의 심리과정을 과학적으로 연구할 수 있는 방법이 발전됨에 따라 '정신과정'에 대한 연구들도 새롭게 힘을 얻게 되었다. 이러한 역사적 과정 속에서 심리학의 연구대상이 '행동'과 '정신과정'으로 구분되어 명시되었다.

아울러 심리학자들이 심리학을 과학적(scientific) 연구라고 정의하는 근거는 심리

---

1) 미국 심리학회(APA)에서는 심리학을 '마음과 행동의 과학적 연구'로 정의하며, 브리태니커 백과사전에서는 '인간과 다른 동물의 정신상태와 과정 그리고 행동을 연구하는 과학적 학문'으로 정의한다. 전자에서는 연구대상으로 마음과 행동을 언급한 반면에, 후자에서는 정신과정과 행동을 언급하고 있다. 마음은 통상 마음과 신체(mind & body)의 관계와 같이 구성적 실체를 의미한다면, 정신과정과 행동은 다소 기능적인 속성을 더 강조한다고 볼 수 있다. 따라서 심리학의 개념 정의에서 행동과 구분되는 개념으로 '마음'보다는 '정신과정'을 언급하는 것이 더 타당하다고 본다.

학적 지식이 철학적 사유가 아닌 과학적인 연구방법을 통하여 체계화되었기 때문이다. 역사적으로 보면 과학적인 연구방법은 자연과학에서 주로 발전되고 사용되어 왔기 때문에, 사람들은 통상 과학이라고 하면 곧 자연계의 학문을 머리에 떠올리게 된다. 현대 심리학이 태동한 과정을 보면 철학의 영향도 많이 받았지만, 생리학이나 물리학으로부터 보다 더 직접적인 영향을 받았다. 따라서 현대 심리학은 출발부터 자연과학적인 연구방법을 근간으로 하고 있었다.

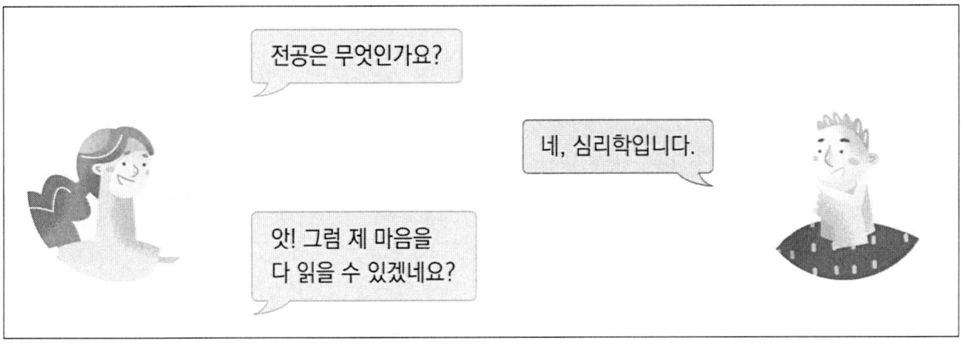

[그림 1-1] 심리학에 대한 일반인의 인식
심리학을 전공하면 사람의 마음을 훤히 다 들여다볼 수 있을 것이라고 생각한다.

일부 사람들이 '심리학'이라 하면 '독심술(讀心術)' 또는 '관심법'을 연상하기도 하는데, 이것은 사실상 잘못된 접근이다. 독심술이 상대방의 얼굴을 보거나 말소리만 듣고도 그의 숨겨진 의도, 동기, 감정, 성격, 능력 등을 알아낼 수 있는 기술인 반면, 심리학자들은 사람의 겉모습만을 보고 그의 여러 가지 내적 특성이나 능력을 알 수 없다. 하지만 심리학이 독심술은 아니지만 독심술이 인간의 심리에 관련되는 문제이기 때문에 언젠가는 독심술에 관한 지식이 심리학의 연구결과로 나올 수는 있을 것이다.

아울러 심리학은 인간에 대해 과학적인 연구방법을 적용하여 이론과 법칙을 만들어 가는 학문이기 때문에, 인간의 행동과 정신과정에 관한 지식이 일상적인 경험을 통하여 나이와 함께 자연적으로 형성되지는 않는다. 어떻게 보면 나이가 든 사람들이 어리거나 젊은 사람들보다 일반적으로 삶의 경험을 통하여 더 많은 것을 알고 있고 나름대로의 일가견을 갖고 있다고 볼 수 있을 것이다. 하지만 심리학이라는 과학적이고 체계적인 연구방법을 통하여 얻어진 지식과 일상생활 속에서 개인적 경험을 통하여 자연적으로 생성된 지식은 그 정확도와 타당도에서 차이가 있다.

1.1.2 심리학의 목표

심리학의 목표는 인간의 행동과 정신과정을 기술(describe), 설명(explain), 예측(predict), 통제(control)하는 데 있다. 심리학은 과학적 연구방법을 사용하는 학문이기 때문에, 심리학의 목표는 과학적 방법을 사용하는 여타 학문이 공통적으로 추구하는 목표와 동일하다.

심리학의 첫 번째 목표는 기술이다. 기술은 연구의 대상이 되는 현상을 객관적이고 정밀하게 관찰하여 체계적으로 정리하는 것을 말한다. 객관적인 관찰이란 관찰과정에서 관찰자의 주관성을 배제하는 것을 말한다. 관찰은 모든 과학적 연구에서 가장 기초가 되는 단계이다. 관찰에서 가장 중요한 측면은 측정이라고 할 수 있다. 측정 결과가 객관적이고 정밀할수록 이에 기초한 지식의 타당성과 신뢰성이 높아진다. 관찰과 측정이 객관적이고 정밀해지기 위해서는 그 학문분야에서 통용되는 용어들이 명확하게 정의되어야 한다.

심리학에서는 용어를 분명하게 정의하기 위하여 조작적 정의(operational definition)를 사용한다. 이것은 구체적으로 관찰 또는 측정을 할 때 사용하는 절차나 방법을 근거로 하여 용어를 정의하는 것이다. 예를 들어 '성격의 좋은 정도'를 측정하고자 할 경우, 일상적인 관점에서 보면 무엇을 어떻게 측정해야 할지 매우 애매하다. 그런데 '성격의 좋은 정도'를 '일정 기간 대인 간 상호작용의 총횟수 중 화를 내지 않은 경우의 백분율'과 같은 방식으로 정의한다면, 비록 우리가 염두에 두고 있는 의미에 정확하게 들어맞는 것은 아니라 할지라도 그 의미가 훨씬 더 뚜렷해질 것이다. 또 다른 예로 '명예'를 측정한다고 할 때 우리는 무엇을 측정할 수 있을지 망설여진다. 그런데 '명예'에 대한 조작적 정의를 '지난 한 달 동안 거짓말을 한 횟수' 또는 '지난 한 달 동안 규정을 위반한 횟수' 등의 측정 가능한 기준으로 정의한다면, '명예'라고 하는 추상적인 개념을 보다 더 객관적이며 사실적으로 측정할 수 있게 된다.

심리학의 두 번째 목표는 설명이다. 설명은 관찰을 통하여 수집된 자료에 내재된 주요 변인(variable)들 간의 규칙적인 관계성이나 법칙성 또는 원리를 밝히는 것이다. 변인들 간의 관계성은 서로 관련이 있음을 의미하는 상관관계로 나타나거나, 원인과 결과의 관계를 의미하는 인과관계로 나타날 수 있다.

심리학의 세 번째 목표는 예측이다. 어떤 현상의 기저에 깔려 있는 법칙성을 알 수 있게 되면 그 현상에 관해서는 어떤 조건하에서 어떤 결과가 발생할 것이라는 예측이 가능해진다. 주변세계를 예측할 수 있다는 것은 환경에의 적응가능성을 높여준다. 역학이나 관상학이 미래를 예측한다는 점에서는 심리학의 목표와 같지만, 이들은 그 타당성이 입증되지 않았다. 인간의 행동과 정신과정과 관련된 현상을 예측하는 데 가장 확실하고 타당한 지식은 심리학이라는 과학적 연구를 통하여 밝혀진 것이다.

심리학의 네 번째 목표는 통제이다. 통제는 심리학 연구에서 나온 지식을 활용하여 인간의 행동이나 정신과정을 원하는 방향으로 조정하는 것이다. 결과적으로 심리학은 관찰, 설명, 예측 그리고 통제를 통하여 심리학이 궁극적으로 추구하는 인류의 복지를 증진하는 데 기여한다. 20세기의 가장 유명한 심리학자 가운데 한 명인 Skinner는 다년간의 연구를 통해 정립한 인간의 행동원리를 토대로 1948년 『Walden Two』를 출간하였다. 이 책에서 그는 인간의 행동을 계획적으로 통제함으로써 이상사회를 건설할 수 있다는 자신의 꿈을 그려 놓았다.

이러한 심리학의 목표를 달성해 나감에 따라 오늘날 심리학은 우리들이 일상생활 속에서 쉽게 접하게 되는 학문이 되었으며, 심리학적 지식은 우리들의 생활 곳곳에서 행복한 삶을 영위할 수 있도록 도와주는 데에 긴요하게 활용되고 있다.

1.1.3 심리 연구의 간략한 역사

인간 자체에 대한 관심은 고대 그리스 시대까지 거슬러 올라간다. 이 시대의 주된 탐구 주제는 인간의 인식과 존재에 대한 논의에서부터 가치에 관한 주제에 이르기까지 다양하였다. 인간의 인식 문제는 어떤 방식으로 얻어진 지식이 가장 타당한 것인가에 관한 문제를 다루고, 존재의 문제는 그 구성성분 중 어떤 것이 더 본질적인 실체인가에 대해 다루었다. 가치의 문제는 무엇이 선(善)인가라는 가치판단이 주요 주제가 되었다.

인간의 인식과 관련된 대표적인 주장으로 그리스의 철학자 Platon(B.C. 427~B.C. 347)과 그의 제자인 Aristoteles(B.C. 384~B.C. 322)의 견해를 비교할 수 있다. Platon은 인간이 태어날 때부터 이 세상에 관한 지식을 갖고 태어나는데, 이 지식은 참된 지식이며, 이성적 사유(reasoning)를 통해서만 밝힐 수 있다고 보았다. 더불어 그는 감각기관을 통하여 얻어진 경험적인 지식은 오류를 내포할 수밖에 없으며, 궁극적인 우주의 원리를 밝히는 인식의 타당한 원천으로 보기 어렵다고 주장하였다. 그렇기 때문에 Platon은 이성적인 사유를 통하여 인간에 관한 문제를 연구하는 것이 옳다고 보았다. 반면에 Aristoteles는 이성적 사유보다도 경험을 통하여 획득한 지식이 더 타당하다고 믿었다. 따라서 경험주의자인 Aristoteles는 인간의 지식이 경험과 세계와의 상호작용을 통하여 습득된다고 보았다.

중세에는 인간에 관한 논의가 철학자들보다는 주로 신학자들에 의해 탐구되었다. 신학자들은 인간의 존재의미와 본성 등에 관한 문제를 신의 섭리나 신학적 원리에 기초하여 해결하려고 노력하였다. 신학자들은 과학적인 방법보다는 주로 이성적 사유를 통하여 인간에 관한 문제를 탐구하였다. 기독교의 성인이 된 St. Augustine (354~430)은 그의 자서전인 『고백론(Confession)』에서 그의 젊은 시절의 기억, 감정, 동기 등을 자세히 분석하여 기술하였으며, 인간적인 이성과 동물적인 욕망 간의 갈등에 대해서도 면밀히 분석하였다. 그럼에도 불구하고 이 시기에 이루어진 분석들은 개인의 경험과 사유에 의해서 이루어졌기 때문에 객관성과 타당성에서 여전히 한계를 갖고 있었다.

Rene Descartes

문예부흥(14~16세기)의 도래와 함께 인간에 관한 문제의 연구는 신학자로부터 철학자에게로 그 주도권이 다시 넘어왔다. 이 시대에 오늘날 심리학의 성립에 가장 큰 영향을 준 학자는 프랑스 철학자이며 수학자인 동시에 과학자인 Rene Descartes(1596~1650)라고 할 수 있다. Descartes는 올바른 지식을 얻기 위해서는 독단적인 권위자의 말이나 교리에 귀를 기울이기보다는 자신의 이성적 사유를 통하여 증거와 증명을 추구해야 한다고 생각하였다. 아울러 그는 인간의 심신관계에 대해서도 큰 업적을 남겼다. 그는 마음과 신체가 서로 다른 기능을 담당하면서도 상호간에 영향을 준다는 상호관계론을 주장하였다. Descartes의 상호관계론은 당시에는 매우 급진적인 관점이었는데, 당시까지만 하더라도 대부분의 학자들은 마음이 신체에 영향을 주며, 반대로 신체가 마음에 영향을 주는 경우는 거의 없다고 보았다.

17~18세기에 대학에서 학문영역을 분류할 때, 영어권에서는 인문학(혹은 인문과학)과 사회과학 그리고 자연과학으로, 독일어권에서는 자연과학(Naturwissenschaft)과 정신과학(Geisteswissenschaft)으로 구분하였다. 자연과학과 대비되는 정신과학은 인간, 사회, 국가에 관한 학문으로서 인간과 관련된 본질적인 문제와 인간의 문화를 이해하는 학문이다. 당시에 정신과학의 대표적인 학문분야는 역사학, 종교학, 철학,

법학, 고전(문학) 등이었다. 이 학문분야들은 아주 오래전부터 인간에 대한 다양한 논쟁과 연구를 수행해 왔는데, 여전히 대부분 분석적이고 비판적이며 사변적인 연구방법을 사용하였다. 한편 물리학을 비롯한 자연과학의 발전과 각종 기계의 발명은 유물론적이고 기계적인 관점을 우세하게 만들었다. 특히 Galileo Galilei(1564~1642)나 Isaac Newton(1642~1727)과 같은 학자들은 우주의 본질에 대해 극단적인 유물론적, 기계론적 관심을 가지고 있었다. 이들에 의하면 우주에 존재하는 모든 것의 본질은 운동하는 물질의 입자들 외의 아무것도 아니기 때문에, 모든 존재는 물리적 용어로 기술이 가능하며, 정신현상 역시 물리학이나 화학으로 설명이 가능하다고 보았다. 기계론적 입장은 모든 물리적 현상이 완벽하게 질서를 갖추고 있고, 법칙적이며, 예측 가능하듯이 정신적인 현상도 이와 같은 기계론적 법칙성이 존재한다고 보았다.

Francis Bacon

한편 철학적 사조에서 실증주의자들과 경험주의자들은 인간에 관한 문제를 다루는 연구 방법들에 영향을 주었다. Francis Bacon(1561~1626)은 객관적으로 관찰 가능한 사실만을 참된 지식으로 인정하고, 사변적 또는 추론적 성격의 지식은 배척해야 한다는 실증주의적 입장을 주장하였다. John Locke(1632~1704)는 인간의 관념이 본유적인 것이라고 보는 이성론자들의 견해를 부정하고, 극단적인 경험주의를 주장하였다. 그는 인간의 관념이 태어날 때는 백지상태(tabula rasa)인데, 경험을 통하여 관념이 축적된다고 보았다. 즉 그는 감각기관을 통하여 관념이 형성되는데, 단순한 관념들이 연합을 통하여 더 추상적이고 복잡한 복합 관념으로 발전한다고 보았다.

John Locke

19세기에 이르러 생리학의 발전은 인간의 심리에 관한 문제를 실험적인 방법으로 접근할 수 있는 방법을 제시해 주었다. Johannes Müller(1801~1858)는 신경의 반응을 통하여 생성되는 에너지는 신경의 종류에 따라 다르다는 신경 특정 에너지설(specific energies of nerves)을 주장하였다. Marshall Hall(1790~1857)은 특정한 행동이 뇌와 신경계의 특정 부위와 관련이 있다고 보았다. Paul Broca(1824~1880)는 실어증 환자의 뇌를 조사한 결과, 신피질의 좌측 부분이 손상되었음을 발견하고, 이 부위가 언어 발성의 중추라는 것을 밝혀내었다. 이와 같은 생리학적 연구들은 인간의 심리적 현상을 이해하는 데에 있어서 신경계와의 연관성을 과학적으로 검증하는 접근법을 발전시켰다.

인간의 심리에 관한 연구가 철학이나 신학의 영역에서 분리되어 심리학이라는 독자적인 학문영역으로 자리매김하는 데에 결정적인 기여는 Helmholtz, Weber, Fechner, 그리고 Wundt 등에 의해 이루어졌다고 볼 수 있다. 이들은 모두 독일인이었고, 생리학을 공부했다는 공통점을 갖고 있다. 현대 심리학의 성립에 이들의 존재가 큰 의미를 갖는 이유는, 이들이 인간의 정신과 신체의 기능에 대한 관심을 철학적 사유나 신학적 논리로서 접근하기보다는 생리학과 화학 분야에서 다루어지는 분석적인 관점에 기초하여 과학적인 방법으로 탐구하였기 때문이다.

Hermann von Helmholtz

Hermann von Helmholtz(1821~1894)는 심리학자가 아니었지만, 심리학적인 문제를 실험적으로 연구하는 방법론의 길을 열어주었다. Helmholtz는 개구리를 사용하여 신경흥분 전달속도가 초당 90피트 정도라는 사실을 밝혀내었다. 그의 실험 결과는 신경흥분의 전달속도가 무제한적으로 빠른 것이 아님을 증명하여 주었고, 이로 인하여 인간의 내부에서 일어나는 신경정보의 전달 속도와 처리과정을 반응시간의 측정을 통하여 연구할 수 있다는 가능성을 제시해주었다.

Ernst Weber(1705~1878)는 생리학자로서 감각기관의 생리를 주로 연구하였다. 그때까지 감각기관에 대한 연구는 주로 시각이나 청각에 관한 것들이었는데, Weber는 피부감각, 근육감각 등과 같은 새로운 분야를 탐구하였다. 그는 식역(threshold)이라는 개념을 처음으로 체계적이고 실험적인 방법을 통해 시연하였다. 식역이란 '감각기관이 자극의 존재 여부(절대식역)나 자극 간의 차이 여부(차이식역)를 인식할 수 있는 최소의 강도 혹은 최소의 강도 차이'를 의미한다.

Gustav Theodor Fechner

Gustav Theodor Fechner(1801~1887)는 일생 동안 생리학, 물리학, 실험미학, 철학 등 다방면의 학문분야를 섭렵한 천재적인 사람이었다. Fechner는 오랫동안 심신관계의 문제에 대한 해답을 찾고자 노력하였다. 1850년경에 그는 물리적 자극과 심리적 감각 간의 수량적 관계를 연구함으로써 심신 간의 연결법칙을 밝혀낼 수 있을 것이라는 영감을 얻게 되었다. 여러 차례의 실험 결과, 물리적 자극 강도의 증가와 심리적 감각 강도의 증가가 정비례하지 않는다는 사실을 알게 되었다. 이처럼 심리적 감각과 물리적 자극 간의 수량적 관계를 검증하는 연구들을 지칭하여 그는 '정신물리학(psychophysics)'이라고 명명하였으며, 1860년에 이를 소개하는 『정신물리학의 요소』라는 책을 발간하였다.

Wilhelm Wundt

Wilhelm Wundt(1832~1920)는 독일의 생리학자로서 과학적 심리학이라는 새로운 학문을 탄생시킨 사람이다. 그는 원래 의학을 전공하고 박사학위를 받았지만 주로 생리학을 연구하였다. Helmholtz의 연구 조교인 Wundt는 Heidelberg 대학에서 생리학을 강의하면서 심리학이 하나의 독립된 실험과학으로 발전할 수 있다는 생각을 갖게 되었다. 그의 이러한 생각은 1862년 발간된 『감각과 지각에 관한 논고』라는 책에 처음으로 표명되었다. 그 후 그는 1874년 『생리 심리학의 원리』라는 책을 출판하였는데, 이 책을 통하여 심리학은 독자적인 연구문제와 연구방법을 갖춘 실험과학으로 확고한 뿌리를 내리게 되었다고 할 수 있다. Wundt는 1875년 Leipzig 대학으로 자리를 옮기었고, 4년 후인 1879년 공식적인 첫 번째 심리학 실험실을 개설하였다. 이를 기려 1879년은 심리학이 독립적인 학문분야로서 공식적으로 탄생한 해로 기록된다.

1.2 심리학의 학파들

1.2.1 초기의 심리학파

19세기 후반 과학적인 연구방법을 통하여 독립된 학문분야로 탄생한 심리학은 대학의 실험실 혹은 연구관심에 따라 일종의 학파(school)를 구성하고 있었다. 가장 초기의 학파는 독일 Leipzig 대학의 Wundt를 중심으로 한 구성주의(structuralism) 학파였다. 구성주의 심리학은 비교적 오랜 기간 초기 심리학의 연구문제와 접근방법의 주류를 이루어 왔다. 그러나 그 이후 1900년대 초에 구성주의와 다른 독자적인 성격의 학파가 미국 심리학계를 중심으로 등장하게 되었는데, 이들을 기능주의(functionalism)라고 불렀다. 그 이후 행동주의(behaviorism), 형태주의(gestaltism) 등의 학파가 출현하였으며, 기존의 학파와는 관계없이 거의 독자적인 영역에서 정신분석학(psychoanalysis)이 심리학의 또 다른 학파를 이루게 되었다. 여기서는 이들 초기의 심리학 학파들(구성주의, 기능주의, 형태주의, 행동주의, 정신분석학)에 대해 알아본다.

1.2.1.1 구성주의 심리학

Leipzig 대학교의 Wundt는 과학적 심리학이 의식(consciousness), 즉 인간의 마음에 대한 사람들의 주관적 의식경험을 분석하는 데에 초점을 두어야 한다고 주장하였다. 그는 화학자들이 물질의 구조를 이해하기 위해 물질을 기본 요소로 분해하는 방법에 착안하여 인간의 의식경험도 기본적인 요소들로 분해할 수 있을 것으로 생각하였다. 그는 실험실 연구를 통하여 의식경험의 구성요소들을 발견해내고, 그 요소들이 어떤 심리적 과정을 통하여 결합되며, 결합은 어떤 규칙에 의거해서 이루어지는가를 밝히고자 하였다. 특히 Wundt는 간접적인 의식경험이 아닌 직접적인 의식경험의 연구를 강조하였다. 예를 들어 장미꽃을 바라볼 때, '장미꽃을 보고 있다'라는 의식경험은 해석된 경험으로 간접적인 의식경험에 해당된다. 직접적인 의식경험은 '붉다, 부드럽다, 마음이 이완된다' 등과 같이 장미꽃을 보고 있는 동안에 의식에 떠오르는 가장 일차적인 요소적 감각과 감정(느낌)을 의미한다. 당시에 Wundt의 실험실에서 다루었던 연구 주제는 주로 감각, 지각, 주의집중, 감정, 반응, 연합 등이었다(Fancher, 1990).

Wundt는 의식의 내용을 관찰하는 방법으로서 내성법(introspection)을 발전시켰다. 내성법이란 자기 자신의 경험을 주관적으로 관찰하는 것을 의미한다. 한 사람의 의식경험은 다른 사람에 의해 관찰될 수 없기 때문에 자기 스스로 관찰해야 한다. 그런데 일반적인 사람들은 자신의 직접적인 의식경험을 있는 그대로 들여다볼 수 있도록 훈련되지 않았다. 따라서, Wundt는 자신의 제자들을 숙련된 내성자로 만들기 위하여 고된 훈련을 시켰다. 그들은 보통 만 번 이상의 내성 연습을 해야 비로소 타당한 자료를 내어놓을 수 있는 숙련자로 인정받았다. Wundt의 실험실에는 Helmholtz가 개발한 반응시간 기법을 사용하여 의식적 과정을 객관적으로 측정하는 연구도 수행하였다. 과제를 달리 부여한 다음, 피험자들이 보이는 반응시간의 차이를 측정하고, 그 차이의 원인으로서 특정한 정신과정의 작동 유무를 입증하기도 하였다.

Leipzig 대학교 심리학 실험실에서 이루어진 이러한 연구 경향을, Wundt의 제자인 Edward Tichener(1867~1927)가 '심적 구조의 분석'이라는 의미로서 '구성주의'라고 명명하였고, 이 이름은 곧 유명해졌다. 영국에서 태어난 Tichener는 1890년대 초반에 2년 동안 Wundt와 함께 연구하였다. 그 후 그는 미국으로 건너가 Cornell 대학교의 교수가 되었으며, 그곳에 심리학 실험실을 만들었다. Tichener는 Wundt의 여러 관점을 미국으로 가져왔지만, 어떤 점들은 그 나름대로 새롭게 변화시켰다[2].

Edward Tichener

그러나 시간이 지나면서 구성주의는 내성법이 가지고 있는 근본적인 한계로 인하여 점차 영향력이 약해지게 되었다. 동일한 대상임에도 불구하고, 관찰자들이 보고하는 의식경험은 다르게 기록되었고, 이러한 결과는 심리학자들이 의식적 경험의 기본 요소에 동의하는 것을 어렵게 만들었다.

1.2.1.2 기능주의 심리학

William James

독일을 중심으로 구성주의적 접근이 강한 위세를 펼치고 있을 즈음, 미국의 심리학계에서는 기능주의(functionalism)라는 새로운 성격의 연구방법이 영향력을 갖고 있었다. 하버드 대학교 교수인 William James(1842~1910)는 기능주의 심리학의 대표적인 학자이다. James는 직접적인(즉각적인) 의식경험에 초점을 두고, 방법론으로 내성법을 사용하는 점에서는 Wundt의 견해와 함께 했지만, 의식경험이 개별적인 감각요소들로 분해될 수 있다는 Wundt의 주장에는 동의하지 않았다. 그는 의식이란 흐르는 강물처럼 연속적으로 변화하는 것이기 때문에 의식의 특정 순간을 분리하고 분석하기 위해 노력하는 것은 의식의 본질적인 속성을 왜곡한다고 생각하였다. 따라서 그는 심리학이 의식경험의 구성요소보다는 의식의 기능을 연구해야 한다고 주장하였으며, 사람들이 자신의 환경에 적응하는 데에 있어서 정신과정이 어떤 일을 하는가를 연구하였다.

이러한 기능주의적 관점에 가장 큰 영향을 준 것은 Charles Darwin(1809~1882)이다. Darwin은 1859년에 『종의 기원(The Origin of Species)』을 출판하면서 자연선택(natural selection)의 법칙을 제안하였다. 이 법칙은 종의 생존과 번식을 돕는 종의 특징이 그렇지 않은 특징보다 다음 세대로 전달되기가 더 쉽다는 것을 의미한다.

---

2) 현대심리학사를 저술한 James Goodwin(1999)은 Wundt를 구성주의자로 소개하지 않는다. 그는 그의 저서 4장 'Wundt와 독일심리학'에서 Wundt에 대해 자세히 설명하고, 7장 '구성주의와 기능주의'에서는 Tichener를 중심으로 구성주의에 대해 설명한다.

James는 자연 선택의 법칙에 착안하여 의식 또한 적응에 중요한 생물학적 기능을 수행해야만 하고, 심리학자들의 과제는 그러한 기능이 무엇인지를 이해하는 것이라고 판단하였다.

Granville Stanley Hall(1844~1924)은 미국의 심리학자이자 교육학자인데, 1881년 존스홉킨스 대학교에 북미 최초로 심리학 연구 실험실을 개설하였다. Hall 역시 진화론적 사고에 큰 영향을 받았으며, 아동들의 발달과정을 진화론적 관점에서 연구하였다. James와 Hall을 필두로 하는 기능주의 심리학자들은 당시 미국을 지배한 실용주의와 더불어 심리학 지식의 실용적인 측면에 큰 관심을 갖게 되었다. 이들의 연구는 실험실에 한정되지 않았으며, 이들은 심리학 지식을 교육, 산업, 광고, 아동발달, 임상, 심리검사 등 실생활의 여러 분야에 적용하려고 노력하였다. 1920년대에 기능주의는 북미 심리학의 지배적 접근이었다.

1.2.1.3 형태주의 심리학

독일의 구성주의와 미국의 기능주의가 확산되어 가는 시기에 독일 내부적으로도 구성주의의 관점에 반대하는 학자들이 일부 있었다. 이들은 의식의 가치는 인정하지만, 의식 경험의 내용이 단순한 감각 요소로 환원될 수 있다고 보는 Wundt의 원자주의에는 반대하였다. 이들은 감각 요소들이 결합할 때는 단순한 합이 아니라 추가적으로 무언가 새로운 속성이 창조된다는 점을 중시하였다. 예를 들면, 여러 개의 '개별 음'이 모이면 개별 음들 속에서는 찾아볼 수 없는 '멜로디'가 나온다는 것이다. 또한 이들은 지각이 감각 요소들의 수동적인 결합이 아니라 능동적인 조직화의 결과이며, 지각의 원 자료들은 마음에 의해 의미 있는 형태(Gestalt)로 조직화된다고 보았다[3]. 따라서 이들은 의식을 연구하더라도 무의미한 요소들로 분해하기보다는 지각자가 의미를 갖는 형태를 연구해야 한다고 보았다. 이러한 관점의 심리학자들을 형태주의 심리학자라고 부른다.

형태주의 심리학의 대표적인 세 사람은 오스트리아-헝가리 제국 출신으로 독일에서 박사학위를 취득한 Max Wertheimer(1880~1943)와 독일의 심리학자인 Kurt Koffka(1886~1941), 그리고 Wolfgang Köhler(1887~1967)이다. 이들 형태주의 심리학자들의 일차적인 관심사는 지각현상이었는데, 주로 운동지각, 크기판단, 조명에 따른 표면색 변화 등과 같은 지각의 문제를 연구하였다. 특히 정지된 물체를 지각

3) 독일어로 Gestalt는 형태라는 의미이다. 이를 영어로 번역할 때는 통상 form, shape, pattern, configuration 등을 사용한다.

하는 과정에서 경험되는 운동 착시는 형태주의 심리학이 출발하게 되는 계기기 되었다.

Max Wertheime

Wertheimer는 1910년경 독일의 Frankfurt로 향하는 기차 속에서 창문을 통해 밖의 풍경을 바라보았다. 이때, Wertheimer는 스쳐 지나가는 나무들의 모습에서 순간적인 이동을 경험하고 시지각의 속성에 대한 갑작스러운 통찰을 얻게 되었다. 그는 기차에서 내리자마자 자신의 통찰을 실험할 수 있는 기자재를 구입하였으며, 이렇게 이루어진 실험이 바로 가현운동(apparent movement)의 지각에 관한 것이었다. 순간노출기를 이용하여 두 개의 직선모양 구멍으로 빛을 투사하였다. 두 개의 선분을 긴 시간 간격(200ms 이상)을 두고 비추면 두 개의 별도의 선분으로 지각된다. 그런데 극히 짧은 시간 간격으로 비추면 섬광만 보일 뿐 선분으로 보이지는 않는다. 하지만 적절한 시간 간격(60ms 정도)을 두고 비추면 하나의 선분이 움직이는 것으로 보인다. 이처럼 정지해 있는 선분에서 움직임이 지각되는 운동착시 현상은 기존의 구성주의 관점에서는 설명될 수 없는 것이었다. Wertheimer는 1912년에 이 연구 결과를 '운동지각의 실험적 연구'라는 논문으로 발표하였으며, 이 해를 통상 형태주의 심리학의 공식적인 시작연도로 간주한다. 형태주의 심리학은 1920년대 중반쯤 독일에서 하나의 통합적이고 응집력 있는 강력한 학파로서 자리를 잡았다. 그러나 불행하게도 1933년에 등장한 나치정권과의 갈등으로 형태주의 심리학을 주도하던 학자들이 독일을 떠나 미국으로 이주하게 되면서 독일에서의 형태주의 운동은 쇠락했다. 미국으로 간 형태주의 심리학은 처음에는 큰 호응을 받지 못했으나, 미국 심리학의 주된 흐름 속에 녹아 들어가 계속 성장하였다. 형태주의 심리학은 특히 지각, 학습, 사회, 동기 심리학 등의 분야에 큰 영향을 미쳤다(Goodwin, 1999).

1.2.1.4 정신분석학

정신분석학(psychoanalysis)은 오스트리아의 의학자인 Sigmund Freud(1856~1939)에 의해 창시된 성격이론이며 정신치료법이다. 정신분석학은 대학의 연구실을 중심으로 발전되어 온 다른 학파들(구성주의, 기능주의, 형태주의, 행동주의)과는 달리 환자를 치료하는 임상관찰의 결과에 기초하여 이론으로 정립되었다. 정신분석학은 연구의 목적, 주제, 방법의 측면에서 다른 학파들과 상당한 차이를 보인다. 정신분석학의 주요 연구 주제는 이상행동(abnormal behavior)이었고, 방법은 임상적 관찰이었으

Sigmund Freud

며, 나아가서 다른 학파에서는 거의 연구되지 않은 '무의식'이라는 주제를 다루었다.

Freud는 정신과의사로 활동하면서 히스테리(hysteria) 환자의 치료에 관심을 갖고서 다양한 실험적 방법을 시도하였다. 히스테리 환자들은 심리적인 원인(주로 정서적으로 혼란스러운 경험)에 의하여 인지기능이나 운동기능이 일시적으로 마비되거나 상실되는 증상을 갖는다. Freud는 오랜 기간 최면, 자유연상 등 정신분석 기법을 적용하여 환자를 치료하면서 얻게 된 임상관찰의 결과에 기초하여 환자들의 이상한 행동과 증상들을 설명하기 위한 새로운 이론인 정신분석이론을 발전시켰다.

Freud의 정신분석이론에 의하면, 사람들은 사회적으로 용납이 불가능한(금지된 또는 처벌되는) 소망을 의식적으로 갖게 될 경우, 노출되는 것에 대한 불안이 심해져서 결국은 그 소망을 의도적이든 비의도적이든 무의식 속으로 감추게 되고, 이로 인하여 여러 가지 심신의 장애를 일으키게 된다. 따라서 Freud는 환자의 문제를 해결하기 위해 의식의 내용이 아닌 무의식의 내용을 연구해야 한다고 강조하였다. 그는 환자의 무의식을 연구하기 위해 자유연상법을 사용하였는데, 이것은 무의식적 소망을 자각하는 하나의 방법으로 마음에 떠오르는 것을 무엇이건 말하도록 환자에게 지시하는 것이었다. 그러나 Freud가 가정한 무의식적 동기들이 항상 섹스 또는 공격과 관계가 있었기 때문에, 그의 이론이 처음 제시되었을 때 학계에 원만하게 수용되지는 못하였다.

하지만 Carl Gustav Jung, Alfred Adler, Erich Fromm, Anna Freud 등 여러 정신분석학자에 의해 무의식적 동기의 역할, 아동기 경험이 성인기의 행동에 미치는 영향, 방어기제의 작용 등에 관한 연구가 이루어지면서 현대 심리학의 주류에 빠르게 흡수되어 갔다. 정신분석학이 심리학에 미친 영향을 매우 큰데, 특히 정신치료학과 임상심리학 분야의 발전에 미친 영향은 지대하였다. 아울러 정신분석학은 다른 분야의 사회과학뿐만 아니라, 문학, 언어학, 종교학, 철학, 윤리학, 예술 등 문화 전반에 걸쳐 큰 영향을 미쳤다.

1.2.1.5 행동주의 심리학

앞서 살펴본 구성주의와 기능주의 그리고 형태주의와 정신분석학은 상당한 정도로 서로 다르지만, 연구 관점에 있어서는 중요한 유사점을 공유하고 있었다. 이들 관점은 모두 의식적 혹은 무의식적 재료들을 유발시켜 마음의 내적 작용을 이해하고자 했으며, 이를 위해 실험의 참가자나 환자들이 보고한 내용에 의존해야만 하였다. 일부 학자들은 이러한 내성법적 접근의 실효성에 대해 의문을 제기하였으며, 대안적인 방안을 모색하였다.

John Broadus Watson

John Broadus Watson(1878~1958)은 시카고 대학에서 박사학위를 받았다. 그는 비록 기능주의 전통 속에서 연구를 하였지만, 심리학이 내성법을 통하여 의식경험을 연구하는 것에 대해서는 반대하였다. Watson은 인간의 의식경험이 개인에게 독특한 것이며, 내성법은 보고자의 주관을 벗어날 수 없다고 보았다. 그는 심리학이 과학적 학문이 되기 위해서는 의식, 마음, 느낌, 의지 등의 주제를 다루기보다는 누구나 관찰할 수 있고 객관적으로 측정이 가능한 행동을 연구대상으로 삼아야 한다고 주장하였다. 그는 심리학에서 다루는 데이터는 다른 과학 분야의 데이터와 같이 공개적으로 검토가 가능해야 한다고 믿었다. Watson의 행동주의적 사고는 러시아 생리학자인 Ivan Petrovitch Pavlov (1849~1936)의 영향을 받았다. Pavlov는 개의 소화샘을 연구하는 과정에서 외부의 의미 있는 소리가 침 분비 반응에 영향을 미친다는 것을 발견하였다. Pavlov의 발견은 행동주의의 대표적인 원리인 자극에 대한 반응의 원리(S-R 원리)의 토대가 되었다. Watson은 인간의 모든 행동이 외부 환경의 자극에 대한 반응으로 형성된다고 생각하였기 때문에, 선천적인 유전보다도 경험에 의한 후천적인 학습을 더 중시하였다.

Burrhus Frederic Skinner

Burrhus Frederic Skinner(1904~1990)는 초기의 행동주의를 새로운 관점에서 한 단계 더 높은 수준으로 발전시킨 대표적인 심리학자이다. 그는 하버드 대학에서 심리학으로 박사학위를 받았다. 그는 동물이 환경에 적응해 나가기 위해 필요한 행동을 어떤 원리에 의해 학습해 나가는지에 대해 연구하였다. 그는 훗날 '스키너 박스'라고 불리우는 상자를 이용하여 쥐와 비둘기 등이 먹이를 얻기 위해 취하는 행동을 관찰하였다. Skinner는 다양한 동물 실험을 통하여 강화(reinforcement)라는 개념을 발전시켰다. 강화란 행동의 결과가 다시 그 행동의 발생 빈도를 결정한다는 것을 의미한다. Skinner는 그가 발견한 강화 원리를 실험실이 아닌 실제적인 생활 속에서 증명해 보이고자 노력하였다.

행동주의는 1930년에서 1950년에 이르기까지 미국의 심리학 분야에서 가장 중심적인 위상을 차지하였으며, 아울러 가장 많은 논쟁을 불러일으킨 학파로 기록되고 있다. 이 시기에 '마음'이라는 용어는 심리학 연구 논문에 거의 등장하지 않게 되었으며, 심리학자들의 관심 영역은 '행동'과 '학습'에 집중되었다. 엄격한 행동주의자들은 유기체의 내부에서 일어나는 심리과정에 대해서는 별로 관심을 갖지 않았다(물론, 정신적인 문제를 연구하는 임상 심리학자들과 사회 심리학자들은 여전히 정신과정에 관심을 가지고 있었다). 그러나 일부 행동주의 학자들은 지나치게 엄격한 행동주의에서 탈피하여 '마음'도 객관적인 연구가 가능하며, 연구의 대상으로 삼을 수 있다고 보았다. 이러한 견해를 수용하는 학자들은 '신행동주의자'라고 불리었는데, 대표적인 학자는 Edward C. Tolman(1886~1959), Edwin R. Guthrie(1886~1959), Clark L. Hull(1884~1952) 등이다.

1.2.2 20세기 중반 이후의 학파들

20세기 초에 독일을 중심으로 구성주의 학파가 자리를 잡고, 미국에서는 기능주의 학파가 중심이 되었으며, 형태주의 심리학과 정신분석학이 또 다른 관점에서 심리학의 발전에 중요한 역할을 담당하였다. 그러나 1930년대부터 제2차 세계대전 이전까지는 행동주의가 심리학을 지배하였다. 특히 미국의 경우 행동주의는 거의 모든 심리학의 기본 틀이었다(Baars, 1986). 아울러 행동주의는 당시 미국의 문화와 일반인의 사회생활 양식에도 큰 영향을 미쳤다. 이 시기에 심리학자들은 '마음'이란 과학적으로 연구될 수 없는 것으로 여겼다. 하지만 행동주의는 그 이상으로 심리학을 지배할 수는 없었다. 이제 20세기 중반 이후부터 새롭게 등장한 인지 심리학, 인본주의 심리학, 진화 심리학, 문화 심리학 등에 대해 살펴보고자 한다.

1.2.2.1 인지 심리학과 인지 신경과학

1950년대 컴퓨터의 등장은 정보처리 분야가 획기적으로 발전하는 계기가 되었으며, 이러한 발전은 심리학에도 엄청난 개념적 충격을 주었다. 컴퓨터에 의한 정보처리 개념은 행동주의에 의해 연구대상으로서의 정당한 위상을 상실하였던 정신적인 사건들(기억, 주의, 사고, 느낌 등)이 정보의 흐름이라는 관점에서 과학적으로 연구될 수 있다는 인식을 제공해 주었다. 이러한 인식은 1960년대 인지적 연구의 폭발로 이어지게 되었으며, 이로 인해 인지 심리학(cognitive psychology)이라는 새로운 영역이 탄생하게 되었다.

인지적 관점에서 마음은 외부 환경으로부터 오는 자극정보에 대해 기계적으로 반응하는 수동적인 존재가 아니라, 정보를 선택하고, 조작하고, 재구성하고, 해석하는 능동적인 성격의 것이다. 인지적 접근에서는 동일한 외부 자극이나 조건이라 하더라도, 그것이 인지적인 처리과정을 거치는 동안 여러 가지 다른 형태로 출력되고, 이 출력결과가 최종적인 행동반응을 결정한다고 본다. 다시 말해서 인지적 접근은 인간의 행동을 단순히 '자극-반응(S-R)'의 논리로 설명하는 행동주의와 달리 '자극-유기체(인지)-반응(S-O-R)'의 개념으로 행동을 설명한다. 예를 들면, 사람들이 내년 월급이 10% 오른다는 소식을 들었다고 하자. 이들은 어떤 반응을 보이겠는가? 행동주의적 관점에서 보면, 사람들은 월급이 인상되었기 때문에 좋아할 것이라고 예측한다. 그러나 인지적 접근에서는 인상률에 대한 해석이 사람마다 각기 다르기 때문에 사람들의 반응 또한 각기 다를 것을 예측한다.

Ulric R. G. Neisser(1928~2012)는 독일계 미국인으로 인지 심리학의 아버지로 불린다. 그는 인간의 정신과정이 측정될 수 있다고 가정하고, 대부분 지각과 기억에 관해 연구하였다. 그가 1967년에 출간한 『인지 심리학(cognitive psychology)』은 기념비적인 작품으로 인지 심리학이 획기적으로 발전할 수 있는 토대를 제공하였다.

인지 심리학은 행동주의자들이 도외시하였던 정신과정을 정보처리 관점에서 접근하여 마음의 소프트웨어를 연구했으나, 뇌의 하드웨어에 대해서는 구체적인 증거를 제시할 수 없었다. 그런데 생각해 보면, 뇌 손상과 같이 뇌의 하드웨어에 문제가 발생할 경우 뇌의 기능이 정상적으로 작동하지 않는다는 것은 소프트웨어가 하드웨어에 의존하고 있음을 의미한다. 이러한 관점에서 볼 때, 심리과정의 연구가 신경계 및 다른 신체과정의 활동을 무시하고서는 온전하게 이루어질 수 없다고 생각된다. 여기에 행동 신경과학(behavioral neuroscience)이 출현하게 되었다. 신경과학자들은 과제를 수행할 때 뇌의 전기적 반응 혹은 화학적 반응을 관찰하거나, 특정 부위를 손상하고 그 영향을 살펴보기도 한다. 최근 들어서는 단어의 이해나 산출과 같은 언어적 활동과 좌반구의 특정 영역 간의 관계를 확인하기 위해 뇌 영상 기법을 활용하기도 한다. 이처럼 인지과정과 뇌 활동 간의 연결을 연구하는 분야를 인지 신경과학(cognitive neuroscience)이라고도 부른다.

1.2.2.2 인본주의 심리학

인본주의 심리학은 인간이 자유의지(free will)를 갖는 존재라고 보는 관점에서 기존의 학파들과 전혀 다른 입장을 취한다. 예를 들어 행동주의적 접근에서는 특정 반응이 나타나기 위해서는 선행하는 자극원인이 존재한다고 본다. 정신분석학에서는 현재의 정신적인 문제는 과거의 경험이나 무의식적 동기, 특히, 어린 시절의 경험과 연관성이 높다고 판단한다. 인지적 접근에서는 인간의 행동을 인지과정의 결과물로 본다. 즉 인간의 행동은 반드시 어떤 선행 원인이 있어서 일어나는 것이지, 어떠한 원인도 없이 자발적으로 또는 자유롭게 일어나는 법은 없다고 가정한다. 이러한 관점을 결정론(determinism)적 입장이라고 한다.

그러나 인본주의 심리학자들은 사람들이 다른 선행 원인이 없어도 자유의사에 의해 어떤 행동을 할 수 있다고 본다. 이들은 인간 행동의 동기적 힘이 '자아실현 경향성(actual tendency)'에서 나온다고 본다. 자아실현 경향성이란 개인이 갖고 태어나는 모든 잠재력을 최대한으로 구현하며, 현재보다는 더 나은 상태로 발전하려고 하는 욕구를 말한다. 이 경향성은 환경적 및 사회적 장애물로 인해 충분히 발휘되지 못하는 경우가 많지만, 그러한 장애물이 제거되면 언제라도 나타날 준비가 되어 있는 자연적인 성향이다.

인본주의 심리학에서는 개인의 주관적 경험을 중시한다. 한 개인에게 지각된 내용은 지각자에게 실체적 사실이 된다고 본다. 어떤 사람이 장미꽃을 보고 예쁘지 않다고 생각했다면 그 사람에게 장미꽃은 예쁜 꽃이 아니다. 인지적 접근에서는 장미꽃이 예쁘다는 것은 객관적인 사실인데, 어떤 연유에 의해서든 그 사람은 예쁘지 않다고 해석을 하고 있다고 본다. 정신분석적 접근에서는 장미꽃을 정말로 예쁘지 않다고 보는 것이 아니라 어떤 무의식적 동기의 영향으로 인해 위장되거나 왜곡된 의식경험으로 나타난 반응이라고 본다. 즉, 다른 접근에서는 객관적인 실체가 의식의 바깥 어디엔가 존재하며, 의식된 내용은 그 객관적 실체의 정확한 반영일 수도 있지만 그렇지 않을 수도 있음을 가정하는 반면, 인본주의적 접근에서는 개인의 의식에 반영된 내용은 그것 자체가 그 개인에게는 실체가 된다고 보는 것이다.

인본주의 심리학의 대표적인 학자는 Abraham H. Maslow(1908~1970)와 Carl Rogers(1902~1987)이다. 이들은 다른 접근들과는 매우 다른 독특한 관점을 제시함으로써 심리학이 새로운 방향으로 발전할 수 있다는 대안적인 가능성을 보여주고 있다. 그러나 인본주의적 접근은 방법론적 측면에서 과학보다는 문학이나 인문학적 방법에 더 가까운 입장을 취한다.

1.2.2.3 진화 심리학

인간이나 동물의 정신적 기제는 타고난 것인가, 아니면 후천적으로 경험을 통해서 발달되는 것인가? 선천성－후천성 이슈(nature－nurture issue)는 고대 철학자들로부터 지금까지 이어져 오고 있는 논쟁들 중 하나이다. Platon은 우리의 품성과 지능은 조상으로부터 물려받았다고 보았으나, Aristoteles는 모든 것이 감각적 경험을 통해 획득된다고 보았다. Descartes는 몇몇 관념은 생득적이라고 믿었지만, John Locke는 마음이란 경험이 채색하는 빈 서판과 같은 것이라고 주장하였다. 1859년 Darwin이 출판한 『종의 기원』에 제안된 자연선택(natural selection)이라는 진화과정은 William James를 비롯한 초창기 심리학자들에게 큰 영감을 주었다. 하지만 진화론적 사고가 심리학에서 확고한 존재감을 갖게 된 것은 1975년 하버드대 생물학자인 Edward Osborne Wilson(1929~2021)이 『사회생물학(Sociobiology)』을 출간한 이후부터이다(Buss, 1999).

진화 심리학(evolutionary psychology)은 심리학적 기제의 생물학적 기원을 밝히고자 한다. 진화 심리학에서는 생물학적 기제와 마찬가지로 정신적 기제도 오랜 세월에 걸쳐 자연선택의 과정을 통하여 생존과 번식에 유리한 방식으로 진화해 왔다고 본다. 즉 진화 심리학자들은 인간의 마음에서 일어나는 기제는 수백만 년에 걸쳐 먹거나, 짝짓거나, 번식을 하려고 할 때 직면하는 문제를 효과적으로 해결하도록 진화되어 왔다고 믿는다.

예를 들면, 동물의 경우 과식으로 인한 비만이 드물지만, 오늘날 현대인에게 과식으로 인한 비만이 사회적 문제가 되고 있다. 이러한 현상에 대해 진화 심리학자들은 과거의 영향결핍 경험이 과식을 초래하였다고 본다. 즉 식량이 부족한 시기를 경험해 오면서, 먹을 것이 있을 때 많이 먹어두는 것이 적응에 유리하다고 인식되었기 때문에 과식하는 경향성이 선호되었다고 설명한다. 여성이 키 큰 남성과의 결혼을 선호한다면, 그 이유는 무엇일까? 사람들은 다양한 맛 중에서 단맛을 더 선호하는 이유는 무엇일까? 이러한 질문들을 포함하여 삶의 다양한 이슈에 대해 진화 심리학은 새로운 통찰을 제공해준다.

1.2.2.4 문화 심리학

미국인과 한국인의 생활 문화가 다르듯이 생각하는 방식이나 행동에서도 문화 간의 차이가 있을까? 아니면, 물리학이나 화학에서의 법칙들이 보편성을 갖고 있듯이, 인간의 행동을 지배하는 원칙들이 문화에 상관없이 동일할까?

문화 심리학(cultural psychology)은 바로 문화가 개인의 심리과정에 어떻게 영향을 미치는가에 대한 연구이다. 문화 심리학에서는 예를 들어, 특정 집단이 공유하는 가치, 전통, 신념뿐만 아니라 연령, 종교, 직업 등에 따라 그 구성원들의 인지과정이나 사회적 상호작용이 어떻게 다르게 나타나는지를 연구한다. 실험심리학과 구성주의 심리학의 대표학자인 Wundt도 문화의 영향에 관심을 가지고 있었다. 그는 심리학적 연구가 완전성을 충족시키기 위해서는 실험실 접근과 문화적 관점을 결합시켜야 한다고 주장하였다(Schachter 등, 2008).

심리적 현상 중에는 문화의 영향을 많이 받는 것들이 있다. 세계를 여행하다 보면 사람들이 맛있다고 느끼는 음식이 나라마다 다르다. 아프리카의 어느 지역에서 이루어지고 있는 성인의식이 유럽인의 시각에서 보면 매우 원시적이며 고통을 주는 것으로 보이지만, 해당 부족의 구성원은 당연한 것으로 받아들인다. 또 다른 예를 들면, 서양 사람들은 동양 사람들과 비교할 때 상대적으로 더 개인주의적이며 자신을 독립적이며 자율적인 주체로 생각한다. 반면에 동양 사람들은 개별성보다는 집합주의적 사고가 더 강하다. 하지만 문화의 영향을 받지 않는 것들도 있다. 사람들의 정서표현이나 얼굴 매력도의 판단 등은 문화에 따라 크게 다르지 않다.

1.3 심리학의 연구분야

심리학은 인간의 행동과 정신과정을 과학적으로 연구하는 학문이라고 정의하는 바, 심리학에서 탐구되는 연구 주제들은 매우 다양하고 광범위하다. 일반적으로 심리학의 연구분야를 크게 대분하면 기초 심리학과 응용 심리학으로 구분된다.

1.3.1 기초 심리학

기초 심리학은 이론 심리학이라고도 불리며, 이는 인간에 대한 이해 그 자체를 연구의 목적으로 삼으며 심리학의 지식기반을 형성한다. 기초 심리학에서는 인간의 행동과 정신과정에 관한 문제들을 대부분 실험실 연구를 통하여 풀어 나간다. 기초 심리학에는 생리심리학, 지각 및 인지심리학, 학습심리학, 발달심리학, 성격심리학, 사회심리학 등이 포함된다.

생리심리학(biological psychology)

생리심리학자들은 인간의 행동과 정신과정의 기초가 되는 생리적 과정을 연구한다. 생리심리학자들은 대뇌의 영역별 기능이나 신경전달물질의 작용기제에 관심을 갖는다. 생리심리학에서는 인간에 대한 직접적인 실험이 현실적으로 어렵기 때문에 동물을 대상으로 실험연구를 진행하는 경우가 많다.

실험 및 인지심리학(experimental and cognitive psychology)

실험심리학자들은 실험방법을 통하여 감각자극에 대한 반응을 연구하거나, 세상을 지각하고, 학습하고, 기억하고, 추론하는 제반 과정을 연구한다. 이들은 시각, 청각, 후각, 미각, 피부 감각을 담당하는 감각기관의 구조와 기능에 대해 관심을 두고, 인간이 사고하고 문제를 해결해 나가는 고차적인 정보처리 과정을 연구한다.

발달심리학(developmental psychology)

발달심리학자들은 인간의 행동과 정신과정이 태내에서부터 노년에 이르기까지 연령의 변화에 따라 어떻게 변화하며, 이런 변화에는 어떤 규칙성이 있는지에 대해 연구한다. 이들은 신체적 발달은 물론, 성격, 인지, 사회성, 도덕성 등과 같은 내용의 심리적 발달과정을 다룬다. 초기의 발달심리학은 주로 아동의 발달과정에 관심을 가졌으나, 지금은 청년기와 장년 및 노년기의 발달과정도 활발하게 연구되고 있다.

성격심리학(personality psychology)

성격심리학자들은 각 개인에게 지속적으로 나타나는 특질을 연구한다. 이들은 세상과 상호작용하는 개인의 스타일에 대해서 연구한다. 이들은 개인 간의 차이를 규명하고, 측정하고, 그 생성 배경에 관한 법칙을 탐구한다. 성격심리학자들은 개인차를 측정하기 위해 지능검사, 성격검사 등의 각종 심리검사의 제작과 사용에 관한 문제를 많이 다룬다. 또한 이들은 성격의 형성과정, 성격에 문제가 생기게 되는 원인, 성격을 변화시킬 수 있는 방법에 관한 문제도 주요한 연구 주제로 삼는다.

사회심리학(social psychology)

사회심리학자는 사회장면에서의 인간의 행동과 정신과정을 연구한다. 이들은 사람들이 자신이 속한 사회를 어떻게 지각하고 해석하는지에 관심을 갖고 연구하며, 실제적으로 타인이나 타인의 존재를 나타내는 요인들에 의해 개인의 신념, 정서, 행동 등이 어떻게 영향을 받는지를 연구한다. 또한 사람들 간의 역동적인 상호작용에 대해서도 관심을 갖는다. 사회심리학에서 다루는 주제는 인상형성, 타인의 행동추론, 태도, 의사결정, 리더십, 집단행동 등 다양하다.

1.3.2 응용 심리학

응용 심리학은 실생활에 적용될 수 있는 지식의 산출에 관심을 가지며, 주로 현실적 문제를 다룬다. 대표적인 응용 심리학으로는 임상 및 상담심리학, 산업 및 조직심리학, 학교 및 교육심리학, 군사심리학 등이 있다.

임상 및 상담심리학(clinical and counseling psychology)

임상심리학자는 정신장애의 문제를 갖고 있는 사람의 증상을 진단하고 치료하는 방법을 연구하며, 장애의 원인을 규명한다. 상담심리학자는 정상적인 사람이 일상생활에서 일시적인 문제로 인하여 심리적인 고통을 겪을 때, 그 문제를 자력으로 극복하고 해결할 수 있도록 도와주는 방법이나 기법을 연구한다. 임상심리학자와 상담심리학자 모두 다 심리검사를 실시하고 해석하며, 상담과 심리치료를 제공한다. 이들 모두 다 기초연구와 응용연구를 실시하기도 한다. 대부분의 임상심리학자는 의료기관 내에서 일을 하지만, 상담심리학자는 의료기관 밖에서 일을 하는 경우가 많다. 상담심리학자가 내담자의 문제를 진단하면서 문제가 심각하다고 판단할 경우 임상심리학자나 정신과 의사에게 문제의 진단과 치료를 의뢰한다.

산업 및 조직심리학(industrial and organizational psychology)

산업 및 조직심리학은 심리학에서 발견된 사실이나 원리를 기업이나 산업체 장면에 적용하는 문제를 연구하는 분야이다. 여기서는 구성원의 선발, 배치 교육 및 훈련, 인사고과와 같은 인사문제, 작업동기, 직무만족, 리더십, 의사소통, 조직에 대한 헌신 등과 같이 조직 개발과 관련된 제반 문제들이 다루어진다. 또한 여기에는 기계 및 장비의 설계 시 기계와 인간 간의 상호작용 체계를 연구하여 생산의 효율성과 안전의 증진을 도모하려고 하는 인간공학의 문제 등이 포함된다. 산업심리학과 유사한 개념으로 공학심리학(engineering psychology)을 언급하기도 한다.

학교 및 교육심리학(school and educational psychology)

학교심리학은 학생의 학습 지도, 직업 진로 지도, 학교생활 및 사회생활 지도 등에 관한 문제를 다룬다. 학교심리학자는 일선 학교에 배치되어 앞에서 언급된 여러 가지 학생에 관한 문제를 진단 및 상담해 주고, 이런 문제들에 관하여 연구를 한다.

교육심리학은 심리학에서 나온 지식을 교육문제 전반에 적용하는 문제를 다룬다. 교수법, 학습동기, 적응과 생활지도, 교육평가 등의 문제를 연구하고, 학교 심리학자의 교육과 훈련을 담당한다. 학교심리학자는 대부분 교육현장에서 지도나 상담과 같은 일을 직접 수행한다. 교육 심리학자는 주로 대학교에서 교육심리학의 제반 문제를 교육하고 연구하는 일을 한다.

군사심리학(military psychology)

군사심리학은 심리학 연구에서 나온 원리와 방법을 군사장면에 적용하는 분야이다. 군사심리학은 초기에 주로 인원의 선발 및 배치의 문제를 많이 다루었다. 군사심리학에서는 전장 상황에서 발생하는 다양한 심리적 문제를 다루는데, 여기에는 공포, 공황, 전투피로증, 외상후 스트레스 장애(PTSD) 등이 있다. 군사심리학자들은 사기, 단결, 리더십과 같은 군의 정신전력을 연구하기도 하고, 정신질환을 겪고 있는 장병을 도와주며, 심리전, 선전, 선동, 세뇌와 같은 주제를 다루기도 한다. 그 밖에도 군사심리학에서는 여성 리더십이나 군 리더십, 테러의 대응체계 등이 다루어진다.

오늘날 심리학자들이 관심을 갖고 있는 분야와 활동하는 영역을 살펴볼 수 있는 좋은 참조 자료는 해당 국가의 심리학회를 살펴보는 것이다. 미국심리학회(APA, American Psychological Association)는 1892년 Clark 대학교에서 31명의 회원으로 출발한 이후 현재 54개 분과를 갖춘 초대형 학회로 발전하였다. 그림 1-2에서 볼 수 있는 바와 같이 한국심리학회에는 총 15개의 하위분과가 있다. 심리학회에서 가장 많은 회원수를 갖고 있는 하위영역은 임상영역이다. 이 영역은 임상심리학회와 재활심리학회, 고급심리치료학회, 집단심리치료학회, 외상학회, 정신분석학회, 약물치료학회, 임상신경심리학회 등을 포함하여 2018년 기준으로 16,000여 명의 회원들이 활동하고 있다. 상담심리학회에는 2,200여 명이 등록되어 있고, 건강심리학회에는 2,600여 명이 등록되어 있다. 인지/생물심리학회에도 50,000여 명의 회원이 등록되어 있다. 코칭심리학회와 교육심리학회 그리고 학교심리학회에 5,000여 명의 회원이 있으며, 산업 및 조직심리학회에 1,400여 명의 회원이 등록되어 있다.

[그림 1-2] 한국심리학회 산하 분과들

1.4 심리학의 연구방법

심리학은 인간의 행동과 정신과정을 과학적으로 연구하는 학문이라고 정의하였다. 이 정의는 심리학자들이 수행하는 연구가 과학적인 절차와 방법에 의해 이루어진다는 것을 의미한다. 반면에 우리의 일상적 사고는 과학적인 방법에 충실하기보다는 직관(intuition)과 상식에 의존하거나 일부 개인적인 경험을 맹신하는 경우가 많다. 물론 상식에 근거한 지식이 맞는 경우도 많으며, 세월 속의 경험을 통하여 얻어진 지식이 타당한 경우도 있지만, 타당성이 확인되지 않은 것이 더 많다. 이 절에서는 직관이나 상식 그리고 개인적 경험에 의해 얻어진 지식이 타당성 관점에서 어떤 문제가 있는지에 대해 살펴본 다음, 과학적 방법에 의한 지식의 구성에 대해 설명하고자 한다. 아울러 심리학의 연구에서 이루어지는 대표적인 과학적 연구방법으로서 기술적 연구, 상관 연구, 그리고 실험연구에 대해 알아보도록 한다.

1.4.1 일상적 사고의 한계

우리는 세상을 살아가면서 보편적이라고 믿고 있는 사실들, 즉 상식(common sense)에 의존하는 경우가 많다. 큰 어려움을 겪은 사람에게 위로의 말로 '아픈 만큼 성숙하는 거야!'라고 말하거나 '인간지사 새옹지마야!'라는 표현을 전하기도 한다. 그런데 상식으로 알고 있는 사실들을 좀 더 구체적으로 검토해 보면 그 타당성이 의심되는 것이 많거나 서로 상충되는 것들이 있다. 예를 들면, '유유상종(類類相從)'이라는 말이 있다. 이 말은 서로 비슷한 특성을 갖는 사람들끼리 친구가 된다는 말이다. 그런데 상반되는 성격의 사람들이 더 잘 맞는다는 말도 있다. 한 사람이 느리면 다른 한 사람이 빠르고, 한 사람이 지배적이면 상대방이 복종적이어야 서로 잘 맞는다. 또 다른 예를 들어보자. 사랑하는 연인과 관련하여 '안 보면 마음이 멀어진다'라는 말이 있다. 반면에 '떨어져 있을수록 더욱더 애틋해진다'라는 말도 있다. 결혼 후 줄곧 함께 생활해 오던 부부가 직장 때문에 주말부부로 지내야 하는 경우를 보면, 주말부부로 생활하면서 부부간의 금실이 더 돈독해졌다는 경우도 있지만, 주말부부로 생활한 이후로 부부간의 사랑이 식었다고 말하는 경우도 있다.

사람들은 삶 속에서 직접 경험을 통하여 세상에 대해 많은 것을 알게 된다. 그래서 나이가 들고 경험이 많아질수록 지식도 풍부해진다. 사람들은 경험에 의해 형성된 지식에 대해 자신이 직접 체험하였다는 점에서 상당히 확고한 태도를 취하며, 이를 과신하는 경향이 있다. 과거에 사람들은 태양이 지구 주위를 돈다는 천동설에 대해 한치의 의심도 갖지 않았다. 왜냐하면 들판에 나가서 보면 정말 태양이 지구 주위를 도는 것처럼 보였기 때문이다. 체험적인 지식은 우발적이거나 일회적인 성격의 비체계적인 관찰을 통하여 얻어지기도 하며, 그 속에는 관찰된 사실 이외에도 체험자의 추측과 공상이 뒤섞여 있기 때문에 오류를 내포할 가능성이 크다.

때론 사람들이 자신의 견해에 대해 타당성을 부여하기 위하여 권위 있는 사람의 말이나 저서를 자주 인용한다. 공자, 석가, 그리스도 등과 같은 옛 성현들의 말씀, 권위 있는 대학의 교수나 유명한 학자의 견해, 오래된 경전이나 베스트셀러에 실려 있는 내용 등을 근거로 들이대면서 자신의 주장이 맞다는 것을 증명하려고 한다. 그러나 아무리 유명한 사람이 지지하는 것이라 할지라도 체계적인 연구를 통하여 검증되지 않은 사실은 타당한 지식의 원천으로 삼기 어렵다.

세상을 살아가는 데에 있어서 상식이나 일상적인 관찰과 경험 그리고 권위자의 견해 등이 도움을 주는 경우가 많다. 그럼에도 불구하고 이러한 방식으로 얻은 지식을 과신해서는 안 된다. 보다 안전하고 타당한 지식체계를 구성하기 위해서는 과학적인 접근이 요구된다.

1.4.2 과학적 접근

과학적 접근은 가장 타당성 있는 지식을 제공해주는 방법의 하나이다. 과학적 접근은 세 가지 기본 가정과 세 가지 과학적 관찰의 조건을 충족시켜야 한다.

1.4.2.1 과학적 접근의 기본 가정

과학적 접근의 기본 가정은 법칙성, 결정론, 발견 가능성의 세 가지로 요약할 수 있다.

법칙성(order)이란 우주의 모든 현상에는 일견 무질서해 보이는 것도 있지만, 실은 그 내막을 자세히 들여다 보면 어떤 질서나 법칙이 반드시 존재한다고 보는 입장이다. 그래서 과학은 관심의 대상이 되는 현상의 기저에 깔려 있는 법칙성, 즉 원리를 발견해내려고 한다.

결정론(determinism)이란 한 사상(event)의 발생에는 반드시 어떤 선행 원인이 존재한다고 보는 것이다. 어떤 일이 우연히 일어나는 법은 없다는 입장이다. 그래서 이런 사상들 간의 인과관계를 밝히는 일이 바로 과학이 할 일이라고 보는 것이다.

발견 가능성(discoverability)이란 가정이라기보다는 과학자들의 신념이라고 볼 수 있는데, 현재로서는 도저히 밝혀질 수 있으리라고 생각되지 않는 현상이라고 할지라도 언젠가는 그 법칙성이 밝혀질 수 있으리라고 보는 일종의 믿음이다. 나아가서 현재 어떤 원리가 밝혀져 있다고 할지라도, 그보다 더 정교하고 타당한 원리가 발견될 가능성이 있다는 것을 믿는다. 과학자들은 이런 믿음을 갖고 있기 때문에 모든 현상에 대해 꾸준하고도 지속적인 탐구를 하게 된다.

1.4.2.2 과학적 관찰의 조건

과학적 관찰이 되기 위해서는 그 관찰이 경험적이고, 공개적이고, 반복 가능한 것이어야 한다.

경험적(empirical)이라는 것은 관찰 결과가 최종적으로 감각기관을 거쳐서 확인되어야 한다는 의미이다. 따라서, 과학적 명제는 경험적으로 검증을 받아야 비로소 타당한 지식으로 받아들여지게 된다.

공개적(public)이라는 것은 어느 누가 관찰하더라도 모든 사람이 똑같은 결과를 보고해야 한다는 의미이다. 따라서 개인적이고 사적인 신비의 체험은 경험적인 관찰의 결과이기는 하지만 과학적 관찰의 범주에는 포함되지 않는다.

반복 가능(repeatable)하다는 것은 똑같은 조건에서 반복적으로 관찰했을 때 항상 동일한 결과가 보고되어야 한다는 의미이다. 어떤 연구의 결과가 일회적으로 관찰된다거나, 다른 연구에서 또 다른 결과를 나타낸다면 그 연구의 결과는 받아들여질 수 없다.

1.4.2.3 측정

측정(measurement)은 과학적 접근의 기초이다. 측정은 관찰대상에 대해 일정한 규칙에 따라 수치를 부여하는 과정이다. 과학적 접근이 보다 정확하게 진행되기 위해서는 측정이 정밀해야 하고 관찰에 사용되는 용어의 의미가 명확해야 한다. 심리학에서는 측정의 정밀성과 관찰의 정확성을 기하기 위하여 측정하고자 하는 속성에 대한 조작적 정의(operational definition)를 사용한다.

조작적 정의란 측정할 수 있는 구체적인 조건으로 어떤 속성을 기술하는 것을 의미한다. 예를 들면 수면박탈을 정상적인 수면시간보다 '적게 잔 시간'으로 정의한다거나, 일상적으로 언급하는 '길이'라는 것을 '시간에 따른 빛 위치의 변화'로 정의하는 것이다.

과학적 관찰을 위해서는 관찰의 정확성뿐만 아니라 관찰이 체계적으로 이루어지도록 해야 한다. 즉, 일상적 관찰에서처럼 일회적이거나 우발적인 방식으로 관찰을 하는 것이 아니라 일정한 규칙에 따라서 체계적으로 이루어져야 한다.

1.4.3 과학적 연구방법

심리학에서 사용되는 과학적 연구방법으로는 실험연구, 상관관계 연구, 기술연구 등이 있다. 우선적으로 심리학자들은 어떤 현상의 기저에 깔려 있는 원인과 결과의 관계를 파악하려고 한다. 실험법은 현상의 인과관계를 파악할 수 있는 가장 좋은 방법이다. 그러나 여러 가지 제약조건으로 인하여 실험법을 사용할 수 없는 경우가 많다. 그런 경우에는 차선책으로 관련 변인들 간의 관계성을 알아보는 상관관계 연구를 수행할 수 있다. 또한 경우에 따라서는 변인들 간의 관계를 알아보는 것보다 현상의 있는 모습 그대로를 체계적으로 정리할 필요가 있다. 이런 경우에는 기술연구를 할 수 있다.

1.4.3.1 실험연구

실험연구(experimental research)는 어떤 결과 변인의 원인이 되는 변인이 무엇인가라는 물음에 대한 해답, 즉 변인(variable)들 간의 인과관계성(causal relationship)을 규명하기 위한 연구방법이다. 여기서 변인이란 관찰 및 연구될 개체의 속성 중에서 개체마다 서로 다른 값을 갖는 속성을 말한다. 예를 들면, 지능이나 두개골의 크기와 같이 사람들마다 값이 다른 속성을 변인이라고 한다. 반면에, 모든 사람이 동일하게 갖고 있는 속성은 변인이라고 말하지 않고 상수라고 한다.

실험의 기본 논리는 실험자가 어떤 결과의 원인이 될 것으로 추정되는 변인(독립변인, independent variable)의 값을 조작하고, 그 조작의 결과가 종속변인(dependent variable)상에서 어떻게 나타나는지 여부를 관찰하는 것이다. 이때 실험자가 직접 조작하는 독립변인을 제외한 다른 모든 변인(가외변인, extraneous variable 또는 confounding variable)은 일정하게 혹은 동일하게 되도록 통제를 한다. 만약 독립변인을 제외한 다른 모든 변인을 통제하였는데, 독립변인을 조작한 효과가 종속변인상에서 나타난다면, 변화의 원인이 독립변인이라고 판단하게 된다. 이러한 실험연구를 통하여 독립변인과 종속변인 간의 인과관계가 검증된다.

모든 연구가 실험을 통하여 이루어질 수는 없다. 실험연구가 가능하기 위해서는 일차적으로 실험자에 의한 독립변인의 조작이 가능해야 한다. 예를 들어 '두개골의 크기가 지능의 수준을 결정하는가?'라는 질문에 대해서는 실험적인 연구가 불가능하다. 왜냐하면 두개골의 크기는 실험자가 마음대로 변화시킬 수 없기 때문이다. 아울러 실험연구의 성패는 가외변인의 통제 가능성 여부에 의해 좌우된다. 독립변인의 조작과 종속변인의 측정이 아무리 잘 이루어졌다 하더라도 가외변인에 대한 통제가 엄밀하지 않으면, 종속변인에서의 변화가 어디에 기인하는지를 명확하게 알 수 없기 때문이다.

실험은 실험실뿐만 아니라 교실이나 거리에서도 이루어질 수 있다. 예를 들면, 다양한 방식의 운동이 체중감소에 미치는 영향을 연구할 수 있다. 실험은 논리의 문제이지 장소의 문제가 아니다. 비만실험을 하기 위해서는 복잡하고 정밀한 도구와 기계가 요구되는 경우도 있지만, 연필과 종이만 있어도 실험은 가능하다. 그러나 대부분의 실험이 실험실에서 행해지는 이유는 정확한 측정과 가외변인의 통제가 용이하기 때문이다.

1.4.3.2 상관관계 연구

자연관찰이나 사회조사에서는 독립변인의 조작이 어렵기 때문에, 실험연구를 수행할 수 없는 경우가 많다. 이런 경우에는 차선책으로서 상관관계 연구(correlational research)를 할 수 있다. 상관관계 연구에서는 독립변인이나 종속변인의 개념이 사용되지 않으며, 대신에 관련성이 있을 것으로 추정되는 변인들을 관찰하고 그 관계성을 검토한다. 상관관계의 정도는 상관계수(correlational coefficient)를 통하여 나타낸다. 상관계수는 통상 r이라는 기호를 사용하며, -1.00에서 $+1.00$ 사이의 숫자로 표현된다. r값이 $+1.00$이라는 것은(거의 드물지만) 두 변인 간의 완벽한 상관관계를 의미한다. 상관계수가 $+$값이면 정적 상관(positive correlation)이라 부르며, 이는 두 변인의 값이 정비례함을 의미한다. 상관계수가 $-$값이면 부적 상관(negative correlation)이라 부르고, 이는 두 변인의 값이 반비례함을 의미한다. 부적 상관의 예를 들면, 자존감과 우울 간의 상관관계이다. 자존감이 낮을수록 우울의 위험이 더 높고, 자존감이 높을수록 우울의 가능성이 더 낮다.

상관계수는 두 특질이나 행동이 얼마나 밀접하게 함께 변하는 것인지를 알려주기 때문에, 하나의 값을 알면 다른 값을 예측할 수 있다. 수학능력시험 점수와 대학교의 성적 간의 상관관계를 연구하여 상관계수를 알게 되면, 수학능력시험 점수를 토대로 대학교의 성적을 예측할 수 있다. 하지만, 상관관계 연구는 단지 변인 간에 관계성이 있는지 여부를 알 수 있게 해줄 뿐이지, 어떤 변인이 원인이고 어떤 변인이 결과인지는 밝힐 수 없다. 또한 연구에 포함되지 않은 제3의 변인(가외변인)이 있어서 그것이 연구에서 측정된 변인들의 관계에 영향을 미치는지 여부도 알 수 없다.

예를 들어서 흡연과 폐암이 상관관계가 있는 것으로 알려져 있는 경우, 담배를 피우는 사람들이 더 많이 암에 걸린다고 볼 수 있다. 그럼에도 불구하고 암의 유발에 제3의 원인이 존재할 가능성을 부정하지 못한다. 가령 스모그가 많은 도심에서 사는 사람들이 공기가 좋은 교외에 사는 사람들보다 담배를 더 많이 피운다면, 높은 발암률의 원인은 흡연뿐만 아니라 대기오염에도 그 원인이 있을 가능성이 있다. 그럼에도 불구하고 일반적으로 두 개의 변인이 상관되어 있다면, 한 변인에서의 차이가 다른 변인에서의 차이를 유발하는 원인일 가능성이 높다. 하지만 원인과 결과를 나타내는 인관관계가 있다고 결론을 내기 위해서는 추가적인 실험연구가 이루어져야 한다.

1.4.3.3 기술연구

상관관계 연구조차 설계하기 어려운 문제에 대해서는 기술연구(descriptive study)를 수행한다. 기술연구는 현상을 있는 그대로 상세하고 정밀하게 관찰하고 기록하는 것을 말한다. 기술연구는 통상 상관관계 연구나 실험연구를 하기 위한 기초단계로서 실시되는 경우가 많다. 기술연구의 결과에 따라서 추후에 보다 수준 높은 연구가 진행될 수 있다. 기술연구의 대표적인 예로는 자연관찰, 사례연구, 조사연구 등이 있다.

자연관찰(natural observation)은 자연환경에서 관심의 대상이 되는 행동을 기록하는 것이다. 자연관찰은 행동을 설명하지 않고 그저 행동을 기술하는 데에 중점을 둔다. 자연관찰에서 기록의 대상은 밀림 속에서 원숭이들을 관찰하는 것에서부터 유치원에서 아이들의 놀이 활동을 관찰하는 것에 이르기까지 다양하다. 자연관찰에서 중요한 유의사항은 관찰 대상자가 자신이 관찰되고 있다는 사실을 모르게 하는 것이다. 자연관찰은 소수의 장비와 지필 등을 사용한다는 점에서 소규모의 연구로 간주되는 경우가 많다. 그러나 오늘날 스마트폰이나 사물인터넷을 활용하여 ‘빅 데이터’ 처리방식으로 대규모의 자연관찰 연구를 수행할 수 있게 되었다.

기술연구의 또 다른 예는 사례연구(case study)이다. 사례연구는 가장 오래된 기술연구 방법 중 하나이다. 사례연구는 관심의 대상이 되는 몇몇 개체나 사건에 대하여 집중적이고 심층적인 관찰을 하는 것이다. 관찰대상에 대해 자연관찰도 하고, 면접도 하고, 심리검사도 하고, 관련 기록물도 검토한다. 사례연구는 사례 수가 드문 현상에 대한 연구에 특히 적합하다. Freud의 정신분석학은 정신장애가 있는 사람들에 대한 임상적인 사례연구의 결과로부터 발전되어 나온 이론이다. 사례연구는 현상에 대한 심도 있는 이해에 도움을 주는 것이기는 하지만, 그 사례에 영향을 미치고 있는 무수하게 많은 변인의 복잡한 관계성을 규명해 내기에는 곤란하다. 아울러 대표적이지 않은 개별 사례는 잘못된 판단과 결론으로 이끌어 갈 수 있다. 즉 사례연구는 소수의 사례에서 얻은 결과를 다수의 경우에 일반화하기 어렵다는 문제점을 내포하고 있다.

조사연구(survey)도 기술연구의 한 방법이다. 조사연구는 관심 대상들로 하여금 자신의 행동이나 견해를 보고하도록 요구한다. 조사연구의 대상은 성생활, 의식구조, 가치관, 소비행태, 상품 선호도 등 다양하다. 조사연구의 결과는 질문의 순서나 표현에 의해 영향을 많이 받는다. 또한 표본을 어떻게 선정하였느냐에 따라 상이한 결과가 나타날 수 있기 때문에, 조사연구에서는 표본의 선정에 신중을 기해야 하며 표본이 전체를 충분히 대표할 수 있도록 설정되어야 한다.

참고문헌

Baars, B. J. (1986). *The cognitive revolution in psychology.* New York: Guilford Press.

Buss, D. M. (1999). *Evolutionary psychology: The new science of the mind.* Boston: Allyn and Bacon.

Fancher, R. E. (1990). *Pioneers of psychology* (2nd ed.). New York: W. W. Norton.

Fechner, G. T. (1966). *Elements of psychophysics.* (H. E. Adler, Trans.). New York: Holt, Reinhart and Wilson. (Original work published 1860).

Goodwin, C. J. (1999). *A history of modern psychology.* New York: John Wiley & Sons.

Neisser, U. (1967). *Cognitive psychology.* New York: Appleton – Century – Crofts.

Schachter, D. L., Gilbert, D. T., & Wegner, D. M. (2008). *Psychology.* Worth Publishers, Inc.

Skinner, B. F. (1948a). *Walden II.* Englewood Cliffs, NJ: Prentice Hall.

P S Y C H O L O G Y

제02장

행동의 생물학적 기초

P S Y C H O L O G Y

02 행동의 생물학적 기초

근래에 뇌에 대한 이야기가 자주 회자되고 있다. 최근에 일론 머스크 테슬라 최고경영자는 뇌신경과학 스타트업인 뉴럴링크가 사람의 뇌에 컴퓨터 칩을 이식하는 기술을 개발해 올해 안에 임상시험을 할 계획이라고 발표했다. 뇌에 대한 지식은 AI와 로봇 등 4차 산업과 관련해서도 관심이 높고, 뇌질환의 원인 및 치료와 관련해서도 관심이 많으며, 대학에서도 사회에서도 뇌 관련 강의가 큰 관심을 끄는 세상이다.

심리학 개론서는 대체로 1장에서 심리학이란 무엇인가를 설명하고, 바로 이어지는 2장에서 행동의 생물학적 기초를 다룬다. 그 이유는 이 내용이 인간을 이해하는 데 가장 기초가 되기 때문이다. 그때 학생들은 뇌, 신경계, 뉴런과 시냅스에 대한 내용을 접하면서 어려워하기도 하고 심리학에서 이런 내용도 다루는구나 하며 의아해 하기도 한다.

인간의 뇌와 행동은 서로 다른 측면이지만 밀접하게 연관되어 있고, 인간의 모든 행동과 마음(심리과정)은 뇌 활동의 산물이다. 예를 들어 당신이 "총을 든 사람을 보고 공포심을 느꼈다."라고 말했다고 가정하자. 이에 대해 뇌신경과학자는 "당신의 뇌의 이런저런 부위에서 이러저러한 전기화학적 활동들이 일어난 결과입니다."라고 말할 수 있다. 이와 관련된 전기화학적 활동들은 과학적으로 측정하여 보여줄 수도 있다.

생물심리학은 인간의 행동과 심리과정(마음)을 뇌신경과학적 측면에서 접근한다. 인간의 행동을 뇌신경과학적 측면에서 설명한다는 것은 행동을 주로 뇌에서 일어나는 신경들의 활동과 관련짓는 것이다. 예를 들어 우리는 세상을 어떻게 보는가? 우리가 사물을 볼 때 눈은 물리적인 빛 자극을 신경정보로 전환하는 기능을 할 뿐이며 그것이 무엇인지를 판단하고 인식하는 것은 뇌이다. 그러므로 뇌 기능에 문제가 있으면 눈의 기능이 정상이어도 헛것을 보는 환각이 유발된다. 또 우울증이 있는 사람이 약물치료를 받으면 증상이 개선되는데, 그 약물은 뇌의 기능을 변화시킴으로써 효과를 유발한다. 따라서 우울증은 뇌의 문제인 것이다. 우울증의 원인이 뇌에 있다면 상담과 심리치료를 통한 우울증 치료도 역시 뇌에 작용하여 뇌의 기능을 변화시키기 때문에 효과를 내는 것이다.

생물심리학에서 다루는 주요 주제는 감각과 지각, 공격과 도피 등 정서행동, 각성과 수면 및 수면장애, 학습과 기억 및 기억장애, 성행동과 젠더 정체성 및 성 지향성, 그리고 물질중독과 기분장애(우울증 등) 및 조현병을 포함한 심리장애 등이다.

특별히 상담심리학, 임상심리학, 학교심리학을 공부하려는 사람은 생물심리학의 내용을 깊이 공부해야 한다. 이 분야 종사자들은 내담자가 보이는 다양한 부적응의 원인과 심리치료에 대한 전문적이고 통합적인 지식이 있어야 하기 때문이다. 또한 이 분야 종사자들은 내담자가 보이는 부적응 행동이 뇌 질환의 징후인지를 식별하여 적절한 전문가에게 보내고 그들과 협력하는 능력도 필요하기 때문이다.

2.1 신경계

2.1.1 신경계의 구조

인간의 모든 마음(심리과정)과 행동은 신경계의 활동에 기초한 것이다. 신경계에는 약 천억 개의 뉴런과 그보다 훨씬 더 많은 시냅스가 있어서 소우주라고 할 수 있을 만큼 복잡한 신경네트워크 구조를 형성하고 있다. 신경계의 각 부위들과 뉴런들은 각각 전문화된 기능을 수행하며, 그 기능은 다른 영역들과의 연결을 통해서 이루어진다.

먼저 신경계의 기능적 조직을 살펴보자. 척추동물의 신경계는 중추신경계(central nervous system: CNS)와 말초신경계(peripheral nervous system: PNS)로 나누어진다(그림 2-1 참조). 중추신경계는 뇌(brain)와 척수(spinal cord)로 구성된다. 뇌와 척수 바깥의 신경세포들은 말초신경계를 형성하며, 말초신경계는 자율신경계(automatic nervous system)와 체신경계(몸신경계, somatic nervous system)로 구성된다.

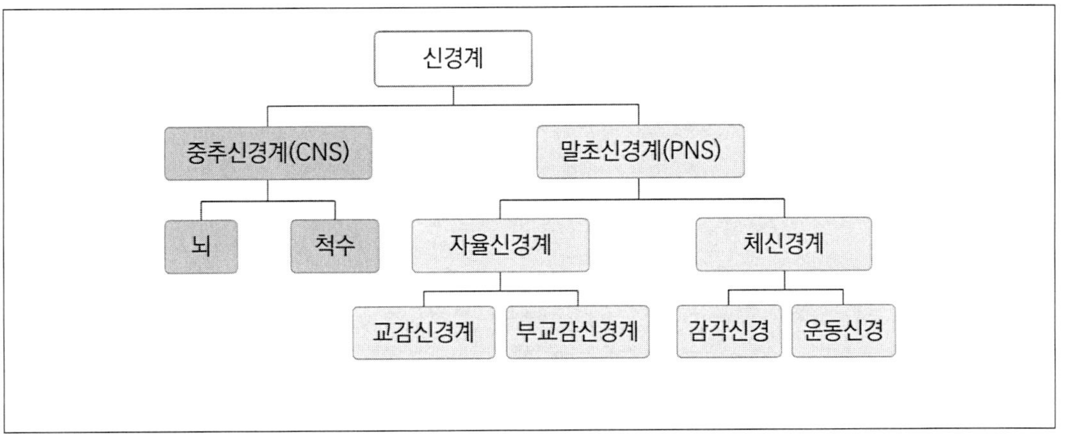

[그림 2-1] 신경계의 구성

2.1.2 말초신경계

말초신경계는 내분비선, 감각기관, 근육, 내장기관 등을 중추신경계와 연결해주는 신경들로 이루어져 있다. 신경(nerve)이란 수천 개의 신경섬유의 다발, 즉 수많은 뉴런의 축삭들로 이루어진다. 말초신경은 대부분 하나의 신경 내에 구심성 신경섬유와 원심성 신경섬유가 함께 있다. 말초신경계는 체신경계와 자율신경계로 구분된다.

2.1.2.1 체신경계

체신경계는 감각신경과 운동신경으로 이루어져 있다. 감각신경은 구심성 신경으로 피부, 근육, 관절의 수용기로부터 감각정보를 받아 중추신경계로 보내고, 운동신경은 원심성 신경으로 중추신경계로부터 정보를 받아 근육과 조직으로 운동 명령을 보내준다.

2.1.2.2 자율신경계

자율신경계는 심장, 폐, 위장, 소장 등 내장기관들을 통제하여 소화나 혈액순환 같은 자율적 기능에 관여하며 교감신경계(sympathetic nervous system)와 부교감신경계(parasympathetic nervous system)로 구분된다(그림 2-2 참조). 교감신경계에서 '교감'의 의미는 관련 기관들이 '교감하여' 마치 오케스트라와 같이 단일 체계인 것처럼 작용한다는 의미이고, '부(para)교감'은 교감신경계 옆에 존재하여 관련된 활동을 하는데 대개는 교감신경계와 상반되는 기능을 한다.

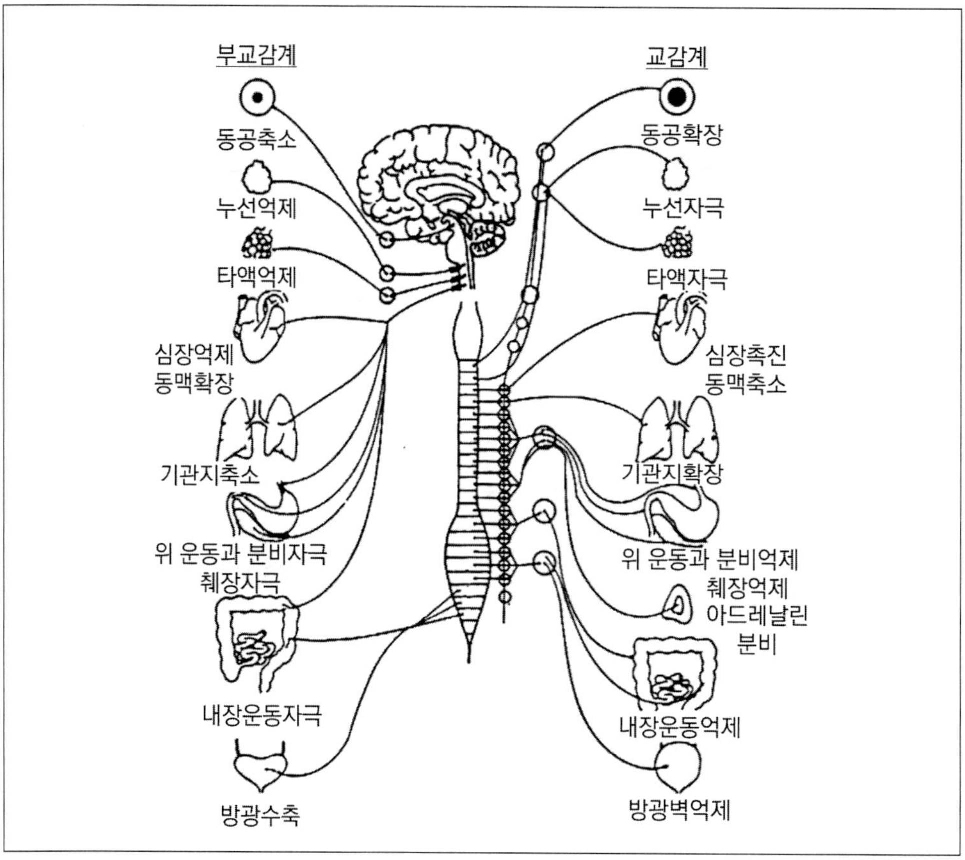

[그림 2-2] 자율신경계의 구조와 기능

당신이 전투상황에서 적과 직접 교전하는 위급상황에 직면했다고 가정해 보자. 적의 위협을 탐지하면 곧바로 교감신경계가 활성화될 것이다. 그 결과, 동공은 확대되고, 심장박동수가 증가하고 혈압이 올라가서 근육으로 가는 혈류를 증대시킬 것이다. 또한 호흡이 깊고 빨라지며 폐 활동이 증가하여 산소 공급을 증대시키고, 간을 자극하여 혈당 수준을 높임으로써 에너지를 공급하여 사용을 촉진할 것이다. 스트레스가 강한 위급상황에서는 이런 교감신경계 활동의 결과로 '싸움 또는 도주' 반응을 할 수 있게 된다. 반면에 소화기관으로 가는 혈관을 수축시켜 혈류를 감소시키기 때문에 당장 시급하지 않은 소화기능은 억제될 것이다.

급박했던 교전상황이 끝나고 안정적인 상태가 되면, 내장기관들로 입력되는 교감신경계는 비활성화되고 부교감신경계의 입력이 활성화된다. 부교감신경계가 활성화되면 교감신경계와는 반대로 신체를 안정상태로 유지하고, 에너지를 사용하기보다 생산하고 유지하는 작용을 한다. 그 결과, 동공은 축소되고 심장박동은 느려지며 근육으로 가는 혈류는 감소되는 반면에 소화기관으로 가는 혈류를 확대하여 소화기능을 촉진함으로써 에너지를 비축한다.

2.1.3 중추신경계

중추신경계는 뇌(brain)와 척수(spinal cord)로 구성된다. 중추신경계 중에서도 뇌의 기능은 특별히 중요하므로 별도의 절로 구성하여 자세히 다룬다.

척수는 척추 내부에 있는 약 2cm 직경의 신경다발이다. 척수는 크게 나누어 두 종류의 기능을 담당한다. 하나는 척수반사인데, 뜨거운 물체에 손이 닿으면 반사적으로 재빨리 손을 떼는 것이 그 예이다. 이는 척수 수준에서 근육에 대한 자율반응을 일으키는 것으로, 감각신경과 운동신경을 척수 안에 있는 횡행섬유가 직접 연결시켜주기 때문에 뇌로 연결된 신경로가 단절되어도 일어난다(그림 2-3 참조). 척수의 다른 기능은 신체 부위와 뇌 사이를 연결시켜 정보소통을 가능하게 해주는 것이다. 신체 부위에서 오는 감각 정보는 척수의 상행섬유를 경유하여 뇌로 보내고, 뇌에서 오는 운동 정보는 척수의 하행섬유를 경유하여 근육의 운동뉴런으로 보냄으로써 신체 운동을 유발한다. 안면부에서는 감각 및 운동 정보가 척수가 아니라 뇌신경을 통해 직접 뇌로 전달된다.

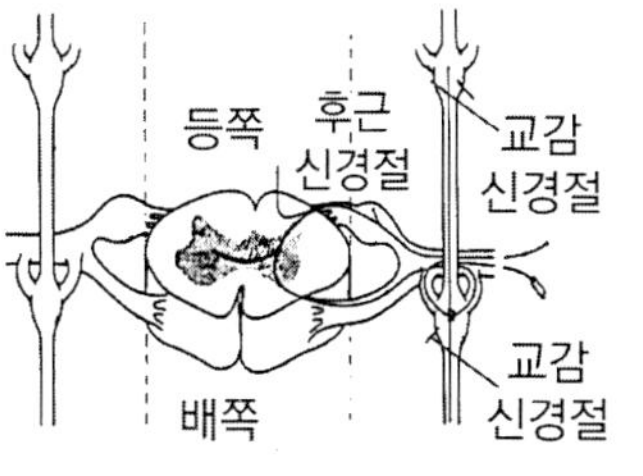

[그림 2-3] 척수의 반사회로

2.1.4 뇌

2.1.4.1 뇌의 위계적 구조

뇌(brain)는 3개의 주요 부분으로 구성되는데, 마름뇌(후뇌, hindbrain), 중간뇌(중뇌, midbrain), 앞뇌(전뇌, forebrain)가 그것이다(그림 2-4 참조).

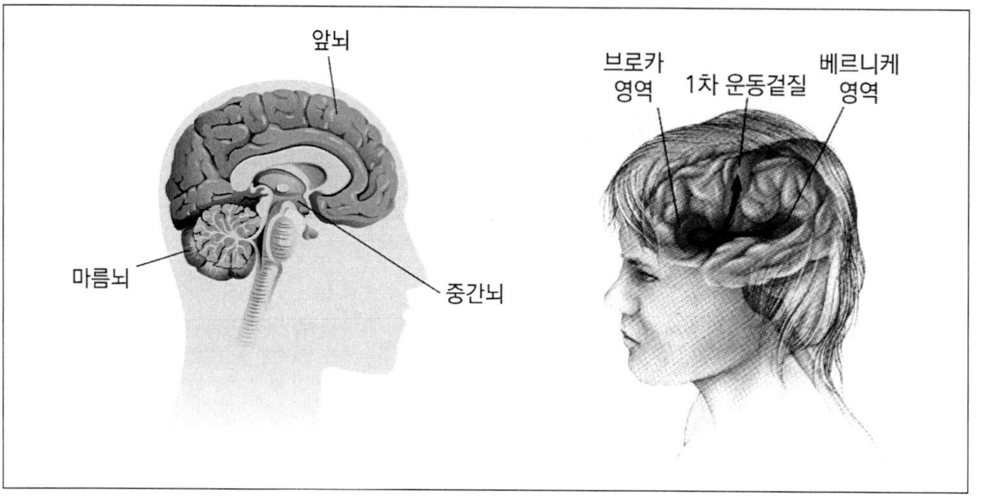

[그림 2-4] 뇌의 구조

2.1.4.1.1 마름뇌

마름뇌는 뇌의 뒷부분으로 숨뇌, 다리뇌, 소뇌로 구성된다. 숨뇌와 다리뇌, 그리고 중간뇌가 뇌줄기(뇌간, brainstem)를 형성한다. 숨뇌(연수, medulla)는 척수의 연장부로 볼 수 있으며 뇌의 최하단부에 있다. 숨뇌에서 시작되는 뇌신경들은 호흡, 심장박동, 구토, 침 분비, 기침, 재채기와 같은 생명유지에 필수적인 반사들을 통제한다.

다리뇌(뇌교, pons)는 좌반구와 우반구에서 나온 축삭들이 여기에서 척수의 반대쪽으로 건너가기 때문에 다리라는 명칭이 붙었으며, 이런 연결구조로 인하여 뇌의 좌반구는 신체 우측을 통제하고 우반구는 신체 좌측을 통제한다.

소뇌(cerebellum)는 운동과 조절, 신체의 균형유지와 협응에서 핵심적인 기능을 할뿐만 아니라 조건화와 같은 유형의 학습에서도 중요한 역할을 한다. 소뇌가 손상되면 시각 자극과 청각 자극 간에 주의를 이동시키는 데 어려움을 보이고, 시간 간격 맞추기에도 어려움이 있어서 리듬의 빠르기를 판단하는 과제를 제대로 수행하지 못한다.

2.1.4.1.2 중간뇌

중간뇌(중뇌, midbrain)는 마름뇌의 앞쪽, 앞뇌의 뒷부분에 위치한 작은 부분인데, 근육의 긴장과 운동 조절의 기능을 한다. 이 부위에 있는 흑질(substantia nigra)에서는 시냅스 전달과정에서 도파민이라는 신경전달물질이 분비되는데, 흑질의 뉴런이 변성되면 신체 운동에 이상이 초래되는 파킨슨병(Parkinson's disease)에 걸린다.

2.1.4.1.3 앞뇌

앞뇌(전뇌, forebrain)는 포유류의 뇌에서 가장 특징적인 구조이며, 좌반구와 우반구로 구분되어 있고, 바깥부분이 대뇌겉질(대뇌피질, cerebral cortex)이다. 앞뇌에는 몇몇 구조물들이 상호연결된 가장자리계통(변연계, limbic system)이 있어서 뇌줄기 주변과 경계를 형성하고 있다. 가장자리계통에는 후각망울(후구, olfactory bulb), 시상하부, 해마, 편도체, 대뇌겉질의 띠이랑(대상회, cingulate gyrus) 등이 포함된다.

시상하부(hypothalamus)는 시상의 아래에 있으며, 먹기, 마시기, 체온 조절, 생식 행동 통제에 필수적인 기능을 하고, 신체 조건을 평형상태로 일정하게 유지하는 항상성(homeostasis) 기제에 관여한다. 시상하부가 손상되면 갑자기 많은 양의 음식을 먹거나, 굶어 죽을 때까지 전혀 먹지 않거나, 괴이한 성행동을 보이기도 한다. 또한 시상하부는 호르몬을 분비하여 바로 아래에 있는 뇌하수체(pituitary gland)를 통제한다. 시상하부와 뇌하수체가 분비하는 호르몬은 다른 내분비선들에서의 호르몬 분비를 조절하여 신체 기능에 중요한 영향을 미친다.

해마(hippocampus, sea horse를 뜻하는 라틴어)는 특정 유형의 학습과 기억에 중요한 역할을 한다. 특히 해마는 개인적 사건에 대한 기억을 저장하는 데 중요하다. 뇌의 어떤 부위에서 신경흥분이 집중적으로 일어나면 뇌전증(간질)이 유발되는데, 증상이 극심할 경우 치료를 위해 병소 부위를 국소적으로 제거하는 수술을 한다. 이 수술로 인해 해마가 제거된 H. M.이라는 환자는 수술 이전에 있었던 일들은 기억할 수 있었으나 수술 이후에는 새로운 기억을 형성하지 못하는 전향성 기억상실증을 보였다(Scoville & Milner, 1957).

편도체(amygdala)는 정서, 특히 공포를 상상하거나 위험을 평가하는 데 중요한 역할을 하고, 외부 정보를 즉각적으로 받아들여 적절한 정서반응(예컨대, 공격행동)을 하도록 한다(Henke, 1988). 편도체가 손상되면 사람의 얼굴에서 공포나 혐오스러움을 느끼는 표정을 인식하지 못한다. 그래서 행복, 슬픔, 놀람, 혐오, 분노를 나타내는 얼굴표정은 그림으로 나타낼 수 있으나 공포를 표현하는 표정은 그리지 못한다(Adolphs, Tranel, Damasio, & Damasio, 1995).

2.1.4.2 대뇌

대뇌(cerebrum)는 뇌의 다른 부분을 둘러싸고 있는 구조이며, 대뇌의 표면층을 대뇌겉질(대뇌피질, cerebral cortex)이라고 한다. 대뇌겉질은 부위에 따라 기능이 다르며 각각 기억, 사고, 언어, 각성 및 의식 등의 중요 기능을 담당한다. 인간이 인간다운 것은 대뇌겉질의 기능 때문이다.

2.1.4.2.1 대뇌겉질의 구조와 기능

대뇌겉질의 전체 표면적은 2,360cm^2 정도이고 두께는 2~4mm 정도이며 대뇌 전체를 덮고 있는 구조이다. 대뇌겉질은 호두 속처럼 굴곡이 있는데, 이는 작은 공간에서 표면적을 최대한 확대하여 보다 다양하고 복잡한 기능을 갖게 하기 위한 것이다. 대뇌겉질은 대뇌 중앙을 따라 앞뒤로 깊은 홈이 있는데, 이 홈이 대뇌를 좌반구와 우반구로 구분 짓는다(그림 2-5 참조). 좌반구와 우반구는 서로 마주보고 있는 형태이며, 구조와 기능에서 어느 정도 대칭이고, 뇌들보(뇌량, corpus callosum)에 의해 연결되어 상호 정보를 교환한다.

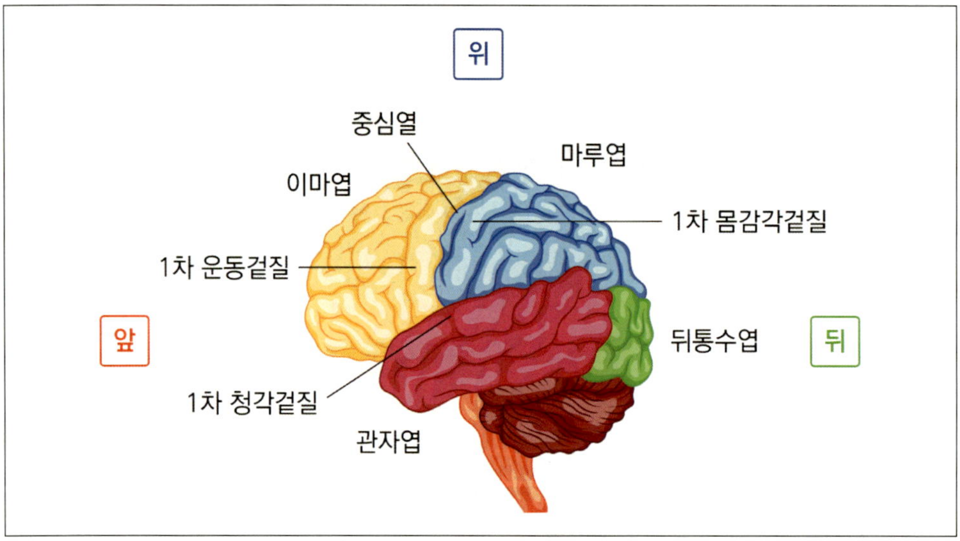

[그림 2-5] 대뇌겉질의 구조와 기능

대뇌겉질은 이마엽(전두엽, frontal lobe), 마루엽(두정엽, parietal lobe), 뒤통수엽(후두엽, occipital lobe), 관자엽(측두엽, temporal lobe) 등 네 부위로 구분된다.

이마엽은 중심고랑의 앞부분이면서 측두열의 윗부분을 말하는데, 일차 운동겉질과 이마앞겉질을 포함하고 있다. 일차 운동겉질은 신체의 수의적 운동을 조절한다. 이 부분이 손상되면 관련되는 신체 부위에 운동장애가 유발되고, 특정 부위를 전기적으로 자극하면 그 부분에 대응되는 신체 부위가 움직이게 된다. 이마엽의 가장 앞쪽 부분인 이마앞겉질(전전두피질, prefrontal cortex)은 인간의 뇌에서 가장 높은 비율을 보이며, 이 부위에 있는 뉴런은 아주 많은 시냅스를 가지고 있어서 엄청난 양의 정보를 통합한다. 이마앞겉질은 사람들이 하려는 행동의 결과를 평가하여 선택할 때, 그 행동의 난이도, 성공과 실패 확률, 보상 가치 등을 비교하는 데 중요한 기능을 한다. 그러므로 이마앞겉질이 손상된 사람은 대안별로 가능한 모든 장단점을 고려하지 못하고 충동적인 의사결정을 내리게 된다.

마루엽은 중심고랑 뒷부분부터 뒤통수엽 사이를 말하며, 중심고랑 바로 뒷부분인 중심뒤이랑 부위는 일차 몸감각겉질(일차 체감각피질)로서 촉감과 관절 수용체 등에서 들어오는 감각 정보를 받아들인다.

관자엽(측두엽, temporal lobe)은 좌반구와 우반구의 가쪽, 즉 관자놀이 부위이다. 이곳은 청각 정보를 처리하는 일차 청각겉질 영역이다. 또한 관자엽은 공포, 분노, 욕망, 질투심 등의 정서반응에 관여하는 가장자리계통(변연계)과 연결되어 있다.

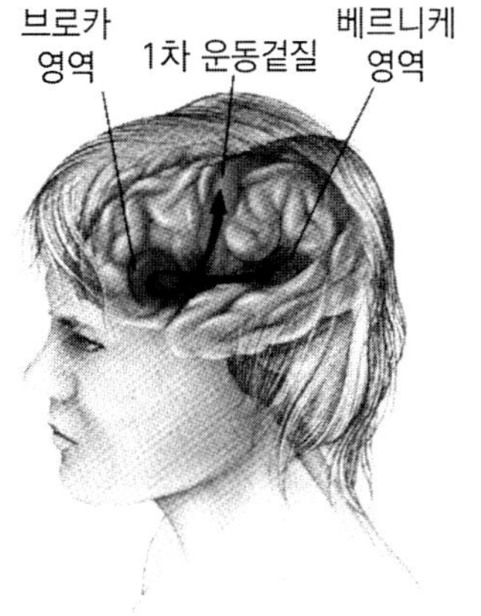

[그림 2-6] 언어와 관련된 대뇌겉질 영역

뒤통수엽(후두엽, occipital lobe)은 시각 정보가 입력되는 주요 구조이다. 뒤통수엽의 맨 뒤쪽은 일차 시각겉질인데, 이 부위가 손상되면 겉질성 맹이 유발되어 의식적 시지각과 시각적 이미지가 (꿈에서 조차도) 있을 수 없다. 눈의 기능이 손상된 맹인들도 뒤통수엽이 온전하면 시각적 장면을 상상하거나 시각적 꿈을 꿀 수 있다. 눈은 시각적 자극을 제공하고, 시각적 경험은 시각겉질이 할 수 있게 해준다.

대뇌겉질의 4분의 3은 감각과 운동에 관여하지 않는 연합영역이다. 연합영역은 여러 종류의 정보를 통합하는 기능을 하며, 인간의 계획, 기억, 사고 및 언어와 같은 고등정신과정에 관여한다. 연합영역 중 특정 부위가 손상되면 언어를 말하고 이해하는 능력에 심각한 결함을 보이는 실어증(aphasia)이 야기된다. 실어증 중 표현성 실어증(expressive aphasia)은 언어를 표현하지 못하는 것이 특징인데, 입술과 혀를 포함한 발성기관에는 문제가 없지만 개별 운동을 통합시켜 내용이 있는 문장으로 만들어 내는 능력에 장애가 생긴다. 표현성 실어증은 좌측 이마엽에 있는 브로카 영역(Broca's area)이 손상될 때 나타난다. 실어증의 다른 유형인 수용성 실어증(receptive aphasia)은 말을 할 수는 있지만 타인이 한 말의 내용을 이해하는 데 장애를 보인다. 수용성 실어증은 청각영역과 인접하고, 관자엽과 마루엽이 만나는 부위인 베르니케 영역(Wernicke's area)이 손상될 때 나타난다(그림 2-6 참조).

2.1.4.2.2 대뇌반구의 구분된 기능: 편재화와 언어

우리의 대뇌는 좌반구와 우반구로 나뉘어 있다. 두 반구 사이에는 뇌들보(뇌량)라는 일군의 축삭들로 연결되어 있어서 두 반구 사이에 정보가 전달되어 통합적으로 기능한다. 그러므로 우리의 일상생활에서 한쪽 반구만 사용하는 일은 거의 없다. 만약 뇌들보가 없다면 좌반구는 신체의 우측에서 들어오는 정보에만 반응하고, 우반구는 신체 좌측에서 들어오는 정보에만 반응할 수 있다.

뇌들보의 신경섬유를 절단하면 두 반구 간의 정보 교환이 차단되는 분할뇌가 된다. 뇌전증(간질)은 뇌의 어떤 부위에서 과도하게 동기화된 신경활동이 반복해서 일어나는 병이다. 그래서 뇌전증이 심한 경우는 한 반구에서 일어난 신경발작이 다른 반구로 건너가지 못하도록 뇌들보를 절단하는 수술을 실시하여 뇌전증의 증상을 경감시킨다.

뇌들보를 절단하여 분할뇌가 되면 행동의 다른 측면에는 어떤 영향을 미칠까? 분할뇌를 가진 사람들은 지적 활동과 동기 및 걷기와 말하기는 정상이며 친숙한 일에는 두 손을 함께 사용하지만 독특한 양상의 뇌 활동을 보인다. 분할뇌를 가진 사람들을 대상으로 한 연구는 좌반구와 우반구가 모양은 대칭적이지만 기능에서는 차이가 있음을 보여준다.

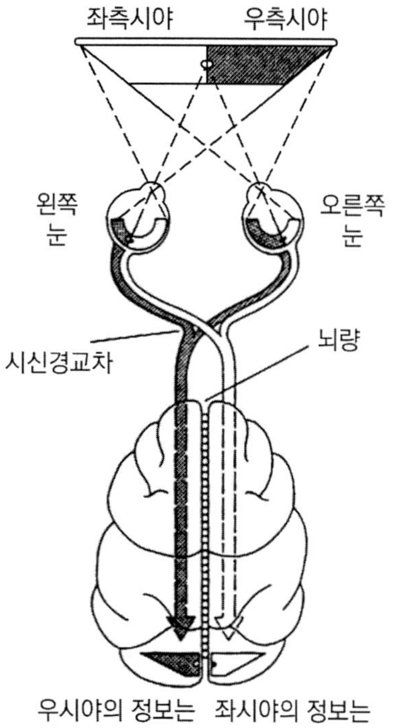

[그림 2-7] 시각정보의 투사

이를 이해하려면 먼저 시각 신경로를 알아야 한다. 눈에서 뇌로 투사되는 시각 신경로를 살펴보면, 인간은 각 반구가 각 눈의 절반과 연결된다(그림 2-7 참조). 두 눈으로 어느 한 점(고정점)을 주시하면서 정면을 바라보면, 고정점을 기준으로 시야(어느 한 순간의 가시 영역)의 오른쪽 절반(우측 시야)에서 나오는 빛은 눈의 렌즈에서 굴절되어 좌우측 눈에 있는 망막의 왼쪽 절반 부위에 있는 시각 수용체를 자극한다. 반면에 시야의 왼쪽 절반(좌측 시야)에서 나오는 빛은 좌우측 눈의 망막의 오른쪽 절반 부위에 있는 시각 수용체를 자극한다.

두 눈의 망막에 있는 시각 수용체로부터 입력을 받은 축삭들은 시각 신경을 형성하여 뇌의 뒤통수엽에 있는 시각 겉질로 들어간다. 그런데 양쪽 눈에서 나온 시각 신경 중 바깥쪽 절반은 각각 두 눈과 같은 방향의 반구로 들어가고, 안쪽 절반은 시각교차(시교차, 시각신경교차, optic chiasm)에서 교차하여 각각 반대쪽 반구로 들어간다. 이와 같은 시각 신경로로 인해, 두 눈에 있는 망막의 왼쪽 부위에서 들어오는 정보는 좌반구로 들어가고, 망막의 오른쪽 부위에서 들어오는 정보는 우반구로 들어간다. 그리하여 좌반구는 고정점의 우측 시야를 보게 되고, 우반구는 고정점의 좌측 시야를 보게 된다.

Roger Sperry 등이 수행한 실험에서(그림 2-8 참조), 분할뇌를 가진 사람이 정면을 바라보고 있을 때, 눈을 움직일 여유가 없을 정도로 짧은 순간 동안(약 10분의 1초) 스크린 중앙을 중심으로 좌측 또는 우측 시야에 단어나 그림을 제시하였다. 그림 2-8의 A와 같이, 고정점 좌측(좌측 시야)에 '나사'라는 단어를 제시하면 이는 뇌의 우반구로만 입력되고 좌반구로는 입력되지 않는다. 이 피험자에게 무엇을 보았느냐고 물으면 말로는 대답하지 못하지만, 본 것을 왼손으로 만져서 찾으라고 하면 정확하게 골라낸다. 이는 왼손을 통제하는 우반구에는 '나사'라는 단어가 입력되었지만 언어 기능이 있는 좌반구에는 '나사'가 입력되지 않았으므로 말로 대답을 하지 못한 것이다.

그림 2-8의 B와 같이, 스크린에 '모자 밴드'를 제시하면 좌측 시야에 있는 '모자'는 우반구로, 우측 시야에 있는 '밴드'는 좌반구로 들어간다. 피험자에게 무엇을 보았느냐고 물으면 '밴드'를 보았다고 말로 보고하지만 어떤 밴드인지를 물으면 대답하지 못한다. 이 결과도 좌반구가 말하기 기능을 수행한다는 사실을 보여준다.

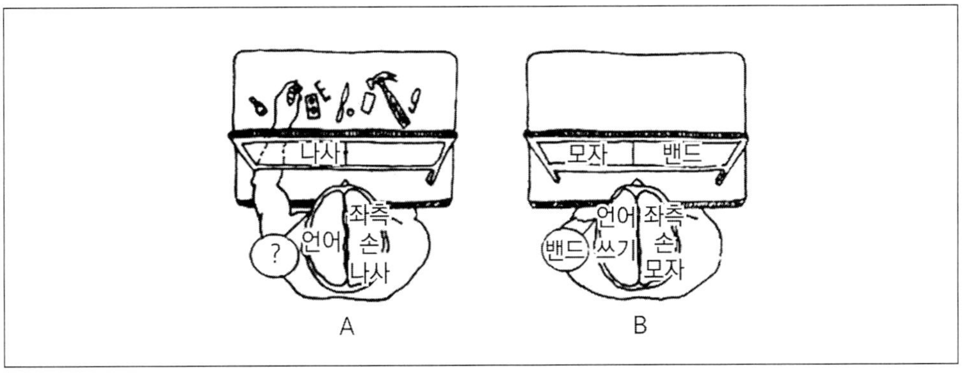

[그림 2-8] Sperry의 실험절차

Sperry 등의 연구를 비롯한 일련의 증거들은 두 반구가 모양은 대칭적이지만 기능은 다른 방식으로 편재화되어 있다는 사실을 보여준다. 좌반구는 말하기, 읽기, 쓰기 및 산수와 관련된 기능을 담당한다. 좌반구는 논리적이며 분석적인 양식으로 작용하고 세부적인 것에 초점을 두며, 전체보다는 개개의 특징에 반응한다. 반면에 우반구는 음악 및 예술적 능력과 관련되고, 상상과 공상, 복잡한 기하학적 패턴을 지각할 때 특별한 역할을 하며, 우반구의 지각은 전체적이다. 우반구는 좌반구보다 정서적 자극에 더 반응이 민감해서 사람의 제스처와 목소리 톤에서 정서를 지각하는 일에 뛰어나다.

좌반구와 우반구의 기능적 차이에 대한 연구는 매우 흥미롭지만, 때로는 비과학적이고 비합리적인 주장으로 이어지기도 한다. 예를 들어 "나는 우뇌형 인간이므로 좌뇌형 과목인 과학을 못하는 것은 당연한 거야."라는 식으로 자기합리화를 하기도 한다. 좌반구와 우반구가 서로 다른 기능에 전문화되어 있고, 특정 과제를 수행할 때 어느 한쪽 반구에서 더 큰 활동이 유발된다는 것은 맞지만, 일상생활에서 두 반구는 대부분 함께 기능하고 한쪽 반구에만 습관적으로 의존하는 것은 아니다. 그러므로 이런 주장은 과학적이지도 않고 합리적이지도 않다. 또한 "나는 우뇌형 인간이야."라고 믿는 사람도 뇌의 활동을 측정해보지도 않고서, 자신이 어떤 과제는 잘하고 다른 과제는 잘 못한다는 것만을 근거로 할 뿐이다. 사실 대부분의 과제는, 특히 어려운 과제는 좌반구와 우반구 모두의 협력을 필요로 한다.

2.2 신경계에서의 정보소통

우리의 모든 감각과 운동, 인지적 기능, 정서적 경험 등은 뇌를 포함한 신경계에서 일어나는 정교하게 조정된 일련의 사상들의 결과이다. 신경계의 활동은 신경정보 소통으로부터 시작되며, 의미 있는 사고나 행동은 어떤 뉴런들은 활발히 활동하고 다른 뉴런들은 활동을 억제함으로써 일어나는 것이다. 인간의 행동과 마음(심리과정)의 생물학적 기초를 이해하기 위해서는 신경계의 구조와 작용방식에 대하여 이해할 필요가 있다.

2.2.1 뉴런의 구조와 기능

신경계는 뉴런과 아교세포로 구성되어 있다. 뉴런(neuron)은 정보를 받아들여서 다른 세포로 전달한다. 아교세포(교세포, glia)는 여러 종류가 있으며 신경세포를 지지하고 보호하며, 말이집을 생성하고, 혈액뇌장벽을 구성하는 등 다양한 기능을 한다.

뉴런은 크기, 모양 및 기능이 매우 다양하지만, 기본적으로 세포체, 가지돌기, 축삭, 축삭종말로 구성되어 있다(그림 2-9 참조). 세포체(cell body)는 핵, 리보솜, 미토콘드리아를 함유하고 있으며, 여기에서 에너지 공급, 세포의 생명유지 및 신진대사 기능이 일어난다. 가지돌기(수상돌기, dentrites)는 나뭇가지처럼 나누어지고 끝부분으로 갈수록 가늘어진다. 가지돌기 표면에는 시냅스 수용체가 있어서 다른 뉴런과 함께 형성하는 시냅스를 통해 신경정보를 받아들인다. 세포체는 많은 가지돌기를 가지고 있으나, 세포체에서는 오직 한 개의 축삭이 뻗어 나온다. 축삭(축색, axon)은 지름이 일정하고 가느다란 섬유이며, 신경충동을 다른 뉴런이나 근육 및 기관으로 전달하는 기능을 한다. 축삭의 끝부분에는 여러 개의 가지로 나누어지는 축삭종말(axon terminals)이 있고, 각 가지의 끝은 부풀어 오른 모양의 시냅스 전 종말(종말단추)을 형성한다. 시냅스 전 종말에서는 시냅스 틈으로 신경전달물질을 분비하여 시냅스 후 뉴런으로 신경정보를 전달한다.

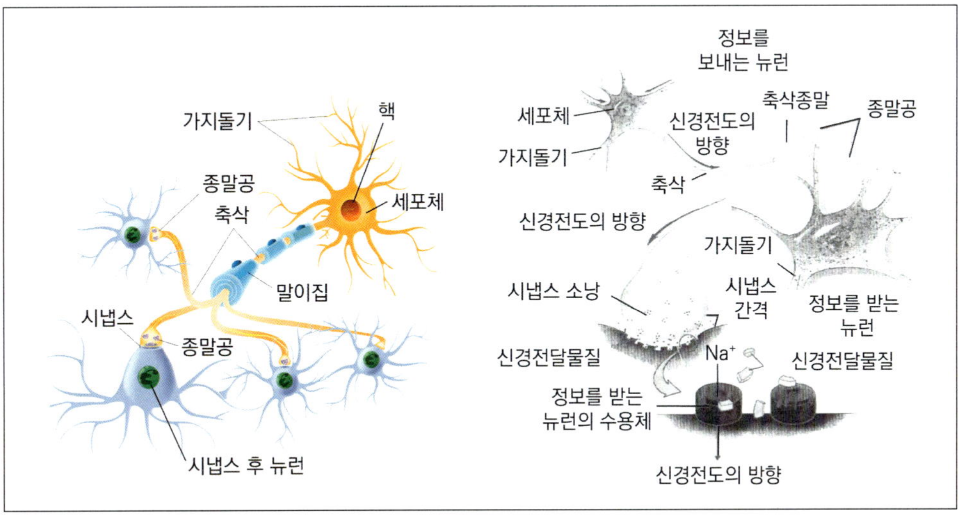

[그림 2-9] 뉴런의 구조 및 시냅스 전달

척추동물의 뉴런의 축삭은 말이집 축삭(유수축삭, myelinated axon)과 민말이집 축삭(무수축삭, unmyelinated axon)으로 구분된다. 말이집(수초, myelin)은 지방과 단백질 층들로 구성된 절연물질인데, 이 말이집으로 둘러싸여 있는 것이 말이집 축삭이고, 말이집이 없는 것이 민말이집 축삭이다. 말이집 축삭은 대략 1㎜마다 1㎛ 정도의 폭으로 말이집이 끊어져 있는 랑비에 마디(랑비에 결절, node of Ranvier)가 있다. 뉴런의 축삭에 말이집과 랑비에 마디가 있음으로 인하여, 활동전위는 랑비에 마디에서만 도약하듯이 전도되는 도약전도(saltatory conduction)가 일어나게 되고, 그로 인해 신경전도의 속도가 훨씬 더 빠르게 이루어지고 에너지 소모도 적어지는 장점이 있다.

뇌는 특별히 중요한 기관이어서 혈액뇌장벽(blood－brain barrier)이라는 특별한 보호장치를 가지고 있다. 바이러스나 세균 감염이 일어나 세포로 침입하면 면역계 세포는 바이러스뿐만 아니라 그것이 침투한 세포도 함께 죽이게 된다. 세포가 죽으면 다시 생성되는 피부 등 다른 세포들과 달리, 뉴런은 한 번 죽으면 재생산하여 대체할 수 없으므로 대부분의 바이러스, 세균, 박테리아 및 해로운 화학물질들이 뉴런 내부로 침투하는 것을 미리 차단하여 예방할 필요가 있다. 혈액뇌장벽이 이 기능을 수행한다. 뇌에 있는 뉴런은 내피세포들이 매우 촘촘하게 늘어서 있어서 바이러스와 다른 해로운 화학물질이 통과하지 못한다. 알츠하이머성 치매는 뉴런의 내피세포가 위축되어 해로운 화학물질이 들어가기 때문에 뉴런이 손상된 결과이다. 혈액뇌장벽은 뇌에 유해한 물질과 함께 유용한 물질도 함께 차단하므로 심리장애 치료제나 뇌종양 치료제가 효과를 내려면 혈액뇌장벽을 통과할 수 있는 형태여야 한다. 뉴런이 에너지원으로 포도당만을 사용하는 이유도 포도당만이 혈액뇌장벽을 통과하기 때문이다.

2.2.2 뉴런 내에서의 정보전달

우리의 모든 행동과 마음(심리과정)은 신경계 활동의 산물이라고 하였다. 신경계 활동을 뉴런 내에서의 활동과 뉴런과 뉴런 사이의 활동으로 구분하여 살펴보자. 뉴런 내에서 이루어지는 신경계 활동은 활동전위(신경충동)가 생성되고 그것이 전파되는 전기적 사상이고, 뉴런들 사이의 정보전달은 한 뉴런에서 신경전달물질이라는 화학물질이 분비되어 다른 뉴런의 세포막을 변화시키는 화학적 사상이다.

2.2.2.1 안정전위

뇌의 뉴런들은 액체 속에 있으며 세포막을 기준으로 내부와 외부에 전하를 띤 이온들이 있다. 뉴런의 세포막에는 특정 이온만이 통과할 수 있는 이온통로들이 있다. 이 이온통로들은 특정 뉴런에 대하여 때로는 열리고 때로는 닫히는 선택적 투과성(selective permeability)이 있어서 이온물질의 이동을 통제한다. 신경정보 전달에서 핵심적인 기능을 하는 이온에는 나트륨 이온(Na^+), 염소 이온(Cl^-), 칼륨 이온(K^+), 그리고 칼슘 이온(Ca^{2+})이 있다. 나트륨 이온과 염소 이온은 소금(NaCl)이 물에 용해되어 분리된 것이다.

뉴런이 쉬고 있는 안정상태일 때, 세포막은 전기기울기를 유지하여 세포 내부가 외부에 비해 약간 음전위를 띠는 분극화 상태에 있다. 이러한 전압의 차이를 유지하고 있는 것을 안정전위(휴지전위, resting potential)라고 한다. 안정전위가 유지되는 이유는 양전하를 띤 나트륨 이온(Na^+)은 세포 내부에 비해 외부에 훨씬 많이 분포하는 반면에 음전하를 띤 염소 이온(Cl^-)은 세포 내부에 많이 분포하고, 세포 내부에 있는 단백질도 음전하를 띠고 있기 때문이다. 전형적인 안정전위는 −70㎷ 정도이며, 안정전위의 실제 전위차는 뉴런마다 차이가 있다.

뉴런은 어떻게 안정전위를 유지하며, 안정전위를 유지하는 이유는 무엇일까? 전하를 띤 이온이 세포막을 자유롭게 통과할 수 있다면 삼투압에 의하여 전위차는 유지되지 않을 것이다. 안정전위는 뉴런 막의 선택적 투과성과 나트륨-칼륨 펌프(sodium-potassium pump)의 작용으로 인해 유지된다. 나트륨-칼륨 펌프는 나트륨 이온 세 개를 세포 밖으로 내보내면서 칼륨 이온 두 개를 세포 안으로 끌어들이기를 계속한다. 뉴런이 안정상태일 때, 나트륨 이온 통로는 닫혀 있어서 밖으로 펌프질되어 나간 나트륨 이온은 계속 밖에 머무르고, 뉴런 안에 있는 칼륨 이온은 천천히 일부가 밖으로 새어 나간다. 그 결과, 나트륨 이온의 농도는 뉴런 바깥쪽이 안쪽보다 10배 이상 높고, 칼륨 이온의 농도는 안쪽에서 더 높다. 이와 같은 작용으로 뉴런 내외부 간에 전위차가 존재하여 전기기울기가 형성되고, 이온의 분포도 불균등하게 되어 농도기울기가 형성된다.

안정상태에 있는 뉴런이 안정전위를 유지하고 있을 때, 나트륨 이온에는 두 가지 힘이 작용하여 나트륨 이온을 세포 안으로 강력하게 밀어 넣으려 한다. 첫째는 전기기울기인데, 나트륨 이온은 양전하를 띠고 있는 반면에 뉴런 내부는 음전하를 띠고 있기 때문에 전기기울기는 나트륨 이온을 뉴런의 내부로 밀어 넣으려 한다. 둘째는 농도기울기인데, 나트륨 이온의 농도가 뉴런 안쪽보다 바깥쪽에 더 높으므로 역시 밖에서 안으로 들어가려는 힘이 작용한다. 이와 같이 외부에 다량 분포한 나트륨 이온이 내부로 들어가려는 힘이 강력하게 작용하지만 나트륨 이온 통로가 닫혀 있기 때문에 거의 이동하지는 못한다.

뉴런이 안정상태일 때, 칼륨 이온에는 서로 반대 방향의 힘이 작용한다. 즉 전기기울기는 칼륨을 뉴런 안쪽으로 밀어 넣으려는 힘으로 작용하지만, 농도기울기는 칼륨을 뉴런 바깥으로 밀어내려는 힘으로 작용하여 거의 균형을 유지하고 있다.

뉴런이 안정전위를 유지하게 하는 나트륨－칼륨 펌프는 많은 에너지를 필요로 한다. 그럼에도 뉴런이 안정전위를 유지하는 이유는 무엇일까? 그 이유는 안정전위를 유지함으로써 뉴런이 자극에 신속하게 반응할 수 있도록 준비시키기 때문이다. 이는 마치 궁수가 활을 쏘려고 활시위를 미리 당기고 있는 것과 같다. 뉴런은 농도기울기와 전기기울기를 유지함으로써 자극에 재빠르게 반응할 준비를 하고 있는 것이다. 뉴런이 자극을 받으면 나트륨 이온 통로를 개방하여 다량의 나트륨 이온이 세포 안으로 신속히 유입되어 활동전위가 유발되고, 이로 인해 뇌의 신속한 정보처리가 가능해지는 것이다.

2.2.2.2 활동전위

신경계에서의 정보전달은 안정전위 상태에서 활동전위가 일어나는 것을 기반으로 이루어진다. 활동전위(신경충동, action potential)는 뉴런에서 일어나는 갑작스럽고 일시적인 막전위의 변화인데, 축삭을 통해 전달되는 전기적 사상의 메시지이다.

뉴런은 세포막의 이온 통로를 통해 이온이 이동하는데, 세포막 내부에 양전하의 양이 증가하거나 음전하의 양이 감소하여 세포막 내외부 간 전위차가 작아지는 것을 탈분극(depolarization)이라 하고, 반대로 음전하의 양이 증가하거나 양전하의 양이 감소하여 전위차가 커지는 것을 과분극(hyperpolarization)이라고 한다.

뉴런의 세포막에 있는 나트륨 이온 통로는 세포막 내외의 전위차에 따라 투과성이 달라진다. 뉴런의 막이 자극을 받아 탈분극 되면 나트륨 이온 통로와 칼륨 이온 통로가 열리기 시작하면서 이온들이 조금씩 이동하게 된다. 탈분극이 유발된 정도가 역치(약 10㎷) 이내이면 나트륨 이온의 유입에 대응하여 칼륨 이온이 방출됨으로써 다시 안정전위를 회복한다. 하지만 탈분극이 일어나는 정도가 역치에 도달하면(10㎷ 이상의 탈분극이 유발되면), 일련의 극적인 사태가 촉발된다. 즉 나트륨 이온 통로가 충분히 개방되어 농도기울기와 전기기울기에 따라 다량의 나트륨 이온이 세포 내부로 급속도로 유입된다. 그 결과, 세포막 내외부 간 전위차가 －70㎷에서

극적으로 역전되어 +40㎷로 변화된다. 곧이어 칼륨 이온이 유출되어 다시 탈분극 상태가 되고, 나트륨–칼륨 펌프의 작동으로 원래의 이온 분포를 회복하여 안정전위로 돌아간다(그림 2–10 참조). 외과수술 시에 사용하는 리도카인 같은 국소마취제는 나트륨 이온의 유입을 차단하여 활동전위의 발생을 방해함으로써 통증 정보의 전달을 억제하는 것이다.

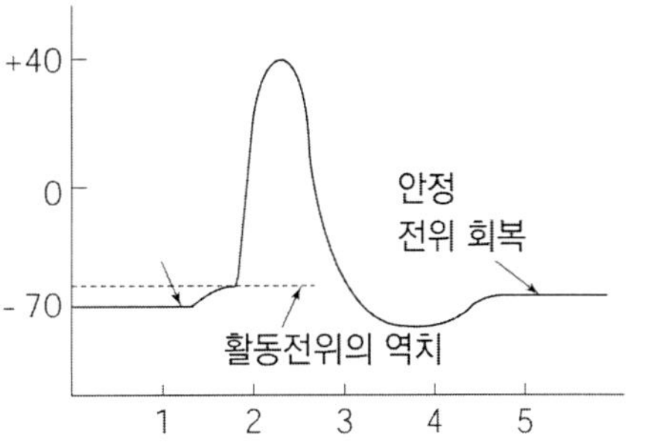

[그림 2-10] 활동전위

2.2.2.3 활동전위의 전파

지금까지는 뉴런의 축삭의 한 지점에서 활동전위가 어떻게 일어나는지를 살펴보았다. 그렇다면 활동전위는 축삭을 따라 어떻게 전파될까? 앞에서 살펴본 바와 같이, 축삭의 한 지점에서 활동전위가 생성될 때 나트륨 이온은 세포 안으로 유입된다. 그 지점은 축삭의 인접 부위와 비교할 때 일시적으로 양전하를 띠게 되고, 그 일부가 인접 부위로 흘러가서 약간의 탈분극이 유발된다. 그 탈분극의 정도가 역치를 초과하면, 앞에서 설명한 바와 같은 방식으로, 그 인접 부위에서 활동전위가 생성된다. 이런 과정이 반복되면서 활동전위는 축삭을 따라 종말공 쪽으로 점차 이동하게 된다. 축삭을 따라 활동전위가 생성될 때마다 그 강도는 +40㎷로 일정하므로 신경충동의 강도는 약해지지 않으면서 멀리 전달될 수 있다. 다만 신경전도는 수많은 활동전위가 일어나야 하기 때문에 어느 정도의 시간이 소요된다.

신경계의 정보전달 속도는 뉴런의 축삭의 굵기와 말이집 축삭인지의 여부에 달려 있다. 신경전도 속도는 축삭의 굵기가 클수록 빠르고, 같은 굵기라면 도약전도가 일어나는 말이집 축삭(유수축삭)이 민말이집 축삭(무수축삭)보다 10배 정도 빠르다.

도약전도란 말이집 축삭의 한 랑비에 마디에서 다음 랑비에 마디로 활동전위가 도약하듯이 발생하는 현상을 말하는데, 도약전도가 일어나는 기전은 다음과 같다. 말이집 축삭에서 나트륨 이온 통로는 랑비에 마디에는 많이 있지만 말이집이 감싸고 있는 부위에는 거의 없다. 이 때문에 활동전위가 생성될 때 세포막 내부로 유입된 나트륨 이온들은 말이집이 감싸고 있는 부위에서는 외부로 유출되지 못하고 먼 부위로 확산된다. 그 결과, 다음 랑비에 마디에서 탈분극이 일어나고 역치를 넘으면 그 부위에서 활동전위가 생성되는 도약전도가 일어나게 된다.

신경계에서 활동전위가 발생되는 속도가 빠를수록 정보처리가 빠른 것이므로 축삭에 말이집이 잘 형성되어 도약전도가 원활히 일어나는 뇌가 기능이 우수하고, 그런 뇌를 가진 개체가 환경에 더 잘 적응할 수 있다. 우리가 공부를 하고 운동을 하는 과정을 뇌신경과학 측면에서 설명하면, 뉴런의 가지돌기가 더 많이 뻗어나가고 더 많은 시냅스를 형성하며, 필요한 시냅스는 더 강화하는 반면에 불필요한 연결은 제거하며, 말이집 축삭을 적절히 형성해 가는 과정이라고 할 수 있다. 술을 폭음하거나 유해한 약물 섭취는 뉴런의 가지돌기와 시냅스를 위축시키고 뉴런을 손상시켜서 뇌의 기능을 떨어뜨린다.

2.2.3 뉴런들 사이의 정보전달

지금까지는 뉴런 내에서 활동전위가 어떻게 생성되어 축삭을 따라 전파되는가를 알아봤다. 다음은 신경정보가 한 뉴런에서 다른 뉴런으로 어떻게 전달되는가를 살펴본다.

한 뉴런과 다른 뉴런 사이의 정보전달은 시냅스에서 이루어지므로 시냅스 전달이라고 한다. 시냅스(synapse)는 한 뉴런의 막과 다른 뉴런의 막이 약 20㎛의 얇은 틈을 사이에 두고 서로 마주보고 있는 것이다(그림 2-9 참조). 시냅스를 기준으로 신경정보를 보내는 뉴런을 시냅스 전 뉴런(presynaptic neuron)이라 하고, 신경정보를 받는 뉴런을 시냅스 후 뉴런(postsynaptic neuron)이라 한다.

시냅스 전달은 화학물질이 작용하는 화학적 사상인데, 시냅스 전달의 기본적인 과정은 다음과 같다(그림 2-9 참조). 먼저, 활동전위가 축삭을 따라 시냅스 전 축삭의 종말에 도달하면, 종말공에서는 칼슘 이온(Ca^{2+}) 통로가 개방되어 칼슘 이온이 유입된다. 그러면 종말공의 시냅스 소낭에 있던 신경전달물질이 시냅스 틈으로 방출된다. 신경전달물질(neurotransmitter)은 뉴런의 종말공에서 시냅스 틈으로 방출되어 다른 뉴런으로 신경정보를 전달하는 화학물질을 말하는데, 아세틸콜린(Ach), 도파민, 세로토닌, 에피네프린, 노르에피네프린, 엔돌핀 등이 있다.

시냅스 후 뉴런의 세포막에는 각각의 신경전달물질들에 반응하는 수용체들이 있고, 이 수용체에 신경전달물질이 작용하면 나트륨 이온 통로의 문이 열려서 나트륨 이온이 유입되어 탈분극이 유발된다. 이렇게 유발된 탈분극의 정도가 역치에 도달하면, 앞에서 설명한 바와 같은 방식으로, 활동전위가 생성된다. 즉 활동전위가 한 뉴런에서 다른 뉴런으로 전달된 것이다. 시냅스 전달의 과정은 0.2ms 정도의 매우 짧은 시간 동안에 이루어지고, 시냅스 틈에 방출된 신경전달물질은 시냅스 전 뉴런의 종말공으로 재흡수 되거나 효소에 의해 분해된다.

시냅스 전달은 흥분성 시냅스와 억제성 시냅스라는 두 가지 방식으로 일어난다. 흥분성 시냅스는 시냅스 후 뉴런의 세포막 내부로 양전하를 띤 나트륨이 유입되어 탈분극이 유발됨으로써 활동전위가 더 쉽게 생성되도록 하는 것이고, 억제성 시냅스는 세포막 내부로 음전하를 띤 염소 이온이 유입되어 과분극이 유발됨으로써 활동전위의 생성을 더 어렵게 하는 것이다.

한 뉴런은 여러 뉴런으로부터 시냅스 전도를 받아 세포막에 전위차가 유발되는데, 그 부위에서 일어난 탈분극이 역치에 도달하여 활동전위가 생성되느냐 아니면 역치를 넘지 못하고 다시 안정전위로 돌아가느냐의 여부는 두 가지 요인의 영향을 받는다. 하나는 공간적으로 가까이에 있는 시냅스 전 뉴런들의 영향이 동시에 합쳐져서 역치를 넘으면 활동전위가 유발되는 공간적 총화(spatial summation)이고, 다른 하나는 한 뉴런에서 시간적으로 연속되어 들어오는 시냅스 전 뉴런들의 영향이 합쳐져서 역치를 넘으면 활동전위가 유발되는 시간적 총화(temporal summation)이다.

인간의 모든 행동과 마음(심리과정)은 뇌의 활동의 산물이므로 신경계 정보전달, 즉 뉴런 내 정보전달과 뉴런들 사이의 시냅스 전달이 원활히 일어날 때 모든 기능들이 정상적으로 일어나고, 신경계 정보전달이 원활하지 못하면 여러 가지 인지적 사고와 기억, 정서 행동 및 운동 기능이 정상적으로 일어나지 못하게 된다. 또한 중독을 유발하는 물질이나 각종 심리장애를 치료하는 약물들은 신경계의 시냅스 전달 과정에서 신경전달물질의 작용에 영향을 미쳐서 그 효과를 유발한다. 예를 들어 대부분의 중독성 물질은 도파민 체계에 영향을 미치고, 어떤 우울증 치료제는 시냅스 전달과정에서 세로토닌, 도파민, 노르에피네프린 등의 재흡수를 차단하거나 분해를 억제하여 우울증 개선 효과를 유발한다.

2.2.4 신경전달물질의 종류와 기능

신경전달물질은 약 100가지에 이르며 작용방식도 다양하다.

2.2.4.1 아세틸콜린

아세틸콜린(acetylcholine: Ach)은 신경계에서 가장 일반적인 신경전달물질이다. 아세틸콜린은 뇌와 척수에서 흥분성 효과를 야기한다. 아세틸콜린은 학습과 기억에 중요한 역할을 하며, 알츠하이머병(Alzheimer's disease) 환자가 보이는 기억상실의 원인과 관련된다. 알츠하이머병은 아세틸콜린을 시냅스 틈에 방출하는 뉴런들이 손상되었을 때 발병된다. 그래서 이 병으로 사망한 환자는 뇌 내 아세틸콜린 수준이 정상인에 비해 절반 수준밖에 되지 않는다.

아세틸콜린 수용체는 두 가지 하위유형이 있다. 하나는 담배에 함유된 니코틴(nicotine)에 의해 활성화되는 니코틴성 수용체이다. 흡연자가 담배를 피우면 니코틴이 시냅스 전달과정에서 이 수용체에 작용하여 마치 아세틸콜린이 다량 분비된 것과 같은 자극 효과를 유발한다. 다른 유형의 아세틸콜린 수용체는 파리 끈끈이에 함유된 무스카린(muscarine)에 의해 활성화되는 무스카린성 수용체이다. 병원에서 수술할 때 사용하는 아트로핀(atropine)은 무스카린성 수용체에 작용하여 자율신경계의 시냅스 전달을 억제함으로써 심장박동이 느려지는 것을 막아준다.

2.2.4.2 노르에피네프린

노르에피네프린(norepinephrine: NE)은 자율신경계의 교감신경계에서 주로 사용되며, 각성과 정서행동을 조절하는 기능을 한다. 우울증은 노르에피네프린과 도파민의 부족과 관련된다. 우울증 치료제 중 어떤 약물은 뉴런의 시냅스 전달과정에서 노르에피네프린의 재흡수를 차단하여 그 효과를 증진시킴으로써 우울증 개선 효과를 유발하며, 조울증을 치료하는 어떤 약물은 시냅스 틈에 방출된 노르에피네프린의 재흡수를 촉진하여 결과적으로 시냅스 전달에서 노프에피네프린의 효과를 감소시킨다. 코카인(cocaine) 같은 마약은 시냅스 전달과정에서 노르에피네프린의 분비를 증가시키거나 재흡수를 차단하여 자기과신과 활력을 증진시키는 효과를 유발한다.

2.2.4.3 도파민

도파민(dopamine: DA)은 운동, 주의, 학습, 물질중독 및 정서행동 등에 관련된다. 도파민은 조현병(schizophrenia)과도 밀접한 관련이 있는데, 시냅스 후 뉴런에 있는 도파민 수용체의 활동이 증대되면 환각, 비조직화된 사고, 부적절한 감정표현 등의 조현병 증상이 나타난다. 반면에 항정신병 치료제 중 어떤 약물은 도파민 뉴런의 활동을 억제시킴으로써 조현병 증상이 완화되는 효과를 유발한다. 한편 뇌 내 도파민 수준이 너무 낮으면 운동 신경계의 정보전달이 원활하지 못하여 근육이 경직되고 운동이 느려지는 파킨슨병(Parkinson's disease)이 유발된다.

2.2.4.4 세로토닌

세로토닌(serotonin 또는 5-hydroxytryptamine: 5-HT)은 수면과 각성 통제, 체온 조절, 그리고 감각 및 지각 기능에 중요한 역할을 한다. 뇌에서 세로토닌의 생산을 방해하는 약물은 불면증을 유발하고, 세로토닌의 생산을 촉진하는 약물은 수면을 유발한다. 어떤 우울증 치료제는 시냅스 전달과정에서 세로토닌의 재흡수를 차단함으로써 그 효과를 유발한다. 강력한 환각을 일으키는 향정신성 약물인 LSD는 세로토닌 시스템에 작용하여 환각 효과를 유발한다.

2.2.4.5 GABA

GABA(gamma-amino butyric acid)는 대표적인 억제성 신경전달물질이다. GABA 수용체가 활성화되면 세포막에서 염소 이온(Cl^-) 통로를 개방하여 과분극이 유발된다. 뉴런에서 과분극이 유발되면 활동전위의 생성이 더 어렵게 되어 신경전도 속도가 느려진다. 술에 함유된 알코올은 GABA 시스템에 작용하여 신경전도가 억제되기 때문에 물체 지각도 느려지고 상황 판단도 느려지며 운동 반응도 느려지는 등 인지 및 운동 기능이 전반적으로 저하된다. 이 때문에 음주운전을 하면 상황 대응이 늦어져서 교통사고 발생이 증가하는 것이다.

반면에 뇌 내에 GABA 수준이 너무 낮으면 신경충동이 과도하게 생성되어 뇌전증(간질)이 유발될 수 있다. 과도한 불안은 뇌 내에 흥분성 시냅스 전도가 너무 빠르게 일어날 때 유발되는데, 발리움(Valium) 같은 항불안 약물은 GABA의 분비를 증가시켜서 흥분성 시냅스 전도를 억제함으로써 불안을 감소시킨다.

2.2.4.6 엔도르핀

엔도르핀(endorphin)은 뇌에서 분비되는 펩티드(peptide)이며 통증을 조절하는 신경로에서 주로 작용한다. 엔도르핀의 분비는 스트레스 상황에서 증가된다. 예를 들어 통증 자극이 가해질 때나 임신 중 산통이 시작될 때, 산모와 태아의 뇌에서 엔도르핀이 분비되어 통증을 감소시키며 출산 후에는 엔도르핀 수준이 급격히 떨어진다. 엔도르핀은 스트레스 상황에서 통증 정보를 뇌로 전달하는 시냅스 전달을 억제하여 진통 효과를 유발함으로써 위급상황에 대처하도록 하는 한편, 행복감과 안녕감을 느낄 수 있게 해준다.

마라톤을 할 때 보통 30분 정도를 달리면 통증이 감소하고 고양감과 쾌감이 증진되는데(러너스 하이, runners' high), 이는 이 시점에서 분비되는 엔도르핀의 효과 때문이다. 달리기를 하는 상황은 위급상황에서 도망가거나 싸우는 상황과 유사하여 자율신경계에서는 '싸움 또는 도주' 반응이 일어난다. 모르핀과 헤로인 같은 아편제는 엔도르핀 수용체에 작용하여 진통 등의 효과를 유발한다.

2.3 뇌와 심리장애

2.3.1 물질남용 및 중독

사실 대부분의 사람들이 향정신성 약물의 사용자이다. 가장 빈번하게 사용되는 향정신성 약물은 술에 포함된 알코올(alcohol), 담배에 함유된 니코틴(nicotine), 그리고 커피, 차, 콜라와 같은 음료에 함유된 카페인(caffeine)이다. 향정신성 약물(psychoactive drugs)은 알코올, 니코틴, 카페인과 같이 사람들의 행동, 지각, 각성 수준, 정서 상태, 사고 능력 등에 영향을 미치는 약물을 말한다. 심각한 개인적, 사회적 문제를 초래하는 암페타민, 메스암페타민(필로폰), 코카인, LSD 같은 향정신성 약물은 일반적으로 마약이라 불리며, 중독성 피해의 정도에 따라 통제물질로 분류하여 그 사용을 법적으로 제한하고 있다.

향정신성 약물은 주로 시냅스 전달과정에서 특정 신경전달물질의 효과를 증대시키거나 감소시킴으로써 행동과 사고에 영향을 미친다. 향정신성 약물들이 시냅스 전도 과정에 영향을 미치는 방식을 요약하면 다음과 같다(그림 2-11 참조).

첫째, 약물은 뉴런 내에서 신경전달물질의 합성을 촉진시키거나 억제시킨다. 둘째, 약물은 시냅스 전 뉴런의 축색 종말에 있는 시냅스 소낭에서 신경전달물질이 분비되는 것을 증가시키거나 감소시킨다. 셋째, 약물은 시냅스 틈에 방출된 신경전달물질이 시냅스 전 뉴런으로 재흡수 되는 것을 촉진하거나 억제한다. 넷째, 약물은 신경전달물질이 효소에 의해 분해되는 것을 촉진하거나 억제한다. 다섯째, 어떤 약물은 시냅스 후 뉴런의 수용체 분자에 직접 작용하여 특정 신경전달물질의 효과를 유발하거나 차단한다.

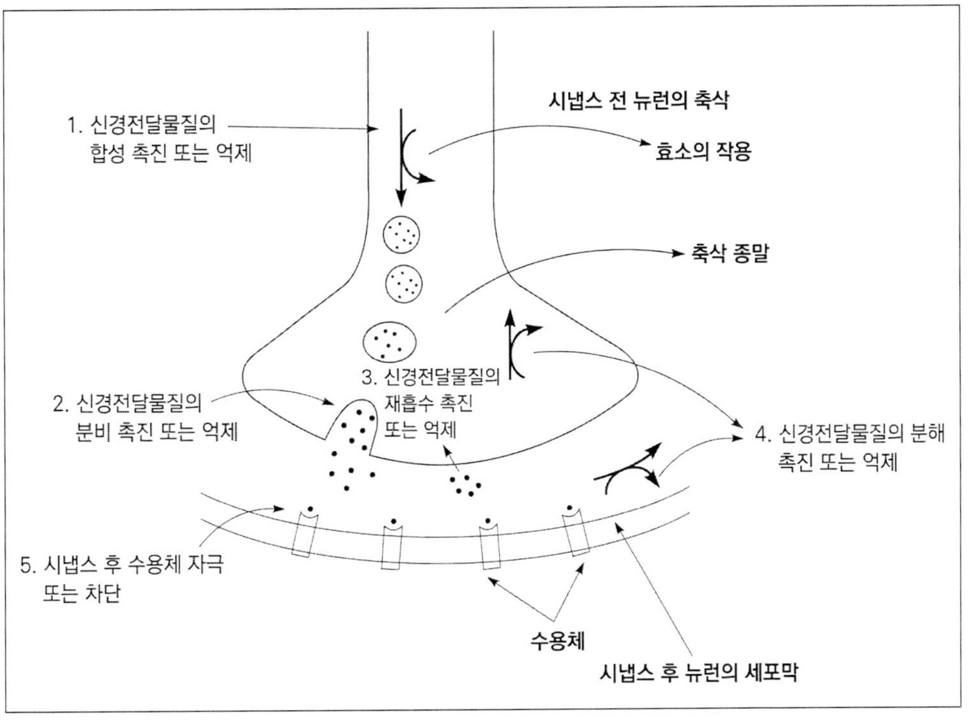

[그림 2-11] 시냅스 전도 과정에 대한 약물의 효과

왜 어떤 사람들은 파괴적인 개인적, 사회적 문제를 일으키는 약물중독(drug addiction)에 빠지는 것일까? 왜 어떤 사람들은 도박, 게임, 인터넷 사용 등 행동 측면에서 강력한 습관성과 중독성을 보이는 것일까? 약물중독은 행동적 용어로, 어떤 사람이 약물을 반복적으로 복용하는 상태를 의미한다. 어떤 사람이 약물에 중독되었다는 것은 그 사람의 신경계에 약물에 대한 내성이 생겼으며 약물에 의존하게 되었다는 것을 의미한다.

약물내성(drug tolerance)은 약물을 반복적으로 복용함으로써 그 약물의 효과가 점차 감소되어 같은 효과를 내기 위해서는 복용량을 늘려야 하는 현상을 말한다. 어떤 약물을 반복적으로 섭취하면 중추신경계의 시냅스 전달과정에서 그 약물의 작용과 관련 있는 신경전달물질의 분비를 감소시키거나, 시냅스 후 뉴런에 있는 수용체의 기능을 방해한다. 그 결과, 중추신경계에서 유발되는 약물의 효과가 점차 감소하게 되고, 처음과 같은 정도의 효과를 유발하려면 더 많은 양의 약물을 섭취해야 한다. 음주를 처음 했을 때는 한 잔으로도 취했지만 음주를 습관적으로 하면서 이제는 열 잔을 마셔야만 취하게 되는 것이다.

약물의존(drug dependence)은 어떤 사람이 약물을 복용한 결과로 인해 통제하기 어렵거나 불쾌한 정서를 경험하는 등 명백히 해로운 결과가 나타남에도 불구하고 그 약물을 계속 복용하는 상태를 말한다. 약물의존은 신체적 의존(physical dependence)과 심리적 의존(psychological dependence)으로 나눌 수 있다. 신체적 의존은 뇌가 정상적으로 기능하기 위해 어떤 약물을 필요로 하는 상태이다. 이는 금단증상과 밀접한 관련이 있다. 금단증상은 장기간 약물을 사용했던 사람이 약물 복용을 중단했을 때 나타나는 생리적 혼란이며, 약물의 효과와 반대 형태로 나타난다. 그래서 초기의 약물 사용은 기분 고양 등 약물이 유발하는 긍정적 효과 때문에 복용하지만, 반복적으로 사용하면서 점차 내성이 생기고 금단증상이 심각해진다. 그리하여 나중에는 금단증상으로 인한 고통과 스트레스를 피하기 위하여 약물을 복용하게 된다. 이와 같이 뇌가 정상적으로 기능하기 위해 어떤 약물을 필요로 하게 된 상태가 신체적 의존이다.

심리적 의존은 행동적 의존 또는 습관화라고도 하는데, 약물이 유발하는 강화적 효과 때문에 유발된다. 강화의 개념은 6장을 보라. 어떤 약물은 인간의 행동을 강화하는 속성이 있는데, 약물이 유발하는 강화적 효과가 강하면 심리적 의존을 유발할 가능성도 크고 중독 가능성도 크다.

2.3.2 기분장애와 우울증

모든 사람은 살아가면서 의기소침하는 시기가 있으며, 슬픈 일이 있을 때는 슬퍼하는 것이 자연스러운 모습이다. 기분장애 중 우울증(depression)은 일시적으로 기분이 저하되는 상태를 뜻하는 것이 아니라, 슬픔과 무기력이 훨씬 더 심각하고 오랫동안 지속되며, 즐거운 어떤 것을 상상조차 할 수 없는 상태를 말한다. 즉 우울증은 생각의 내용, 사고 과정, 동기, 의욕, 관심, 행동, 수면, 신체 활동 등 전반적인 정신 기능이 지속적으로 저하되어 일상생활에 악영향을 미치는 상태를 의미한다.

우울증을 가진 사람들은 자신이 무가치하다고 느끼고, 자살을 생각하며, 수면에 문제가 있다. 또한 그들은 낮은 동기, 주의 문제, 기억장애, 후각의 결함 등의 인지적 문제를 보인다. 우울증은 행복감의 결여가 슬픔의 증가보다 더 신뢰할 만한 증상이다. 우울증을 가진 사람들은 슬프거나 두려운 장면에는 정상적으로 반응하지만 재미있고 즐거운 장면을 보고도 좀처럼 웃지 않는다.

우울증의 유전성에 대해서는 쌍둥이와 입양아를 대상으로 진행한 연구들에서 어느 정도의 관련성을 발견할 수 있다(Shih, Belmonte, & Zandi, 2004). 그러나 유전적 요인이 우울증의 유일한 원인은 아니며, 유전자 효과는 환경에 따라 다르게 나타난다. 예를 들어 세로토닌 수송체 유전자의 효과는 그 자체로 우울증을 유발하는 것이 아니라 스트레스에 대한 반응을 증폭시킨다. 즉 이 유전자의 효과는 스트레스의 양에 의존하며, 주요 스트레스 요인, 특히 아동기 초기의 학대에 대한 우울 반응의 위험성을 증가시킨다(Karg, Burmeister, Shedden, & Sen, 2011).

우울증이 심하면 약물치료를 받아야 한다. 항우울제는 어디에서 어떤 방식으로 작용하여 효과를 유발할까? 항우울제는 뇌의 시냅스 전달과정에 작용하여 효과를 내는데, 그 작용방식에 따라 다음 네 가지 범주로 구분된다.

첫째, 삼환계 약물(tricyclics, 예: 이미프라민/토프라닐)은 시냅스 틈에 방출된 세로토닌, 도파민, 노르에피네프린이 시냅스 전 뉴런으로 재흡수 되는 것을 차단한다. 그렇게 되면 이 신경전달물질들이 시냅스 틈에서 더 오래 머물게 되어 시냅스 후 뉴런을 계속 자극하게 됨으로써 이 신경전달물질의 효과를 증진시킨다.

둘째, 선택적 세로토닌 재흡수 억제제(selective serotonin reuptake inhibitor, SSRI; 예: 플루옥세틴/프로작)는 작용방식이 삼환계 약물과 비슷하지만 세로토닌에 선택적으로 작용하여 재흡수를 차단하므로 부작용이 적다는 장점이 있다. 어떤 약물은 세로토닌과 노르에피네프린에 선택적으로 작용하여 재흡수를 차단한다. 이 신경전달물질들의 재흡수가 차단하면 이들이 시냅스 틈에서 더 오래 머물면서 시냅스 후 뉴런을 더 오래 자극하게 된다.

셋째, 모노아민 산화효소 억제제(monoamine oxidase inhibitor, MAOI; 예: 페넬진/나르딜)는 가장 먼저 나온 항우울제인데, 도파민, 노르에피네프린, 세로토닌을 불활성화시키는 모노아민 산화효소(MAO)의 작용을 차단한다. MAOI가 MAO를 차단하면 이 신경전달물질들이 분해되지 않으므로 시냅스 틈으로 방출될 수 있는 양이 더 많아지고, 그로 인해 이 신경전달물질들이 작용하는 시냅스 전달을 증진시키는 효과가 나타난다.

넷째, 비전형적 항우울제(atypical antidepresant, 예: 부프로피온/웰부트린)는 또 다른 방식으로 효과를 유발하는데, 시냅스 전달과정에서 도파민의 재흡수를 억제하고 노르에피네프린의 재흡수도 억제하지만 세로토닌의 재흡수에는 작용하지 않는다.

이와 같이 항우울제들은 목표로 하는 신경전달물질이 세로토닌, 도파민, 노르에피네프린, 또는 이들의 어떤 조합으로서 각각 다르지만 우울증을 경감시키는 효과는 거의 같아 보인다(Undurraga & Baldessarini, 2012). 항우울제는 여러 가지가 있으며, 항우울제를 복용할 때, 많은 사람들은 처음 시도한 약의 효과가 없는 경우도 많다. 그래서 6주가 지난 후에 의사는 다른 약을 처방하고 이후에도 바꾸기를 계속한다. 이런 시행착오 과정을 통해 그 사람에게 좋은 효과를 보이는 약을 찾는 것이다.

우울증이 유발되는 원인은 무엇인가? 초기의 연구자들은 일반적인 항우울제가 세로토닌이나 다른 신경전달물질의 가용성을 증가시키므로 우울증의 원인은 세로토닌이나 다른 신경전달물질의 결핍이라고 추측했다. 그러나 이와 같이 신경전달물질 수준으로 우울증이나 약물의 효과를 단순화하여 설명할 수는 없다. 우울증을 가진 사람의 세로토닌 수준이 정상인 경우도 있고, 세로토닌 방출이 오히려 증가된다는 보고도 있으며, 세로토닌 수준을 갑자기 감소시켜도 우울한 감정이 유발되지 않기도 한다. 또한 항우울제는 수분 내지 수시간 이내에 뇌에 도달하여 작용하지만 약물 복용 후 기분이 좋아지는 경험을 하려면 2주 이상의 투약이 필요하다.

항우울제의 효과는 신경영양요소와도 관련된다. 신경영양요소는 뉴런의 생존, 성장, 연결에 도움을 준다. 우울증을 가진 대부분의 사람은 시냅스 가소성, 학습, 기억, 그리고 해마에서의 새로운 뉴런 증식에 중요한 뇌 유도성 신경영양인자(brain-derived neurotrophic factor, BDNF)라는 신경영양요소의 수준이 평균 이하이다(Sen, Duman, & Sanacora, 2008). BDNF 수준이 낮음으로 인해 우울증 환자들은 해마의 크기가 평균 이하이고, 학습에 결함이 있으며, 새로운 해마 뉴런의 생성도 감소된다. 항우울제를 복용하면 몇 주에 걸쳐서 BDNF 수준을 증가시키는데, 이 기간은 항우울제가 우울증 개선 효과를 유발하는 시기와 일치한다. 더욱이 뉴런의 생성을 차단하는 절차는 항우울제의 행동적 효과도 차단한다(Airan, Meltzer, Roy, Gong, Chen, & Deisseroth, 2007).

우울증은 항우울제 복용 외에도 인지행동치료 등 심리치료를 통해서 개선될 수 있다. 또한 항우울제와 심리치료의 우울증 치료 효과가 거의 같다는 보고도 있다(Bortolotti, Menchetti, Bellini, Montaguti, & Berardi, 2008). 항우울제와 심리치료의 효과는 우리가 생각하는 것보다 더 많이 중첩된다. 인간의 모든 행동과 마음(심리과정)이 뇌 활동의 산물이므로 상담이나 심리치료를 통한 변화도 그 바탕은 뇌의 작용기제의 변화이다. 우울증에 대한 심리치료는 그 효과가 약물치료보다 더 지속적이며, 우울증 재발률도 심리치료가 항우울제 치료보다 더 낮다(Steinert, Hofmann, Kruse, & Leichsenring, 2014). 우울증은 항우울제 치료와 심리치료를 함께 사용할 때 더 빠른 치료 효과를 보이지만 우울증 치료가 효과가 있는 사람의 비율은 약간 증가되는 정도이다.

우울증은 수면장애와도 밀접한 관련이 있다. 그러므로 수면 스케줄을 변경하여 평소보다 일찍 잠자리에 들면 정상적인 REM 수면을 회복하고 적절한 양의 수면을 하는 데 도움이 되며, 결과적으로 우울증 개선에 도움이 된다. 북반구에서 일조량이 감소하는 겨울철에 우울증이 나타나는 계절성 정동장애의 경우에는 매일 아침에 2,500럭스 이상의 밝은 빛을 쬐면 우울증 치료 효과가 있다.

가장 간단하고 저렴한 우울증 치료법은 중간 강도의 운동을 규칙적으로 하는 것이다. 걷기와 가볍게 달리기 같은 간단한 운동도 긍정적 기분을 향상시킨다(Miller & Krizan, 2016). 여러 가지 식이요법도 우울증을 개선하는 데 도움이 된다. 뉴런의 막에 중요한 오메가-3 지방산과 비타민 B6, B9, B12가 우울증 개선에 도움이 된다. 걷기 운동과 식이요법은 다른 우울증 치료를 보조하는 것으로 사용하면 좋다.

2.3.3 조현병

조현병(schizophrenia)은 망상과 환각이 주요 증상으로 나타나고, 사회적 기능에 장애를 일으킬 수 있는 질환이다. 조현병은 2011년에 정신분열증에서 병명이 변경되었으며, 조현(調絃)이란 현악기의 음율을 고르다는 뜻으로, 조현병 환자의 모습이 마치 현악기가 정상적으로 조율되지 못했을 때의 모습처럼 혼란스러운 상태를 보인다는 의미이다. 조현병의 대표적인 증상은 망상, 환각, 장황하거나 일관성이 없는 말, 전반적으로 와해된 행동, 정서 표현 및 사회화의 약화이다.

조현병은 뇌에 이상이 생겨서 발생하는 생물학적 질환이다. 조현병을 가진 사람과 유전적으로 가까울수록 조현병에 걸릴 확률이 증가하지만 단일 유전자에 의한 것은 아니다. 조현병 치료제가 뇌의 도파민 수용기를 차단하는 효과가 있음이 밝혀짐에 따라 조현병의 원인이 도파민 과다나 과민 때문이라는 조현병에 대한 도파민 가설이 제기되었다. 이 가설은 암페타민, 메스암페타민(필로폰), 코카인 등의 마약도 모두 도파민 시냅스를 자극하여 환각과 망상을 유발한다는 사실에 의해 지지된다. 그러나 도파민 체계의 비정상이 어떻게 지적 기능의 극단적 왜곡을 유발하는지는 설명하지 못한다.

조현병의 원인에 대한 신경발달설은 아동기 또는 청소년기에 외상적 경험, 바이러스 감염, 식이 결핍, 독성 화학물질에 대한 노출 등으로 뇌 발달의 비정상성이 일어나고, 그로 인해 조현병이 유발된다고 주장한다. 출생 전 또는 아동기에 톡소포자충이라는 기생충에 감염되는 것도 조현병의 위험요인이다. 톡소포자충은 고양이의 몸속에서만 번식되어 배설물에 섞여 땅으로 떨어져 자란 후 쥐의 뇌로 들어가 편도체를 손상시킨다. 편도체가 손상된 쥐는 겁이 없어져서 고양이에게 잡아먹히고 톡소포자충은 다시 고양이 몸속으로 들어가게 된다. 그러므로 감염된 고양이를 만지거나 배설물에 접촉하면 톡소포자충에 감염되어 뇌 발달에 결함이 생길 수 있다.

조현병 증상은 약물치료로 개선이 된다. 초기의 항정신병 약물에는 클로르프로마진(토라진)과 할로페리돌(할돌) 등이 있는데, 이 약물들은 뇌 세포의 시냅스 전달 과정에서 도파민 수용체(특히 D2 수용체)를 차단한다. 시냅스 후 뉴런의 도파민 수용체가 차단되면 시냅스 전 뉴런에서 도파민이 분비되어도 시냅스 전달이 억제되는 효과가 유발된다. 이 약물들의 행동적 효과는 수주에 걸쳐서 점진적으로 나타난다.

2세대 항정신병 약물은 클로자핀(클로자릴), 아미설프라이드(솔리안) 등인데, 도파민 수용체에는 별 영향을 미치지 않지만 세로토닌 수용체(5－HT_2)에는 강한 길항작용을 일으키고 글루탐산 방출도 증가시킨다.

2.3.4 기억상실과 알츠하이머병

기억상실증(amnesia)은 과거에 경험했던 일이나 기존에 알고 있던 사실을 잊어버리고 기억해내지 못하는 증상을 말한다. 기억상실은 두부 외상이나 뇌출혈, 뇌에 발생하는 질환으로 인해 나타날 수 있다.

코르사코프 증후군(베르니케－코르사코프 증후군)은 장기간의 티아민 결핍으로 인한 뇌손상의 결과로 나타난다. 뇌가 주된 연료인 포도당을 대사하기 위해서는 티아민(비타민 B1)이 필요하다. 심각한 알코올 중독자는 장기간 음식을 먹지 않고 술만 먹어서 티아민이 결핍되고, 그로 인해 뇌 전역에 걸쳐서 뉴런이 죽거나 위축된다. 특히 이마앞겉질의 뉴런이 손상되면 무감동, 혼란, 기억상실 증상을 보인다. 코르사코프 증후군의 특징은 말짓기증(작화증)인데, 기억이 상실된 빈틈을 추측으로 채워 넣는다.

노년기에 기억상실을 일으키는 알츠하이머병(Alzheimer's disease)은 심각한 기억상실 증상을 보이는데, 65~74세 인구의 약 5%, 85세가 넘으면 거의 50%가 앓게 된다. 알츠하이머병은 인지기능장애 이외에도 성격 변화 및 인격의 황폐, 안절부절못하는 초조행동, 우울증, 망상, 환각, 공격성 증가, 수면장애, 무감동과 무관심 등이 동반된다.

알츠하이머병의 유전성에 대한 연구는 몇 가지 유전자가 발병 위험을 증가시키거나 감소시키지만 어느 한 유전자가 큰 효과를 내는 것은 아니다. 알츠하이머병에 걸린 사람의 뇌는 전반적인 위축, 뇌실의 확장, 신경섬유의 반점 등의 특징을 보이는데, 뇌 내 뉴런이 광범위하게 손상된 결과이다. 뉴런이 손상되는 원인으로는 베타 아밀로이드(beta-amyloid)라는 단백질과 관련성이 높으며, 이 단백질이 뉴런의 내부와 외부에 축적되면 다른 뉴런으로 퍼져 나가게 된다. 베타 아밀로이드 단백질은 뉴런의 축삭과 가지돌기를 손상시키고, 시냅스 입력을 감소시키며, 신경 가소성을 떨어뜨린다. 손상된 축삭과 가지돌기는 뭉쳐져서 반점(plaque)이라는 구조물이 형성되고, 이것이 대뇌겉질과 해마에서 뉴런들을 손상시키기 때문에 기억상실이 유발된다.

알츠하이머병을 근본적으로 치료하기는 어렵지만 증상을 완화시키고 진행을 지연시킬 수 있는 약물이 사용되고 있다. 대표적인 약물은 아세틸콜린 분해효소 억제제인데, 이는 알츠하이머병 환자의 뇌에서 감소되어 있는 아세틸콜린이라는 신경전달물질의 분해를 억제함으로써 시냅스 전달에서 아세틸콜린의 양을 증가시킨다. 이 약물은 뇌손상이 심하지 않은 경도 및 중등도 환자들에게 효과적이므로 증상을 조기에 발견하여 치료하면 병의 진행을 6개월에서 2년 정도 늦추는 효과가 있다.

알츠하이머병을 예방하기 위해서는 과음, 흡연, 약물남용, 두부 외상 등을 피하여 뇌가 손상되지 않도록 하는 것이 중요하다. 반면에 즐겁게 할 수 있는 일이나 취미활동을 지속하고 건강한 생활을 통해 뇌에 적절한 자극을 가하고 지속적으로 뇌를 활발하게 사용하는 것이 좋다. 산책 등 가벼운 운동은 신체적 기능 향상뿐만 아니라 기분을 고양시키고 뇌의 사용을 촉진하는 데에도 매우 효과적이다. 적절한 식이요법도 중요하다. 과도한 음식 섭취를 피하고, 유익한 지방(오메가-3, DHA 등)이 함유된 해산물과 견과류 및 다양한 과일과 채소를 포함한 항산화 식품과 비타민을 적절히 섭취하는 반면에 동물성 포화지방과 트랜스 지방산이 많은 식품의 섭취는 피해야 한다.

2.3.5 불안장애와 공황장애 및 외상후 스트레스 장애

우리는 살아가면서 크고 작은 위험 상황에 직면한다. 불안장애(anxiety disorder)는 어떤 사람의 불안이 당면한 상황에 비해 과도해 보이는 병이다. 공황장애(panic disorder)는 특별한 이유 없이 예상치 못하게 나타나는 극단적인 불안 증상이 특징인데, 극도의 공포심을 느끼고 심장이 터지도록 빨리 뛰거나 가슴이 답답하고 숨이 차며 땀이 나는 등의 신체증상이 동반되며, 죽을 것 같은 극도의 불안 증상을 보인다. 이는 자율신경계 중 교감신경계의 극단적인 각성 반응으로 인한 것이다. 공황장애가 있는 사람은 공포에 대한 공포, 즉 다음에 올 공황발작에 대한 공포가 자주 일어나고, 남성보다 여성에게서 더 흔하며, 나이 든 성인보다 청소년과 젊은 성인에게서 훨씬 더 흔하다(Shen 등, 2007).

공황장애는 뇌의 편도체와 시상하부의 기능과 관련이 있으며, 신경전달물질로는 GABA의 활성 감소 및 오렉신의 수준 증가와 관련된다. GABA는 뉴런을 과분극(음전하를 띤 Cl^-를 뉴런 내부로 유입시킴) 시켜서 시냅스 전달을 억제시키는 신경전달물질이다. 술을 통해 섭취한 알코올은 GABA 시스템에 작용하여 뇌의 기능을 억제시킨다. 오렉신은 각성 및 활동성 유지와 관련되며, 불안과도 관련된다. 오렉신 수용체를 차단하는 약물은 공황반응을 차단하는 효과를 유발한다(Johnson 등, 2015).

가장 극심한 스트레스 상황은 전투가 일어나는 전장일 것이다. 전장에서 돌아온 참전용사 중에는 계속적인 불안과 고통에 시달리는 사람이 많다. 처음에는 그런 증상을 전투피로증이라고 하였으나 베트남 전쟁에 참전한 미군이 귀국 후 불안으로 심각한 고통과 혼란을 겪는 것을 보고 외상후 스트레스 장애(posttraumatic stress disorder, PTSD)라는 진단명을 사용하였다. PTSD는 심각한 외상적 사건이나 스트레스를 경험한 후에 나타나는 불안장애를 말한다.

PTSD의 주요 증상은, 첫째 충격적 사건에 대한 생생하고 고통스런 회상과 악몽을 자주 경험하고, 둘째 심리적 외상을 떠올리게 하는 상황과 사람 및 대화를 꺼리며, 셋째 자율신경계의 지나친 각성으로 인해 소음이나 기타 자극에도 극도로 예민한 반응을 보이는 것이다.

심각한 스트레스를 경험하는 모든 사람이 PTSD를 겪는 것은 아니다. 베트남 전쟁, 이라크 전쟁, 아프가니스탄 전쟁에 참전한 후 귀환한 미군 장병들을 조사한 연구들은 진단기준에 따라 차이가 있지만 PTSD 진단자가 15% 내외를 보이며, 사망자가 포함된 교통사고 경험자들도 비슷한 비율의 PTSD 진단을 받는다.

PTSD 위험성의 증가는 뇌 해부구조와 관련이 있다. PTSD 환자의 대부분은 해마의 크기가 평균보다 더 작다. 스트레스 상황에 처하면 교감신경계가 활성화되고 부신겉질(부신피질)에서 코르티솔이 분비되어 스트레스 상황에 대처하도록 해준다. 그러나 심각한 스트레스가 장기간 지속되면 과도하게 분비된 코르티솔이 해마의 기능을 손상시키고 해마의 뉴런을 손상시킨다(Kim, Pellman, & Kim, 2015). 또한 해마가 작은 사람은 자신의 경험을 스트레스가 더 많은 것으로 평가하는 경향이 있다(Lindgren, Bergdahl, & Nyberg, 2016). 참전군인 중 PTSD로 진단된 사람들을 조사한 연구도 작은 해마가 PTSD에 대한 취약성을 증가시켰음을 보였다. 이와는 달리, 편도체가 손상된 사람은 PTSD에 걸리지 않는 것으로 보인다. 다양한 뇌 손상을 입은 베트남 참전 미군을 대상으로 한 연구는 편도체가 손상된 사람은 아무도 PTSD에 걸리지 않았으며, 다른 뇌 부위가 손상된 사람 중 40%가 PTSD에 걸렸다고 보고한다(Koenigs, Huey, Raymont, Wassermann, & Grafman, 2008). 정서처리에 중요한 기능을 하는 편도체가 극심한 정서적 충격이 PTSD를 유발하는 데에도 중요한 역할을 하는 것으로 보인다.

과도한 불안이 있는 사람은 약물을 통해 불안을 경감시킬 수 있다. 가장 일반적인 항불안 약물은 디아제팜(발리움)과 같은 벤조디아제핀(benzodiazepine)인데, 벤조디아제핀은 GABA 수용체에 부착되어 GABA의 효과를 촉진시키는 결과를 가져온다. GABA 시냅스는 억제성이므로 GABA의 효과를 촉진한다는 것은 뉴런의 시냅스 전달을 억제시킨다는 것이다. 벤조디아제핀은 편도체, 시상하부, 중간뇌 부위에서 항불안 효과를 유발한다.

2.4 군사적 활용

군대는 궁극적으로 전쟁에서의 승리를 위해 존재한다. 피아간 목숨을 건 교전이 이루어지는 전장의 환경은 물리적·심리적으로 평시와는 전혀 다른 극한적인 상황이 발생한다. 그러므로 군인은 예상되는 전쟁에 대비하기 위하여 평시에도 여러 가지 악조건을 극복하는 훈련을 한다. 전장 상황의 대표적인 특징 중의 하나는 수면부족, 장거리 행군 등으로 인한 피로, 공포 및 불안 등의 지속적이고 강력한 스트레스이다. 전장에서는 또한 군인들이 여러 가지 부상으로 인해 뇌에 손상을 입고 행동에 장애를 일으키는 사례가 많이 발생하며, 이들에 대한 적시적절한 조치가 필수적으로 요구된다. 전장에서는 신경계에 영향을 미쳐서 신경심리학적 기능에 손상을 초래하는 화학무기가 사용되기도 하고, 임무수행 중 독성물질에 노출되는 경우도 있다.

생물심리학적 지식은 전장 스트레스의 양상을 평가하고 대응책을 세우는 데 기초가 되는 지식을 제공하며, 신경심리학적 지식은 지휘관들로 하여금 부상군인을 평가하고 적시적절한 대응책을 수립하고 처리하는 데 필요한 지식을 제공한다. 또한 생리심리학적 지식은 군인들이 전투임무 수행 중 화학무기에 노출되었을 때 발생하는 중추신경계의 기능 손상과 이로 인한 인지적 기능의 손상 기전을 이해하고 적시적절한 응급처치를 하는 데 필요한 지식을 제공한다.

신경심리학자는 부상이나 질병으로 인해 손상된 뇌의 기능을 평가하고 회복시키는 일을 담당한다. 이들은 심리학적 기법을 사용하여 뇌가 인간의 행동을 어떻게 통제하며 뇌의 기능이 변화함에 따라 행동이 어떻게 달라지는가를 규명하며, 신경심리학적 검사를 사용하여 진단, 치료 계획, 치료진전 확인 등을 위한 평가를 실시한다. 신경심리학적 검사는 운동 기능, 체감각, 주의 및 집중력, 특수 기능, 언어, 기억, 지능, 문제해결, 정보처리 그리고 성격 등을 검사한다.

공군 및 육군항공의 조종사들은 중추신경계의 기능 및 기타 심각한 신체변화가 유발되는 상황에서 임무를 수행한다. 또 해군 및 해병대의 특수부대는 바다 깊은 곳에 잠수하여 임무를 수행하기도 한다. 이와 같이 기압이 급변하는 상황에서 임무를 수행하는 군인들은 여러 가지 인지 기능이 손상될 수 있고, 바다 깊이 잠수를 하는 사람들은 감압증(decompression sickness), 인지 기능의 손상, 행동의 변화, 기타 신경 손상으로 인한 증상을 호소하는 경우가 있다. 신경심리학자들은 이들을 검사하고 연구하여, 잠수병과 같은 여러 가지 질병을 예방하면서 전투훈련을 실시하는 방법을 개발하고, 잠수병 회복 프로그램을 개발하는 데 기여한다.

참고문헌

Adolphs, R., Tranel, D., Damasio, H., & Damasio, A. (1995). Fear and the human amygdala. *Journal of Neuroscience, 15,* 5879–5891.

Airan, R. D., Meltzer, L. A., Roy, M., Gong, Y., Chen, H., & Deisseroth, K. (2007). Highspeed imaging reveals neurophysiological links to behavior in an animal model of depression. *Science, 317,* 819–823.

Bortolotti, B., Menchetti, M., Bellini, F., Montaguti, M. B., & Berardi, D. (2008). Psychological interventions for major depression in primary care: A meta analytic review of randomized controlled trials. *General Hospital Psychiatry, 30,* 293–302.

Johnson, P. L., Federici, L. M., Fitz, S. D., Renger, J. J., Shireman, B., Winrow, C. J., … Shekhar, A. (2015). Orexin 1 and 2 receptor involvement in CO2–induced panic–associated behavior and autonomic responses. *Depression and Anxiety, 32,* 671–683.

Karg, K., Burmeister, M., Shedden, K., & Sen, S. (2011). The serotonin transpotor promoter variant (5–HTTLPR), stress, and depression meta–analysis revisited. *Archives of General Psychiatry, 68,* 444–454.

Kim, E. J., Pellman, B., & Kim, J. J. (2015). Stress effects on the hippocampus: A critical reviews. *Learning & Memory, 22,* 411–426.

Koenigs, M., Huey, E. D., Raymont, V., Wassermann, E. M., & Grafman, J. (2008). Focal brain demage protects against post–traumatic stress disorder in combat veterans. *Nature Neuroscience, 11,* 232–237.

Lindgren, L., Bergdahl, J., & Nyberg, L. (2016). Longitudinal evidence for smaller hippocampus volume as a vulnerability factor for perceived stress. *Cerebral Cortex, 26,* 3527–3533.

Miller, J. C., & Krizan, Z. (2016). Walking facilitates positive affect (even when expecting the opposite). *Behavioral Neuroscience, 127,* 175–183.

Sen, S., Duman, R., & Sanacora, G. (2008). Serum brain–derived neurotrophic factor, depression, and antidepressant medications: Meta–analysis and imprecations. *Biological Psychiatry, 64,* 527–532.

Shen, H., Gong, Q. H., Aoki, C., Yuan, M., Ruderman, Y., Dattilo, M., … Smith, S. S.

(2007). Reversal of neurosteroid effects at alpha 4 beta 2 delta GABAA receptors triggers anxiety at puberty. *Nature Neuroscience, 34,* 469－477.

Shih, R. A., Belmonte, P. L., & Zandi, P. P. (2004). A review of the evidence from family, twin and adoption studies for a genetic contribution to adults psychiatric disorders. *International Review of Psychiatry, 16,* 260－283.

Steinert, C., Hofmann, M., Kruse, J., & Leichsenring, F. (2014). Relapse rates after psychotherapy for depression－stable long term effects? *Journal of Affective Disorders, 168,* 107－118.

Undurraga, J., & Baldessarini, R. J. (2012). Randomized, placebo－controlled trials of antidepressants for acute major depression: Thirty－year meta－analytic review. *Neuropsychopharmacology, 37,* 851－864.

제03장

감각과 지각

PSYCHOLOGY

03 감각과 지각

인간에게는 오감(five senses)이 있다. 오감은 시각, 청각, 미각, 후각, 촉각을 담당하는 감각 기관들의 작용에 의해 이루어진다. 시각은 빛을, 청각은 소리를, 미각과 후각은 화학물질을, 촉각은 물질에 의한 압력을 처리하여 세상에 관한 정보를 생성한다. 일상생활 속에서 사람들은 자신의 감각기관이 외부의 자극 정보를 어떻게 처리하는지에 대해 별다른 관심을 갖지 않는다. 빛이 없으면 세상을 볼 수 없다는 것을 알고 있지만, 빛이 어떤 과정과 경로를 통하여 우리로 하여금 색과 모양을 인식하게 하고, 크기와 거리를 판단할 수 있게 하며, 물체의 움직임을 계산할 수 있게 하는지에 대해 의문을 갖고서 생각해 보려하지 않는다. 청각의 경우도 마찬가지이다. 소리가 귀를 통하여 처리된다는 것은 알고 있지만, 구체적으로 어떤 경로를 통하여 어떻게 처리되는지에 대해서는 무관심하다. 그럼에도 불구하고 사람들의 감각기관은 단 1초도 쉬지 않고 입력되는 자극 정보들을 거의 자동적으로 처리하고 있다.

감각기관이 정상적으로 작동하지 않을 경우, 세상에 대한 인식에 문제가 발생한다. 눈에 이상이 있으면 보는 데에 지장이 있다는 것은 당연하게 생각된다. 그런데 분명 외관상으로 눈에 문제가 없는 듯한데도 보지 못하는 사람들도 있다. 귀에 이상이 있으면 듣는 데에 어려움을 겪는다. 미각과 후각 기능의 손상은 맛을 볼 수 없게 할 수 있다. 이처럼 장애가 발생하게 돼서야 사람들은 비로소 도대체 어느 곳에서 어떠한 문제가 있는지에 대해 관심을 갖고 감각정보의 처리과정을 살펴보게 되는데, 이때 오늘날 과학적인 정보처리 과정과 너무도 유사한 과정들이 이미 우리 내부에서 이루어지고 있다는 것을 알게 된다. 또한 사람과 동일한 기능을 수행할 수 있는 로봇을 만들고자 할 때에도, 요구되는 복잡한 계산과정과 계산방법을 보면서 인간의 자연적인 정보처리 능력에 놀라움과 감탄을 금하지 못하게 된다.

본 장에서는 이처럼 놀라울 정도로 정교하게 작동하고 있는 인간의 감각정보 처리과정에 대해 살펴볼 것이다. 이를 위해 먼저 감각의 본질에 대해 살펴보고, 감각자극의 속성과 이를 처리하는 감각기관의 구조와 기능에 대해 살펴볼 것이다. 그 다음 감각정보들이 종합되고 해석되어 형태, 색, 모양, 깊이, 운동 등의 지각이 이루어지는 과정에 대해 살펴보고자 한다.

3.1 감각의 이해

3.1.1 감각과 지각

감각(Sensation)은 환경에 존재하는 에너지들, 즉 빛, 소리, 화학물질, 압력 등이 감각기관(시각, 청각, 후각, 미각, 촉각)에 탐지되어 부호화되는 최초 과정이다. 이 부호화 과정은 매우 즉각적이고, 원초적이며 직접적이라고 볼 수 있다. 인간의 오감을 통해 부호화된 감각정보들은 각기 특수화된 경로를 통해 상위 처리 과정으로 전달된다. 즉 시감각 정보는 시각 경로를 통해 전달되고, 청감각 정보는 청각 경로를 통해 전달된다. 이렇게 전달된 감각정보들이 선택적으로 조직화되어 의미있게 해석되는 것을 감각 경험 또는 지각(Perception)이라고 한다. 시각의 경우 감각에서 지각에 이르는 처리 과정을 간략하게 도식으로 나타내면 아래의 그림 3-1과 같다. 그림에 나타난 바와 같이 대상에 반사되는 빛 자극들은 망막에 투영되고, 망막에서 생성된 감각정보들이 특수화된 정보전달 경로를 통해 뇌로 전달되면서 지각이 이루어지게 된다.

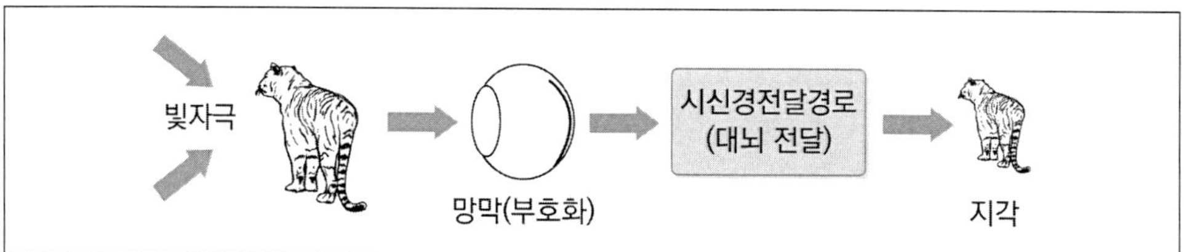

[그림 3-1] 시각자극이 감각 부호화된 후 대뇌의 시감각 정보전달 경로를 통해 지각되는 과정

인간의 감각기관에서 부호화되는 감각정보들은 양과 질에 있어서 지각된 내용과 일치하지 않는다. 예를 들어, 눈의 망막에 전달되는 외부 대상에 대한 감각정보들은 우리가 지각하는 내용보다 훨씬 더 많지만, 전달되는 과정에서 선택적으로 처리되고 의미있는 정보로 조직화 되면서 축약되어진다.

동일한 자극에 대한 지각도 사람마다 조금씩 다르다. 핸드폰의 사양에 따라 동일한 장면에 대한 사진의 느낌(색상, 명도, 채도, 선명도 등)이 다르듯이 사람들이 지각하는 내용도 조금씩 상이하다고 보아야 한다. 왜냐하면 사람들마다 시감각 정보의 전달시스템이 구조면에서 또는 처리 정도에서 동일하지 않기 때문이다.

감각정보를 최초로 부호화하는 감각기관에 아무런 문제가 없다 하더라도, 감각정보의 전달경로상에서 결함이 있는 경우 지각에 장애가 발생할 수 있다. 시각 장애의 경우를 보면, 눈의 건강상태는 좋지만 앞을 보지 못하는 장애를 겪는 경우가 있다.

3.1.2 감각의 발생

감각경험과 지각경험이 이루어지기 위해서는 감각자극이 감각기관을 통하여 감각정보로 변환(transduction)되어야 한다. 예를 들어, 빛은 시각을 통하여 변환되고 음파는 청각을 통하여 변환된다. 여기서 흥미로운 사실은 인간의 감각기관이 일정한 수준의 감각자극에만 반응한다는 것이다. 인간의 감각기관은 매우 약한 감각자극에 대해 반응하지 않을 뿐만 아니라 너무 강한 감각자극에 대해서도 반응하지 않는다. 더 흥미로운 사실은 감각기관에서 처리되는 감각자극의 강도가 그대로 동일한 강도로 지각되지 않는다는 점이다. 즉 외부 감각자극의 강도변화는 나름대로의 목적에 따라 각기 상이한 형태의 함수관계를 통해 지각경험으로 나타난다.

정신물리학(psychophysics) 분야는 바로 이러한 물리적인 자극과 심리적인 경험 간의 관계를 수학적으로 분석하고 연구한다(Fechner, 1966). 정신물리학자들은 외부 자극이 인간의 감각기관에서 최초로 부호화되는 과정을 역치(threshold)라는 개념으로 설명하고자 한다. 다음에서는 두 가지 역치, 즉 절대 역치와 차이 역치에 대해 알아보고자 한다.

3.1.2.1 절대 역치

절대 역치(absolute threshold)는 자극의 존재여부를 50% 확률로 탐지하는 데에 요구되는 최소한의 물리적 에너지 강도를 의미한다. 존재여부를 우연히 맞출 수 있는 확률은 50%인데, 충분히 반복된 검사에서 자극의 존재여부를 50% 이상의 확률로 맞출 수 있다는 것은 곧 감각시스템에서 자극에 대해 반응하였다는 것을 의미한다. 인간의 평균적인 시각에서 절대 역치는 한밤중에 50km 떨어진 곳에 켜져 있는 촛불 한 개 정도의 밝기이다. 제시되는 자극의 강도를 절대 역치에 해당되는 수준 이상으로 높일 경우 자극의 존재여부를 맞힐 확률은 50% 이상으로 높아지며, 자극의 강도가 이보다 더 높은 수준이 되면 자극의 존재여부를 100% 맞힐 수 있게 된다. 반대로 절대 역치 이하의 강도로 자극을 제시할 경우, 자극의 존재여부를 맞힐 확률은 여전히 50% 미만에 머물게 된다.

일부 연구에서는 절대 역치보다 더 약하게 자극을 제시하는 경우, 이 자극들은 비록 의식적으로 경험되지는 않지만 감각기관에 의해 어느 정도 처리된다는 실험결과들이 제시되고 있다. 탐지확률이 50% 이하인 자극을 역하(subliminal) 자극이라고 하는데, 이러한 수준으로 자극을 제시하고 두뇌영상을 살펴보면 약한 반응을 촉발한다. 실험실에서 피험자가 바라보는 컴퓨터 화면에 역하의 수준으로 특정 단어를 제시한 다음, 무엇을 보았느냐고 질문하면 피험자는 모른다고 대답한다. 그런데 한 번 보여준 단어와 보여주지 않았던 단어를 함께 제시하면서 보았던 단어를 선택하게 할 경우, 우연 이상의 확률로 의식하지 못하게 보여주었던 단어를 선택한다. 이러한 실험들을 역하 실험이라고 한다. 역하 실험 결과는 종종 소비자들이 의식하지 못한 채 특정 기업의 제품을 선택하게 만드는 광고의 가능성을 신뢰하게 만든다. 그러나 지금까지의 연구결과들은 역하 수준에서의 자극제시가 실질적인 광고효과를 나타내지는 못한다고 말해주었다.

3.1.2.2 차이 역치

실생활에서는 자극의 존재여부보다도 자극 간의 차이를 식별하는 능력이 더 많이 요구된다. 빛이 있다는 것보다도 어느 빛이 더 밝으며, 얼마만큼 더 밝아졌는지를 경험하는 것이 더 중요할 수 있다. 피아노를 조율할 때는 소리의 차이를 인식해야 한다. 이는 음식의 간을 맞추고자 할 때, 짠맛의 미세한 정도를 아는 것이 중요한 것과 같다.

차이 역치(difference threshold) 또는 최소식별차이(just noticeable difference: JND)란 두 자극의 차이를 탐지할 확률이 50%가 되는 최소 차이값을 의미한다. 차이 역치는 절대값으로 고정된 것이 아니라 비교하는 자극의 강도가 클수록 증가한다. 예를 들어 왼손에 1kg의 추를 들고 오른손에 1.05kg의 추를 들게 한 다음 그 차이를 인식할 수 있는지 여부를 물어본다. 만약 차이를 인식하지 못한다면, 오른손의 추 무게를 조금씩 더 증가시키면서 차이의 인식여부를 검사한다. 이런 과정을 통하여 기준이 되는 1kg 무게와 차이를 느끼는 데에 필요한 최소한의 차이값(예, 0.1kg)을 파악할 수 있다. 그런데 비교기준이 되는 추의 무게가 2kg이 될 경우 0.1kg은 차이를 인식하는 데에 도움이 되지 않는다. 기준이 되는 추의 무게에 따라 차이 값도 증가하여야 비로소 그 차이를 인식할 수 있게 된다.

Ernst Weber는 기준자극의 강도가 증가함에 따라 그 차이를 인식하는 데에 요구되는 차이 역치가 증가하여야 한다는 Weber의 법칙을 제안하고, 비례 값을 Weber의 상수라고 설명하였다($\triangle I$ / I = K, $\triangle I$: 최소식별차이, I: 기준자극, K: 상수). 보통 사람의 경우 자극 간의 차이를 인식하려면, 빛의 경우 8%의 강도 차이가 있어야 하고, 무게의 경우 2%의 강도 차이가 나야 하고, 짠맛의 경우는 20%의 강도 차이가 있어야 한다. 소리의 주파수는 0.3%의 강도 차이가 있어야 기준자극과의 차이가 식별될 수 있다.

3.2 감각자극과 감각기관의 반응

3.2.1 시감각

3.2.1.1 시감각 자극: 빛

시감각(visual sensation)은 빛이 있어야 가능하다. 빛은 눈이라고 하는 감각기관을 통하여 물리적 에너지 상태에서 감각정보로 변환된다. 빛은 감마선, X선, 자외선, 적외선, 등 다양한 파장대를 갖고 있다(그림 3-2 참조). 그런데 인간의 시감각 기관인 눈은 빛의 전체 스펙트럼에서 극히 좁은 영역에 대해서만 반응한다. 이 영역을 가시광선 영역이라 부른다. 가시광선 영역은 대략 390nm에서 760nm(1nm$=10^{-9}$m)까지이며, 색이름으로는 보라색에서 빨간색에 이르는 영역이다. 가시광선 영역에서 단파장이라고 하면, 보라색이나 파란색에 해당하는 파장대를 의미하며, 장파장은 빨간색에 해당하는 파장대를 말한다.

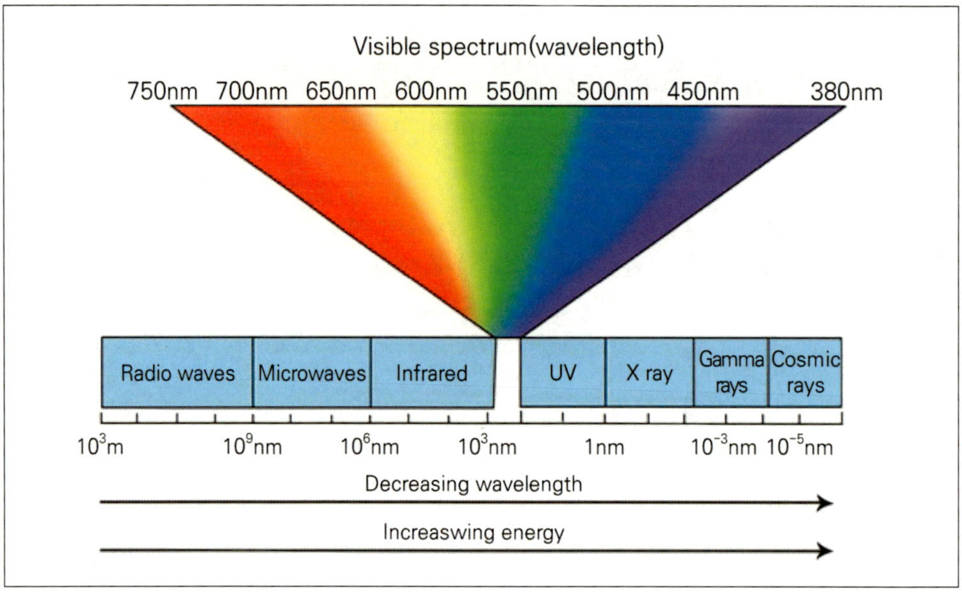

[그림 3-2] 빛의 다양한 파장대
1nm=10억분의 1미터

빛에 대한 감각경험의 내용을 결정하는 것은 빛의 두 가지 물리적 특징이다. 하나는 빛의 파장(wavelength)으로 색상(hue)을 결정한다. 다른 하나는 빛의 강도(intensity)로서 빛의 진폭을 의미하며, 이는 빛의 밝기(brightness)에 영향을 미친다. 동일한 파장대라 하더라도 진폭에 따라 밝기가 달라진다.

3.2.1.2 시감각 기관: 눈의 구조

눈은 시감각 정보가 생성되는 최초의 기관이다. 그림 3-3에서 보는 바와 같이, 빛은 눈의 각막을 통해 들어오는데, 각막은 얇은 막으로서 안구의 외부형태를 유지시켜 준다. 빛이 각막을 통과할 때, 상당한 굴절이 일어나며, 각막의 상태에 따라 빛의 굴절 정도가 영향을 받는다. 난시(astigmatism)는 각막에서 빛의 굴절이 일정하지 않아서 발생하는 문제이다.

각막을 통과한 빛은 동공(pupil)을 통해 수정체를 지나 망막에 이르게 된다. 동공은 평상시에 성인의 경우 0.5cm 정도의 직경을 유지하고 있으며, 그 크기는 붉은색의 근육인 홍채(iris)에 의해 조절된다. 홍채는 인지상태와 정서상태에 따라 반응한다. 화가 날 때, 성적 흥분을 느낄 때, 혐오감을 느낄 때, 홍채가 각기 다르게 반응하여 동공의 크기가 달라진다.

동공 뒤에는 투명한 수정체(lens)가 있다. 수정체는 모양근에 의해 두께가 조절된다. 모양근이 수축과 이완할 때마다 수정체의 두께가 달라지고, 이에 따라 망막(retina)에 뚜렷한 상을 유지할 수 있다. 빛 에너지의 종착지인 망막은 사진기 속의 필름에 비유되는 부위이다. 망막에는 눈에 비치는 물건의 상이 사진기처럼 거꾸로 나타난다.

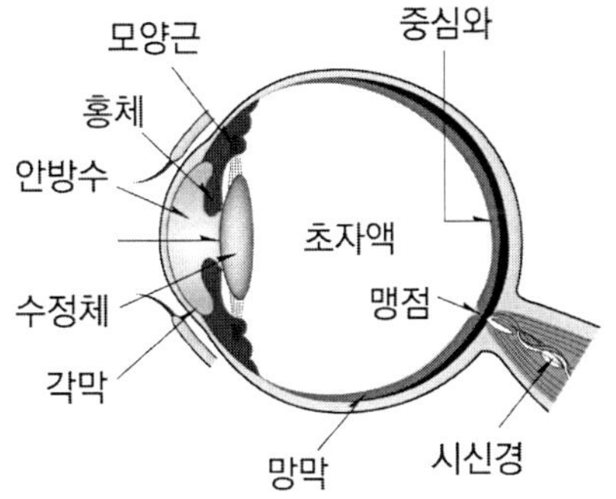

[그림 3-3] 눈의 구조

3.2.1.3 망막

망막은 물리적 에너지인 빛이 신경 에너지(시감각 정보)로 변환되는 장소이다. 그림 3-4를 보면, 망막에 도달한 빛은 간상체(rod)와 추상체(cone)라는 두 가지 수용기 세포를 자극하여 신경반응을 촉발시킨다. 신경반응은 두 유형의 수용기 세포들에 연결되어 있는 양극세포(bipolar cell)들을 자극하고, 양극세포들은 다시 이웃한 신경절 세포(ganglion cell)들을 활성화시킨다. 신경절 세포의 축색들은 밧줄처럼 가닥을 형성하여 시각정보를 대뇌로 전달하는 시신경(optic nerve)을 형성한다. 시신경 다발은 망막의 맹점(blind spot)이라 불리는 곳을 통해 망막 부위를 빠져 대뇌로 향한다. 따라서 맹점 부위에는 빛 자극에 반응하는 수용기들이 분포하지 않으며, 이곳에 도달한 빛 자극은 처리되지 않는다. 그럼에도 불구하고 우리가 시야의 구멍을 의식하지 못하는 이유는, 좌우 시야의 상호보완을 통해 그 자리를 메우기 때문이다(Ramachandran & Gregory, 1991).

망막의 구조에서 흥미로운 특징은 수용기 세포들이 빛이 오는 반대 방향을 향하고 있다는 점이다(그림 3-4에서 빛의 방향과 수용기 세포의 방향을 참조). 아마도 이러한 구조는 수용기 세포들의 화학반응에 소요되는 물질들이 효과적으로 전달되기 위해 이루어진 것으로 판단된다. 아울러 망막 표면에 도달한 빛은 가장 먼저 수용기 세포들을 만나는 것이 아니라, 신경절 세포와 양극세포의 간극을 통하여 수용기 세포에 도달한다. 이것은 안구 내에서 반사되어 오는 빛 자극들에 의해 수용기가 반응하는 것을 최소화하고, 직진되어 들어오는 빛만이 특정 위치를 자극하여 빛 자극의 위치를 정확하게 파악할 수 있게 해준다.

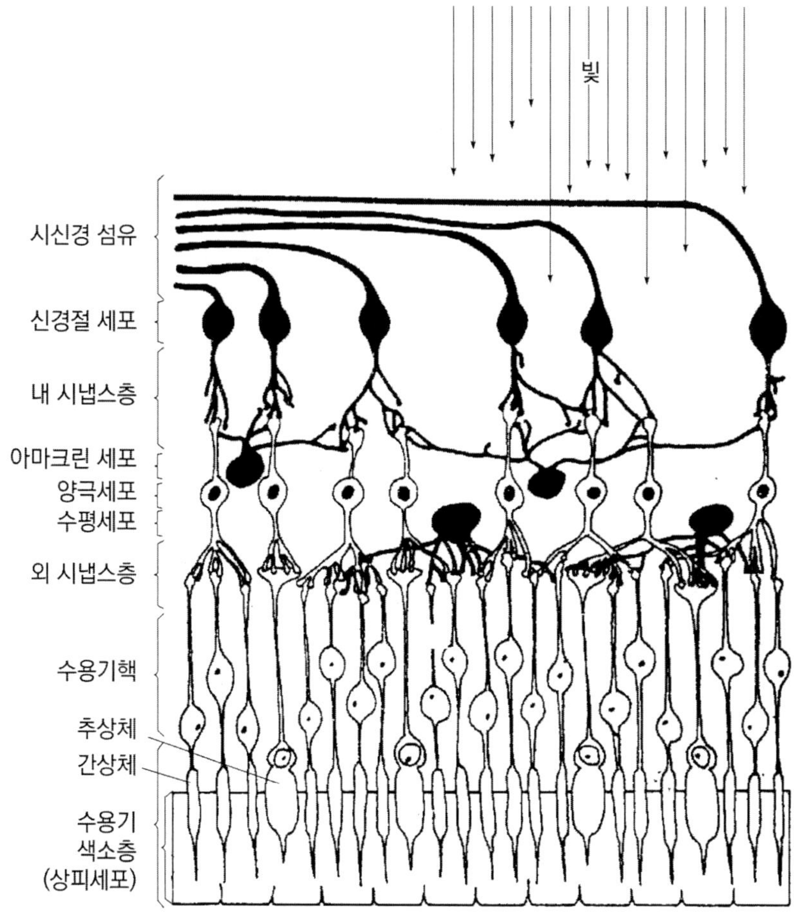

[그림 3-4] 망막의 구조

동공을 통하여 유입된 빛 자극들이 시신경 섬유와 신경절 세포 사이를 통해 추상체와 간상체를 자극하는 구조로 되어 있다.

망막의 수용체가 추상체와 간상체라는 두 가지 유형으로 구성되어 있다는 것은 시각 정보처리에서 매우 중요한 의미를 갖는다. 두 유형의 수용체는 분포와 역할에서 다르다.

추상체는 망막의 중앙 부분인 중심와(fovea)에 집중적으로 분포되어 있으며, 주변으로 갈수록 급격하게 그 숫자가 줄어든다. 추상체는 약 600만 개이며, 빛의 파장에 따라 각기 다르게 반응하는 세 유형으로 구분된다. 이 세 유형의 추상체들은 가시광선 영역 내에서 장파장, 중파장, 단파장에 선택적으로 반응하며, 이러한 선택적 반응을 통하여 색 정보가 처리된다. 망막의 중앙부위에 밀집되어 있는 추상체 세포들에 의해 색 정보가 처리되기 때문에 시야의 중앙에 있는 물체의 색은 정확하게 파악이 되지만 시야의 주변에 있는 물체의 색은 또렷하게 처리되지 않는다. 세 유형의 추상체 세포들이 빛에 대해 반응하는 것을 평균할 경우, 추상체 세포는 대략 560nm의 빛에 민감하게 반응한다고 볼 수 있다. 하지만 추상체는 희미한 불빛에서는 잘 작동하지 않는다. 또한 중심와에 분포하는 추상체 세포들은 양극세포와 1:1의 연결 구조를 갖고 있기 때문에, 추상체 세포들의 시감각 정보가 시신경으로 온전하게 전달될 수 있다. 중심와에 맺힌 상을 정확하게 볼 수 있는 이유도 이러한 연결구조상의 특징 때문이다.

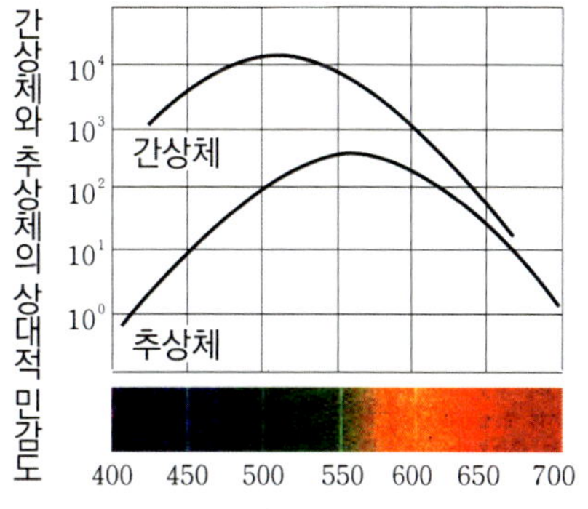

[그림 3-5] 추상체와 간상체의 민감도

간상체는 초록 부근의 색상에 민감하다. 추상체는 세 가지 유형의 추상체들이 보이는 민감도를 평균한 값으로 연둣빛이 포함된 노란색 부근에 민감함을 알 수 있다.

간상체는 추상체와 달리 그 숫자가 1억 2,000만 개 정도이다. 간상체는 중심와 부분에는 거의 존재하지 않으며, 중심와에서 20도 떨어진 부분에서 가장 밀집된 분포를 보인다. 숫자가 많은 만큼 여러 개의 간상체 세포가 양극세포와 연결되는 수렴구조를 갖는다. 간상체 세포는 빛이 강한 낮에는 포화되어 정상적인 작동이 어렵다. 간상체는 오히려 약한 빛 자극에 잘 반응하기 때문에 야간시를 담당한다. 간상체는 색상보다는 명암을 처리하며, 대략 500nm의 빛에 가장 민감하게 반응한다(그림 3-5 참조).

3.2.1.4 망막 이후의 시각정보 처리

망막의 맹점을 통과한 시신경은 시교차(optic chiasm)를 지나고 시상의 외측슬상체(lateral geniculate nucleus, LGN)에 접합된 다음 시각피질(visual cortex)로 연결된다

(그림 3-6 참조).

각 눈에서 나온 시신경은 시교차에서 두 갈래로 나뉘어 바깥쪽 절반은 뇌의 같은 쪽으로 전달되고, 안쪽 절반은 뇌의 반대쪽으로 전달되는 구조를 갖는다. 따라서 좌우 망막의 왼쪽에 형성된 시감각정보들은 뇌의 왼쪽 시각피질로 전달되고, 망막의 오른쪽에 형성된 시감각정보들은 뇌의 오른쪽 시각피질로 전달된다. 이후에 뇌의 시각피질에 도달한 시감각정보들은 측두엽, 전두엽, 두정엽을 포함하여 대뇌피질 전반으로 확산된다.

3.2.1.5 암순응과 명순응

망막의 추상체와 간상체가 특성 면에서 서로 다르다 보니, 이로 인하여 발생하는 다양한 현상들이 있다. 그중 대표적인 현상은 암순응(dark adaptation)과 명순응(light adaptation)이다.

암순응은 밝은 곳에서 어두운 곳으로 이동한 경우, 처음에는 아무것도 볼 수 없다가 점차적으로 시간을 두고 물체들이 서서히 잘 보이게 되는 과정을 의미한다. 암순응은 밝은 곳에서 주로 활동하던 추상체와 밝은 곳에서 활동을 멈추고 있던 간상체들이 어둠에 들어서서 민감도를 높이는 과정에서 경험하는 현상이다. 밝은 곳에서 활동하던 눈이 어둠에서 충분하게 적응하는 데에는 약 20분 이상의 시간이 걸린다.

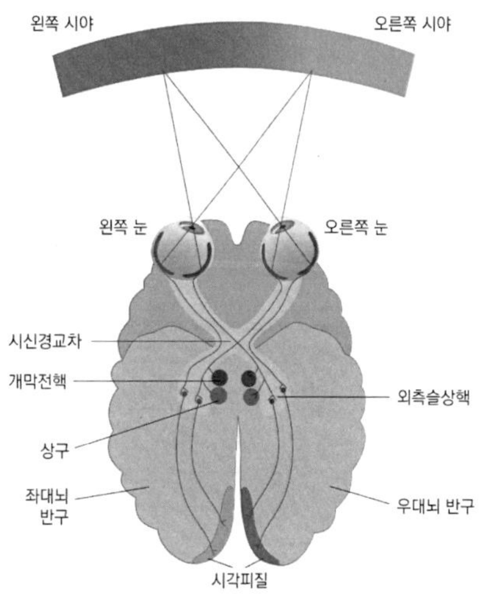

[그림 3-6] 시각 경로

앞에 놓인 대상의 중앙을 기준으로 오른쪽 부분은 왼쪽으로, 왼쪽 부분은 오른쪽으로 전달되는 경로이다.

명순응은 반대로 어둠 속에 있다가 밝은 곳으로 나간 상황에서 발생하는 현상이다. 명순응은 어둠 속에서 활동이 미약하던 추상체가 다시 활발하게 반응하게 되고, 어둠 속의 약한 빛 속에서 활발하게 반응하던 간상체가 다시 활동을 멈추게 되는 과정을 통해 나타나는 현상이다. 명순응은 암순응과 비교하여 상대적으로 짧은 시간(30초~1분 30초)에 이루어진다.

야간비행을 하는 조종사들의 대기실에 붉은 조명을 사용하는 것은 추상체에 의한 시각기제와 간상체에 의한 시각기제가 어느 정도 유지될 수 있는 암순응 상태를 유지하기 위한 방법이다.

3.2.2 청감각

청각은 일상생활에서 환경정보를 수집하는 데에 있어서 시각과 더불어 상당히 주요한 수단이다. 청감각 정보는 일반적으로 공기의 압력변화가 귀의 고막을 진동시킴으로써 생성된다. 청감각 기관인 귀에 대해 살펴보기 이전에 청감각 정보를 생성시키는 물리적 에너지인 소리의 특성에 대해 살펴보고자 한다.

3.2.2.1 청감각 자극: 소리

청감각은 소리에 의해 자극된다. 소리는 물체의 진동을 통하여 발생하는 공기분자의 반복적인 밀집과 분산이다. 소리는 음파(sound wavc)리고도 한다. 음파는 주파수, 진폭, 복합성이라는 세 가지 물리적 특성을 갖는다(그림 3-7 참조).

주파수(frequency)는 초당 주기의 수 혹은 헤르츠(Hz)로 측정된다. 음파가 초당 10번 반복되는 소리는 10Hz 음이라고 한다. 음고(pitch)는 음의 높고 낮음을 말하는데, 음고는 주파수에 의해 결정된다. 주파수는 소리의 물리적 변화를 나타내며, 음고는 주파수 변화에 상응하는 심리적 변화를 나타낸다. 인간의 청감각 기관을 통해 처리될 수 있는 주파수 대역을 가청주파수 대역이라고 하는데, 약 20Hz에서 20,000Hz까지이다. 일반적인 대화는 125~8,000Hz이며, 박쥐, 돌고래 등은 120,000Hz 이상의 높은 주파수에도 반응한다.

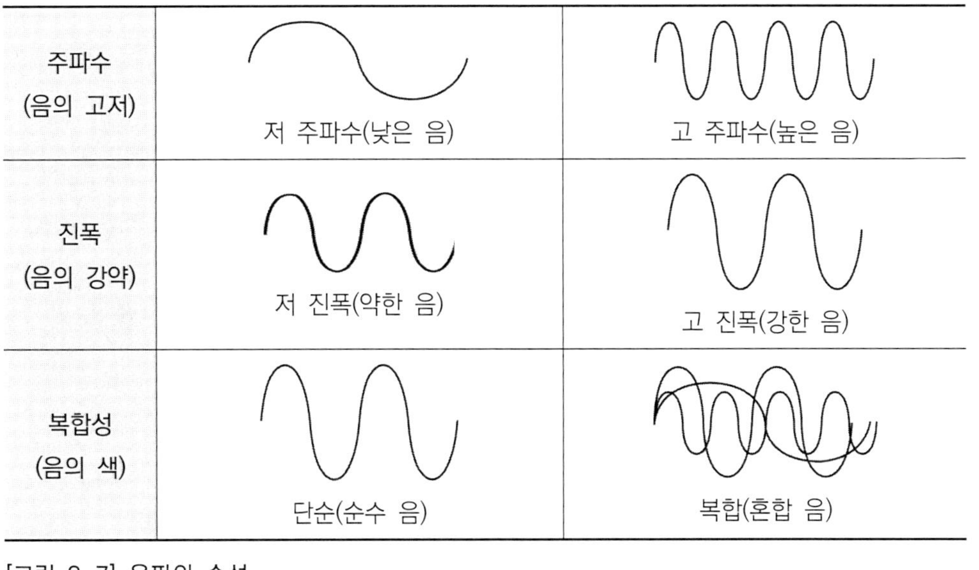

[그림 3-7] 음파의 속성

진폭(amplitude)은 소리에 의해 공기가 최대로 밀집되었다가 최대로 분산되는 상태까지의 폭을 의미하며, 소리의 강약(loudness)을 결정한다. 진폭은 데시벨(dB) 단위로 측정된다. 일반적인 대화는 50~70dB, 속삭임은 20dB, 천둥소리는 120dB 정도이다. 85dB의 소리도 노출되는 시간과 유형에 따라 청력의 손상을 유발시키기에 충분하며, 160dB 이상의 소리는 청각시스템에 영구적인 손상을 입히기에 충분하다.

소리의 세 번째 특징은 복합성이다. 복합성은 음파의 모양으로 나타난다. 우리가 일상생활에서 듣는 소리의 음파 형태를 보면, 순수하게 하나의 사인파 곡선으로 나타나지 않는다. 하나의 사인파로 나타나는 소리는 순음(pure tones)이라고 하는데, 순음은 실험실에서나 들을 수 있는 소리일 뿐이며, 거의 모든 소리는 여러 개의 사인파로 구성된 복합음(complex tone)이다. 악기마다 소리가 다르게 나타나는 것은 복합음의 음색(timbre)이 다르기 때문이다.

3.2.2.2 청감각 기관: 귀의 구조

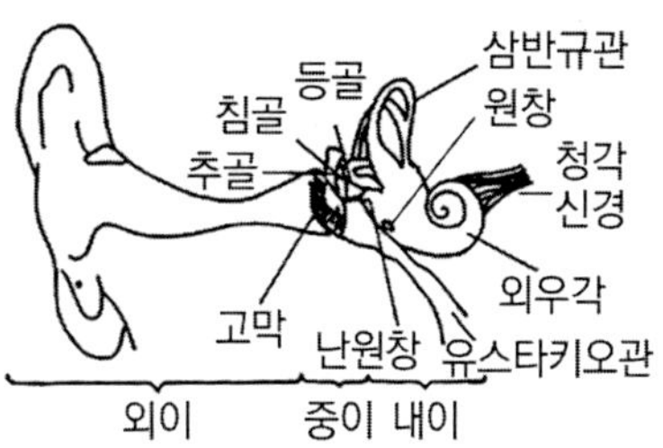

[그림 3-8] 귀의 구조

우리가 소리를 들으려면 청감각 기관에 의하여 공기압력의 물리적 변화가 감각정보로 변환되어야 한다. 청감각 정보의 변환에 가장 주요한 기관은 귀이다. 귀는 그림 3-8에서 보는 바와 같이 외이, 중이, 내이로 구분된다. 외이는 귓바퀴가 소리를 모아 외이도를 통해 고막까지 보내는 역할을 한다. 중이는 고막을 경계로 하여 시작된다. 고막은 음파에 진동할 수 있는 얇은 막으로 되어 있어 소리가 와서 닿으면 그에 상응하여 진동이 유발된다. 고막의 진동은 아주 작은 세 개의 뼈(주골, 치골, 등골)로 구성된 이소골(ossicles)에 의해 증폭된 다음, 또 다른 막인 난원창으로 전달된다. 난원창은 내이에 해당되는 달팽이관에 연결되어 있다.

달팽이관의 난원창은 달팽이관 내의 액체를 진동하게 하고, 액체의 움직임은 융모세포(hair cell)가 나 있는 기저막에 파문을 일으킨다. 기저막의 파문은 융모세포를 휘어지게 하고, 이로 인하여 청신경에 충격을 일으킨다. 청신경에 발생한 신경충격은 측두엽에 있는 청각피질로 전달된다(그림 3-9 참조).

3.2.2.3 소리의 고저 지각

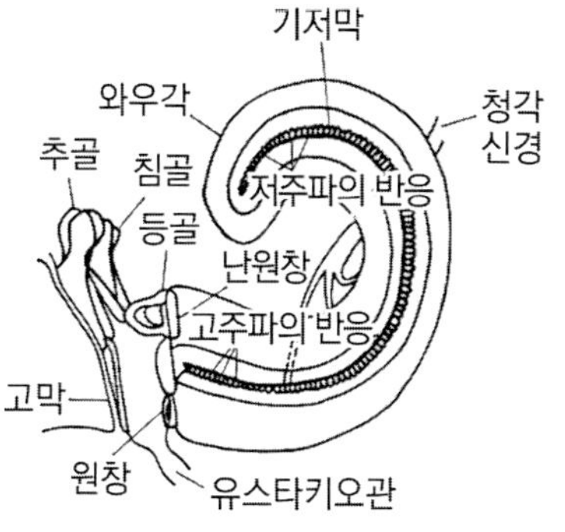

[그림 3-9] 내이의 달팽이관

우리는 소리의 높고 낮음을 어떻게 인식할 수 있을까? 이에 대한 설명으로 장소 이론과 주파수 이론이 있다.

장소 이론에 따르면, 소리의 고저는 달팽이관의 기저막에서 어느 위치가 가장 활성화되었느냐에 따라 결정된다. Helmholtz(1863)는 음의 주파수에 따라 반응을 보이는 기저막의 부위가 결정되어 있다고 주장하였다. Von Bekesy(1960)는 인간의 시신에서 채취한 달팽이관에 구멍을 뚫어 현미경으로 관찰한 결과, 고주파일수록 난원창 근처의 기저막 부위에서 반응이 활발하였으며, 저주파일수록 기저막의 끝부분에서 반응이 활발하였다. 그러나 4,000Hz 이하의 저음에 의해 활성화되는 부위가 발견되지 못하여 장소 이론의 한계를 보여주었다.

주파수 이론은 소리자극의 주파수에 상응하여 기저막 전체가 반응한다는 것이다. 예를 들어 1,000Hz의 소리는 청각신경에 1,000번의 반응을 일으킨다는 주장이다. 하지만, 인간의 신경세포들은 매번 반응(약 1ms) 후에 불응기(약 1ms)를 갖고 있기 때문에 초당 반응할 수 있는 최대 횟수는 1,000번이라는 점에서 설명의 한계를 갖는다. 이렇게 되면 1,000Hz 이상의 음자극에 대해서는 제대로 반응할 수 없게 된다. 그렇다고 해서 방법이 없는 것은 아니다. 1,000Hz 이상의 주파수에 대해 반응할 수 있는 방법은 여러 개의 신경세포가 소리자극의 주파수에 대해 순차적으로 반응하는 것이다. 예를 들어 4개의 청각 신경이 소리 자극에 대해 순차적으로 반응한다면 최고 4,000Hz의 소리자극에 반응을 보일 수 있게 된다. 이러한 설명을 연사설(volley theory)이라고 한다.

이렇게 본다면 낮은 소리의 처리는 주파수 이론으로 잘 설명되는 반면에, 높은 소리의 처리는 장소 이론으로 잘 설명된다. 아울러 중간 정도의 소리 자극(500~5,000Hz) 처리는 활성화된 융모세포의 위치와 발화율이 이용된다.

3.2.2.4 소리의 위치 지각

우리는 주변에서 발생하는 소리를 듣고서 그 소리의 정체와 더불어 위치까지 파악할 수 있다. 우리는 어떻게 소리의 위치를 파악할 수 있을까? 인간이 소리의 위치를 파악할 수 있는 것은 두 개의 귀를 갖고 있어서 가능하다. 두 귀의 존재는 위치 파악에 필요한 주요한 두 가지 단서를 생성한다. 그중 하나는 시의성(timing)이며, 다른 하나는 음영화(shadow)이다.

시의성은 소리가 두 귀에 도달하는 시간상의 차이를 의미한다. 두 귀는 사람의 경우 평균적으로 7인치 정도 떨어져 있다. 정면에서 소리가 날 경우, 두 귀에 도달하는 소리의 시간차이는 0가 된다. 정면에서 오른쪽으로 약 30도 지점에서 나는 소리는 오른쪽 귀에 0.25ms 먼저 도달한다. 정면에서 90도에 해당하는 오른쪽에서 소리가 날 경우, 두 귀에 도달하는 소리의 시간차는 0.7ms가 된다. 청신경 체계는 이러한 시의성을 해석하여 소리의 위치를 파악한다.

음영화는 소리가 머리에 부딪혀 반대편에 약하게 자극되는 것을 의미한다. 오른쪽에서 발생한 소리는 왼쪽 귀에 낮은 강도로 들린다. 음영화는 소리의 주파수에 따라 증가한다. 6,000Hz의 소리에서 음영화 값은 20dB인 데 반해 500Hz에서는 1~2dB에 지나지 않는다.

3.3 시지각

앞에서 우리는 빛과 소리와 같은 외부의 물리적 자극이 감각기관을 통하여 신경부호로 변환되는 원리에 대해 살펴보았다. 감각기관에 의해 부호화된 정보들은 다양한 정보처리시스템에 의하여 선택되고 조직화되어 의미 있게 해석되는 지각과정을 거치게 된다. 인간의 지각과정에서 우리가 관심을 갖고 살펴보고자 하는 것은 시지각 과정이다. 왜냐하면 인간의 지각과정에서 가장 많은 정보처리가 시지각과정에 의해 이루어지기 때문이다. 여기에서는 다양한 시지각 과정들 중 색지각, 형태지각, 거리 및 크기 지각, 운동지각, 지각 항등성에 대해 살펴보고자 한다.

3.3.1 색지각

우리가 바라보는 세상에 색이 없고 모두 흑백으로 이루어진 세상이라면 어떠할까? 우리는 어떻게 그처럼 다양한 색을 지각할 수 있을까? 우리는 낮에 붉은 사과를 볼 수 있다. 하지만, 완전히 캄캄한 밤이 되면 사과의 색은 분별되지 않는다. 붉은 사과는 그 자체가 빨간 것이 아니라 붉은 색감을 일으키는 장파장이 반사되어 나타난 것이다. 다시 말해서 색채는 대상에 있는 것이 아니라 우리의 마음이 만들어 낸 것이다. 인간이 색을 지각하는 과정에 대한 가장 대표적인 색채시 이론으로는 Young-Helmholtz의 삼원색 이론(trichromatic color theory)과 Hering의 대립과정 이론(opponent-process theory)이 있다.

3.3.1.1 삼원색 이론

삼원색 이론은 Thomas Young에 의해 1807년에 처음 제안되었으며, 50년 이후에 Herman von Helmholtz에 의해 발전되어 Young-Helmholtz의 이론이라 불린다. 이에 따르면, 인간이 변별할 수 있는 색들은 많지만, 색채수용기는 세 종류밖에 없다. 세 종류의 수용기는 각기 빨강, 초록, 파랑의 가시광선 영역에 민감하게 반응하며, 이들의 조합을 통해 다양한 색을 경험하게 된다. 만약 어느 한 유형의 수용기라도 부족하거나 없는 경우 색 결함(color deficiency)을 일으킨다. 색맹(color blindness)이라고도 불리는 색 결함을 갖고 있는 사람은 세 종류의 수용기들을 정상적으로 구비하고 있는 사람과 다르게 색을 경험한다. 색맹에는 적록색맹, 청황색맹, 흑백색맹이 있다. 발생빈도가 가장 높은 것은 적록색맹이며 명암을 구분하지 못하는 흑백색맹은 아주 드물게 나타난다.

그러나 삼원색 이론으로 설명되지 않는 현상들이 있다. 먼저 색맹의 경우를 보더라도 적-록, 청-황, 흑-백의 조합 이외의 색맹은 없다. 적-청이나, 녹-청 색맹이 없는 이유는 무엇일까? 이에 대해 삼원색 이론은 특별한 설명을 할 수 없다. 두 번째로 설명되지 않는 현상은 색 잔상(color afterimage)이다. 색 잔상은 어떤 색을 한참 응시하고 난 후, 흰 바탕을 바라보면 망막상의 동일한 위치에 해당되는 영역에서 조금 전에 보았던 색과 보색관계에 있는 색이 보이는 현상이다. 예를 들어 컴퓨터 화면에서 흰 바탕의 중심에 1cm 폭의 빨강색 사각형을 제시하고 피험자에게 30초 정도 바라보게 한 다음, 컴퓨터 화면 전체를 흰 바탕으로 바꾸면, 피험자는 빨강 사각형 위치에서 녹색 사각형을 보게 된다. 왜 우리는 잔상으로 보색을 보게 되는 것일까? 삼원색 이론은 이러한 부적 색 잔상을 설명하지 못한다.

3.3.1.2 대립-과정 이론

보색 구조로 이루어진 색맹의 유형과 색의 부적 잔상 경험은 인간의 색지각이 오로지 삼원색 이론으로만 설명될 수 없다는 결론에 이르게 된다. 이에 생리학자인

Hering은 빨강과 초록의 지각을 가능하게 하는 하나의 과정과 파랑과 노랑의 지각을 가능하게 하는 또 하나의 과정이 있을 것으로 추측하였다. 즉 그는 색지각을 담당하는 신경세포들이 보색관계로 대립되는 형태의 쌍을 이루고 있다는 대립과정 이론(opponent process theory)을 제안하였다. 대립과정 이론은 부적 색 잔상을 다음과 같이 설명한다. 빨강색을 응시할 경우 적－록 대립과정을 담당하는 신경구조에서 반응을 하는데, 지속적으로 노출될 경우 해당 신경구조는 피로해지고, 이에 대한 반작용으로 녹색에 해당되는 반응이 유발된다. 청－황 대립과정의 경우에도 마찬가지이다. 청색을 오랫동안 바라보면 처음에 청색에 대해 반응하던 신경구조가 점차 피로해지면서 황색에 대한 반응을 유발한다. 이처럼 시각신경원들의 쌍은 대립적으로 작용한다(Hurvich & Jameson, 1957).

그렇다면 인간의 색지각을 설명하는 데에 어느 이론이 맞는 것일까? 망막수준에서의 작용과정을 보면 삼원색설이 더 타당하지만, 위에서 언급한 부적 잔상이나 특정한 쌍을 이루는 색 결함을 설명할 수 없다. 그렇다고 대립과정 이론이 망막수준에서의 정보처리과정을 충분히 설명한다고도 볼 수 없다. 이처럼 갈등적인 상황에 대한 해결책은 Hurvich와 Jameson(1974)에 의해 제시되었다. 이들은 인간의 색지각을 설명하기 위해서는 삼원색이론과 대립과정 이론 모두가 필요하다는 것을 주장하였다. 이들은 망막수준에서 삼원색 이론에 의한 감각정보처리가 이루어지며, 그 이후의 상위수준의 처리단계에서는 빨강－초록, 파랑－노랑, 검정－흰색의 대립세포에 의한 처리과정이 일어난다는 이론을 제안하였다. 이들의 주장은 여러 연구에서 타당한 것으로 나타났다.

3.3.2 형태지각

사람들은 별다른 생각을 하지 않고서도 눈에 보이는 물체를 인식한다. 그런데 평면구조를 갖고 있는 망막에 맺힌 물체가 어떤 과정을 통해서 인식되는가를 곰곰이 생각해 보면, 몇 가지 해결해야 할 문제가 있다. 가장 대표적인 문제는 단위요소들을 하나의 물체로 묶는 조직화이며, 또 다른 문제는 조직화된 물체를 배경과 분리하는 전경－배경의 분리이다. 세상에 존재하는 물체들의 형태(form)를 지각하기 위해서는 이 두 가지 문제가 원만하게 해결되어야 한다.

3.3.2.1 지각 조직화

먼저 조직화의 문제에 대해 생각해 보자. 가령 스크린에 제시된 원을 응시하고 있다면, 제시된 물체가 원이라는 것을 알기 위해서 가장 먼저 해야 할 일은 원에 대해 반응하는 망막상의 신경반응들을 원이라고 하는 집단으로 묶어야 한다. 가장 작은 단위에서부터 큰 단위에 이르기까지 감각과정에서 반응으로 나타나는 단위 요소들을 집단으로 묶어가는 작업을 지각 조직화(perceptual organization)라고 한다. '김'이라는 단어를 인식하기 위해서는 먼저 개별 자음과 모음이 인식되고, 그 다음에 인접거리에 근거하여 '김'이라는 결론을 내려야 한다. 이와 같은 지각의 조직화 과정은 Wertheimer, Koehler, Koffka를 중심으로 한 형태주의 심리학자(gestalt psychologist)들에 의해 집중적으로 연구되었다.

형태주의 심리학자들은 여러 가지 사례를 이용하여 감각반응이 조직화되는 원리들을 다음과 같이 제시하였다(그림 3-10 참조).

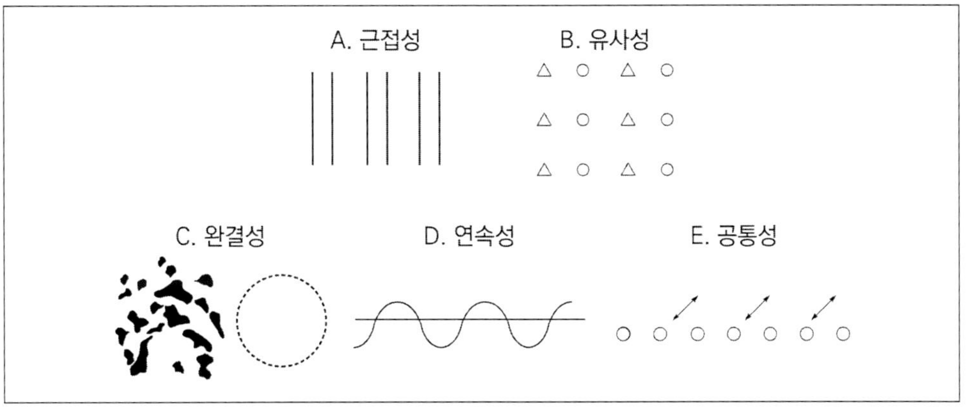

[그림 3-10] 지각의 체제화에 사용되는 다양한 원리들

- 근접성(proximity): 가까이 있는 자극들이 하나의 대상으로 집단화되는 경향
- 유사성(similarity): 색, 밝기, 모양, 결 등이 유사한 영역들은 같은 물체에 속하는 것으로 지각되는 경향
- 완결성(closure): 자극들 간의 간격이나 틈을 채워 넣어서 지각하려는 경향
- 연속성(continuity): 어떤 방향성을 갖는 자극들은 연속될 것으로 판단하는 경향
- 공통성(common fate): 움직임의 시각과 방향이 동일한 대상들을 주변의 대상과 분리된 집단으로 인식하는 경향

3.3.2.2 전경과 배경의 분리

(A) Rubin 컵

(B) 천사와 악마

[그림 3-11] 역전되는 그림으로 Rubin의 컵(A)과 천사와 악마(B)

대상을 인식하기 위해 우리의 지각시스템이 해결해야 할 두 번째 과제는 조직화된 대상 즉 전경(figure)을 배경(ground)으로부터 분리하는 것이다. 대상을 명확하게 지각하기 위해서 대상의 경계선을 구분해야 하며, 이를 기준으로 대상을 전경으로 인식하고 나머지 부분을 배경으로 구분하여야 한다. 일반적으로 관심을 갖고 바라보는 대상이 전경이 되며, 그 대상의 주변은 배경이 된다. 전경은 배경보다 더 앞에 존재하는 것으로 인식되며, 더 뚜렷하게 처리된다.

하나의 장면에서 전경과 배경이 고정되어 있지 않고, 시시때때로 전경과 배경이 변화하는 도형을 역전도형 또는 반전도형이라고 한다. 역전도형으로 가장 잘 알려진 것은 덴마크 심리학자인 Rubin의 꽃병 그림이다. 그림 3-11의 A를 보면, 중앙의 꽃병 모양이 전경이 되고 좌우로 검은 배경이 있는 것으로 지각되기도 하지만, 시간이 조금 지나면 두 여성이 마주보고 있는 형상이 더 앞에 위치하고 중앙의 하얀 바탕이 배경이 되는 것으로 인식된다. 흥미로운 사실은 전경과 배경이 되는 그림이 수시로 바뀐다는 것이다. 꽃병이 전경이 되었다가, 몇 초 후에 다시 두 여성의 얼굴이 전경이 된다. 그림 3-11의 B의 경우도 박쥐와 천사가 수시로 바뀌는 것을 볼 수 있다.

3.3.3 거리 및 크기 지각

3.3.3.1 거리 지각

우리가 바라보는 장면 속의 물체들은 우리 눈으로부터 제각기 다른 거리값을 갖고 있다. 일상생활 속에서 거리를 정확하게 인식하는 것은 매우 중요하다. 도랑을 건너뛰는 짧은 이동에도 거리를 정확하게 판단하여야 하고, 자동차를 운전할 때도 거리에 맞추어 속도를 내고 브레이크를 밟기도 한다. 그렇다면 우리의 시각체계는 물체와의 거리를 어떻게 정확하게 판단할 수 있을까?

우리의 시각체계는 몇 가지 단서를 사용하여 거리를 판단하는 데에 익숙해져 있다. 거리를 지각하는 데에 사용되는 단서에는 두 눈을 활용하는 양안단서(binocular cue)가 있으며, 한쪽 눈으로도 거리를 판단할 수 있는 단안단서(monocular cue)가 있다.

양안단서

사람은 두 눈을 갖고 있으며, 두 눈 간의 간격은 평균적으로 7cm 정도이다. 흥미로운 사실은 두 눈에 입력되는 외부 세상의 상이 망막상에서 동일하지 않다는 것이다. 사람마다 기준이 되는 눈이 있다. 어떤 사람은 왼쪽 눈이 기준이 되기도 하고, 또 어떤 사람은 오른쪽 눈이 기준이 된다. 어느 눈이 기준이 되는지를 쉽게 알 수 있는 방법이 있다.

먼저 두 눈을 뜬 상태에서 시선은 앞의 화면을 응시한다(그림 3-12 참조). 그러고는 팔을 앞으로 뻗고 검지를 세워본다. 이제 검지가 앞의 화면에서 차지하는 위치를 잘 기억한다. 다음은 오른쪽 눈을 감고 왼쪽 눈으로 화면을 바라본다. 그러고 나서 다음에는 반대로 왼쪽 눈을 감고 오른쪽 눈으로 화면을 바라본다. 이때 두 눈을 뜨고 화면을 보았을 때와 왼쪽 눈으로만 화면을 바라볼 때 검지의 위치가 동일하다면, 왼쪽 눈이 기준 눈이 된다. 그리고 오른쪽 눈에서는 대상의 거리에 따라 조금씩 옆으로 밀려 망막에 상이 맺히게 된다. 이러한 경험은 어떤 대상이 양 눈의 망막에 맺히는 상의 위치가 거리에 비례하여 달라지는 것을 의미한다. 이처럼 두

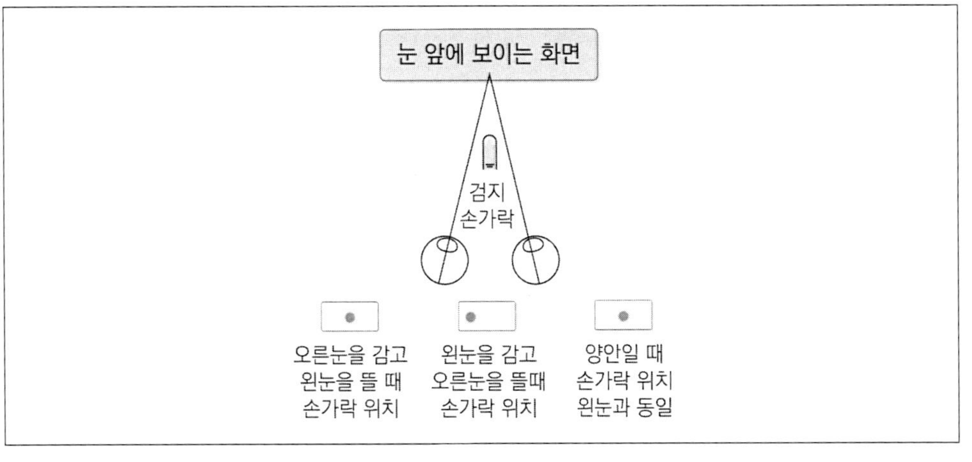

[그림 3-12] 양안부등을 체험할 수 있는 간단한 실험방법

앞을 바라보면서 손을 뻗어 검지를 세운다. 그리고 두 눈을 뜰 때, 오른쪽 눈만 뜰 때, 왼쪽 눈만 뜰 때 손가락의 위치가 어떻게 변하는지를 비교해 본다.

눈의 망막에 맺힌 이미지가 위치상으로 조금씩 다른 것을 양안부등(binocular disparity)이라고 한다.

양안부등의 정보는 거리판단에 매우 유용한 정보로 활용된다. 우리가 의식하지는 못하지만 시각정보처리 과정에서 양안부등이 클수록 바라보는 대상이 가까이 있다고 지각하며, 양안부등이 작을수록 멀리 있다고 인식한다.

거리를 판단하는 데에 활용되는 또 다른 양안단서는 안구를 움직이는 데에 사용되는 근육으로부터 생성되는 수렴(convergence) 정보이다. 먼 곳을 바라보다가 바로 얼굴 앞에 있는 물체를 바라보려면 안구는 코 쪽으로 수렴되어야 한다. 이때 근육에 내려지는 수렴 명령 정보값은 뇌에서 이루어지는 거리 계산에 활용된다. 그런데 수렴 정보는 매우 가까운 대상의 거리판단에는 유용하나 상대적으로 먼 곳에 위치한 대상과의 거리 판단에는 유용성이 떨어진다. 왜냐하면 두 눈의 시선이 거의

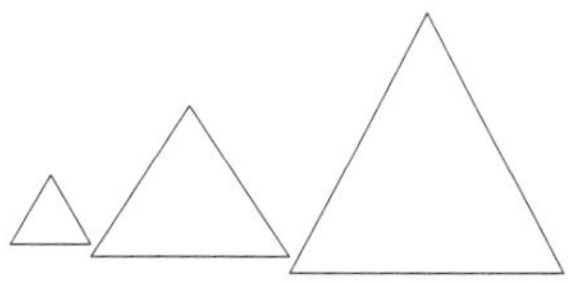	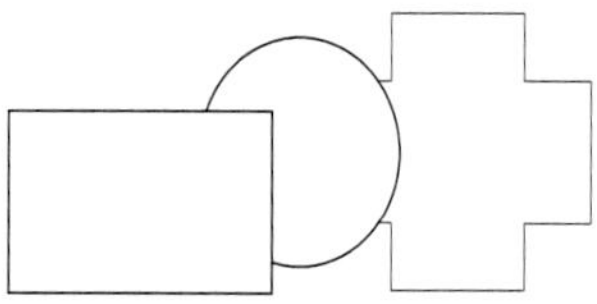
A. 상대적 크기 크기가 클수록 가깝게 지각	B. 중첩 겹쳐지는 물체가 뒤에 있다고 지각
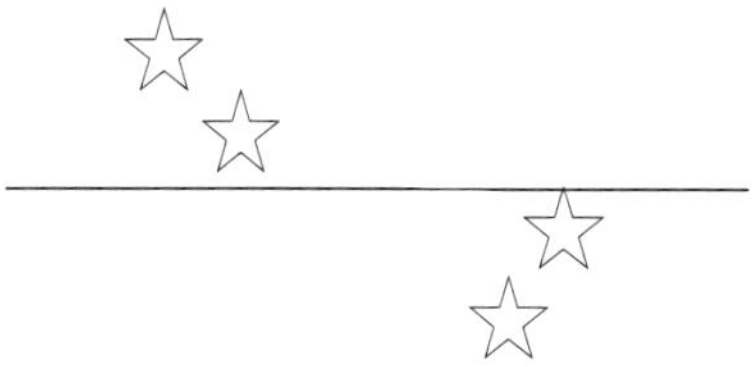	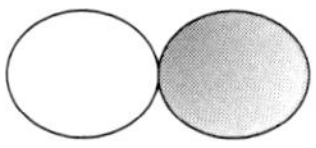
C. 상대적 높이 수평선 위에서는 높이 있는 것이 더 가깝게 보이고, 수평선 아래에서는 반대로 지각	D. 상대적 밝기 밝을수록 더 앞에 있는 것으로 지각
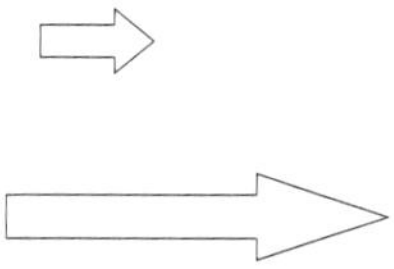	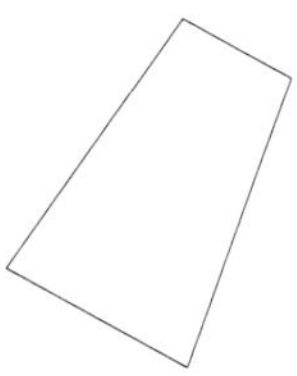
E. 상대적 운동	F. 조망

[그림 3-13] 단안단서들

평행에 가까워서 근육 긴장의 차이값이 매우 적기 때문이다.

단안단서

한 눈으로도 판단이 가능한 거리 단서를 단안 단서라고 부른다. 단안단서는 특히 화가들의 그림에서 원근감을 살리기 위해 많이 사용되기에 회화 단서(pictorial cue)라고도 한다. 단안단서는 대체적으로 먼 거리에 있는 물체의 거리를 판단하는 데에 유용한 단서로 활용된다. 단안단서에는 상대적 크기, 중첩, 상대적 높이와 밝기, 상대적 운동, 조망 등이 있다(그림 3-13 참조).

- 상대적 크기(relative size): 모양이 비슷하고 상대적으로 크기가 작은 대상은 더 멀리 있는 것으로 인식함
- 중첩(interpolation): 어떤 대상이 다른 대상을 가리고 있으면 가리고 있는 대상이 더 앞에 있는 것으로 판단함.
- 상대적 높이(relative height): 모양이 비슷하고 지평선에 가까이 있는 것을 더 멀리 있는 것으로 판단함
- 상대적 밝기(relative brightness): 밝은 물체가 어두운 물체보다 더 앞에 있는 것으로 인식함
- 상대적 운동(relative motion): 빨리 움직이는 물체는 느리게 움직이는 물체보다 더 앞에 있는 것으로 인식함.
- 조망(perspective): 망막에 투사된 두 선분의 간격이 좁아질수록 멀리 있는 것으로 판단함

참조 준거

물체가 위치한 거리를 판단할 때 사용되는 또 다른 단서는 참조 준거이다. 멀리 떨어져 있는 물체까지의 거리를 판단할 때, 가까이 있는 물체까지의 거리를 기준으로 몇 배 정도 더 멀리 있는지를 계산한다. 예를 들어 10m 거리를 어느 정도 판단한 다음, 그 거리보다 몇 배 정도 더 멀리 있는지를 계산하여 멀리 있는 물체까지의 거리를 대략적으로 가늠한다. 참조 준거를 기준으로 거리를 판단하는 경험을 쌓아 온 사람들은 지평선상에 있는 물체들이 매우 멀리 떨어져 있다고 판단한다. 반면에 공중에 떠가는 비행기를 바라볼 때, 중간에 참조할 준거가 없기 때문에 상대적으로 거리를 줄여서 판단한다.

3.3.3.2 크기 지각

물체의 크기를 지각하는 데에는 지각자와 물체 간의 거리값이 매우 중요한 역할을 한다. 물체들이 동일한 거리에 있다면 기본적으로 물체의 크기 지각은 망막에 맺힌 이미지의 크기에 비례한다. 물체들이 상이한 거리에 있다면 망막상의 크기와 더불어 물체까지의 거리값을 고려하여 크기를 지각한다. 망막상의 크기가 동일한 두 물체들 중에서 거리가 멀리 있다고 판단되는 물체는 실제로 더 큰 물체라고 인식한다. 운동장에 있는 사람들을 바라볼 때, 기본적으로 사람들의 크기는 비슷하다고 가정한다. 망막에 맺힌 사람의 이미지가 작다면 멀리 있다고 판단한다. 이처럼 물체의 크기 지각은 망막상의 이미지 크기와 거리값에 의해 결정된다. 미술가들은 이러한 원리를 이용하여 그림에 원근감을 표현한다. 멀리 있는 것으로 인식하도록 대상의 크기를 작게 그린다.

사람들이 물체의 크기를 판단할 때 항상 물체까지의 거리를 함께 고려한다는 점을 이용하여 착시를 만들어낼 수 있다. 미국의 안과학자인 Ames는 1946년에 흥미로운 착각의 공간을 제작하였는데, 이를 에임즈 룸(Ames room)이라고 한다(그림 3-14 참조). 일반적으로 룸은 사각형 구조를 갖는다. 그런데 Ames가 제작한 룸은 오른쪽보다 왼쪽이 더 긴 사다리꼴로 만들어졌다. 이 룸을 위에서 두 눈으로 바라보면, 사다리꼴이라는 것을 금방 인식한다. 그런데 벽에 만들어진 조그마한 구멍을 통해 한 눈으로만 바라볼 경우, 양안단서를 활용하지 못하고 단안단서에 의해서만 거리를 판단해야 한다. 이 경우 사람들은 룸 모양이 사다리꼴이 아닌 사각형 구조라고 생각한다. Ames는 이렇게 제작된 룸의 왼쪽과 오른쪽에 동일한 크기의 사람이 한 명씩 서 있게 한 다음, 실험에 참가한 사람에게 구멍을 통해 룸 안을 들여다보게 하였다. 그 결과 실제로 가까운 쪽에 해당하는 오른쪽의 사람이 왼쪽의 사람과 비교할 수 없을 정도로 큰 거인인 것처럼 인식되었다(Ittleson, 1952).

어떻게 이러한 착시가 발생하는 것일까? 일단 실험참가자는 한 눈으로 구멍을 통해 보이는 방안의 두 사람이 거리상으로 동일할 것으로 생각한다. 그런데, 망막에 맺힌 이미지의 크기는 오른쪽 사람이 왼쪽 사람보다 더 크게 형성된다. 이때 실험참가자는 동일한 거리에서 망막상이 클 경우 그 대상을 크다고 인식하는 경험에 기초하여 오른쪽 사람을 더 큰 것으로 인식한다. Ames room은 방 안에 친숙한 사람들을 위치시켰을 때에도 그 크기를 착각할 만큼 강력하다.

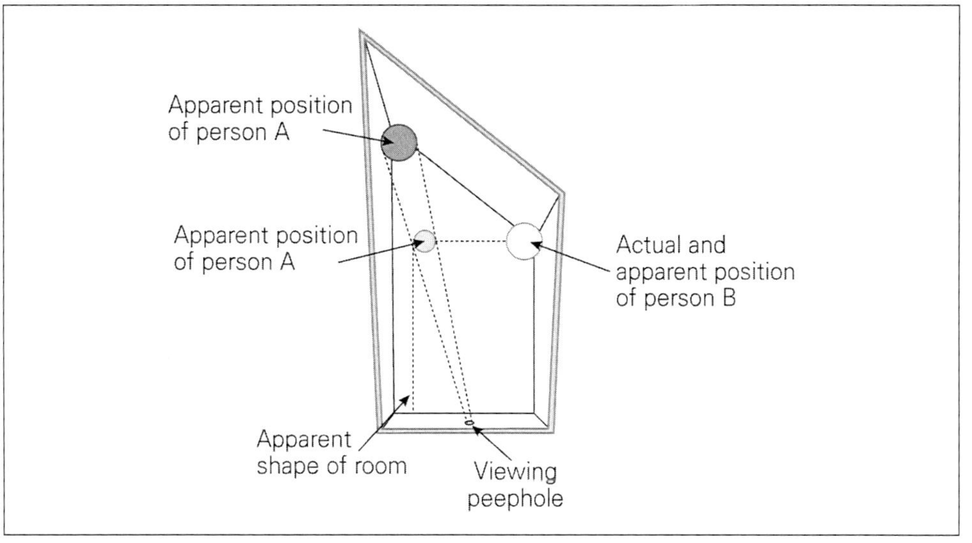

[그림 3-14] Ames가 제작한 룸

일반적인 룸의 구조와는 달리 한쪽이 더 긴 대각선 구도로 만들어졌다. 구멍을 통해 한 눈으로만 룸 안을 들여다보면 대상이 위치한 실제적인 거리판단이 어려워지고, 일반적인 거리값을 크기 지각에 적용한다.

일상생활에서 흔하게 경험하는 크기 착시는 해와 달의 크기 지각이다. 아침에 지평선상에서 떠오르는 해는 상당히 크게 지각되지만, 동일한 해가 중천에 위치할 때는 상대적으로 작게 보인다. 이 현상은 망막에 비치는 해의 크기는 동일하지만 지평선에 위치할 때의 거리값이 중천에 위치할 때의 거리값보다 상대적으로 더 크게 입력되기 때문에 뇌에서 해의 크기를 확대시킨 결과로 해석한다. 이러한 경험은 달의 경우에도 동일하게 적용된다(그림 3－15 참조).

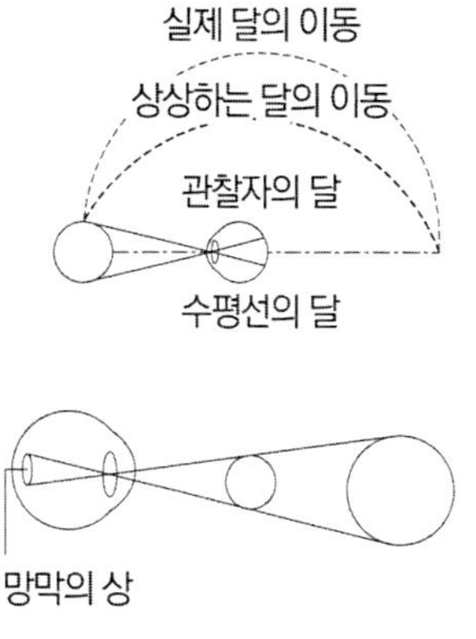

[그림 3-15] 달 착시의 원리

3.3.3.3 기하학적 착시들

기하학적 착시의 예는 그림 3－15에서 보는 것과 같이 매우 다양하다. 흥미로운 사실은 기하학적 착시가 학습에 의해 변화되지 않는다는 것이다. 즉 자신이 착각하여 지각하고 있다는 사실을 알고 있어도 시각적으로 착각적 경험을 없앨 수 없다. 기하학적 착시는 특이한 자극구성을 통하여 발생하며, 왜 그러한 현상을 경험하는지에 대해서는 아직까지 정확한 답을 제시하기 어렵다. 착시가 무의식적 추리과정이나 여러 가지 정보처리수준에서 설명되기도 하지만, 거리나 깊이에 관한 정확한 정보가 계산되지 않기 때문에 발생하는 것으로 추측된다.

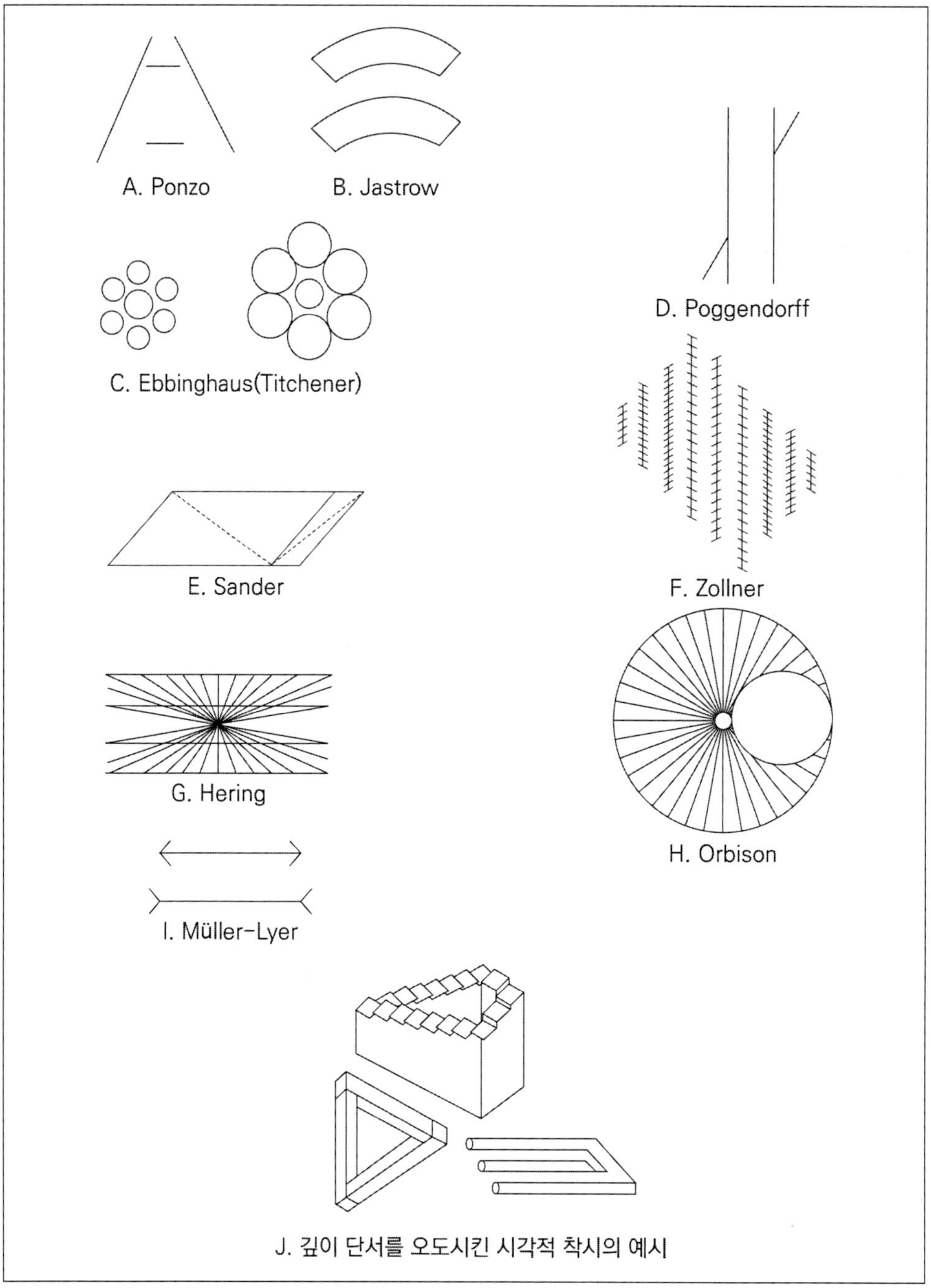

[그림 3-15] 기하학적 착시들

3.3.4 운동지각

우리가 지각하는 세상은 물체들이 정지해 있기도 하지만 많은 물체가 움직임 속에 있는 것도 사실이다. 거리에 나가서 주변을 둘러보면, 빠르게 움직이는 차, 정지했다가 출발하는 차, 이리저리 바쁘게 움직이는 보행자, 하늘을 날아다니는 비둘기 등 수많은 물체의 다양한 움직임을 보게 된다. 그렇다면 물체가 움직이고 있다는 것을 어떻게 인식할 수 있을까?

3.3.4.1 실제 운동지각

우리가 실생활에서 물체의 움직임을 지각하기 위해 사용하는 정보는 그게 두 가지이다. 하나는 망막에서 이미지의 움직임 정보이고, 다른 하나는 시선 유지에 관련된 근육 운동정보이다. 그럼 움직임을 지각하는 여러 가지 상황을 생각해 보자.

첫 번째 상황은 시선은 고정되어 있는 상황에서 물체가 망막을 가로질러 가거나 망막상에서 이동하는 경우이다. 망막상의 움직임을 통해 운동을 지각하기 위해서는 대략 2m 거리에서 초당 0.2cm 이상 움직여야 한다. 이보다 더 빠르게 움직일 경우 사람들은 눈에 보이는 물체가 이동하고 있다고 판단한다. 배경의 복잡성도 움직임의 속도에 영향을 미친다. 동일한 속도로 움직이는 물체라 하더라도 배경이 복잡할수록 더 빠르게 움직이는 것처럼 인식된다.

두 번째 상황은 날아가는 새를 추적하면서 바라보는 경우이다. 이때는 망막상에서의 크기나 위치의 변화는 없지만, 고개를 돌려서 따라가는 상황이다. 이 경우 사람들은 고개를 돌리는 운동정보를 계산하여 새가 날아가고 있다고 지각한다.

그런데 망막상에서의 움직임과 고개를 돌리는 운동정보가 함께 고려되는 경우가 있다. 예를 들어 정지해 있는 풍경을 왼쪽에서 오른쪽으로 고개를 돌리면서 바라보면, 운동정보가 생성되고, 풍경 속의 대상들은 망막상에서 반대방향으로 이동하게 된다. 이 경우에는 사람들은 풍경의 대상이 움직였다고 생각하지 않고, 자신이 고개를 돌렸다고 판단한다.

3.3.4.2 가현 운동

실제로 물체가 움직이는 것은 아니지만 마치 그 물체가 움직이는 것처럼 보이는 경우가 있다. 이러한 운동을 가현 운동(apparent movement)이라고 한다. 가현 운동의 대표적인 예는 네온사인이다. 네온사인 판에서 연속적으로 시차를 두고 깜박이는 불빛들은 강한 운동감을 유발한다. 비디오 기술이나 애니메이션은 바로 이 가현 운동을 응용한 것이다. 영화의 경우 초당 24개의 프레임을 보여줄 경우 부드러운 운동을 경험하게 된다. 동네에서 파란 무늬의 이발소 전등은 분명히 벽에 달려 있음에도 불구하고, 빙글빙글 돌면서 위로 올라가는 것처럼 보인다. 또한 일정한 거리의 두 전등을 시간차를 두고 교대로 점등과 소등을 반복하면 마치 공이 왔다 갔다 하는 것처럼 보인다. 이러한 현상들을 φ현상(파이 현상)이라고도 부른다.

자동운동현상(autokinetic phenomenon)은 깜깜한 어둠 속에서 약간 떨어져 있는 조그마한 광점을 한동안 바라보면, 그 광점이 마치 움직이는 것처럼 보이는 현상을 의미한다. 이 현상은 광점이 고정되어 있다는 것을 판단할 수 있는 참조준거가 없는 상황에서 안구의 떨림으로 인하여 망막의 이미지가 이동함에 따라 착각적으로 보여지는 것이다.

색 시각에서 부적잔상에 대해 설명하였는데, 운동 지각에서도 유사한 현상을 경험할 수 있다. 폭포 착시(waterfall illusion)이라고 부르는 운동 잔효(after effect)는 한 방향으로 움직이는 물체를 계속 응시하고 난 후 정지된 물체를 볼 때, 그 물체가 마치 반대방향으로 움직이는 것처럼 지각되는 현상이다. 폭포 앞에서 물이 흘러내리는 장면을 계속 응시하고 있으면, 위에서 아래로의 움직임을 탐지하는 세포들이 피곤해진다. 이때 바로 앞에 서 있는 친구를 바라보면, 친구가 갑자기 부상하는 것처럼 보인다. 이것은 뇌의 운동 탐지세포가 시각에서의 대립세포처럼 작용하기 때문에 발생하는 현상이다. 즉 위에서 아래로의 운동을 탐지하는 세포가 피곤해지면서 반대방향으로의 값을 출력하기 때문에 정지해 있는 친구가 위로 올라가는 것처럼 보인다.

3.3.5 지각 항등성

우리는 물체를 인식할 때 망막상의 정보를 적극 활용한다. 그런데 망막상의 정보가 크기, 모양, 밝기 등에서 다양하게 나타남에도 불구하고 한 대상의 모양, 크기, 밝기, 색상 등을 일정하게 지각하려는 경향성을 갖는다. 이러한 경향성을 지각 항등성(perceptual constancy)이라고 한다. 지각 항등성은 우리가 환경에 효과적으로 적응하는 데 도움을 주며, 객관세계를 안정된 것으로 지각할 수 있게 한다. 지각 항등성은 절대적인 것은 아니며 물리적 조건이나 상황변화에 따라 없어지기도 한다.

3.3.5.1 크기 항등성

어떤 대상의 크기를 알고 난 다음에는 그 대상이 어떤 조건에 놓이더라도 같은 크기의 대상으로 지각하는 현상을 크기 항등성이라고 한다. 멀리 떨어져 있는 사람은 망막에서 매우 작은 영역을 차지하지만 그를 난쟁이라고 생각하지 않는다. 크기 항등성은 경험의 결과로 발달한다.

3.3.5.2 모양 항등성

컵을 정면에서 바라볼 때 모양과 위에서 내려다볼 때 모양은 다르지만, 우리는 같은 컵으로 인식한다. 즉 망막에 비친 물체의 모양이 변하더라도 우리는 동일한 모양의 대상으로 인식힌다.

3.3.5.3 밝기 항등성

어떤 물체의 밝기는 그 표면에서 반사되는 광선의 양에 따라 결정된다. 그런데 실내에서 보는 검은색 종이를 햇볕으로 갖고 나가더라도 그대로 검은색으로 인식한다. 흰 종이의 경우에도 마찬가지이다. 반사되는 광선의 양을 생각해 보면, 햇볕에서 반사되는 빛의 양이 훨씬 많은데도 불구하고 동일한 밝기로 인식한다. 이러한 밝기 항등성의 원리에는 여러 가지 설명이 있지만, 가장 설득력 있는 이론은 지각된 밝기가 주변과의 상대적 휘도(relative luminance)에 달려 있다는 것이다. 실내에서 검은색에 반사되는 빛의 양이 10%일 경우, 밖에 나가서도 반사되는 빛의 절대량은 100배가 되더라도 주변 대비 10%의 빛을 반사하는 비율이 유지되는 한 동일한 밝기인 검은색으로 지각된다는 것이다.

3.3.5.4 색채 항등성

우리는 어떤 물체가 갖는 색의 특징을 알게 되면 주변의 조명이 변화하더라도 알고 있는 색채로 지각한다. 토마토 표면에서 반사되는 빛의 파장들은 토마토의 부분별로 조금씩 다르다. 그렇지만 토마토를 바라볼 때 전체적으로 붉은색을 갖고 있다고 본다. 잔디밭에서 잔디잎 하나하나에서 반사되는 빛의 양은 다르지만 우리는 같은 색으로 인식한다.

3.4 지각 영향 요인들

우리의 감각기관은 매 순간 무수히 많은 감각자극을 감각정보로 변환하고, 변환된 감각정보는 지각적 처리와 같은 상위수준의 정보처리과정으로 전달된다. 그런데 조금만 더 깊이 생각해 본다면, 감각기관에 도달한 외부자극들 모두가 온전하게 처리되지는 않는다는 것을 알 수 있다. 시각의 경우에도 눈에 보이는 모든 자극들이 선명하게 처리되지 않는다. 망막의 중심에 맺힌 상은 명확하게 처리되지만 주변에 맺힌 상은 눈을 돌리지 않고서는 그 내용을 정확하게 파악할 수 없다. 청지각의 경우에도 마찬가지이다. 시내의 어느 한 식당에서 식사를 하고 있는 상황을 가정해 보자. 주변 식탁에 있는 사람들은 저마다 많은 대화를 나누고 있지만, 정작 나에게는 정확하게 들리지 않는다. 그러다가 나의 이름과 비슷한 소리가 들리면 자동적으로 나의 관심을 끌게 된다. 하늘의 뭉게구름을 바라보면 다양한 형상을 인식하게 된다. 그런데 내가 인식하는 형상들을 다른 사람도 동일하게 인식하고 있을까?

3.4.1 주의와 선택적 처리

우리는 모든 자극에 반응하는 것이 아니라 필요한 자극 혹은 관심을 끄는 자극에 대해 반응한다. 주의(attention)는 자극의 선택적 처리를 가능하게 하는 기제로서, 지각자의 자극처리 용량을 특정 자극에 선택적으로 집중시킨다. 이를 통하여 주의가 주어지는 감각정보들은 더 빠르게 처리되고, 더 정확하게 처리되며, 더 오래 기억된다. 이와 같은 선택적 주의(selective attention)의 존재는 우리가 한순간에 처리할 수 있는 용량이 제한되어 있다는 것을 의미하기도 한다.

칵테일파티 효과는 선택적 주의를 입증하는 대표적인 사례이다. 칵테일파티장에서는 많은 사람이 각자의 이야기를 주고받기 때문에 매우 시끄럽다. 그런데도 우리는 바로 앞의 사람의 이야기를 선별하여 들을 수 있다.

시각장면의 처리과정에서도 선택적 주의가 작용한다. 박물관에 전시된 어느 그림을 바라볼 때, 우리는 한눈에 모든 것을 다 처리하지는 않는다. 보다 자세한 감상을 위해 그림의 이곳저곳을 탐색등을 비추듯이 훑어본다. 이러한 탐색활동을 안구운동 추적기를 통해 살펴볼 경우, 어느 곳을 집중적으로 바라보았는지 알 수 있다.

통증의 경우에도 선택적 처리가 작용한다. 주사를 맞을 때 주사 놓는 부위를 쳐다보고 있으면 주사바늘의 찔림을 더 강하게 느끼게 된다. 그러나 우리가 다른 곳을 쳐다보면서 일부러 다른 생각을 하고 있는 가운데 주사가 놓아지면 아픔을 덜 느끼게 된다.

주의는 개인의 의지에 의해 조절될 수도 있지만, 외부 자극의 특성에 의해 주의가 주어질 수 있다. 먼저 크고 강한 자극은 주의를 끈다. 두 개의 자극이 동시에 존재할 때, 보다 크고 강한 것에 주의가 더 쏠린다. 변화와 대조를 이루는 자극도 주의를 끈다. 백화점 진열대에 놓인 상품의 위치를 수시로 변경하거나 새롭게 치장하는 것은 고객의 주의를 끄는 한 방법이다. 반복되는 자극도 주의를 끈다. 한 번보다 두세 번 보여지는 자극에 주의가 더 가게 된다. 움직이는 자극은 정지된 자극보다 더 주의를 끈다. 정지된 화면이나 그림보다도 움직임이 있는 영상화면이 더 많은 관심과 주의를 끌게 된다.

주의를 집중할 경우 대상의 인식에도 변화가 있다. 육상선수의 경우 주의집중력을 강화시킬 경우, 출발을 알리는 신호에 가장 빠르게 반응할 수 있게 된다. 골프선수나 테니스 선수가 주의집중력 강화훈련을 받게 되면, 골프공이나 테니스공에 집중하는 능력이 강화된다. 실제로 평소보다 훨씬 더 좋은 결과를 얻은 선수들의 소감을 보면, 그날 경기 중에 골프공이 야구공만큼 크게 보였으며, 홀컵의 직경이 평소보다 배로 더 넓어 보였다고 한다.

3.4.2 지각적 갖춤새

우리는 보이는 대로 믿고 믿는 대로 본다. 눈앞에 놓인 물체나 그림 등은 동일하지만, 그들을 인식한 결과는 사람마다 다를 수 있으며, 상황에 따라 다르다. 우리의 지각과정은 우리의 경험, 가정, 그리고 기대와 같은 지각적 갖춤새(perceptual set)에 의해 영향을 받는다(Boring, 1942).

동일한 자극이 맥락에 따라 다르게 인식되는 경우가 있다. 그림 3-16에서 보는 바와 같이 가운데 놓인 알파벳이 좌우의 알파벳에 의해 추정되는 단어에 따라 전혀 다르게 지각되기도 한다. 맥락상 'THE'라는 단어가 우세하면, 가운데의 알파벳이 'H'로 지각되고, 'CAT'이라는 단어가 우세하면, 가운데의 알파벳이 'A'로 지각된다.

애매모호한 그림을 제시하고 그 그림에서 무엇을 보았느냐고 물어보면, 대답의 내용은 사람마다 조금씩 다르게 나타난다. 저마다 그 그림을 보기 직전까지의 경험과 생각이 다르고 기대가 다르기 때문에 애매모호한 그림을 해석하는 것도 다르다.

하늘의 뭉게구름을 보고서 인식하는 형상이 사람마다 다른 것은 각 개인이 갖고 있는 지각적 갖춤새가 다르기 때문일 수도 있다.

지각적 갖춤새는 우리가 듣는 것에도 영향을 미친다. 우리는 간혹 다른 사람이 자신의 이름과 비슷한 이름을 말할 때, 마치 자신의 이름을 부른 것처럼 착각하는 경우가 있다.

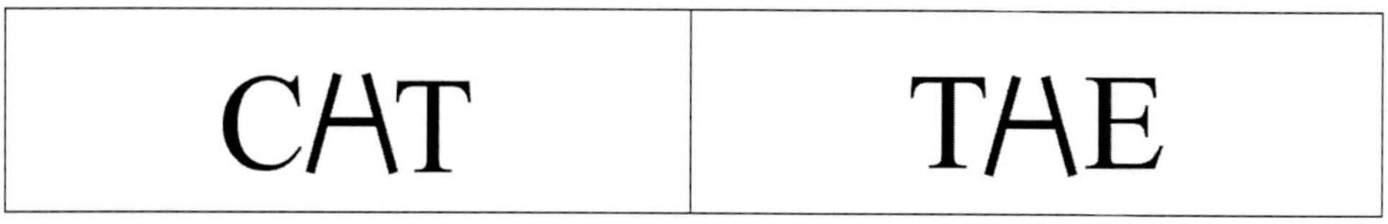

[그림 3-16] 맥락에 따라 다르게 지각됨

3.4.3 동기와 정서

기본적으로 우리의 지각적 처리는 상향처리(bottom-up processing) 과정에 의해 이루어진다. 즉 외부자극 정보가 감각기관에서 감각정보로 변환되고, 감각정보들은 더 상위수준의 처리영역으로 전달되어진다. 그런데 상향처리 과정과 더불어 하향처리(top-down processing) 과정도 이루어지는 것을 알 수 있다. 즉 지각이 정서와 동기의 영향을 받는다.

배가 고픈 사람은 동전이나 빵과 같이 배고픔을 없애줄 수 있는 물체를 평상시보다 더 크게 지각한다. 반대로 배가 부른 사람은 동일한 동전과 빵이 작게 지각된다. 몸의 컨디션이 좋을 때는 매일 걸어 다닌 산책길이 그리 멀다고 느끼지 않지만, 몸이 피곤한 상태에서는 그 길이 멀게만 느껴진다. 신나는 음악을 들으면서 운동을 할 때와 조용한 음악을 들으면서 운동을 할 때 무게감이 다르다(Balcetis & Dunning, 2010). 슬픈 음악을 듣고 있으면, 가사에 등장하는 단어에 동음이의어가 있는 경우 슬픈 의미의 단어를 먼저 생각하게 된다.

참고문헌

Balcetis, E., & Dunning, D. (2010). Wishful seeing: More desired objects are seen as closer. *Psychological Sciences, 21*, 147−152.

Bekesy, G. V. (1960). *Experiments in hearing*. New York: McGraw−Hill.

Boring, E. G. (1942). *Sensation and perception in the history of experimental psychology*. New York: Appleton−Century−Crofts.

Hurvich, L. M., & Jameson, D. (1957). An opponent process theory of color vision. *Psychological Review, 64*, 384−404.

Hurvich, L. M., & Jameson, D. (1974). Opponent processes as a module of neural organization. *American Psychologist, 29*, 88−102.

Ittleson, W. H. (1952). *The ames demonstrations in perception*. Princeton, NJ: Princeton University Press.

Ramachandran, V. S., & Gregory, R. L. (1991). Perceptual filling of artificially induced scotomas in human vision. *Natur, 350*, 699−702.

P S Y C H O L O G Y

제04장

기억 및 언어와 사고

P S Y C H O L O G Y

04 기억 및 언어와 사고

아침에 침대에서 일어나면서 머릿속으로 오늘 할 일에 대해 생각해 본다. 어젯밤에 친구와 만나서 대화를 하던 장면이 스쳐 지나가면서 친구가 나에게 했던 말들이 언뜻 생각난다. 학교에서 친구를 만나 내일 계획된 시험에 대해 이야기한다. 나와 친구는 시험의 유형과 가상문제에 대해 서로 의견을 나눈다. 시험을 준비할 때 가장 힘든 부분은 학습하는 내용을 기억하는 것이다. 내용을 한 번 보고 시험에 응시하였다가 기억이 애매하여 시험을 망치는 경우가 종종 있다. 한 번만 공부한 내용은 기억이 잘 되지 않는다. 최소한 두 번을 보아야 안심한다. 그런데 어떤 것들은 오랜 시간이 지나도 계속 기억 속에 남아 있다. 또 즉각적으로 생각나지는 않지만, 몇 가지 힌트가 되는 단어들을 듣게 되면 곧바로 생각이 난다. 도대체 우리의 기억은 어디에 어떻게 저장되어 있을까? 왜 망각이 일어나는 것일까?

만약 언어가 없었다면 이 모든 것은 어떻게 될까? 언어가 있기 때문에 다른 사람과의 소통이 가능하다. 우리는 외국인과 소통을 하기 위해 초등학교 시절부터 계속해서 영어를 배운다. 문법도 배우고 단어와 문장도 암기하고, 말하기를 연습한다. 그런데 아직도 영어 단어가 곧바로 생각나지 않는다. 한국어는 잘하는데 왜 영어는 이렇게 빨리 습득되지 않는 것일까?

개와 고양이는 비슷한 특징을 공유하면서도 각기 다른 종류로 구분된다. 두 살배기 어린아이도 그런 구분을 잘할 수 있을까? 의자의 종류는 수도 없이 많지만 우리는 그 모든 의자를 동일한 개념으로 이해한다. 이러한 개념형성은 어떻게 이루어져 왔을까? 지능검사에 보면 수리적 추리능력을 검사하는 문항들이 있다. '2, 4, 6, 8, ( )에서 괄호 안의 숫자는?'이라는 문제의 답이 '10'이라는 것을 곧바로 알 수 있다. 앞의 사례에서 다음 숫자가 2씩 증가하기 때문에 8 다음에 10이 될 것이라고 추리한다. 우리는 몇 가지 사례를 알고 나면 특정한 상황이 어떻게 전개될 것인지를 예측할 수 있다.

본 장에서는 인간의 기억과 사고에 대해서 살펴보고자 한다. 기억에서는 기억의 과정과 유형 그리고 망각에 대해 살펴볼 것이다. 사고에서는 언어와 사고 그리고 개념과 범주에 대해 살펴보고, 문제해결과 추리에 대해서도 논하고자 한다.

4.1 기억

기억(memory)은 학습된 정보가 시간이 경과하여도 지속적으로 저장되었다가 필요시 인출할 수 있는 것이다. 기억이 없다면 우리는 어제 만났던 사람을 알아보지 못하게 될 것이며, 시험을 치른다는 것은 거의 불가능할지도 모른다. 기억이 되었다고 생각했던 내용이 시간이 지나서 생각나지 않는 경우도 있다. 점차 기억된 내용이 사라지는 것이다. 아무리 생각해도 기억이 나지 않았는데, 어느 순간 불현듯 다시 생각나는 경우도 있다. 도대체 그 기억은 어디에 있었던 것일까? 어떤 것은 조금만 노력해도 잘 기억이 나는데, 어떤 것은 몇 번이고 암송을 하여도 기억이 잘 떠오르지 않는 것들이 있다. 뉴스에서 목격자 증언에 의해 강간범이나 살인범으로 지목되었던 피의자가 형무소에서 복역 중에 무죄로 입증되는 경우를 종종 본다. 목격자의 증언이 잘못되었던 것이다. 사건이 발생할 당시 목격자는 확신을 갖고서 자신이 본 내용을 정확하게 기억한다고 증언했지만, 결국에는 왜곡된 기억으로 나타났다. 이 절에서는 기억과 관련된 중요한 세 가지 과정에 대해서 살펴본 다음, 이에 기초하여 기억의 유형에 대해 알아보고자 한다.

4.1.1 기억의 세 과정

시험에 대비하여 학습을 하는 학생의 경우를 생각해 보자. 학생은 시험과목의 내용을 읽고, 이해하고, 암기한다. 학생은 연습장에 암기하고자 하는 내용을 써내려가면서 중얼거리기도 한다. 학생은 과목 내용이 어느 정도 암기가 되었다고 생각하고, 암기된 내용들을 회상해 보거나 내용에 대한 질문에 답을 작성해 보고자 한다. 이때 내용들이 완전하게 암기되지 않았다고 판단되면 부족한 부분을 보완한다. 학생은 반복된 학습을 통하여 시험에서 별 문제 없이 답을 작성한다. 이러한 과정은 아마도 학습한 내용을 효과적으로 기억하는 데에 활용되는 가장 일반적인 모습일 것이다. 우리는 이 과정을 크게 부호화(encoding), 저장(retention), 인출(retrieval)의 세 과정으로 살펴보고자 한다.

4.1.1.1 부호화

부호화 과정은 기억할 정보를 대뇌에 입력하는 단계이다. 부호화 과정에서는 정보들이 의미 있는 단위로 변환되어 저장된다. 이를 컴퓨터에 비유하면 키보드를 통해 자료를 입력하는 것이다. 책을 읽을 때를 생각해 보자. 일단 시각적으로 문장들이 입력되는데, 이때 속으로 읽거나 소리 내어 읽을 수 있다. 천천히 읽으면 의미가 충분히 처리되는 반면에, 빨리 읽다 보면 의미를 제대로 생각하지 못할 수 있다. 당신의 학습 경험을 되돌아볼 때, 어떤 경우에 읽었던 내용이 더 잘 기억되었는가? 당연히 보고, 읽고, 생각하면서 학습할 내용을 더 정교하게(elaborative) 처리할수록 더 잘 기억된다.

때로는 부호화 과정에서 입력될 정보를 그림과 연계하여 저장하는 심상 부호화(imagery encoding) 방식이 사용되기도 한다. 이 방식은 기억하고자 하는 내용들을 친숙한 장소에 저장시키는 방법이다. 부호화 과정에서 기억하고자 하는 내용들이 조직적으로 부호화될 경우 저장도 용이하며, 나중에 인출될 가능성이 더 높다.

4.1.1.2 저장

저장 과정은 저장된 정보를 시간이 경과하더라도 유지하는 단계이다. 컴퓨터로 보면, 하드디스크에 파일을 저장하는 것이다. 방금 전에 읽었던 책의 내용이나 길을 걸어갈 때 지나쳤던 가게들을 회상하고자 할 때, 아주 짧은 시간 동안은 사진처럼 뚜렷하게 기억이 남아 있는 것 같은데, 얼마 지나지 않아 사진 같던 장면들은 사라지고 부분적으로만 생각이 나는 경우가 많다. 이러한 경험들은 기억이 온전하게 유지되지 않았기 때문에 발생한다. 기억이 온전하게 유지되기 위해서는 저장이 잘 되어 있어야 한다. 그렇다면 기억은 두뇌의 어디에 어떻게 저장되어 있는 것일까? 가장 대표적인 기억이론은 인간의 기억 저장소를 세 가지로 구분하는데, 이는 감각기억, 단기기억, 장기기억을 의미한다. 이 세 기억저장소들은 각기 다른 기능을 가지며, 정보가 유지 또는 보유되는 기간에서 차이가 있다. 이들 기억 유형들에 대해서는 뒷부분의 기억의 유형에서 자세히 설명하도록 한다.

4.1.1.3 인출

인출 과정은 저장된 정보를 끄집어내는 단계이다. 주관식 시험이나 빈칸 채우기 문제를 해결하기 위해서는 저장하였던 정보를 인출해야 한다. 이를 회상(recall)이라고 한다. 회상은 되지 않지만 학습한 내용인지 여부를 확인만 하면 되는 재인(recognition)의 경우가 있다. 4지 택일과 같은 선택형 문제의 경우는 회상이 되지 않더라도 재인만 되면 답을 선택할 수 있다. 그렇게 때문에 회상해야만 답을 작성할 수 있는 주관식 시험보다 재인만으로 답이 가능한 객관식 시험이 수험생들에게는 훨씬 더 부담이 적다.

기억이 원활하게 작동되기 위해서는 부호화, 저장, 인출의 세 단계 모두에서 문제가 없어야 한다. 일단 부호화 과정이 비효과적일 경우 파지과정에 문제가 발생한다. 효과적인 부호화 과정은 파지에도 유리하고 나중에 파지된 내용들의 인출에도 유리하다. 그런데, 부호화와 파지가 정상적으로 이루어졌다 하더라도 인출 전략에 따라 기억의 인출이 영향을 받는다.

4.1.2 기억 체계들

기억에 대한 대표적인 이론은 인간의 기억이 감각기억, 단기기억, 장기기억의 세 가지 기억체계로 구성되어 있다고 보는 중다 기억체계 이론이다(Atkinson & Shiffrin, 1968). 그리고 일부 연구자들은 단기기억이라는 용어 대신 작업기억의 개념을 주장한다(Baddeley, 1986).

4.1.2.1 감각기억

감각기억(sensory memory)은 일시적으로만 유지되는 기억으로 시각, 청각, 촉각 등에 존재하는데, 시각의 경우 영상기억(iconic memory)이라고 한다. 영상기억은 표현 그대로 시각체계로 입력되는 정보가 사진과 같이 시각적 패턴으로 저장된다. 하지만 영상기억은 유지시간이 1~2초 정도로 매우 짧으며, 주의가 주어지지 않거나 단기기억으로 이동이 이루어지지 않는 한 소멸된다.

Sperling(1960)은 감각기억의 존재를 실험적으로 입증한 심리학자이다. 그는 실험참가자들에게 아래의 그림 4-1에 제시된 것처럼 무의미 철자 행렬을 매우 짧은 시간(예, 50ms) 동안만 화면에 제시하고, 곧이어 들리는 소리에 따라 화면의 내용을 보고하도록 요구하였다. 실험참가자들은 소리가 고음이면 맨 위 줄의 철자들을, 소리가 중음이면 가운데 줄의 철자들을, 저음이면 아래 줄의 철자들을 보고하도록 지시받았다. 실험 결과, 화면에 이어서 곧바로 소리가 제시될 경우 실험참가자들의 보고 정확률은 매우 높았다. 그러나 소리가 지연될수록 보고 정확률은 떨어졌다. Sperling은 이러한 실험결과를 바탕으로 시각적으로 제시된 자극들은 다른 추가적인 조작이 가해지지 않는 한 플래시의 잔상처럼 매우 짧은 시간 동안만 시각적으로 유지된다고 주장하였다.

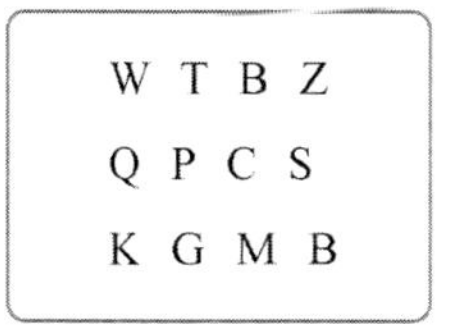

[그림 4-1] Sperling이 실험에서 제시한 무의미 철자 행렬의 예

4.1.2.2 단기기억

단기기억(short-term memory)은 몇 초에서 길게는 수십 초 정도 유지되는 기억이다. 우리는 다른 사람이 불러주는 전화번호를 들으면 잠시 동안 기억하지만 영구적으로 기억하지 못하게 되는 경우가 많다. 그래서 사람들이 방금 들었던 내용을 잊지 않기 위해 계속 그 내용을 중얼거리거나 암송하는 시연(rehearsal)을 반복한다. 여러 번 시연(rehearsal)된 내용들은 이제 어느 정도 안정되게 기억에 남게 되는데, 이러한 변화는 단기기억의 내용이 시연을 통해 장기기억으로 이전되었기 때문이다.

단기기억의 용량은 한정되어 있다. 잘 알려진 용량은 마법의 숫자, 7±2이다. 사람들은 평균 7개에 해당되는 숫자나 문자(단어)를 기억할 수 있지만, 개인차가 조금씩 있다. 흥미로운 사실은 단기기억의 용량제한이 군집화(chunking)라는 방법에 의해 극복될 수 있다는 점이다. 군집화는 여러 개의 자극을 하나의 단위로 묶는 것을 말한다. 21개의 숫자를 외우는 방법은 이들을 나름대로의 방식으로 3~4개씩의 단위로 묶어서 기억하는 것이다. 이러한 군집화 방식은 단기기억의 용량을 상당 부

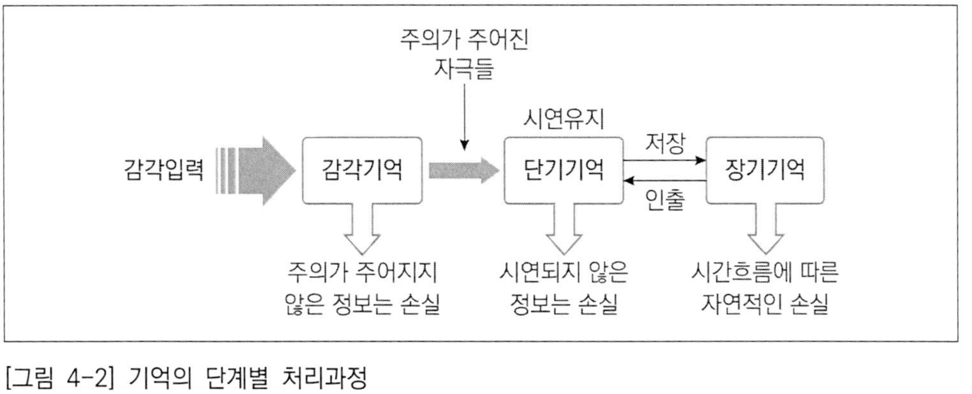

[그림 4-2] 기억의 단계별 처리과정

분 확장시키는 데에 큰 도움을 준다. 그림 4-2는 학습한 내용이 감각기억, 단기기억, 그리고 장기기억으로 전환되는 과정을 나타낸 것이다.

4.1.2.3 작업기억

작업기억(working memory)은 단기 저장과정에서 정보들이 단순히 유지되기보다는 정보들이 지적 작업과정에 능동적으로 사용된다는 관점에서 제기되었다(Baddeley, 1986). 작업기억에서는 어휘, 숫자 정보들을 청각적으로 부호화하고 유지하는 기능을 가지고 있을 뿐만 아니라, 공간적인 정보를 가지고 있는 시각적 심상을 유지하고 조작하는 기능을 가지고 있다. 작업기억의 중앙집행기(central executive)에서는 정보를 통합하고 주의(attention)를 배분하는 등의 작업이 이루어진다. 작업기억을 쉽게 예로 든다면, 우리가 머릿속으로 자신의 방을 꾸미고 배치하는 작업을 할 때를 생각하면 된다. 작업기억을 컴퓨터에 비유한다면, 문서작업을 하기 위해 하드에 저장된 프로그램을 램(RAM)에 올려놓은 상태를 생각하면 된다.

4.1.2.4 장기기억

장기기억(long-term memory)은 몇 시간, 며칠, 또는 몇 년 동안 정보가 유지되는 기억을 의미한다. 장기기억의 용량에서도 단기기억과 달리 거의 제한이 없다. 앞에서 우리는 단기기억의 정보들이 장기기억으로 이전되기 위해서는 시연(rehearsal)이 필수적이라고 설명하였다. 그러나 Craik와 Lockhart(1972)는 기억되어야 할 정보들이 장기기억으로 이전되기 위해서 필요한 것은 시연보다도 정보가 처리되는 깊이에 의해 더 큰 영향을 받는다는 이론을 제시하였다. 이 이론은 처리깊이(levels of processing) 이론인데, 기억되어야 할 정보가 다른 정보와 연결되거나, 조직화되는 경우, 또는 의미적 판단과 같이 깊이 있는 처리가 이루어질 경우보다 안전하게 장기기억에 저장된다. 이것은 우리가 시험에 대비하여 학습할 때, 책을 보고, 내용을 써보고, 생각하면서 암기하는 방법을 사용하는 등 충분히 처리할 때 그 내용을 잘 기억할 수 있는 것과 같다. 기억해야 할 정보를 조직화(organization)하는 것도 기억에 도움을 준다. 즉 기억해야 할 정보들을 의미나 범주 등을 기준으로 조직화하여 처리할 때 더 잘 기억한다.

장기기억은 뇌의 어느 부위에 저장되어 있을까? 기억 연구자들은 기억에 주요한 역할을 담당하는 부위가 해마라고 생각한다. 해마가 손상된 사람은 상당 부분의 기억을 할 수 없다. 그렇다고 해서 기억이 뇌의 어느 한 곳에만 저장되었다고 보지는 않는다. 기억의 성분에 따라 뇌의 여러 부위에 분산되어 저장되어 있다는 주장도 있다. 앞에서 우리는 단기기억의 내용들은 입력된 순서대로 저장이 되고, 용량 제한으로 인하여 앞에 저장된 내용들이 시연을 통하여 장기기억으로 이전되거나 상실된다고 하였다. 그렇다면 장기기억은 어떤 방식으로 저장되는 것일까? 만약 단기기억의 저장방식대로 장기기억의 내용들이 저장된다고 가정할 때, 용량의 제한이 없는 장기기억은 오래전에 저장된 것일수록 끄집어낼 때 시간 소요가 클 것이다. 그런데 우리가 어떤 내용을 인출할 때, 입력된 순서에 비례하여 인출속도가 느린 것은 아니다.

장기기억에서 인출되지 못하고 망각되는 경우, 정보 그 자체가 상실된 것일까? 상실되었다고 생각한 많은 정보들이 인출단서가 제공될 경우 정상적으로 인출되는 경우를 보면, 망각된 정보가 상실되었기 때문이 아니라 그 정보에 접속되지 못하였기 때문일 수 있다. 길에서 친구를 만났는데 갑자기 그의 이름이 생각나지 않다가, 헤어지고 나서야 그의 이름이 뒤늦게 생각나는 경험을 종종 하게 된다. 이와 같은 인출실패의 대표적인 예가 설단현상(tip-of-the-tongue phenomenon)이다. 설단현상은 알고 있는 것을 일시적으로 기억하지 못하거나, 저장되어 있지만 접근이 어려운 경우를 말한다. 예를 들면, 특정 단어나 이름이 생각나지 않고 혀끝에서 맴돌 경우, 알파벳 순서나 한글 자음의 순서를 검색하다 보면 어느 순간 생각이 나는 경험이 이에 해당된다.

4.1.3 장기기억의 유형

장기기억은 크게 외현기억(explicit memory)과 암묵기억(implicit memory)으로 구분된다(그림 4-3 참조).

외현기억은 사람들이 기억하고 있다는 것을 의식하는 기억이다. 지난겨울에 있었던 일을 회상하고, 한 달 전에 보았던 영화를 기억하는 것과 같이 우리가 통상적으로 기억하고 있다고 자각하는 기억이다. 외현기억의 내용을 측정하는 방법은 기억내용을 회상시켜보는 회상검사나 본적이 있는지 여부를 확인하는 재인검사를 사용하는 것이다.

외현기억은 다시 의미기억(semantic memory)과 일화기억(episodic memory)으로 나누어진다. 의미기억은 단어의 뜻과 같이 일반적인 지식을 포함하는 기억으로 기억내용의 수집방법이나 장소와 무관하다. 의미기억을 예로 들면, '개는 동물이다', '식목일은 4월 5일이다' 등이다. 하지만 일화기억은 보고 듣고 행동한 것에 대한 기억으로 기억된 내용이 획득된 시간적, 공간적 정보를 동반한다. 예를 들면, '처음 여자(남자) 친구를 만났던 장소' 등에 관한 기억이다.

암묵기억은 기억하고 있다는 것을 자각하지는 못하지만 과거의 경험(기억된 내용)이 후에 행동이나 수행에 영향을 주는 것을 의미한다. 암묵기억은 의식되지는 않지만 은연중에 우리의 행동에 나타나는 비의도적인 기억이다(Squire & Zola, 1996).

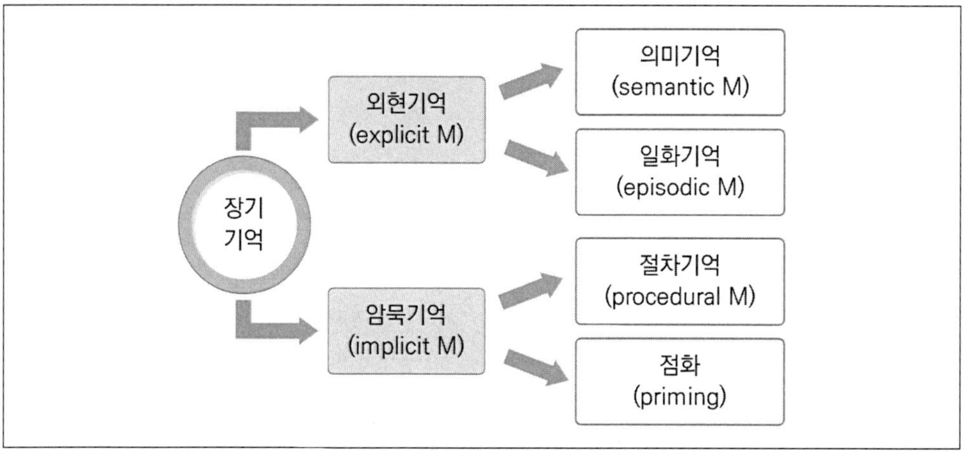

[그림 4-3] 장기기억의 유형

암묵기억의 대표적인 예는 절차기억(procedural memory)이다. 자전거를 타는 것, 운전을 하는 것, 넥타이를 매는 것 등에 대한 구체적인 기억은 없지만 과거의 경험이 현재의 행동에 영향을 준다. 절차기억은 대부분 언어화가 어려운 기억들이다. 자전거를 어떻게 탈 수 있느냐고 물어보면 대답하기 어렵지만, 우리는 배운 지 몇 년이 지나더라도 언제든지 자전거를 탈 수 있다. 이처럼 암묵기억은 시간이 지나도 망각이 별로 일어나지 않는 경향을 보인다. 기억상실증 환자의 경우 외현기억은 장애를 보이지만 암묵기억은 장애를 보이지 않는 사례를 볼 수 있다.

암묵기억의 또 다른 예는 점화(priming)이다. 점화는 최근에 어떤 자극에 노출된 결과로 인하여 특정 단어나 대상 등이 더 잘 생각나게 되는 현상이다. 예를 들어 '가을'이라는 단어를 보게 되면, 자동적으로 이 단어와 연관성이 있는 단어들(낙엽, 여행, 추억 등)이 더 빠르게 인식되는 경우이다.

4.1.4 망각과 왜곡

살아오면서 경험한 모든 것을 선명하게 기억한다면 그 삶은 매우 힘들 것이다. 나이가 들면서 찾아오는 노년기의 최대의 적인 치매는 생의 후반을 불행하게 만들 수도 있지만, 쓸모가 없거나 잡동사니 정보들, 또는 별로 기분이 좋지 않았던 사건들 등의 기억들은 의식에서 사라지는 것이 더 행복할 수 있다. 여기서는 망각과 관련된 다양한 요인들에 대해 살펴보기로 한다.

4.1.4.1 망각곡선

학습한 내용이나 기억된 내용이 시간이 흐름에 따라 서서히 잊혀 기는 정도를 나타낸 것을 망각곡선이라고 한다. 망각곡선과 같이 과학적인 방법으로 기억을 연구한 최초의 연구자는 독일 철학자인 Hermann Ebbinghaus(1850~1909)이다. Ebbinghaus는 의미 없는 음절들이 적혀 있는 목록을 학습한 후, 시간 격차를 달리하면서 자신의 기억을 측정하였다. 그림 4-4는 그가 제시한 망각곡선이다. 무의미 음절들을 학습하고 몇 분이 지나자 음절들의 회상률이 급격하게 떨어지고, 학습 후 10여 분이 지나면 학습된 내용의 60%가 손실된다는 것을 알 수 있다. 물론 Ebbinghaus가 실험에서 사용한 자극은 무의미 음절이었기 때문에 더 많은 망각이 이루어졌지만, 의미 있는 자료를 사용하였다면 망각곡선의 모양은 같은 추세이기는 하나 상당히 완만하게 하강할 수 있다.

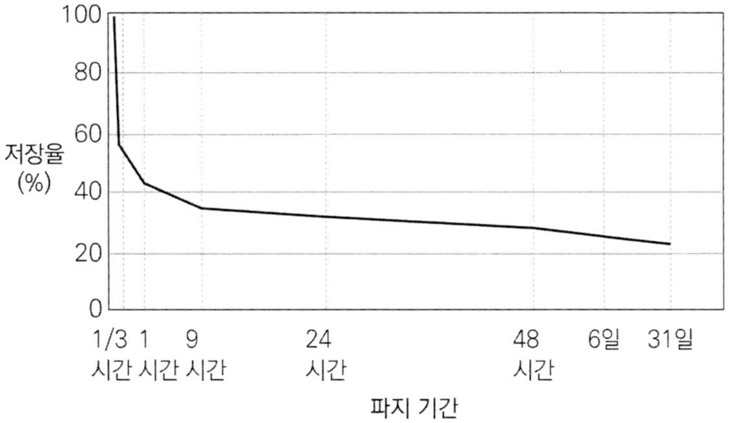

[그림 4-4] 망각곡선의 예

의미 없는 음절들의 단어목록을 학습한 후에 시간의 함수로서 회상의 감소를 나타낸다.

망각의 원인

시험공부를 한 내용이나 경험했던 사실들이 시간이 지나 잘 기억되지 않는 경우가 있다. 어떤 때는 책을 읽었지만 내용이 생각나지 않는 경우도 있고, 하루가 지나자 기억했던 내용들의 일부분만 회상되는 경우도 있다. 어떤 경우에는 학습한 내용들 간에 혼돈이 발생하는 경우도 있고, 잘못 기억하고 있는 경우도 있다. 이처럼 기억체계에 입력된 정보들이 다양한 원인에 의해 기억되지 못하는데, 이에 대해 구체적으로 살펴본다.

첫째, 기억의 실패는 부호화 과정에서의 문제로 인해 발생할 수 있다. 부호화 과정에서 처리 수준이 얕은 경우나 주의가 충분히 주어지지 못한 경우 장기기억에 안전하게 저장될 확률이 낮아진다. 책을 읽을 때 단순히 큰소리로 읽기만 하는 음운적 부호화의 경우와 책의 내용을 음미하면서 읽는 의미적 부호화의 경우를 비교하면, 전자보다 후자의 경우가 더 잘 기억된다. 그리고 온전하게 책에 집중하여 읽은 경우와 다른 사람과 이야기를 하면서 책을 읽은 경우, 후자보다 전자의 경우에 더 잘 기억된다.

둘째, 기억의 실패는 소멸(decay)에 의해 일어날 수 있다. Ebbinghaus의 망각곡선에서 보았듯이 학습된 내용들은 시간이 지나면서 점차 소멸되어 간다. 해변의 모래사장에 새겨진 발자국이 파도에 의해 조금씩 메꾸어져서 나중에는 흔적이 없어지는 것과 동일하다. 그러나 연구자들은 시간의 경과는 기억의 실패에 영향을 주는 요인이기는 하지만, 결정적으로 큰 영향을 미치는 요인은 아니라고 주장한다. 소멸보다는 오히려 다른 요인들에 의해 기억이 실패할 확률이 더 높다고 본다.

셋째, 기억의 실패는 간섭(interference)으로 인하여 저장에 문제가 발생하는 경우이다. 이미 저장된 정보들과 끊임없이 새롭게 입력되는 정보들 간에 상호 방해가 일어나 인출과정이 원활하게 진행되지 못하였을 수 있다. 이와 같은 간섭은 역행간섭(retroactive interference)과 순행간섭(proactive interference)으로 구분된다. 역행간섭은 새로운 정보가 이전에 입력된 정보의 파지를 방해하는 것이다. 새로 유행하는 노래를 흥얼거리다 보니 이전에 부르던 노래의 가사가 잘 생각나지 않는 경우이다. 순행간섭은 이전에 학습된 정보가 새로운 정보의 파지를 방해하는 것이다. 새롭게 암기하고자 하는 내용들이 자꾸 이전에 확실하게 암기하고 있던 내용과 혼동되는 경우이다.

넷째, 기억의 실패는 인출에 문제가 있어서 발생할 수 있다. 평소에 전혀 생각나지 않다가 특정한 장소에 도착하니 불현듯 과거에 그 장소에서 있었던 일들이 생각나는 경우가 있다. 즉 기억이 부호화될 때와 동일한 상황에서 기억이 회상될 가능성이 더 높다. 앞에서 설명하였던 설단현상도 장기기억의 인출에서 실패한 경우에 해당된다. 시험공부를 할 때, 시험을 보는 장소와 유사한 상황에서 공부하면 더 좋은 성과를 얻을 수 있다는 주장도 이러한 연유에서 나온다.

다섯째, 기억의 실패는 정서의 영향을 받는다. 불쾌하고 고통스러운 기억은 무의식 속에 파묻어 둔다는 주장도 있다. 어린 시절의 충격적인 경험들이 의식에 떠오를 경우 매우 힘들어지기 때문에 의도적으로 무의식의 세계에 밀어 넣으려는 억압이 이루어진다. 또한 심적으로 불안한 상태에서는 알고 있었던 내용도 인출되지 않고 아무런 생각이 나지 않는다.

4.1.4.3 기억의 왜곡

녹음 테이프는 한 번 저장되면 변하지 않는다. 그러나 인간의 기억은 저장된 이후에 재구성된다. 즉 기억하면 할수록 최초의 기억과 다른 기억이 될 확률이 높아진다. 완전하게 복원되지 않은 기억이 반복될수록 조금씩 변형된 기억으로 굳어질 가능성이 있다.

법정에서는 사건사고의 목격자 증언에 대한 신뢰 여부를 놓고 논쟁하는 경우가 많다. Loftus(1975)는 사건의 목격자들이 어느 정도 정확하게 증언할 수 있는지를 실험으로 보여주었다. 그는 피험자들에게 교통사고 장면 동영상을 보여준 다음, 목격한 내용에 대해 질문하였다. 한 그룹에게는 "두 차가 정면충돌할 때 얼마나 빨리 달리고 있었는가?"라고 물어보고, 다른 한 그룹에게는 "두 차가 접촉사고를 낼 때 얼마나 빨리 달리고 있었는가?"라고 질문하였다. 정면충돌의 경우로 질문을 받은 피험자 집단은 접촉사고로 질문을 받은 피험자 집단 대비 차량의 속도가 더 빨랐다고 응답하였다. 일주일 후에 "차량의 유리창이 깨진 것을 보았느냐?"라는 질문에 대해 정면충돌의 경우로 질문을 받은 피험자 집단에서는 접촉사고로 질문을 받은 피험자 집단 대비 깨진 유리를 보았다고 보고하는 비율이 2배나 높았다.

기억의 왜곡에는 오정보 효과(misinformation effect)도 있다. 20년 전에 발생한 사건에 대한 진상조사 위원회가 열리게 되면, 이에 대한 다양한 뉴스들이 자주 보도된다. 이 경우 당시 사건의 증인들도 새로운 내용의 뉴스들을 접하게 되는데, 이러한 경우 본인에게 저장되었던 최초의 기억들이 뉴스를 통한 정보들과 결합되는 경우가 발생한다. 강간사건의 피해자가 확신을 가지고 범인으로 지목한 사람이 나중에 무죄로 판명된 경우를 종종 보게 된다. 이런 경우는 사건발생 당시에 다른 곳에서 보았던 인물과 유사한 인물을 사건현장의 범인으로 착각하여 일어나는 경우가 많다.

4.1.5 기억 증진법

지금까지 기억의 과정과 유형 그리고 기억의 망각과 왜곡에 대해 살펴보았다. 그렇다면 기억을 잘할 수 있는 방법은 무엇인가? 가장 쉽게 생각해 볼 수 있는 방법은 기억이 부호화, 파지, 인출의 세 과정으로 이루어지기 때문에, 부호화를 잘 시키고, 저장을 잘하고, 인출이 용이하도록 만드는 것이다. 그런데 저장의 경우는 우리가 방략을 적용하기가 어려운 과정이다. 따라서 기억을 증진시키는 방략은 주로 부호화와 인출과정에 적용된다.

4.1.5.1 깊이 있는 처리

학습내용의 처리수준이 깊을수록 기억이 더 잘 된다. 처리수준을 깊게 하는 방법으로 시연을 충분히 하는 것이다. 단기기억에서 장기기억으로 전이가 잘 되려면 시연이 잘 되어야 한다. 이런 맥락에서 반복된 학습도 도움이 된다. 한 번 보는 것보다 두 번 보는 것이 더 잘 저장되고 기억도 잘된다. 처리수준을 깊게 하는 또 다른 방법은 학습내용을 의미있는 것으로 만드는 것이다. 단순히 있는 그대로를 수동적으로 암기하려고 노력하기 보다는 학습내용이 어디에 활용되며, 이와 유사한 것은 무엇이며, 다른 관점에서 본다면 등의 의미화 작업을 활용해 보는 것이다.

4.1.5.2 간섭의 최소화

망각의 원인으로 간섭에 대해 설명하였다. 이를 역으로 생각하면, 기억이 잘되게 하기 위해서는 간섭을 최소화하는 것이다. 유사한 내용을 연이어서 학습할 경우 상호 간섭이 일어나서 기억을 방해할 수 있다. 프랑스어와 스페인어를 연이어서 학습하는 것은 효과적이지 않다. 가능하다면 시험 전날에는 시험 보는 과목을 공부해야 한다.

4.1.5.3 시각적 심상화

심상은 어떤 단어를 기억할 때, 그 단어의 시각적 상을 형성하는 것이다. 단어의 원래 의미에 추가하여 심상이라는 부호가 동발할 때 회상될 가능성이 더 높아진다. 심상화에는 자신이 잘 아는 특정한 장소에 학습할 내용을 결부시키는 방법도 있다. 심상화는 심상을 그리기 위해 노력하는 과정에서 자동적으로 처리수준이 깊어지는 부가적인 효과도 있다.

4.1.5.4 언어적 약호화

언어적 약호화는 나중에 기억인출이 잘 되게 하기 위해 인출단서를 활용하여 학습내용을 저장하는 것이다. 머리말을 단서로 사용하여 암기하는 방법은 잘 알려져 있는 방법 중 하나이다. 학습할 주제의 앞글자만을 사용하여 의미있는 연관성을 맺게 할 경우, 나중에 기억의 부담을 줄여주고, 인출단서로 활용할 수 있다. 또는 학습하고자 하는 내용을 이야기로 구성하는 방법이 있다.

4.1.5.5 인출 연습하기

시험에 낭패를 보는 경우 중 하나는 시험시간에 기억이 될 수 있도록 충분히 학습을 하지 않은 경우이다. 시험 전날 학습한 내용을 잘 이해했지만, 책을 덮고서 회상하려고 할 때 회상이 잘 되지 않는다면 시험에서 좋은 결과를 얻기 어렵다. 학습이 잘 되었으며, 나중에도 기억이 잘 떠오르게 하기 위해서는 학습한 내용을 완전하게 회상할 수 있어야 한다. 그러기 위해서는 학습한 내용들의 머리말만 떠올리더라도 내용이 빠짐없이 생각날 수 있도록 반복적인 인출 연습이 필요하다.

4.2 언어와 사고

인간의 인지체계를 살펴보면 정보를 지각하고 기억하는 부분이 있고, 이를 바탕으로 언어활동을 하고 사고가 이루어진다. 언어는 음운과 철자, 어휘, 통사, 담화 수준에서 이해와 산출을 위한 처리과정을 가능케 한다. 사고는 사물을 개념화하고 분류하며, 목표행동에 대한 문제해결과 논리추리와 판단결정의 과정이다(현성용 외, 2015).

4.2.1 언어의 이해

인간이 사용하는 언어는 다수준의 구조를 갖는다. 가장 낮은 수준에서는 음소(phoneme)가 있다. 음소는 일련의 구별되는 소리로 표상되는 것이며 더 잘게 분석할 수 없는 소리의 최소단위이다. 한글의 경우 자음과 모음이다. 음소(자모)가 조합되면 음절(syllable)이 되고, 음절이 조합되면 형태소(morpheme)가 된다. 형태소는 의미를 가지고 있는 가장 작은 언어 단위이며, 대부분 그 자체가 단어이다. 영어에서 몇몇 형태소(예, 부정관사 'a')는 음소이기도 하다. 그리고 단어들은 문법(grammar)에 따라 문장을 구성한다. 문법은 일종의 규칙시스템으로 소리로부터 의미를 도출하고, 통사규칙(syntactical rules)에 의해 단어들을 배열하여 문장을 만들도록 해 준다.

언어는 사고를 소통하게 하는 일차적인 수단이라는 점에서, 심리학자들은 언어의 구조보다도 언어의 산출과정과 이해과정에 더 큰 관심을 둔다. 언어의 산출은 기억의 내용을 의도에 따라 언어로 표현하는 매우 복잡한 과정이다. 언어를 산출하기 위해서는 우선적으로 목적에 따라 글의 구조와 계획이 구상되고, 이는 곧바로 구체적인 문장으로 표현된다. 표현된 문장들은 잘 이루어졌는지, 혹은 문제가 없는지 교정하는 과정을 거치게 된다.

언어의 이해는 언어의 단위 즉, 음절, 단어, 문장, 그리고 글말의 담화 수준 등 여러 수준에서 이루어지는 활동을 다룬다. 언어가 처리되기 위해서는 가장 먼저 말소리가 구분되어야 한다. 신생아처럼 아주 어린아이의 경우에도 'ba'와 'pa' 소리를 구분하여 지각한다는 것을 증명하는 몇몇 실험 결과가 있다. 이처럼 어린아이들을 대상으로 실시한 연구들은 다양한 음소를 변별할 수 있는 능력이 학습에 의해 형성되는 것이 아니라, 오히려 이미 갖고 태어난다는 입장을 지지한다. 즉 태어날 때는 모든 소리를 구별해 낼 수 있지만, 특정 언어 환경에서 자라면서 모국어에 사용되지 않는 소리의 구분능력이 약화 내지는 소멸된다고 본다.

단어는 의미를 전달하는 최소의 단위이기 때문에 언어를 이해하는 데 기본이 된다. 심리학에서는 단어라는 용어보다 어휘(lexical)라는 용어를 즐겨 사용한다. 어휘는 물리적 단어가 심리 단어로 전환되어 기억에 표상된 상태를 의미한다. 단어가 처리되기 위해서는 기억 속에 저장된 어휘집(심성 어휘집, mental lexicon)에서 정보를 찾아야 한다. 이 심성 어휘집은 마음속에 있는 사전으로서 단어에 대한 의미, 품사, 철자법, 발음 등의 정보를 저장해 놓은 것이다. 우리가 단어를 보거나 듣게 되면, 이에 상응하는 심성 어휘집의 단어정보가 활성화된다. 단어처리는 그 단어의 사용빈도가 높을수록 더 쉽게 인식되고, 더 잘 기억된다(빈도효과). 한 단어가 처리될 때, 그 단어와 의미상으로 연관된 단어들도 활성화되는 의미점화 효과(semantic priming effect)가 관찰된다. 만약 '과일'이라는 단어를 보면, 심상 어휘집 내에서 과일과 의미상으로 연관된 단어들(사과, 배 등)이 활성화된다. 또한 단어의 처리속도는 단어가 홀로 제시된 경우보다 문장으로 제시되어 맥락이 파악되는 경우 더 빠르게 처리된다(맥락효과). 이러한 관찰 결과들은 언어의 처리과정이 하위 수준에서 상위 수준으로 진행되는 과정(bottom-up process)뿐만 아니라 상위수준이 하위수준의 처리에 영향을 주는 과정(top-down process)이 함께 이루어진다는 것을 입증한다.

인간의 언어발달은 장기간에 걸쳐 이루어진다. 언어발달이 생후에 경험되는 학습에 의해 이루어진다는 주장이 있다. 행동주의자들은 조작적 조건형성이라는 기제를 통하여 언어발달이 이루어진다고 설명한다. 즉 영아들이 성장하면서 말소리를 내기 시작하는데, 강화되는 소리는 계속 발달하고, 강화받지 못한 소리들은 소멸된다는 것이다. 하지만 인간의 언어발달이 이렇게 단순한 원리에 의해서 설명되기에는 매우 복잡하다. 인간의 언어발달에 대한 또 다른 입장은 언어를 습득할 수 있는 특별한 능력을 인간이 가지고 태어난다는 주장이다. 대표적인 학자로서 Chomsky (1981)는 사람의 뇌에 선천적으로 언어학습을 촉진시키는 언어습득장치가 있다고 주장한다. 한편 인간의 언어발달에 대한 상호작용적 입장은 언어발달이 선천적이고 생물학적인 지식과 환경적 경험의 상호 연결 속에서 진행된다고 본다. 언어발달에 대한 구체적인 내용은 후반부 발달 장에서 다루게 된다.

4.2.2 언어와 사고의 관계

언어와 사고의 관계는 복잡하다. 언어가 사고와 동일하다고 생각하는 학자들이 있는 반면에, 언어와 사고가 구별되어 있으면서 언어가 사고에 영향을 준다고 주장하는 학자들도 있다. 어떤 학자들은 언어가 사고를 표현하는 수단에 불과하며 일반적인 인지능력 중 하나라고 말한다.

4.2.2.1 동일 관점

일단 행동주의자들은 언어와 사고를 동일시한다. 이들은 사고가 소리를 내지 않는 언어활동이라고 보고, 사고가 언어의 한 형태라고 주장한다. 이들의 말이 사실이라면 소리나지 않는 사고가 진행되는 과정에서 언어적 활동에 관여하는 근육이 움직여야 한다. 그런데 근육을 마비시킨 상태에서도 사고가 가능하다는 관찰 결과들은 행동주의자들의 주장에 의문을 갖게 한다.

4.2.2.2 언어가 사고에 영향을 준다

언어와 사고가 구별되어 있지만 밀접하게 연관되어 있다는 주장도 있다. 언어학자인 Whorf(1956)는 언어 자체가 사람의 생각을 만들어 낸다고 보았다. 그는 언어가 사고에 영향을 준다는 언어 상대성(linguistic relativity) 이론을 제시한다. 그는 언어 간의 어휘나 통사의 차이가 인지적 차이를 가져온다고 주장한다. Whorf는 아메리칸 인디언인 호피족의 언어에는 동사의 과거시제가 없기 때문에 호피족은 과거를 쉽게 생각할 수 없다고까지 주장하였다. 어떻게 보면 Whorf는 언어와 사고의 관계를 상당히 극단적인 입장으로 보고 있다.

그런데 두 가지 언어를 사용하는 부모들이 표현하려는 정서에 따라 각기 다른 언어를 사용하는 사례들은 언어가 사고에 영향을 미치는 뚜렷한 증거가 된다. 어느 중국인 부모는 화가 날 때 표준 중국어로 사용하지만, 매우 화가 날 때는 광둥어로 표현을 바꾼다고 한다. 분노와 같이 자기중심의 정서를 나타내는 어휘가 풍부한 영어와 달리, 일본어에는 공감과 같은 대인관계 정서를 나타내는 어휘가 풍부하다. 이러한 어휘의 차이가 영어권과 일본의 사고와 문화에 영향을 준다고 본다. 동일한 성격검사를 두 가지 언어로 실시할 때, 이중 언어 사용자들은 상이한 성격특성을 보여주기도 한다.

비교적 최근의 증거들은 언어가 색깔의 처리과정에도 영향을 끼칠 수 있음을 보여준다. 색상에 대한 어휘의 수가 풍부한 문화권에서 성장한 아이들은 색상에 대한 어휘의 수가 상대적으로 적은 문화권에서 성장한 아이들보다 색상 구분을 더 잘하였다. 이러한 사실은 부모의 언어사용이 자녀들의 사고에 영향을 미친다는 주장을 지지하는 근거가 된다.

언어를 확장하는 것은 사고능력을 확장하는 것이다. 독서를 많이 하는 것은 곧 새로운 단어들을 학습하는 것이며, 이를 통해 새로운 아이디어와 사고방식이 길러지는 것이다. 명확한 언어개념이 없이 추상적인 아이디어를 생각하거나 개념화하는 것은 매우 어렵다.

4.2.2.3 인지 선행설

언어와 사고의 관계에 대한 또 다른 입장은 언어가 독립된 능력이 아니라, 인지 발달의 결과로 나타나는 일반적인 인지 능력들 중 하나라는 주장이다. 따라서 언어도 일반적인 인지발달 원리에 의해서 발달한다고 본다. Piaget는 인지발달 단계를 감각운동기, 전조작기, 구체적 조작기, 형식적 조작기로 구분하였다. 가장 초기 단계인 감각운동기에는 언어가 나타나기 이전 단계이다. 감각운동기의 초반에 해당하는 아동은 대상 영속성 개념이 없는데, 물체가 시야에서 사라지면 더 이상 그 물체가 존재하지 않는다고 생각한다. 그러다가 후반기에 들어서면 대상영속성 개념이 형성되어, 시야에서 물체가 사라지더라도 물체가 그곳에 존재한다고 믿는다. 이 단계에서 시야에 존재하지 않는 물체를 표상하기 위해 상징을 사용하기 시작하고, 이를 위해 단어가 필요하게 된다. 이러한 관점에서 보면 대상영속성 개념이 언어의 습득에 필요한 선행 조건이 된다. 이처럼 언어발달이 이루어지기 위해서는 인지 발달이 선행되어야 한다는 주장이 제기된다.

4.2.2.4 심상적 사고

언어를 통해 사고를 하는 것이 일반적이나, 가끔은 언어가 활용되지 않은 상태에서 심상으로 생각을 떠올리는 경우가 있다. 어느 장소에 들어가서 어떻게 행동할 것인가를 언어가 아닌 이미지로 그려보기도 하고, 예술가들과 운동선수들의 경우 심상으로 자신의 움직임을 생각한다. 작곡가, 시인, 수학자, 과학자들도 심상으로 생각하는 경우가 많다. 심상적 사고는 다양한 형태로 나타난다.

대문자 P를 시계방향으로 180도 회전시키면 무엇이 되는가? 라는 질문에 답을 하기 위해서 우리는 머릿속으로 P자를 그리고 그 이미지를 회전시킨다. 그리고 180도 회전시킨 상태의 이미지를 확인하고 소문자 d와 같다고 생각한다. 이 과정에서는 어떠한 언어적 활동도 이루어지지 않는다. 이처럼 생각으로 이미지를 회전시키는 것을 심적 회전(mental rotation)이라고 한다.

고향의 집을 생각하고 집의 안방에 놓인 가구를 설명하라는 요구를 받으면, 우리는 머릿속으로 기억 속에 있는 고향의 집을 불러온 다음 서서히 집안을 스캔한다. 이처럼 심상에서의 탐색을 심상 주사(image scanning)라고 한다. 어떤 곳을 찾아갈 때도 우리는 심상 주사를 통해 이동 경로를 그려 본다.

4.2.3 개념과 범주화

우리들이 사고할 때는 단어를 나열하기보다는 주로 두 개 이상의 단어가 조합된 문장을 처리한다. 물론 심상적 사고를 하는 경우도 있지만 문장의 경우가 더 많을 것이다. 그런데 문장은 어떤 명제나 주장을 표현한다. '개는 동물이다'라는 명제는 '개'와 '동물'이라는 개념을 포함하는데, 이 명제의 진위를 판단하기 위해서는 두 개념의 속성(attribute)들에 대해 명확히 인식하고, '개'가 '동물'에 포함될 수 있는지 여부를 판단하는 범주화(categorization) 작업이 이루어져야 한다.

4.2.3.1 개념의 기능

개념(concept)은 특정 유목이나 범주를 구분 짓는 속성들의 집합이다. 우리는 특정한 단어를 들으면, 그 단어에 연결된 다양한 속성(attribute)들이 떠오른다. 예를 들어, '개'라는 개념을 생각하면, 꼬리가 있고, 다리가 네 개이고, 털이 있다는 속성들이 연상된다. 또한 '개'라는 개념은 푸들, 요크셔테리어, 닥스훈트, 말티즈 등 여러 유형의 개들을 포함한다. 이러한 개념은 우리가 살아가는 데에 있어서 유용한 몇 가지 기능을 갖는다.

그 첫 번째 기능은 인지적 부담의 경감이다. 지구상에는 속성에서 조금씩 차이가 있는 수백 종의 개들이 있지만 몇 가지 공통된 속성에 근거하여 이들을 '개'라고 인식한다. 그리고 '개'에 속한 속성들에 근거하여 다른 대상들을 구분한다. 만약 이러한 개념이 없다면 지구상의 삼라만상 하나하나를 구분하여 인식해야 한다. 이처럼 개념은 대상이나 행위들을 범주화(categorization)함으로써 인식의 속도를 빠르게 하고, 인지적 부담을 덜어준다.

개념이 갖는 두 번째 기능은 개념에 근거하여 지각되는 대상의 속성들을 쉽게 유추할 수 있다는 것이다. '개'라는 개념으로 대상을 인식하는 순간, 그 대상의 보이지 않는 속성들까지도 유추할 수 있게 된다. 즉 바라보는 대상을 '개'라는 개념으로 인식하는 순간, 그 대상은 암수 구분이 되고, 간식을 먹을 수 있고, 짖기도 하며, 물 수도 있다는 것을 예상하게 된다.

개념에는 '먹기'와 같은 행위 개념도 있으며, '젊다'와 같은 상태 개념, '명예'와 같은 추상적인 개념 그리고 '2'와 같은 숫자 개념도 있다. 일상생활에서 널리 사용되는 개념들은 대부분 한 단어의 이름과 연합되어 있어서, 의사소통이 원활하게 이루어질 수 있게 해준다.

4.2.3.2 개념의 원형

하나의 개념은 여러 가지 속성들을 갖고 있으며, 하나의 개념에 속한 사례들은 많다. 참새, 제비, 독수리, 타조, 닭 등은 '새'라는 개념에 포함된다. 하지만 이들 중에서도 '새'라는 개념을 가장 대표하는 사례는 참새이다(물론 문화에 따라 다를 수도 있다). 이처럼 개념의 가장 좋은 사례가 되는 대상(정확히는 대상이 갖는 속성들의 집합)을 원형(prototype)이라고 한다. '할머니' 개념의 원형은 나이가 많고, 머리가 하얗고, 손자들과 즐겁게 지내는 모습 등이다. 원형이 있다는 의미는 원형에서 다소 벗어난 개념의 사례들도 있다는 것을 의미한다. '할머니'의 경우에도 원형에는 나이가 많다는 속성이 있지만, 현실에는 예외적으로 젊은 할머니도 있다. 그렇다고 해서 그 젊은 할머니를 할머니가 아니라고 말할 수는 없다. 일반적으로 과일을 연상하라고 하면, 대부분 '사과'를 가장 먼저 떠올리게 된다. 그 이유는 사과가 과일의 속성을 가장 많이 공유하고 있기 때문이다. 간혹 원형과 상이한 대상에 대한 진위 판단이 어려운 경우가 있다. 예를 들어 '참새는 새이다'라는 문장에 대해서는 매우 쉽게 참이라고 응답하지만, '닭은 새이다'라는 문장에 대해서는 머뭇거리게 된다.

4.2.3.3 개념의 위계

개념들은 속성에 근거하여 위계 관계를 형성한다. '사과'는 보다 큰 개념인 '과일'의 구성원이다. '사과'는 다시 하위 위계에 '부사', '청사과' 등을 갖는다. 여기서 '사과'는 기본수준이 되고, '과일'은 상위수준이 되며, '부사'는 하위수준이 된다. 통상 기본수준은 사물들이 처음에 범주화되는 수준을 의미한다. 우리는 식탁 위에 '사과'가 놓여 있는 것을 처음 본 순간 '과일'이 있다고 생각하기보다 '사과'가 있다고 생각한다. 기본수준의 개념들은 다른 개념과 차별되는 여러 가지 속성들을 가지고 있기 때문에, 우리는 세상을 우선 기본수준의 개념으로 분할한다.

4.2.3.4 개념의 획득

우리가 알고 있는 수많은 개념들은 어떻게 획득되는 걸까? 개념들은 선천적으로 타고나는 것인가? 아니면 학습과 경험을 통해 얻어지는 것인가?

시간이나 공간과 같은 개념들은 생물학적 처리과정과 연관성이 높은 처리과정에 기반하고 있어서 생득적이라고 보는 견해가 많다. 그러나 일반적인 개념들은 경험을 통하거나 교육을 받아서 획득된다. 아이가 자라면서 '개'를 처음 접하게 될 때, 부모들이 '개'라고 부르면서 이미 '개'라는 개념의 원형을 경험하게 된다. 처음 접한 개가 '푸들'인 경우 '푸들'을 '개'의 원형으로 인식하게 된다. 그런데 다른 곳에서 '닥스훈트'를 보고서 '푸들'과 사뭇 다르다고 느끼지만, '개'라고 판단하게 된다. 아이는 자신이 '개'의 원형이라고 알고 있는 '푸들'과 처음 본 '닥스훈트'를 비교하여 유사성이 높다고 판단할 때 '개'라는 범주에 포함시킨다. 성장하면서 아이는 '개'의 다양한 품종을 접하게 되는데, 만약 새로운 품종의 개를 보게 될 경우 기존의 본보기들과 비교하기도 하고, 원형이라고 생각된 '푸들'과도 비교한 다음에 '개'의 범주에 포함시키게 된다.

4.2.4 판단하기와 결정하기

우리는 하루에도 수많은 크고 작은 결정과 판단을 한다. 아침에 일어나는 시간부터 무엇을 먹을 것인지, 무엇을 입을 것인지, 어떻게 이동할 것인지, 누구를 만날 것인지, 무엇을 살 것인지, 회사의 사업전략을 승인할 것인지 등등 쉬운 것에서부터 매우 중대한 것에 이르기까지 다양한 난이도의 일을 맞이한다. 그런데 이러한 모든 판단과 결정과정에서 인간은 합리적인가?

인간이 합리적인 의사결정자라면, 어떤 일이 일어날 가능성을 결정하고, 그 결과의 효과를 판단한 후, 이 둘을 곱하여 얻은 결과 값에 기초하여 결정을 내린다. 특정한 문제를 해결하기 위해 논리적 규칙이나 절차인 알고리즘(algorithm)을 사용한다. 때로는 추단법(heuristic, 어림법, 발견법)이라고 하는 간단하고 빠른 문제해결 방법을 사용하기도 한다. 추단법의 예를 들면, 사과박스 안에 사과가 몇 개 들어있는지 정확하게 알려면 사과를 하나하나씩 세어가야 한다. 그런데 일상생활 속에서 사람들은 서너 개의 사과가 차지하는 부피를 판단하고 그 정도의 부피가 상자에 몇 개 정도 되는가를 어림 판단하여 사과상자에 있는 사과의 총 개수를 판단한다.

그런데 일상생활에서 이루어지는 우리의 결정을 보면 이러한 합리적인 결정과 거리가 먼 경우가 많다. Thaler와 Sunstein(2008)은 그들의 저서 『NUDGE』에서 인간은 합리적으로 사고하고 선택하는 것이 아니라 불완전하고 편향되어 있다는 것을 다양한 사례를 들어 보여준다. Kahneman(2011)은 유명한 저서 『THINKING FAST AND SLOW』에서도 인간에 내재된 두 가지 자동적 시스템과 의도적 시스템에 대해 논한다. 이들의 공통된 논의는 인간이 합리적일 것 같은데 합리적이지 못한 부분들이 많다는 것이다.

가장 많이 언급되는 비합리적인 판단의 사례는 '도박사의 오류'이다. 과거에 일어난 확률을 알고 있는 경우 미래에 일어나 확률 판단에 실수를 범하는 경우이다. 여러 번에 걸쳐 계속해서 돈을 잃은 사람은 이제 다음 베팅에서 자신이 돈을 벌 수 있는 확률이 높아졌다고 판단하고 더 큰 액수를 베팅한다. 여러 번의 시행을 거치면서 사람들은 주관적인 확률규칙을 만들어가기 때문에, 매번 베팅에서 이길 확률은 이전 시행과 무관하게 동일하다는 생각을 쉽게 하지 못한다. 도박사의 오류와 같은 비합리적인 판단 사례 이외에도 우리들의 일상생활에서 합리적인 판단을 위협하는 오류들이 많다.

4.2.4.1 가용성 편향

가용성 편향(availability bias)은 자신이 경험한(가용한) 빈도에 근거하여 판단함으로써 잘못된 결론에 이르게 되는 현상을 말한다. 여기서 자신이 경험한 빈도가 편향되지 않을 정도로 충분하다면 좋겠지만, 대부분의 개인적 경험은 편향되어 있을 가능성이 높다. 자신이 경험한 사례는 전체 발생 가능한 사례와 비교할 때 매우 적기 때문에 전체적인 확률을 나타낼 가능성이 떨어진다. 또한 기억에 더 강하게 입력된 항목일수록 더 빈번하게 일어날 것이라고 편향되어 판단하는 경우도 있다. 화면이나 책에 여러 가지 단어들을 무선적으로 제시한 다음, 특정한 단어가 제시된 빈도를 질문할 경우, 익숙한 단어일수록 더 많이 제시되었다고 응답한다.

가용성 편향이 발생하게 하는 또 하나의 기제는 추단법(heuristic)이다. Tversky와 Kahneman(1973)이 수행한 가용성 추단법(availability heuristic) 연구는 빠른 판단을 가능케 하는 추단법이 종종 엉뚱하게 잘못된 결정으로 이끌어갈 수 있다는 것을 보여준다. 도박장에서도 가용성 추단법이 작동된다. 커다란 손실에 대해서는 여타의 특별한 신호도 없지만, 조그마한 이득에 대해서는 선명하게 기억에 남도록 벨소리와 번쩍거리는 불빛을 신호로 제공한다. 왜곡된 정보가 도박의 유혹을 강화시킨다.

선명한 정보, 최신의 정보, 차별화된 정보들은 다른 정보보다 더 강하게 각인되고 처리되어 합리적인 판단을 흐리게 한다. 몇 건의 비행기 대참사는 비행기 타는 것을 두렵게 만들고, 아동 유괴사건들은 자녀의 등굣길에 두려움을 갖게 한다. 쉽게 가용한 정보로 인하여 아주 드물게 발생하는 사건들에 대해 공포를 갖게 된다.

4.2.4.2 확증 편향

확증 편향(confirmation bias)은 자신의 생각을 반박하는 증거보다는 확증해주는 증거를 보다 열심히 찾고 선호하는 경향성을 말한다. 미국 상원 정보위원회(2004)는 미국이 이라크를 침공할 당시에 확증 편향에 의한 판단오류가 있었다고 발표하였다. 당시에 미국은 사담 후세인이 즉각적 위협을 초래하는 대량 살상무기를 보유하고 있다고 가정하고 이라크를 침공하였는데, 그 가정이 거짓으로 판명되었다 (Meyers & DeWall, 2015).

확증 편향은 일상생활에서도 쉽게 관찰된다. 특정한 종목의 주식을 매입한 투자자는 자신이 보유한 종목에 도움이 되는 정보에 관심을 가지며, 또 그런 정보를 찾으려고 노력한다. 반면에 그 종목의 주가에 부정적인 영향을 주는 정보들은 무시하거나 외면하거나 굳이 찾으려 하지 않는다.

4.2.4.3 결합 오류

결합 오류(conjunction fallacy)는 각각의 사건이 일어날 확률보다 두 개 이상의 사건이 함께 일어날 가능성이 높다고 생각하는 것이다. 우리는 정보가 많이 결합될수록 사실일 가능성이 높아질 것이라고 믿지만, 사실은 그 사건들이 동시에 일어날 확률은 급격히 낮아진다.

다음의 예시를 읽어 보자.

> 유진은 31세의 독신여성으로, 솔직하고 쾌활한 성격이다. 대학 때 경영학을 전공했고 사회적 차별과 공정성 실현에 관심이 많았으며, 반핵운동과 환경운동에도 적극 참여했다.

다음 중 유진에게 더 잘 어울리는 표현은 무엇인가?

1. 유진은 은행원이다.
2. 유진은 은행원이며, 여성운동에 적극적이다.

이러한 질문에 대해 한 연구에서는 응답자들의 89%가 1보다 2를 선택하였다. 이를 확률적으로 계산해보자. 유진이 은행원이 될 확률이 예를 들어 30%라고 하고, 여성운동에 적극적인 확률이 30%라고 한다면, 은행원이면서 여성운동가일 확률은

0.3에 0.3을 곱한 0.09(9%)가 된다. 즉 두 사건의 결합 확률값은 각 사건의 확률 값보다 현저하게 낮다. 그럼에도 불구하고 사람들은 결합된 정보의 확률값을 더 높다고 착각한다.

4.2.4.4 조망 이론

사람들의 판단이 완전하게 합리적이라면, 가치를 최대화하는 방향으로 결정할 것이다. 그런데 사람들은 종종 이러한 기본적인 원칙과 일치하지 않는 결정을 한다. Tversky와 Kahneman(1992)이 제시한 조망 이론(prospect theory)에 따르면, 사람들은 잠재적인 손실을 평가할 때 위험을 감수하는 선택을 하고, 잠재적인 이익을 평가할 때는 위험을 회피하는 선택을 한다. 즉 조망 이론은 사람들이 이익을 얻는 것보다 손실을 피하기 위해 기꺼이 더 많은 위험을 감수한다고 말한다. 사람들이 합리적이라면, 이득상황과 손실상황에서 합리적인 확률계산에 근거하여 동일한 결정을 내려야 한다. 그런데 사람들은 이득상황과 손실상황에서 확률을 다르게 판단한다.

예를 들어, 4백만 원을 확실히 벌 수 있는 게임이 있고, 5백만 원을 벌 수 있는 가능성이 80%인 게임이 있다면 어떤 게임을 선택하겠는가? 이 경우 두 가지 게임의 기대가치는 동일하지만, 사람들은 확실하게 4백만 원을 딸 수 있는 게임을 선택한다. 그런데 4백만 원을 잃을 것이 확실한 게임과 5백만 원을 잃을 확률이 80%인 게임이 있다면 어떤 게임을 선택하겠는가? 이 경우에 사람들은 5백만 원을 잃을 확률이 80%인 게임을 선택한다.

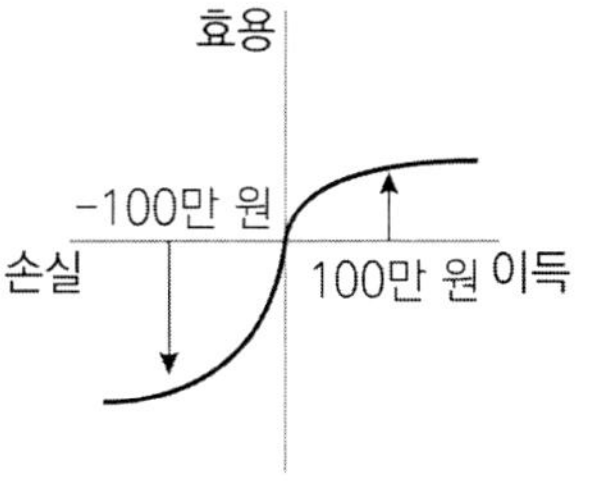

[그림 4-5] 조망 이론

이득상황과 손실상황에서 동일한 액수에 대한 심리적 효용가치가 다름을 보여준다.

조망 이론은 사람들이 확실한 결과에 더 많은 비중을 둔다는 것을 가정한다. 로또를 해서 3백만 원 중에 80%를 받을 기회와 2백만 원을 곧바로 받는 것 중에 결정을 해야 한다면 대부분의 사람들은 2백만 원을 받기로 선택할 것이다. 첫 번째 선택은 기대가치가 240만 원으로 40만 원이나 더 많지만, 사람들은 기대되는 돈보다 확실성에 더 많은 비중을 둔다.

4.2.5 문제해결

문제를 해결하는 과정은 인간의 사고과정을 집약적으로 나타내 준다. 어떤 문제가 주어질 경우 사람들은 그 문제를 어떤 방식으로 풀어나갈까? 이를 연구하는 한 가지 좋은 방법은 문제를 풀어나가는 동안 머릿속에서 일어나는 생각을 말하도록 하고, 연구자는 그 말을 분석하는 것이다. 이곳에서는 일반적으로 사람들이 문제를 해결하는 과정에서 사용하는 전략과 문제를 표상하는 방식에 대해 살펴보고자 한다.

4.2.5.1 수단-목표 분석

Newell과 Simon은 이러한 프로토콜 방식을 사용하여 사람들이 문제를 해결하는 과정을 연구하였다. 이들은 연구결과에 기초하여 사람들이 주어진 문제를 수단목표 분석(means-ends analysis) 방법으로 해결해 나간다고 설명하였다. 수단목표 분석 방법은 현재 상황과 목표 사이의 차이점을 줄이기 위한 수단이나 방법을 찾는 과정으로 문제를 해결하는 방법이다.

예를 들어, 하노이의 탑이라는 수수께끼를 고려해 보자. 이 수수께끼는 세 개의 막대기와 그 크기가 다른 한 세트의 고리들로 구성되어 있다. 목표는 막대기 A에 있는 고리들을 막대기 C에 옮겨 쌓는 것이다. 이때 규칙은 한 번에 하나의 고리만을 움직일 수 있으며, 어떠한 경우에도 큰 고리가 작은 고리 위에 놓여서는 안 된다. 이 경우 사람들이 생각하는 가장 일반적인 하위목표는 가장 큰 고리를 막대기 C로 옮기는 것이다. 이 하위목표를 달성하기 위해 사람들은 여러 가지 시도를 하는데, 종종 잘못된 이동을 하게 된다. 그렇지만 여러 가지 방법으로 이동을 시도하다 보면, 올바른 이동이 어떤 것인지가 뚜렷해지고 오류가 줄어든다.

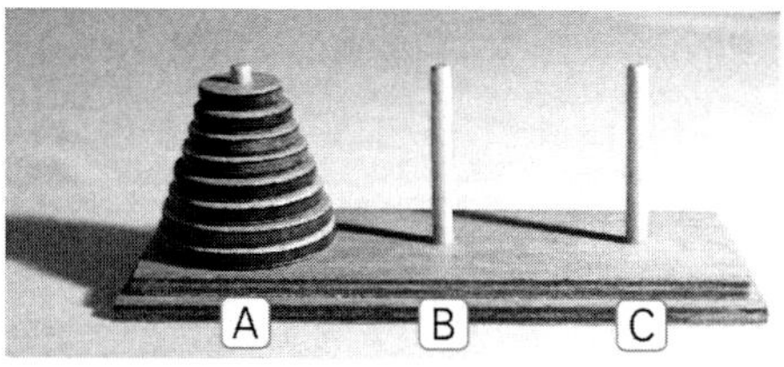

[그림 4-6] 하노이 탑

4.2.5.2 유추문제해결

우리는 현재의 문제를 해결하고자 할 때, 이와 유사한 문제들이 해결되었던 방법을 참고하려고 한다. 다행히 과거에 해결하였던 문제들 중에 현재와 유사한 사례가 있다면, 그 해결과정을 현재 문제의 해결에 적용하려고 시도한다.

먼저 다음의 이야기를 생각해 보라.

> 견고한 성이 있다. 이 성은 주변에 해자가 있고 몇 개의 다리가 놓여 있다. 성벽은 견고하고 방어시설이 잘 되어 있어서 대규모의 병력이 투입되어야만 성의 함락이 가능하다. 그런데 하나의 다리로 통과할 수 있는 병력의 규모가 제한되어 있다. 공격을 담당한 장군은 자신의 군대를 적은 단위 부대로 나누고 동일한 시간대에 각 부대가 하나의 다리를 건너 공격도록 하였다. 그리하여 장군은 그 요새를 함락할 수 있었다.

그리고 다음의 문제의 해결책을 생각해 보자.

> 철수는 검진결과 복부에 종양이 있다는 것을 알게 되었다. 그러나 철수는 종양을 제거하는 수술을 받을 수 없다. 왜냐하면, 종양이 수술을 할 때 심각하게 손상이 될 수 있는 연약한 조직에 둘러싸여 있기 때문이다. 수술을 하지 않고 가능한 방법은 X-레이를 사용하는 것이다. 그런데 종양을 파괴할 수 있는 정도로 강한 X-레이는 주변의 조직마저 손상시켜 환자의 생명을 위태롭게 할 수 있다. 그렇다고 X-레이의 양을 줄인다면 주변의 조직은 살릴 수 있지만, 종양을 제거할 수는 없다. 해결책은?

해결책은 다음과 같다.

> 약한 광선을 여러 곳에서 동시에 종양에 보낸다. 여러 곳에서 보내진 X-레이는 주변의 피부조직을 손상시키지 않은 채 종양에 도달하게 되고, 종양에서는 여러 곳에서 보내진 X-레이가 통합되어 강력한 수준의 X-레이가 되어 종양을 제거할 수 있게 된다.

요새 공략에 관한 글을 읽지 않은 사람들은 10%의 실험참가자들만 정답을 맞혔다. 그러나 참가자가 요새 문제에 관한 이야기를 읽었을 때는 정답률이 30%로 상승했다.

4.2.5.3 문제 표상

문제를 해결하는 능력은 그 문제를 분할하는 전략과 더불어 문제를 표상하는 방식에 따라 다르다. 문제의 표상은 명제적으로 이루어지기도 하지만 시각적 표상이나 심상으로도 이루어진다. 가령 "수환은 유진보다 빠르지만, 민나보다는 느리다, 누가 가장 느린가?"라는 문제에 대해 심상을 이용해 보자. 동일선상에 이들의 이름을 표시하면서 읽으면, 곧바로 답을 알 수 있다. 사람에 따라서 문제를 명제로 표상하는 데에 익숙한 사람이 있는가 하면, 심상으로 표상하는 데에 익숙한 사람이 있다.

때로는 문제를 표상하는 것이 문제해결을 방해하는 경우도 있다. 문제해결에 중요하지 않거나 오히려 방해가 되는 표상을 포함하여 문제해결을 어렵게 만드는 경우이다. 이러한 경우를 간단한 실험으로 보여줄 수 있다. 실험에서 과제는 아래의 그림 4-7의 A와 같이 양초와 성냥갑과 압정을 사용하여 벽에 양초를 세우는 것이다. 대부분의 피험자들은 이 과제를 부여받고서 상당한 어려움에 처하게 된다. 사람들은 성냥갑은 성냥개비를 담는 상자로 생각하기 때문에, 초의 받침으로는 미처 생각하지 못한다. 또한 초에 직접 압정을 사용하려는 생각이 앞서게 된다. 이 문제는 성냥갑을 초의 받침으로 사용해야 하며, 압정으로 성냥갑을 고정시켜야 한다. 이처럼 이미 도식화된 지식이나 표상이 문제해결을 방해할 수도 있는데, 이러한 경우를 기능적 고착(functional fixedness)이라고 한다. 즉 기능적 고착은 사물의 기능을 고정된 것으로 지각하는 경향이다.

기능적 고착의 또 다른 예를 들어보자. 그림 4-7의 B에 제시된 바와 같이 9개의 점이 있는데, 종이에서 펜을 떼지 않고서 4개의 직선으로 9개의 점 모두를 연결해 보라. 이 경우에도 사람들은 문제를 풀기 위해 선이 점들로 만들어진 정사각형 밖으로 나가면 안 된다고 생각한다. 그리고는 정사각형 안에서 다양한 시도를 해보지만, 성공하지 못한다. 이 문제는 9개의 점으로 구성된 정사각형의 영역을 벗어나야만 가능하다.

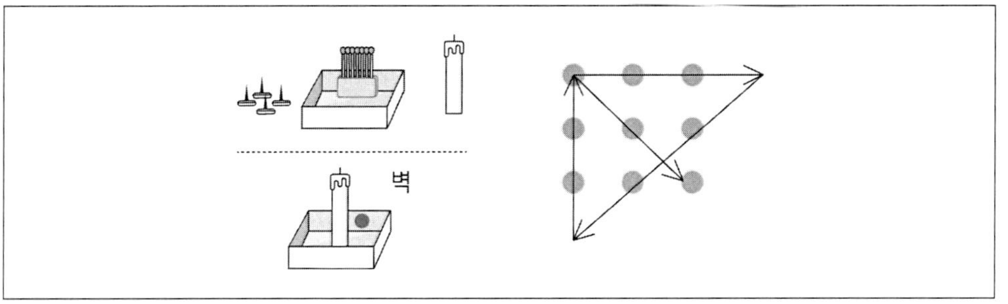

[그림 4-7] 기능적 고착의 예들
좌측은 양초 세우기의 예이며, 우측은 선 긋기의 예이다.

4.2.5.4 통찰

어떤 문제를 해결하기 위해서는 그 문제해결과 관련된 원리들을 학습하는 것이 중요하다. 또한 원리 학습과 더불어 많은 문제를 풀어보는 것은 유추와 문제의 표상 능력을 강화시켜 문제해결능력을 향상시켜 준다. 그런데 어떤 문제해결에서는 전혀 시도하지 않았던 창의적이고 기발한 통찰(insight)이 나타나기도 한다. 통찰은 시행착오로 야기되는 잘못된 시도를 일정 기간 이행해 본 후에 올바른 해결책이 번쩍이듯 갑작스럽게 발견되는 경우를 의미한다. 연구자들은 창의적이며 통찰적인 해결은 보통의 문제를 재구조화하여 기존의 해결방식이 적용될 수 있도록 하는 과정이라고 말한다.

벽에 생긴 1m 깊이의 작은 구멍에 새끼 울새가 떨어져 있다. 입구가 매우 좁아서 손을 집어넣을 수도 없고, 여타의 구조 장비를 사용할 수도 없다. 이를 발견한 철수는 어떻게 이 울새를 구출할까 고민 중인데, 아무리 생각해도 답이 나오질 않는다. 한참을 고민하는데, 벽 옆에 쌓인 모래더미가 보인다. 철수는 갑자기 완전히 새로운 해법이 생각났다. 모래를 서서히 부어서, 새가 조금씩 높아지는 모래 위로 올라설 수 있게 하였다.

원숭이를 대상으로 한 통찰(아하!) 실험도 유명하다. 원숭이가 있는 우리의 밖에 바나나가 놓여 있다. 원숭이가 팔을 뻗어 잡을 수 없는 거리이다. 우리 안에는 두 개의 막대가 있는데, 한 개의 막대 길이는 바나나를 잡아당기기에는 짧지만, 두 개의 막대를 연결하면 충분히 바나나를 잡아당길 수 있다. 원숭이는 처음에 팔을 뻗어 보고, 안 되자 소리를 지른다. 잠시 후 막대 하나를 집어서 시도해 보지만 여전히 실패한다. 여러 차례 시도와 실패를 거듭한 후 한참을 앉아 있던 원숭이가 갑자기 두 개의 막대를 연결한다. 그리고는 바나나를 끌어당긴다. 원숭이에게 갑작스럽게 두 개의 막대를 연결하면 된다는 통찰이 생겼던 것이다.

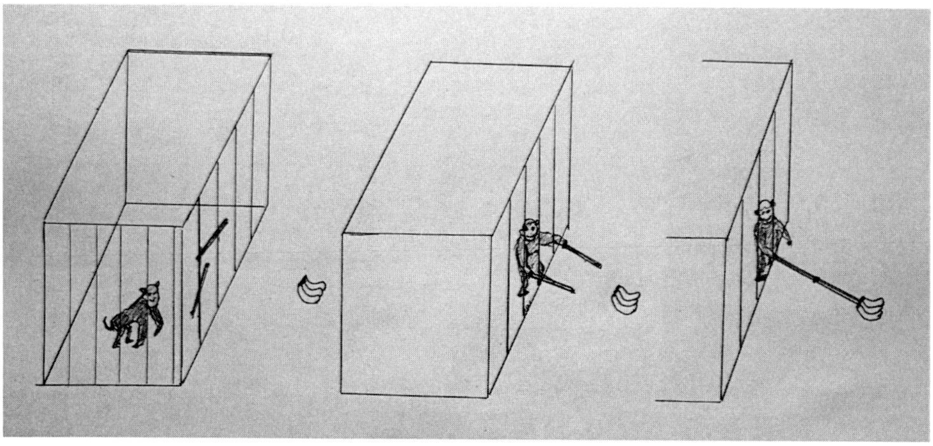

[그림 4-8] 원숭이를 대상으로 한 통찰 실험

우리 안에 있는 원숭이는 처음에 바나나를 잡으려 하지만 방법이 없다고 생각한다. 그러다 막대기를 이용하여 시도해 본다. 몇 번의 실패 후에 두 개의 짧은 막대를 연결하여 긴 막대를 만들면 바나나에 닿을 수 있다는 생각을 하게 된다.

4.2.5.5 전문가와 초보자

여러 분야에서 전문가들이 문제를 해결하는 방식은 초보자와 다르다. 전문가들은 초보자와 다르게 문제를 표상하고, 다른 해결 전략을 사용한다. 바둑이나 체스의 경우에, 고단자들은 초급자보다 훨씬 더 많은 수를 내다볼 수 있다. 또한 이들은 지나간 경기의 내용을 상당 부분 복기할 수 있다. 고단자들은 오랜 시간 동안의 연습을 통하여 많은 배열을 소수의 청크(Chunk)로 부호화할 수 있기 때문에, 이들은 초보자들보다 훨씬 더 많은 기보를 기억하고 인출할 수 있다.

전문가들은 새로운 문제를 직면할 때에도 초보자와는 다르게 표상한다. 초보자들은 표면적인 특성으로 표상하는 반면에, 전문가들은 문제해결에 필요한 원리에 따라 표상한다. 초보자들이 표면적인 특성으로 문제를 표상하는 경향성은 유추를 사용하여 문제를 해결할 때에도 나타난다. 초보자들은 생소한 문제를 해결해야 할 때, 과거에 접하였던 유사한 문제를 유추로 사용하려고 생각하기 쉽다.

전문가들은 문제를 부여받았을 때, 제일 먼저 문제에 어떻게 접근할 것인가에 대한 계획을 구상한다. 그러나 초보자들은 곧바로 문제해결에 필요한 등식을 생성하려고 한다. 초보자들은 전반적인 계획을 구상하기보다 즉각적인 문제해결을 시도한다.

의사들이 환자를 진단하는 상황에서도 전문의와 신참 의사 간에 차이가 있다. 전문의들은 환자의 징후를 통하여 가능한 질병을 추리하는 순행방향의 진단방법을 주로 사용하는 반면에, 신참 의사들은 가능한 질병을 먼저 생각하고 징후를 대입하는 역행방향의 진단방법을 사용한다(Patel & Groen, 1991).

참고문헌

현성용, 김교헌, 김미리혜, 김아영, 김현택, 박동건, ..., 황상민 (2015). **현대심리학의 이해**(3판). 서울: 학지사.

Atkinson, R. C., & Shiffrin, R. M. (1968). Human memory: A proposed system and its control processes. In K. W. Spence & J. T. Spence (Eds.), *The psychology of learning and motivation* (Vol. 2). New York: Academic Press.

Baddeley, A. D. (1986). *Working memory*. Oxford: Oxford University Press.

Chomsky, N. (1981). *Lectures on government and binding*. Dordrecht, Holland: Foris.

Craik, F. I., & Lockhart, R. S. (1972). Levels of processing: A framework for memory research. *Journal of Verbal Learning and Verbal Behavior, 11*, 671–684.

Kahneman, D. (2011). *Thinking fast and slow*. Brockman, Inc.

Loftus. E. F. (1975). Leading questions and eyewitness report. *Cognitive Psychology, 7*, 560–572.

Meyers, D. G., & DeWall, N. (2015). *Psychology* (11th ed.). Worth.

Patel, V. L., & Groen, G. J. (1991). The general and specific nature of medical expertise: A critical look. In K. A. Ericsson & J. Smith (Eds.), *Toward a general theory of expertise: Prospects and limits* (pp. 93–125). Cambridge University Press.

Sperling. G. (1960). The information available in brief visual presentations. *Psychological Monographs: General and Applied, 74*, 1–29.

Squire, L. R., & Zola, S. M. (1996). Structure and function of declarative and nondeclarative memory systems. *The processings of the national academy of sciences, 93*, 13512–13522.

Thaler, R. H., & Sunstein, C. R. (2008). *Nudge: Improving decision about health, wealth and happiness*. Yale University Press.

Tversky, A., & Kahneman, D. (1973). Availability: A heuristic for judging frequency and probability. *Cognitive Psychology, 5*, 207–232.

Tversky, A., & Kahneman, D. (1992). Advances in prospect theory: Cumulative representation of uncertainty. *Journal of Risk and Uncertainty, 5*, 297–323.

Whorf, B. (1956). *Language, thought, and relativity*. Cambridge, MA: MIT Press.

P S Y C H O L O G Y

제05장

발달

P S Y C H O L O G Y

05 발달

인간은 일생 동안 계속하여 변화한다. 그 변화는 신체와 운동 능력에서부터 지각, 인지, 언어, 사회성, 성격, 도덕성 등에 이르기까지 광범위한 영역에서 다양하게 일어난다. 발달심리학은 이처럼 생의 전반에 걸쳐 일어나는 변화를 연구하는 심리학의 한 분야이다.

우선 발달심리학의 개념, 발달현상에 대한 주요 논쟁점과 연구방법을 살펴본다. 예를 들어, 유전과 환경의 문제는 발달심리학 분야에서 끊임없이 거론되어 온 주요 논쟁 중의 하나이다. 맹모삼천의 고사성어는 발달에 있어서 환경의 중요성을 강조한다. 한편 부모의 지능지수와 자녀의 지능지수 간에 상관관계가 높다는 것은 유전적 소인의 중요성을 암시한다.

다음으로는 구체적인 발달현상을 다루고자 한다. 발달현상의 기술은 크게 두 가지 방향에서 접근할 수 있다. 하나는 각 연령별로 여러 가지 능력 수준을 비교하는 것이고, 다른 하나는 각각의 능력별로 연령의 변화에 따른 차이를 살펴보는 것이다.

이 장에서는 전자의 방식에 따라 발달현상을 기술하되 우선적으로 변화의 정도가 뚜렷한 유아기와 아동기 그리고 청년기까지의 발달을 중점적으로 살펴보고, 성인기와 노년기의 발달에 대해서는 개략적인 수준에서만 다루고자 한다.

5.1 발달현상에 대한 논쟁점과 연구방법

5.1.1 발달심리학의 개념

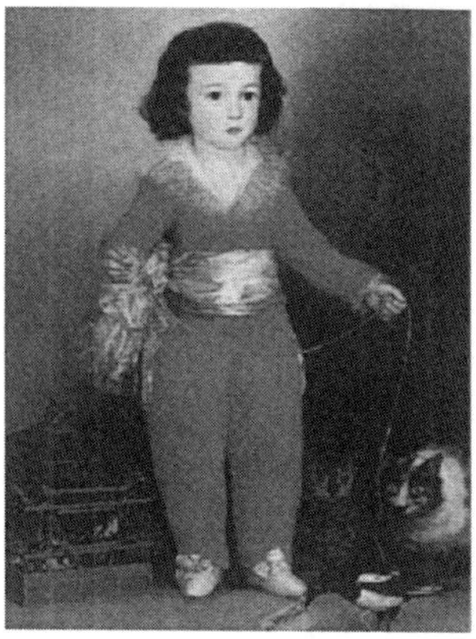

아동은 어른의 축소판으로 이해되었다.

인간 발달의 속성에 대한 설명은 고대 그리스의 문헌들에서도 자주 발견되지만, 인간 발달에 대한 과학적 연구는 19세기 후반부터 그 기틀을 잡기 시작하였다. 그 이전까지는 인간은 성인의 축소판으로 세상에 태어난다는 생각이 지배적이었기 때문에 사람들은 단순히 아동과 성인 사이에 아무런 차이가 없다고 여겼다(Aries, 1960). 아동의 신체, 언어, 인지 등의 능력이 성인과 다르다는 생각은 일부 학자들이 자기 자녀들을 관찰한 결과를 세상에 내보이면서 서서히 움트기 시작하였다. 영국의 Charles Darwin이나 독일의 생리학자 Wilhelm Preyer, 그리고 미국의 Stanley Hall 등의 연구는 그때까지 사색적이며 철학적이던 아동 발달 연구를 보다 체계적인 수준으로 끌어올리게 된 계기가 되었다. 1950년대까지 인간 발달의 연구는 아동심리학과 동일한 것으로 간주되었기 때문에 주로 출생에서 청년기까지의 변화과정만이 다루어졌다. 전 생애를 중심으로 한 개념은 1960년대 후반부터 새롭게 다루어지기 시작하였는데, 독일의 Baltes와 Brim은 당시 아동기에 국한되었던 연구영역을 생의 주기(life span) 전체로 확장하는 데 기여한 대표적인 인물들이다(Oerter & Montada, 1995).

발달(development)이라는 개념 또한 종래에는 비교적 좁은 의미로 사용되어, 수태에서 아동기 내지는 청년기에 이르는 상승적 변화를 가리키는 것으로 쓰여 왔다. 즉 크기(size)에 있어 작은 것에서 큰 것으로, 기능에 있어 미숙하고 낮은 수준에서 원활하고 높은 수준으로 이행해 가는 비가역적인 상승 과정을 의미하였다. 과거의 발달 연구가 주로 아동기에 집중하였던 것도 바로 이런 이유 때문이다. 그러나 근래에는 일상적인 발달의 개념을 더 넓은 의미로 확장하여 변화(change)라는 측면을 더 강하게 부각시키고 있다. 따라서 여러 기능의 상승적인 변화뿐만 아니라 하강적인 변화까지도 포괄한다. 이와 같은 발달 개념의 확장은 발달 연구가 아동기에 국한되지 않고 수태에서 사망에 이르는 전 생애에 걸친 모든 연령적 변화를 망라하도록 하였다.

발달은 성숙(maturation)과 학습(learning)에 의한 변화 모두를 포함한다. 여기서 성숙은 내발적 성장과정(endogenous growth process)을 통해서 일어나는 신체적, 심리적 변화의 출현을 말한다. 따라서 성숙은 학습과 같은 외적 작용에 의해서 이루어지는 것이 아니라, 유전인자에 의해서 미리 짜인 프로그램의 순서에 따라 자연적으로 일어나는 진보이다. 예를 들면 아이들은 특별한 훈련을 받지 않더라도 생후 10개월이 되면 기어 다니고, 15개월 정도면 걸어 다닐 수 있다.

이와는 달리 학습은 경험의 결과로써 나타나는 행동의 지속적인 변화를 말한다. 성숙은 때론 학습의 전제조건이 되기도 한다. 타자기술의 습득을 위해서는 부단하게 훈련하여야 하지만, 타이핑에 요구되는 근육이나 지각능력의 성숙 없이는 불가능하다. 결론적으로, 발달심리학(developmental psychology)은 수태에서 사망에 이르기까지 전 생애 동안 경험이나 학습, 그리고 유전인자의 내적 작용에 의한 심리적·생리적 변화를 기술하고 연구하는 심리학의 한 분야라고 요약할 수 있다.

지금까지의 연구 결과들을 종합할 때, 인간의 발달과정에는 몇 가지 특징이 존재한다. 첫째, 발달은 성인기 초기에 종료되지 않는다. 성인기 후기에 신체적인 능력이나 일부 지적인 능력이 떨어지기도 하지만 전문지식이나 사회적 지능과 같은 영역은 연령에 비례하여 증가하기도 한다. 둘째, 각 기능의 발달속도 혹은 발달과정은 항상 일정하지는 않다. 예를 들어 신체발달은 유아기나 사춘기에 급속히 성장하고, 어휘 수는 취학 전에 급속히 발달한다. 지능의 경우에도 문화적 지식으로서의 지능은 연령증가와 더불어 계속 증가하지만 정보처리의 기초로서의 지능은 약 25세 이후부터 서서히 저하된다. 셋째, 발달에는 개인차가 존재한다. 개인의 유전적 소인과 생활 환경에 따라 특정 기능의 변화과정이 다르게 나타난다. 넷째, 발달에는 순서가 있으며, 이 순서는 일정하다. 신체 및 운동발달의 경우 이러한 특징이 뚜렷하게 나타난다. 머리에서 발 방향으로, 중심에서 말초로 그리고 전체활동에서 특수활동으로 발달한다. 발달에 있어서 이와 같은 일정한 순서와 방향이 있다는 사실은, 곧 이전 단계는 다음 단계의 기초가 된다는 것을 의미한다.

5.1.2 주요 논쟁점

인간의 발달을 이해하기 위해 다양한 시도와 이론적 발전이 이루어져 왔다. 그 과정에서 이론적 논쟁을 불러온 주요한 연구주제는 본성 대 양육, 능동 대 수동, 연속 대 비연속, 총체 대 분할 등이 있다(Shaffer & Kipp, 2014).

가장 뜨거운 논쟁은 인간의 발달이 본성과 양육 중 어느 것의 결과인가 하는 점이다. 본성과 양육(nature vs. nurture) 혹은 유전과 환경(heredity vs. environment)의 문제는 고대 그리스 시대부터 계속되어 온 가장 오래된 논쟁 중의 하나이다. Platon은 인간이 특정한 지식을 지닌 채 태어난다고 믿었던 반면, Aristoteles는 인간이 백지상태(tabula rasa)로 태어나지만 생활 경험을 통하여 지식을 습득하게 된다고 믿었다. 이러한 논쟁은 유전적 요인의 우세를 주장하는 Descartes의 추종자들과 경험적 요인의 우세를 주장하는 Locke의 추종자들 간의 논쟁으로 계속되었다. 생물학, 생리학 그리고 해부학 등 과학적 지식의 발달은 환경요인보다는 유전요인의 영향을 지지하게 만들었다. 1920년대에 급속도로 확산되었던 행동주의는 사람들로 하여금 유전보다는 생활 경험의 역할을 더 중시하게 만들었다. 최근 들어 유전과 환경의 논쟁은 어느 것의 영향을 받았느냐보다는 두 요인이 인간의 발달에 어떻게 상호작용하는가 라는 문제로 변환되었다.

유전과 환경의 상대적 영향력을 발견하기 위하여 연구자들은 쌍생아 연구와 입양아 연구 등의 연구방법을 사용하였다. 쌍생아 연구는 일란성 쌍생아들에게서 나타나는 행동 특성상의 유사성을 이란성 쌍생아 내지는 보통 형제, 자매들의 것과 비교하는 것이다. 예를 들어, Shields(1962)는 다양한 혈연관계에서 지능의 유사성을 연구하였다. 표 5-1에서 보는 바와 같이 일란성 쌍생아들 간의 지능의 상관계수가 이란성 쌍생아들 간의 상관계수보다 훨씬 더 크게 나타났다. 또한 유년기 초에 별거하여 성장한 일란성 쌍생아들을 대상으로 지능의 상관계수를 조사한 결과, 동일한 가정에서 함께 자란 이란성 쌍생아보다 더 큰 상관계수를 나타냈다(Scarr, 1993). 입양아동과 친부모 간의 유사성 그리고 입양아동과 양부모 간의 유사성을 조사한 Munsinger(1975)의 연구에서는 입양아들의 지능이 양부모보다 친부모의 지능과 더 높은 상관관계를 보였다.

▼표 5-1 다양한 혈연관계와 환경유사성에 따른 성인기의 표현 유사성

혈연관계	조사 인원	지능의 상관계수
일란성 쌍생아		
동일 환경에서 성장	190	.86
상이한 환경에서 성장	158	.75
이란성 쌍생아		
동일 환경에서 성장	178	.39
상이한 환경에서 성장	112	.35
자매		
동일한 환경에서 성장	271	.54
상이한 환경에서 성장	28	.47
동일 혈육이 아닌 자녀		
동일한 환경에서 성장	108	.02

그렇다면 성격특성은 어느 정도 유전의 영향을 받을까? 각종 정신장애의 문제, 종교적 혹은 정치적 철학은 어떨까? 이 질문에 대해 실증적인 자료를 제시한다는 것은 상당히 어려운 일이다. 왜냐하면 아직까지도 이러한 개념의 정확한 측정이 어려울 뿐 아니라 그 자체가 매우 복잡한 현상이기 때문이다. 발달에서 유전과 환경의 상호작용에 대한 이론적 접근은 수로화 원리(Waddington, 1957), 반응 범위 원리(Gottesman, 1963), 유전자형/환경 상관(Scarr & McCartney, 1983) 등이 있다. 수로화 원리(canalization)는 유전자가 발달을 제한하여 표현형의 제약을 가져오는데, 수로화의 속성이 강력할수록 환경의 영향이 적음을 의미한다. 반응 범위 원리(range-of-reaction)는 유전자형이 어떤 속성의 가능한 결과의 범위를 설정하고, 환경은 유전자가 정한 범위 내에서 위치를 결정한다고 본다. 그리고 유전자형/환경 상관은 인간이 경험하는 환경의 종류에 유전자가 영향을 미치는지를 설명하였는데, 이를 수동적, 촉발적, 능동적 유전자형/환경 상관의 3가지 방식으로 구분하였다.

발달의 또 다른 논쟁점 중 능동 대 수동(activity vs. passivity) 주제에서 인지발달 이론가들이나 정보처리 이론가들은 대체로 아동이 자신의 발달에 능동적으로 기여한다고 본 반면, 학습 이론가들은 아동이 환경적 영향의 수동적 수혜자임을 강조한다.

연속 대 비연속(continuity vs. discontinuity) 주제에서 연속 이론가들은 인간의 발달을 점진적이고 지속적인 누적과정으로 보는 반면, 비연속 이론가들은 특정 시기에 급속한 질적 변화가 일어나는 계단식 발달단계를 거친다고 간주한다. 마지막으로, 총체 대 분할(holistic vs. segmented process)의 주제는 발달의 다양한 서로 다른 측면들이 아동이 성장함에 따라 서로 관련되어 영향을 주는지 여부에 대한 관점의 차이를 의미한다. 즉 초기 관점에서는 발달이 분할되고 분리된 과정으로 보는 시각이 우세하였으나, 오늘날에는 대부분 발달영역이 상호의존적이며 총체적인 관점을 견지하고 있다.

5.1.3 연구방법

어느 학문에서나 하나의 문제를 해결하는 데에는 여러 가지 연구방법이 적용될 수 있는데, 어떤 방법이 사용되는가는 연구목적에 따라 달라진다. 연구목적이 특정 요소의 변화를 기술하는 데 있다면 관찰, 설문, 검사, 조사 등의 방법을 사용할 수 있다. 연구목적이 어떤 사실을 설명하려는 것이라면 실험 방법이 사용될 것이다. 이러한 연구방법들 각각에는 시간과 관련하여 세 가지 방식의 연구설계가 있다. 여기에는 횡단적 설계, 종단적 설계, 단기종단적 설계가 해당된다.

5.1.3.1 횡단적 설계(cross-sectional design)

횡단적 설계는 한 시점에서 상이한 연령의 여러 개인이나 집단을 비교하는 것이다. 가령 대학시절 동안의 사회적 성숙도 변화를 추적하기 위해 횡단적 연구를 설계한 경우를 살펴보자. 이 경우 특정 시점에서 각 학년에서 표본대상을 선출한 후, 그들의 사회적 성숙도를 측정하고, 각 학년의 결과를 연결하면 대학교 입학에서 졸업까지의 사회적 성숙도 변화를 분석할 수 있다.

이 설계는 동시에 여러 연령층을 조사하여 발달곡선을 그려볼 수 있으므로, 시간 및 비용 측면에서 매우 경제적이다. 그러나 이 연구설계에서 얻어진 연령 간의 차이가 순수하게 연령의 차이에 의해서 유발되었을 수도 있지만, 환경적인 요인과 같은 외부적 요인의 영향 때문일 가능성도 배제할 수 없다. 예를 들어 3학년 학생의 사회적 성숙도가 높게 나왔다고 할 때, 이 결과가 대학교에서 2년간 생활한 결과 때문인지 아니면 작년에만 특별하게 사회적 성숙도와 관련된 교육프로그램이 있었기 때문인지 알 수 없다. 즉 다양한 연도의 출생자들을 표집하여 측정하였기 때문에 연령과 동시대집단 효과(cohort effect)가 혼입될 수 있다는 단점이 있다.

5.1.3.2 종단적 설계(longitudinal design)

종단적 설계에서는 몇 달 혹은 몇 년 동안 동일한 개인이나 집단을 대상으로 계속 추적하면서 연령의 증가에 따른 언어, 성격, 지능, 지각능력 등과 같은 특성의 변화를 관찰한다. 만약 당신이 대학생들의 사회적 성숙도를 관찰하기 위하여 종단적 연구를 설계하였다고 가정하자. 이 경우 1차적으로 새로 들어오는 신입생들을 대상으로 사회적 성숙도를 측정하고, 대학교에 재학하고 있는 4년 동안 사회적 성숙도의 변화를 연도별로 계속 측정한다.

이 방법은 동일한 대상을 지속적으로 관찰하기 때문에 개인이나 집단이 생애주기를 통하여 나타내는 실질적인 변화를 연구할 수가 있다. 그러나 이 방법은 이러한 장점에도 불구하고 몇 가지 단점을 갖고 있다. 첫째, 장기간의 연구를 진행하는 데 소요되는 비용이 과다하다. 둘째, 연구가 오래 지속될수록 이사나 사망 혹은 개인적 사유 등으로 관찰 대상인 피험자가 손실될 가능성이 크다. 셋째, 동일한 검사를 상이한 시점에서 반복하여 실시하게 되므로 관찰대상자들이 검사에 익숙해지는 학습효과를 배제하기 어렵다. 뿐만 아니라 세대 간 문제(cross-generational problem)가 발생할 수 있다. 그러므로 세대 간 환경변화는 종단적 연구가 진행되고 있는 동안에 성장하고 있는 참가자들에게만 국한될 수 있다.

5.1.3.3 단기종단적 설계(short-term longitudinal design)

단기종단적 설계는 종단적 접근법과 횡단적 접근법을 절충하여 두 접근법의 제한점을 보완한 방법이다. 이 설계에서는 종단적 접근법에서와 같이 동일한 시점에서 각기 다른 연령대의 조사대상자를 연구하기 시작하여, 비교적 단기간 동안 지속적으로 연구한다. 예를 들어 5세에서 25세까지의 발달을 연구하고자 할 때, 횡단적 설계에 따르면 5세부터 25세에 이르는 각 연령대의 표본집단을 선정하고 각 연령대에서 측정된 값을 비교할 것이다. 그러나 이 경우에는 각 연령대 표본의 평균값이 보여주는 변화량이 순수하게 연령 증가에 따라 나타난 결과라고 해석하기 어렵다. 왜냐하면 각 연령대의 표본들이 경험한 시대상황이 다르기 때문이다. 만약 종단적 설계를 사용한다면, 5세의 표본을 선정하고 20년간 지속적으로 연구할 것이다. 이 경우에는 순수하게 연령에 의한 변화를 연구할 수 있지만, 시대상황에 의한 차이는 알 수 없으며 연구에 많은 시간이 소모된다.

단기 종단적 접근법에 의하여 5세에서 15세까지의 표본을 선정하고 이들을 10년간 지속적으로 연구한다. 이 경우 10년의 연구기간을 통하여 5세에서 25세까지의 변화를 연구할 수 있게 된다. 이 연구에서는 순수한 연령의 변화뿐만 아니라 시대적 효과까지 계산할 수 있으며 20년 걸릴 연구를 10년으로 단축할 수도 있다.

5.2 태내기

5.2.1 수정에서 출생까지

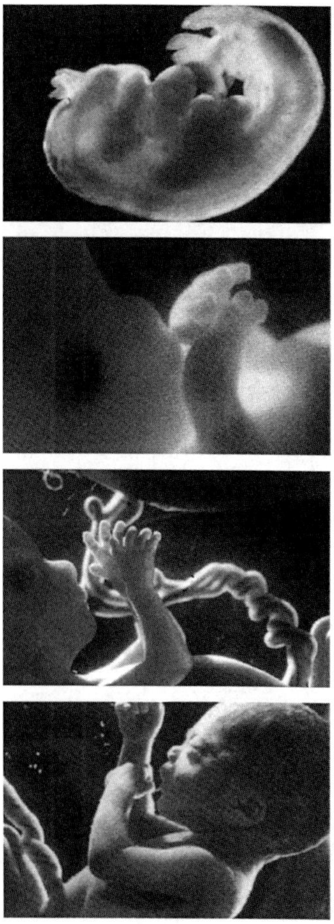

우리 모두는 단일세포에서 출발한다. 수정을 통하여 새로 생긴 단일세포를 수정란이라고 한다. 정자와 난자는 각기 수많은 유전 정보를 가지고 있다. 이 유전적 정보를 유전인자라고 부른다. 이 유전인자는 염색체라고 하는 보다 큰 덩어리의 물질 속에 배열되어 있다. 46개 염색체의 형태가 태어날 아기의 모든 유전적 잠재성을 결정한다.

수정란은 태내에서 약 10개월 동안 인간이 되기 위한 연속적인 발달과정을 거친다. 이러한 발달과정은 특징에 따라 정착기, 배아기, 태아기의 3단계로 나뉜다. 수정 후 15일간을 정착기라고 한다. 이 시기에는 수정란이 자궁벽에 부착되고, 모체로부터 태아에게 산소와 영양 등을 공급해 주는 태반이 형성된다.

배아기(embryo)는 수정 후 약 3주에서 8주 사이를 말하는데, 이 기간 동안 여러 신체기관이 형성된다. 배아기의 세포 중 일부는 나중에 대뇌기관이 될 것이고, 다른 세포들은 담낭이나 발의 뼈 등으로 변하게 될 것이다. 태아기(fetus)는 수태 후 2개월이 지난 후부터 출생할 때까지를 말한다. 이 시기에는 배아기에서 형성된 여러 기관이나 신체의 구조가 급격하게 성장하고 더욱 정교해진다. 태내 세 번째 달 동안, 신경과 근육체계 간의 조화가 이루어지기 시작하고 소화체계와 배설체계가 함께 작용하며, 성적분화가 이루어지기 시작한다. 이 시기의 태아는 단지 7~8cm 정도의 크기이고, 무게는 30g도 안 된다.

임신 제2분기라고 불리는 임신 4~6개월 동안 발달은 빠른 속도로 계속된다. 16주에 태아는 20~25cm 정도이고 180g 정도이다. 4개월 말 정도면 태아는 분명하게 인간의 외형을 갖춘다. 제2분기의 말경이면, 태아의 시각과 청각은 분명히 기능한다. 임신의 마지막 3개월은 모든 기관체계가 급속하게 성숙하는 마무리 단계이다. 이 시기의 태아는 자궁 밖에서도 생존할 수 있다.

5.2.2 태내발날과 환경의 영향

과학자들은 한때 출생 이전의 태내 발달을 단순한 신체적 성장과정으로 생각했으며, 출생 후에야 경험과 학습이 심리적 발달에 영향을 미치기 시작한다고 믿었다. 그러나 오늘날 우리는 태아 역시 환경의 영향을 크게 받는다는 사실을 알고 있다. 일부 심리학자들은 자궁 속에 있는 동안 발생한 일이 장차 그가 어떤 사람이 될 것인가에 결정적인 영향을 미친다고 주장한다. 최근의 여러 연구들은 임부의 흡연, 음주습관, 사용한 약물, 질병 여부뿐만 아니라 임부의 정서상태도 태아 발달에 큰 영향을 미친다는 사실들을 밝혀내고 있다.

태아에 대한 태내환경의 영향이 미치는 비가역성을 주로 지칭하기 위해 학자들은 결정적 시기(critical period)라는 개념을 제시하였다. 특정한 자극이 어떤 신체적 분화나 심리적 발달에 심대하게 영향을 미치는 일정한 시기가 존재하며, 이 시기 이전 또는 이후에는 동일한 자극이 미치는 효과가 미세하거나 거의 없어진다는 것이다. 많은 심리학자들이 출생 이후의 중요 발달에서도 유사한 결정적 시기가 존재한다고 믿지만, 이 기간의 경계선이 배아기 발달에서의 결정적 시기처럼 엄격하게 고정된 것으로 생각하지는 않는다. 이로 인해 민감기(sensitive period)라는 용어를 통해 그 융통성을 열어놓고 있는데, 민감기란 유기체가 특정한 자극에 매우 민감하게 반응하는 시기를 말한다. 아동이나 동물의 새끼가 엄마에게 보이는 애착형성이 주로 초기 아동기에 쉽게 이루어진다는 것이 민감기의 대표적인 예가 될 수 있으며, 이외에도 어린아이들에게서 언어획득이 더 쉽게 이루어진다는 것도 다른 예가 될 수 있다.

5.3 신체 및 운동 발달

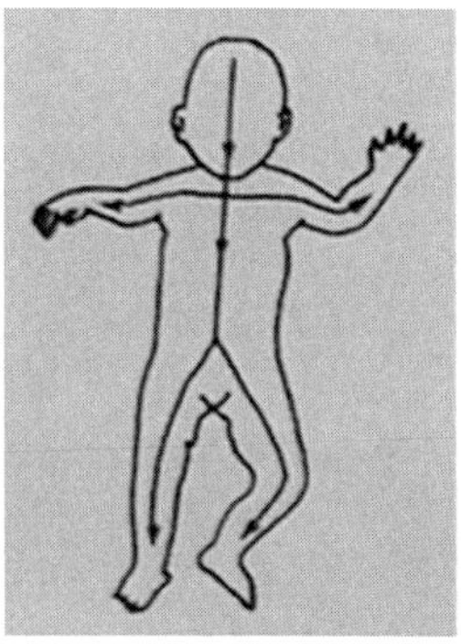

신체 발달 방향

인간은 생후 몇 년 동안 매우 급격한 신체적 발달과정을 갖는다. 각 생리적 구조별로 그 성장 비율과 형태가 조금씩 다르게 나타나지만 일반적으로 유사한 패턴을 갖는다. 신체 및 운동 발달에서 발달이 진행되는 방향은 일정하며, 다음과 같은 공통된 특징을 보인다. 첫째, 두미방향(cephalo–caudal direction) 발달이다. 유아는 신체 중에서 머리가 먼저 발달하고 점차 사지가 발달한다. 둘째, 중심–말초방향(proximal–distal direction) 발달이다. 유아는 처음에는 팔을 중심으로 운동하다가 차차 손목, 손가락과 같은 말초 부분의 운동으로 발전한다. 셋째, 전체활동에서 세부활동으로의 발달이다. 유아가 물건을 잡으려 할 때 처음에는 몸 전체를 움직여서 잡지만 나중에는 불필요한 동작은 없어지고 필요한 손가락만 사용하게 된다.

5.3.1 신체 발달

신체 발달은 수태에서 시작되어 성숙(maturation)이라는 비교적 자동적이고 규칙적인 경로를 따른다. 일반적으로 신체발달은 출생 후 대략 20년간 지속적으로 나타난다. 하지만 그 발달속도는 신체 부위, 연령, 성차 등에 따라 어느 정도 다른 성장유형을 보인다. 신체 각 부위의 성장유형은 그림 5–1과 같다. 골격, 근육 및 내부조직을 포함하는 신체의 크기는 유아·아동 초기와 청소년기에 급속한 성장을 보인다. 임파선 계통인 흉선이나 임파관은 7세에 성인 수준에 도달하며, 11세경에는 성인의 2배로 성장 발달하고 그 후 다시 쇠퇴하여 20세가 되면 정상 성인의 임파선 기관으로 환원된다. 한편 신경계(머리, 뇌 및 척수)는 4세에 이르면 어른의 80%에 이르고, 12세가 되면 완전히 성숙한다. 그러나 생식기는 처음 2세까지 약간 발달한 후에 사춘기까지는 거의 발달하지 않다가 어느 시점에서 급속한 성장을 하여 2~3년 사이에 성숙에 이른다.

신체적 발달은 연령에 따라 그 발달 속도가 다르게 나타난다. 신체 성장은 출생 후 나이가 증가할수록 그 속도가 점점 느려지다가 사춘기에 급등하는데 이를 성장급등(growth spurt)이라고 한다. 사춘기에는 신체성장률이 높을 뿐만 아니라 성적 성숙이 나다나기 시작한다. 싱장급등은 남사보다 여자에게서 거의 2년 가량 먼저 나타난다(그림 5-2 참조). 따라서 사춘기 연령 이전에는 같은 나이의 여자가 남자보다 신장이나 체중이 더 나가는 시기가 있다. 그러나 평균적으로 14세가 되면 남자가 신장과 체중에서 여자를 따라잡고 그 후 점차 능가하게 된다. 신체적 성장과 관련하여 한 가지 보편적으로 알려진 발견은 성장급등기가 늦게 도래할수록 최종적인 신장은 평균적으로 더 크다는 점이다. 남자들이 여자보다 성장급등기가 늦게 도래하지만, 최종 신장은 더 크며, 문화권별로도 미국 아동의 성장급등기가 한국 아동익 성장급등기보다 늦지만, 최종 신장의 평균값은 더 크다.

급격한 성장을 보이는 민감한 시기에 충분한 영양공급이 주어지지 않을 경우 해당 부위의 발달이 지체될 수 있다. 뿐만 아니라 아동에 대한 충분한 영양공급과 성적 자극에 대한 조기노출과 같은 사회문화적 변화는 아동의 성적 성숙 지표가 되는 초경과 몽정의 시작 시기를 점차 앞당기고 있는 것으로 나타났다. 이러한 사실들은 신체적 발달이 전반적으로 성숙이라는 유전적 특성에 의하여 이루어지지만 개인의 성장환경이나 사회문화적 배경 또한 신체적 발달에 지대한 영향을 미친다는 것을 보여주고 있다.

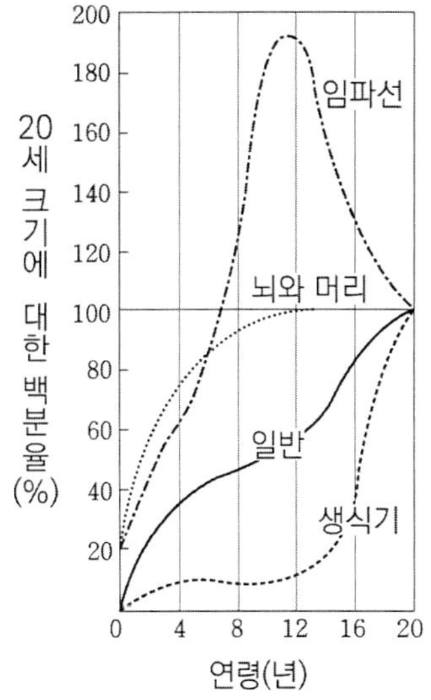

임파선형: 흉선, 임파관, 장임파선
뇌와 머리형: 뇌와 그 부분, 뇌격막, 척수, 눈
일반형: 신체 외부의 각 부분, 호흡기, 신장, 대동맥, 폐동맥, 근육, 혈액량
생식기형: 고환, 난소, 부고환, 전립선, 수란관, 정낭

[그림 5-1] 신체 각 부위의 성장 유형

5.3.2 운동 발달

유아의 운동 발달을 기술하는 데 있어, 심리학자들은 걷기와 잡기의 발달과정을 주로 예를 든다. 두 가지 모두 신생아 때부터 반사로서 나타나지만, 그 시기에는 많이 사용되지 않는다. 걷기에 관한 전통적인 연구는 Shirley(1933)에 의해서 이루어졌다. 이 연구에서는 유아들이 걷기까지 나타내는 일반적인 단계가 제시되었다. 걷기의 발달 단계와 연령은 그림 5-3과 같다. 걷기에서 유아들은 거의 개인차를 보이지 않지만 발달 연령에는 큰 차이를 보인다.

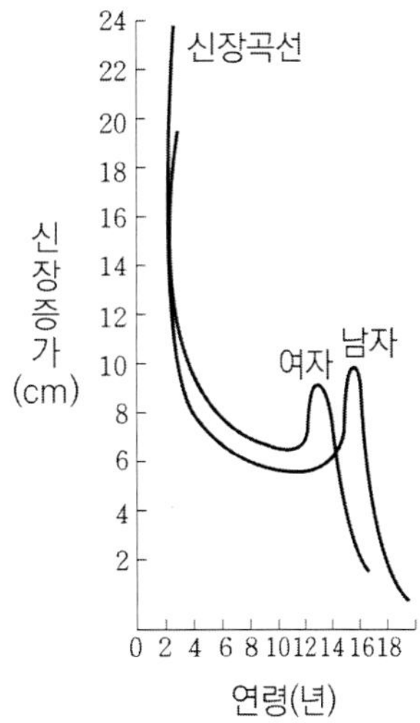

[그림 5-2] 신장의 연령별 증가

즉 어떤 유아는 혼자 서거나 걷는 것이 다른 아이보다 4, 5개월 더 빠를 수가 있다. 하지만 그들이 한 단계에서 그 다음 단계로 넘어가는 순서는 일반적으로 모든 유아가 똑같다. 또한 한 단계가 생략되더라도 발달은 계속 진행될 수 있다. Hopi 인디언 아기들은 태어날 때부터 요람의 판에 빳빳하게 묶는 양육방식으로 인해 다리활동을 제한받았지만, 그들도 일정 기간이 지난 후에는, 자유롭게 기어다닐 수 있었던 다른 아기들만큼 쉽게, 걷는 것을 배웠다(Dennis & Dennis, 1940).

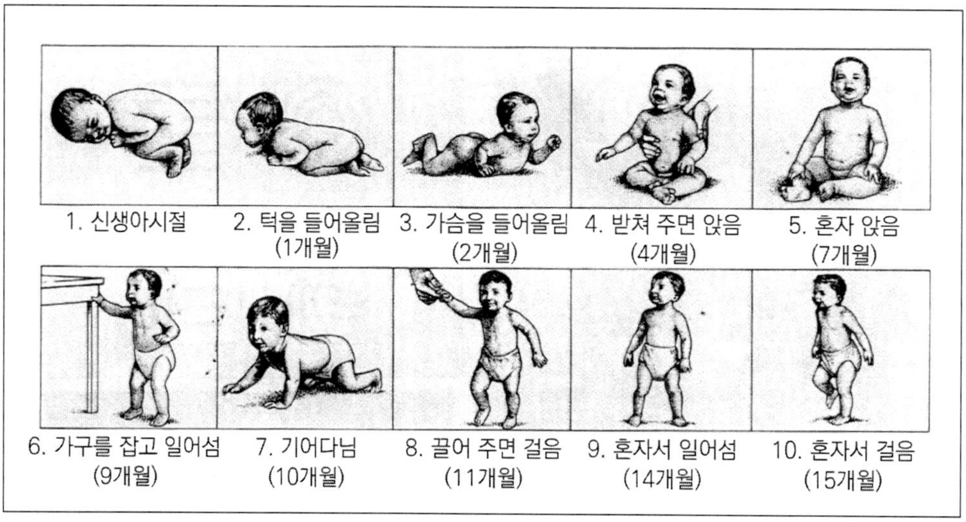

[그림 5-3] 유아의 걷기 단계

잡기의 발달도 걷기 발달과 마찬가지로 일정한 순서에 의해서 발달한다. 신생아는 손안에 물건을 쥐어 주면 자기 체중을 지탱할 만큼 반사적으로 꼭 쥔다. 이때 엄지손가락은 사용하지 않고 나머지 손가락과 손바닥만을 사용한다. 차츰 발달이 진행됨에 따라 손가락을 정교하게 사용하고 작은 물체도 엄지와 검지를 이용해 잡을 수 있게 된다. 이러한 변화는 신경체계와 팔의 성숙에 의해 결정되지만 경험 또한 중요한 역할을 한다.

일반적으로 신체와 운동의 발달은 점진적이고 계속적인 과정으로 기술되지만, 언제나 그런 것은 아니다(Bower, 1976). 그 예로서, 유아는 생후 2개월에 '보행' 반사를 나타낸다. 그 다음 이 반사는 사라졌다가 12개월 말쯤 진짜 걷기로 다시 나타난다. 따라서 많은 인간 발달이 점진적이고 지속적이지만, 발달이 때로는 비순서적으로 나타나기도 한다.

5.4 지각 발달

과거에는 아기들이 출생 시에는 거의 장님과 다름없다고 생각했지만 오늘날에는 그렇지 않다는 것을 알게 되었다. 정상적인 아기들은 성인만큼은 아니더라도 출생부터 듣고 볼 수 있으며, 그들의 시각과 청각은 유아기 동안 계속 발달한다.

5.4.1 시각

출생 직후는 망막이 완전하게 발달되지 않았기 때문에 신생아들은 대상을 명확하게 볼 수 없다. 눈의 움직임도 원활하지 않아 상당수의 어린아이가 출생 직후는 사팔뜨기이다. 출생 당일이나 다음 날부터 두 눈의 협응이 가능하기는 하지만, 피로할 때에는 사팔뜨기 경향이 그대로 남아 있다. 신생아의 경우 움직이는 대상을 쳐다볼 수는 있으나, 생후 3~4개월까지는 원활한 시각 추적이 곤란하다. 색지각에 있어서는 유아가 어떻게 색을 식별하는지 확실하지 않으나, 4개월경이 되면 다른 색보다 파란색이나 빨간색을 더 오랫동안 보는 경향이 있다. 4개월된 영아는 비뚤어진 것이나 복잡한 것보다 규칙적인 외형을 가진 것, 얼굴 등을 보기를 더 좋아하지만 나이가 들면서 복잡한 형태를 더 좋아하게 된다.

어린아이의 깊이지각 능력은 시각절벽(visual cliff)이라는 고안물을 사용하여 연구되었다. 이 고안물은 세 부분으로 나누어진 책상으로 구성된다. 중앙은 단단한 판으로 구성되었다. 다른 한쪽은 책상 표면이 1인치 정도만 밑으로 내려와 있고, 다른 한쪽은 40인치 가량 내려와 있다. 시각절벽 부분은 유리를 깔아 아이가 떨어지지 않게 하였다. 이렇게 구분된 세 부분은 전체를 커다란 바둑판 무늬로 색칠하여 각 부분의 시작과 끝이 쉽게 구분되도록 했다. 아기들을 중앙 판에 두고 얕은 쪽과 깊은 쪽 각각에서 엄마에게 기어 오도록 유도했다(Walk & Gibson, 1961). 그 결과 기어다닐 수

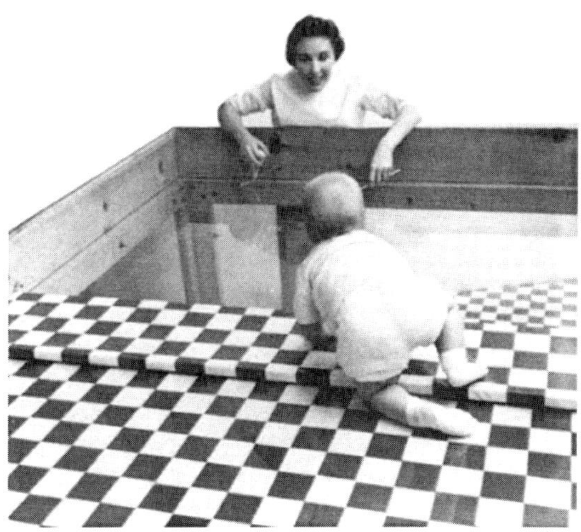

시각절벽 실험

있는 월령에 해당하는 6~14개월 아기들은 모두 깊은 쪽을 건너서 엄마에게 기어가는 것을 꺼렸다. 영아들에게 깊이지각 능력이 있음을 입증해 주는 결과라고 할 수 있다. 한편, Campos와 동료들(1992)은 기어 다닌 경험이 있는 영아가 그렇지 않은 영아보다 시각절벽을 훨씬 더 두려워함을 발견하였다. 그러므로 깊이지각 능력은 미리 계획된 것은 아니지만, 영아가 자신의 주변을 적극적으로 탐색함에 따라 매우 빠르게 발달한다고 볼 수 있다.

5.4.2 기타 감각

영아의 청각체계는 제한적임에도 불구하고 아기들은 단순히 소리를 받아들일 뿐 아니라, 소리를 식별할 수 있다. 특히 높은 음조의 여성 목소리에 대해 민감하게 반응한다. 아기들은 주위의 여러 가지 소리 중에서 특히 사람 목소리에 빠른 반응을 보이며, 3개월경이 되면 서로 다른 자음을 구별할 수 있다.

미각이나 취각은 출생 시에 거의 완전하게 발달하여 더 이상의 성숙이 이루어지지 않는 기본감각이다. 이 감각들은 단순하지만 다른 감각과정이나 운동행동과 연관되어 감각 체계를 구성한다. 신생아는 혀에 발달된 미뢰(taste bud)를 가지고 태어난다.

신생아는 단맛과 짠맛에 대해 빠는 행위로 반응하는 반면에, 쓴맛과 신맛에 대해서는 내뱉는 반응을 보인다. 신생아는 보통의 성인에게 유쾌한 기분을 유발하는 향수와 불쾌한 기분을 유발하는 향수 각각에 대해서 구별되는 반응을 보인다(Steiner, 1978).

통각은 출생할 때부터 가지고 태어난다. 그러나 미세한 통각은 잘 느끼지 못하므로, 신체 말단의 간단한 수술은 출생 후 초기에 마취제의 도움이 없이도 이루어질 수 있다.

5.5 인지 발달

인지란 감각적 자료를 해석하고 이를 바탕으로 사고, 추리, 문제해결 등을 통하여 세상의 원리를 이해하고 지식을 습득하는 것을 말한다. 인지 발달이란 바로 이러한 과정의 변화를 의미한다. 아동들의 인지 발달, 즉 세상에 대하여 아동들의 생각하는 방식이 어떻게 변화하는가에 대해 서술한 가장 대표적인 이론은 스위스의 심리학자인 Jean Piaget (1896~1980)의 인지발달이론이다. 그는 거의 50여 년간 아동의 사고발달에 대해서 연구하였다. 특히 그는 자기 자녀들을 어릴 적부터 세세하게 관찰하고 간단한 시범과 면밀한 인터뷰를 활용하여 체계적인 인지발달이론을 완성하였다.

Jean Piaget

5.5.1 Piaget 이론의 기본 개념

Piaget는 원래 생물학자로 훈련받았는데, 동물학과 철학적 인식론을 통합하여 발생학적 인식론(genetic epistemology)을 발달시켰다. 그는 인간의 행동을 환경에 대한 적응이라는 관점에서 관찰하였다. 따라서 Piaget는 인간의 인지 발달도 생물학적 구조의 발달과 연계될 것이라고 추정하고서 자기 자녀들을 관찰하였는데, 그 과정을 통해 환경에서 일어나는 문제에 대한 아이들의 접근방식이 연령에 따라 극적으로 변화함을 발견하였다. 이러한 변화는 단계적으로 표현되는데 여기에는 두 가지 특징이 있다. 첫째, Piaget는 아동들이 각 단계를 각기 다른 속도로 통과해 나가지만, 각 단계의 순서는 불변적 순서, 즉 동일한 순서에 의하여 이루어진다고 주장하였다. 둘째, Piaget는 아동을 능동적이고 호기심으로 가득한 탐색자로 보았다. 각 발달단계들은 유전적으로 결정되어 있는 것이 아니라, 점점 더 포괄적으로 변화되어 간다고 생각하였다. 그는 아동이 계속적으로 환경을 탐색하고 조정하며, 환경을 이해하고자 노력하는데, 이러한 과정에서 아동은 환경을 다루기 위해 새롭고 보다 정교한 인지구조를 능동적으로 구성한다고 보았다.

Piaget에 의하면, 지능은 평형(equilibrium)의 한 형태이며, 모든 인지구조는 평형상태를 지향한다고 보았다. 즉 지능은 유기체가 환경에 적응하도록 도와주는 근본적인 삶의 기능으로서 사고과정과 환경 사이의 균형 있고 조화로운 관계를 산출하는 데에 그 목적이 있다. 이와 같이 균형 있고 조화로운 상태가 인지적 평형(cognitive equilibrium)이며, 이에 도달하는 절차를 평형화(equilibration)라고 한다. 이러한 지능의 구조는 다시 사고나 행동양식을 뜻하는 도식(schema)으로 설명되는데, 도식에는 행동 혹은 감각적 도식, 상징적 도식, 그리고 조작적 도식의 세 종류가 있다. 여기서 조작적 도식은 논리적 결론에 이르기 위해 사고하는 내적인 정신 활동을 의미한다.

그렇다면 이러한 지식은 어떻게 얻어지는가? Piaget는 모든 형태의 도식이 조직화(organization)와 적응(adaptation)이라는 두 가지의 타고난 지적 과정을 통해 얻어진다고 믿었다. 조직화란 현존하는 도식을 새롭고 더욱 복잡한 지적 구조로 조합시켜 나가는 것을 의미하며, 적응을 촉진시킨다. 환경의 요구에 부합하는 과정인 적응은 두 개의 상보적인 활동, 즉 동화(assimilation)와 조절(accommodation)을 통해 일어난다.

동화란 아동이 이미 가지고 있는 지식의 틀, 즉 현존하는 도식(schema)에 따라 환경을 해석하려는 인지과정을 말한다. 예를 들어 어떤 아동이 개의 특징을 '다리가 네 개이고 꼬리가 길며 주둥이가 나온 것'이라고 알고 있다고 하자. 그런데 이 아동이 말을 보고, '큰 개'라고 인지했다면, 자신이 알고 있는 지식인 개의 특징을 반영한 것이기 때문에, 동화작용이 일어난 것이다. 그런데 어떤 대상이 현존하는 구조에 맞지 않을 경우에, 우리는 조절을 하여 우리의 구조를 변화시켜야 한다. 말을 개와는 다른 동물로 인지하는 것은 바로 자신의 인지 틀을 수정시킨 것이며, 이를 조절이라 한다. 동화와 조절은 수레바퀴처럼 반복해서 순환된다. 따라서 발달이란 아동의 능동적인 행동을 통하여 보다 분화되고 포괄적인 구조로 변화되어 가는 능동적인 구성과정이다.

5.5.2 Piaget의 인지 발달 단계

Piaget는 인지 발달을 감각운동기, 전조작기, 구체적 조작기, 그리고 형식적 조작기 등의 네 가지 주요한 시기로 구분하였다. 여기에서 조작(operation)이란 논리적 방식으로 정보를 분리하고, 결합하고, 변형하는 정신과정을 의미한다.

5.5.2.1 감각운동기(sensorimotor period, 0~2세)

아이는 생후 2년 동안에 많은 인지적 발달과 구조를 새롭게 형성해 간다. 감각운동기의 초기인 신생아는 수의적인 운동근육 통제능력이 거의 없다. 잡기반사(grasp reflex), 먹이찾기반사(rooting reflex), 빨기반사(sucking reflex) 등 선천적 반사활동을 한다. 시간이 흐르면서 손 움직임과 쳐다보기가 통합된 행동을 보이는 등 비록 단순하지만 비교적 조직화된 행동을 보이기 시작한다. 생후 수개월이 지나면 여러 신체 부위가 협응을 하게 되고, 행동유형도 차츰 복잡해진다. 아이가 기어다니고, 또 걸어다니기 시작하면서 주위에 대해 강한 호기심을 보이기 시작한다. 이 시기 말경에 아이는 자신의 활동과 그 결과 간의 관계를 이해할 수 있게 된다. 또한 문제해결을 위해 방안을 모색하기도 하며, 초보적이지만 표상을 통한 사고도 가능해진다. 이러한 과정을 거치면서 유아는 자신이 외부환경과는 별도의 독립된 개체라는 것을 명확하게 깨닫게 된다.

까꿍 놀이를 하는 두 아이

감각운동기에서 빼놓을 수 없는 중요한 발달은 대상영속성(object permanence)의 획득이다. 아이들은 생후 4개월 정도까지는 감각과 운동에 주로 의존하여 대상을 알아가기 때문에 만약 물건이 그들의 시야에서 사라지면, 그들은 다른 물건으로 시선을 옮기고 더 이상 그것을 찾으려 하지 않는다. 왜냐하면, 아이들은 보이지 않으면 잊어버리기 때문이다(Piaget, 1936). 그러나 생후 8~10개월이 되면 외부세계에 관심을 갖기 시작하며, 이러한 관심은 재미있는 광경을 지속하여 바라보는 행동 등으로 나타난다. 이것은 어떤 물체가 시야에서 사라졌어도 여전히 이 세상에 존재한다는 것을 이해하게 된 것이다. 따라서 원하는 대상의 움직임을 추적하기도 하고, 그것이 시야에서 사라졌어도 찾아내려 한다. 이처럼 아이가 완전히 숨겨진 대상을 찾고, 보이지 않는 위치이동을 이해할 수 있는 대상연속성 개념은 감각운동기 말기에 완전하게 이루어진다.

5.5.2.2 전조작기(pre-operational period, 2~7세)

전조작기에 들어갈 때 아동의 사고는 신체적, 지각적 경험에 국한된다. 그러나 기억하는 능력과 예상하는 능력이 발달함에 따라 아동들은 외부세계를 표상하기 위해 상징을 사용하기 시작한다. 표상의 가장 분명한 예는 언어이다. 이 단계에서 아동들은 대상을 나타내는 단어를 사용하기 시작한다. 그러나 전조작적 사고는 나이 든 아동이나 성인의 사고와는 여러 면에서 다르다. 이들의 사고는 상당히 비체계적이며 비논리적이다. 정신적 활동인 논리적 조작(operation)이 완전하지 못하기 때문에 이 시기를 전조작기라 부른다.

이러한 특징은 보존개념(concept of conservation)에 대한 실험에서 잘 나타난다(그림 5-4 참조). 4, 5, 6세 아동들에게 똑같은 컵에 담긴 우유를 보여준 다음, 그

[그림 5-4] 수의 보존성 개념을 알기 위한 실험

들이 보는 앞에서 한 쪽 컵에 담은 우유를 가늘고 밑바닥이 좁은 컵으로 옮겨 붓는다. 그 후 이들에게 두 컵 중에서 어느 것이 더 많은지를 물어본다. 4, 5세 아동 중 일부는 가늘고 긴 컵에 담긴 것이 높이가 더 높기 때문에 더 많다고 대답하고, 다른 일부는 더 넓은 컵에 담긴 것이 더 많다고 대답한다. 그러나 6세 아동은 좁고 높은 컵의 우유가 더 많다고 말했다가 나중에는 넓고 낮은 컵에 더 많은 우유가 있다고 말하기도 하면서 혼란에 빠진다. 두 가지의 지각적 차원을 고려하기 시작하지만 아직 두 차원을 동시에 추리하지 못하며, 또한 한 차원에서의 변화가 다른 차원에서의 변화와 상쇄된다는 것을 인식하지 못한다. 아동들은 일반적으로 7세 정도에 액체의 보존개념을 획득하게 된다. 이때부터 아동들은 추가하거나 덜지 않으면 양은 변하지 않는다는 동일성의 원리와 하나의 변화가 다른 변화로 인하여 상쇄된다는 보상성의 원리 그리고 새로운 컵에 있는 우유를 이전의 컵에 그대로 다시 부을 수 있기 때문에 두 컵의 양은 동일하다는 가역성의 원리를 갖추게 된다.

또한 전조작기의 아동은 자기중심적(egocentric)이다. 여기서 자기중심적이라 함은 이기적인 사고를 의미하는 것이 아니라 한 장면을 타인의 관점에서 조망하지 못함을 의미한다. 단지 자기 이외의 타인이 갖는 욕구, 신념, 관점 등이 자기와 상이할 수 있다는 사실을 이해하지 못한다는 것이며, 따라서 이 시기의 아동은 타인도 자기가 생각하는 것과 동일하게 생각한다고 여긴다. 이들은 자신과 마찬가지로 사물들도 감정을 가질 것이라고 생각하며, 꿈과 같은 자신의 심리적인 과정이 실제적이며, 구체적인 사건이라고 생각한다.

5.5.2.3 구체적 조작기(concrete operational period, 7~11세)

아동이 7세에 이르면 수와 양의 보존개념을 획득하고, 여러 개의 차원을 동시에 고려할 수 있게 된다. 이 시기의 아동은 논리적 조작이 가능하기 때문에 경험하는 정보들을 정신적으로 변화시킬 수 있다. 사물 간의 관계를 관찰하고 사물들을 순서화하는 능력을 획득한다. 그러나 이와 같은 논리적 조작은 그들이 다룰 수 있거나, 다루는 것을 상상할 수 있는 구체적인 사물의 관점에서만 가능하다. 스무고개 놀이에서 7, 8세의 아동은 직접 확인할 수 있는 질문을 주로 한다. 예를 들어, '그것은 새인가요? 그것은 고양이인가요? 그러나 몇 년 후에는 그것은 동물인가요?'와 같은 질문으로 발전된다.

구체적 조작기의 아동은 전조작기의 자아중심적 사고에서 벗어나 자신의 관점과 상대방의 관점을 이해하기 시작하는 탈중심적 사고를 하게 된다. Piaget는 아동이 성인들과의 관계보다는 또래들과 상호작용하면서 점차 자아중심성을 극복한다고 생각하였다. 10세경에 아동은 다른 사람이 무엇을 아는가, 무슨 생각을 하는가를 더욱 잘 추론할 수 있게 되며(Shantz, 1975), 아울러 다른 사람들도 역시 자신들의 사고를 추론할 수 있다는 것도 알게 된다. 사회적인 상호작용에 있어서도 자신이 말하는 것에 대해서 뿐만 아니라 상대방의 요구도 같이 생각한다.

5.5.2.4 형식적 조작기(formal operational period, 11세 이후)

이 단계에 이르면 아동은 지적 발달의 가장 높은 수준에 이르게 된다. 형식적 조작기의 사고를 갖춘 이동은 순전히 추상적이고 가설적인 범위까지 사고가 확장되어 가설–연역적 추론을 할 수 있다. 탈중심화, 가역성, 추상적 사고가 충분히 발달되어 논리적인 추론이 가능하다. 구체적 조작기가 지각단계에 의존하여 사고하는 단계라면, 형식적 조작기는 보이지 않는 가설이나 명제를 갖고도 사고할 수 있는 단계이다. 이들은 현재를 뛰어넘어 인과관계로 사물을 이해할 수 있으며, 실재하는 것뿐만 아니라 가능성도 고려할 수 있고, 어떤 특성을 공유하는 대상들에 대한 개념이나 범주들을 발달시킬 수 있다. 이 시기에 해당되는 청년들은 원대한 문제, 즉 자신의 미래와 그들이 속하게 될 사회의 본질에 관하여 사고하기 시작한다. 이러한 과정에서, 이들의 새로운 인지능력은 놀라운 이상주의와 유토피아적인 이상에 도달할 수 있다. 이들은 자유, 정의, 사랑과 같은 추상적인 원리와 이상을 이해할 수 있게 된다.

5.5.3 Piaget 이론에 대한 평가와 비판

Piaget의 이론은 인지 발달과 관련하여 다른 많은 연구들을 자극했다. 인지발달에는 분명한 단계들이 있고 인간은 동일한 순서를 거쳐 나간다는 그의 이론은 매우 확고한 것으로 보인다. 최근의 어떤 연구는 Piaget가 주장한 단계와 일치해서 두뇌의 성장이 일어나고 있음을 밝히는 증거를 찾기도 하였다(Thatcher, Walker, & Giudice, 1987). 그럼에도 불구하고 존재하는 몇 가지의 일반적인 쟁점에 대해 살펴보면 다음과 같다.

첫째, 발달이 Piaget가 언급한 것처럼 언제나 도식적이고 순서적으로 진행되지는 않는다는 점이다. Bower(1976)는 11세, 12세까지 무게 보존의 개념을 숙달하고 또 잊어버리기도 한다는 것을 발견했다. 예를 들어, 그들은 부피가 더 클지라도 1kg의 솜의 무게와 1kg의 납의 무게가 같다는 것을 알지 못한다. 아동은 마침내 13세가 되면 이 개념을 공고하게 획득하게 된다.

둘째, Piaget는 학습의 효과를 지나치게 간과하였다. Piaget에 의하면 인지발달 과정은 자발적인 과정이기 때문에 아동은 성인의 가르침이 없이도 그들 스스로 인지구조를 발달시킨다고 한다. 오늘날 많은 심리학자들은 이러한 Piaget의 생각이 잘못된 것으로 간주한다. Piaget에 의하면, 4세, 5세의 아동은 아직 보존개념을 획득할 수 없는 발달단계에 있다. 그러나 학습이론가들은 비록 매우 어려운 일이지만 어린 아동도 특정한 학습에 의하여 보존개념을 획득할 수 있다고 주장한다(Carey, 1986).

셋째, Piaget의 주장과는 달리 대부분 성인이 일관성 있게 형식적 조작을 사용하지 못한다는 것이다. 특히 여러 비서구문화에 살고 있는 많은 성인들은 거의 형식적 조작을 사용하지 않는다(Dasen, 1972). Piaget는 이후 자신의 논문(1972)에서, 성인이 15세경에는 아니라 할지라도 일반적으로 20세 이상이 되면 어느 정도의 형식적 조작에 의한 사고를 획득하게 되지만, 일차적으로는 특별한 관심영역이나 능력영역에서만 형식적 조작을 사용한다고 하였다.

Lev Vygotsky

넷째, Piaget는 인간의 발달에서 사회문화적 영향을 거의 고려하지 않았다는 점이다. Piaget는 아동이 능동적 탐색자로서 환경과 상호작용한다고 보았으나, 사회문화적인 맥락에서의 발달이나 성숙한 타인과의 사회적 상호작용의 중요성을 강조하지 않았다. 이에 반해 러시아의 발달학자인 Lev Vygotsky는 인지발달의 사회문화적 이론을 통해 아동은 보다 유능한 협력자와의 대화를 통해 자기 문화의 가치, 신념, 문제해결 방식 등을 습득한다고 보았다. 그러므로 Vygotsky는 인지발달이 각 문화마다 다양하게 나타날 수 있다고 보았다. Vygotsky는 아동이 부모나 선생님과 같이 능숙한 사람의 조언과 격려를 통해 성취할 수 있는 것의 범위를 근접발달 영역(zone of proximal development)이라고 명명하였다. 그리고 인지발달을 위한 사회적 협력에 있어서 어떤 도움을 주는 것이 적절한지를 조심스럽게 결정하는 과정인 발판화(scaffolding), 각 문화에서 중요하게 여기는 활동에 능동적으로 참여할 수 있도록 돕는 유도된 참여(guided participation) 등의 개념을 통해, 능숙한 사람이 초심자나 아동의 고차적 정신활동을 장려하면 그들의 협동적 학습활동과 문제해결 능력이 향상될 수 있다고 주장하였다.

비록 Piaget의 이론이 내포하는 가정을 지지하지 않는 연구 결과가 많이 존재한다는 것은 사실이지만, 여전히 발달심리학과 아동심리학에서 그의 이론은 매우 중요한 위치를 차지하고 있다는 것을 부인할 수 없다.

5.6 언어 발달

언어는 아동이 주변 환경에 적응하는 과정에서 매우 중요하며, 인지 발달이나 사회성 발달과 아주 밀접히 관련되어 있다. 아동은 언어를 통하여 자기 욕구충족을 꾀하고 타인과의 교섭을 도모하며 주위환경을 이해하고 조정하게 된다. 그렇다면 아동은 어떠한 과정을 통하여 언어를 획득하게 되는가?

인간의 언어 발달은 울음소리의 분화과정으로부터 시작한다. 생후 약 1개월까지 아기의 울음은 분화가 되지 않고 거의 반사적으로 이루어지기 때문에, 아기의 울음소리가 무엇을 의미하는지 식별할 수 없다. 생후 1개월에서 2개월 사이에는 분화된 울음이 나타나는 시기로 울음소리의 강도와 음조를 통하여 어느 정도의 의도를 파악할 수 있다. 옹알이(babbling)는 생후 2개월경부터 시작되는데, 어린이에게는 일종의 음성적 놀이 내지는 연습이 된다. 옹알이는 의사소통의 한 형태로 보기는 힘들지만, 언어 발달에 있어서 매우 중요한 의미를 갖는다. 왜냐하면, 옹알이가 언어 발달의 기반을 형성하기 때문이다. 옹알이 시기는 어린이가 모국어의 음소를 획득하는 시기인데, 이때 어린이는 성인과의 접촉을 통해서 소속된 집단에서 많이 쓰이는 소리를 점점 더 많이 내게 된다.

6개월부터 시작하여 8~9개월이 되면 영아는 자음과 모음의 결합을 형성하여 '마마', '바바'와 같은 반복적 소리로 의사전달을 위한 음을 내기 시작한다.

생후 9~15개월 사이는 언어 이전 단계에서 언어획득의 시기로 옮겨가는 과도기이다. 이 시기의 아동은 하나의 단어로 의사소통을 하기 시작하는데, 이 시기에 흔히 사용되는 단어는 '엄마' 또는 '아빠'이다. 이때 사용되는 하나의 낱말은 단어가 아니라 의미가 담긴 문장이다. 1어문 시기가 지나고, 두 단어를 조합하는 시기는 생후 18~20개월쯤이 된다. 이 시기에는 두 개의 단어를 결합하여 자기의 의사나 감정을 의미 있게 표현하기 시작한다. 아동이 사용하는 어휘는 돌이 지나면서 점진적으로 증가하다가 두 살쯤 되면 폭발적으로 증가한다. 두 돌을 전후해서 아동은 낱말을 조합해서 의사를 전달하는 기술이 늘지만 이 시기의 언어는 성인언어와는 다르며, 아동 특유의 불완전한 언어이다. 이들이 사용하는 언어는 대부분 전보처럼 중요한 단어만을 나열하는 전문식 언어이다. 그 후 4세에 이르면 아동이 사용하는 언어의 문법적 복잡성은 성인이 일상회화에서 사용하는 언어 수준과 거의 비슷해진다.

아동이 언어를 획득해 나가는 과정의 기제를 설명하는 여러 가지 이론이 있다. Skinner를 비롯한 여러 학습이론가들은 언어 획득과 발달은 다른 모든 행동과 마찬가지로 강화작용에 의해 학습된다고 주장한다. 즉 언어획득이란 강화에 의한 조건형성의 결과가 기억 속에 저장되면서 아동의 언어가 점차적으로 성인 수준에 접근하게 된다고 보았다. 그러나 언어획득이 언제나 조건형성에 의존한다면 부모는 아동이 어떤 발음을 할 때마다 강화를 해야 할 것이다. 하지만 실제로는, 한 번도 강화를 준 적이 없는 단어를 어린이가 사용하는 경우들을 보면, 학습이론에 의한 언어획득과정의 설명에는 한계가 있다.

다른 학자들은 아이가 성인의 언어를 모방한다고 주장한다. 아이가 옹알이 단계를 지나고 2어문이나 3어문을 사용하는 단계에 이르면, 그들은 이미 어순에 대한 법칙을 활용한다는 것을 밝혀냈다. 이러한 단순한 법칙은 성인의 문장을 생략된 형태로 모방하는 것을 의미한다. 예를 들어 '아빠 모자'라는 말은 '아빠 모자 여기 있어', '아빠, 나 모자를 원해', '아빠 모자 써' 등을 의미한다. 아이가 많은 단어를 생략할지라도 거의 항상 중요한 단어는 바른 순서로 배치된다. 이처럼 성인의 언어행위를 모방하는 과정에서 아이들이 적절한 문법으로 구성된 언어를 습득한다는 것이다.

Noam Chomsky

한편 Chomsky를 비롯한 생득론자들은 언어 발달이 생래적 기제에 의존한다고 주장한다. 아이들은 생래적으로 언어획득장치(Language Acquisition Device: LAD)를 가지고 태어난다는 것이다. 즉, 주변에서 듣게 되는 언어자료를 이것(LAD)을 통해 받아들임과 동시에 산출한다고 설명한다. 이 기제를 통해 아이는 문법의 기본법칙을 이해하고, 그들이 듣는 것에 대해 의미를 부여하며, 자신의 문장을 형성한다고 주장한다. 그러나 비록 우리의 신체기관이 언어를 학습할 수 있을 만큼, 생리적으로 성숙되었다고 하더라도, 생리적 성숙만으로는 언어 발달의 모든 과정을 설명하지는 못한다는 것 또한 분명한 사실이다.

5.7 사회성 발달

인간발달의 중요한 측면 중 하나는 아동이 타인과 관계 맺는 것을 학습하는 과정이다. 유아는 자신을 돌봐 주는 사람과 첫 번째 사회적 접촉을 한다. 아동 초기에 이르면 형제, 친구, 또 가족 이외의 사람들과 새로운 관계가 형성되기 시작한다. 아동이 학교에 들어가고, 선생님, 학교 친구, 이웃, 동료 등과 다양한 사회적 관계를 형성하면서 사회적 세계는 더욱 넓어진다. 이처럼 다양한 사회적 관계 속에서 아동은 타인과 어떻게 관계를 형성해야 하는가를 배우게 되는데, 이를 사회성 발달이라고 한다.

5.7.1 유아기 사회성

John Bowlby

유아의 사회성 발달은 엄마 혹은 다른 보호자와의 긴밀한 정서적 관계가 형성됨으로써 시작된다. 이처럼 강하고 안정된 관계를 애착(attachment)이라고 한다. 엄마가 부재할 때 아동들의 불안이 발생하는 원인은 음식물을 공급받지 못할 것이라는 가능성에 기반하고 있는 것으로 보았으며, 이는 아이가 엄마를 기본적으로 음식물(모유 또는 분유)의 저장자로 보기 때문이다. 학자들은 애착형성에 관한 Freud의 관점을 모성애의 찬장이론(cupboard love theory)이라고 부른다(Bowlby, 1973). 한편, Bowlby는 사회적 상호작용 그 자체가 아이에게 내적인 보상을 유발하기 때문에 애착형성이 이루어진다고 보았다. Bowlby에 의하면, 아동이 애착을 형성하는 것은 음식물 때문이 아니며, 아동은 성인(주로 엄마)과 직접적 접촉을 추구하도록 하는 성향을 출생 시에 갖고 태어난다고 주장하였다.

애착형성에 있어서 따뜻함과 접촉 위안감(contact comfort)도 매우 중요한 영향을 미치는 것으로 알려져 있다. 이는 Harlow(1958)가 레수스 원숭이를 대상으로 한 실

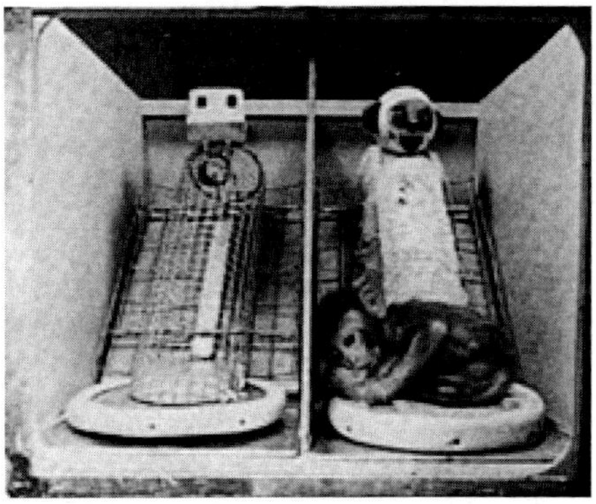

Harlow(1958)의 실험: 레서스 원숭이의 선택은?

험을 통해 널리 알려졌다. Harlow는 갓 태어난 레수스 원숭이의 우리 속에 2개의 가짜 어미를 넣었다. 그중 하나는 철사로 만들어진 어미로 우유병이 달려 있었고, 다른 하나는 철골조에 포근한 천으로 덮어진 어미로 우유병이 달려 있지 않았다. 아기 원숭이는 우유를 먹는 시간을 제외한 대부분의 시간을 천으로 덮어진 어미와 놀았으며, 이 어미에 대한 아기 원숭이의 이러한 애착은 뭔가에 놀랐을 때 특히 두드러졌다. 시끄러운 소리를 내는 움직이는 장난감을 우리에 넣었더니, 아기 원숭이는 놀라서 천으로 덮인 어미에게 올라타고 꽉 끌어안는 반응을 보였다. 이 결과는 Freud의 견해와는 전혀 상반되는 것이며, 이를 바탕으로 Harlow는 애착형성에서 접촉 위안감이 중요한 역할을 한다고 주장하였다.

동물의 경우 많은 종의 새끼들은 생후 짧은 기간 동안에 그들이 처음으로 접촉하게 되는 움직이는 대상에 대해 강한 유대를 형성한다. 이것을 각인(imprinting)이라고 하는데, 각인은 급속하게 발생하는 강력한 애착형성의 한 형태라고 볼 수 있다. 만약 각인현상이 인간에게도 존재한다면, 신생아 출생 직후 산모실과 신생아실을 분리하여 관리하는 대형병원의 관리방식은 애착형성에 큰 문제를 유발할 것이다. 그러나 출생 직후(산모 혹은 아기의 건강 문제 때문에) 산모와 분리하여 보호한 신생아와 산모와 함께 생활한 신생아 간에는 이후 애착형성에서 차이가 없었다. 따라서, 이러한 특정 유형의 각인은 인간의 아기에게서는 분명히 나타나지 않는다. 대신 인간의 경우 엄마에 대한 유아의 일반적인 애착은 환경이 허락하는 범위 내에서 점진적으로 형성되는데(Eyer, 1992), 처음 몇 달 동안 천천히 형성되다가, 6개월 내지 7개월경에는 더욱 깊게 애착을 형성하기 시작한다. 이 시기의 아기들은 엄마에게 미소짓기, 다가가기, 울기, 안기기, 매달리기 등과 같은 애착행동을 보인다. 낯선 이를 싫어하기 시작하여 낯선 이의 친근한 접근에조차도 울고 소리를 지른다. 이 무렵의 아기들은 새로운 상황이나 환경에서 애착이 형성된 엄마를 안전한 근거지로 여기며, 단 몇 분간이라도 엄마와 떨어지는 것에 대해 부정적인 반응(분리불안)을 보인다. 아동들이 이러한 분리불안을 보이는 시기는 아프리카 보츠와나의 원시종족, 미국인, 과테말라 인디언 또는 이스라엘 키부츠 거주자 등 다양한 문화권에 걸쳐서 거의 비슷하였다(Kagan, 1976).

Ainsworth와 그녀의 동료들(Ainsworth & Bell, 1970; Ainsworth, Blehar, Waters, & Wall, 1978)은 1살짜리 아동들을 대상으로 '이상한 상황(Strange Situation)'이라는 연구방법을 사용하여 엄마와 아동 간의 애착형성 강도를 구분하였다. 이 방법의 진행은 다음과 같다. 우선 엄마와 함께 장난감이 많은, 친숙하지 않은 방에 들어간다. 엄마가 있는 상황에서 아이가 장난감들을 만져보고, 가지고 놀 수 있도록 해준다. 잠시 후에 낯선 여성이 그 방에 들어오고, 엄마와 이야기를 나눈 후에 아동에게 접근한다. 그 다음에는 잠깐 동안의 분리 상황이 주어지는데, 엄마는 나가고 그 여성과 함께 아이가 남겨진다. 마지막은 재회 상황으로 몇 분이 지난 후에 엄마가 돌아오고 그 여성은 밖으로 나간다. Ainsworth 등에 따르면, 재회 상황에서 엄마와 아기의 애착강도를 볼 수 있으며, 그들은 이것을 4가지의 주요 유형으로 구분하였다. '안정적 애착형' 이외의 3가지 유형은 모두 불안정한 애착으로 간주된다.

'안정적 애착형'의 아동들(약 65%)은 엄마가 함께 있는 상황에서는 장난감들을 만져보고, 가지고 놀기도 하며, 심지어 조심스럽게 낯선 여성에게 접근하기도 한다. 엄마가 밖으로 나갔을 때, 아이들은 약간의 불안한 행동을 보인다. 엄마가 다시 들어왔을 때, 그들은 매우 열정적으로 엄마를 환영하는 반응을 보였다.

'저항형'의 아동들(약 10%)은 엄마가 함께 있을 때도 장난감을 가지고 놀지 않았으며, 엄마가 나가자 혼란상태에 빠지고 공포에 떨었다. 엄마가 다시 들어오자 그들의 반응은 애매모호하였다. 즉, 엄마가 안아줄 수 있도록 엄마에게 울면서 달려갔으나, 엄마가 안아올리자 엄마를 발로 차고 손으로 때리면서 자기를 내려놓도록 요구하였다. '회피형'의 아동들(약 15%)은 엄마가 함께 있을 때도 엄마에게 무관심하고 냉담하였다. 엄마가 밖으로 나갔을 때 가끔 엄마를 찾기는 하지만, 대개의 경우는 엄마가 다시 들어왔을 때에도 무시하였다. 위의 3유형에 포함되지 않는 일부 유아들을 설명하기 위해 '해체/혼란형'이 추가되었는데, 이 유형의 아동들(약 5%)은 엄마를 다시 만날 때 멍한 모습을 보이거나 엄마를 찾다가 갑자기 피하는 모습을 보이기도 하였다.

Ainsworth 등은 형성된 애착이 최소한 이후 수년 동안 아동들이 다른 상황에서 어떻게 행동할 것인가를 예측하는 지표가 될 것으로 기대하였으나, 연구결과의 일부만이 그들의 주장을 지지한다. 동일한 방법을 사용한 한 연구에 의하면, 6개월 간격을 두고 재측정을 해보니 절반 정도의 아동들에게서 애착유형의 변화가 발생하였다(Belsky, Campbell, Cohn, & Moore, 1996). 하지만 장기간의 종단적 연구에서는 일관성이 발견되었는데, 12개월째에 측정한 애착유형은 그 아동이 6살 때 보이는 애착측정치와 82% 정도 일치하였다(Wartner, Grossman, Fremmer-Bombik, & Suess, 1994). 애착유형이 변화하는 이유는 무엇일까? 오늘날의 애착형성 연구자들은 강력한 환경적 여건들이 이 유형을 쉽게 변화시킬 수 있다고 생각한다(Sroufe et al., 1999). 가족의 심각한 질병, 부모의 혼인관계 문제 또는 부모의 실직 등과 같은 심각한 가정 스트레스가 애착강도에 영향을 미쳤다(Woodward, Fergusson, & Belsky, 2000). 이를 종합적으로 고려해본다면, 초기에 안정적인 애착형성이 이루어지고 아동의 환경에 주요한 변화만 없다면, 연령이 증가한 이후에도 안정적 애착은 지속될 수 있다는 것이다.

5.7.2 아동기 사회성

아동은 성장함에 따라 사회화(socialization)되는데, 이는 자기 가정과 문화에 적합한 행동과 태도를 학습함을 의미한다. 그들은 부모 이외에 형제, 친구, 교사 등 새로운 사람과 영향력 있는 사람들을 만나게 된다. 하지만 이 기간 동안에도 부모는 계속 아동의 사회성 발달에 중요한 역할을 한다.

아동이 아주 어릴 때는 대부분 부모들이 아동의 신체적·정서적 욕구에 주로 관심을 둔다. 어린 아동이 만족스러운 유년기와 부모와의 조화로운 관계를 형성하는데 영향을 미치는 변인 중의 하나는 부모의 관심이다. 부모가 아동의 욕구를 민감하게 받아들이고 신속하게 반응하는 경우, 아동은 유년기에 매우 안정된 애착을 형성하고 그 후에도 협조적으로 행동하게 된다.

아동이 걸어 다닐 수 있는 단계에 이르면, 부모의 역할은 교육적 측면에서 중요해진다. 장난감을 사용하는 방법이나 변기를 사용하는 방법 등 여러 가지 행동양식을 교육한다. 부모는 아동을 직접적으로 교육하기도 하지만 간접적인 방법으로도 영향을 미친다. 부모는 아동에게 행동의 모델 역할을 하며, 아동의 행동에 대해 벌을 주고 보상함으로써 아동이 획득하게 되는 기대를 만들어 준다. 이처럼 양육방식이 아동의 행동에 지속적인 영향을 미친다는 증거들이 많다.

Baumrind(1967)는 상당한 엄격함을 기반으로 온정과 개방적 의사소통을 동반하는 권위적(authoritative) 양육방식이 가장 좋다고 말한다. 이러한 양육방식의 부모들은 대개 자립적이고 사회적으로 책임감 있는 아동을 만든다. 때로는 부모의 양육방식이 아동의 행동에 의하여 영향을 받기도 한다. 매우 활동적이고 공격적인 아동은 조용하고 온순한 아이보다 부모로 하여금 전혀 다른 반응을 유발시킬 수 있다. 권위적 양육방식은, 부모가 거의 관여하지 않는 허용적(permissive) 양육방식이나 매우 강하게 통제하지만 아동의 욕구에 둔감한 독재적(authoritarian) 양육방식과는 구별된다.

Diana Baumrind

부모와 함께 형제자매 역시 아동의 생에 중요한 사회적 역할을 한다. 이들은 어린 아동의 첫 번째 또래집단이며, 부모와 마찬가지로 강력한 모델로 작용한다. 이들은 어린 아동에게 운동기술과 언어를 가르치는 등 다양한 행동양식을 보인다. 형제간의 출생순서도 아동의 초기 사회성 발달에 영향을 미치는데, 일반적으로 첫째 아동은 다른 형제보다도 더 성취지향적이고 성인의 인정에 대한 욕구가 더욱 크다. 둘째와 셋째 아동은 맏이보다는 상대적으로 더 사교적이고, 가정 외부 환경에서도 더 잘 지낼 수 있다.

거의 모든 아동은 취학 전에 친구들과 접촉을 한다. 형제와 마찬가지로 친구들과 서로 아동을 가르치며 사회화를 돕는다. 취학 전 아동은 친구들과의 관계에서 참여나 협동과 같은 사회생활의 규칙들을 배운다. 이 연령의 아동들은 그 결과의 좋고 나쁨에 상관없이 서로를 모방하고 또 서로를 가르치면서 새로운 기술을 습득한다.

아동이 처음 부모로부터 떨어져 낯선 성인과 또래들의 세계로 들어가는 곳은 학교라는 새로운 사회이다. 여기에서는 가정에서와는 다른 새로운 행동의 규칙이 존재한다. 아동들은 새로운 친구들과 사귀기 시작하기 때문에 같은 나이 또래들과의 접촉이 매우 중요한 의미를 지니게 된다. 이 시기의 아동은 또래들과의 상호작용을 통하여 자신을 지각함은 물론 타인과 상호교류하는 방식을 습득하게 된다. 학교생활을 통하여 아동은 공격심을 통제하고, 타인을 고려하며, 사회생활의 기본규칙을 따르고 더 많은 자기통제와 함께 규칙적인 절차에 따라 행동하는 것을 배운다. 이 시기 동안 또래집단과의 관계가 아동의 사회성과 자신감 형성에 중요한 역할을 하며, 앞으로도 지속적인 영향을 미치게 된다. 또래집단은 아동의 자아개념 발달에도 영향을 미친다. 동료들에게 환영받는 아동은 긍정적인 방향으로 자아개념을 형성하는 데 비하여, 동료들로부터 거부되는 아동은 자신의 능력과 태도에 대한 자신감을 상실하게 되어 부정적인 자아개념을 발달시키게 된다.

5.7.3 성 유형과 성 역할

남자와 여자는 다르다. 이들은 신체적인 측면에서뿐만 아니라 가끔 차이 나게 행동하기도 하며, 소속된 집단에서 다른 역할을 수행한다. 이와 같은 일부 차이점은 생물학적인 원인도 있지만 사회화 과정에서의 차이에 기인한다. 실제로 많은 부분에서 부모는 아이의 성에 따라 서로 다르게 대한다. 남자들은 더 공격적이며 더 경쟁적이다. 반면에, 여자들은 집단압력에 더 쉽게 영향을 받으며, 더 잘 동조하고, 비언어적 의사소통에 더 뛰어나다. 이러한 차이들은 물론 신뢰할 만하나, 그 차이가 매우 크지 않은 경우도 있다. 남자와 여자 간의 차이가 문화의 결과인지, 생물학적인 결과인지에 대해서는 의견이 분분하였다. 하지만, 오늘날에는 남자와 여자를 구분 짓는 여러 가지 차이점이 생물학적인 것보다는 사회문화적인 영향이 큰 것으로 생각한다. 가장 먼저 부모는 아동에게 그들의 성에 적절한 행동을 가르치기 때문에, 부모의 태도가 소년 또는 소녀라는 아동의 느낌에 큰 영향을 미친다. 아동이 성장함에 따라 부모들은 성에 적절한 행동을 더욱 강조한다. 소녀는 응석받이가 되기 쉬운 반면, 소년은 모험적이고 독립적이 되도록 격려된다. 부모는 아이에게 성에 맞는 옷을 입히고 성인 남녀처럼 행동하도록 격려한다. 오늘날은 대중매체를 통하여 성 고정관념이 강화받기 쉬운 환경이 제공되고 있는데, 일상생활에서 영상매체가 차지하는 비중이 점점 커지면서 광고나 드라마 등을 통하여 간접적으로 영향받게 될 가능성이 증대되었다.

5.7.4 Erikson의 심리사회적 발달

Erik Erikson

Piaget가 아동의 인지발달이 단계적으로 이루어진다고 믿었듯이, Erikson 또한 아동의 심리사회적 발달이 단계적으로 이루어진다고 믿었다. 그는 인간의 심리사회적 발달이 전 생애에 걸쳐 모두 8단계로 이루어진다고 전제하고, 성인기 이후의 시기에까지 관심의 폭을 확대하였다. 그가 제시한 각 단계에는 개인이 해결해야 하는 발달과제(갈등요인)들이 전제되어 있다. 한 개인이 각 단계에서 성공적이었는가 아니면 그렇지 못하였는가는 그 후의 발달에 긍정적으로 혹은 부정적으로 영향을 미친다.

5.7.4.1 제1단계: 신뢰 대 불신(trust vs. mistrust, 0~1세)

Erikson은 생의 첫 1년 동안 경험하는 가장 주요한 갈등이 신뢰와 불신이라고 하였다. 어린아이가 신뢰감을 발전시키는 데 있어서 가장 중요한 요소는 아이와 보호자 사이에 형성되는 강한 정서적 유대감, 즉 사회적 애착이다. 아이는 배고픔, 따뜻함, 신체적 편안함 등의 욕구가 원만하게 충족될 때 신뢰감을 형성한다. 그러나 기본적인 욕구가 잘 충족되지 못하거나, 자기가 필요로 할 때 보호자가 그 자리에 있지 않을 경우 아이에게는 기본적인 불신감, 불안전감, 그리고 불안 등의 부정적인 결과가 초래된다. Erikson은 영아기에 신뢰감을 형성하는 것이 이후의 성격발달에도 영향을 미치며, 전반적인 사회생활 적응과도 밀접히 관계되어 있기 때문에, 영아기를 인생에서 가장 중요한 시기로 보있다.

5.7.4.2 제2단계: 자율성 대 수치와 의심(autonomy vs. shame and doubt, 1~3세)

이 시기에 아이는 걸어 다니고 말을 하기 시작하므로, 사물을 탐색하고 다룰 수 있는 기회가 확대된다. 부모로부터 독립된 하나의 개체로 서서히 발달하게 되고, 자기 근육을 사용하여 스스로 행동하기 시작하면서, 신체적으로나 심리적으로 독립하기 시작한다. 이러한 독립된 행동 경험은 아이로 하여금 스스로를 자율적인 사람으로 또한 능력과 가치 있는 사람으로서 인정받는다는 느낌을 갖도록 한다. 대신에 과도한 통제나 비판은 아이로 하여금 수치와 의심을 갖도록 만든다. 너무 어린 시기에 혹은 너무 강하게 아이의 능력을 초과하는 요구를 하게 되면, 아이는 새로운 과제를 수행하는 데 있어서 노력을 기울이고자 하는 용기를 상실하게 된다.

이와 같은 능력초과는 긴밀하고 지지적인 아이와 부모 간의 관계가 와해되어, 모험을 주저하게 하고 새로운 요구를 받아들이지 못하게 한다. 의심은 자신이 강한 존재가 아니며 결국은 타인에 의해서 통제받는다는 것을 느끼게 되면서 나타난다. 따라서 부모는 이 시기에 아이가 자신감을 갖고 행동할 수 있도록 도와주는 것이 중요하며, 과잉통제에 따른 수치심이 지나치게 커지지 않도록 유도하는 것이 좋다.

5.7.4.3 제3단계: 주도성 대 죄책감(initiative vs. guilt, 4~5세)

Erikson에 의하면, 4세경에 아이는 주도성 대 죄책감이라고 명명한 갈등 단계에 들어선다. 이 시기의 아이는 정신과 육체의 모든 면에서 매우 활발해진다. 주변을 탐색하고 사회적 관계를 형성하고 놀이를 하는 데 있어서 주도성을 보인다. 또한 아이는 충동을 자제하는 것을 배우고, 부모가 금한 것을 어겼을 경우 죄책감을 느낀다. 아이들은 서로 경쟁을 하기도 하고, 목표를 세우고 이를 달성하고자 노력하기도 한다. 아이는 이러한 과정을 통하여 주도성을 익히게 된다. 그렇기 때문에 아이에게 탐구하고 실험할 수 있는 자유를 부여해 주고 부모가 아이의 질문에 성실히 답해 준다면, 주도성을 북돋아 줄 수 있을 것이다. 그러나 만일 아이의 활동을 제한하고 아이의 질문에 일관성 없이 대답하고 귀찮아한다면, 아이는 자신의 행동에 대해 죄책감을 느끼게 된다.

5.7.4.4 제4단계: 근면성 대 열등감(industry vs. inferiority, 6~11세)

초등학교에 다니는 시기로, 이전의 시기를 성공적으로 극복한 아동은 우연한 탐색과 시도에서 체계적인 능력 발달 과정으로 들어서게 된다. 학교생활과 운동은 지적 능력과 신체 능력의 학습을 가능케 하고, 동년배들과 상호작용함으로써 사회적 능력의 획득이 가능해진다. 부가적인 수업을 통하여 조직화된 집단활동과 개별적인 관심을 지속시키는 기회를 갖는다. 이러한 것들이 원만하게 이루어질 때 아이는 지속적인 근면을 유지하는 자아능력을 발달시킨다. 이때 지나친 부적절감과 열등감을 느끼는 것은 위험하며, 특히 학교나 사회가 아동에 대한 편견적 태도를 보일 때 이러한 열등감은 발달되기 쉽다.

5.7.4.5 제5단계: 정체감 대 역할혼미(identity vs. role confusion, 12~18세)

청소년기에서 가장 중요한 발달과제는 정체감 형성이다. 이 시기의 청소년들은 '내가 믿는 것이 중요한가', '나의 인생 목표는 무엇일까', '나는 누구인가' 등의 의문에 대한 해답을 찾고자 한다. 이 시기에서는 몸과 마음과 사회적 세계가 조화를 이루는 것이 요구된다. 체구가 더 커지고 성적으로도 성숙해진다. 세상의 본질에 대한 의문을 제시하고 윤리적, 정치적, 종교적 신념과 같은 추상적인 개념들에 대한 논의가 이루어진다. 사회적 세계는 청소년들에게 어린이로서의 의존과 어른으로서의 독립성 간의 균형을 요구한다. 이는 청년기로 접어들면서 부모로부터 정서적으로 독립하게 되고 신체적으로 성숙하면서, 장래를 결정해야 하는 시기를 뜻한다. 따라서 자신의 역할을 결정짓지 못하면 역할혼미에 빠지게 되고, 실생활의 다양한 국면에서 적절한 안정감을 찾지 못할 것이다. 이런 의미에서 Erikson은 이 시기를 정체성 위기(identity crisis)의 기간이라고 보았다.

5.7.4.6 제6단계: 친밀감 대 고립감(intimacy vs. isolation, 성년기)

이 시기는 성년기로서, 자아정체감이 확립된 성인이 되면 타인과 심리적, 정서적으로 밀접한 관계에서 오는 친밀감을 형성하게 된다. 젊은 사람의 대다수는 실제적으로 이성교제나 결혼을 통하여 친밀한 관계를 경험하게 된다. 이성과의 상호작용에서 자신의 진정한 감정, 미래계획, 희망, 그리고 기대에 관해 끊임없이 이야기함으로써 자신이 누구인지를 찾으려 한다. 진정한 친밀감은 합리적인 정체감이 형성되었을 때에만 가능하다. 너무 자기의식적이고 자기가 어떻게 행동하고 있는지에 대해 지나치게 걱정하는 경우 진정한 상호관계를 형성하지 못하게 되고 그로 인하여 고립감과 자기몰두를 경험하게 된다.

5.7.4.7 제7단계: 생산성 대 자기침체감(generativity vs. self-absorption, 장년기)

일단 두 사람이 어느 정도의 친밀감이 형성되면, 그들의 관심은 자기 두 사람을 넘어서 확대되기 시작하며, 다음 세대를 기르는 데 관심을 갖는다. Erikson은 이 시기를 생산성 대 자기침체의 단계라 하였다. 여기서 생산성은 넓은 의미로서, 자녀를 낳고 기르는 것뿐만 아니라 작업을 통하여 물건을 만들고 이상을 세우는 것도 포함한다. 단순히 자식을 갖는다는 것이 생산성을 보장하는 것은 아니며 부모들은 자식을 낳는 것 그 이상을 해야 한다. 즉, 자식을 적절하게 양육하고 교육시켜야 한다. 자식을 갖지 않고서도 생산성을 성취할 수 있다. 후세를 지도하고 생산적이고 창조적인 직업에 종사하며 타인과 사회의 복지에 대한 관심을 갖는 것도 생산성과 관련된 것이다. 생산성이 결핍될 때의 결과는 성격이 침체되고 불모화되는 것이며, 그들은 자녀의 요구보다는 자신의 요구에 더 많은 관심을 갖는다.

5.7.4.8 제8단계: 통합 대 절망(integrity vs. despair, 노년기)

노년기는 일련의 신체적, 사회적 상실에 대하여 대처해야 하는 시기이다. 체력과 건강이 쇠퇴하고 시간이 흐름에 따라 친밀한 관계를 맺은 사람을 잃게 된다. 이러한 과정에서 노인들에게 요구되는 것은 외적인 적응이 아니라 내적인 투쟁이다. 노인들은 죽음에 직면하게 됨에 따라 다시 생을 재음미하는 시간을 보낸다. 이들은 자기의 생애를 돌아보고 그것이 과연 가치가 있었는지에 대해 의문을 갖는다. 이런 과정에서 그들은 궁극적인 절망에 직면한다. 절망에 직면한 노인들은 자아의 통합을 찾으려 노력한다. 여기서 자아의 통합은 자신의 생을 '그랬어야만 했던 것 그리고 다른 어떤 것에 의해서도 대치될 수 없는 것'으로 받아들이는 것을 의미한다. 자아의 통합은 그 자체에 대한 초연하고 철학적인 지혜로 인도한다.

5.8 도덕성 발달

도덕(moral)은 행동의 옳고 그름에 대한 평가를 제공하는 신념과 가치보존의 체계를 의미한다. 이것은 사람들이 집단의 다른 구성원들에 대한 의무를 이행하고 타인의 권리와 관심을 저해하지 않도록 행동하게 한다. 이러한 의미에서 어린아이는 도덕의 부재라고 할 수 있다. 즉 이들은 도덕적이지 못할 뿐 아니라 비도덕이지도 않다. 이들은 단지 사람 간의 책임에 대한 이해가 결여되어 있는 것으로 보인다.

Piaget는 아동의 도덕성 발달을 일반적인 인지발달과 연결 짓고자 시도하였다. Piaget의 도덕발달이론은 전도덕기, 타율적 도덕성 단계, 그리고 자율적 도덕성 단계로 이루어져 있다. 전도덕기(premoral period)에 해당하는 5세 이전의 아동은 사회적으로 정의된 규칙에 대한 존중이 부재하며 자신이 규칙을 만드는 경향이 있다. 그리고 이 시기의 아동은 행위의 의도보다는 결과를 더 중시한다. 그러나 타율적 도덕성 단계(heteronomous morality)에 해당하는 5~10세의 아동은 규칙에 대한 강한 존중이 발달하여 규칙을 수정할 수 없는 것으로 보는 경향이 있다. 자율적 도덕성(autonomous morality) 단계의 10~11세 아동은 사회적 규칙이 사람들 간의 합의에 따라 변할 수 있다고 생각한다.

Piaget의 이론을 확장하여 도덕성 발달에 가장 영향력 있는 연구를 수행한 이는 Kohlberg이다. 1960년대에 이루어진 그의 인지적 발달이론에서 Kohlberg는 인지가 일련의 단계를 거쳐서 발전하듯이 도덕적 판단 역시 단계적으로 발달한다고 생각했다. Kohlberg는 도덕적 판단 발달의 보편적인 단계를 찾기 위하여 피험자들에게 일련의 도덕적 갈등상황(dilemma)을 제시하고 그 상황을 어떻게 판단하는가에 따라 도덕성 발달의 보편적 단계를 찾으려 하였다. Kohlberg가 제시한 갈등상황 중에서 두 가지를 예시하면 다음과 같다.

Lawrence Kohlberg

I. 형과 아우가 있었다. 형이 아버지에게 캠핑 갈 돈으로 5만 원을 달라고 말했을 때, 아버지는 "네가 5만 원을 벌어서 가라"라고 대답했다. 그래서 형은 5만 원을 벌기 위해 열심히 일하고 있었는데, 아버지는 갑자기 마음을 바꾸어 너희들이 번 돈을 모두 내놓으라고 하였다. 형은 일을 마친 후 1만 원밖에 벌지 못했다고 거짓말을 하고 1만 원만 아버지에게 드렸다. 그리고 나머지 4만 원으로 캠핑을 갔다. 캠핑을 가기 전에 형은 동생에게 사실대로 말했다. 이때 동생은 아버지에게 형의 거짓을 알려야 하는가, 아니면 숨기고 있어야 하는가, 그리고 왜 그렇게 해야 한다고 생각하는가?

Ⅱ. 유럽에서 어떤 부인이 특수한 종류의 암에 걸려 거의 죽을 지경이 되었다. 의사들의 생각으로는 그 부인을 구할 수 있는 약이 한 가지 있었다. 그것은 라듐(radium)의 일종으로서 같은 마을에 있는 어떤 약사가 최근에 발견한 것이었다. 그 약은 제조비가 비싼데다가, 약을 갖고 있는 약사가 원가의 10배 되는 값을 요구하였다. 그는 라듐을 제조하는 데 $200을 들였는데, 약값으로 $2,000을 요구했다. 병든 부인의 남편인 Heinz는 그가 아는 모든 사람에게 돈을 빌렸으나 약값의 절반에 불과한 $1,000밖에 구하지 못했다. 그는 약사에게 찾아가서 그의 아내는 죽어가고 있으니 그 약을 싸게 팔거나 아니면 후에 갚게 해 달라고 부탁했다. 그러나 약사는 "안 됩니다. 나는 이 약을 발견했고 이것으로 돈을 벌려고 합니다"라고 말했다. Heinz는 자포자기 끝에 그 약국에서 약을 훔쳤다. 과연 Heinz의 행동은 옳았는가? 그렇게 판단한 이유는?

Kohlberg의 관심은 앞에서 언급한 딜레마에 대해 '예' 또는 '아니오'라고 대답하는 데 있지 않았다. 오히려 Kohlberg는 왜 피험자가 'Heinz는 약을 훔쳐야만 했다'라고 생각하는지를 알고 싶어했다. 면담에서 그는 Heinz가 약을 훔칠 권리가 있는지, Heinz가 붙잡힌다면 재판관은 어떠한 선고를 내릴 것인지 등에 대해 아동들에게 질문하였다. 이러한 질문을 통하여 Kohlberg는 아이들의 대답 저변에 깔린 추론을 분석하였다. 또한 서로 다른 문화적 배경을 갖고 있는 아동들에게 질문함으로써 도덕판단 행위의 보편성 여부를 확인하려 하였다. Kohlberg는 도덕적 판단 발달 단계와 관련하여 네 가지 사항을 언급하였다. 첫째, 각 개인의 도덕성 수준은 특정한 시기에 단 하나의 단계에 위치한다. 둘째, 각자에게 이러한 단계들은 순차적으로 진행된다. 셋째, 각 단계는 이전 단계보다 더 포괄적이고 복잡하다. 넷째, 모든 문화에 이러한 단계가 공통적으로 존재한다.

Kohlberg는 도덕적 딜레마에 대한 아동들의 응답을 기초로 도덕성 발달을 세

수준으로 구분하였다. 초기의 모델에서 각 수준은 다시 2단계로 나누어져 전체적으로는 6단계로 구성되었다. 나중에 3번째 수준에 한 단계가 더 추가되어 모두 7단계로 구성되었지만 이 마지막 단계에 도달한 사람은 매우 드물어, 거의 관찰되지 않는다(Kohlberg, 1964; 1981).

(1) 제1수준: 전인습적 수준(pre-conventional level)

이 수준의 아동은 주로 자신에게 나타날 도덕적 행동의 결과를 고려한다. 단계 1의 아동은 처벌과 복종지향(punishment-obedience orientation)적으로, 권력을 갖고 있는 자가 행사하는 벌을 피하기 위해 권위와 규칙에 복종한다. Heinz의 딜레마에서, 아동의 전형적인 응답은 훔치는 것은 벌받는 행동이기 때문에 나쁘다거나, 감옥에 가기 때문에 훔치지 말아야 한다는 것이다. 단계 2의 아동은 도구적 상대주의자 지향(instrumental relativist orientation)적이거나 상대적 쾌락주의 지향(relative hedonism orientation)적이다. 이 단계의 추론은 각 사람들이 각기 다른 자기 이익을 가지고 있고, 이것이 간혹 갈등을 일으킨다는 것이다. 모든 것이 상대적이기 때문에 궁극적으로는 각자의 욕구와 쾌락에 따라, 즉 쾌락주의적으로 결정한다. 이 단계의 아동은 Heinz의 딜레마에서 '자신의 아내를 살릴 수만 있다면, 감옥에 가는 것은 그리 중요하지 않을 것이다'라고 생각한다. 또는 'Heinz가 감옥에 가게 되면, 결국 그의 아내는 죽고 말 것이기 때문에 약을 훔친 것은 잘못이다'라고 응답한다.

(2) 제2수준: 인습적 수준(conventional level)

인습적 수준은 주로 아동기 후기나 청소년기 초기에 나타난다. 이 시기에는 부모와 권위적인 인물에 대한 복종을 통하여 인습적인 법이나 가치를 유지하고자 한다. 단계 3의 아동은 착한 소년-착한 소녀 지향(good boy-nice girl orientation)적이다. 이 단계의 추론은 자신에게 중요한 사람들, 그중에서도 특히 부모의 인정을 받거나 비난받지 않을 행동을 선호한다. 즉 중요한 타인과의 관계를 향상시킨다면 그 행동은 좋고, 그렇지 않다면 나쁘다고 추론한다. Heinz의 딜레마에서, 아동들은 '그가 약을 훔친 것에 대해 찬성한다. 왜냐하면 그가 약을 훔치지 않았다면, 가족들은 그를 인정도 없는 비인간적인 남편이라고 생각하기 때문이다'라고 응답한다. 단계 4의 아동은 법과 질서 지향(law and order orientation)적이다. 이 단계의 추론에서는 사회적 질서를 유지하기 위해 각 사람들은 개인적 쾌락을 억제하고 사회의 법과 규범을 따를 의무를 지킬 필요가 있다고 주장한다.

이 단계의 사람들은 Heinz의 이야기에 대한 반응에서 대체로 Heinz에게 동정적이긴 하나 그렇다고 그 도둑질을 용서하지는 않는다. 이들은 그보다도 질서의 필요성, 모든 사람이 자신의 의무와 책임을 다해야 하는 중요성, 혼란을 방지해야 하는 중요성 등에 대해 말한다.

(3) 제3수준: 후인습적 수준(post-conventional level)

청소년기 후기에, Piaget가 말한 형식적 조작기에 도달한 자들의 일부에서 후인습적 수준의 도덕성이 나타난다. 이 시기의 사람들은 자기 관심과의 갈등 혹은 사회질서 유지와의 갈등을 유발하는 윤리적 원칙에 근거하여 판단한다. 단계 5의 사람은 사회계약 지향(social-contract orientation)적이다. 기존의 법을 유동적인 것으로 보고 그것을 넘어서는 원칙과 가치의 존재를 인정한다. 만약 법이 사람들이 필요로 하는 바를 충족시키지 못한다고 느껴지면, 상호동의와 민주적인 절차를 통해서 언제든지 변경시킬 수 있다. 예를 들면, 16세 소년이 "내가 보기에는 그가 그렇게 할 정당한 이유가 있기는 하나, 법의 입장에서 보면 그에게 잘못이 있을 것이다. 나는 그를 옳다거나 그르다고 더 이상 말할 수 없다." 이렇게 소년은 Heinz가 법을 초월하는 '정당한 이유'를 가지고 있다는 것을 약간은 인식하고 있기는 하지만, 이에 대해 분명하고 포괄적으로 말하지는 못한다. 단계 6의 사람은 보편적 도덕원리 지향(universal ethical principle orientation)적이다. 이 단계에서는 법을 초월하는 어떤 추상적이고 보편적인 원리에 대한 보다 명확한 개념화가 이루어진다. 이러한 원리들은 모든 사람에 대한 정당성과 존엄성을 포함한다. 6단계에 있는 사람은 사회질서의 중요성을 인식하고 있으나, 또한 질서정연한 사회라고 해서 모두가 보다 중요한 원리를 실현시키고 있는 것은 아니라는 것도 깨닫는다. 이 단계의 사람들은 Heinz가 아내를 구하기 위해 도둑질할 법적 권리는 없지만 보다 상위의 도덕적 권리를 갖고 있다고 말한다. 왜냐하면, 모든 개인은 절대적 가치를 갖고 있고, 모든 생명은 고유한 가치를 갖고 있기 때문이다. 단계 7의 사람은 우주 지향(cosmic orientation)적이다. 여기에서 도덕적 문제는 도덕 자체나 삶 자체가 아니라 우주적 질서와 통합의 문제이다. 따라서 우주적 기본원칙을 따르고 자신을 사회적 기준을 초월하는 우주 운동의 한 부분으로 인식한다. Kohlberg에 따르면, 이 단계에 해당되는 사람은 드물며, 아마도 소크라테스와 같이 자신의 도덕원리에 따라 자기희생을 한 사람들이 해당된다.

Kohlberg는 도덕적 갈등상황에 따른 반응을 중심으로 검사를 실시하고, 연령에

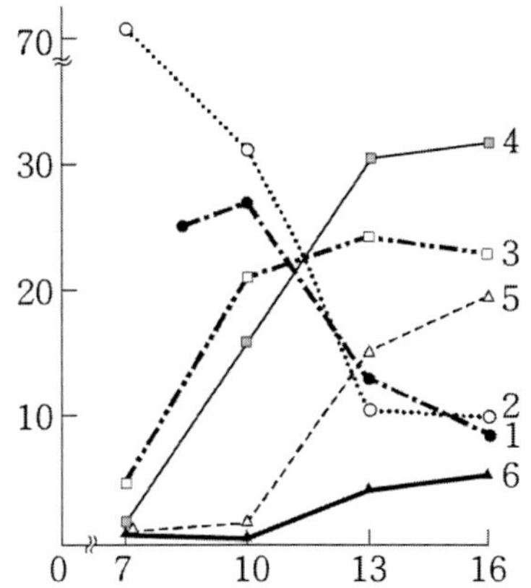

[그림 5-5] 연령별 도덕판단의 변화

따른 도덕판단 유형을 그림 5-5와 같이 도표화하였다. 이 그림은 Kohlberg의 이론이 Piaget의 이론처럼 일련의 과정을 갖는 것은 사실이지만, 도덕적 판단이 완전히 위계적인 것은 아니라는 점을 보여준다. 즉, 일정 연령이 지남에 따라 도덕성의 발달단계가 위계적으로 변하지는 않는다. 어떤 연령인가에 따라서 우세한 도덕판단 유형이 있을 뿐이다. 따라서 각 단계는 어느 연령에서나 나타날 수 있다. 각 유형별 발달단계를 보면, 나이에 따라 낮은 차원의 도덕판단 유형은 점차 감소하면서, 상위 단계의 도덕판단 유형은 점차 증가됨을 알 수 있다. 단계 1이나 단계 2는 연령이 증가함에 따라 현저하게 줄어들고, 단계 3, 4, 5는 연령발달과 거의 비슷한 수준으로 증가하고 있다. 하지만 단계 6은 연령에 따른 변화가 현저하지 않다.

5.9 생의 주기

우리는 이 장의 서론에서 발달의 개념을 정의할 때 생의 주기 전체에 걸친 변화를 강조하였다. 그러나 지금까지 발달심리학 분야에서 행해진 연구를 개관하여 볼 때 주로 아동기를 중심으로 다루었으며 아동기 이후를 다룬 연구는 상대적으로 많지 않다. 발달이론에서 인간의 전 생애를 중심으로 한 개념은 비교적 최근에 와서 다루어지고 있다. 특히, 성인기나 노년기의 발달이 주목받고 있다.

Havighurst(1972)는 발달과업(developmental task)이라는 개념을 도입하면서, 성인기 이후의 문제에 대해서도 언급하고 있다. 지금까지 앞에서 신체 및 운동, 지각, 인지, 언어, 사회성, 도덕성 등의 문제를 논할 때 주로 아동기까지 다루었다. 따라서 이 절에서는 주로 아동기 이후의 발달문제를 다루어 보고자 한다.

5.9.1 청소년기

청소년기는 일반적으로 사춘기로 시작되는, 즉 재생산 능력이 갖추어지는 시기라고 정의된다. 그러나 청소년기의 시작과 끝은 문화마다 그리고 시대별로 조금씩 상이하므로 정확하게 정의할 수는 없다. 설사 신체적인 변화는 범문화적(universal)이라 하더라도 청소년이 경험하는 사회적, 심리적 영역은 각각의 문화적 맥락과 강하게 연관되어 있다. 산업혁명 이전까지만 해도 특별한 발달단계로서 청소년이라는 개념조차 사용되지 않았다. 이 시기에는 신체적으로 성장한 청소년에게 어른과 동일한 생산성이 요구되었다. 산업화가 되고 어린 아동의 값싼 노동력에 대한 요구가 감소하면서 청소년을 작업장면으로부터 보호하는 것이 가능해졌다.

오늘날 청소년들은 여러 가지 가능한 역할과 가치 중에서 선택을 해야 하는 상황에 직면하고 있다. 이들은 부모나 동료 그리고 사회로부터 서로 상이하거나 혹은 서로 상반되는 특정한 역할을 기대받는다. 청소년기 후기에는 정체성을 발달시키고, 개인으로서 그리고 집단의 소속원으로서 자신이 누구인가, 자신이 어떤 가치를 추구하는가, 그리고 자신의 생을 어떤 방향으로 진행해가고 있는가 등을 결정해야 한다. 청소년기에는 신체적 성숙과 완숙된 성, 사회적 역할의 새로운 정립과 부모로부터의 독립, 그리고 직업목표의 확정 등과 같은 세 가지의 발달과업의 달성이 가장 중요하다고 볼 수 있다.

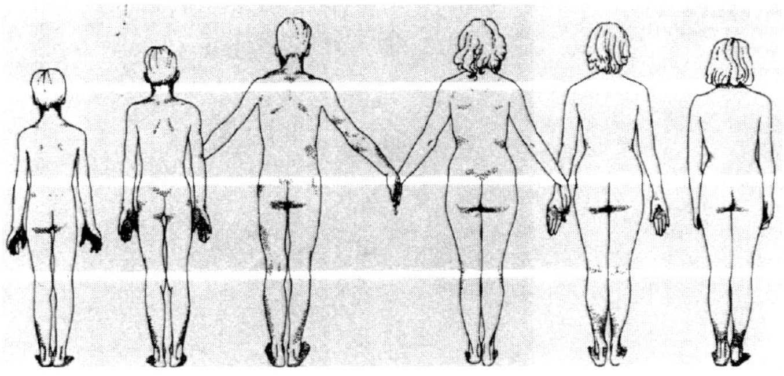

같은 연령의 청소년이라도, 신체성장속도에서 큰 차이를 보일 수 있다 (그림의 남자는 모두 16세이며, 여자는 13세이다).

아동기가 종료되는 가장 확실한 표시는 성장급등이다. 성장급등 후 2~3년 이내에 사춘기 혹은 성적 성숙에 도달한다. 여아의 경우 사춘기는 초경이 나타나는 시기로서 12세 전후이다. 남아의 경우 여아보다 2년 정도 늦게 나타난다. 신체적 외형에 대한 자기 지각과 또래들의 평가에 대한 주관적인 경험은 청소년의 정체감 형성에도 어느 정도 영향을 미친다. 신체적인 성장은 또한 성적인 감정과 충동을 동반하게 된다. 미국 아동의 경우 13세 정도에 이미 성행위와 관련된 상상을 시작한다(Offer, Ostrov, & Howard, 1981). 미국의 경우 남아의 33~50%와 여아의 18~37%가 13세 이전에 이미 자위를 경험하며, 18~19세 이전까지는 남아의 80%와 여아의 69%가 자위를 경험한다(Hass, 1979).

청소년기에는 부모와 떨어진 시간이 많아지면서 아동기 때와 같은 강한 가족적 유대가 조금씩 느슨해지는 시기이다. 이 시기에는 어른으로부터의 지시와 안내가 감소하고 또래로부터의 지지와 인정에 대한 강한 욕구가 나타난다. 정체성 탐색의 커다란 부분이 청소년기에 또래집단 내에서 이루어진다. 한 조사에 의하면 청소년들은 부모와의 대화시간보다 4배나 많은 대화시간을 또래들과 나누며, 아울러 동료들과의 대화를 더 선호한다고 한다. 정체감 발견과정은 부모가 독립에 대한 자녀의 욕구를 존중하는 지지적인 가족 환경에서 쉽게 이루어진다.

Erikson에 따르면, 하나의 특정한 직업을 결정하는 것은 청소년의 정체감 형성을 의미한다. 직업선택 결정은 정체감 형성의 모든 측면에 중심이 되는 과제를 내포하고 있다. 즉, 자신의 능력, 흥미, 현실적 대안에 대한 지식, 최고의 결정을 내리고 그에 따르는 능력을 평가하는 것 등이다. 직업선택을 통하여 청소년은 부모와 집단의 가치로부터 자유로워질 수 있다. 청소년기 후기에 이루어지는 교육과 직업선택의 결정은 미래의 선택가능성에 결정적인 영향을 미친다.

5.9.2 성인 초기

성인기 초반에 취업선택이라는 관문을 통과해야 한다.

성인기 초기로의 이행은 교육의 연장, 직업, 배우자의 결정을 통하여 특징 지을 수 있다. Erikson은 성인기 초기의 가장 중요한 과제로 친밀감(intimacy)을 언급하였다. 그가 말한 친밀감은 성적, 정서적, 도덕적으로 다른 특정한 사람과 확고한 애착을 형성하는 능력을 말한다. 이러한 친밀감은 반드시 부부관계에서만 형성되는 것은 아니며, 다른 긴밀한 관계에서도 나타난다. 성인기 초기는 명확하고 안정된 정체감이 형성되고, 친밀감의 모험과 가능성에 직면할 준비를 하는 시기이다. 그러나 정체감(identity)에서 친밀감(intimacy)으로의 진보가 항상 이루어지는 것은 아니다. 경우에 따라서는 이미 사춘기에 성적으로 적극적인 청소년들이 있으며, 최근에는 결혼하기 전에 동거를 하는 사례가 증가하고 있다. 이처럼 개인적인 정체감이 형성되기 이전에 친밀감을 경험하는 경우는 이혼의 가능성이 더 높다. 친밀감의 반대가 되는 것은 강한 유대감의 부재 또는 극심한 외로움의 감정인 고립(isolation)이다. 이러한 경우 심적인 결손뿐만 아니라 육체적인 결손의 가능성도 커진다.

한편 성인기 동안 겪게 되는 몇 가지 갑작스러운 변화 중의 하나로 자녀의 출산이 있다. 자녀를 출산한다는 것은 자신이 부모가 된다는 질적인 변화를 의미하며, 양육에 대한 책임과 결혼생활의 영속성을 수반하는 사건이다. 그렇기 때문에 초산이 주는 심리적 부담은 남성과 여성 모두에게 매우 큰 것이다. 아이의 양육은 부부간의 관계를 재정립하는 계기가 되기도 하며, 사회생활이나 가정에 대한 새로운 책임감을 불러일으킨다. 때때로 아이의 양육을 시작하면서 결혼과 자신의 인생에 대해 새로운 평가를 내리기도 한다.

성인 전기에 자녀양육이라는 새로운 국면을 맞는다.

5.9.3 성인 중기

중년은 성인기의 꽃이라 할 수 있다. 인간의 발달과정 중에서 고립감, 무력감, 무의미함 등과 같은 심리적 위기가 중년기에 가장 적게 나타나기 때문이다. 일반적으로 완숙과 안정감이 두드러지는 시기가 바로 중년인 까닭도 여기에 있다.

중년기에 나타나는 신체적 변화는 상당히 점진적이다. 시력이나 근력이 떨어지는 현상을 직접 느끼기는 하지만, 일상생활을 하는 데 불편을 느낄 정도는 아니다. 이 시기에 여성은 폐경기를 맞게 되며 남성 또한 갱년기를 맞는다. 폐경기란 출산의 종결을 의미하며, 종종 골다공증과 연결되기도 한다. 남성 역시 성기능이 감퇴되는 갱년기를 맞게 된다. 대부분의 사람은 이러한 신체적인 변화를 무난히 극복하는 편이지만, 신체적 쇠퇴에 대해 불안해한다.

보통 중년기에 이르면, 자녀의 양육도 어느 정도 완성되며 경제적으로도 가장 안정된 시기를 맞게 되어 '인생의 황금기'라 불리기도 한다. 그러나 많은 연구는 이런 통념적인 생각이 옳지 않음을 보이고 있다. 성인기에 들어서도 인간은 자기 자신에 대한 고민을 하며, 이를 지칭하여 '제2의 사춘기' 혹은 '사춘기적 중년기(middlescene)'라고도 한다. 중년기에 겪게 되는 이러한 고민은 주로 자아문제와 관련된다. 인생의 절반이 이미 지나갔으며, 앞으로 남은 인생을 어떻게 살아갈 것인지를 고민하는 것이다. 성인 중기에 이르게 되면 젊은이를 선호하는 사회의 속성 때문에 이러한 위기의식을 더욱 느끼게 된다.

이러한 자아성찰은 직업, 결혼 혹은 자신의 주변 환경에 대한 변화를 유도하기도 한다. 자신의 직업에 대해 만족스러운 사람은 보다 나은 발전을 위해 더욱 몰입하게 되고, 불만족스러웠던 사람은 새로운 직장을 찾기도 한다. 그러나 이 시기에 새로운 직업을 시작한다는 것은 대단히 어려운 일이다. 명예퇴직이나 조기은퇴와 같이 실직하게 되는 상황이 아니라면, 직업을 새롭게 정하기보다는 무엇인가를 배우기 원하거나 취미활동 등과 같이 새로운 일감을 찾는 경우가 많다. 이처럼 중년기는 새로운 이익과 가치를 발견하려고 노력하는 시기이기도 하다.

중년 말기에 이르게 되면, 쉽게 고독감을 느낀다. 가족구성이 요즘처럼 핵가족화되어 있는 경우라면 더욱 그러하다. 특히 자녀가 출가하게 되면 이러한 고독감은 더욱 커지기 마련이다. 뿐만 아니라 고독감을 가중시키는 또 다른 요인이 대두되는데, 노년기를 앞두고 사람들은 직장에서의 은퇴를 경험하게 된다. 가령 전업주부로 가정에서 가사를 돌보던 여성과 달리, 직장생활을 하던 남성의 입장에서 은퇴는 생활환경의 커다란 변화로 인식된다.

또한 부모의 죽음을 겪게 되면서, 가족사회에서 가장 나이 많은 층에 속해 있음을 자각하게 된다. 아울러 자신에게도 죽음의 위기가 도래할 것임을 예측하게 된다. 이런 계기를 통해 이제는 죽을 날까지 남은 시간을 생각해 보며, 어떻게 하면 최대한으로 잘 살 수 있는가를 고민한다. 이렇듯 죽음의 존재를 현실적으로 깨달으면서 인생을 위한 새로운 추진력을 얻기도 한다.

5.9.4 노년기

오늘날 우리 사회에서 나타나는 커다란 변화 중의 하나는 사람들의 고령화 추세이다. 출생률은 감소하는 반면에, 평균수명이 늘어나면서 전체 인구 중에서 65세 이상의 노인이 차지하는 비중이 급증하게 되었다. 이 시기의 사람들은 연금생활, 사별, 체력의 저하, 생활 수준의 하락 등 매우 급격한 변화를 경험하게 된다. 명확하게 주어졌던 사회적 역할의 상실과 자신의 죽음을 의식하게 되는 이 시기가 바로 앞에서 설명하였던 Erikson의 심리사회성 발달의 마지막 단계에 해당된다.

이 시기에 들어서면서 노인은 감각기능이 저하되고 건강상의 문제가 자주 나타난다. 미국의 경우를 보면 70세 이상의 노인이 차지하는 인구비율은 전체 인구의 10%밖에 되지 않지만, 이들에게 주어지는 병원의 처방 비율은 전체의 25%를 차지한다.

노년기 지적 기능의 변화를 이해하기 위해서는, 지적 기능의 효율성과 속도를 지칭하는 유동성(fluid) 지능과 어휘력이나 알고 있는 사실 또는 학습한 전략 등을 포함하여 개인이 축적한 지식을 의미하는 결정성(crystallized) 지능의 구분을 이해해야 한다. 결정성 지능은 전 생애 발달과정을 통해 비교적 안정적으로 지속되는 지능이지만, 어떤 연구에서는 삶의 경험이 늘어나면서 증가하는 것으로 나타났다. 유동성 지능은 이와는 매우 상이한 패턴을 보이는데, 30대에 최고 정점에 이르렀다가 연령증가와 함께 점차 감소하기 시작하는 것으로 나타났다. 결론적으로 노년기에 전반적인 지적 능력이 감소하기는 하지만, 결정성 지능과 같은 일부 지적인 영역에서는 나이 든 사람들이 젊은 사람들과 같은 수준을 유지하거나 오히려 더 좋다는 증거도 있다.

지적 능력의 감퇴에서 커다란 개인차가 존재하는 이유를 설명하기 위한 많은 이론이 존재하지만, 하나의 결론에 도달하지는 못하였다. 일부 학자들은 연령증가에 따른 혈류나 신경생리 상의 변화, 또는 생애에 걸친 신경세포의 점진적 사망 때문이라는 생리적 설명을 제안하고 있다(Stern & Carstensen, 2000). 다른 학자들은 교육수준 또는 개인 삶에서의 지적 자극의 정도에서 차이 때문이라고 설명하기도 하고(Schaie & Willis, 1996), 또 다른 학자들은 작업기억 또는 주의를 집중하는 역량의 감소가 가장 핵심적인 원인이라는 주장을 하기도 한다.

기억력의 감소는 노쇠와 함께 필수적으로 동반되는 요인으로 간주되어 왔다. 그러나 연구에 의하면, 연령증가와 함께 작업기억(working memory)과 사건기억(episodic memory) 측정치는 감소하지만, 의미기억(semantic memory)의 일부 측정치나 함축적 기억(implicit memory)과 같은 일부 기억의 영역은 연령증가에도 불구하고, 거의 또는 전혀 감소하지 않는 것으로 나타났다(Earles, Connor, Smith, & Park, 1997). 기억력 역시 지능처럼 연령증가에 따른 감퇴 정도가 급격하지도 않으며, 감퇴량도 커다란 개인차가 존재하는 것으로 나타나 어떤 사람들은 60대, 70대뿐만 아니라 80대가 되어서도 뛰어난 기억력을 보이기도 하였다. 이러한 기억력의 감퇴 원인에 대해서도 여전히 논란이 진행 중이다. 어떤 학자들은 해마의 해부적, 생리적 변화 때문이라는 생리적 설명을 강조하는 반면(Ivy, MacLeod, Petit, & Markus, 1992), 다른 학자들은 노년층은 젊은 층에 비해 조직화와 정교화 전략을 덜 사용하는 것과 같은 연령증가에 따른 기억전략의 변화 때문이라고 강조하기도 한다(Craik & Jennings, 1992).

우울증과 사회적 고립은 많은 노인의 주된 문제점이 된다. 많은 사람은 노년기에 들어, 자신의 경험을 젊은 세대와 공유하기를 바란다. 또한 풍요롭지는 않더라도 여가생활을 즐기며 생활하기를 원한다. 그러나 이러한 이상적인 기대와는 달리, 노년기에 들어선 많은 사람은 인생을 즐길 정도의 재력도 풍부하지 않고, 사회에서도 잊혀 가는 존재로 전락하게 되는 것이 현실이다. 이런 까닭에 퇴직과 더불어 사회에 대한 관심 역시 크게 줄어드는 경향을 보이며, 노년기의 자살도 늘어나는 추세이다.

노년기에 겪게 되는 사건 중의 하나는 배우자의 죽음이다. 배우자와의 사별을 경험하는 것은 남자보다 여자일 가능성이 높다. 이것은 남편보다 부인의 나이가 어린 경우가 많고, 여성의 평균수명이 더 길기 때문이다. 배우자와 사별한 남성과 여성이 보이는 공통적인 반응은 자신이 아무에게도 소중한 존재가 아니라는 느낌이다. 반면 사별 이후의 반응은 다르게 나타나는데, 남성은 다른 여성을 만나 재혼할 확률이 높다. 그러나 여성은 다른 동료 여성을 사귀는 정도로 외로움을 달랜다. 남성의 재혼율이 높은 것은 집안 일이나 친척과의 접촉 등을 전적으로 부인에게 의존해 왔기 때문에, 배우자의 필요성을 더욱 느끼기 때문이다.

은퇴한 노인이나 배우자를 잃은 노인은 새로운 친구를 사귀는 경향이 있다. 남들보다 일찍 은퇴한 경우, 자신이 평소 알고 지내던 친구들을 낮에는 만날 수 없음을 안다. 또한 배우자를 잃은 경우, 평소 잘 알고 지내오던 다른 부부들과는 어울릴 수 없음을 깨닫는다. 이들은 이런 일을 겪으면서 자신들의 사회생활이 제한된다고 느끼기 마련이고, 새로운 사회적 관계를 맺으려 한다.

노인이 되면 죽어야 한다는 사실이 확실해진다. 생을 마감한다는 것 그리고 앞으로 남은 날이 얼마 되지 않는다는 것을 인식하게 되면 정신적인 건강과 행동에 뚜렷한 영향을 미친다. 자신의 죽음에 대한 생각을 극복하기 위해 어떤 전략을 발전시키는가에 따라서, 이들은 새로운 활력으로 생의 목표를 설정할 수 있으며, 남은 시간을 온 힘을 다하여 활용하려 노력하거나 사실을 수용하지 않고 다른 자아방어기제로 반응하게 된다.

죽음은 생물학적으로 볼 때, 모든 신체적 생리기능이 정지함을 의미한다. 또한 사회적인 측면에서 죽음은 사회생활의 마감이나 소멸 등으로 해석된다. 죽음이 갖는 심리적인 측면은 인생에 대한 정리나 소중함을 깨닫는 계기가 되기도 한다. 이러한 현상은 죽음을 목전에 두고 있는 사람에게서 잘 나타나는데, 이들은 꺼져가는 생명에 대한 안타까움과 아쉬움을 표현한다.

5.10 군사적 활용

군의 지휘관은 장병을 지휘함에 있어서 군대의 구조적 특성과 장병의 특성을 함께 고려해야 할 필요성이 있다. 군대 조직은 기본적으로 계급에 따라 구분되는 엄격한 위계조직을 중시하는 조직 지향성의 사회이며, 각 개인의 개성과 다양성보다는 집단의 질서와 통일성에 방점을 둘 때가 많다. 제복과 규율에 따른 형식과 의식을 중시하며, 임무 완수를 위해서는 자신을 희생할 것을 감내해야 하는 경우도 발생할 수 있다. 게다가 의무복무를 해야 하는 상황은 군 복무에 대한 거부감과 구속감을 높일 수 있으며, 불안과 긴장이 높아지고, 자신의 성장이 아닌 퇴보로 이끄는 장으로 여길 수 있을 것이다. 생활환경의 측면에서도 의식주 여건이 열악하고 문화생활을 즐길 수 없으며 부여된 업무와 근무여건도 불만족스러운 경우가 많을 수 있다. 신세대 장병들, 특히 X세대, Y세대를 넘어 MZ세대의 특성을 고려해 볼 때, 이와 같은 군대의 구조적 특성에 그들이 적응하는 데 어려움을 겪을 것이라는 점은 어렵지 않게 유추해 볼 수 있다. 여기에서는 전반적인 발달단계에서 청년기 후기와 성인기 초기에 해당하는 장병이 경험할 수 있는 내용을 중심으로 살펴보고자 한다.

지휘관으로서 인간발달의 측면에서 장병을 이해하는 중요한 요소를 몇 가지 정리해 보고자 한다. 첫째, 부모와의 애착형성이 안정적으로 잘 이루어졌는지 살펴볼 필요가 있다. 부모와의 안정적 애착형성은 정상적인 사회성 발달에 절대적으로 필요한 전제조건이다. 앞에서 살펴본 바와 같이 애착형성이 원활하게 이루어진 아동은 용감하게 주위의 사물과 사람을 탐색한다. 이러한 탐색은 자율성 혹은 독립심과 자신의 능력과 힘에 대한 신뢰를 발달시켰을 것이다. 이러한 장병은 군대 구성원들과 비교적 잘 어울리고 적응할 가능성이 높다. 반면에 정상적인 애착형성이 이루어지지 않은 아동은 그 이후의 삶에서 많은 어려움을 겪게 된다. 예를 들어, 정서적, 성격적 발달에서도 결함을 갖게 되어 성장 이후에도 대인관계의 적응이 원활하지 못한 경향을 보이거나 타인과의 유대감, 정서적 안정감, 성격적 균형이 무너지게 되는 경우가 많았다. 이러한 특성을 지닌 장병이 군대에 잘 적응할 가능성은 매우 낮을 것이다. 나아가 입대하기 전 개인의 특성과 생활양식은 군대에서의 적응양상을 상당히 정확하게 예측할 수 있으므로, 지휘관은 훈련소 단계에서의 적응양상과 심리검사뿐만 아니라 다양한 입대 전 정보를 획득하여 병력관리에 활용할 필요가 있을 것이다.

둘째, 청년기 후반에서 성인기 초반에 해당하는 대부분의 장병에게 주어진 주요 발달과업은 정체감 형성의 문제이다. Marcia(1980)는 정체감 위기(crisis)와 관여(commitment)의 유무에 따라 정체성 지위를 4가지로 분류하였다: 위기와 관여가 모두 없는 정체감 혼미(identity diffusion), 위기는 없으나 관여는 있는 정체감 폐쇄(identity foreclosure), 정체성 위기를 경험 중인 정체감 유예(identity moratorium), 위기와 관여가 모두 있는 정체감 성취(identity achievement). “나는 누구인가?”에 대한 답을 찾아가는 데 있어서 직업 선택, 성역할 태도, 종교적 신념, 정치적 이데올로기 등 수많은 주제에 대한 정체감을 형성하는 과정에서 일부 장병들은 위기를 슬기롭게 극복하고 정체감을 잘 형성할 수 있지만, 다른 일부는 정체감을 유전(정체감 폐쇄)받았거나 정체감이 혼미한 상태에 놓일 수 있다. 또 다른 일부는 정체감 유예의 시기에 군을 택하였을 수도 있다. 그리고 우리나라의 출생률이 낮아짐에 따라 자녀에 대한 부모의 관심이 과해지는 경향이 있다. 이로 인해 부모로부터 아이가 정서적으로 독립하는 시기가 점차 늦춰질 수 있다는 점을 이유로, 많은 장병들이 입대 시점에 정체감 위기를 겪지 않았거나, 이로 인해 정체감 형성이 되지 않았을 가능성이 이전보다 높아지고 있다. 지휘관은 어린 장병이 건강한 정체성을 형성하는 것이 순탄하지만은 않은 과정임을 이해하고, 나는 누구인가에 대해 적극적으로 고민하고 자신만의 답을 찾을 수 있도록 도울 수 있는 안내자의 역할을 수행할 수 있어야 하겠다.

참고문헌

Ainsworth, M. D. S., & Bell, S. M. (1970). Attachment, exporation, and separation: Illustrated by the behavior of one-year-olds in a strange situation. Child Development, 41, 49-67.

Ainsworth, M. D. S., Blehar, M. C, Waters, E., & Wall, S. (1978). *Patterns of attachment: A psychological study of the strange situation.* Hillsdale, NJ: Erlbaum.

Belsky, J., Campbell, S. B., Cohn, J. F., & Moore, G. (1996). Instability of infant-parent attachment security. *Developmental Psychology, 32*, 921-924.

Bowlby, J (1973). *Attachment and loss. Vol. 2: Separation: Anxiety and anger.* New York: Basic Books.

Campos, J. J., Bertenthal, B. I., & Kermoian, R. (1992). Early experience and emotional development: The emergence of wariness of heights. *Psychological Science. 3*, 61-64.

Craik, F. I. M., & Jennings, J. M. (1992). Human memory. In F. I. M. Craik & T. A. Salthouse (Eds.), *The handbook of aging and cognition* (pp. 51-110). Lawrence Erlbaum Associates, Inc.

Earles, J. L. K., Connor, L. T., Smith, A. D., & Park, D. C. (1997). Interrelations of age, self-reported health, speed, and memory. *Psychology and Aging, 12*, 675-683.

Eyer, D. E. (1992). *Mother-infant bonding: A scientific fiction.* New Haven, CT: Yale University Press.

Gottesman, I. I. (1963). Genetic aspects of intelligent behavior. In N. Ellis (Ed.), *Handbook of mental deficiency* (pp. 253-296). New York: McGraw-Hill.

Harlow, H. F. (1958). The nature of love. *American Psychologist, 13*, 673-685.

Ivy, G. O., MacLeod, C. M., Petit, T. L., & Markus, E. J. (1992). A physiological framework for perceptual and cognitive changes in aging. In F. I. M. Craik & T. A. Salthouse (Eds.), *The handbook of aging and cognition* (pp. 273-314). Lawrence Erlbaum Associates, Inc.

Kagan, J. (1976). Emergent Themes in Human Development: Some basic assumptions about the development of cognitive and affective structures and their stability from infancy to later childhood are reexamined in light of new evidence from a variety of sources. *American Scientist, 64*, 186–196.

Scarr, S., & McCartney, K. (1983). How people make their own environments: A theory of genotype → Environment effects. *Child Development, 54*, 424–435.

Schaie, K. W., & Willis, S. L. (1996). Psychometric intelligence and aging. *Perspectives on cognitive change in adulthood and aging*, 293–322.

Shaffer, D. R., & Kipp, K. (2014). *Developmental psychology: Childhood and adolescence* (9th ed.). Belmont, CA: Cengage.

Shantz, C. U. (1975). The development of social cognition. In E. M. Hetherington (Ed.), *Review of child development research* (pp. 257–323). Chicago: University of Chicago Press.

Sroufe, L., Carlson, E., Levy, A., & Egeland, B. (1999). Implications of attachment theory for developmental psychopathology. *Development and Psychopathology, 11*, 1–13.

Stern, P. C., & Carstensen, L. L. (2000). *The aging mind: Opportunities in cognitive research.* Washington (DC): National Academies Press.

Waddington, C. H. (1957). *The strategy of the genes.* London: Allen & Unwin.

Wartner, U. G., Grossman, K., Fremmer–Bombik, E., & Suess, G. (1994). Attachment patterns at age six in south Germany: Predictability from infancy and implications for preschool behavior. *Child Development, 65*, 1014 -1027.

Woodward, L., Fergusson, D. M., & Belsky, J. (2000). Timing of parental separation and attachment to parents in adolescence: Results of a prospective study from birth to age 16. *Journal of Marriage and Family, 62*, 162–174.

제06장

학습과 행동

P S Y C H O L O G Y

06 학습과 행동

"유일하게 불변하는 것은 변화이다." (Change is the only constant.)

인간을 포함한 유기체는 환경 속에 존재하고 환경은 본질적으로 변화한다. 지구 온난화, 기상 이변, 지진과 쓰나미, 화산 분화 등을 보라. 자연환경이 불변한다고 생각하는 것은 인간이 지구에 존재하는 기간이 짧기 때문에 느끼는 착각이다. 인간에게는 자연 환경뿐만 아니라 법, 제도, 문화, 관습, 사회적 관계 등으로 형성되는 사회 환경도 매우 중요한데, 사회 환경도 역시 변화한다.

유기체가 환경 속에서 생존하기 위해서는 환경의 변화에 대처해야 하며, 환경 변화에 대처하는 적응기제는 진화와 학습이다. 진화는 변이와 자연선택으로 이루어진다. 변이는 종의 구성원(개체)들이 어떤 특성에서 차이가 존재한다는 것이고, 자연선택은 변이 중 생존에 유리한 것을 가진 개체가 자연에 의해 선택된다는 것이다. 예를 들어 산토끼는 변이로 인해 뒷다리의 길이에 차이가 있다. 뒷다리가 긴 산토끼는 빠르게 달릴 수 있으므로 뒷다리가 짧은 산토끼보다 포식자에게 잡아먹히지 않아서 생존하고 번식할 가능성이 높으며, 그 후손의 뒷다리 변이는 긴 쪽으로 점차 변화된다. 이런 과정이 반복되면 산토끼의 뒷다리는 점점 더 길어지는 진화가 일어난다.

진화는 종이 환경에 대처하는 효과적인 적응기제이지만 한계점이 있다. 진화는 수많은 세대에 걸쳐 매우 느리게 일어난다. 그러므로 환경 변화가 빠르게 진행되면 진화 기제는 작동하지 못한다. 또한 진화는 종이 생존하는 데는 도움이 되지만 개체의 생존에는 도움이 되지 못한다. 지금 당장 생존에 유익한 특성을 지니지 못한 개체는 도태될 수밖에 없기 때문이다.

학습은 진화의 한계점을 극복하게 해주는 다른 유형의 적응기제이다. 현재 뒷다리가 짧은 산토끼는 자신의 행동을 변화시킬 수 있다. 즉 포식자를 경계하고 신속하게 탐지하여 재빨리 피하는 등 '행동'을 변화시킴으로써 생존할 수 있다. 개체가 경험을 통해 행동을 변화시키는 적응기제가 학습이다. 학습은 진화를 통해 생겨난 수정 가능성이며 행동의 진화라고 할 수 있다. 아프리카 초원의 치타와 가젤을 보라. 가젤은 치타를 피하기 위해 불규칙하게 뛰면서 달리는 행동을 하고, 치타는 그런 가젤을 잡기 위해 더 빨리 달리는 행동을 하게 된다.

이 장에서는 학습의 원리와 그것이 적용되는 과정을 살펴볼 것이다. 학습을 공부함으로써 우리는 사람들의 행동이 어떻게 형성되고 변화하는지를 알게 될 것이다. 또한 부적응 행동이 유발되는 원인을 이해하여 그것을 적응적으로 변화시키는 행동치료 및 행동수정 기법에 대해서도 이해하게 될 것이다.

6.1 학습의 개념과 유형

6.1.1 학습의 정의

일반적으로 학습은 공부와 같은 의미로 간주하고 이해와 지식이라는 개념을 사용하여 정의하려 한다. 그러나 심리학에서 학습은 공부보다 더 포괄적인 개념이며, 이해나 지식과 같은 추상적인 개념보다는 관찰과 측정이 가능해서 과학적으로 검증될 수 있는 개념으로 정의하려 한다.

학습(learning)은 경험으로 인한 행동의 변화로 정의된다. 구체적으로 이 정의에 포함된 세 가지 키워드에 주목하라. 첫째, 학습이 경험으로 인한 행동의 '변화'라는 것은 학습이 행동의 습득뿐만 아니라 행동의 상실과 감소도 포함한다는 것이다. 예를 들어, 어떤 학생이 이전에 못했던 자전거 타기를 학습했다면, 그는 경험을 통해 신체균형을 유지하면서 페달을 밟는 행동을 '습득'하게 된 것이다. 반면에 누군가 흡연을 했었는데 지금은 금연을 한다면, 그는 흡연 행동 또는 다른 경험을 통해 흡연 행동을 줄이거나 하지 않는 행동의 변화가 일어난 것이다. 그러므로 학습은 경험으로 인한 행동의 습득, 상실, 감소를 모두 포함하는 행동의 변화인 것이다.

둘째, 학습이 경험으로 인한 '행동'의 변화라고 하는 것은 잠재력과 같은 추상적 개념은 과학적 검증이 어려우므로 관찰과 측정이 가능한 '행동'에 초점을 둔다는 것이다. 학습에서 말하는 행동은 유기체가 행하는 것 중 관찰과 측정이 가능한 모든 것이다. 행동은 시각적으로 관찰할 수 있는 외현적 행동뿐만 아니라 내현적 행동도 포함한다. 예를 들어, 불안 상황에서 나타나는 심장반응(혈압 및 심박수 증가), 얼굴과 손에 나는 땀, 뇌파의 변화 등도 어떤 장치나 검사를 통해 측정될 수 있다면 행동에 포함되는 것이다.

셋째, 학습이 '경험'으로 인한 행동의 변화라고 하는 것은 행동의 변화가 다른 요인에 의해서도 일어나지만 경험에 의한 행동의 변화만을 학습에 포함한다는 것이다. 즉 연령이 증가함에 따라 나타나는 성숙(maturation)에 의한 변화나 피로, 약물복용, 부상, 질병 등으로 인한 행동의 변화는 학습과 구분한다. 우리가 '경험'한다는 것은 환경 속에서 각자가 어떤 사건의 영향을 받거나 어떤 사건에 참여하는 것을 말한다. 우리가 경험하는 것은 환경의 변화이므로 경험에 의한 행동의 변화, 즉 학습은 환경의 변화에 따른 행동의 변화를 의미하기도 한다.

6.1.2 학습의 유형

이 장에서 학습은 고전적 조건화, 조작적 조건화, 그리고 관찰학습으로 나누어 살펴볼 것이다. 고전적 조건화와 조작적 조건화는 학습자의 직접적인 경험을 기반으로 일어나는 연합학습이다. 연합학습은 우리가 환경 속에서 자극과 자극, 또는 자극과 그에 대한 반응이 반복해서 발생하는 것을 경험함으로써 자극과 자극, 또는 특정 자극과 그에 대한 반응이 연합됨을 인식하게 되는 학습이다. 연합학습은 우리의 일상을 지배하는 학습 중 가장 큰 부분을 차지하는 학습 유형이다.

고전적 조건화는 자극과 자극 사이의 관계에 기초한 학습이며, 특정 반응을 이끌어내지 못하던 자극(중성자극)이 그 반응을 무조건적으로 이끌어내는 자극(무조건자극)과 반복적으로 짝지어 제시되는 경험의 결과로 조건반응을 유발하게 되는 학습원리이다. 조작적 조건화는 어떤 행동과 그 결과 사이의 관계에 기초한 학습이며, 사람들이 긍정적인 결과를 가져오는 행동은 계속 수행하고, 부정적인 결과를 가져오는 행동들은 피하도록 학습하게 될 때 일어난다.

관찰학습은 대리학습이나 모델링이라고도 하며 Bandura의 사회학습이론에 근거를 두고 있다. 관찰학습은 학습자의 직접 경험이 아니라 타인의 행동을 관찰하는 대리적 경험을 통해 일어나는 학습이다.

6.2 고전적 조건화

6.2.1 고전적 조건화의 기본 절차

고전적 조건화는 개인에게 어떤 사태를 예언하는 조건에 대한 반응을 학습하게 해준다. 당신은 레몬 조각을 보면 입에 침이 고이고, 사나운 개가 날카로운 이빨을 드러내면 공포반응이 유발되고, 좋아하는 모델이 광고하는 제품에 호감을 느끼기도 할 것이다. 이런 예들은 우리 주변에서 흔히 찾아볼 수 있는 고전적 조건화의 결과이다. 어떤 반응을 유발하는 자극과 새로운 자극이 짝지어지는 '경험에 의하여' 새로운 자극에 의해서도 그 반응이 유발되는 '행동의 변화'가 일어난 것이다.

고전적 조건화에 대한 연구를 체계적으로 실시한 사람은 1904년 소화생리학 연구업적으로 노벨상을 수상한 러시아의 Ivan P. Pavlov(1849~1936)이다. 그는 개를 실험장치에 결속시킨 후 입에 먹이를 주고 타액선에 연결된 관을 통하여 타액 분비량을 측정하였다(그림 6-1 참조). 이러한 실험과정에서 Pavlov는 새로운 사실을 발견하게 된다. 즉 여러 차례 먹이를 제공받은 개는 그 먹이와 시·공간적으로 연합되었던 자극들(예컨대, 먹이를 담았던 그릇, 먹이를 주었던 조교의 발자국 소리 등)을 보거나 듣고서, 먹이가 제공되기도 전에 타액을 분비하는 행동의 변화가 일어난 것이다. Pavlov는 이를 심적 반사(psychic reflex)라고 하였으며, 어떤 경험이 어떤 방식으로 행동의 변화를 유발하는지를 본격적으로 연구하여 고전적 조건화 학습이론을 체계화하였다. Pavlov 실험의 목적은 개의 반응 탐구가 아니라 인간의 행동이 경험에 의해 변화하는 학습의 원리를 규명하기 위한 것이라는 사실에 주목하라.

반사에는 두 가지 유형이 있다. 먼저 무조건반사는 학습이 필요 없는 선천적인 반사이며 무조건자극(unconditioned stimulus: US)과 무조건반응(unconditioned response: UR)으로 구성되고, 전자는 후자를 무조건적으로 야기한다. 예를 들어 우리가 음식(US)을 먹으면 침을 분비하는 반응(UR)이 무조건적으로 유발된다. 이에 비해 조건반사는 조건자극(conditioned stimulus: CS)과 조건반응(conditioned response: CR)으로 구성되는데, 이는 경험에 의해 형성되는 학습된 반사이다.

Pavlov는 처음에는 무조건 반응을 유발하지 않던 중성자극(neutral stimulus: NS)에 무조건반응(UR)을 유발하는 무조건자극(US)을 짝지어 제시하면, 이 중성자극(NS)이 조건자극(CS)이 되어 조건반응(CR)을 유발하게 되는 행동의 변화가 일어나는 것을 실험적으로 입증하였다. 이와 같은 절차를 고전적 조건화(고전적 조건형성, classical conditioning) 또는 파블로프식 학습이라고 부른다.

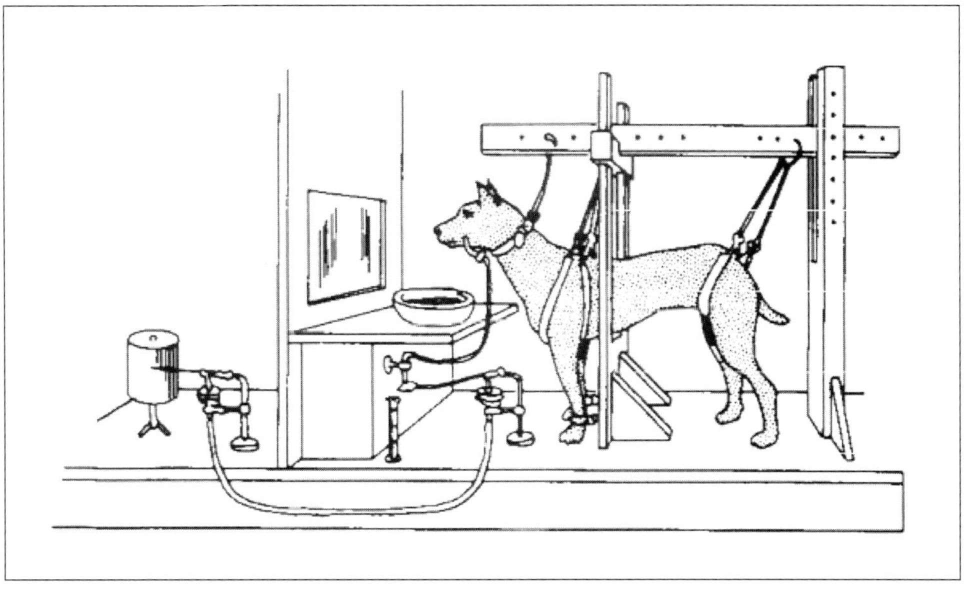

[그림 6-1] Pavlov의 고전적 조건화 실험장치

6.2.2 고전적 조건화의 원리와 현상

6.2.2.1 조건반응의 학습

Pavlov의 전형적 실험을 바탕으로 고전적 조건화의 기본 절차와 진행 과정을 살펴보면 다음과 같다(그림 6-2 참조). 먼저 개의 입에 먹이(US)를 제공하면 개는 침을 분비(UR)할 것이다. 이것은 무조건 반사이다. 그러나 개에게 종소리를 제시하면 개는 소리가 나는 종을 쳐다보기는 하겠지만 침을 분비하지는 않을 것이므로 종소리는 침 분비 반응에 대하여 중성자극(NS)이다.

개에게 종소리(NS)와 먹이(US)를 짝지어 제공하기를 반복하면, 나중에는 먹이(US)가 제공되기도 전에 종소리만 듣고도 침을 분비하는 행동의 변화가 유발된다. 이전에 침 분비반응을 유발하지 않았던 종소리(NS)가 조건화 과정을 통하여 침 분비반응(CR)을 유발하는 조건자극(CS)이 된 것이다.

개는 고전적 조건화 과정을 통해 무엇을 학습한 것일까? 개는 종소리가 먹이가 나타날 것을 신호한다는 것을 경험을 통해 배워서 그에 대한 준비반응으로 침 분비반응을 하게 된 것이다. 이와 같이 유기체는 고전적 조건화를 통해 환경의 신호에 대한 적절한 반응을 학습하는 것이다.

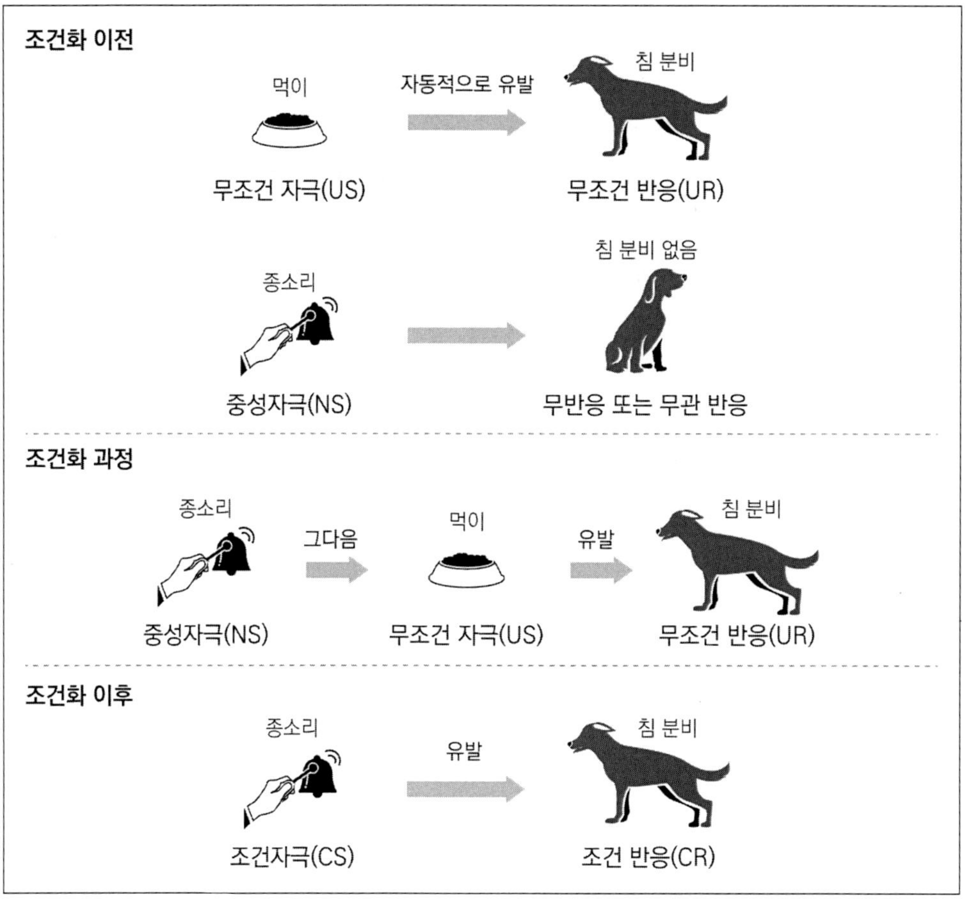

[그림 6-2] 고전적 조건화의 과정
출처: Naime, Psycbology, 6E, © 2014 Cengage Learning.

6.2.2.2 조건반응의 소거와 자발적 회복

일단 조건화가 확립되면, 조건자극과 무조건자극이 가끔 짝지어지기만 해도 조건반응은 계속 유지될 수 있다. 그러나 조건화가 확립된 후 조건자극에 무조건자극이 더 이상 짝지어지지 않는 상황이 계속되면 조건반응은 점차 약해지고 결국은 사라지게 된다. 이와 같이 소거 절차로 인하여 학습된 반응이 약해지고 사라지게 되는 현상을 소거(extinction)라고 한다. 여기서 소거 절차는 무조건자극 없이 조건자극만을 반복해서 제시하는 것이다. Pavlov의 실험에서, 조건반응이 확립된 후 더 이상 먹이(US)가 뒤따르지 않고 종소리(CS)만을 단독으로 제시하면 침 분비 반응(CR)은 점차 약해져서 결국은 나타나지 않게 된다(그림 6-3 참조). 소거는 경험을 통하여 학습된 행동이 변함없이 지속되는 것은 아니라는 것을 보여준다.

언뜻 보면 소거는 망각과 비슷해 보인다. 망각은 시간이 흐르면서 연습을 하지 못함으로 인해 생기는 수행의 퇴화이다. 그러나 소거가 일어났다고 해서 학습된 반응이 완전히 제거된다고 생각하면 곤란하다. 그림 6-3에서 보는 바와 같이, 소거가 일어난 후, 일정 기간 동안 조건자극과 무조건자극이 모두 제시되지 않는 휴식기간(resting period)이 있고 나서, 조건자극을 다시 제시하면 사라졌던 조건반응이 다시 나타난다. 이러한 현상을 자발적 회복(spontaneous recovery)이라고 한다. 자발적 회복을 보인 후에, 조건자극과 무조건자극을 짝지어 제시하는 재조건화(reconditioning)를 실시하면 조건반응이 처음의 조건화 때보다 더 신속하게 증가하고, 재소거 절차를 실시해도 처음 소거 절차를 실시할 때보다 더 빨리 소거가 일어난다.

자발적 회복과 뒤이은 재학습 및 재소거 과정에서 나타나는 현상들은 소거가 학습된 반응이 단순히 제거되는 과정이 아니라는 것을 보여준다. 소거 과정은 조건화 과정의 대칭적인 반대가 아니며 학습이 일어난 것을 지우는 망각의 과정도 아니다. 소거는 이전에 학습된 반응이 새로운 상황에서는 더 이상 적절하지 않으므로 학습된 반응을 억제하는 새로운 학습이 일어나는 과정이라는 것을 보여준다.

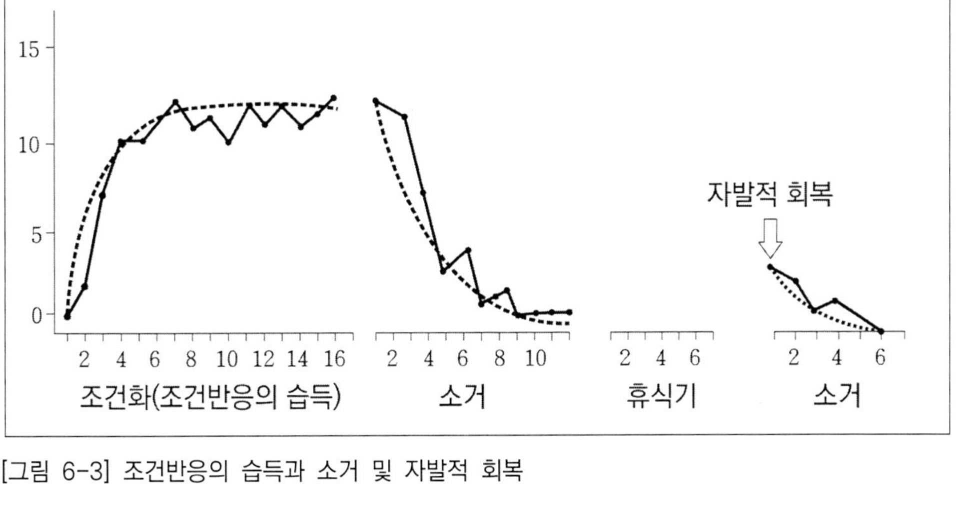

[그림 6-3] 조건반응의 습득과 소거 및 자발적 회복

6.2.2.3 일반화와 변별

어떤 조건자극에 대하여 조건반응이 확립되면 그 조건자극과 유사한 다른 자극에 의해서도 조건반응이 유발된다. 이와 같은 현상을 일반화(generalization)라고 한다. Pavlov의 실험에서 1,000Hz의 소리 자극(CS)과 먹이(US)를 짝지어 제시하여 침을 분비하는 조건반응이 확립된 후, 1,000Hz(CS)와 유사한 900Hz나 1,100Hz의 소리 자극을 제시해도 어느 정도의 침 분비 반응을 하게 된다(Hz는 소리의 높낮이를 나타내는 주파수 단위이다). 일반화는 제시된 자극이 조건자극과 유사할수록 더 강하게 일어난다. '자라보고 놀란 가슴 솥뚜껑 보고 놀란다'라는 속담은 일반화가 일어난 것을 의미한다.

변별(discrimination)은 조건화 과정에서 사용했던 바로 그 자극에 대해서만 학습된 반응을 하는 현상을 말한다. Pavlov의 실험에서 개에게 900Hz, 1,000Hz, 1,100Hz의 각각 다른 음고의 소리 자극을 번갈아 제시하면서, 이 중 1,000Hz의 소리에만 먹이(US)를 짝지어 제시하면 개는 1,000Hz의 소리 자극(CS)에만 선택적으로 침 분비 반응(CR)을 하고 900Hz나 1,100Hz의 소리에는 침 분비 반응을 하지 않게 될 것이다.

일반화는 한 상황에서 학습된 반응이 다른 상황으로 퍼져 나가는 현상이고, 변별은 학습된 반응이 특정 상황에 국한해서 일어나는 현상이다. 일반화와 변별은 교육적으로 중요한 의미를 지니므로 이에 대해서는 조작적 조건화의 일반화와 변별에서 다시 설명한다.

6.2.2.4 고차조건화

Pavlov의 실험에서, 침 분비반응을 유발하지 않던 종소리(NS)에 침 분비반응(UR)을 유발하는 먹이(US)를 반복적으로 짝지어 제시하면 종소리(CS)가 침 분비반응(CR)을 유발하는 힘을 갖게 된다[1차 조건화]. 그런 다음, 새로운 메트로놈 소리(NS2)에 종소리를 짝지어 제시하여(여기에는 무조건자극을 짝짓지 않음에 유의하라.) 새로운 조건화를 확립할 수 있다. 즉 메트로놈 소리가 조건자극(CS2)이 되어 침 분비반응(CR2)을 유발하게 된다[2차 조건화]. 이렇게 조건화가 확립되면 이 조건자극에 또 새로운 중성자극을 짝지어서 새로운 조건화를 확립할 수 있다[3차 조건화]. 이와 같이 중성자극이 무조건자극이 아니라 잘 확립된 조건자극과 짝지어져서 조건화를 확립하는 것을 고차조건화(고순위조건화 또는 고순위조건형성, higher-order conditioning)라고 한다.

고차조건화는 인간의 학습에서 매우 중요한 의미가 있다. 중성자극이 반드시 무조건자극과 연합되지 않고도 조건화가 일어날 수 있기 때문이다. 당신에게 어떤 모델(CS1)이 긍정적 정서반응(CR)을 유발한다면, 그 모델과 어떤 제품(CS2)을 짝지어서 그 제품에 대한 긍정적 정서반응을 유발할 수 있다. 그 모델은 무조건자극이 아니며, 이전의 어떤 경험에 의해 긍정적 정서를 유발하는 힘을 갖게 되었을 것이다. 고차 조건화는 제품이나 기관의 이미지 광고에 널리 활용된다. 고전적 조건화의 학습원리가 비교적 단순해 보이지만 고차조건화로 인하여 인간의 학습에 적용되는 범위가 크게 확장되는 것이다.

6.2.3 고전적 조건화의 적용

6.2.3.1 조건정서반응

어떤 사람들은 치과에만 가면 불쾌감이 수반되고, 뱀이나 곤충을 보면 기겁하여 놀리기도 하며, 높은 곳, 좁은 엘리베이터, 중요한 시험 보기, 대중 앞에서 발표하기 등 특정 상황에서 심각한 공포증이나 공황장애를 보이기도 한다. 또한 특정 인종, 국가, 종교에 대하여 합리적 근거가 없는 혐오감이나 편견을 갖기도 한다. 이와 같이 사람들이 어떤 대상이나 상황에 대하여 부적절한 정서적 반응을 보이는 이유는 무엇일까? 이런 문제를 극복하도록 도우려면 어떻게 해야 할까?

Watson과 Rayner(1920)의 조건정서반응(conditioned emotional response: CER) 연구는 이 질문에 대한 해답을 제공해 준다. 이 연구의 피험자는 앨버트라는 11개월 된 건강한 아이였다. 이 아이는 처음에는 흰쥐, 비둘기, 토끼, 개 또는 불이 붙은 신문지 등에 대해 공포반응을 보이지 않았다. 즉 이 자극들은 앨버트의 공포반응에 대하여 중성자극(NS)이다. 반면에 머리 뒤에서 망치로 쇠막대를 쳐서 내는 큰소리(US)에는 놀라서 우는 공포반응(UR)을 보였다. 연구자가 앨버트 앞에서 흰쥐(NS)와 쇠막대 소리(US)를 짝지어 제시하는 시행을 반복했더니 앨버트는 흰쥐를 보고 놀라서 울게 되었다. 앨버트는 고전적 조건화에 의해서 흰쥐(CS)에 대한 공포반응(CR)을 학습하게 된 것이다. 더욱이 앨버트는 흰쥐뿐만 아니라 흰토끼, 산타클로스 가면 등 흰쥐와 유사한 자극에도 공포반응을 보이는 일반화도 일어났다. Watson의 연구는 공포증과 같은 심리장애가 고전적 조건화의 결과일 수 있음을 보여주었다.

그렇다면 공포증은 어떻게 치료할 수 있을까? Mary Cover Jones(1924a, 1924b)는 공포증을 유발한 고전적 조건화 원리를 역으로 적용한 역조건화(counterconditioning)를 통해 공포증을 치료할 수 있다고 하였다. Jones의 피험자는 피터라는 세 살 된 아이였는데, 토끼를 지나치게 무서워하였다. 토끼에 대한 피터의 공포증은 아마도 모르는 사이에 일어난 고전적 조건화의 결과일 것이므로 Jones는 공포증 치료를 위해 역조건화를 적용하였다. 먼저 공포반응의 반대 정서인 이완반응을 유발하는 자극을 찾아냈는데, 피터에게는 우유와 크래커가 그것이었다. 다음에는 피터가 토끼를 크게 무서워하지 않을 만큼 멀찍이 두고서 우유와 크래커를 먹도록 하였다. 그렇게 해서 피터의 공포반응이 사라지면 토끼를 좀 더 가까이 둔 상태에서 우유와 크래커를 먹도록 하였다. 이와 같은 방식으로 토끼를 점점 더 피터 가까이로 가져오기를 매일 계속하였다. 결국 피터는 우유와 크래커를 먹으면서 가까이에 있는 토끼를 만질 수 있을 만큼 토끼에 대한 공포반응이 사라지게 되었다.

이와 같이 고전적 조건화로 인해 학습된 부적절한 정서반응을 역전시키기 위해 고전적 조건화의 원리를 사용하는 것을 역조건화라고 한다. 이 행동치료 기법은 그 사람이 편안하다고 느끼는 동안 공포증을 유발하는 자극에 점진적으로 노출시키기 때문에 노출치료(exposure therapy)라고도 한다. Jones의 연구 이후 역조건화를 적용한 행동치료 기법들이 개발되었는데, 체계적 둔감화(systematic desensitization)가 대표적이다. 이 기법을 적용하는 과정은 다음과 같다.

- 1단계: 치료자가 환자와의 면접을 통해 불안을 유발하는 대상과 상황을 조사하여 유발되는 불안의 정도에 따라 불안 자극위계목록을 작성한다. 예를 들어, 사람들 앞에서 말하기를 불안해한다면, 2명과 의논할 때, 3명 앞에서 발표할 때, 5명 앞에서 발표할 때 등 불안을 유발하는 상황과 유발된 불안의 강도를 조사하여 불안 자극위계목록을 작성한다.
- 2단계: 좋아하는 음악 등을 들려주어 편안한 정서상태에 있게 하는 이완훈련을 실시한다.
- 3단계: 편안하게 이완된 상태에서 불안 유발자극을 제시한다. 이 때 불안자극은 자극위계목록 중 가장 약한 불안을 유발하는 자극에서부터 시작하여 불안이 해소되면 점차 더 강한 자극으로 단계적으로 대치한다. 이와 같은 방식으로 불안이 완전히 극복될 때까지 계속한다.

어떤 집단에 대한 편견이나 적개심도 고전적 조건화를 통하여 습득될 수 있고 역조건화에 의해 변화될 수 있다. 인종, 성별, 민족, 종교, 지역 등에 대한 편견의 형성 및 해소에도 고전적 조건화의 원리가 적용될 수 있는 것이다.

6.2.3.2 광고

고전적 조건화는 각종 광고에도 다양한 방식으로 적용된다. 광고심리학에서는 주의 끌기, 정보 제공, 기억 강화 등 다양한 요인을 고려하지만, 사람들이 특정 제품을 일단 좋아하면 그 물건을 구매할 가능성이 높아진다는 가정 아래, 그 제품에 대하여 긍정적인 정서반응을 갖도록 하는 것이 중요하다. 예를 들어, 새로운 상품을 광고할 때는 긍정적 정서를 유발하는 매력적인 모델을 등장시켜서 그 제품에 대한 긍정적 정서가 유발되도록 한다.

이와 관련된 연구에서 Gorn(1982)은 대학생들을 두 집단으로 나누어 한 집단에게는 대중들이 좋아하는 영화음악을 들려주고, 다른 집단에게는 생소한 인도 고전음악을 들려주면서, 각각 우유빛색 펜과 파란색 펜을 슬라이드를 통해 보여주었다. 그런 다음에 각자가 좋아하는 색깔의 펜을 선택하여 가지도록 한 결과, 좋아하는 음악을 들었던 피험자 중 79%가 그 음악과 짝지어졌던 색깔의 펜을 선택한 반면에, 생소한 음악을 들었던 피험자 중 70%는 그 음악과 짝지어지지 않았던 색깔의 펜을 선택하였다. 이 연구는 고전적 조건화로 인해 특정 제품에 대한 정서적 반응이 달라진다는 것을 입증한 것이다.

6.3 조작적 조건화

6.3.1 조작적 조건화의 기본 절차

사람들은 어떤 행동을 한 후 그 결과를 경험하고서 그런 행동을 다시 반복하기도 하고 반복하지 않기도 한다. 조작적 조건화(operant conditioning)는 어떤 행동과 그 행동의 결과 사이의 관계성을 학습하는 것이다. 즉 어떤 행동을 하면 긍정적 결과가 초래되고 다른 행동을 하면 부정적 결과가 초래된다는 것을 경험을 통해 학습하는 것이다. 조작적 조건화는 유기체가 특정 행동을 한 뒤에 어떤 결과가 초래되느냐에 따라 그 행동이 다시 나타날 확률이 변화되는 학습이다.

6.3.1.1 Thorndike의 효과의 법칙

미국의 행동주의 심리학자 Edward L. Thorndike(1874~1949)는 문제상자(puzzle box) 실험을 통해 동물의 지능을 연구하였다(Thorndike, 1898). 문제상자 안에 있는 고양이는 페달을 밟으면 문이 열리고 상자 밖에 있는 먹이를 먹을 수 있다. Thorndike는 이런 문제상자에서 고양이의 행동을 관찰하였는데, 창살 사이로 발을 내밀어 고기를 끌어오려고 하거나, 이리저리 돌아다니는 등 다양한 행동을 하였다. 그러다가 고양이는 우연히 페달을 밟게 되었고, 그 결과로 문이 열려서 먹이를 먹게 되었다. 이렇게 한 시행이 끝나면 고양이를 다시 실험상자에 넣는 시행을 반복하며 고양이가 페달밟기 행동을 하는 데 걸린 시간을 기록하였다(그림 6-4 참조). 시행이 반복됨에 따라 고양이의 페달밟기 행동은 점점 더 자주 하게 되었고, 먹이를 얻는 데 도움이 되지 않는 다른 행동들은 점점 더 하지 않게 되었다.

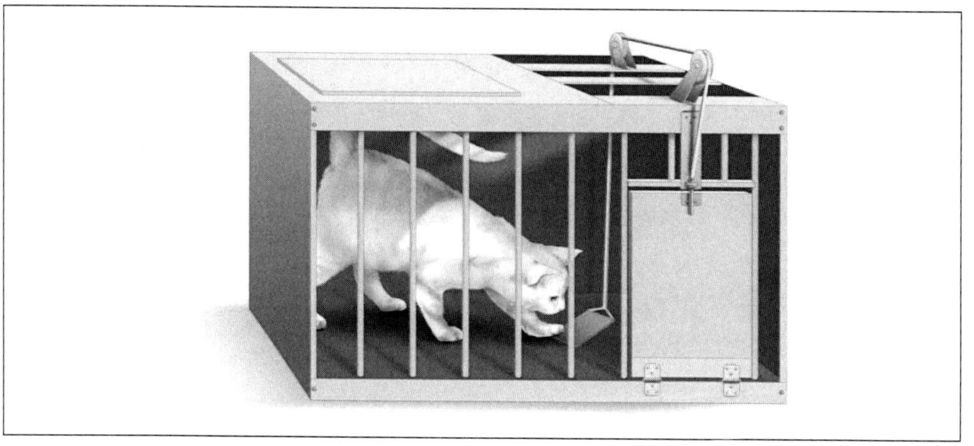

[그림 6-4] Thorndike의 문제상자

고양이는 페달밟기를 하여 상자를 빠져나오는 것을 어떻게 학습한 것일까? 우리가 단순히 최종 수행만을 관찰했다면 고양이가 추리나 이해를 했다고 볼 수도 있겠지만, Thorndike는 학습 시행에 따른 반응시간을 표시한 학습곡선을 검토하여 각 시행마다 정확반응, 즉 페달을 밟고 상자를 탈출하는 데 소요된 시간이 점진적으로 감소하였음을 발견하였다(그림 6-5 참조). 따라서 문제해결은 갑작스러운 통찰이 일어나서가 아니라 정확반응이 점진적으로 증가하는 방식으로 성취된다는 것이다. 시행이 반복됨에 따라 고양이는 시행착오를 통해 정확한 반응을 하는 빈도는 점진적으로 증가(증강)되고 부정확한 반응을 하는 빈도는 점진적으로 감소(약화)된 것이다.

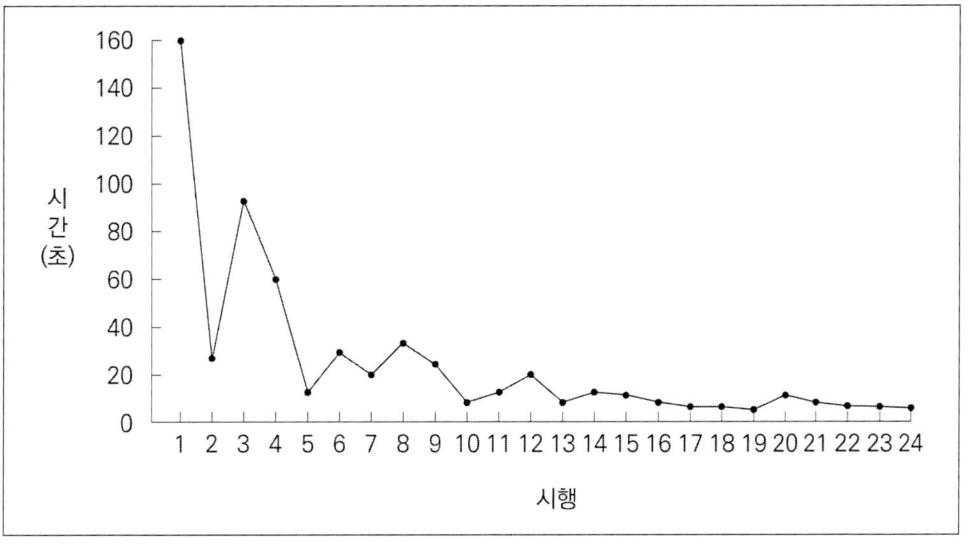

[그림 6-5] 문제상자에서의 학습곡선(문제상자에서 탈출하는 데 걸리는 시간)

유기체가 하는 행동은 만족스러운 결과를 가져오기도 하고 원하지 않거나 불쾌한 결과를 가져오기도 한다. 특정 행동이 만족스러운 결과를 가져오면 그 행동은 반복되고, 반대로 어떤 행동이 원하지 않거나 불쾌한 결과를 초래하면 그 행동은 반복되지 않을 것이다. 이런 원리를 Thorndike는 효과의 법칙(law of effect)이라고 불렀다. 효과의 법칙은 특정 반응이 일어나는 확률은 그 반응이 환경에 미치는 효과(결과)에 달려 있다는 것이다. 즉 행동은 그 결과의 함수이다. 앞의 문제상자에서 고양이가 페달을 밟는 행동은 고양이가 원했던 먹이를 얻는 결과를 가져왔으므로 다시 하게 될 확률이 증가되고, 먹이를 얻는 데 효과가 없었던 다른 행동들은 반복되지 않은 것이다. 수업시간에 학생이 질문을 해서 선생님과 동료들의 인정을 받았다면 그 학생의 질문 행동은 반복되고 증가될 것이지만 그저 무시되거나 놀림을 받게 되었다면 그 학생은 질문을 하지 않게 될 것이다.

Thorndike가 지적하였듯이, 진화론에서의 적자생존 법칙처럼 유기체의 행동은 효과의 법칙을 통하여 적합한 행동은 반복되고 그렇지 않은 행동들은 사라진다. 그는 유기체의 행동이 강화물을 얻는 데 도구가 된다는 의미에서 이러한 유형의 학습을 도구적 조건화(instrumental learning)라고 하였다.

6.3.1.2 Skinner의 조작적 행동

Burrhus F. Skinner(1904~1990)는 스키너 상자라는 실험장치를 고안하여 조건화 연구를 실시하였다(그림 6-6 참조). 스키너 상자 안에는 지렛대나 버튼, 먹이통, 전등과 스피커가 있고, 상자 밖에는 이런 장치들을 통제하고 실험동물의 반응을 기록하는 장치(컴퓨터)가 있다. 스키너 상자에 놓인 배고픈 쥐는 새로운 환경을 탐색하면서 여러 가지 행동을 할 것이다. 그러다가 우연히 지렛대를 누르게 되고 그 결과로 먹이를 얻게 된다. 이런 시행이 반복되면서 쥐는 여러 반응 중에서 먹이를 얻는데 필요하지 않은 반응은 하지 않게 되고, 바로 지렛대를 눌러서 먹이를 얻는 것을 학습하게 된다. 쥐는 원하는 것을 얻기 위해 환경을 조작하는 것을 학습한 것이다.

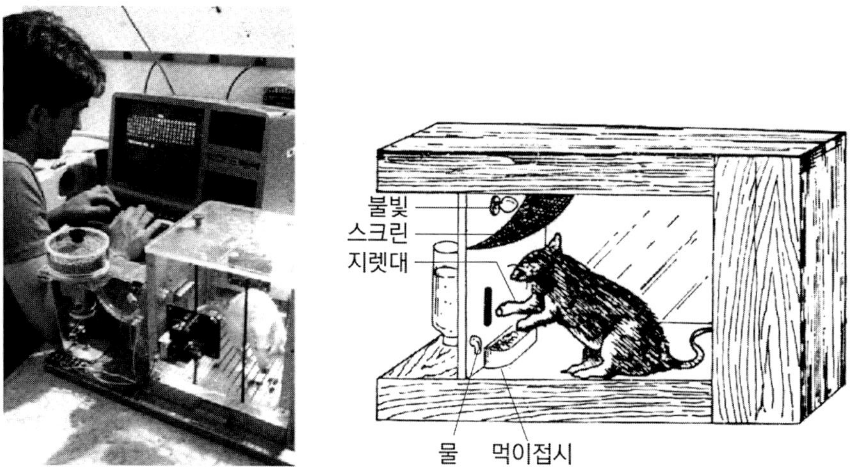

(a) (b)

[그림 6-6] 스키너 상자

Thorndike의 효과의 법칙처럼, Skinner도 조작적 행동을 하는 경향성은 그 행동의 결과에 의해서 강화되거나 약화된다고 하였다(Skinner, 1938). Skinner는 행동이 환경에 조작을 가하고, 행동은 그 결과에 의해 증가(증강)되거나 감소(약화)되기 때문에 이러한 유형의 학습을 조작적 조건화(operant conditioning) 또는 조작적 학습(operant learning)이라고 하였다.

6.3.2 조작적 조건화의 원리

6.3.2.1 조건반응의 학습

조작적 조건화 절차는 유기체가 어떤 행동을 한 후 그 행동으로 인한 결과를 경험하고서 그 행동을 다시 할 확률이 증가되거나 감소되는 절차이다. Skinner는 조작적 조건화 절차를 조작적 행동과 그것이 초래하는 결과 사이의 관계성에 따라 네 가지로 구분하였다.

조작적 행동이 초래하는 결과에 대한 이해를 위해, 먼저 어떤 행동을 한 결과로 나타나는 강화물에 대하여 살펴볼 필요가 있다. 강화물은 적용 대상에게 미치는 효과에 따라 욕구적 강화물과 혐오적 강화물로 구분된다. 욕구적 강화물(appetitive reinforcer)은 음식, 음료, 돈, 칭찬 등과 같이 조건화 절차가 적용되는 대상에게 유쾌한 사태를 초래하는 자극이나 조건을 말한다. 혐오적 강화물(aversive reinforcer)은 통증, 소음, 전기충격, 비난 등과 같이 적용되는 대상에게 불쾌한 사태를 초래하는 자극이나 조건을 말한다.

행동과 그 결과 사이의 관계성에 대해서는, 어떤 행동이 '출현'한 후 그 결과로 어떤 자극이나 사태가 '제시'(나타나는)되는 경우는 행동과 그 결과 사이에 정적 수반성(positive contingency)이 있는 것이고, 반대로 어떤 행동이 '출현'한 후 어떤 자극이나 사태가 '제거'(사라지는)되는 경우는 행동과 그 결과 사이에 부적 수반성(negative contingency)이 있는 것이다. 표적행동과 그 결과 사이의 수반성에 따라 구분하는 네 가지 유형의 조작적 조건화 절차는 표 6-1과 같다.

▼표 6-1 조작적 조건화 절차의 구분

<table>
<tr><td colspan="3" rowspan="2"></td><td colspan="2">그 행동의 변화</td></tr>
<tr><td>증가(증강)</td><td>감소(약화)</td></tr>
<tr><td rowspan="2">(경험)</td><td rowspan="2">어떤 행동의 결과</td><td>어떤 것이 제시됨</td><td>정적 강화
(욕구적 강화물 제시)</td><td>정적 처벌
(혐오적 강화물 제시)</td></tr>
<tr><td>어떤 것이 제거됨</td><td>부적 강화
(혐오적 강화물 제거)</td><td>부적 처벌
(욕구적 강화물 제거)</td></tr>
</table>

① 정적 강화

정적 강화(positive reinforcement)는 어떤 행동을 하면 욕구적 강화물을 제시하여, 그 행동의 출현 빈도나 강도가 증가되는 절차이다. 이는 조작적 행동과 욕구적 강화물이 정적 수반성의 관계에 있는 절차이다. 예를 들면, 어린아이가 장난감을 정리하는 행동을 하고서 부모의 칭찬을 받은 후 장난감을 정리하는 행동이 증가하였다면 정적 강화가 적용된 경우이다. 학생들이 과제를 충실히 해서 좋은 점수를 받은 후 다음에도 과제를 충실히 하게 된 경우도 마찬가지이다.

② 부적 강화

부적 강화(negative reinforcement)는 어떤 행동을 하면 혐오적 강화물을 제거하여, 그 행동의 출현 빈도나 강도가 증가되는 절차이다. 이는 조작적 행동과 혐오적 강화물이 부적 수반성의 관계에 있는 절차이다. 부적 강화도 정적 강화와 마찬가지로 표적반응의 빈도나 강도가 증가되는 절차이다. 정적 강화와 부적 강화의 차이점은 정적 강화에서는 욕구적 강화물이 제시되고 부적 강화에서는 혐오적 강화물이 제거된다는 점이다.

스키너 상자에 있는 쥐에게 약한 전기쇼크를 제시하고 있는 상태에서 쥐가 지렛대 누르기를 하면 전기쇼크를 중단하여 쥐의 지렛대 누르기 반응이 증가되었다면 부적 강화가 적용된 것이다. 학교 기숙사에서 학생들이 규정을 위반하면 벌점을 부과하고 벌점이 일정 수준을 초과하여 외출금지가 예정된 상태에서, 그 학생이 자원봉사활동을 하면 외출금지를 해제하여 자원봉사활동이 증가되었다면, 이는 부적 강화가 적용된 것이다. 형무소에 수감된 수형자가 모범적인 수형생활을 할 경우 남은 형기를 단축시켜 줌으로써 모범적인 수형생활을 더 많이 하게 된 경우도 마찬가지이다.

부적 강화에는 두 가지 유형이 있다. 하나는 도피학습(escape learning)인데, 이는 혐오적 자극을 경험하고서 어떤 행동을 하여 혐오적 자극이 종결되는 경험을 한 후 그 행동의 빈도나 강도가 증가되는 절차이다. 예를 들어, 두통이 왔을 때 어떤 진통제를 먹고 두통이 사라졌다면 다음에 또 두통이 오면 그 진통제를 먹는 행동이 증가될 것이다. 부적 강화의 다른 유형인 회피학습(avoidance learning)은 혐오스러운 결과가 예상될 때 미리 어떤 행동을 함으로써 혐오스러운 결과를 예방하는 것이다. 학기말에 낙제(F학점)가 예상되는 학생은 기말시험에 대비하여 미리 공부를 열심히 함으로써 낙제하는 결과를 회피(예방)하고, 화제를 예방하기 위해 미리 불조심 행동을 실행함으로써 화재 피해를 예방하는 것도 회피학습이다.

③ 정적 처벌

정적 처벌(positive punishment)은 어떤 행동을 하면 혐오적 강화물을 제시하여 그 행동의 출현 빈도나 강도가 감소되는 절차이다. 이는 조작적 행동과 혐오적 강화물 사이에 정적 수반성의 관계가 있는 절차이다. 어린아이가 뜨거운 난로를 만져서 화상의 아픔을 경험하고서 다시는 난로를 만지지 않게 되었다면 정적 처벌이 적용된 것이다. 학교 기숙사에서 학생들이 규정을 위반하면 벌점을 받은 경험을 한 후 규정위반 행동이 감소된 경우도 마찬가지이다.

④ 부적 처벌

부적 처벌(negative punishment)은 어떤 행동을 하면 욕구적 강화물을 제거하여 그 행동의 출현 빈도나 강도가 감소되는 절차이다. 이는 조작적 행동과 욕구적 강화물 사이에 부적 수반성의 관계가 있는 절차이다. 부적 처벌은 유기체의 반응(행동)이 정적 강화물의 상실이라는 대가를 치르게 하므로 반응대가(response cost)라고도 하고, 타임아웃(time-out)과 생략훈련도 부적 처벌 절차이다.

타임아웃은 교육적, 치료적 목적으로 자주 적용된다. 유치원에서 어린이가 동료의 학습을 방해하는 행동을 하면, 그 어린이의 수업 참여를 일정 시간 동안 중단시키고 교실 한 쪽에 서 있도록 하여(수업 참여라는 욕구적 강화물을 제거하여) 방해 행동을 감소시킬 수 있다. 생략훈련은 부적절한 행동을 하면 예정되어 있던 정적 강화물의 제공을 취소하는 절차이다. 초등학생인 지적 장애아에게 주기적으로 제공하던 사과, 포도, 주스 등을 그가 부적절한 손 흔들기를 반복할 경우 제공하지 않음으로써 손 흔들기 행동을 감소시킬 수 있었다(Barton, Brulle, & Repp, 1986).

우리 사회에서 흔히 적용되는 범칙금이나 과태료도 부적 처벌 절차가 적용되는 경우이다. 어떤 사람이 과속운전(행동)을 하면 범칙금을 통해 욕구적 강화물(돈)을 제거하는 결과가 초래되어 과속운전이 감소되었다면 부적 처벌이 적용된 것이다.

정적 처벌과 부적 처벌의 공통점은 행동의 빈도나 강도가 감소되는 결과를 가져온다는 것이고, 차이점은 정적 처벌은 혐오적 강화물이 제시되는 절차인 반면에 부적 처벌은 욕구적 강화물이 제거되는 절차이다.

6.3.2.2 조형과 연쇄 짓기

조작적 조건화에서 행동은 그 결과의 함수이므로 어떤 행동에 수반되는 결과를 가지고 그 행동의 재출현 가능성을 변화시킬 수 있다. 그러므로 유기체로 하여금 어떤 행동을 하게 하는 방법은 그 행동을 할 경우에 강화적 결과를 제시하는 것이다. 그런데 어떤 행동이 자발적으로는 거의 또는 전혀 나타나지 않을 경우, 그 행동을 하도록 학습시키려면 어떻게 해야 할까? 이런 경우에 사용하는 기법이 조형(조성, shaping)이다. 조형은 학습시키고자 하는 행동을 순차적으로 닮아가는 유사한 행동을 체계적으로 강화하는 절차이다.

수족관에서 조련사가 돌고래로 하여금 수면 위 2m 높이에 있는 후프를 통과하도록 훈련시키는 경우를 생각해보자. 훈련받지 않은 돌고래가 자발적으로 물 위의 높은 곳에 있는 후프를 뛰어넘는 행동을 할 가능성은 거의 없을 것이다. 그러므로 조련사는 먼저 후프를 물속에 넣은 상태에서 돌고래가 이 후프에 접근하기만 해도 먹이를 제공하여 강화한다. 다음에는 후프를 통과하는 행동을 하면 강화를 하고, 그 다음에는 후프를 물 위로 드러낸 후 이를 통과하면 강화를 한다. 이와 같은 방식으로 점차 후프의 높이를 점점 더 높여서 결국 2m 높이의 후프 넘기 행동을 학습시킬 수가 있다.

조형 기법은 교육 및 재활치료에서 실용적으로 많이 사용된다. 교사는 글자 쓰기를 가르칠 때 처음에는 무슨 글자인지 알아보기 힘들더라도 칭찬해주고, 점차 요구수준을 높여서 글자를 정확하고 반듯하게 쓰도록 할 수 있다. 아이가 말을 배울 때도 '할아버지'는 어려운 발음이므로 '하비－할아비－할아버지'와 같이 쉬운 발음부터 점차적으로 닮아가는 발음을 강화하는 조형 기법을 적용하면 언어학습에 효과적이다. 마찬가지로 재활치료사는 환자에게 처음에는 상대적으로 쉬운 수준을 요구하여 강화하고, 그 목표를 달성하면 요구수준을 점차적으로 높여 나간다.

조형 기법이 부적절하게 적용되어 곤란한 결과가 유발될 수도 있다. 아이의 울화행동은 부모가 인식하지 못한 조형의 결과일 수 있다. 예를 들어 어떤 부모는 아이가 무리한 요구를 하며 떼를 쓰면 처음에는 들어주지 않다가도 떼쓰는 강도를 높이면 "일단 난감한 상황을 피하려고" 그의 요구를 들어준다. 다음에 아이가 또 떼를 쓰면 부모는 아이가 버릇될까 봐 처음에는 요구를 들어주지 않다가도 떼쓰기 강도를 더욱 높이면 또다시 포기하고 요구를 들어준다. 이런 방식의 대응은 아이의 '떼쓰기 강도를 높이는 행동'을 강화하는 결과가 되어 아이의 울화행동은 점점 더 심해진다.

그렇다면 단일 행동이 아니라 일련의 연결된 행동을 학습시키려면 어떻게 해야 할까? 체조경기 중에는 평균대 위에서 공중제비－물구나무서기－공중회전 등의 묘기를 연결하여 보여주는 종목이 있다. 양치하는 행동은 칫솔을 꺼내고, 치약을 짜서, 양치질을 하고, 입을 행군 후, 칫솔을 제자리에 놓는 일련의 행동들이 연결된 것이다. 이와 같이 서로 연결된 행동들을 행동 연쇄(behavior chain)라 하고, 행동 연쇄를 수행하도록 훈련시키는 절차를 연쇄 짓기(chaining)라고 한다.

저자는 미국 유학 시절 옐로스톤 국립공원 지역을 여행하던 중 매우 흥미로운 장면을 본 적이 있다. 잘 훈련된 닭이 조그만 야구장에서 관중들에게 일련의 야구 행동을 보여주고 있었다. 닭은 신호음이 울리면 나와서 야구방망이에 있는 버튼을 쫀다. 그러면 야구방망이가 움직여 야구공이 튕겨 나가고, 닭은 1루로 달려가 밟고, 이어서 2루를 밟고, 3루를 밟은 후, 홈인을 하는 행동 연쇄를 수행하였다. 물론 닭이 이 행동 연쇄를 완성하면 강화물(먹이)이 주어졌다. 과연 조련사는 이 닭을 어떻게 훈련시켰을까?

답은 연쇄 짓기를 적용한 것이다. 조련사는 먼저 닭이 최종 단계 행동인 '홈 플레이트를 밟고 홈인하는 행동'을 하도록 먹이를 강화물로 사용하여 강화했을 것이다. 홈인 행동이 확립되면 여기에 '3루를 밟고서 홈인하는 행동'을 덧붙여 강화한다. 이어서 2루 밟기 행동, 1루 밟기 행동을 연결시키고, 마지막으로 방망이 버튼을 쪼는 행동까지를 포함한 행동 연쇄를 순서대로 하도록 학습시켰을 것이다.

연쇄 짓기에는 두 가지 방식이 있는데, 하나는 앞에서 설명한 닭의 야구 행동과 같이 행동 연쇄 중 최종 행동을 먼저 학습시키고 그 이전의 행동을 하나씩 부가해 가는 후향 연쇄 짓기이고, 다른 하나는 최초 행동을 먼저 학습시킨 후 다음 단계 행동을 하나씩 부가해가는 전향 연쇄 짓기이다.

6.3.2.3 학습된 행동의 소거와 자발적 회복

고전적 조건화와 마찬가지로, 조작적 조건화가 확립되었더라도 그 행동에 강화적 결과가 계속해서 뒤따르지 않으면 조건화된 반응이 감소되고 결국 사라지게 된다. 즉 어떤 행동에 강화적 결과나 처벌적 결과가 중단되면 학습된 반응이 소거(extinction)된다. 스키너 상자에 쥐를 넣고 지렛대 누르기 반응을 강화하여 조건화가 확립된 후, 이제는 지렛대를 눌러도 더 이상 먹이가 나오지 않게 되면, 지렛대 누르기 반응은 점차 약화되어 결국 하지 않게 될 것이다. 수업 중 교사의 질문에 학생이 손을 들고 답변을 하여 칭찬이나 인정을 받았다면 그 행동은 증가될 것이다. 그러나 교사가 그 학생의 질문 행동에 더 이상 관심을 두지 않고 무시하면, 그 학생은 질문 행동을 하지 않게 될 것이다.

고전적 조건화에서와 같이, 조작적 조건화에서도 학습된 반응이 소거되고 상당한 시간이 지난 뒤 과거에 학습했던 상황으로 다시 돌아가게 되면 소거되었던 반응이 다시 표출되는 자발적 회복(spontaneous recovery)이 일어난다.

자발적 회복은 왜 일어나는 것일까? 자발적 회복은 유기체에게 어떤 적응적 이점을 제공하는 것으로 보인다. 예를 들어 숲속의 사슴이 가까운 옹달샘을 찾아가 물을 먹는다고 생각해보자. 그 사슴이 옹달샘을 찾아가는 행동은 물을 먹음으로써 강화될 것이다. 만약 그 동물이 몇 차례 그 옹달샘으로 갔으나 가뭄으로 인해 샘물이 말라 마시지 못했다면, 사슴이 옹달샘을 찾아가는 행동은 소거될 것이다. 그러나 상당한 기간이 지난 후, 그 사슴은 자발적 회복이 일어나서 그 옹달샘으로 다시 갔는데, 그때는 가뭄이 해소되어 그 샘물을 다시 먹게 될 수 있다. 사람의 경우도 학습된 행동이 소거되었다가도 자발적 회복이 일어나 다시 그 행동을 하여 기대했던 결과를 얻을 수 있다.

6.3.2.4 강화물의 구분

조작적 조건화 절차를 적용하여 어떤 행동을 변화시키려면 효과적이고 가용한 강화물을 찾아서 적절한 방식으로 적용하는 것이 매우 중요하다. 강화물(reinforcer)은 강화자, 강화인, 강화제 등의 용어로 사용되기도 하며, 그 성격에 따라 다양하게 구분된다.

먼저 강화물은 일차 강화물과 이차 강화물로 구분된다. 일차 강화물(primary reinforcer)은 유기체의 생리적, 선천적 욕구를 만족시켜서 특별한 학습이나 사전 경험 없이 적용 대상자에게 긍정적 사상으로 작용할 수 있는 강화물이다. 음식, 물, 공기, 수면, 휴식과 같은 것이 일차 강화물의 예이다. 일차 강화물은 그 효과가 강력하지만 욕구가 충족되면 효과가 떨어지는 물림효과가 있다는 단점이 있다. 일차 강화물이 효과적이기 위해서는 적용 대상자가 그 강화물에 대해서 박탈 상태에 있어야 한다.

이차 강화물(secondary reinforcer)은 선천적인 것이 아니라 학습에 의존하는 강화물이며, 조건 강화물(conditioned reinforcer)이라고도 한다. 즉 원래는 강화적 속성이 없었으나 일차 강화물과 짝지어지는 학습 경험을 통해 후천적으로 강화적 속성을 획득하게 된 것이다. 일상적인 예로는 돈이나 티켓, 쿠폰, 토큰, 스티커 등이 있다. 돈은 어린아이에게 줄 경우 별 쓸모없는 종이 같아서 처음에는 강화적 효력이 없지만 그 아이가 돈으로 과자나 장난감을 살 수 있음을 경험을 통해 알게 되면 강화적 효력이 발생하여 이차 강화물이 된다. 이차 강화물은 학습에 방해가 덜 되고 다양한 상황에서 사용될 수 있다는 장점이 있는 반면에 다른 강화물과의 연합에 의존하므로 그 연합이 상실되면 강화력도 상실된다는 단점이 있다.

또한 강화물은 물질적 강화물과 사회적 강화물로도 구분된다. 물질적 강화물은 음식, 돈, 장난감, 제품 등과 같이 어떤 물질이나 물건의 형태를 가진 강화물이다. 사회적 강화물은 관심, 칭찬, 인정, 미소, 박수, 쓰다듬기, 안아주기와 같이 사람들과의 사회적 관계로 인해 강화적 효력이 나타나는 강화물이다.

6.3.2.5 일반화와 변별

일반화(generalization)는 어떤 학습 경험의 효과가 퍼져 나가는 경향성을 말한다. 학습 경험의 효과가 이동하는 것이므로 전이(transfer)라고도 불린다. 일반화는 자극 일반화, 반응 일반화, 대리 일반화 등이 있다. 자극 일반화는 상황에 걸친 일반화이고, 반응 일반화는 행동에 걸친 일반화이며, 대리 일반화는 사람에 걸친 일반화이다. 심리학 개론 수준에서 주요 관심은 자극 일반화이기 때문에 여기서 일반화라는 용어는 자극 일반화와 같은 의미로 사용하고자 한다.

자극 일반화(stimulus generalization)는 학습할 때 존재하지 않았던 자극에 대하여도 학습된 반응을 하는 경향성이다. 학습할 때 제시되는 자극은 어떤 상황의 일부이므로 우리가 한 상황에서 배운 것이 다른 상황으로 전이되는 것이라고 할 수 있다. 일반화는 학습했던 상황과 유사한 상황일수록 더 강하게 일어난다. 스키너 상자에서 레버를 눌러서 먹이를 얻었던 쥐는 다른 상자에서도 레버와 유사한 것을 누르는 행동을 할 것이다. 우리가 자전거를 타며 신체균형 잡기를 배우면 다른 자전거나 오토바이를 탈 때도 신체균형 잡기를 할 수 있다.

일반화는 강화의 효과에만 국한하지 않으며 소거에 의해 생겨난 행동의 변화도 학습 상황을 넘어 퍼져 나간다. 또한 처벌로 인한 행동 억압의 효과도 강화의 효과와 유사한 방식으로 퍼져 나간다.

일반화는 학습 경험의 효과가 유사한 상황으로 퍼져 나가는 경향인 반면에, 변별은 학습된 행동이 상황을 구별하여 다르게 일어나는 경향을 말한다. 자극 변별(stimulus discrimination)은 학습된 행동이 어떤 자극이 존재할 때는 일어나지만 다른 자극이 존재할 때는 일어나지 않는 경향성이다. 어떤 행동을 했을 때 긍정적 결과가 나타날 것인지, 아니면 무시되거나 혐오적 결과가 나타날 것인지를 사전에 신호해주는 자극이 변별 자극이다. 변별 자극도 어떤 상황의 일부이므로 변별은 학습된 행동이 특정 상황에서는 일어나지만 다른 상황에서는 일어나지 않는 경향성이라고 할 수 있다. 즉 변별은 상황의 차이를 구별하는 것이다.

예를 들어, 당신이 개에서 "앉아!"라고 했을 때 개가 앉으면 바로 빵을 줘서 강화를 하지만 "앉아!"라고 하지 않았는데도 개가 앉으면 빵을 주지 않고 무시한다고 하자. 여기서 "앉아!"라는 신호는 변별 자극이다. 이런 방식으로 훈련을 실시하면 개는 "앉아!"라는 신호가 있을 때만 앉는 행동을 하게 될 것이다.

변별은 우리가 사회적 행동을 학습하는 데 중요한 기능을 한다. 아마도 여러분은 상급자가 밝은 표정일 때 농담을 하면 재밌어 하지만 심각한 분위기일 때 농담을 하면 싸늘한 반응을 보였던 경험이 있을 것이다. 그런 경험을 통해 사람들은 농담할 때와 삼갈 때를 변별하게 된다. 어떤 학생은 선생님이 있을 때 착한 행동을 하여 인정과 칭찬을 받았다면 그 선생님이 있을 때는 또 착한 행동을 할 가능성이 증가할 것이다. 특정 시간대에만 음주운전 단속을 한다면 그 시간대에만 음주운전이 감소할 것이다. 사람들은 학교에서 쉬는 시간에 하는 행동과 수업시간에 하는 행동이 다르고, 클럽에서 하는 행동과 장례식장에서 하는 행동이 다른 것도 변별의 결과이다.

일반화는 교육훈련과 실제 생활에서 중요한 의미를 갖는다. 학생들이 어떤 과제를 수행할 때 열심히 노력하는 것을 강화함으로써 다른 과제를 수행할 때도 열심히 노력하기를 기대한다. 즉 열심히 노력하기의 강화효과가 여러 상황으로도 일반화가 일어날 때 교육의 의미가 있는 것이다.

변별도 교육훈련에서 중요한 실용적 활용성이 있다. 영어의 'R'과 'L' 발음을 배울 때, 학습자들은 'road'와 'load'를 정확하게 발음하고 즉각적인 피드백으로 강화해줄 때 학습이 현저하게 향상된다. 자동차 수리기사는 엔진 부품들이 서로 어떻게 다르고 어떻게 관련되는지를 알아야 하는데, 이를 위해서는 여러 가지 부품을 변별하는 학습이 필요하다.

6.3.3 처벌의 문제점과 바람직한 대안

6.3.3.1 처벌의 문제점

처벌은 문제 행동을 감소시키는 효과적인 절차이다. 그래서 자폐증이나 지적 발달장애가 있는 아동이 보이는 자기 파괴적이고 위험한 행동을 감소시키기 위해 효과적으로 사용된다. 처벌은 행동치료 기법으로 적절히 사용하면 유익한 부수효과도 있다. 자폐아동의 자해행동 치료를 위해 전기충격을 사용한 처벌기법을 적용한 결과, 사교적이고 협동적인 행동이 증가하는 효과가 있었다(Lichstein & Schreibman, 1976).

그러나 처벌은 교육적으로 논란이 많으며 지나치게 빈번하거나 강한 강도로 사용되면 도피, 공격성, 무관심, 학대, 모방 등의 문제점을 야기한다(Sidman, 1989; Skinner, 1953).

첫째, 도피는 벌을 받은 사람이 벌을 주는 사람이나 상황을 피하는 것인데, 그렇게 되면 교육적 기회 자체가 사라지게 된다. 운동화를 물어뜯고 있던 개가 주인이 불러서 갔는데 발로 차이는 처벌을 받으면, 그 개는 주인이 불러도 피하고 달아나게 될 것이다. 학교에서 처벌을 자주 받은 학생은 처벌을 한 선생님을 피하려 하고, 학교에 가는 것 자체를 거부할 수 있다. 가정에서도 직장에서도 질책을 자주 받은 사람은 질책하는 사람을 피하려 하고 거짓말을 하며, 극단적인 도피를 위해 자살을 하기도 한다.

둘째, 공격성은 도피가 불가능할 때 반격의 형태로 나타난다. 자신을 때린 사람을 때리기도 하고 헐뜯는 사람을 헐뜯기도 한다. 자신을 처벌한 사람이 강자일 경우에는 자신의 처벌과 무관한 주변의 약자를 공격하거나 이른바 '묻지마' 공격을 하기도 하고 기물을 파손하기도 한다.

셋째, 무관심 또는 행동의 일반화된 억제가 유발되는데, 이는 도피나 공격이 불가능할 때 나타난다. 처벌로 인한 행동의 억제 효과가 일반화되는 것인데, 일반화의 개념은 앞에서 살펴보았다. 특히 정적 처벌이 빈번하게 사용되면 처벌의 효과가 처벌한 행동만을 감소시키는 것이 아니라 전반적인 행동의 감소로 일반화된다. 이로 인해 사람들은 일종의 침체 상태 혹은 무관심 상태에 빠져서 아무 행동도 하지 않는 경향을 보이게 된다. 한 연구에서 쥐들이 두 개의 통로 중 하나로 들어가면 전기충격을 가하자, 두 통로 모두에 들어가지 않게 되었다(Warden & Aylesworth, 1927). 교실에서 학생이 약간 우스꽝스러운 질문을 했다고 교사가 "그걸 질문이라고 해!"라며 질책을 자꾸 하면, 학생들은 우스꽝스러운 질문뿐만 아니라 좋은 질문까지도 하지 않게 될 것이다.

넷째, 학대는 처벌이 통제의 범위를 벗어나는 경우이다. 처벌은 부적절한 행동을 대상으로 혐오자극을 사용하므로 처벌할 때 처벌자의 감정이 개입될 수 있음을 특별히 유의해야 한다. 체벌을 하다가 골절, 고막 파열 등 심각한 부상을 유발하기도 하고, 심지어 사망에 이르는 사고가 발생하기도 한다.

다섯째, 처벌자에 대한 모방이다. 불행하게도 어렸을 때 처벌을 많이 받았던 사람은 어른이 된 후 타인의 문제 행동을 다룰 때 처벌을 더 많이 사용하는 경향이 있다. 회사의 사장이 중간관리자를 다루는 데 처벌을 많이 사용하면 중간관리자도 처벌에 의존하는 경향이 증가한다.

처벌은 분명한 목적을 가지고 신중하고 정교하게 사용되어야 한다. 처벌을 사용할 때 흔히 범하는 오류 중의 하나는 처음에 너무 약한 강도로 시작했지만 표적행동을 억제하지 못하고, 점차 강도를 높여 나가는 경우이다. 그러면 결국 강한 강도의 처벌로도 행동을 억제하지 못하게 된다. 한 실험에서 흰쥐가 먹이가 있는 통로로 들어가는 것을 전기충격으로 처벌하였는데, 전기충격의 강도를 약하게 시작하여 서서히 강도를 증가시켰다. 그 결과, 처음부터 적용하였다면 충분히 억제할 수 있는 정도의 전기충격으로도 표적행동을 억제시키지 못하였다(Miller, 1960). 부모나 교사가 아이의 부적절한 행동에 처음에는 가볍게 대응하고, 두 번째는 좀 더 강도를 높이고, 그래도 억제가 안 되니 강도를 좀 더 높이는 방식으로 하는 처벌은 표적행동을 효과적으로 억제하지 못한다.

6.3.3.2 처벌의 대안

앞에서 우리는 처벌이 부적절한 행동을 감소시키는 데 효과적인 절차이지만 여러 가지 문제점이 있음을 살펴보았다. 그렇다면 부적절한 행동을 감소시켜야만 할 때 처벌 대신에 사용할 수 있는 방법은 무엇일까? 반응방지, 소거, 차별강화가 표적행동을 감소시키는 처벌의 대안으로 사용될 수 있다.

첫째, 반응방지(response prevention)는 부적절한 행동이 일어나는 환경을 수정하여 그러한 행동이 아예 일어나지 않도록 하는 것이다. 자녀가 인터넷 유해사이트 접속이나 과도한 게임 등 컴퓨터를 부적절하게 사용한다면 유해사이트 접속 차단프로그램을 설치하거나 컴퓨터를 거실로 옮겨서 그런 행동이 일어나지 않도록 할 수 있다. 운전 중에는 내비게이션에 영상물 재생을 불가능하게 하는 것, 도로 무단횡단을 못하도록 차단울타리를 설치하는 것도 반응방지의 예이다. 그러나 반응방지는 항상 사용할 수 있는 방법은 아니다. 아이가 손을 물어뜯는 행동을 방지하기 위해 항상 권투장갑을 끼게 할 수는 없으며, 아이가 위험한 물건을 깨트리지 않게 하려고 모든 물건을 높은 곳으로 옮길 수도 없다.

둘째, 소거(extinction)는 어떤 행동이 유발하는 강화적 결과를 찾아서 제거함으로써 그 행동의 빈도를 감소시키는 것이다. 어떤 행동이 지속적으로 나타난다면 그 행동이 강화적 결과를 초래하고 있는 것이므로 그 행동이 유발하는 강화물을 찾아서 제거하면 그 행동을 감소시킬 수 있다. 유치원 교사는 한 아이가 수업 중 자리 뜨는 행동을 할 때 꾸지람을 하였지만 그 행동이 감소하지 않고 지속되어 당황해하는 경우가 있다. 그 이유는 아마도 교사의 관심이 아이의 자리 뜨기 행동에 강화물로 작용한 결과일 수 있다. 교사는 꾸지람으로 처벌을 했다고 생각하지만 아이에게는 꾸지람이 관심이라는 강화물로 작용할 수 있는 것이다. 어떤 조작적 절차가 강화인가 처벌인가는 그것이 표적행동에 어떤 효과를 가져왔는지에 따라 결정되는 것이다. 소거는 공격성이나 분노와 같은 정서적 반응을 유발하고, 표적행동을 감소시키는 속도가 느려서 위험한 행동을 재빨리 감소시켜야 할 때는 적용하기 어렵다는 단점이 있다.

셋째, 차별강화(differential reinforcement)는 어떤 행동은 체계적으로 강화를 하고 다른 행동은 강화를 하지 않는 절차이다. 먼저 대안행동 차별강화(differential reinforcement of alternative behavior: DRA)는 부적절한 행동은 무시하고 다른 대안적 행동을 강화하여 결과적으로 부적절한 행동을 감소시키는 절차이다. 상반행동 차별강화(differential reinforcement of incompatible behavior: DRI)는 부적절한 행동과 양립할 수 없는 행동을 강화하여 부적절한 행동을 감소시킨다. 수업 중에 어린이가 자리뜨기 행동을 할 때, 자리앉기 행동을 칭찬으로 강화하면서 자리 뜨기 행동은 무시(소거)하는 것이다. 자리앉기 행동과 자리 뜨기 행동은 양립할 수 없는 상반행동이다. 저율 차별강화(differential reinforcement of low rate: DRL)는 처벌에 대한 더 나은 대안일 것이다. 이는 부적절한 행동이 점점 더 낮은 비율로 일어날 때 강화를 하는 것이다. 한 학생이 지각을 자주 하면 지각 횟수가 감소하는 것에 강화를 하는 것이다. 흡연 중독자는 흡연 행동을 비난하기보다 흡연 횟수를 단계적으로 감소시키는 목표를 설정하고 그것을 달성할 때마다 성과 보너스를 지급하는 방식으로 흡연 행동을 줄일 수 있다.

6.3.4 강화계획

행동은 그 결과에 수반되는 강화물에 의존하여 변화한다. 어떤 행동에 대하여 강화물을 제시하는 방식을 강화계획(reinforcement schedule)이라고 하며, 강화계획에 따라 독특한 행동패턴이 형성되는 것을 계획효과(schedule effect)라고 한다. 실제 생활 속에서 강화물이 주어지는 방식은 매우 다양하며, 강화계획이 행동에 미치는 영향도 단순하지 않다.

강화계획은 강화가 제시되는 데 요구되는 반응 수와 시간에 따라 정리할 수 있다. 가장 단순한 강화계획은 연속적 강화인데, 이는 어떤 반응을 할 때마다 강화를 제시하는 것이다. 예를 들어 스키너 상자에서 쥐가 지렛대를 누를 때마다 먹이를 제공하고, 아이가 장난감을 스스로 정리할 때마다 칭찬을 하는 것은 연속적 강화이다. 연속적 강화를 적용하면 학습이 매우 빠르게 일어나는 반면에 소거도 쉽게 일어난다. 그러므로 새로운 행동을 학습시키는 초기 단계에서는 연속적 강화를 적용하는 것이 효과적이다. 그러나 실제 생활 속에서 연속적 강화를 적용하는 것은 모든 행동을 항상 관찰해야 하므로 거의 불가능한 일이다.

어떤 반응을 할 때마다 강화를 제시하는 연속적 강화와 달리 표적반응을 일부에만 간헐적으로 강화하는 것을 부분적 강화계획(또는 간헐적 강화계획)이라 한다. 부분적 강화계획을 적용하면 학습은 서서히 일어나지만 소거에 대한 저항이 강하게 나타나므로 어떤 행동을 지속적으로 하게 하려면 부분적 강화계획을 적용하는 것이 좋다.

부분적 강화계획은 다시 시간 간격에 따라 강화가 제시되는 간격강화와 반응 수에 따라 강화가 제시되는 비율강화로 구분하고, 강화가 제시되는 데 요구되는 시간 간격과 반응 수를 일정하게 고정시키는 고정계획과 그것을 변화시키는 변동계획으로 구분한다. 부분적 강화계획은 기본적으로 다음의 네 부류로 나눌 수 있다.

6.3.4.1 고정비율 강화계획

고정비율 강화계획(fixed ratio schedule: FR)은 강화에 요구되는 반응 수를 일정하게 고정시키는 방식이다. 예를 들어, 스키너 상자에서 쥐의 지렛대 누르기 반응을 학습시킬 때, FR3 강화계획을 적용한다면 세 번째, 여섯 번째, 아홉 번째 등 3번의 반응에 한 번의 강화를 제공하는 방식이다. 농부가 사과를 딸 때 한 상자당 일정 금액을 지급한다면 고정비율 강화계획을 적용하는 것이다.

고정비율 강화계획을 적용하면 높은 비율로 반응을 하며, 강화를 받은 직후에 잠시 쉬는 강화 후 휴지(post-reinforcement pause) 현상이 나타난다.

6.3.4.2 고정간격 강화계획

고정간격 강화계획(fixed interval schedule: FI)은 강화가 표적반응 후에 주어지지만 일정한 기간이 지난 후 일어나는 첫 번째 반응에 대해 강화가 주어진다. 예를 들어 스키너 상자에서 쥐의 지렛대 누르기 반응을 학습시킬 때, FI20초 계획을 적용한다면, 20초가 지난 뒤 처음 나타나는 지렛대 누르기 반응을 강화하고, 다시 20초가 지난 뒤 처음 나타나는 지렛대 누르기 반응을 강화하는 것이다.

고정간격 강화계획을 적용하면 강화가 제공된 후 반응을 조금씩 하다가 시간이 지나면서 점차로 증가하는 경향을 보인다. 이것은 마치 중간고사에 임박해서 열심히 공부를 하고 시험을 본 후 잠시 쉬다가 다시 기말고사가 임박해서 열심히 공부를 하는 벼락치기 공부 형태와 유사하다.

6.3.4.3 변동비율 강화계획

변동비율 강화계획(variable ratio schedule: VR)은 강화에 요구되는 반응의 수가 일정하지 않고 어떤 평균을 중심으로 변화시키는 것이다. 예를 들면, 스키너 상자에서 쥐의 지렛대 누르기 반응을 학습시킬 때, VR4 계획을 적용한다면, 지렛대 누르기를 네 번째, 여섯 번째, 다섯 번째, 강화를 제공해서 평균 4회의 반응을 할 때마다 강화를 하는 방식이다. 교사가 학생이 결석 없이 20일쯤 출석했을 때 칭찬을 한다면 그 학생은 변동비율 강화계획을 적용하는 것이다. 실제 상황에서 변동비율 강화계획이 적용되는 대표적인 예는 도박이다. 카지노에 있는 슬롯머신은 변동비율 강화계획에 맞추어진 것이다.

변동비율 강화계획에 의해 강화된 행동은 고정비율 강화계획하에 있는 행동에 비하여 소거가 쉽게 되지 않고 지속되며 강화 후 휴지도 나타나지 않는다. 그 이유는 어떤 행동에 강화적 결과가 제공될지 안 될지를 예측하기가 어렵기 때문일 것이다.

6.3.4.4 변동간격 강화계획

변동간격 강화계획(variable interval schedule: VI)은 강화에 요구되는 시간 간격을 일정하게 고정하지 않고 어떤 평균을 중심으로 변화시키는 것이다. 예를 들어, VI30 강화계획으로 쥐의 지렛대 누르기 반응을 강화하는 경우, 27초, 30초, 또는 34초가 지난 뒤에 나타나는 표적반응을 강화한다. 일정 시간이 지난 후 바로 강화하지 않고 표적반응을 한 후 강화를 한다는 점에 유의하라. 야생동물 사진작가는 어느 지점에 숨어서 동물이 나타나기를 기다리는데, 사진을 찍기까지 기다림의 시간이 짧을 수도 있고 길 수도 있다. 레이더 화면을 보고 있는 항공관제사도 비행기가 항상 일정한 시간마다 오는 것은 아니기 때문에 변화간격 강화계획이 적용된다고 할 수 있다.

6.3.4.5 부분강화효과

조작적 조건화에서는 강화계획에 따라 독특한 행동패턴이 형성되는 계획효과가 유발된다고 하였다. 행동치료의 초기단계에서 연속적 강화를 적용하면 학습이 매우 빠르게 일어나는 장점이 있지만 강화가 계속 제공되지 않으면 소거도 쉽게 일어난다. 부분적 강화의 극적인 효과는 소거에서 나타나는데, 부분적 강화에 의해 학습된 행동은 연속적 강화를 적용하여 학습된 행동에 비해 소거에 대한 저항이 강하다. 이를 부분강화효과(partial-reinforcement effect)라고 한다.

부분강화효과는 교육적 목적이나 행동치료를 위해 강화계획을 어떻게 적용해야 하는지에 중요한 함의를 제공한다. 학습 초기에는 연속적 강화를 적용함으로써 신속한 학습을 유발하고, 그 행동이 만족할 만한 수준으로 학습된 이후에는 부분적 강화계획으로 전환함으로써 소거가 쉽게 일어나지 않도록 하는 것이 좋다. 또한 부분적 강화계획 중에서도 고정계획보다 변동계획에 의해서 학습된 반응이 더 소거되기 어려우므로 변동계획으로 전환하는 것이 좋다.

6.3.5 조작적 조건화의 활용

6.3.5.1 동물훈련

동물원이나 수족관에서의 다양한 동물 관리 및 묘기훈련, 반려견, 맹인안내견, 마약 및 폭발물 탐지견, 군견 등의 훈련, 또는 높은 나무에서 야자를 따는 원숭이 훈련 등은 주로 조작적 조건화의 원리를 적용하여 이루어진다. 정적 강화와 부적 강화, 정적 처벌과 부적 처벌, 조형과 연쇄 짓기, 강화계획, 일반화와 변별 기법 등을 적절히 적용하면 다양한 행동을 학습시킬 수 있다.

6.3.5.2 창의성 증진

최근 미래사회가 요구하는 인재상을 논의할 때 창의성이 자주 강조된다. 그렇다면 창의성이란 무엇이고, 어떻게 하면 창의성을 증진시킬 수 있을까? 창의성은 여러 가지 방식으로 정의되지만 그 핵심적인 조건은 새로움이다. 그림이나 조각이든 이야기이든 발명품이나 아이디어이든 그것이 창의적이라는 평가를 받으려면 새로움이 있어야 한다. 창의성의 필요조건은 새로움이고 충분조건은 가치와 실용성이다. 그러므로 창의성을 증진시키기 위해서는 먼저 새로운 행동을 많이 시도하는 것이 필요하다.

그러면 어떻게 하면 창의성을 증진시킬 수 있을까? 고대 그리스에서는 뮤즈들(미술, 음악, 문학을 관장하는 여신들)이 어떤 사람에게 들어가서 창의적 작품을 만든다고 믿었다. 그러므로 시인이 창의적인 작품을 쓰고자 한다면 에라토라는 뮤즈가 자신을 작업의 도구로 써주기를 기도하면 된다고 믿은 것이다.

조작적 학습에서 창의성을 증진하는 방법은 창의적인 행동을 강화하는 것이다. 1960년대 하와이 해양극장의 돌고래 조련사였던 Pryor는 관객들이 반복되는 쇼를 진부하게 여겨서 새롭고 흥미로운 쇼를 만들고자 하였다. 그는 돌고래가 하는 어떤 행동을 증가시키는 과정을 보여주는 쇼를 개발하여 관객들의 큰 호응을 받았다. 하지만 14가지 행동을 증가시키는 쇼를 보여준 뒤, 조련사는 더 이상 새롭게 보여줄 행동 목록이 떠오르지 않았다(Pryor, 1991). 그래서 Pryor는 돌고래가 어떤 행동이든 새로운 것을 하면 강화를 하였는데, 그 결과는 놀라웠다. 돌고래는 새로운 행동을 자꾸만 생성해내는 것이었다. 돌고래는 "숨구멍으로 물을 높이 뿜어내고, 배를 위로 보이게 뒤집은 채 수영을 하며, 꼬리를 공중으로 치켜올려 수면 위로 내놓은 채 5m 정도를 헤엄쳐 가는…" 등의 새로운 행동을 하였다. 돌고래의 '새로운 행동하기'가 강화에 의해 증가된 것이다.

인간을 대상으로 한 연구도 새로운 행동하기의 강화가 창의적 행동을 증가시킬 수 있음을 보여주었다. 초등학교 4, 5학년 학생들에게 깡통, 벽돌, 연필 같은 물건들의 다양한 용도를 생각해내라고 하고, 유별난(새로운) 용도를 생각해내면 점수를 주어 강화했더니 생성해낸 창의적인 아이디어의 수가 급격히 증가하였다(Glover & Gray, 1976). 다른 연구에서는 초등학교 1, 2학년 학생들에게 블록을 쌓아 무엇인가를 만들도록 하고, 실험집단에 속한 아이들은 새로운 구조물을 만들 때 칭찬으로 강화를 한 반면에 통제집단에 속한 아이들은 그저 관찰만 할 뿐 칭찬을 하지 않았다. 그 결과 새로운 조형물 만들기를 강화한 실험집단이 통제집단보다 두 배나 많은 창의적 산물을 만들어냈다(Chamber 등, 1977).

6.3.5.3 미신행동

어떤 사람들은 터부, 징크스, 금기, 굿이나 주술 등을 믿는다. 어떤 사람은 운동경기가 있는 날 특정 색깔의 양말만을 고집하고, 중요한 시험 때는 교문에 엿을 붙이며, 4자와 같은 특정 숫자를 기피하거나 선호하고, 고목이나 바위 앞에서 소원기도를 하기도 한다. 과학이 고도로 발달한 현대 사회에서 왜 어떤 사람들은 아무런 합리적, 과학적 근거도 없는 것을 맹신하고 개인에게 유해할 수도 있는 특이한 행동을 하는 걸까?

이를 설명하기 위해, Skinner(1948)는 조작적 조건화 실험을 하였다. 그는 실험상자에 있는 비둘기가 어떤 행동을 하는지에 상관없이 매 15초마다 먹이를 제공하였다. 실험 결과, 비둘기의 행동과 먹이 제공 사이에는 아무런 인과관계가 없음에도 불구하고, 8마리 중 6마리는 특이한 행동을 반복하고 있었다. 어떤 비둘기는 시계 반대방향으로 돌고, 어떤 비둘기는 구석에서 머리를 끄덕이며, 또 다른 비둘기는 머리를 앞뒤로 흔들고 있었다. Skinner는 이런 행동들이 그 행동을 유지시키는 강화물을 가져오지 않음에도 불구하고 반복되어 일어나므로 미신행동(superstitious behavior)이라고 하였다.

비둘기의 미신행동에 대한 Skinner의 설명은 간단하다. 한 비둘기는 첫 번째 강화물이 나왔을 때 시계 반대방향으로 돌고 있었을 것이다. 먹이는 그 행동과 인과관계가 전혀 없었지만 우연히 시간적으로 근접하여 주어졌기에 그 행동이 "우연적으로" 강화되었다. 이 강화 경험은 그 행동을 다시 할 가능성을 증가시키고 우연적 강화가 또 일어날 수 있다. 이런 경험으로 인해 비둘기는 특정 행동과 그 결과 사이에 일어나는 우연적 강화를 인과적 강화라고 믿게 되는 미신행동을 형성하였다.

인간의 미신행동도 이와 같은 방식으로 형성된다. Bruner와 Revusky(1961)는 우연적 강화로 고등학교 학생들에게 미신행동을 형성시켰다. 그들은 실험에서 네 개의 전신용 스위치 중 3번 키를 누르는 행동을 고정간격 강화계획으로 강화하였다. 구체적으로, 일정한 시간(1분)이 지난 후 3번 키를 누르면 점수를 받고, 다시 일정 시간(1분)이 지난 후 3번 키를 누르면 점수를 받는다. 확보한 점수는 나중에 돈으로 교환되는 강화물이다. 강화가 언제 제공될지 모르는 상황에서 학생들은 무강화 기간(1분)에 어떤 키들을 누르는데, 3번 키 누르기가 강화를 받으면 그 직전에 했던 부수행동들도 함께 강화를 받게 된다. 그리하여 피험자들은 1번–4번–3번 또는 2번–2번–3번과 같이 키를 일정한 순서로 이어서 누르는 행동을 하였다. 여기서 3번 키 이외에 다른 키를 누르는 행동은 강화와 관련이 없는데도 그렇게 믿는 것이므로 미신행동이다.

일반적으로 미신행동은 개인이 사건의 발생이나 결과를 통제하지 못하는 경우에 더 잘 발생한다. 미신행동은 개인에게 통제할 수 없는 것을 통제할 수 있다는 환상을 제공한다. 그래서 바다를 항해하는 위험한 직종이나 운동선수나 수험생, 또는 중대한 질병을 앓고 있는 사람들처럼 간절한 소원이 있는 사람에게서 더 많은 미신행동이 관찰된다.

6.3.5.4 학습된 무력감과 우울증

조작적 조건화는 우울증의 원인과 치료에도 중요한 시사점을 제공한다. 우울증은 의욕 저하, 비관적 생각, 무가치감 등을 주요 증상으로 하여 인지적, 신체적, 행동적 증상과 함께 일상 기능이 저하되는 심리장애이다. 우울증의 특징 중 하나는 자신이 강화를 받거나 처벌을 피할 수 있는 환경통제력을 갖고 있지 않다고 여기는 것이다.

Seligman과 그의 동료들은 개를 왕복상자에 넣고 전기충격을 제시하는 실험을 하였다. 일반적으로 개는 전기충격이 제시되면 재빨리 장벽을 넘어 옆 칸으로 이동한다. 그 칸에 전기충격이 없으면 개는 전기충격을 받을 때마다 점점 더 빨리 장벽을 넘어 도피한다. 그런데 개를 고정대에 묶어 놓고 소리자극과 전기충격을 제시하여 고통을 피할 수 없다는 경험을 하게 한 다음, 왕복상자에서 전기충격을 제시했더니 개는 놀라운 수동성을 보여주었다. 심지어 왕복상자 사이에 있던 장벽을 제거하여 옆 칸으로 쉽게 걸어가기만 하면 되는데도 개는 전기충격을 수동적으로 견디면서 그 자리에 남아 있었다(Seligman, 1975; Seligman & Mayer, 1967).

Seligman은 이를 학습된 무력감(학습된 무기력, learned helplessness)이라고 하였다. 두 집단이 경험하는 전기충격의 빈도와 강도를 동일하게 통제한 실험을 통해, 무기력을 초래한 것은 전기충격의 고통 자체가 아니라 그 고통을 피할 수 없다는 경험 때문이라는 사실이 입증되었다. 피할 수 없는 고통스러운 환경에 반복적으로 노출되면 학습된 무력감이 형성되어 실제로는 자신의 능력으로 극복할 수 있는 상황에서도 피하려는 시도조차 하지 않고 포기하는 것이다.

사람들도 고통스러운 스트레스에서 벗어날 수 없다는 것을 반복적으로 경험하면 무력감이 학습되고, 이는 우울증으로 이어질 수 있다. 어렸을 때 학대를 당하고도 피할 수 없는 경험, 학교폭력이나 집단 괴롭힘을 피할 수 없는 경험, 질병이나 경제적인 고통에서 벗어날 수 없는 경험을 한 사람들이 또다시 난관에 처할 경우

이를 극복하려는 노력을 포기하고 우울증에 빠질 수 있는 것이다. 학습된 무력감은 신체 면역체계에도 영향을 미쳐서 희망을 포기한 환자는 끈질기게 투병하는 환자에 비해 신체적 회복력과 생존 가능성도 떨어진다(Maier, Laudenslager, & Ryan, 1985).

그렇다면 학습된 무력감은 어떻게 개선할 수 있을까? 환경에 대한 통제 불가능성 경험이 무력감을 유발하므로, 반대로 환경에 대한 통제 가능성을 경험하도록 하면 무력감을 해소할 수 있다. 개들을 왕복상자에서 도피 가능함을 경험하게 한 뒤, 왕복상자에서 전기충격을 제시하자 개들은 망설임 없이 장벽을 뛰어넘었다. 환경에 대한 통제 가능성을 사전에 경험하는 것은 무력감에 대한 일종의 면역훈련이 되고, 학습된 무력감과 반대인 학습된 근면성을 갖게 된다. 학습된 근면성(learned industriousness)은 어려운 문제를 해결하려는 끈기 있는 행동이 강화 받는 경험을 하고서 문제해결 노력을 지속적으로 시도하는 경향성이다. 우울증이 있는 사람에게는 조형 기법을 적용하여 쉬운 과제에 대한 성공을 먼저 경험하게 하고, 점점 더 어려운 과제도 수행할 수 있음을 경험하게 함으로써, 상황에 대한 통제가능성을 단계적으로 증진시키면 우울증 개선에 효과적일 것이다.

6.3.5.5 토큰경제와 행동수정

조작적 학습의 원리는 학교 교육장면이나 자폐 및 발달장애자들을 위한 행동치료에도 중요하게 활용된다. 토큰경제(token economy)는 사람들이 돈을 벌고 소비하는 금융체제와 비슷하여 붙은 이름인데, 토큰이라는 조건강화물을 사용하여 바람직한 행동을 증가시키는 행동치료 기법이다. 토큰은 스티커, 별 표시, 노트에 기록하는 점수, 벽에 그리는 그래프 등 다양한 형태로 할 수 있다. 바람직한 행동을 하면 사전에 공지된 규칙에 따라 토큰을 받고, 그 토큰은 나중에 원하는 물건으로 교환할 수 있다.

토큰경제는 1960년대 중반부터 자폐나 지적발달장애 아동들을 위한 행동치료 및 재활교육에 적용되었으며, 1970년대 이후에는 학교 교육장면과 일반 사회에까지 폭넓게 활용되고 있다. 예를 들어, 학교에서 교사는 학생이 인사하기, 숙제하기, 청소하기, 봉사활동하기 등을 하면 정해진 규칙에 따라 스티커를 주고 학생은 이 스티커를 모아서 원하는 물건으로 교환하거나 휴식이나 게임을 할 수 있게 하여 바람직한 행동을 증가시킨다. 토큰경제는 성인에게도 적용되는데, 커피나 음식을 구매하면 스티커나 구매점수를 부여하여 일정량이 모이면 나중에 할인혜택을 주는 것도 토큰경제의 변형이라고 할 수 있다. 항공사 마일리지제도, 신용카드 포인트제도 등도 토큰경제의 변형이라고 할 수 있다.

6.4 관찰학습

6.4.1 관찰학습의 개념

앞에서 살펴본 고전적 조건화와 조작적 조건화는 학습자의 직접적인 경험으로 인한 행동의 변화를 다루었다. 그러나 학습은 직접적인 강화나 처벌의 경험뿐만 아니라 관찰을 통한 대리경험을 통해서도 일어난다. 어떤 사람이 특정 행동을 해서 좋은 결과를 얻는 것을 보고 그 행동을 따라 하기도 하고, 특정 행동을 해서 곤란한 처지에 놓이게 되면 그 행동을 하지 않게 되기도 한다. 관찰학습(observational learning)은 관찰자가 사건과 그 결과를 관찰하는 경험으로 인해서 행동의 변화가 일어나는 학습이다.

관찰학습은 다른 사람의 행동을 관찰하는 경험을 강조하여 사회학습(social learning)이라 부르기도 한다. 관찰자가 모델의 행동을 관찰한다는 것은 모델이 하는 행동의 결과를 인지하는 과정이 포함되므로 인간의 내면에서 일어나는 인지과정을 강조하여 인지학습(cognitive learning)이라고도 한다. 관찰학습은 본인의 직접 경험이 아니라 타인의 행동의 결과를 보고 그가 보상받았는지, 무시되는지, 처벌받는지를 관찰하는 대리적 경험을 통해 학습이 이루어진다는 점에서 대리학습(vicarious learning)이라고도 한다. 또한 관찰학습은 내담자가 획득해야 할 바람직한 행동을 상담자가 실제적이고 상징적인 본보기를 제공함으로써 모방과 관찰을 통해 특정 행동을 학습하게 한다는 점에서 모델링(modeling)이라고도 한다. 그러므로 관찰학습, 사회학습, 인지학습, 대리학습, 그리고 모델링은 모두 관찰 경험을 기반으로 하는 같은 유형의 학습이다.

관찰학습에 대한 초기 실험에서, Herbert와 Harsh(1944)는 회전판 문제를 사용하여 고양이의 관찰학습을 보여주었다. 회전판 문제에서는 원형판의 한 편에 먹이가 담긴 접시(F)가 있고, 원형판에 있는 쐐기들을 잡아 돌려서 먹이접시가 자신이 있는 장 안으로 들어오게 하여 먹이를 먹을 수가 있다. 실험에서는 모델 고양이(M)가 회전판을 돌려서 먹이를 꺼내 먹는 과제를 수행하도록 하고, 관찰자 고양이들(O1, O2, O3, O4)은 모델 고양이(M)의 행동을 관찰하도록 하였다. 그런 다음, 관찰자 고양이에게 모델 고양이가 했던 과제를 수행하도록 했을 때, 그들은 거의 모델 고양이만큼 재빨리 필요한 행동을 수행하였다. 특히 관찰자가 문제를 해결하는 데 걸리는 시간은 모델을 관찰한 횟수가 증가할수록 그에 비례하여 단축되었다(관찰 경험이 없을 때 100초, 15회 관찰 시 70초, 30회 관찰 시 30초 소요).

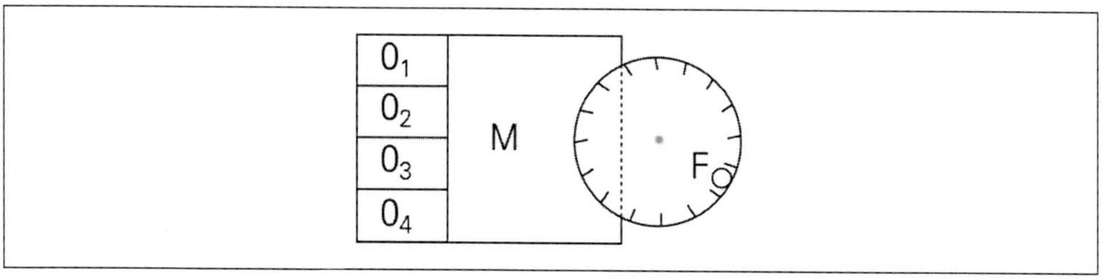

[그림 6-6] Herbert와 Harsh가 개발한 회전판 문제
관찰자들은 O_1, O_2, O_3, O_4 방에서 M 지점에 있는 모델이 회전판을 돌려서 F 지점에 있는 먹이를 획득하는 과제를 수행하는 것을 관찰한다.
(출처: Herbert & Harsh, 1944)

6.4.2 관찰학습의 이론

관찰학습이 일어나는 과정은 Bandura가 1960년대부터 체계적으로 연구를 하였다. 그는 사회인지이론에서 관찰학습이 일어나려면 주의과정, 파지과정, 운동재현과정, 동기과정이 필요하다고 하였다(Bandura, 1986).

첫째, 주의과정은 관찰자가 모델의 행동의 유관한 측면과 그 결과에 주의를 쏟는 것이다.

둘째, 파지과정은 관찰자가 모델의 행동을 말이나 심상으로 표상하고 기억하여 회상에 도움이 되도록 하는 것이다.

셋째, 운동재현과정은 관찰자가 파지과정 동안 저장된 상징적 표상을 이용하여 어떤 식으로 행동해야 할지를 안내하는 것이다.

넷째, 동기과정은 관찰자가 관찰을 통해 학습된 행동을 평가하는 것과 관련되는데, 행동의 성과에 대한 기대가 영향을 미친다.

예를 들어 무용과 학생이 관찰학습을 통해 발레를 배우는 경우를 생각해보자. 관찰학습이 일어나기 위해서, 먼저 학생(관찰자)은 시범을 보이는 조교(모델)가 하는 발레동작에 주의를 기울여 관찰해야 한다. 이때 교수는 중요한 의미를 갖는 동작에 특별히 주목하도록 강조하여 설명할 것이다. 둘째, 학생은 나중에 스스로 발레동작을 따라 하기 위하여 모델의 발레동작을 기억해야 한다. 셋째, 학생은 모델이 보여주었던 발레동작을 스스로 수행할 수 있는 능력이 있어야 한다. 넷째, 학생은 정확한 동작을 실행하고 교수로부터 좋은 평가와 인정을 받으며 스스로 설정한 목표를 성취하려는 동기가 있어야 한다.

6.4.3 관찰학습의 적용

Bandura(1965)는 어린이의 공격성에 대한 관찰학습의 영향을 실험을 통해 입증하였다. 세 집단의 어린이들은 한 모델 어린이가 보보인형을 때리고 욕설을 하며 공격적인 행동을 하는 장면을 담은 영상을 시청하였다. 각 집단이 본 영상은 모델 어린이가 한 공격행동이 유발하는 결과에서 차이가 있었다. 첫 번째 집단이 본 영상에서는 모델 어린이가 공격행동을 한 후 과자를 받고 타인의 칭찬을 받았다. 두 번째 집단이 본 영상에서는 모델 어린이가 공격행동을 한 후 타인의 질책을 받았다.

이 영상을 시청한 후 각 집단의 어린이들이 영상에서 보았던 보보인형과 다른 장난감들이 있는 방에서 노는 동안 그들의 행동을 관찰하였다. 모델이 공격행동을 한 후 강화를 받았던 영상을 본 어린이들은 다른 집단에 비해 더 공격적인 행동을 하였다. 이러한 결과는 공격행동이 관찰학습을 통해서 학습된다는 사실을 보여준다. Bandura의 연구는 어린이가 TV나 영화의 폭력 장면을 시청하는 것이 폭력을 조장할 수 있으므로 영상등급제를 시행하는 기초로 활용되었다. 영화나 각종 대중매체를 통해 알려지는 각종 범죄에 대한 정보를 보고서 범인이 보여준 범죄행동을 모방하는 관찰학습이 일어나기도 한다. 그러므로 범죄에 대한 내용을 다룰 때는 범죄행동의 결과로 대가를 치르는 내용을 포함하는 것이 모방범죄를 줄이는 방법이다. 또한 유명인 또는 평소 존경하거나 선망하던 사람이 자살을 할 경우, 그 인물과 자신을 동일시해서 모방자살을 시도하는 베르테르 효과도 관찰학습의 결과이다.

6.5 군사적 활용

6.5.1 심리장애에 대한 행동주의적 이해

행동주의적 학습이론은 환경과 경험을 중요시한다. 경험은 환경 속에서 이루어지며 무언가를 경험했다는 말은 환경에 어떤 변화가 있었다는 것이다. 인간의 행동을 변화시키는 환경에는 자연, 가정, 학교, 직장, 사회, 문화 등이 모두 포함되며, 각종 규범이나 법규, 관습들도 환경을 규정하고 인간의 행동 변화에 영향을 미치는 중요한 요소이다.

또한 행동주의적 학습이론은 체계적인 실험연구를 통해 체계화되었으며 객관적으로 입증 가능하다는 강점을 가지고 있다. 그러므로 학습자의 행동을 분석하고 특정 행동을 증가 또는 감소시킬 수 있는 효과적이고 실용적인 기법을 제공한다.

앞에서 우리는 공포증을 포함한 정서적 문제가 고전적 조건화를 통해서 경험을 통해 학습될 수 있고, 비정상적인 불안이나 공포 등 부적절한 정서적 문제를 극복하도록 돕는 데도 역시 고전적 조건화의 원리를 적용할 수 있음을 살펴보았다.

고전적 조건화를 적용한 대표적인 행동치료 기법은 둔감화 절차이다. 이 기법에 적용되는 학습원리는 행동치료 상황 외에도 일상생활에서의 적응 증진 및 교육훈련 목적으로도 적용할 수 있다. 예를 들어, 군대에서 공수낙하훈련 중 고소공포증을 보이는 훈련생, 실전적인 전투훈련 상황에서 과도한 공포심을 보이는 신병 등은 역조건화 원리를 적용한 체계적 둔감화 절차를 적용하여 문제행동을 감소시킬 수 있다.

최근에 메타버스(metaverse)라는 용어가 많이 회자되는데, 행동치료에 가상현실(virtual reality)과 증강현실(augmented reality) 기술을 접목하기도 한다. ㅊ은 컴퓨터 소프트웨어와 헬멧 및 안경을 이용하여 환경에 대한 고도로 현실적인 모사를 창조해낸다. 가상현실 노출치료는 행동치료의 둔감화 절차에 가상현실 기술을 접목한 것으로, 어떤 위험도 유발하지 않으면서 환자를 불안과 공포의 근원이 되는 대상이나 환경에 노출시켜 불안이나 고통을 없애는 기법이다. 예를 들어 고소공포증이 있는 사람에게 공포심이 유발되는 다양한 높이의 훈련용 탑 위에 올라가거나 낙하산을 타고 떨어지는 경험을 체험하게 할 수 있다. 가상현실 노출치료는 미국의 월남전 참전 퇴역군인들의 외상후 스트레스 장애, 대중 앞에서 말하기에 대한 공포증, 비행공포증, 거미공포증 등을 치료하는 데 활용되고 있다.

근래에 자살 문제가 중대한 사회적 문제로 대두되고 있으며 군대에서도 예외가 아니다. 자살에 이르게 하는 원인 중 하나는 우울증이다. 우울증에 대한 학습된 무력감 가설은 어떤 사람이 고통스런 환경에서 스스로 고통을 피하거나 극복할 능력이 없다는 것을 반복적으로 경험하면 학습된 무력감이 나타나고 그것이 우울증으로 이어질 수 있다는 것이다. 따라서 가정이나 군대 또는 직장에서 '나는 아무것도 할 수 없다'라는 것을 경험하는 것이 아니라 '나도 할 수 있다'라는 경험을 하게 함으로써 학습된 무력감을 극복하도록 하고 사전에 그것을 예방할 수도 있다.

6.5.2 학습과 교육훈련

군대에서 지휘관과 간부(리더)가 담당하는 역할 중 하나는 부대원의 교육훈련이다. 그렇다면 어떻게 하면 부대원의 교육훈련을 보다 효과적으로 할 수 있을까? 우리가 4장에서 공부한 학습원리가 이러한 문제에 광범위하게 적용될 수 있다.

예를 들어 지휘관은 병사들의 생활지도와 관련하여 '신상필벌'을 하고 모범을 보여야 한다고 말한다. 여기서 신상필벌을 잘 한다는 것은 조작적 조건화의 강화와 처벌을 적절히 적용하여 부대원의 행동을 효과적으로 변화시키는 것을 말한다. 모범을 보여야 한다는 것은 지휘관 자신이 모범이 되어야 함은 물론 관찰학습(대리학습)이 잘 일어나도록 하는 것을 포함한다. 이를 위하여, 조작적 조건화에 기초한 강화의 원칙 5가지를 살펴보는 것이 도움이 될 것이다.

첫째, 강화를 할 때는 특정 '행동'에 초점을 맞추어야 한다. 누군가 어떤 행동을 하면 그 사람이 아니라 행동에 초점을 두어 강화를 해야 한다. 예를 들어 한 병사로 하여금 바른 외적 자세를 갖게 하려면 그가 바른 자세를 취했을 때 칭찬을 하거나 상점을 부여한다. 질책(처벌)을 할 때에도 사람을 질책하는 것이 아니라 시정하려는 행동을 지적하며 그 행동을 감소시키는 데 중점을 두어야 한다.

둘째, 강화를 할 때는 변화시키고자 하는 행동이 출현한 '직후에' 실행한다. 어떤 새로운 행동을 조형하는 행동변화 과정의 초기에는 이 원칙이 특별히 중요하다. 예컨대, A소대장은 새로 분대장이 된 B병장에게 분대원을 세심하게 관찰하여 특이사항이 발견되면 즉시 보고하라고 지시하였다. 그 후 B병장이 한 분대원의 건강문제를 관찰하여 보고했다면, "바로 그거야! B병장 정말 믿음직해!"라며 즉각적인 칭찬을 하고 적절한 조치를 해준다. 바람직하지 않은 행동을 했을 경우에도 한참 지나서 잊힐 만할 때 질책을 하기보다 즉각적으로 질책하는 것이 효과적이다.

셋째, 행동변화 과정의 초기에는 표적행동이 출현할 때마다 '매번' 강화를 한다. 강화계획에서 살펴본 바와 같이, 연속적 강화를 적용하면 학습된 반응이 매우 빠르게 증가한다. 예를 들어 훈련소에서 신병의 체력단련 활동을 증가시키려면 체력단련 활동을 할 때마다 기록을 유지하여 긍정적인 피드백을 제공해준다.

넷째, 목표한 행동이 만족할 만한 수준에 도달하면 강화계획을 연속적 강화에서 부분적 강화로 전환한다. 부분적 강화(간헐적 강화)가 적용된 행동은 소거에 대한 저항이 강하며 꾸준히 유지된다. 그러므로 바람직한 행동이 습관화되도록 하려면 초기에는 연속적 강화를 적용하여 신속한 학습을 유도하고 이후에는 부분적 강화로 전환해야 한다. 예컨대, 병사가 금연을 하도록 하려면 초기에는 금연행동을 할 때마다 칭찬을 하고 금연행동이 안정적인 수준에 도달하면 관심과 칭찬의 횟수를 점차 줄여나가는 것이 좋다.

다섯째, 강화를 할 때, 물질적 강화를 적용할 경우에는 사회적 강화물을 함께 적용한다. 사회적 강화물은 칭찬, 인정, 미소, 안아주기와 같이 인간의 사회적 관계와 관련된 것이다. 행동수정 초기에는 강화 효력이 강한 물질적 강화물을 사회적 강화물과 함께 적용하여 사회적 강화물도 강화 효력을 갖도록 하고, 다음 단계에서는 점차 물질적 강화물 없이 사회적 강화물만으로 그 행동이 유지되도록 한다. 마지막 단계에서는 사회적 강화물 없이도 자기 강화에 의해 스스로 행동하도록 해야 한다. 행동수정의 궁극적인 목적은 물질적 강화물 때문이 아니라 스스로 성취감과 만족감을 느끼기 때문에 행동하는 자기 강화에 이르도록 하는 것이다.

참고문헌

Chambers, K., Goldman, L., & Kovesdy, P. (1977). Effects of positive reinforcement on creativity. *Perceptual and Motor Skills, 44*, 322.

Glover, J., & Gray, A. S. (1976). Procedures to increase some aspects of creativity. *Journal of Applied Behavior Analysis, 9*, 79–84.

Herbert, M. J., & Harsh, C. M. (1944). Observational learning by cats. *Journal of Comparative Psychology, 37*, 81–95.

Jones, M. C. (1924a). The elimination of children's fears. *Journal of Experimental Psychology, 7*, 382–390.

Jones, M. C. (1924b). A laboratory study of fear: The case of Peter. *Pedagogical Seminary, 31*, 308–315.

Lichstein, K. L., & Schreibman, L. (1976). Employing electric shock in autistic children: A review of the side effects. *Journal of Autism and Childhood Schizophrenia, 6*, 1163–1173.

Maier, S. E, Laudenslager, M. L., & Ryan, S. M. (1985). Stressor controllability, immune function, and endogenous opiates. In E. R. Brush & J. B. Overmier (Eds.), *Affect, conditioning, and cognition: Essays on the determinants of behavior* (pp. 183–201). Hillsdale, NJ: Erlbaum.

Miller, N. E. (1960). Learning resistance to pain and fear: Effects of overlearning, exposure, and rewarded exposure in context. *Journal of Experimental Psychology, 60*, 137–145.

Sidman, M. (1989). Avoidance at Columbia. *The Behavior Analysis, 12*, 191–195.

P S Y C H O L O G Y

제07장

동기와 정서

P S Y C H O L O G Y

07 동기와 정서

사람은 왜 과학적, 정치적, 종교적, 또는 다른 추상적 목표를 위해 때로는 생명의 위협을 감수하면서까지 그 많은 시간과 에너지를 투입하는 것일까? 우리는 일상생활에서 동기(motivation)라는 개념과 친숙해 있다. 올림픽을 대비하여 여러 해 동안 훈련하는 운동선수, 암의 치료를 위해 장시간 연구하고 있는 과학자 등의 사례들을 보도매체를 통해 종종 접하게 된다. 이러한 행위 가운데 공통요소는 욕구나 추동을 해결하기 위해 목표를 설정하여 추구하는 것이다.

일반적으로 우리는 이러한 행위들이 특정의 동기를 갖고 있는 사람의 행위라고 말한다. 본 장에서는 동기와 관련한 우리의 일반적인 의문점에 대한 답을 탐색해 볼 것이다.

동기화된 행동은 강한 정서(emotion)와 병행되는 경우가 종종 있다. 예를 들어 암의 치료방법과 같이 한 가지 과제에 많은 시간을 보내는 사람은 그 목표에 도달하기까지 싫증과 좌절을 경험하기도 하며, 다른 한편으로는 계속되는 목표 중 부분적인 해결을 보았을 때 기쁨과 행복감을 맛보기도 한다. 이 장에서 이 두 가지 주제를 함께 다루는 이유는 바로 동기와 정서 간의 이러한 상호 관련성 때문이다.

7.1 동기

7.1.1 동기의 개념과 정의

동기란 무엇인가? 동기(motivation)라는 말은 원래 영어의 motion이나 to move를 의미하는 라틴어인 'movere'에서 유래되었지만, 현재의 심리학적 동기연구에서 사용할 수 있는 의미로는 적절하지 못하다. 동기라는 용어는 20세기 초까지는 사용되지 않던 용어이다. 사람은 자유롭게 목표를 선택하고 행동방책을 결정할 수 있는 지적 능력을 갖춘 합리적인 존재라는 견해가 수백 년 동안 철학자들이나 신학자들 사이에서 지배적인 의견이었다. 합리주의에 의하면, 인간은 개인적 지혜와 교육에 의존하여 자유로운 선택을 할 수 있는 존재이며, 만약 좋은 선택안이 알려져 있다면 그것은 자동적으로 선택되는 것으로 가정하였다. 18세기까지 철학자들은 합리주의적 개념 틀에서 벗어나지 않았다. 이 시대에 일부 철학자들은 행동에 대한 보다 기계론적 견해를 취하기 시작하였고, 이들은 인간이 아무런 통제를 가할 수 없는 내적 또는 외적 힘으로 인해 유발되는 행동이 존재한다는 것을 제안하였다. 17세기에 Hobbes는 "사람들이 자기 행동에 대한 이유를 어떻게 설명하든 상관없이, 모든 행동에 내재된 원인은 쾌락을 추구하고 고통을 회피하고자 하는 경향이 있다"라고 주장하였다. 이 쾌락주의적 원칙은 여전히 일부 동기이론에서 중요한 개념으로 자리잡고 있으며, 동기에 대한 심리학적 이론들은 과거의 것이든 현대의 것이든 간에 최소한 어느 정도는 쾌락주의 원리에 뿌리를 두고 있다. 이론적으로 사람은 자신에게 가용한 행동대안을 합리적으로 고려하면서 긍정적 결과를 극대화하고 부정적 결과를 극소화하기 위해 행동한다. 이 쾌락주의 개념의 근원은 초기 그리스 철학자들까지 거슬러 올라가지만 이것이 18세기 이후 여러 철학자들에 의해 행동에 대한 대중적 설명방법으로 다시 등장하게 되었다. 하지만, 19세기 말 과학에 바탕을 둔 심리학의 태동과 함께 동기에 대한 관심은 철학적 영역에서 심리학의 영역으로 옮겨가게 된다.

동기에 대한 정의는 인간행동이 활성화되는 과정에 내재된 다양한 측면을 충분히 포괄할 수 있는 내용이 있어야 한다. 우리 주변의 일반 사람들도 동기가 무엇인지를 잘 알고 있는 것처럼 이야기를 하고 있으며, 대개의 경우 우리는 동기화라고 불리는 것에 대해 어느 정도의 직관적 느낌을 지니고 있는 듯하다.

연구자들이 사용한 동기의 정의들을 분석해 보면, 일반적으로 동기라는 현상을 특징지어 주는 세 가지 공통분모가 나타난다. 즉 우리가 동기라는 것을 논의할 때, i) 무엇이 인간행동을 촉발시키는가? ii) 무엇이 그 행동들의 방향을 제시해주고, 유도하는가? iii) 어떻게 이런 행동들이 유지되고 지속되는가? 등의 세 가지를 기본적으로 고려한다는 것이다. 따라서 동기란 '어떤 목표나 목적을 향해 유기체의 행동을 유발하고 지속시키는 활성화된 상태'라고 일반적으로 정의할 수 있을 것이다. 참고로 동기(motive)와 동기화(motivation)는 엄밀한 의미에서는 차이가 있다. 즉 동기란 행동을 자극하는 정적 목표를 지칭하는 것이며, 동기화란 위에서 제시한 정의와 같은 뜻이다. 하지만 본 교재에서는 동기와 동기화를 구분하지 않고 모두 동기라는 말로 사용하고 있다. 따라서, 앞에서 논의된 내용을 바탕으로 볼 때, 동기화된 행동의 특성은 다음과 같이 정리할 수 있다.

① 활성화

어떤 것은 행동을 유발한다. 유기체 내의 결핍이나 외적 유인대상이 이런 유발요인이 될 수 있다. 몹시 굶주린 사람은 음식에 대한 생리적 절박함으로 인해, 음식을 얻을 수 있는 방향으로 행동하게 된다. 일반적으로 외현적 행동이 발생한 경우에 동기가 관여했다고 보지만, 그러한 행동이 보이지 않는다고 해서 반드시 아무런 동기가 없다는 것을 의미하는 것은 아니다. 실제로 어떤 상황에서 외현적 행동이 없으면서도 심장박동수, 아드레날린 분비 등의 행동적 지표의 수련이 높을 수도 있다. 따라서 동기를 행동적으로 활성화되는 것이라고 간주하지만, 그 활성화된 행동이 반드시 외현적으로 드러나는 것이 아닐 수도 있다. 그러나 다행히도 많은 경우 동기의 변화는 외현적 행동의 변화를 수반한다.

② 방향성

우리는 배가 고프면 냉장고를 열고, 목이 마르면 물을 찾는다. 어떻게 해서 한 방향으로 우리의 행동을 결정지을 수 있는가? 이런 유형의 질문은 어떤 기제가 행동을 방향 짓는가 하는 의문으로 이어지게 되는데, 비록 이러한 방향성이 이루어지는 세부적인 과정에 대해서는 논쟁이 되고 있지만, 많은 심리학자들은 동기가 관여되었다는 것에 대해서는 공감한다. 따라서 동기적 상태의 지표로 방향성이 고려되는 것이다. 일단 동기화된 행동이 시작되면 유기체는 어떤 대상을 향하거나 피하게 된다. 유기체는 만족을 향해 움직이거나, 고통스럽고 불쾌한 것으로부터 도피하려 한다. 유기체가 지향하는 방향을 볼 수 있다면 동기가 작용하는 것을 더 잘 알 수 있을 것이다.

③ 지속성

배가 고픈 동물은 음식을 획득하기 위해 지속적으로 시도한다. 이와 유사하게 사람들은 심지어 성공할 가능성이 매우 희박한 때에도 특정한 방식의 행동을 지속하는 경우가 있다. 이러한 행동지속성을 관찰하고서 심리학자들은 지속성을 동기화의 지표로서 간주하는 것이다. 하지만 행동을 얼마나 지속시킬 것인가 하는 것은 어떤 행동대안이 가용한가에 따라 변화될 수 있다.

④ 안정지향성

동기화된 행동은 목표에 도달하게 한다. 그러한 목표는 대상, 상황, 또는 유기체를 변화시키는 것이다. 목표에 도달하면 행동은 바뀌고, 들뜬 상태나 마음 졸임은 그치게 되고 유기체는 만족의 표시를 한다. 예를 들면, 배불리 먹은 쥐는 음식물 탐색행동을 하지 않게 되며, 성적으로 만족한 유기체는 적어도 일시적으로는 이성에 별로 흥미를 보이지 않는다. 이와 같이 안정지향적인 동기의 속성에 대해 주목하여 제시된 것이 긴장감소(tension reduction)라는 개념이다.

7.1.2 동기에 대한 이론적 견해들

동기는 유기체의 내적 또는 외적 원인, 그리고 이 둘 간의 상호작용에 의해 일어난다. 예를 들어 음식이나 물에 대한 추동은 생리적 욕구와 같은 내적 원인에 의해 생겨나지만, 인정이나 칭찬을 받으려는 욕구는 사회적 환경 같은 외적 요인에 의해 유발된다. 한편 우리는 음식을 먹으려는 욕구를 갖고 있지만, 무엇을 또는 얼마나 먹을 것인가 하는 것은 환경이나 이전 학습에 의해 영향받는다. 따라서 동기에 관한 이론적 접근을 유기체의 내적 본능과 추동으로 설명하려는 본능이론과 인지적 판단의 결과로 설명하려는 인지적 동기 이론으로 구분하여 설명하겠다.

7.1.2.1 본능이론

동기에 대한 기계론적 관점의 극단에 해당되는 이론이 바로 본능이론이다. 본능(instinct)이란 '유기체가 적절한 상황이나 특정 자극에 대해 특정한 방식으로 행동하도록 사전배열된 내적·생리학적 힘'을 일컫는 말이다. 본능이론에 의하면, 이러한 반응패턴은 유기체의 생존과 번식에 유용하므로 여러 세대를 거치면서 모든 개체가 공통적으로 생득한 것이다. 동기에 대한 과학적 이론은 Darwin의 진화론에서 시작되었다고 볼 수 있는데, 그는 어떤 동물이건 종의 특유한 행동은 유전되며, 이러한 행동은 본능에 의해서 동기화된다고 생각했다. 이처럼 인간과 동물 간에 뚜렷한 구분을 하지 않는 Darwin의 진화론이 본능이론을 인간행동에 대한 설명방안으로 사용할 수 있는 계기가 되었으며, 그 후 20세기를 전후하여 James, Freud, McDougall 등은 본능을 인간행동을 설명하는 중요한 개념으로 발전시켰다.

William James(1890)는 유기체의 행동을 이끌어내는 본능에 하등동물보다 인간이 더 의존하고 있다고 주장하였다. 더욱이 생물학적인 본능을 동물과 공유하고 있으며, 인간의 사회적 본능이 핵심 역할을 수행한다고 보았다. 특히, James는 모방, 라이벌의식, 호전성, 동정심, 모성애 등은 모두 본능이며, 이러한 목록은 환경에 대한 유기체의 적응에 중요한 역할을 하는 것이라고 제시하였다(James, 1890).

Freud(1915)는 본능에 대해 조금 다른 관점을 지니고 있었다. Freud는 본능은 의식적인 목적이나 사전에 결정된 방향이 없으며 유기체는 그것을 충족시키기 위해 존재하며, 이는 심리적인 에너지를 만들어낸다고 믿었다. 이러한 긴장 상태에서는 긴장을 감소시키기 위해 특정한 목적의 행동을 하게 된다. Freud는 대부분의 본능은 무의식적으로 영향을 미치며 때로는 사회적 요구와 대립해서 갈등을 낳는다고 생각하였다. 그는 2개의 기본적인 무의식적 에너지가 행동을 설정하는 강력한 동기적 힘이라고 믿었으며, 삶의 본능은 성적 행동으로 표현되며, 죽음의 본능은 공격적 행동 속에 내재되어 있다고 생각했다.

특히 본능이론의 강력한 옹호자였던 심리학자 William McDougall은 본능이 목표지향적 행동의 '근원적 유발자'라고 보았으며, 인간의 사고와 행동은 모두 선천적인 본능의 결과라고 보았다. 아울러 그는 본능적 행동이 학습과 경험에 의해 수정될 수 있는 지도가능성을 배제하였고, 본능에 관한 자신의 견해를 다음과 같이 제시하였다.

> "본능은 유전적이고, 선천적인 심리·신체적 기질이라고 정의할 수 있다. 그러한 기질은 그것을 지닌 사람으로 하여금 어떤 종류의 대상을 지각하고 주의를 기울이도록 규제하며, 그런 대상을 지각함에 있어서 특수한 성질의 정서적 경험을 하고, 그에 대하여 특수한 양식의 행동을 하거나 적어도 그런 행동으로 추동을 경험하도록 규제하고 있다."

아울러 그는 저서인 『사회심리학(1908)』을 통해 10가지 본능의 목록을 제시하였다: 획득(acquisition), 구조화(construction), 호기심(curiosity), 비행(flight), 군집(gregariousness), 호전성(pugnacity), 번식(reproduction), 반박(repulsion), 자기비하(self-abasement), 그리고 자기주장(self-assertion). 이후에 그는 본능의 목록에 특정한 신체적 요구와 관련된 몇 가지 본능을 추가하여 18가지로 확장하였으며, 이 본능들을 일부 수정하고, 결합함으로써 모든 인간행동을 설명하려고 시도하였다.

분명히 여러 종류 생물의 세부적인 행동을 본능적이라고 분류할 수 있다. 따라서 동기의 본능이론은 20세기 초반에 매우 널리 수용되고 인용되는 이론이었다. 그러나 본능이론은 다양한 측면에서 비판을 받기 시작했다. 그 이유는 첫째, 본능의 수가 너무 많아진다는 것이다. McDougall은 모든 인간의 행동을 설명하는 데 18개의 본능을 설정했으나, 1920년대에 와서는 무려 10,000여 개의 본능 목록이 생겨나게 되어 본능이란 말이 더 이상 의미가 없을 지경에 이르렀다(Bernard, 1924). 따라서 학자들은 본능개념이 복잡한 인간행동을 설명하는 것이기보다는 행동에 이름 붙이는 한 방법 정도로 여기게 되었다. 둘째, 동기적 기질의 세기나 강도 면에서 많은 개인차가 존재한다는 주장이 심리학자들 사이에 수용되기 시작했으며, 게다가 본능이론이 인간행동의 모든 면을 설명할 수 없다는 문제점이 제기되기 시작하였다. 셋째, 일부 연구자들은 때때로 어떤 동기의 강도와 후속하는 행동 간에 아무런 관련성이 없다는 것을 발견했다. 넷째, 일부 심리학자들은 Freud가 주장한 무의식적 동기가 정말 본능인지, 아니면 그것이 학습된 행동인지에 대해 의문을 제기하기 시작했다. 아울러 인류학자들은 어떤 본능은 모든 문화권에 공통적으로 발견되는 것이 아니라는 사실을 제시하였다. 예를 들어 호전성(pugnacity) 본능이 모든 원시사회에서 공통적으로 관찰되는 것이 아니라는 것이다. 즉, 어떤 종족들에서는 사람들이 싸워야 할 아무런 필요성을 느끼지 않더라는 것이다. 이러한 비판과 아울러 1920년대부터 태동하기 시작한 행동주의(behaviorism) 이론가들은 본능이론가들과는 정반대로 인간의 모든 행동은 기본적으로 보상과 처벌을 통해 형성할 수 있다는 주장을 제기하기 시작하였는데, 이러한 행동주의의 융성은 본능이론이 퇴조하는 또 다른 이유가 되었다.

그러나 본능이론이 완전히 없어진 것이 아니고 1950년대 이후에 동물행동학(ethology)을 연구하는 Konrad Lorenz, Nicholas Tinbergen, Karl von Frisch 등의 유럽학자들에 의해 재조명되었다. 자연환경 속에서 보이는 동물행동의 적응적 중요성을 심도 있게 탐구한 그들의 접근은 초기에는 많은 비판에 직면하기도 했지만, 새로운 연구접근방법으로서의 공로를 인정받아 1973년 노벨상을 수상하기도 하였다. 그들은 실제로는 본능과 거의 같은 의미지만, 이전에 본능이란 용어와 관련된 문제를 피하기 위하여 종특유적 행동(species-specific behavior)이라는 개념을 도입하여 사용하였다. 종특유적 행동이란 어떤 종에 특유하게 나타나면서 그 종의 모든 구성원에게 동일한 형태로 나타나는 행동을 일컫는다.

이러한 행동은 고정된 행동패턴, 유출자극, 결정적 시기라는 개념 등에 의해 특징지어진다. 고정된 행동패턴(fixed-action pattern)이란 본능의 개념과 거의 유사한

데, '진화과정을 거치면서 특정 종의 행동 속에 만들어진 구체적이고, 한정된 행동 순서'를 지칭하는 것이다. '행동이 한정되었다'라는 것은 그것이 유발자극(releasing stimuli)이라고 불리는 특정한 환경적 자극에 의해서만 시발 되며, 행동의 순서가 고정되어 있기 때문이다. 예를 들면, 가시고기는 튜브 모양의 집을 짓고, 마치 다른 가시고기가 오기를 기다리듯이 집 근처를 배회한다. 만약 접근하는 물고기의 배가 빨간색이며 경쟁수컷으로 생각하여 공격적 행동을 하며, 알을 배고 있는 불룩한 배를 보면 암컷으로 인식하여 구애행동을 한다. 가시고기의 이런 행동패턴을 수컷이나 암컷의 색깔이나 모양에서 제공되는 특정 자극에 의해 유출되는 본능적인 행동이라고 할 수 있는데, Tinbergen(1951)은 이것을 실험을 통해 증명하였다.

동물이 계통발생학적으로 상위단계에 있을수록 종특유적 행동은 적게 나타나며, 행동은 학습에 의해 더욱 많이 좌우된다. 그러나 인간 유아에게서도 발뻗기 반사 등 몇 가지 고정된 행동양식은 종특유적 행동의 범주라고 생각할 수 있다.

[그림 7-1] 새끼 오리들이 자신의 어미가 아닌 Lorenz를 따라 가는 모습

고정적 행동패턴과 유발자극 등은 결정적 시기(critical period)와도 연결이 되어있는데, 이는 유발자극에 의해 유도되는 특정한 본능적 반응이 동물의 생애 중 제한된 기간 동안에만 나타난다는 것이다. 결정적 시기의 좋은 예가 바로 각인(imprinting)현상이다. 우리는 연못에서 어미 뒤를 따라 새끼오리들이 줄을 지어 쫒아가는 것을 볼 수 있는데, 이런 행동의 기제를 설명해주는 것이 바로 각인현상이다. Lorenz(1965)는 새끼오리를 인공적으로 부화시킨 다음 새끼오리가 제 어미보다 자기를 따라 다니도록 하여 이 현상을 증명하였다(그림 7-1 참조). 새끼오리는 알에서 부화한 이후 처음 본 움직이는 물체를 따라다니는데, 이를 각인현상이라고 이름 붙였다.

이 현상은 그 대상이 나무로 만든 오리이든 사람이든 동일하게 나타나며, 10분 정도만 따라다니면 각인된다(움직이는 물체-유발자극, 고정적 행동패턴-따라다니는 것). 따라서 각인이란 새끼동물이 어미에 대해 애착을 형성하는 일종의 초기 학습 형태라고 볼 수 있다. 하지만 각인은 시기적으로 항상 가능한 것이 아니다. 오리새끼의 경우 부화한 후 13~14시간쯤에서 가장 쉽게 일어나지만 부화한 후 첫 2일 동안에는 어느 시간에나 일어날 수 있으며, 그 이후에는 각인이 잘 일어나지 않는다. 아울러 한 번 각인이 되면 변화하기 어렵다. 따라서, 우리는 각인현상을 통한 어미와의 애착형성은 부분적으로 유전적 요인에 의해, 부분적으로는 후천적 학습에 의해 형성된다는 것을 알 수 있다. 이러한 각인은 많은 종(개, 양, 오리 등)에서 발견되지만, 부화하자마자 걷거나 헤엄을 칠 수 있는 조류에게서 가장 명백하게 발생한다. 이 현상에 내재된 기제는 새끼가 그 어미를 따라가고, 가까이 다가가도록 보장해 줌으로써 위험한 환경에서 방황하지 않도록 도와주는 적응적 유용성을 갖는다.

7.1.2.2 추동감소이론

1920년대를 지나면서 본능이론이 추동감소이론으로 대치되었다. 추동(drive)이란 음식, 물, 성, 고통회피 등과 같은 '어떤 생리적 요구(need)에 의해 발생된 심리적 각성 상태'를 말한다. 이러한 각성상태가 유기체로 하여금 요구를 경감하도록 동기화시킨다는 것이다. 어떤 경우에는 '추동'과 '요구'를 구분 없이 사용하기도 하지만, 요구는 생리조직의 탈핍상태를, 추동은 요구의 심리적 결과를 일컫는 말로 더 많이 사용된다. 요구와 추동은 병존하는 것이지만, 동일한 것은 아니다. 추동은 요구가 강해지는 것만큼 반드시 강해야 하는 것은 아니다.

추동개념은 행동을 한 방향으로 유도하는 습관과 대립되는 것으로서, '유기체가 행동을 추진시키는 힘(energy)'을 기술하기 위해서 1918년에 Robert Woodworth가 도입한 것이다. 그는 이러한 추동이 각성을 감소시키기 위해 필요한 어떤 것을 획득하도록 지향된 행동을 유발한다고 제안하였다. Woodworth는 이 용어를 일반적인 에너지의 공급과 같은 의미로 사용했지만, 사람들은 '추동'이 아니라 배고픔, 성, 목마름 등과 같은 것까지도 포함하여 말하기 시작했다. 따라서 여러 가지 면에서 추동의 개념은 본능과 유사하지만, 추동감소이론은 본능이론보다 많은 심리학자들에게 더 잘 받아들여졌다. 그 이유는 추동이 세밀한 실험을 바탕으로 도입되었고, 추동에 대해 조작적 정의를 내렸기 때문이다. 추동의 조작적 정의는 추동이 작용되는 조건과 그것을 측정하는 방법 모두를 규정하는 것이다. 따라서 어떤 추동은 음식물의 박탈시간, 혈액 내의 성호르몬의 농도나 전기충격의 강도에 의해서 측정될 수 있다. 추동감소는 음식에 의한 배고픔의 해소, 성욕 해결 및 전기충격의 종결로써 규정할 수 있다.

추동감소이론의 논리는 1932년에 생리학자인 Walter Cannon이 도입한 항상성(homeostasis)의 개념에 의해 크게 발전했다. 이 개념은 추동이론의 중요한 성분으로서 내부의 상태가 정상적인 안정상태에서 벗어나면 불균형상태가 생긴다. 심리적 추동은 신체가 균형으로 돌아가려고 시도하는 한 방법이다. 따라서 동기화란 항상성의 불균형이나 긴장에서 생긴 추동이라고 규정할 수 있다. 항상성에 대해서는 이후에 다시 논의하겠다.

Clark Hull(1943)은 추동 및 추동감소에 대해 체계적인 연구를 하였다. 그는 유기체는 불유쾌한 신체적 긴장을 제거하거나 감소시키기 위해 동기화된다고 가정하였다. 즉 음식, 물, 성경험 등을 유기체로부터 박탈함으로써 내적 욕구상태는 조성될 수 있고, 이러한 욕구상태는 항상성의 불균형 또는 내적 긴장을 유발한다. 그는 1943에 출판된 『Principles of Behavior』라는 책에서 유기체의 '반응에 대한 운동량'을 설명하기 위한 공식을 설정하였다: 노력=추동×습관. 그는 '추동'을 행동의 강도를 결정하는 영향력으로 정의하고, 그것이 이론적으로는 탈핍수준에 따라 증가하는 것으로 보았다. '습관'은 과거 자극과 반응(S-R) 간의 관계성의 강도라고 보았다. 그는 습관강도는 강화물의 크기와 수뿐만 아니라 강화를 위한 S-R 사상의 근접성에도 의존한다는 가설을 세웠다. 또한 Hull은 모든 보상은 궁극적으로 1차적인 항상성 욕구의 감소에 바탕을 둔 것이라고 가정했다. 즉 어떤 행동에 대한 강화물이나 보상이 추동을 감소시키고, 이로 인해 항상성을 회복하게 되고, 따라서 그 행동을 반복하게 된다는 것이다. 음식 보상은 배고픔으로 인해 발생한 항상성의 불균형을 감소시킨다.

Hull은 추동이 모든 학습의 근원기제가 되는 것으로 믿었다. 즉, 인간이나 다른 동물들은 보상을 얻기 위해 어떤 반응을 학습한다. 그는 추동감소는 새로운 학습을 위한 필요충분조건이라고 제안하였다: 즉, 추동감소가 없으면 학습은 일어나지 않으며(필요조건), 추동감소가 있으면 학습이 일어난다(충분조건). Hull은 흰쥐를 대상으로 기본적인 생리적 추동에 관해서만 연구하였지만, 그의 이론은 John Dollard와 Neal Miller(1950)에 의해 인간을 대상으로 한 동기유발로 확장하게 된다. 그들은 추동을 1차적 추동과 2차적 추동으로 구분하였다. 1차적 추동이란 행동을 유발하는 목마름, 배고픔, 성욕 등과 같은 내적 생리적 상태를 말한다. 2차적 추동이란 1차적 추동의 만족과 연결을 가짐으로써 학습된 동기적 상태를 지칭하는 것이며, 예를 들자면, 엄마 곁에 있고 싶어 하는 어린아이의 추동상태 등이 있다. Dollard와 Miller는 어린아이가 엄마에 대한 애착형성은 생득적으로 타고난 것이라기보다는 엄마는 자신의 1차적 추동을 감소시켜 주는 매개자라는 것을 학습함으로써 이루어진다고 보았다. 학습의 강화자인 보상도 마찬가지로 사회적 인정과 같은 2차적 보상도 그것이 과거에 음식이나 다른 1차적 보상과 연합되었기 때문에 효과가 있는 것이다.

추동감소 이론가들은 배고픔, 목마름 등과 같은 내적 추동 상태의 존재를 가정하기는 했지만, 그런 상태를 대상으로 직접적인 연구를 하지는 않았다. 단지 동기화된 추동이 없이는 학습이 발생하지 않는다고 생각했기 때문에 그들은 어떤 학습이 이루어졌다면 반드시 추동이 있었을 것이라고 추정할 뿐이었다.

아울러 최근에는 내적인 결정요인과는 대립되는 동기의 외적 요인에 대한 관심이 높아졌다. 즉 목표대상 자체가 학습에 대한 보상기능 이외에 동기를 일으키는 역할을 할 수도 있다. 예를 들어 향기로운 음식냄새를 맡음으로써 배고픔을 느낄 수도 있다는 것이다. 이 경우에는 음식의 냄새, 모양, 맛이 유인(incentive)으로써 작용했다고 할 수 있다. 특히 사회상황에서는 목표의 동기적 효과가 내적인 요인의 효과보다 더 뚜렷한 경우가 많다. 동기는 금전적 보상, 아름답고 멋진 남녀의 모습, TV 광고 등으로부터 유발될 수도 있다. 이 이론은 유인이론으로서 다음에 다룰 것이다.

7.1.2.3 적정수준이론

추동감소이론은 인간이나 다른 동물들이 항상 각성수준을 감소시키기 위해 행동한다고 가정한다. 그렇다면, 배가 부르도록 먹고 마셨거나 성적으로 만족했거나 아무것도 하지 않고 있을 때가 가장 행복하다고 결론짓는 것이 논리적인 듯하다. 추동감소이론은 단순하고 직선적이지만, 그것이 설명할 수 없는 인간행동도 존재한다. 왜 인간은 산을 오르고 고공낙하를 하며, 영화구경을 하러 가는가? 인간에게 자극이 없는 평온한 상태는 지루함을 유발한다.

추동감소이론의 기본적인 가정은 유기체가 긴장을 감소시키려 하고, 낮은 수준의 각성을 유지하려고 한다는 것이다. 그러나 후속연구에 의하면 꼭 그렇지는 않다는 것이 밝혀졌다. 어떤 때는 유기체가 긴장이나 각성(arousal) 수준을 증가시키려고 시도하기도 한다는 것이다. 다시 말하면 유기체는 너무 높거나 너무 낮지도 않은 최적수준(optimal level)의 각성을 유지하려 한다는 것이다(Berlyne, 1967, 1978). 또한 인간은 생물학적인 자기이익만을 따라 항상 행동하는 것도 아니다. 아주 야윌 때까지 다이어트를 하기도 하며, 견디기 어려울 만큼 뜨거운 사우나 탕 속에 앉아 있기도 하고, 중요한 목적을 위해 자신을 희생하기조차 한다. 어떤 사람들은 높은 수준의 각성(산악등반, 고공낙하 등)을 추구하는 반면, 다른 사람은 상대적으로 낮은 수준(장기, 독서 등)을 추구하기도 한다는 것이다. 따라서 개인이 추구하는 자극의 적정수준은 개인 차이가 상당히 클 수 있다는 것을 알 수 있다. 각 개인이 추구하는 적정수준은 상이하지만, 일단 적정수준에 도달하면 사람들은 진행 중인 활동에 대한 주의와 노력의 소모가 최소화되기 때문에 가장 효율적으로 기능할 수 있게 된다.

7.1.2.3.1 적정각성수준이론

왜 인간들은 음식이나 짝짓기 상대가 필요한 상태가 아닌 경우에도 주변지역을 탐색하러 다닐까? 주변 탐색과 호기심은 내적 긴장을 감소시키기 위해 의도된 것은 아닌 듯하며, 오히려 새롭게 획득하는 정보로 인해 유기체 내부의 긴장수준을 증가시킬 가능성이 더 높다. 이러한 새로운 것을 탐색하는 인간행동을 설명하기 위해 Berlyne(1967, 1978)은 적정각성수준이론을 제안하였다. 그는 적정각성수준, 실제각성수준, 그리고 각성잠재력(arousal potential) 등을 구분하였다. 적정각성수준이란 그 시점에서 가장 편안하고 효율적인 각성수준을 말하며, 실제각성수준이란 현 상태에서 실제 경험하는 각성수준을 말한다. 각성잠재력이란 실제각성수준과 적정각성수준 간의 불일치 정도를 말하는데, 이는 곧 그 사람이 적정각성수준에 도달하고자 하는 요구(need)의 강도를 표현하는 것이다.

만약 각성이 적정수준 이하로 떨어지면 어떤 일이 일어나는가? 이는 주변 환경에서 흥미를 유발하는 자극이 존재하지 않음을 의미하며 지루함을 느끼게 된다. 따라서, 각성수준을 높여줄 수 있는 매개체(즉, 영화, 책, 친구 등)를 찾게 된다. Berlyne에 의하면 이 경우에 사람들은 자극수준을 높여줄 수 있는 새로움, 놀람, 모호함, 또는 복잡함 등의 대조적 속성(collative properties)을 지닌 자극을 찾는다고 제시하였다. 실제로 Berlyne(1958)은 성인들을 대상으로 한 자극에 대한 주의집중 실험연구에서 사람들이 단순한 자극보다는 부정형성, 비일관성, 다양성을 포함한 복잡한 자극에 더 오랜 시간 주목한다는 것을 발견하였다.

반대로 각성이 적정수준보다 높아지면 유기체는 자극의 대조적 속성을 감소시키는 환경을 탐색하기 위해 동기화될 것이다. 이는 최근에 새로운 곳으로 이주했던 경험을 떠올려보면 쉽게 알 수 있을 것이다. 즉, 새로운 집, 거리, 가게, 이웃들이 모두 새롭고 낯설어 각성수준이 높아졌을 것이지만, 주변 거리들을 탐색하고, 친숙해짐으로써 그 자극의 새로움이 주는 불안을 적정수준으로 동화시킬 수 있었을 것이다.

7.1.2.3.2 적정불일치이론

보다 일반적인 적정수준이론은 McClelland와 그 동료들(1953, 1976)에 의해 제안된 적정불일치이론(Optimal-Incongruity Theory)이다. 그들에 의하면, 사람들은 과거 경험을 통해 형성된, 자신이 가장 편안하게 느끼는 일상적인 적응수준(adaptation level)이 존재하며, 이 수준은 중립적인 각성상태이다. 예를 들어, 사람들은 자기 방

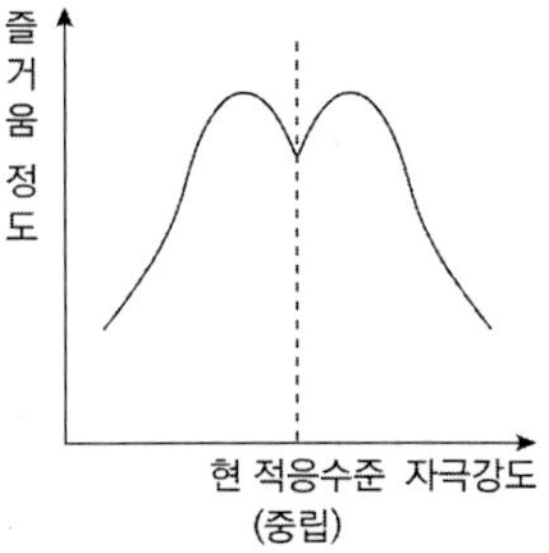

[그림 7-2] 나비곡선

의 일반적인 냄새에 적응하게 되면, 더 이상 느끼지 못하게 된다. 이때, 적응수준에서 위 또는 아래 어느 방향으로든지 조금 불일치하는 새로운 냄새(예, 꽃병)의 출현은 즐거운 것이 되는데, 이는 적응수준에서 적정하게 불일치하기 때문이다. 하지만, 크게 불일치하는 새로운 냄새(예, 깨진 향수병)의 출현은 불일치 수준이 너무 크기 때문에 불쾌한 자극이 되는 것이다. 사람들이 작은 불일치에서 즐거움을 느낀 이후에 더 큰 불일치를 추구하려고 시도하지만, 이는 곧 불안을 증가시키게 된다. 따라서 안전하고, 친숙한 적응수준으로 회귀하도록 동기유발되는데, 이와 같은 반응이 적응수준보다 높거나, 낮은 두 방향 모두에서 발생하기 때문에 사람들이 적정불일치를 추구한다는 것이다(그림 7-2 참조).

적정불일치이론의 지지증거로는 Haber(1958)가 보여준 한 실험을 들 수 있다. 이 실험에서 피험자들은 양손을 한 물통 속에 담그고 그 물 온도에 적응하도록 지시받았다. 그 이후, 각 손을 상이한 온도의 물통 2개에 각각 담그도록 하고, 그 온도가 얼마나 마음에 드는지를 물어보았다. 그 결과에 의하면, 피험자들은 최초에 적응된 온도보다 1도가 높거나, 낮은 온도를 가장 좋아하였지만, 그보다 더 높거나, 낮은 온도에 대해서는 만족도가 떨어졌다.

7.1.2.4 인지적 동기 이론

동기에 관한 본능이론, 추동감소이론 및 적정수준이론이 여러 방식에서 차이가 있지만, 이 이론들은 유기체의 내적 상태를 다룬다는 공통점을 지니고 있다. 즉, 특정한 긴장수준이나 각성수준은 유기체로 하여금 어떤 행동을 하도록 동기화한다. 따라서 유기체는 내적 혹은 생리적 요인에 의해 어떤 방향으로 행동해 나가게 된다는 것으로, 유기체의 주관적, 주도적 판단과 결정이란 요소는 배제되어 있다. 하지만, 동기의 인지이론들에 의하면 동기는 유기체의 내적 상태보다는 행동을 일으키는 인간의 인지적 요인에 의해 영향을 받는다. 추동이론과 적정수준이론이 어떤 요구를 만족시키기 위해 유기체가 행동하도록 '추진(push)'하는 내적 상태를 강조하는 반면 인지이론에서는 보상이나 목표의 중요성에 대한 개인의 기대와 상이한 지각을 중요시한다. 즉, 이 이론들은 '추진'보다는 '유인(pull)'적인 측면을 강조하고 있는 것이다. 이러한 유인적 외부자극을 유인가(incentive)라 한다.

외적 자극의 어떤 특성은 개인으로 하여금 원하는 목표를 획득하거나 원하지 않는 사건을 회피하기 위한 행동을 유발시킨다. 사람이 처음에는 배고픔이 '밀기(push)' 때문에 음식물을 먹지만, 나중에는 과자나 아이스크림의 모습이 '당기기(pull)' 때문에 더 많은 음식물을 계속해서 먹는다. 연구에 의하면, 포만한 동물도 다른 동물의 섭식행동을 보면 또다시 음식물을 먹기 시작한다. 이 경우에 동기유발은 신체 내적인 것이라기보다는 외부적 자극이 원인이다. 이와 같은 인지적 동기이론들의 기본가정은 유기체는 자신의 행동결과에 대해 알고 있으며, 정적 유인가에 접근하고 부적 유인가를 회피한다는 것이다.

7.1.2.4.1 기대이론

일반적인 인지적 동기이론의 핵심은 기대이론(expectancy theory)이라고 볼 수 있다. Lewin(1944)이나 Tolman(1955)은 기대이론의 성립단계에 영향을 미친 학자들이다. Tolman은 동물행동을, 그리고 Lewin은 인간행동을 다루었다는 점에서 차이가 있지만, 두 사람은 모두 유기체가 환경에서 볼 수 있는 단서를 기반으로 해서 장차의 행동을 결정한다는 입장에서는 동일하다. Tolman의 경우는 철저한 행동주의학자로서 인지적 현상조차도 엄격한 측정이 가능한 조작적 용어로 정의될 수 있다고 보았다. 그는 다른 행동주의 심리학자들처럼 흰 쥐를 대상으로 실험하였으나, 쥐가 단순히 자극-반응의 연결순서를 학습하는 것이라는 그 당시의 지배적 견해를 반대하였다. 즉, 그는 미로찾기와 같은 쥐의 행동은 물, 음식의 획득 또는 전기자극과 같은 고통스러운 자극을 회피하고자 하는 목적에 의해 안내되는 것이기 때문에 목적지향적 행동이라고 주장하였다. 그는 더 나아가 쥐는 학습과정을 통해 미로의 배치와 모양에 관한 내적 이미지, 즉 미로의 인지도(cognitive map)를 형성하게 된다고 주장하였으며, 이 인지도가 다른 미로단서들의 의미에 대한 기대(expectation)를 형성시킨다고 설명하였다.

이러한 Tolman의 견해는 이후 학자들에 의해 형성된 기대이론에 직접적인 영향을 미치게 된다. 기대이론(Vroom, 1964)에 의하면, 동기적인 힘이란 기대(expectancy) 및 유인가(valence)의 두 가지 변인에 의해 결정된다: f(동기)=(기대×유인가). 여기서 말하는 기대(E)란 특수한 행동이 일정한 성과를 가져오리라는 신념이며, 이때 신념의 강도는 확률값으로 나타내며 그 값은 0과 1 사이의 값($0 \leq E \leq 1.0$)을 지닌다. 유인가(V)란 이러한 결과물이 행위자에게 얼마나 매력적인 것인가를 나타내는 지표인데, 이는 주관적인 평가치로서 개인이 부여하는 긍정적 혹은 부정적 가치의 총화를 의미하며, 성과에 부여하는 가장 높은 가치인 +1.0부터 가장 낮은 가치인 −1.0 사이의 값(−1.0≤V≤1.0)으로 나타낼 수 있다. 기대와 유인가를 강조하는 기대이론의 입장에서 본다면, 인간의 행동이란 먼저 행동이 가져오게 될 성과를 예상하고, 이 각각의 성과에 부여할 가치를 결정하는 일종의 선택행동에 참여하는 것이다. 이때 개인의 입장에서 볼 때 여러 가지의 선택 가능한 행동 각각에 대한 동기가 산출되며, 그중에서 기대와 유인가를 곱한 동기의 값이 제일 큰 행동방안이 선택되어 행동화된다.

7.1.2.4.2 귀인이론

기대이론 이외에 동기연구에 큰 영향을 미친 인지적 이론에는 귀인이론(attribution theory)이 있다. 귀인이론은 Heider(1958)에 의해서 기반이 마련되었고, Kelly(1967), Weiner(1980) 등에 의해서 더욱 발전되었다. 이 이론에 의하면 인간은 환경 내에서 일어나는 사건을 보고 그에 대해서 단순히 반응하는 수동적인 존재가 아니다. 과학자이든 보통 사람이든 간에 인간은 환경에서 일어난 사건의 원인을 추론함으로써 자신이 처한 세계의 비교적 안정되고 지속적인 측면을 이해하려 할 뿐만 아니라, 이 이해를 토대로 능동적으로 환경을 통제하려고 한다. Heider의 주장에 따르면, 귀인에서 가장 기본적인 차원은 행동이 행동자의 개인 내부적 요인에 의해 일어났다고 보는가(내부귀인), 아니면 개인 외부의 환경적 요인에 일어났다고 보는가(외부귀인) 하는 것이다. Heider는 일반적으로 행동에 의해서 얻어진 성과가 내부요인과 외부요인 양자와 모두 함수관계를 지닌다고 보았다. 만일 어떤 행동의 원인을 능력이나 노력과 같은 내부요인 탓, 또는 의도적인 행동이라고 보는 것과 같이 내부귀인시키게 되면, 같은 행동이더라도 그 행동이 환경적 요인에 의해 일어났다고 추론하는 외부귀인시킨 경우와는 매우 다른 동기상태나 행동을 초래하게 된다는 것이다. 예를 들어, 동일한 직무 성공 경험을 하더라도 그 원인을 어디에 있다고 보는가에 따라 성공에 대한 평가뿐만 아니라 다음의 행동에 서로 다른 영향을 미치게 될 것이다. 따라서 행동의 동기화란 이전 행동에 대한 귀인과정에 의해서도 영향을 받게 된다는 것이 이 이론의 핵심적 주장이다. 귀인이론은 9장 사회적 행동에서 더 자세히 다루게 될 것이다.

7.1.3 동기의 유형

인간 동기는 무수히 많으며, 이런 많은 동기를 범주화하고 체계적으로 분류하려는 노력이 시도되었다. 동기의 구분범주로는 생래적 동기와 획득된 동기, 내적 동기와 외적 동기, 기계적 동기와 인지적 동기 등으로 나누기도 하며, 동기의 분석수준에 따라서는 생리학적 수준, 개인적 수준, 사회적 수준, 철학적 수준으로 구분하기도 한다. 여기서는 생리적 동기와 심리적 동기로 나누어 살펴보기로 하자.

7.1.3.1 생리적 동기

많은 생리적 동기(physical motivation)는 우리 몸의 신체적 균형이 깨졌을 때 촉발된다. 유기체에게는 신체 내부환경이 최적상태에서 벗어나면 그 원래의 최적수준으로 되돌아오게 만드는 기제가 있으며, 이러한 안정적 내적 균형상태를 유지하는 것을 항상성(homeostasis)이라 한다(그림 7-3 참조).

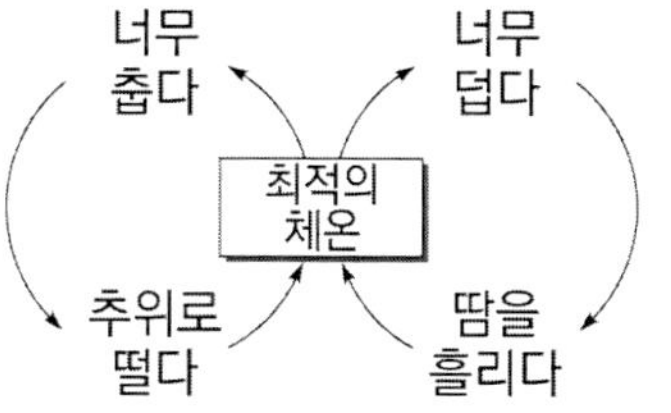

[그림 7-3] 항상성(체온의 예)

항상성을 유지하는 데 있어서 중요한 뇌부위는 시상하부(hypothalamus)이다. 시상하부는 뇌의 기저부에 있는 작은 부위로 자율신경계와 내분비계를 통제하여 항상성을 유지시킨다. 또한 시상하부에는 혈관이 풍부하여 혈액의 화학적 상태 관련 정보에 민감하다.

항상성 개념이 동기에서 중요성을 갖는 이유는 항상성의 불균형으로 인한 문제는 행동을 통해서만 해결 가능한 것이기 때문이다. 이러한 항상성 유지를 위한 행동은 일상생활에서 매우 중요하다. 예를 들어 체온은 너무 높거나, 낮아서는 안 되므로 36.5°C로 일정하게 유지한다거나, 혈압을 적절하게 유지하고, 또 pH가 일정한 균형을 갖도록 하는 경우 등이다. 항상성을 이루는 자율적인 생리기관은 동기화된 행동을 유발한다. 위의 예에서 기온이 내려가면 옷을 더 입는다든지, 창문을 닫아 온도를 유지하는 것과 같은 조절행동을 하게 하는 것이다.

성적 활동도 항상성의 원리를 따르는가? 반드시 그런 것은 아니다. 하등동물에 있어서 성적 욕구는 호르몬 수준과 관계되나, 인간에 있어서는 호르몬 수준보다는 감각자극이 성적 욕구의 중요한 촉발제가 된다. 감각자극에 의해 촉발되는 가장 좋은 예는 고통(pain)일 것이다. 고통은 동기로써 작용하며 거의 전적으로 감각자극에 의해 유발된다.

생리적 동기에는 배고픔, 목마름, 성, 체온조절, 수면 및 고통회피 등 신체적 상태에 기초한 여러 가지가 있다. 그중에서 인간의 일상생활과 가장 직접적인 연관을 갖는 배고픔, 목마름 및 성적 욕구 그리고 공격동기에 관해 고찰해 보기로 하겠다.

7.1.3.1.1 배고픔

배고픔(hunger)은 모든 살아 있는 유기체에 영향을 주는 동기요인이다. 인간은 음식을 먹지 않으면 몇 시간 지나지 않아 배고픔을 느끼게 된다. 이때 다른 유기체와 마찬가지로 인간은 음식욕구를 만족시키도록 고안된 행동을 취하게 된다. 대부분의 유기체는 신체 영양수준이 어떤 기준 이하로 떨어질 때 배고픔을 느낀다. 신체와 뇌가 어떻게 상호작용해서 이런 결과를 낳는가 하는 것은 그리 단순한 문제가 아니다.

유기체가 영양섭취라는 생리적 욕구를 만족시키기 위해 음식을 먹을지라도 다른 요인이 작용한다. 예를 들어 인간은 종종 영양섭취가 충분함에도 불구하고 계속해서 먹는 경우가 있는데, 이것은 외적 유인가로 설명할 수 있다. 배고픔의 생리적 기제를 논의한 후, 과식, 비만 등과 같은 음식섭취 관련 장애에 대해 논의해 보기로 하겠다.

배고픔을 연구하는 초기의 심리학자에게 두 가지 문제가 제기되었다. 어떤 기제에 의해 유기체가 음식을 먹기 시작하는 때를 알아내는가? 동일한 기제로서 먹는 행동을 중지하는 때를 알아낼 수 있는가? 배고픔에 대한 연구는 주로 위의 활동과 미각의 역할에 대해 초점이 맞추어졌다. 이것으로부터 연구자들은 간, 혈당량 및 뇌의 역할을 연구해 왔다. 따라서 배고픔과 포만의 생리적 기제들을 위, 혈액, 그리고 뇌 수준으로 구분하여 설명하겠다.

① 위장 수준의 요인

사람들은 대부분 배고픔을 위의 통증으로 경험한다. 이것은 신체가 음식물을 한동안 섭취하지 못하면, 빈 위는 이 상태를 뇌에 전달하기 때문이다. 초기의 연구자들은 기통(hunger pain)이나 위의 수축이 배고픔의 경험과 관계가 되는 것으로 생각했다. 한 예로 Cannon과 Washburn(1912)의 연구는 배고픔 동기의 내적 요인을 탐구하기 위한 가장 초기 연구 중 하나이다. 이 연구에서 Washburn은 풍선을 삼켰고, 그것을 위 안에서 부풀렸다. 그의 위 수축과 배고픈 느낌의 주관적 보고가 동시에 기록되었다(그림 7-4 참조). Washburn이 공복감을 느낀다고 보고할 때마다 그 풍선도 수축하였기 때문에, 연구자들은 위운동이 배고픈 느낌을 유발한다는 결론을 내렸다.

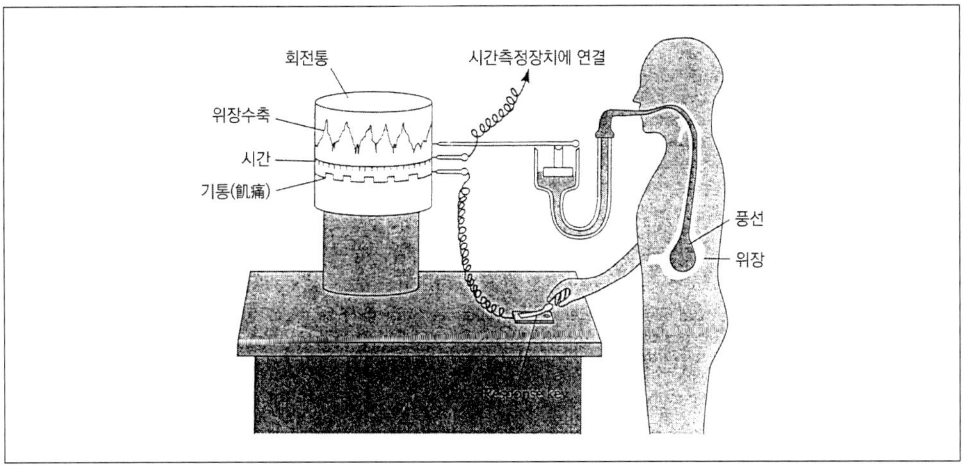

[그림 7-4] Cannon과 Washburn의 배고픔 측정 기술 실험
출처: K. Hoffman, M. Vernoy, & J. Vernoy, 1991에서 인용

이 결론에 어떤 문제가 있다고 생각하는가? 비어있는 위는 상대적으로 덜 활동적이며, Washburn이 경험한 위수축은 풍선의 존재로 인한 실험적 오염이라는 사실이 이후에 발견되었으며, 위장수축과 배고픔 동기와의 관련성에 대한 연구들은 추후 연구에서 그다지 지지를 받지 못했다. 위는 배고픔을 알리는 데 중요하지 않을 뿐만 아니라 필요하지도 않다는 것이 밝혀졌다. 예를 들어 위장을 제거하거나, 위에서 뇌에 이르는 모든 신경을 절단한 쥐에게도 배고픔이 계속 나타났다. 이들 쥐의 배고픔 행동은 통제집단(위장이 존재하거나, 신경이 손상되지 않은 집단)의 쥐에게 나타난 배고픔 행동과 정확히 일치하였다(Morgan & Morgan, 1940). 이와 유사하게 암이나 궤양으로 인해 위를 제거한 사람도 여전히 배고픔을 느낀다고 보고하였다.

그렇다면 이런 사실은 위장과 배고픈 느낌 간에는 아무런 관련이 없다는 것을 의미하는가? 반드시 그런 것은 아니다. 한 연구결과에 의하면, 위벽에 존재하는 특화된 수용기들이 음식물 섭취를 통제하는 데 중요한 기능을 하는 것으로 발견되었다. 예를 들면 위장에서 창자로 가는 통로를 차단하였을 때 동물은 여전히 정상적인 식사를 하고 그의 위장이 가득 찼을 때, 음식섭취를 중단한다. 게다가 이미 섭취한 음식물의 일부를 인위적으로 위장에서 제거했을 때에는 그 동물은 위장이 다시 채워질 때까지 다시 먹기를 계속한다. 위장의 수용기가 배고픔 지각에서 한 역할을 담당한다는 것은 분명한 사실이다. 하지만, 위장이 없는 동물이나 사람들이 여전히 배고픔과 포만감을 경험한다는 사실은 다른 요인도 중요하게 관여하고 있다는 사실을 말해 준다.

② 혈액수준의 요인

혈액에 관한 화학적 연구결과들은 배고픔과 포만에 관한 3가지 중요 요인을 제시한다: 포도당(glucose), 인슐린(insulin), 그리고 CCK(cholecystokinin). 음식물이 위로 보내져 소화가 시작되지만 대부분 소화는 작은 창자에서 이루어진다. 이때 중요한 역할을 하는 것이 혈당량이다. 혈당은 신체의 중요한 에너지원이다. 초기의 혈당 관련 연구에서는 혈당수준의 저하가 배고픔 동기의 원인이 되는 것으로 제안하였다. 한 연구에 의하면 간에서 혈당량 수준이 낮게 지각되면, 곧바로 뇌에 신호를 보내는데, 이 신호가 음식을 먹는 데 필요한 활동유형을 활성화시킨다. 이런 견해를 지지하는 증거로써 연구자들은 간으로부터 뇌에 이르는 신경활동을 기록했을 때, 혈당량이 변함에 따라 신경의 점화율이 변화한다는 것을 알아냈다.

하지만 당뇨환자 연구에 의하면, 당뇨환자는 혈당수준이 높음에도 불구하고 여전히 배고픔을 느낀다. 이것은 어떻게 설명될 수 있는가? 그것은 바로 배고픔이나 포만감을 느끼는 데 영향을 주는 것은 혈당 수준이 아니라, 혈당의 섭취와 관련된다는 것이다. 우리 몸은 혈당 이외에도 혈액으로부터 혈당을 추출하기 위한 인슐린(췌장 호르몬)을 필요로 한다. 당뇨환자가 아닌 정상인은 음식물을 먹은 이후에 혈당과 인슐린이 정상적으로 가용하고, 따라서 배고픔 동기가 충족된다. 당뇨환자는 인슐린을 투입해야만 그들의 세포가 음식물로부터 포도당을 사용할 수 있게 되고, 배고픈 느낌이 중단된다.

③ 대뇌수준의 요인

뇌는 직접 또는 간접으로 혈액의 공급정보와 간으로부터의 영양분 수준의 정보를 받아들인다. 그러면 뇌는 어떻게 이들 정보를 사용해서 음식섭취를 통제하는가? 초기에 제안된 이중센터이론(dual-center theory)에 의하면, 뇌의 한 영역인 시상하부(hypothalamus)에는 섭식을 촉발하는 영역과 중단하는 영역이 존재한다. 시상하부는 많은 작은 영역으로 구성되는데, 이 중 외측 시상하부(lateral hypothalamus: LH)와 복내측 시상하부(ventromedial hypothalamus: VMH)가 음식을 먹는 것과 관계된다. LH는 '음식섭취 시작'과 관련되고, VMH는 '음식섭취 중단'과 관련된다. Teitelbaum과 Epstein(1962)의 연구에 의하면 수술로 LH를 손상시킨 쥐들은 섭식을 중단했으며, 강제로 먹이지 않으면 수술 몇 주 후에 굶어 죽었다. 이와 반대로 VMH를 손상시킨 쥐들은 탐욕스럽게 먹기 시작했으며, 결국 수술 전 정상체중의 3배까지 도달하기도 하였다. 인간의 경우에도 LH와 VMH에 종양이 있는 환자에게서 극단적인 체중 감소나 증가가 동일하게 관찰된다(Hoebel & Teitelbaum, 1976).

이중센터이론이 매우 그럴듯해 보이기는 하지만, 추후 연구자들은 이 이론이 너무 단순한 것이라고 비판한다. 후속연구에 의해 LH와 VMH를 손상시키는 수술법이 그 부근을 지나가는 다른 신경덩어리도 함께 손상시켰다는 것이 밝혀졌으며, 따라서 극명한 수술 전후의 섭식행동 변화는 LH나 VMH의 손상에 의한 효과라기보다는 그 주변 신경전달체계의 와해에 의한 것이다. 세부적으로 보면, VMH 주변의 신경덩어리(ventral noradrenergic bundle)를 절단한 쥐들에게는 과도한 섭식행동이 유발되지만, VMH만을 손상시킨 쥐들에게는 이러한 효과가 없었다(Kapatos & Gold, 1973). LH를 절단한 수술들의 경우는 대개 LH 옆을 지나는 도파민생성 신경세포덩어리(nigrostriatal fiber bundle)를 손상시켰다는 것이 알려졌다. 이 신경은 동물들로 하여금 단지 음식물뿐 아니라, 주변환경의 여러 측면에 주의를 기울이도록 일깨우는 역할을 하는 것이다. 따라서, LH 손상수술을 받은 쥐들은 중요한 주변환경 자극들에 주의를 기울이지 못하거나, 반응을 전혀 보이지 않는데, 대개는 느릿느릿하거나 아예 움직이지 않는다. 예를 들면, LH 손상수술을 받은 고양이 입에 쥐를 넣어도 반응하지 않으며, 심지어 잠들어버리기도 한다(Wolgin, Cytawa, & Teitelbaum, 1976).

요약하자면, 음식 먹는 행동을 통제하는 것이 쉬운 일은 아니다. LH와 VMH 모두 식사통제에 부분적으로 참여하지만, 전기 스위치처럼 단순하게 작용하는 것은 아니며, 몇 개의 뇌 영역이 상호작용을 통하여 음식 먹는 것을 통제한다고 생각된다. 즉, 시상하부는 식사를 조절하는 뇌의 한 부분에 지나지 않으며, 다른 영역, 특히 뇌간(brain stem)과 변연계(limbic system)도 식사조절영역에 포함된다는 견해가 있으며, 아울러 특정한 신경전달물질의 존재나 부족과의 관련성에 대해서도 연구되었다(Le Magnen, 1990). 따라서 시상하부의 하위구조들(LH/VMH), 혈액화학적 요인들(혈당, 인슐린, CCK), 그리고 위장으로부터의 신호 등이 모두 배고픔과 포만 지각에 중요한 역할을 수행한다는 것을 알 수 있다.

지금까지 배고픔의 생리적 기제에 대해 알아보았는데, 그러면 사람은 왜 과식을 하게 되고 비만이 되는가? 앞에서 살펴본 위장, 혈액, 대뇌수준의 요인 이외에 우리의 미각도 음식물 섭취의 시작이나 종결과 관련된 역할을 한다. 어떤 사람이 특정 음식을 아주 싫어한다면, 그는 배가 고파도 그 음식을 잘 먹지 않으며, 반대로 좋아하는 음식이라면 배가 불러도 먹는 경우가 있다. 왜 사람들은 식사를 배불리 먹은 후에도 초콜릿 케이크나 과일을 디저트로 먹을까? 그 이유로 포만감을 맛별로 따로 느끼는 것 같다는 연구결과들이 있다. 즉, 다양한 맛의 음식으로 준비된 식사를 제공하면, 사람들은 여러 가지 맛을 번갈아 가면서 맛보기 때문에 한 가지 맛에 대한 완전포만상태에 도달하기 어렵게 되고, 따라서 평상시보다 훨씬 더 많은 양을 먹는데 동물에게도 이와 비슷한 현상들이 관찰되었다. 쥐에게 단일한 맛이 아니라 네 가지 상이한 맛을 가진 음식을 순차적으로 먹이면, 평상시 섭취량보다 최대 270% 더 많은 양을 먹는다(Le Magnen, 1985).

뿐만 아니라 앞에서 살펴보았던 도파민생성 신경덩어리를 활성화시키는 자극은 어떤 것이든 섭식행동을 유발할 수 있는데, 가장 좋은 예가 바로 스트레스이다. LH를 손상시킨 쥐의 꼬리를 꼬집으면 쥐는 섭식행동을 시작한다(Antelman, Rowland, & Fisher, 1976). 이런 현상은 섭식 또는 과식이 생리적 요인과 심리적 요인의 연결에 의해 발생한다는 것을 보여주는 좋은 증거이다. 심지어 정상적인 쥐에게도 스트레스를 가하면 섭식행동을 유발할 수 있는데, 건강한 쥐에게 꼬리를 꼬집는 스트레스를 지속적으로 가한 결과 칼로리 섭취량이 129%까지 증가하였다.

일반적으로 비만은 필요한 영양분을 초과하는 음식을 먹는 데 기인한다. 이것은 영양의 균형을 넘어서는 어떤 다른 요인이 식사를 동기화하기 때문일 가능성이 높다. 배가 고프지 않더라도 12시가 되면 점심을 먹는다. 생리적인 욕구가 없는 데도 식사를 하기 때문에 결과적으로 과식이 되는 것이다.

비만인 사람과 그렇지 않은 사람의 차이를 유발하는 중요한 요인에는 각 개인 소화기관의 효율성 차이 때문이라는 주장도 있다. 즉, 어떤 사람은 동일한 음식물에서 더 많은 열량을 추출해낸다는 것이다. 이와 유사하게 사람들은 전반적인 신진대사 수준이 상이하며, 결과적으로 어떤 사람들은 적은 열량만 소모하고, 많은 열량을 지방으로 저장하게 된다(Astrup, 2000). 이러한 현상의 기저에는 유전적 요인이 자리하고 있다. 예를 들면, 일란성 쌍생아를 분리하여 양육한 경우에도 함께 양육한 쌍생아와 비슷한 수준의 체중 관련성을 보였다(Price & Gottesman, 1991). 아울러 Bouchard 등(1990)은 동일한 환경 속에서 일란성 쌍생아들이 보이는 체중증가의 유사성을 실험을 통해 보여주었다. 그들은 12쌍의 일란성 쌍생아가 체중유지를 위한 적정 음식량보다 하루 1,000칼로리를 더 섭취하도록 하고, 100일 동안 그들의 체중 증가를 관찰하였다. 관찰기간 동안 활동량은 가능한 한 동일한 조건을 유지하였으며, 운동은 최소한으로 제한하고 측정한 결과는 다음과 같았다. 첫째, 100일 후 모든 피험자는 최소 5킬로그램에서 최대 13킬로그램까지 체중이 증가하였다. 둘째, 각 쌍생아는 체중증가량이 높은 상관을 보였다. 셋째, 사람마다 지방이 축적된 부위가 복부, 허벅지, 엉덩이 등으로 상이하였는데, 각 쌍생아는 지방축적 부위가 유사하였다. 이 결과들은 각 개인이 잉여 열량을 처리하는 신체체계나 신진대사 패턴이 유전적으로 사전구조화되어 있을 가능성이 있음을 보여주는 것이다.

음식섭취와 관련이 있는 2가지의 심각한 장애로는 신경성 식욕부진증(음식물 기피와 극단적인 체중감소, anorexia nervosa)과 식욕항진증(구토나 설사제 복용 등의 방법으로 위 내용물 제거 후에 과도한 식욕의 반복적 경험, bulimia nervosa)이 있다. 식욕부진증은 원래 체중에서 20~25%의 체중감소가 수반되는 심각한 장애이다. 이 환자들의 비만에 대한 불안은 심각한 수준이며 상당한 양의 체중감소 이후에도 불안이 줄어들지를 않는다. 자신에 대한 신체적 이미지는 지나치게 왜곡되어서 앙상한 자기 몸에 대해서도 뚱뚱하다고 느끼며, 이 장애는 주로 중상류층 성인·청소년의 여성들에게서 많이 나타난다. 하지만, 연구에 의하면 7~8세의 어린 나이에도 이미 이 문제의 증상이 시작되며, 남성에게도 관찰된다는 사실이 밝혀지고 있다. 통계에 의하면, 산업화된 사회의 경우 대략 인구의 1% 정도에서 발생하는데 대부분은 여성에게 발생한다(Bruch, 1973). 이 장애를 앓는 많은 환자는 음식을 거부할 뿐만 아니라 조깅, 사이클, 등산 등과 같은 운동 등에 지나치게 많은 시간을 소모한다. 극단적인 체중감소로 인해 외형적으로 뼈가 앙상한 모습과 골다공증이 동반되고, 종종 수면장애, 성생활 거부, 생리 중단 등이 나타난다. 더 나쁜 사실은 이들의 대다수가 만성적 질환으로 남는다는 점이며, 이 환자들 중 10% 정도는 섭식문제로 인해 궁극적으로 목숨을 잃는다.

식욕항진증은 포만감을 느끼도록 먹은 후에 스스로 구토를 유발하거나 설사제를 투약하여 공복을 만든 후에 다시 섭식을 탐닉하는 특징을 보이는 신경증적 장애이다. 이러한 증상의 경향성은 미국 대학생들의 경우 여성은 19%, 남성은 5% 정도가 해당된다고 한다. 식욕항진증 환자들은 충동적인 음식섭취자에 그치지 않고, 다른 영역에서도 충동성을 많이 보이며 때로는 좀도둑질이나 알코올중독 등과 같은 부적응이 동반된다. 신경성 식욕부진증에 비해 이 장애로 인한 체중변화는 대개 정상범위에 있는 경우가 많지만, 여전히 매우 위험한 장애이며 생명을 위협할 수 있다. 이 장애는 손톱 또는 치아표피가 부식되거나 치아 손상, 식도나 위장의 심각한 손상, 그리고 심각한 소화장애를 유발한다. 이 장애환자들은 자신의 비정상적 섭식

습관을 자각하고 있으며, 종종 타인에게 도움을 요청하기 때문에, 그들은 일반적으로 식욕부진증 환자보다는 치료에 대해 훨씬 적극적으로 참여한다. 대개 심각한 우울증을 동반하는 경우가 많기 때문에 항우울제를 복용하면 우울증의 완화뿐 아니라 비정상적인 포만－구토의 반복을 제거하는 효과도 동반된다고 알려져 있다.

7.1.3.1.2 목마름

우리는 왜 물을 마시는가? 배고픔과 마찬가지로 갈증과 물을 마시는 것은 신체 내의 과정에 의해 통제된다. 신체 내에 수분이 부족하게 되면 체액의 농도가 달라진다. 그러면 항상성을 유지하려는 생리적 기능이 작용한다. 유기체가 내부의 수분 부족을 방지하기 위해서는 외부로부터 물을 마시거나, 소변으로 방출되기 이전에 신장으로부터 수분을 흡수하는 등의 2가지 방법을 사용한다. 후자의 경우, 뇌하수체에서 분비되는 항이뇨호르몬(anti－diuretic hormone: ADH)이 신장을 통해 수분을 통제하는데, ADH는 신장으로부터 혈액 속으로 수분을 재흡수하여 더 적은 양의 농축된 소변만을 생성하도록 통제해준다. 예를 들면, 아침에 잠에서 깨어 보면 소변이 낮 동안의 일상적인 소변보다 더 색상이 진하고 냄새가 강하다는 것을 알 수 있을 것이다. 그 이유는 수면을 취하는 동안 수분섭취가 없어서 신체가 신장으로부터 수분을 재흡수했기 때문이다. 그러나 신체 내부의 수분균형을 유지하는 이러한 항상성 기제는 단지 일정한 수준까지만 가능하다. 수분 부족이 너무 심할 경우에는 목마름 동기가 강력해지고, 유기체는 물을 찾는 행동을 보인다.

그러면 유기체가 수분이 필요하다는 것을 무엇이 신호해주는가? 신체 내부의 수분이 부족해지면 혈액량과 세포내액의 양이 감소하고, 아울러 이들 용액 속의 특정한 화학원소(주로 염소이온)의 농도가 증가된다. 일반적인 수분 부족 신호는 세포 내의 수분 부족(삼투압성 갈증)과 혈액량의 감소(용량성 갈증)에서 발생한다고 알려져 있다. 짠 음식을 먹었거나, 오랫동안 물을 마시지 않았을 때, 세포외액의 농도가 너무 높아 세포내액이 삼투압작용에 의해 세포외액으로 빠져나가기 때문에 세포 내부는 건조하게 된다.

최근 연구들에 의하면 수분섭취를 통제하는 대뇌의 신경세포는 2가지 유형이 존재한다고 알려져 있다. 시상하부 전면에는 신체내액의 화학적 농도에 민감하고 세포가 건조해지면 신경충동을 일으키는 삼투압수용기(osmoreceptor)라는 신경세포가 있다. 또 다른 세포유형은 용량성수용기(volumetric receptor)라는 것인데, 신체내 용액의 총량변화에 반응하는 세포이다.

이들 세포의 신경충동은 갈증이나 물마심의 신호로써 작용한다. 삼투압수용기의 수분이 부족해서 촉발되는 갈증을 세포탈수적 갈증(cellular dehydration thirst) 또는 삼투압성 갈증이라 한다. 그러나 세포외액의 양이 갈증에 더욱 민감하기 때문에 세포내액보다 갈증통제에 더 중요하다.

혈액량 감소는 세포탈수적 갈증이 없어도 갈증을 유발할 수 있다. 외상으로 인해 많은 출혈을 보인 사람은 극심한 갈증을 느끼게 되지만, 신체 내부에 남아 있는 혈액 속에서의 농도변화는 전혀 없다는 사실에서 그 예를 찾아볼 수 있다.

혈액 속의 액체의 양을 직접 조절하는 기관은 신장이다. 체내 수분 양이 감소하면 오줌이 생산되지 않으며, 양이 너무 많으면 오줌을 많이 생산한다. 신장은 오줌의 생산량을 통제하는 이외에도 혈액 내의 수분량 조절과도 관련이 있다. 혈액량이 줄어들면 혈압이 낮아지며, 혈압이 낮아지면 신장에서 혈류 속으로 레닌(renin)이라는 물질이 방출된다. 레닌은 혈관 수축(추가적인 혈액 감소를 방지하는 항상성 기제)을 유발하며, 아울러 효소(혈액 단백질의 일종인 angiotensinogen을 angiotensin I으로 전환시킴)로도 작용한다. 이 혈액이 폐를 지나면서 angiotensin Ⅱ로 변화하고, 이 물질이 갈증생성을 담당하는 시상하부의 특정한 수용기에 작용한다. 이에 대해 시상하부의 갈증체계가 활성화되어 갈증지각과 물마시기를 촉발하는 한편, 뇌하수체에서 항이뇨호르몬의 방출을 증가시킨다. angiotensin Ⅱ를 동물의 시상하부에 직접 주사하면, 동물들은 막대한 양의 물의 마신다는 것이 실험을 통해 관찰되었다.

이처럼 세포탈수증과 저혈량(hypovolemia)이 갈증과 물마시는 것의 원인이 된다는 주장을 이중방혈가설(double-depletion hypothesis)이라고 한다. 예를 들어 격렬한 축구경기를 한 후 땀을 많이 흘렸다고 가정하자. 신체 내에는 수분이 부족하고, 삼투압수용기는 건조해졌으며, 혈액량은 줄어든다. 갈증이 촉발되면 물을 마심으로써 세포는 다시 수분이 채워지고, 혈액량도 정상수준으로 된다.

어떻게 물 마시는 것을 그만두는가? 간단히 말한다면, 물 마시는 것을 중지하는 것은 위와 입이 통제할 것이다. 한 가지 가정은 입이 계량기의 역할을 한다는 것이다. 근육이 활동할 수 있는 정도의 양이 들어오면, 물 마시는 것이 중지된다. 결국 물 마시는 것은 삼투압수용기에 수분이 채워지고 혈액량이 정상상태로 돌아오면 중지되는 것으로 보인다. 그러나 수분섭취량을 정확히 조절, 통제하는 기제는 아직 정확히 밝혀지지 않았다.

7.1.3.1.3 성(性)

배고픔과 성적 동기는 유사한 측면이 있는데, 그것은 둘 모두 내적인 생리적 요인에 의존한다는 점과 외적 자극에 의해 영향을 받는다는 점이다. 하지만, 좀 더 자세히 살펴보면 배고픔과 비교했을 때, 성욕은 다소 상이한 유형의 동기이다. 배고픔은 생리적 요구에 대한 반응이므로 먹지 않으면 우리는 죽을 수 있다. 이런 측면에서 보면 성욕은 생리적 요구에 대한 반응의 성격이 약하다. 즉, 성관계를 하지 않으면 죽을 것 같을 수는 있지만 실제로 죽지는 않는다. 성적 욕구는 하등동물에 있어서는 생리적 조건에 의존하므로 생리적 동기로 볼 수 있다. 그러나 성적 욕구는 배고픔과 목마름과는 몇 가지 점에서 차이가 있다.

첫째, 성적 욕구는 신체 내에서 어떤 물질의 결핍에서 생기는 것이 아니며, 항상성의 불균형에 의해 촉발되지도 않는다. 적어도 인간에게는 혈액 속의 호르몬에 의해 추동된다는 것은 불명확하다. 인간의 성적 행동에는 학습과 경험이 중요한 역할을 한다.

남성호르몬인 테스토스테론(testosterone) 수준은 남성과 여성 모두에게 일정하므로, 이 호르몬의 변화가 남성의 성적 행동과 관계가 있다고 보기는 어렵다. 여성도 호르몬 수준과 성적 행동이 관계가 있다고 보기는 어렵다. 그러나 쥐와 고양이 같은 하등동물에게는 여성호르몬인 에스트로겐(estrogen)과 성적 행동 간에 관계가 깊다. 즉, 하등동물은 발정기일 때, 혈액 속의 에스트로겐이 증가한다.

둘째, 성적 욕구는 배고픔이나 목마름과는 달리 개체의 생존에 필요하다는 점에서 다른 동기와는 차이가 있다. 인간에게 성적 욕구는 일차적으로 외적 자극이나 학습에 의해 촉발된다. 그러한 자극은 매력적인 이성, 체취와 같이 감각적일 수도 있고, 성적 행동과 관계된 상징적 자극일 수도 있다. 우리 사회에서 이런 성적 자극은 매우 흔하다.

본 장의 서두에서 '동기화'라는 것은 행동을 활성화시키고 방향성을 갖도록 하는 것이라고 제시하였다. 오늘날처럼 다양성에 대한 관심과 존중이 중요해진 사회, 성적으로 개방된 사회, 다양한 성적 자극에 어린 시절부터 노출되는 현대사회에서는 성적 욕구의 '활성화' 원인과 그 과정에 대한 설명보다는 '방향성' 측면에 대한 논의가 더욱 중요할 것으로 판단되어 성적 지향성(sexual orientation)에 대해 좀 더 논의해 보고자 한다.

성적 지향성은 특정 성별의 상대에 대해 지속적인 성적 매력을 느끼는 것이라고 간략히 정의할 수 있다. 동성애에 대한 태도는 문화권에 따라 다소 차이가 있지만, 모든 시대에 걸쳐, 모든 문화권에서 압도적으로 이성애가 주류였으며, 설사 어떤 문화가 동성애에 수용적이라 하더라도 대부분은 이성애자이며 동성애자는 드러나게 존재할 뿐이었다(Bullough, 1990). 게이나 레즈비언이 종종 자신의 어린 시절에 이미 상대 성에 대한 선호가 있었다고 말하는 경우들이 있지만, 대부분의 동성애자는 사춘기 이전까지 동성에 대한 성적 감정을 느끼지 못했다고 말하며, 20세 전후까지는 자신이 동성애자라고 생각하지 못했다고 보고하는 것이 대부분이다(Garnets & Kimmel, 1990).

이성애를 할 수 없는 동성애자의 비율은 어느 정도가 될까? 90년대 초반 미국과 유럽에서 무기명 응답을 통한 설문 결과에 의하면, 남성 중에는 3~4%, 여성의 경우는 1~2%가 동성애자이며, 적극적인 양성애자는 1% 미만이었다(Laumann 등, 1994; National Center for Health Statistics, 1991). 오늘날 대부분의 심리학자들은 성적 지향성이 의지만으로 선택하거나 의지에 의해서 변경할 수 있는 것이 아니라고 본다. 즉 이것은 마치 오른손잡이와 왼손잡이 차이와 비슷한 면이 있다는 것이다. 성적 지향성이 정말로 선택하거나 변경할 수 없는 것이라면 이런 선호의 차이는 어디에서 비롯되는 것일까? 일반적으로 사람들은 i) 동성애가 어린 시절 부모와의 관계에서 비롯된 것 아닐까? 지배적인 엄마와 무능력한 아버지, 또는 집착이 강한 엄마와 적대적인 아버지 등, ii) 상대 성에 대한 두려움이나 적대감으로 인해 동성을 향한 성적 욕구로 발전한 것이 아닌가? iii) 성적 지향성이 혈중 성호르몬 수준과 연결된 것이 아닌가? iv) 어린 시절 동성애자 성인에 의한 성폭행이나 성적 학대를 받았기 때문이 아닐까? 등의 의문을 갖는다. 하지만, 위 궁금증들에 대한 확인된 연구결과의 답변은 '아니오'이다(Storms, 1983). 동성애의 원인이 될 만한 상상가능한 모든 심리적 원인의 영향을 확인하기 위해 1,000명의 동성애자와 500명의 이성애자를 대상으로 조사한 킨제이연구소의 인터뷰 결과는 이성애자와 동성애자가 된 배경은 근본적으로 차이가 거의 없다는 것이다(Bell 등, 1981). 또 다른 연구에 의하면 동성애자 아버지를 둔 아들이 그 아버지와 함께 생활한 경우에도 게이가 될 확률이 더 높아지지 않았으며, 레즈비언 어머니를 둔 아동 10명 중 9명은 이성애자로 성장했다. 동성애자 부모에 의한 양육이 동성애자가 되는데 특별한 영향을 미치지 않는 것처럼 동성애자 선생님이나 스쿨버스 운전자의 영향도 거의 관찰되지 않았다(Bailey & Pillard, 1995; Golombok & Tasker, 1996).

그렇다면 어떤 요인이 성적 지향성을 결정하는 데 영향을 미칠까? 이 문제에 대한 반세기 이상의 연구결과를 정리해 보면 환경적 영향에 의해 성적 지향성이 결정된다는 단서는 부족하며, 생리적 측면의 근원을 대뇌 수준, 유전자 수준, 태아기 호르몬 수준과 관련하여 정리해 보자.

① 대뇌와 성적 지향성

성적 지향성이 최소한 부분적으로는 생리적 요인에 근원을 갖고 있다고 제시하는 연구들이 있다. 자신이 게이인 Simon LeVay는 사망자들의 시상하부 부위를 연구하던 도중 여성이나 동성애자 남성에 비해 이성애자 남성의 세포덩어리가 유의미하게 더 크다는 사실을 확인하였다(LeVay, 1991). 또 다른 연구에서는 대뇌의 좌우 반구를 연결하는 신경섬유의 크기 측면에서 동성애자 남성이 이성애자 남성보다 1/3 정도가 더 크다는 것이 확인되었다(Allen & Gorski, 1992). 이를 보면, 특정 대뇌 영역에서 동성애자 남성은 이성애자 남성에 비해 여성적 유형의 신경해부학적 구조를 가질 수 있다는 것을 알 수 있다. 하지만, 이와 같은 대뇌 구조나 용적의 차이가 어느 시점에서 발생한 것인지를 확인할 수는 없었으므로 대뇌 수준의 차이가 원인인지 아니면 결과인지를 확증하기는 어려우며 단지 관련성이 있다는 정도의 추론을 제공할 뿐이다.

② 유전자와 성적 지향성

성적 지향성의 결정에 유전적 요인이 영향을 미친다는 증거들이 있다(Hershberger, 1997; Whitam 등, 1993). 한 연구에서는 동성애자 아버지에게서 태어난 쌍생아 형제들을 연구하였는데, 이란성 쌍생아의 경우 22%가 동성애자였지만, 일란성 쌍생아의 경우는 52%가 동성애자였다(Bailey & Pillard, 1991, 1995). 이들의 후속연구에서는 동성애자인 어머니의 쌍생아 자매들을 추적하였는데, 이란성 쌍생아의 경우는 16%가 동성애자였으며, 일란성 쌍생아 자매의 48%가 동성애자였다. 이 연구자들이 호주의 쌍생아들을 대상으로 동일한 연구를 수행했는데 미국의 결과에 비해 동성애자가 되는 비율은 다소 낮아졌지만, 일란성 쌍생아들이 더 높은 동성애적 성향을 갖는다는 결과의 패턴은 동일하게 나타났다.

③ 태아기 호르몬과 성적 지향성

일란성이 아닌 이란성 쌍생아의 경우에도 일반적인 수준보다 동성애자 확률이 훨씬 높아지는 것은 태아기에 동일한 환경을 공유한 결과라고 볼 수 있을 것이다. 동물들에게서, 드물지만 일부 인간 사례에서 성적 지향성은 비정상적 태아기 호르몬 컨디션에 의해 변경될 수 있다. 예를 들면, 임신한 어미 양에게 테스토스테론을 주사했더니 암컷 새끼양에게서 동성애적 행동이 발현되었다(Money, 1987). 인간의 경우 대뇌의 신경–호르몬 통제체계 생성의 결정적 시기는 대략 수정된 이후 2~5개월인데, 이 시기의 여자 태아가 경험하는 호르몬 수준은 성장 이후에 남성에게 매력을 느끼도록 구조화하는 영향을 미친다. 심리검사 결과를 분석한 한 연구에 의하면, 동성애자 남성의 공간지각능력은 이성애자 여성의 능력과 비슷하다는 것을 보여주는데 이는 동성애자가 비정상적인 태아기 호르몬 환경에 노출되었다는 가설과 일관되는 패턴의 결과이다(Sanders & Wright, 1997).

7.1.3.1.4 공격성

공격성이 선천적, 즉 본능적인 현상인지 혹은 학습된 것인지에 관하여 심리학자뿐 아니라 생물학자, 비교동물행동학자 그리고 철학자들 사이에 오랫동안 논란이 지속되고 있다. 초기 학자들이 공격성을 본능적 요인으로 고려하기도 하였던 이유는 다음과 같은 증거들 때문이다. 첫째, 공격적 행동은 거의 모든 생물 종에서 발생한다. 둘째, 인류는 역사를 통해 타인 또는 타종족에 가해를 하려는 시도를 보여왔다. 셋째, 심지어 어린 아동조차도 공격적으로 행동한다. 넷째, 공격행동은 포식자에게 대항할 수 있고, 먹잇감을 압도할 수 있도록 해주는 생존적 가치가 있다. 다섯째, 특정한 뇌영역의 전기자극이 공격행동을 유발할 수 있다.

여기서는 편의상 공격동기를 생리적 동기로 분류하였지만, 공격의 강력한 매개요인을 사회적인 좌절로 보거나(Dollard 등, 1939) 나아가 공격성을 사회학습적 측면으로 보는 견해(Bandura, 1976)도 있음을 알아야 한다. 좌절–공격가설은 공격행동의 유발요인을 사회적 요인에서 찾으려고 시도한 이론으로서 좌절은 항상 공격으로 이어지고, 공격성은 항상 좌절에서 시작된다고 제시한다. 하지만, 이 이론은 두 가지 측면에서 비판을 받았는데, 첫째 좌절은 공격뿐만 아니라 학습된 무력감이나 도피행동과 같은 반응을 유발하기도 한다. 둘째, 공격은 좌절뿐만 아니라 다른 요인들에 의해 촉발되기도 한다. 예를 들면, Bandura와 같은 학자들은 공격행동이 모방을 통해 학습되는 것으로 제시하였다.

공격행동 유발에 있어서 시상하부 등 뇌영역이 관련 있다는 사실은 1920년대부터 탐색되기 시작했다. Bard(1928)는 공격유발 영역을 탐색하기 위해 고양이 뇌의 여러 부분을 절제하였는데, 시상하부를 제거하자 공격행동의 전체적 패턴은 소실되고, 부분적인 분노행동(예: 으르릉거림)만 잔존한다는 것을 발견하였다. 뇌 과학이 발달하면서 대다수의 연구자들은 생물학적 입장에서 유기체에게는 여러 종류의 공격성이 존재하며 각 종류를 담당하는 각각의 신경체가 있다고 주장한다. Flynn과 그 동료들(Egger & Flynn, 1962)은 시상하부의 두 영역을 자극하면 상이한 유형의 공격행동이 유발된다는 사실을 관찰하였다. 즉, 시상하부 중간부분을 자극하면 매우 정서적이고, 분노한 공격행동이, 외측 시상하부를 자극하면 먹잇감을 무는 것과 같이 분노가 개입되지 않은, 조용하고 날카로운 공격행동이 유발되었다. Flynn의 발견은 인간과 동물에게 다양한 형태의 공격행동이 존재할 수 있다는 가능성을 제시하였다는 점에서 큰 의미가 있다. 오늘날에는 뇌의 시상하부뿐만 아니라, 변연계의 중격(septum), 편도체(amygdala), 해마(hippocampus) 등이 동물실험 결과 분노행동 및 공격성과 관계가 있는 것으로 밝혀져 이 분야 연구자들의 관심을 끌고 있으며, Moyer(1976)는 다음과 같은 최소한 일곱 가지의 공격행동이 존재한다고 제시하였다.

가. 포식성 공격(predatory aggression): 사냥감이라는 대상에 의해 유발된 공격으로 육식성 공격이라고도 한다. 일반적으로 희생물에 대한 분노를 보이지 않는다.

나. 수컷 간의 공격(inter–male aggression): 다른 낯선 수컷의 출현에 따라 나타나는 공격행동이다.

다. 공포로 야기된 공격(fear–induced aggression): 도피가 차단되어 궁지에 몰렸을 때 나타나는 공격행동이다.

라. 흥분성 공격(irritable aggression): 좌절이나 부상 등의 고통으로 인한 노여움이나 분노로 인한 공격이며, 생물이든 무생물이든 광범위한 자극에 대한 반응으로 일어난다.

마. 性관련 공격(sex–related aggression): 대부분 수컷에게서 관찰되며 밍크의 교접행동의 예에서 극적으로 관찰된다. 즉, 오랜 싸움 끝에 암컷을 공격, 목을 물어 복종시킨 다음 교접 행동을 한다.

바. 모성 공격(maternal aggression): 새끼나 둥지를 보호하는 것과 관련된 공격으로 포유류의 암컷에게 전형적으로 나타난다.

사. 도구적 공격(instrumental aggression): 학습된 반응이며 그 반응이 강화될 때 일어나는 공격행동이다. 주인의 명령에 따르는 잘 훈련된 개의 공격행동이 그 예다.

Moyer가 분류한 공격행동의 대부분은 그 기초가 되는 신경체계에 대해서 알려진 바가 별로 없지만, 그는 편도체가 여러 가지 유형의 공격에 대해 한 가지 이상의 방식으로 영향을 미친다는 증거를 제시하였다. 예를 들어, 그는 편도체의 기저핵(basal nucleus)을 자극하면 공포로 야기된 공격은 촉진되고, 포식성 공격이나 흥분성 공격은 억제되며, 반면 편도체 전체를 파괴하면 세 가지 종류의 공격행동 모두가 감소된다고 지적하였다.

우리가 공격행동을 조절하는 신경체계를 완전히 이해하기 위해서는 해결해야 할 문제가 많다. 변연계가 정서에 관여한다는 점은 사실로 보이지만, 그것이 특정 정서의 표현을 어떻게 조절하는지는 대부분 의문으로 남아 있다. 연구된 정서들 중에서는, 노여움 혹은 분노가 생리적 통제 기제의 측면에서 가장 큰 주목을 받았다. Moyer의 구분과 같은 것이 중요한 이유는 공격이 하나의 단일한 행동이 아니라, 서로 다른 상태에 의해 유발되는 여러 가지 행동이라는 점을 시사하고 있기 때문이다. 또한 이들 서로 다른 유형의 공격에 관여하는 신경체계도 서로 다를 것으로 추론해 볼 수 있다.

7.1.3.2 심리적 동기

우리는 앞에서 1차적 동기, 즉 생리적 동기와 유기체 또는 종을 보존하는 행동에 대해 알아보았다. 그러한 동기는 인간에게만 특별히 나타나는 것이 아니라 모든 동물에게 발견된다. 여기서는 인간에게 고유한 형태의 동기, 즉 심리적 동기(psychological motive)를 살펴보겠다. 심리적 동기는 생리적 동기와는 다르다. 그것은 생리적 조건에 기반하고 있는 것이 아니며, 타인과의 상호작용을 통해 습득된다.

우선 인간의 동기를 구분하려는 시도에 대해 논의하고, 그 후 중요한 심리적 동기인 성취동기에 관한 연구를 살펴보기로 하겠다.

7.1.3.2.1 동기들의 위계(욕구위계설)

임상심리학자인 Maslow는 인간의 존엄성과 가치에 깊은 관심을 지닌 인본주의자였다. 그는 건강한 사람과 건강하지 못한 사람에 대해 자주 언급했으며, 각 개인들이 자기 삶의 질을 증진시켜 갈 수 있는 긍정적 능력을 지니고 있다고 믿었다. 상담가로서의 경험을 바탕으로 그는 인간의 욕구에 대한 위계이론을 제시하였다.

그는 욕구위계는 낮지만 동기가 행동에 대한 영향력이 강한 생리적 욕구와, 욕구위계 면에서는 높지만 행동에 대한 영향력은 약한 심리적 욕구로 배열될 수 있음을 강조하였다. 이와 같은 구분은 동기화에 대한 이론적 측면과 실제적 측면 모두에 중요한 것이다. 그는 최초에 다섯 가지 욕구위계를 제시하였다. 표 7-1을 보면, 첫째, 배고픔, 목마름 등을 해소하고자 하는 생리적 욕구, 둘째, 위협이나 위험에서 자유롭고 싶어하며, 친숙하고 안전한 것들과 가까이하고 싶어 하는 안전욕구, 셋째는 군집하고 소속하고 인정받고 싶은 소속·애정욕구, 넷째, 성취, 원숙, 평판, 지위를 추구하는 자존욕구, 마지막으로 자기성취와 잠재력 실현을 추구하는 자기실현욕구 등이 그것이다.

▼표 7-1 Maslow의 욕구위계

욕구수준	일반적 보상
자기실현욕구	성장, 진보, 창의성
(심미적 욕구)	(조화, 질서, 아름다움)
(인지적 욕구)	(알게 됨, 이해, 새로움 탐구)
자존욕구	자존심, 자기존중, 지위
소속애정욕구	사랑, 친화, 소속
안전욕구	안정, 안전, 보호, 보장
생리적 욕구	음식, 물, 수면, 성

이 다섯 가지 욕구 이외에 나중에 두 가지의 욕구가 추가되었다. 즉, 알고 이해하고자 하며, 미지의 것에 맞부딪치고 싶어 하는 인지의 욕구, 그리고 균형, 체제, 질서, 구조를 추구하는 탐미욕구가 그것이다.

그의 주장에 의하면, 욕구들은 하위욕구가 상위욕구에 대해서 우선권을 가지는 방식으로 배열된다. 즉, 낮은 순위의 욕구들이 결핍되면, 더 강력한 충족력을 지니게 된다. 예를 들면 굉장히 굶주린 사람 또는 숨이 막히는 장소에 있는 사람은 무엇보다도 이 같은 결핍을 제거할 수 있는 방법을 찾을 것이다. 그는 상위 수준의 욕구를 가질 수도 없고, 안전욕구조차도 가질 수 없을 것이다. 매일 저녁거리를 걱정해야 하는 사람은, 정부가 민주적인지 아닌지에는 별로 관심을 두지 않을 것이다. 또한 만일 사람이 신체적으로 위협받거나, 심리적인 위협을 느낀다면, 그는 모든 것을 안전욕구를 달성하는 데 쏟아야 하고, 고차 수준의 욕구에는 거의 관심을 보이지 않을 것이다. 그러므로 이 이론에 의하면, 자아실현이라는 동기가 활성화되고, 행동으로 표출되려면 반드시 생리적 결핍에서의 자유, 안전목표 그리고 사랑과 소속의 사회적 목표를 찾는 강력한 욕구로부터의 자유가 있어야만 한다.

하지만, 욕구위계이론이 인간의 심리적 동기를 설명하는 체계화된 이론으로 많은 공감을 얻고 다양한 학문분야에 영향을 미쳤지만, 그와 함께 다양한 측면에서 비판을 받았다는 점을 짚고 넘어가야 할 것이다. 가장 많은 비판을 받은 부분은 한 시점이나 행동의 원인으로 하나의 욕구만 작용한다는 주장과 상위욕구가 동기원으로 작용하면 하위수준의 욕구로 퇴행하지 않는다는 점 등이며, Maslow는 이런 비판들을 수용하여 일부 이론을 수정하기도 하였다.

7.1.3.2.2 성취동기

심리적 동기들 가운데 많은 연구가 행해진 것으로 성취동기가 있다. 성취동기 또는 n-Ach(need for Achievement)라는 개념은 심리학자 Henry Murray(1938)에 의해 도입된 개념으로 타인보다 더 잘하고자 하는, 도전적 과제를 완수하고자 하는 성공을 향한 욕구를 말하며, 일반적으로는 '많은 상황에서 스스로 높은 수행기준을 찾고자 이끄는 유기체의 활성화 상태'라고 정의한다. 탁월함에 대한 이러한 기준들은 성취동기를 가진 사람에게 내재화되어 있다. 그는 그것을 성취함으로써 얻어지는 지위나 명성 때문이 아니라, 그 자체가 개인의 목표이기 때문에 추구한다.

성취동기는 어느 정도까지 조작적으로 정의되고 측정가능하다. 이러한 측면에서 가장 성공적인 연구는 McClelland에 의해 수행되었는데, 그는 주제통각검사(TAT)를 활용하여 성취동기를 측정할 수 있는 채점체계를 개발하였다. 성취하고자 하는 개인의 동기강도를 양적으로 측정하고자 McClelland가 최초에 사용한 그림은 네 가지였다: i) 기계 앞에서 남자들이 일하는 그림, ii) 책상에서 공부하는 소년, iii) 아버지와 아들 그림, iv) 백일몽을 꾸는 소년.

피험자에게 그림을 보여주고, 그 순간에 무엇이 일어나고 있으며, 어떻게 그런 상황이 되었는가, 어떤 생각이 떠오르며, 미래에 어떻게 될 것인가에 대해 말해 달라고 한다. 그 결과를 종합하여, 그는 피험자에게 자신의 중요한 능력이 평가되고 있다는 염려를 불러일으키면, 성취와 관련된 내용의 이야기를 말하는 경향이 있다는 것을 발견하였다. 뿐만 아니라 어떤 사람들은 외부적 압력이 없음에도 그림에 대한 스토리에서 성취 관련 용어를 더 많이 사용하며, 습관적으로 자신이 성취를 향해 나아가도록 독려시킨다는 점을 알게 되었다. 이와 같은 개인의 반응은 '성취상상'이라고 불리는, 이야기가 담고 있는 성취주제의 수에 의해 점수화된다.

성취동기의 측정에 대한 이런 접근은 과학적 성격이 미약하기는 하지만, 성취동기에 대한 투사측정은 어느 정도 성취동기를 예언한다. McClelland는 성취지향적 용어를 자주 사용하는 사람이 실제로 더 성취지향적 행동을 보이는지를 확인하는 여러 실험을 진행하였다. 이 과정을 통해서 McClelland를 비롯한 이후 연구자들은 높은 성취욕구자들이 보이는 다음과 같은 몇 가지 특성목록을 제시하였다.

가. 성취욕구가 높은 사람들은 어느 정도 어려운 과제를 더 좋아한다. 그들은 도전감이나 만족감이 적은, 너무 쉬운 과제를 싫어하며, 또한 극단적으로 어려운 과제는 성공의 가능성이 너무 낮기 때문에 싫어한다. 따라서 링던지기 게임(일정거리에서 링을 던져 말뚝에 거는 게임)에서 낮은 성취욕구자들은 지나치게 가깝거나 먼 거리에서 게임을 하는 데 반해, 그들은 성공확률이 적당한 중간 정도의 거리를 선택한다.

나. 높은 성취욕구자는 경쟁이 관련되어 있거나, 자기 능력의 탁월함을 보일 기회가 있는 과제나 직무를 더 좋아한다.

다. 성취욕구가 높은 사람들은 명백한 결과가 있는 과제를 더 좋아한다. 그들은 자신의 수행결과에 대한 피드백을 받을 수 있는 상황을 추구하며, 그들은 호의적이면서 덜 유능한 평가자보다는 신랄하지만 유능한 평가자로부터의 비판 듣는 것을 더 좋아한다. 그리고 그들은 자신이 성공했건 실패했건 간에 피드백 받기를 희망한다.

라. 높은 성취욕구자들은 과제에 대한 개인적 책임을 지는 것을 더 좋아한다. 자신이 직접적인 책임을 지는 경우에, 그들은 그 과제가 매우 훌륭히 수행되었을 때에 만족감을 느낀다. 따라서 그들은 다른 사람과 함께 일하기보다는 혼자 일하기를 선호한다. 만약 과제가 타인을 필요로 한다면, 그들은 우정보다는 능력을 바탕으로 공동작업자를 선택하는 경향이 있다.

마. 높은 성취욕구자들은 어려운 과제가 주어질 때 그 과제를 지속적으로 수행할 가능성이 더 많다. 피험자들에게 비언어적 과제를 준 한 실험에서, 높은 성취욕구자들의 47%는 과제종료를 알릴 때까지 끝까지 과제를 시도하고 있었으나, 낮은 성취욕구자의 경우는 단 2%만이 과제해결을 시도하고 있었다 (French & Thomas, 1958).

바. 높은 성취욕구자들은 상대적으로 더 좋은 성취를 해낸다. 실험실 연구에서는 과제를 해결하는 데 있어서 더 효율적인 방법을 더 많이 고안해냈다. 현

장연구들에 의하면 시험성적이 더 좋으며, 고교나 대학에서 더 높은 학점을 받으며, 자신이 선택한 직업에서 탁월함을 보인다(McCall, 1994).

사. 높은 성취욕구자들은 미래지향성(future orientation)을 보인다. 즉, 그들은 눈 앞의 과제가 당장 중요하지 않아 보이는 것일지라도 장기적 목표달성에 중요한 것이라면 더 열심히 수행하는 경향을 보인다.

7.1.3.2.3 권력동기

수년간의 성취동기 관련 연구과정에서 McClelland(1973)는 높은 성취동기를 지닌 사람들이 큰 집단의 리더가 되는 경우가 많지 않다는 것을 관찰하였다. 이러한 자신의 관찰결과를 바탕으로 그는 높은 성취동기자들은 자신을 위한 과제해결과 자신의 개인적 탁월기준과 관련하여 성취를 달성하는 데에 가치를 두는 사람들이라고 생각하게 되었다. 그의 표현에 의하면, "성취동기는 타인이 전혀 개입될 필요가 없는 단독게임"이라는 것이다. McClelland에 의하면, 큰 조직의 리더가 되는 것에 끌리는 사람은 성취동기의 강도보다는 타인에게 영향을 미치고자 하는 욕구의 강도에 의해 영향을 받는다. 따라서, 권력동기의 핵심요소는 타인들에게 영향을 미치고자 하는 욕구인데, 여기에는 개인전유적 권력동기와 사회화된 권력동기 등 두 가지 유형의 권력지향성이 존재한다. 여러 연구에 의하면, 개인전유적 권력동기가 강한 남성들의 행동적 특성은 삶을 승-패의 제로섬 게임으로 생각하는 경향이 있으며, 고급스런 시계나 마력수가 높은 차량 등을 선호하는 경향이 있다. 또한, 음주나 약물, 도박 등을 탐닉할 가능성이 높으며, 신체적 또는 언어적으로 폭력적인 성향을 보인다. 하지만, 개인전유적 권력동기가 강한 여성들의 특성에 대해서는 특별히 알려진 것이 없다. 이와 반대로 사회화된 권력동기가 강한 사람들은 타인에게 도움을 주는 수단으로써 권력을 사용하고자 한다. 그들은 공통의 목표를 찾기 위해, 또한 그 목표달성에 협동할 수 있도록 촉진하기 위해 사람들을 돕고, 고무시키고, 조언하고자 한다. 강압에 의한 복종을 유발하기보다는 사람들이 스스로 목표를 성취할 수 있도록 확신을 갖게 지지하고 도움을 제공한다. 사회화된 권력동기가 높은 사람들은 조직 속에서 일하는 경우가 더 많으며, 직업 측면에서는 타인에게 영향을 미칠 수 있는 교직, 심리치료, 언론, 경영관리층, 성직 등을 선택하는 경향이 있다(Lynn & Oldenquist, 1986).

7.2 정서

인간은 전형적인 정서적 존재이다. 일상언어는 우리의 삶을 표현하는데, 정서의 핵심을 표현하는 은유적인 모습을 많이 지니고 있다. 공포에 떨며, 눈물로 마음을 씻고, 질투에 불타며, 환희에 도취된다는 등의 표현들을 보아도 얼마나 많은 정서에 관한 표현이 존재하는지 알 수 있다. 또한 정서는 사람들의 희노애락의 경험을 채색해 주고 있다. 우리는 정서가 없이 생각만 있는 존재를 가슴이 없는 로봇과 같다고 생각하고 인간적이지 않다고 느낀다. 이러한 이유로 정서에 관한 연구는 심리학에서 중요한 위치를 차지하고 있다.

이 장의 앞부분인 동기와 지금부터 다루는 정서는 밀접한 관련을 가지고 있다. 우선 정서는 동기화된 행동을 자주 동반한다. 예를 들면 사랑과 열정의 느낌은 일반적으로 성행위를 동반하고, 화가 나면 공격적인 행동을 유발한다. 그러나 이 같은 정서－행동의 연합은 절대적이지 않다. 달콤한 정서가 없어도 성적 행위가 일어나고, 성내지 않고도 공격할 수 있다. 역으로 사랑은 성적 행위가 없어도 경험할 수 있고, 공격행동 없이도 화가 나는 것을 경험할 수 있다. 정서와 동기가 이처럼 분리되어 발생하기 때문에 이것들은 별개의 현상으로 연구된다.

정서와 동기는 또한, 아주 복잡한 양식으로 연결되어 있다. 정서는 동기화된 행동에 유인으로써 작용한다. 사람들이 긍정적 정서상태를 유지하기 위해서 또는 부정적 정서상태를 피하기 위해서 어떤 행동을 하게 된다. 때로는 좋은 기분에 빠지고 싶어서 특정한 인물을 찾고, 불편하게 만드는 상황을 피하기 위해서 상당한 노력을 기울이게 된다.

덧붙이면 정서는 동기화된 행동이 방해받거나 좌절되었을 때 발생한다. 예를 들면 환경으로 말미암아 중요한 목표를 달성할 수 없을 때, 사람들은 불안, 성남, 우울 등과 같이 긴장을 유발하는 부정적인 정서를 자주 경험하게 된다.

7.2.1 정서의 개념과 생리적 기초

7.2.1.1 정서의 개념

우리는 정서를 우리 주변의 물리적 또는 사회적 환경에 의해 촉발된 감정상태로 알고 있다. 하지만, 오늘날 심리학자들은 주관적 감정은 정서경험의 부분적 요소일 뿐이라고 생각하며, 정서를 '생리적 각성, 사고나 신념, 주관적 평가, 그리고 신체적 표현(찌푸림, 미소, 몸짓 등) 등으로 인한 흥분상태'라고 구체적으로 정의한다. 초기의 학자들은 감정(feeling)과 정서(emotion)를 구분하여 신체적인 변화를 수반하지 않는 느낌(가벼운 심적 상태)을 감정이라 하고, 감정이 격해져서 신체적인 흥분과 변화를 수반할 때를 정서라 하였다. 심리학자들은 보통 어떤 정서이든지 간에 세 가지 성분으로 구분한다. i) 특징적인 느낌 또는 주관적 경험, ii) 생리적 흥분 유형, iii) 외현적 표현 유형이 그것이다. 이 세 가지를 각각 살펴보면, '주관' 요소라는 것은 정서에 공포, 성남, 즐거움 등과 같은 이름을 붙이는 것을 말한다. '생리' 요소는 정서경험 중에 발생하는 모든 신체적 변화를 포함하는 것이다. 일상언어에는 이러한 신체적인 변화를 묘사하는 많은 구절이 있다. 예를 들면, "공포에 질려서 사시나무 떨듯 사지가 떨린다"라든가, "슬픔에 겨워 가슴이 미어지는 듯하다"라든지, "십년 묵은 체증이 뚫리는 듯 통쾌하다"라고 한다. 다음에 살펴보겠지만, 내장반응의 변화에서 도출된 감각은 정서를 동반하게 된다. 마지막으로 '표현'요소는 각 정서의 특징적인 몸짓, 그리고 얼굴 표정을 포함한다. 예를 들면, 축 처진 어깨와 내리깔린 표정은 슬픔을, 긴장된 근육, 큰 눈동자는 공포를 나타낸다.

7.2.1.2 정서의 생리적 기초

어두운 골목길을 가다가 옆에서 어떤 사람이 불쑥 튀어나왔다면 당신의 반응은 어떠할까? 대부분의 사람은 아마 위협적인 상황으로 해석하고 달아날 것이다. 이 경우에 지배적인 정서, 즉 공포는 다음과 같은 다양한 생리적 반응들을 동반한다: 심장박동률과 혈압 증가, 동공 확대, 땀 분비, 호흡 증가, 몸떨림 등. 이러한 생리적 변화는 대뇌(특히, 변연계와 전두엽)와 자율신경계에 의해 촉발되는 반응이다.

대뇌의 변연계는 공포, 분노, 그리고 성적 욕구 등과 같은 원초적 형태의 정서반응을 형성하는 데 중요한 역할을 담당한다고 알려져 있다. 예를 들어 변연계의 일부분(특히, 시상하부)에 전기자극을 가하면 온순한 고양이로 하여금 으르릉거리면서 할퀴려고 덤비는 동물로 변환시키는 가짜 분노(sham rage) 반응이 생성된다(이 반응을 '가짜'라고 보는 이유는 명백한 분노유발 대상이 없고, 즉각적으로 소멸되기 때문이다). 그 인접부위를 자극하면 동일한 고양이가 만족스러운 소리를 내고 손가락을 혀로 핥는 반응을 만들 수 있다. 만약 어두운 골목길에서 놀랐다면, 변연계가 분명히 각성되었을 것이며, 아울러 그 공포가 행동적 반응(숨거나, 도망치거나, 싸울 준비를 하는 등)을 동시에 유발했을 것이다. 이와 같은 동작반응은 전두엽에 의해 조율되었을 것이다.

비록 이러한 정서반응에서 변연계와 전두엽이 대단히 중요한 역할을 하지만, 각성의 가시적 신호(심박률 증가, 몸떨림 등)는 자율신경계에 의해 만들어지며, 엄밀히 말하면 자율신경계와 다양한 내분비선과 근육 간의 내적 결합에 의한 결과이다.

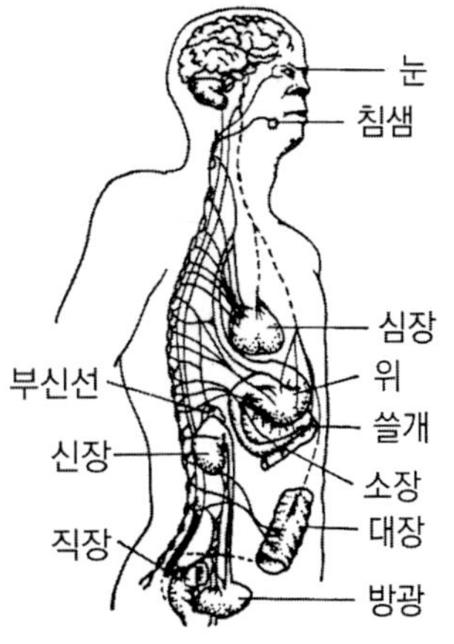

[그림 7-5] 자율신경계의 도식

제2장에서 우리는 신경계를 중추신경계와 말초신경계로 구분하였다. 말초신경계는 체감각신경계와 자율신경계로 나뉜다. 여기서 체감각신경계는 근육활동을 통제하고, 자율신경계는 내분비선 및 내장기관의 활동을 통제한다. 또한 피부와 근육을 통해 작은 혈관을 통제하고, 땀샘활동도 통제한다. 자율신경계는 뇌, 척수와 내장기관, 혈관, 땀샘 등을 연결하는 의사소통체계이다. 그림 7-5는 자율신경계를 단순화시킨 도식이다.

결론적으로 인간의 기본 정서의 생리적 기초는 대뇌와 자율신경계에 있다고 할 수 있다. 그러나 자율신경계뿐만 아니라 내분비선도 정서와 밀접한 관계성을 가지고 있다. 내분비선과 정서와의 관계성에 대한 일부 연구 결과에 의하면, 불안을 유발하는 상황 전후에 피험자들로부터 채취한 소변과 혈액에는 에피네프린(epinephrine) 또는 노어에피네프린(norepinephrine) 수준이 평소보다 높은 것으로 나타났다.

7.2.2 정서의 분류

정서는 다양한 강도와 형태로 존재하기 때문에 분류작업이란 매우 어려운 일이다. 비록 다양한 형태의 정서분류체계가 제시되었지만, 심리학자들 간에 단일한 분류방식에의 동의는 이루어지지 않고 있다. 하지만, 공통적으로 사용되고 있는 몇 개의 요소는 i) 정적 정서와 부적 정서, ii) 기본정서와 복합정서, iii) 대립정서에 대한 분류, iv) 정서의 강도 등을 들 수 있다.

첫째, 정서는 즐거움, 사랑, 행복과 같은 정적 정서와 공포, 화남, 슬픔과 같은 부적 정서로 나눌 수 있다. 일반적으로 정적 정서는 사람의 삶의 의미를 향상시키고, 타인과의 건설적인 관계를 촉진시키는 경향이 있다. 이와 반대로 부적 정서는 개인의 복지를 감퇴시키고, 타인과의 혼란스러운 관계를 창출한다.

둘째, 정서는 한정된 수의 기본정서와, 기본정서의 조합으로 만들어진 복합정서로 구분될 수 있다. 기본정서에는 행복, 혐오, 경이, 슬픔, 화남, 공포가 포함된다. 그런데 일부 학자들은 여기에 모욕, 부끄러움을 포함하기도 한다. 실망과 같은 복합정서는 슬픔과 놀람이 섞인 것으로 보고, 질투는 사랑과 화남의 조합으로 보고 있다(Izard, 1979).

셋째, 많은 정서는 대립되는 짝으로 존재한다. 즉, 슬픔의 대립정서로 즐거움을 알고, 증오의 대립정서로 사랑을 안다. 일반적으로 대립정서끼리 혼합된 형태를 동시에 경험할 수는 없다. 이러한 원리를 바탕으로 정신치료에서는 부정적 정서발생을 막기 위해 긍정적 정서를 경험하도록 환자에게 학습시키는 치료법을 사용하기도 한다.

마지막으로, 정서는 강도에 따라서 변동이 있다. 정서를 묘사하기 위해서 사용하는 각기 다른 단어가 어떤 공통정서의 강약 정도를 나타내는 것일 수 있다. 예를 들면, 공포는 다음과 같이 강도에 따라서 묘사될 수 있다: 꺼림직함, 성마름, 긴장, 염려, 동요, 전율, 공황, 혼비백산(Buss, 1966).

앞의 네 가지 분류방법을 염두에 두고서, Plutchik이 제안한 정서분류방식을 살펴보자. 주관적 감정은 정서경험의 가장 핵심적인 부분이다. 하지만 일반적으로 우리는 특정한 정서경험 그 자체를 설명하는 것보다는 그 정서를 유발하는 자극대상이 어떤 것인지를 설명하는 것이 더 쉽다. 예를 들면, 행복감이 어떤 느낌인지를 설명하는 것보다는 행복감을 주는 사람이 누구인지를 설명하기가 더 쉽다는 것이다. 이러한 정서 표현의 어려움을 극복하기 위해 Plutchik(1980)은 Osgood(1963) 등이 도입한 의미분화법(semantic differential method)을 활용하여 피험자들에게 140개의 정서표현 단어를 평가하게 하였다. 이 방법은 어떤 특정한 단어 속에 포함된 다양한 의미를 표현하는 여러 개의 짝지어진 단어쌍을 척도상에 숫자로 표기하는 것이다. 예를 들면, 그들은 피험자들에게 '부러움'이라는 정서를 '높은－낮은', '약한－강한', '거친－부드러운', '적극적인－수동적인' 등과 같은 여러 개의 7점 척도 상에서 각기 어디에 위치하는지를 표기하도록 요구하였다. 이 과정에서 피험자들은 보통 특정 정서를 여러 가지 척도의 한쪽 극단에 모으는 경향을 보였는데, 예를 들면, 피험자들은 '부러움(envy)'이라는 정서는 '긴장된', '모가 난', '슬픈', '나쁜', '추한' 등의 척도에, '의기양양(elation)'이라는 정서는 '적극적인', '좋은', '높은', '가득한', '큰', '행복한' 등의 척도에 각각 높은 값을 부여하였다. 이 연구를 바탕으로 그는 3차원적인 정서분류 모델을 제시하였다. 그림 7－6을 보면, 8가지의 기본정서(primary emotion)가 있으며, 각각은 횡단면 위에 제시되어 있다.

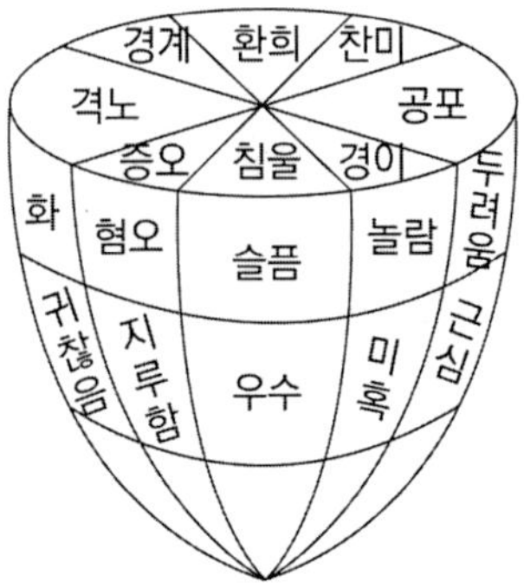

[그림 7-6] Plutchik의 정서분류모델

각 기본정서는 정반대 편에 짝지어진 정서가 존재하는데, 예를 들면, 혐오(disgust)는 수용(acceptance)의 대립정서이다. 인접한 정서들은 서로 유사성이 높은 정서이지만, 이들 인접한 2개의 기본정서가 결합되면 '기본 쌍(primary dyad)'이라는 새로운 정서를 유발하는데, 그림에서 바퀴살에 해당하는 정서이다. 예를 들면, 인접한 놀람과 슬픔의 결합은 '실망'으로, 기대감과 즐거움의 결합은 '낙관'이라는 새로운 정서를 유발한다. 또한 각 기본정서는 가장 약한 정서에서 가장 극단적인 정서까지 강도차원에서 변화가 존재한다. 예를 들면, 귀찮음, 화, 격노는 한 기본정서의 세 가지 강도수준을 나타낸다.

따라서, Plutchik의 정서분류체계는 앞에서 제시한 4가지 정서분류의 요소를 모두 포함하고 있다고 볼 수 있다. 즉 이 모델은 정서강도라는 요소와 아울러 정적 정서(환희, 찬미 등)와 부적 정서(분노, 미움, 탄식 등)를 구분하며, 모형체상에서 인접한 정서는 서로 유사하고, 반대편에 있는 정서는 대립된다는 측면에서 기본정서-복합정서, 대립정서라는 요소까지도 포괄하고 있다. 하지만, 많은 심리학자들은 어떤 단일한 정서분류 방식에 궁극적으로 동의하지 않고 있으므로 이 모형은 다른 유형의 정서 사이의 관계를 생각하게 해주는 하나의 편리한 방법이라고 고려하는 것이 적절할 것이다(Plutchik, 1980). 특히, 실생활에서 우리가 경험하는 정서는 각기 독립된 느낌으로 분리해내기가 쉽지 않은 복합된 감정인 경우가 많다. Schwartz와 Weinberger(1980)는 한 집단의 대학생들에게 자신이 행복, 슬픔, 두려움, 염려, 우울 등의 정서를 경험했던 실생활 상황을 제시해보도록 요구하였다. 그 결과를 바탕으로 다른 집단의 대학생들에게 몇 가지 상황을 제시하고, 자신이 그 상황에서 특정 정서를 얼마나 경험했었는지를 평가하도록 요구한 결과가 표 7-2에 제시되어 있다. 그 결과를 보면, 학생들은 대부분의 상황에서 한 가지 이상의 정서를 경험하는 것으로 나타났다. '예일대에 합격 통보를 받았다'라는 상황은 높은 수준의 행복을 유발했지만, 앞으로 다가올 일에 대한 불안도 비교적 높은 수준으로 나타났다.

▼표 7-2 4가지 상황에 의해 유발된 정서 강도

	행복	슬픔	두려움	불안	우울
귀하는 예일대에 합격통보를 받았다.	4.18	1.14	1.96	3.04	1.09
귀하가 예일대를 갓 졸업했다.	4.09	2.74	2.57	3.40	2.36
귀하가 사랑받는 느낌을 가졌다.	4.78	1.28	1.19	1.57	1.19
귀하가 사랑하는 사람을 만난다.	4.58	1.20	2.00	3.06	1.33

7.2.3 정서이론

정서를 분류하는 것이 연구주제에 대해 좋은 접근방법을 제공하긴 하지만, 정서를 설명하거나 분석하지는 못한다. 그러면 어떻게 정서적 경험을 설명할 수 있을 것인가? 이런 역할을 하는 것이 정서이론이다. 즉, 대부분의 정서이론은 정서유발사상, 생리적 흥분, 주관적 정서경험들 간의 관계성을 제시하고자 하는 것이다. 따라서, 정서에 관한 이론들은 생리적 요소, 행동적 요소 그리고 인지적 요소들 각각에 대한 강조 정도에 따라 구분해 볼 수 있다.

7.2.3.1 정서의 생리적 이론

7.2.3.1.1 James-Lange이론

정서이론 중에서 가장 쉽게 이해될 수 있는 이론이 19세기 후반에 미국의 심리학자 William James에 의해서 형성되었다. James의 정서이론은 James-Lange이론이라고 알려졌는데, 이것은 비슷한 이론이 덴마크의 생리학자인 Carl Lange에 의해서 거의 같은 시기에 제시되었기 때문이다.

1884년 James가 정서에 관한 논문을 출판하기 이전까지, 행동에 대한 각성은 어떤 자극(개가 으르렁거림)의 지각에서 시작하여 정서(공포)의 발생으로 이어지고, 행동(달아남)으로 종결되는 3단계 과정의 마지막 단계로 보았다.

하지만, James는 일반상식과는 매우 대조적인 정서이론을 제안하였다. 상식적으로는, 주관적 정서경험이 생리적 흥분에 앞서서 발생하는 것이다. 즉, 슬픔을 느끼기에 울게 되고, 두려움을 느껴서 심장이 뛰고, 즐거워서 웃는다. James는 주관적 정서경험과 생리적 흥분의 발생순서를 변경하여 이러한 공식을 바꾸었다. 즉 '슬프다. 왜냐하면 울기 때문이다', '두렵다. 왜냐하면 심장이 뛰기 때문이다'.

그들은 생리적 변화를 감지하는 것이 정서라고 제시했는데, 특히 내장기관, 얼굴 표정, 동작 활동 및 근육 긴장도 등에서의 변화로 인한 생리적 반응이 정서경험의 기제가 되는 것이라고 보았다. 다른 말로 하면 정서유발 사상이 특정한 정서를 경험하게 하는 특정유형의 내장활동을 유발하고, 이 정보가 주관적 정서를 경험케 한다는 것이다. 그들은 신체적 변화가 없다면 정서는 존재하지 않거나 기껏해야 인지화되어 버릴 것이라고 생각하였다('나는 지금 분노를 느껴야 하는데, 화가 나지 않는군!'). 우리가 으르렁거리는 무섭게 생긴 큰 개를 만났다고 가정해 보자. 그의 이론에 따른다면 심장이 뛰기 시작하고, 손은 냉습해진다. 그래서 두려움을 느끼게 된다.

7.2.3.1.2 Cannon-Bard이론

정서에 대한 James의 이론에는 몇 가지의 중요한 이론적 가정을 내포하고 있다. 첫째, 각 정서별로 특정한 유형의 내장흥분이 동반되어야 한다. 둘째, 어떤 정서는 사건지각과 거의 동시에 경험되는데, 만약 그의 주장이 옳다면 내장변화가 상대적으로 빠른 속도로 일어나야 한다. 셋째, 사람들은 내장활동에 의해 유형화된 피드백을 자각함으로써 정서상태에 이름을 붙이게 된다. 따라서 그의 주장이 옳다면 사람들이 내장반응의 변화를 민감하고 정확하게 지각할 수 있어야 한다.

Cannon(1927)은 자율신경계에 대한 연구를 바탕으로 여러 가지 측면에서 James의 이론을 비판하였다. 첫째, 어떤 정서경험은 생리적 변화가 발생하기 이전에 발생한다. 특히, 내장기관은 상대적으로 둔감한 구조이며, 내장 주변에는 신경세포가 많지 않다. 이로 인해서 내장기관의 변화는 우리의 일반적인 정서경험 변화의 속도보다 느리게 된다. 이러한 완만한 변화패턴이 존재한다면, 내장기관의 변화를 즉각적 정서경험의 기제라고 생각하기는 힘들다. 두 번째 비판점은 유형화된 장 흥분의 가능성이 없다는 것이다. 그는 자율신경계의 교감신경계가 어떤 정서상황에서도 일반화된 흥분상태만을 나타내도록 구성되어 있다고 믿었다. 즉, 그는 자율신경계가 어떤 정서적 자극에 대해서도 단일한 방식으로 반응을 하며, 따라서 모든 정서는 유사한 내장활동 유형이 동반된다고 생각했다. 그러므로, 유형화된 흥분은 정서경험의 기본이 될 수 없다고 믿었다. 셋째, Cannon은 내장기관의 활동을 사람들이 정확하게 지각하기가 매우 어렵다고 주장하였다. 자신의 주장을 강조하기 위해, 그는 극단적인 예를 들었다. 즉 사람들은 지라(비장: 가장 큰 림프기관으로 혈구세포를 만들거나 제거하는 데 관여)에 대해서 정확한 지식이 없으며, 이 같은 해부학적 사실을 알게 되더라도 그 활동상의 변화를 거의 인식하지 못한다고 지적하였다. 넷째, 그는 특정한 약물을 사용하면 높은 정서적 각성상태와 동일한 내장기관 변화를 유발하지만, 피험자들이 이와 연관된 정서를 경험하지 않는다는 점을 제시하였다. 예를 들면, Maranon(1924)은 지원자들에게 에피네프린 호르몬을 주사하여 심박률 증가, 동공축소 등과 같은 생리적 변화를 유발하였다. 그 상태에서 피험자들로 하여금 현재 느끼고 있는 것을 말로 표현하게 하였더니, 71%의 피험자들이 정서적 표현이 들어가지 않은 신체적 증상만을 표현하였다. 나머지 피험자들의 경우는 마치 자신들이 불안하다거나 흥분되었다거나 등과 같은 표현을 사용하기는 하였지만 진정한 정서를 경험하는 것은 아니었다.

Cannon의 이론은 정서경험의 중심적 역할을 시상에 두었다. 외부의 감각정보를 전달하는 신경충동은 시상을 통해 중계되는데, 이런 감각정보를 수용하면 시상은 위로는 대뇌피질로, 아래로는 근육, 분비샘, 내장기관으로 동시에 전달한다. 따라서, 정서의 느낌이란 것은 대뇌피질과 교감신경계의 합동적 흥분의 결과이며 정서의 주관적 경험과 생리적 요소는 동시에 발생한다고 보았다. 이러한 주장은 이후 Bard(1934)에 의해서 확장되었기 때문에 Cannon–Bard이론이라고 알려졌다. 비록 이후 연구자들에 의해 정서를 통제하는 뇌영역은 시상이 아니라 시상하부와 변연계(해마, 중격, 편도체 등)인 것으로 밝혀졌지만, Cannon은 James–Lange이론에 대한 중요한 비판점을 제기하고, 정서경험과정에 관한 중요한 대안적 견해를 제시했다는 점에서 정서연구에 관한 큰 공헌을 하였다.

7.2.3.1.3 이후의 연구발견들

James와 Cannon 사이의 이견은 정서에 있어서 내장활성화 유형, 내장에서의 피드백 등에 대한 방대한 분량의 연구를 촉발시켰다. 이 연구들은 내장활성화 유형을 주로 폴리그래프(polygraph)를 사용하여 측정하였는데, 이 기계로는 흔히 심장박동률, 호흡률, 혈압, 뇌파, 근육긴장도 및 피부전기반응 등의 변화를 측정한다. 피부전기반응(galvanic skin response, GSR)은 피부 중 특히 손바닥에 흐르는 전류의 정도를 측정하는 것이다. 이 실험들에서 피험자들에게는 각기 상이한 정서를 유발하도록 설계된 실제적 상황 또는 상상의 상황을 제공한 후, 폴리그래프를 통해 내장변화를 살폈다. 이 연구들의 결과에 의하면, 내장기관은 Cannon이 믿었던 것보다 더 큰 유형화된 활동을 보인다는 것이다.

한 연구에 의하면, 피험자는 일상생활에서 행복, 슬픔, 화, 공포를 유발하는 특정 사상을 가능한 한 생생하게 회상해내라고 요청받았다. 각 정서의 재생기간 동안 실험자는 피험자의 심장박동, 혈압을 재었다. Cannon이 생각한 대로 상이한 정서에 단일의 생리적 흥분유형이 동반된다면 생리적 측정치들이 유사한 양상을 보일 것이다. 만일 각 정서가 상이한 생리적 흥분유형과 관계된다면 내장활동 유형화라는 James의 주장이 옳은 것이다. 그 결과는 각 정서가 각기 다른 생리적 흥분유형을 동반하는 것으로 나타났다. 심장박동은 행복정서 동안에 느리게 나타났고, 공포나 성이 났을 때는 빠른 반응을 보였다. 혈압은 성났을 때 높았고, 슬플 때는 중간, 행복과 공포 때는 낮았다(Schwartz, Weiberger, & Singer, 1981). 이러한 결과는 성남과 공포, 슬픔과 행복 등의 생리적 흥분유형을 비교 보고한 다른 연구들의 결과와 일치하는 것이다. 그러므로 내장활동은 James가 믿었던 대로 적어도 어떤 유형의 강력한 기본정서에 대해서는 차별적 유형을 보이고 있다. 동기화된 행동이 정서상태를 동반한다는 것과 관련해 볼 때, 이 같은 발견은 그럴듯한 것이다. 유기체는 화가 나게 하거나, 공포를 유발하는 근원을 공격한다. 이러한 행동유형이 다르다면 우리는 내재된 생리 흥분유형이 다르다는 것을 예상할 수 있다.

하지만, '사람들이 내장활동의 유형화된 피드백을 지각하고 정서상태를 명명한다'라는 James의 두 번째 가정에 대한 검증 결과는 불명확하다. 한편으로 사람들은 다양한 강한 정서경험에 대해 종종 '목이 멘다', '가슴이 미어진다', '심장이 고동친다' 등의 표현을 사용한다. 하지만, 다른 한편에서는 특정한 내장기관의 활동에서 발생한 약한 변화를 사람들이 아주 정확히 감지할 수 없다는 연구도 있다. 심리학자들이 이 문제를 연구하기 위해 사용한 것은 폴리그래프로 내장활동을 기록하면서, 피험자들에게 특정 내장기관의 활동비율이 증가하거나 감소할 때를 지적해 달라고 요청하는 방법이었다. 그러나 오랜 훈련에도 불구하고 자기 내장기관의 활동을 감지하는 방법을 학습할 수 없었다(Mandler, 1975). 그러므로 내장흥분이 주관적 정서경험의 바탕이라는 James의 주장에 대해 Cannon이 의문을 제기한 것은 옳았다.

비록 주관적 정서경험이 장 흥분의 직접적 결과로서 설명될 수는 없지만, 내장활동이 주관적 정서경험을 결정짓는 데 아무런 역할을 하지 않는다는 것은 아니다. 내장흥분이 정서경험의 증폭기 역할을 한다는 좋은 증거가 있다. 즉 정서경험의 강도는 내장활동을 동반하는 정도에 따라 증가한다는 것이다. 이러한 생각을 지지하는 한 증거는 사고로 척추를 다친 하반신 마비환자들의 정서연구에서 볼 수 있다. 그런 환자들은 내장기관에서 뇌로 전달되는 감각신경원이 절단되어 내부 신체감각을 느낄 수 없다. 그러나 마비환자들이 사고 전에 경험했던 것 같은 정서를 여전히 경험한다고 보고하기는 하지만, 그 정서 강도는 덜하다. 척추 위쪽으로 사고를 당한 사람일수록 낮은 쪽에 사고를 당한 사람보다 정서강도가 더 낮아지는 것으로 나타났다. 이것은 척추 윗부분에 사고를 당하면 중추신경계로부터 절단되는 감각신경원의 수가 더 많아지기 때문이다.

내장흥분이 정서의 증폭기능을 한다는 주장의 다른 예는 내장활동을 인위적으로 증대시켰을 때, 상황에 대한 반응이 촉진된다는 것이다. 일련의 연구에서, 연구자들은 한 사람으로 하여금 피험자를 화나게 만든 후, 내장활동을 증가시키는 격렬한 신체운동을 시켰다. 연습 후에 신경질나게 만든 사람을 대면시키면 피험자들은 더 강렬하게 화가 나는 것을 느꼈고, 신체활동을 하지 않은 사람들에 비해 더 공격적인 행동을 보였다. 이상의 결과들은 정서경험이 내장흥분에 완전히 관련되어 있지는 않지만, 내장기관의 흥분에 의해 증대된다는 것을 보여주고 있다.

7.2.3.2 정서의 인지적 이론

7.2.3.2.1 Schachter의 2요인 이론

현대 심리학자들은 주관적 정서를 결정하는 데 있어서 인지요소의 역할이 중요하다는 것을 James가 주장했던 것보다 훨씬 더 강조한다. 현재의 견해는 사람들이 자신의 내장흥분을 지각할 수 있는 어떤 능력이 있으나, 이 지각은 불분명하고 정확하지 않은 것으로 본다. 내장흥분에 덧붙여, 정서경험은 정서를 일으켰든 아니든 간에 외부자극의 개인적 평가에 달려 있다. 다른 말로 하면, 완전한 정서경험에는 i) 내장흥분, ii) 내장흥분이 정서를 일으키는 사상 때문이라고 인지하는 것 등 두 가지 요소의 조합이 필요하다. 어떤 한 요소만으로는 정서를 충분하게 발생하기에 부족하다. 그러므로 2요인 이론에 의하면, 비정서적 방식, 즉 신체운동에 의해서 생긴 내장흥분 상태는 정서적 경험을 일으키지 않는다는 것이다. 이 이론은 또한 내장흥분을 막는 것이 왜 정서경험을 감소시키는가를 설명해주고 있다.

2요인 이론의 주장에 대한 검증은 내장기관은 흥분상태에 있지만, 명백한 흥분 이유를 파악해 낼 수 없는 상황에서 다룰 수 있다. 예를 들면 어떤 사람이 식은땀으로 손이 차갑게 되고 심장이 뛰는 상황에서 아침을 맞이했다면, 또는 커피가 자율신경계를 자극한다는 것을 모르고 너무 많은 커피를 마셨다면 어떻게 되겠는가? 이 같은 상황에서 사람들은 자신의 흥분원인을 설명해주는 외적 사건을 찾을 것이라고 Schachter와 Singer는 추정하였다. 즉, 사람들은 자신이 행복하다, 슬프다, 또는 공포스럽다 하는 것을 환경정보에서 찾는다는 것이다.

이 이론은 Schachter와 Singer(1962)의 유명한 실험으로 검증되었다. 그들은 피험자들에게 "이 실험에서는 새로 개발된 superoxin이라는 비타민 복합제를 주사하는데, 이 비타민제가 지각에 어떤 영향을 주는지 알아보기 위한 실험이다"라고 말해주고, 실제로는 에피네프린 주사를 놓아 생리적 흥분상태를 유발하였다.

실험자들은 피험자를 세 개의 집단으로 구분하였는데, 첫째 정확정보집단에게는 그 주사약물은 심장박동이 증가하고, 손이 떨리고, 낮이 붉어지는 등의 부작용이 동반된다고 사실을 말해주었다. 두 번째 집단인 오정보집단은 에피네프린의 실제 부작용과는 전혀 관련이 없는, 가려움이나 부분적 신체마비 증상이 일어날 수 있다고 알려주었다. 마지막 무정보집단에게는 생리적 반응에 대한 아무런 정보를 주지 않았다.

모든 피험자들은 약을 투여한 후 약효가 나타날 때까지 약 20분간 대기실에서 실험보조자와 함께 있도록 하였다. 피험자에게는 실험보조자가 자신과 같은 실험참가자라고 설명해주었다. 피험자들은 2가지 조건 중 하나를 경험하게 되는데, '분노조건'에 할당된 피험자들은 함께 있는 실험보조자가 실험에 대해 불평을 한다거나, 작성해야 할 질문지에 대해 화를 내고 그것을 찢어버리는 등의 심술을 부리고 밖으로 나가버렸다. '유쾌조건'에 할당된 피험자의 경우는 실험보조자가 훌라후프를 돌리고, 종이비행기를 만들거나, 종이를 뭉쳐서 피험자에게 농구게임을 하자고 제안하는 등과 같은 유쾌한 감정을 유발하는 행동을 한다. 이 연구가 검증하고 싶은 것은 이 두 가지 조건에서 정보를 받지 못한 피험자가 과연 실험보조자의 행동에 따라 자기 정서에 이름을 붙이는가 하는 것이었다.

결과는 이론의 예언과 일치하였다. 정보를 받지 못한 피험자들은 두 가지 조건 모두에서 정보를 받은 피험자들보다 더 정서적이었는데, 정보를 받지 못한 피험자들의 경우 두 가지 조건에서 화내는 실험보조자와 같이 있었던 피험자들은 화를 내었고, 즐거운 실험보조자와 같이 있었던 피험자들은 스스로 즐겁다고 평가하였다.

이처럼 에피네프린은 생리적 각성을 유발하는 효과가 있는데, 실험장면의 주사뿐만 아니라 우리 일상생활의 여러 스트레스들은 인체 내부에서 에피네프린을 방출하도록 유도하는 효과를 갖는다. 하지만, 이 호르몬은 혈액 속에 방출되면 일정 시간 동안 그 효과를 유지하므로, 어떤 상황에서 경험하는 생리적 각성이 반드시 그 상황에서 유발된 것이 아닐 수도 있다. 즉, 이전 상황에서 공포, 분노, 또는 운동 등으로 인해 유발된 생리적 각성은 우리가 생각하는 것보다 오랜 시간 지속되는 경향이 있다. 이러한 각성의 잔존이 우리가 일상생활에서 경험하는 '흥분전이 효과(excitation transfer, Zillman & Zillman, 1996)'에 대한 설명기제가 되기도 한다. Zillman과 그의 동료들은 피험자들을 2명씩 짝을 지어서 헬스용 자전거의 페달을 일정 시간 동안 열심히 밟도록 요구하였다. 그 후 1명은 가해자, 1명은 피해자로 역할을 구분하고, 가해자인 피험자가 피해자인 피험자에게 약한 전기충격을 가하도록 하였다. 이때 실험집단에서는 자전거 페달밟기로 인해 증가한 심박률과 혈압이 일상 수준으로 돌아오기 전에 전기충격을 가했으며, 통제집단의 피험자들에게는 생리적 흥분이 충분히 가라앉은 이후에 전기충격이 가해졌다. 마지막 단계로 피해자였던 피험자가 가해자였던 피험자에게 복수할 기회를 주고, 전기충격의 강도를 피험자가 선택하도록 한 결과, 실험집단이 통제집단보다 더 높은 강도의 전기충격으로 복수하였다. 이와 유사한 효과들이 성인영화 관람으로 인한 성적 흥분 반응에 있어서도 동일하게 관찰되었는데(Cantor, Zillman, & Bryant, 1975), 피험자들이 이전 단계에서 운동활동을 했을 경우의 성적 흥분이 그 반대의 경우보다 더 높았다. 이러한 결과들도 Schacter의 이론에 의해 쉽게 해석될 수 있다.

비록 Schachter의 이론을 검증하는 여러 실험은 인지적 요인이 정서경험에 영향을 준다고 결과를 제시하지만, 어떠한 정서를 경험하게 되는지를 결정하는 데 이 요인만이 중요하다고 결론짓는 것은 잘못일 것이다. 그 이유는 이 이론이 여러 측면에서 비판을 받았기 때문이다. 우선, 주사약물이 모든 사람에게 동일한 효과를 가져오지는 않는다는 사실 때문이다. 둘째는 Schachter의 실험에서 에피네프린이 주사되기 이전에 피험자들이 어떤 감정 상태에 있었는지에 대해 파악해 보지 않았다는 사실 때문이다. 아울러 불행히도 이들의 실험을 반복하려고 했던 이후의 연구들에서는 동일한 결과가 나타나지 않았다는 사실도 문제로 드러났다. 이 연구결과들에 의하면, 명백한 이유 없이 내장흥분 상태에 있는 피험자들은 일반적으로 외적 자극의 정서경향에 상관없이 약간 불편함을 경험한다는 것이다(Marshall & Zimbardo, 1979; Maslach, 1979).

비록 Schachter의 2요인 이론이 강력한 지지를 획득하는 데는 실패했지만, 우리들에게 정서경험을 위해서는 생리적 각성과 함께 그 각성을 유발한 상황에 대한 인지적 평가라는 두 요인이 함께 존재해야만 한다는 중요성을 제기해주었다는 점에서, 더 나아가 정서의 인지적 기반에 대한 관심을 자극하였다는 측면에서 큰 의미가 있다.

정서에 대한 인지적 평가를 담당하는 대뇌영역을 탐색한 최근 연구들에 의하면,

그 역할은 변연계에 포함된 작은 뇌구조인 편도핵(amygdala)이 수행하는 것으로 나타났다. 수술 또는 사고 등으로 편도핵이 손상된 경우, 이러한 평가 과정이 심각하게 와해되었다. 편도핵을 절제한 쥐들은 이전 단계에서 전기충격이나 다른 혐오적 자극과 결합된 자극에 대한 공포반응을 전혀 보이지 않았다(Davis, 1992, 1997).

7.2.3.2.2 인지적 평가이론

Schachter의 이론이 정서경험에서 인지의 중요성을 제기하기는 했지만, 정서에 대한 순수한 인지적 이론은 Lazarus(1991)의 인지적 평가이론이다. 인지적 평가이론도 2요인 이론과 마찬가지로, 사람들의 정서가 어떤 시점에서 그 개인이 처한 상황에 대한 인지적 해석에 의존한다고 가정한다. 하지만, 2요인 이론과는 달리 인지적 평가이론은 생리적 각성의 역할을 중요하게 생각하지 않는다.

Lazarus와 동료들의 초기연구 결과들은 정서의 인지적 평가이론을 지지한다(Speisman 등, 1964). 그 실험의 피험자들에게는 성인의 남근을 절개하는 한 종족의 의식에 관한 필름을 보여주었다. 피험자들의 정서적 각성수준은 그들의 심장박동률과 피부전도율(땀으로 인해 유발되는 피부의 전기전도성 증가)을 기록함으로써 측정하였다. 피험자들은 네 개의 집단으로 나뉘었으며, 모든 집단이 동일한 필름을 감상하지만, 집단별로 음향이 상이하였다. 첫 번째 조건인 침묵(silent) 집단의 피험자들에게는 음향이 전혀 없는 필름만 보여주었다. 두 번째 조건인 정신충격(trauma) 집단에게는 그 의식절차가 육체적으로 매우 고통스러우며, 정신적으로도 힘들게 만드는 것이라고 정보를 주었다. 세 번째 조건인 인지화(intellectualization) 집단에게는 그 의식절차에 대해, 감정을 모두 배제하고서 있는 사실 그대로 단조롭게 알려 주었다. 마지막 조건인 부정(denial) 집단에는 그 의식절차가 전혀 고통스럽지도 않으며, 그 의식을 통해 성인이 되었다는 것을 인정받기 때문에 필름 속의 그 소년들이 기쁨에 넘쳐 있다고 말해주었다.

각 집단 피험자들의 생리적 각성에 대한 기록결과는 그림 7-7에 제시되어 있는데, 정신충격 집단이 침묵 집단보다는 높고 큰 각성을 경험하고 있음을 나타내준다. 그리고 이 집단들은 부정 집단이나 인지화 집단들보다 더 높은 각성 수준을 경험하고 있다. 이 연구결과는 객관적 상황 자체보다는 상황에 대한 주관적 평가가 피험자들의 정서적 각성을 더 잘 설명함을 시사한다.

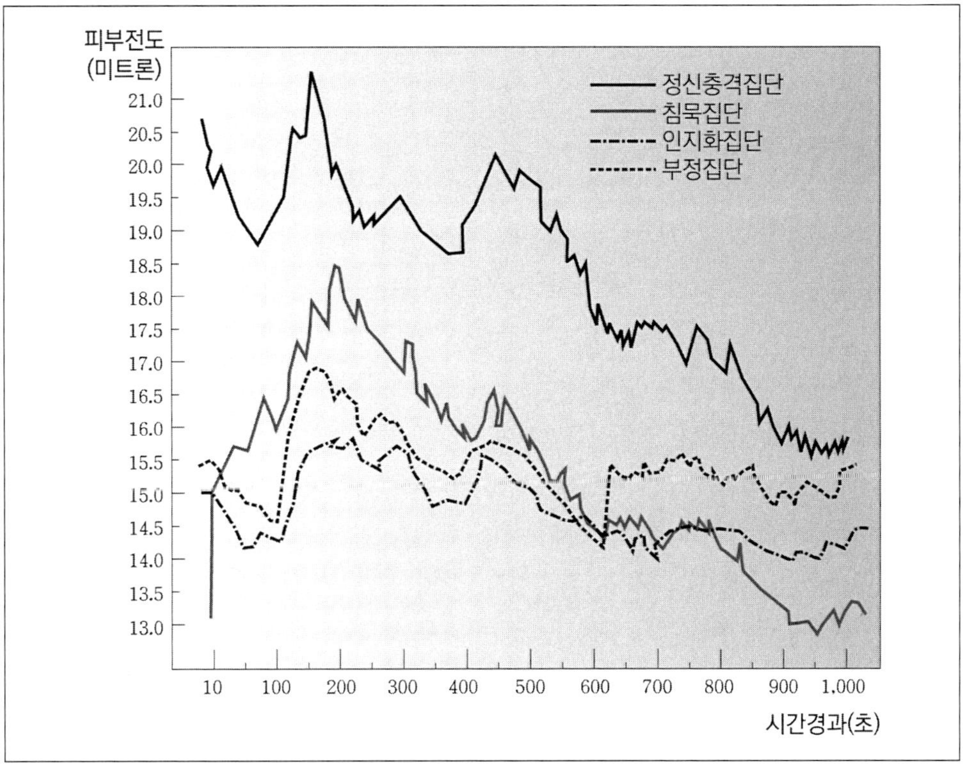

[그림 7-7] 인지적 평가와 정서

이후 연구(Smith & Ellsworth, 1985)들에 의해, 상황에 대한 해석이 개인의 정서적 상태에 영향을 준다는 Lazarus의 가정이 지지되었지만, 인지적 평가이론은 인지적 평가가 정서경험에 필수적인 것은 아니라고 주장하는 Zajonc(1984)와 다른 연구자들에 의해 도전을 받았다. 예를 들어 당신은 왠지 모르게 어떤 사람을 좋아하게 되거나, 싫어하게 되는 것을 경험하는 경우가 있을 것이다. Murphy와 Zajonc(1993)의 연구결과에 의하면, 자극에 대한 각성 없이도 정서적인 반응을 보일 수 있다는 것을 보여준다. 다른 연구들도 정서경험이 의식적 인지평가 없이도 발생할 수 있다는 증거를 제시하고 있다(Izard, 1993).

심지어 인지적 평가 없이 정서경험이 발생할 수 있다는 생리적 증거가 제시되기도 하였다. 그것은 바로 시상(감각정보를 다른 대뇌 영역들로 중계하는 역할을 담당하는 부위)에서 변연계(정서적 처리에 중요한 역할을 담당하는 부위)로 가는 직접경로가 존재한다는 것이다. 이들 경로는 의식적인 인지적 평가를 위해 관여해야 할 필요가 있는 대뇌피질을 경유하지 않는다. 따라서 우리는 각성하지 못한 상태에서 자극에 대한 정서적 반응들을 보일 수도 있는 것이다(LeDoux, 1986).

7.2.4 정서표현

우리는 상대방의 몸짓, 자세, 행동거지 등에서 그의 정서를 읽을 수 있다. 이 시점에서 얼굴 표정은 매우 중요하다. 안면근육은 즐거울 때의 미소, 공포스러울 때의 큰 눈, 혐오스러울 때의 찡그림 등을 나타내기 위하여 매우 다양한 양식으로 조직되어 있다.

정서에서 얼굴 표정의 중요성은 Darwin에 의해 이미 백 년 전에 과학적으로 연구된 바가 있다. 그는 『인간과 동물의 정서표현(The Expression of the Emotions in Man and Animals, 1872)』이라는 저서에서 인간정서는 하등동물과 유사한 상태로부터 진화된 것이라고 주장하였다. 인간정서가 신체 특징과 마찬가지로 진화해 왔다고 제안하는 것은 혁명적인 주장이었다. 그는 얼굴 표정은 개인이 어떻게 느끼고 있으며, 그의 미래 행동이 어떤 것인지를 타인에게 전달해주는 역할을 한다고 생각했다. 그는 인간과 동물의 정서를 얼굴에서 표현하는 것에 대한 수많은 묘사를 함으로써 자신의 이론을 지지했다.

Darwin의 이론은 백 년 가까이 심리학자들에 의해서 무시되어 왔는데, 일차적으로는 이 이론이 인간정서가 유전적으로 결정되어 있다라든가 본능적이라는 이유 때문이다. 대부분의 20세기 심리학자들은 정서표현에서도 학습과 경험의 역할을 강조하는 편이었다. 그러나 Darwin의 이론이 관심 있는 많은 연구자들에 의해 그의 주장이 재조명되었다(Ekman, 1973, 1993). 예를 들면, Ekman과 Friesen은 6개의 상이한 기본정서를 찍은 인물사진을 5개 나라에서 온 대학생에게 보여주었다. 피험자들은 각 사진을 자국어로 쓰인 6개 단어 중 하나씩을 짝지으라고 하였다.

그림 7-8은 표현된 정서를 판단하는 데 쓰인 사진이고, 표 7-3은 그 연구의 결과를 정리한 것이다. 표에서 보듯이 이 같은 높은 일치성을 보이는 것은 문화나 언어에 상관없이 같은 정서표현이 같은 정서와 연결되어 있다는 연구자들의 가설을 지지해주는 것이다.

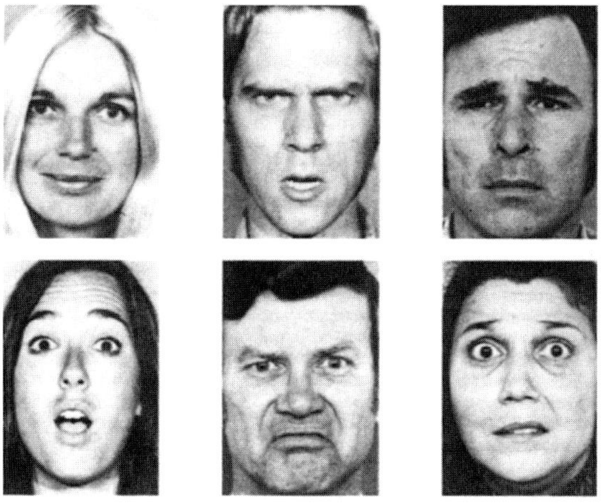

[그림 7-8] Ekman연구에 사용된 사진들

▼표 7-3 5개 문화에서의 정서 판별

	행복	혐오	놀람	슬픔	화	공포
미국(N=99)	97%	92%	95%	84%	67%	85%
브라질(N=40)	97%	97%	87%	59%	90%	67%
칠레(N=119)	95%	92%	93%	88%	94%	68%
아르헨티나(N=168)	98%	92%	95%	78%	90%	54%
일본(N=29)	100%	90%	100%	62%	90%	66%

그러나 어떤 정서의 얼굴 표현이 세계 공통이라는 발견이 정서표현에서 학습의 역할이 없다는 것을 의미하는 것은 아니다. 왜냐하면 우리가 안면근육을 수의적으로 통제할 수 있기 때문에 우리는 세계 공통의 전형을 변형시키거나 억제할 수 있다. 예를 들면, 독일계와 앵글로-아메리칸 문화에서 장례식 동안에 보이는 다소 금욕적 태도는 라틴문화에서 발견되는 표현적 태도와 대비된다. 마찬가지로 사람들은 문화 특수적인 방식으로 자기 감정을 교환하는 방식을 배울 수 있는 것이다.

Darwin에 의하면, 정서적 표현이 생득적인 것이기는 하지만 정서적 표현 중 어떤 것은 언어처럼 학습된 것이라고 한다. 이를테면 솔직한 감정표현을 하는 것이 어떤 문화권에서는 바람직한 것으로 받아들여지기도 하지만, 다른 문화권에서는 감정을 억제하는 것이 보다 바람직한 것으로 받아들여지기도 한다. 특히 정서적 표현

중에서 의사소통의 수단으로 사용되는 것들 중의 많은 부분은 학습된 것이라고 볼 수 있다. 즉, 어떤 얼굴표정은 범세계적인 것일 수 있지만, 그 표정을 사용하는 방식은 특정 사회에서 결정되어진 '문화적 표현규칙'에 의해 영향받을 수 있다는 것이다. 한 연구에서 미국과 일본 대학생을 대상으로 원시부족의 고통스러운 성인의식을 기록한 영화를 보여주면서, 그들의 얼굴을 몰래 촬영하였더니 각 장면에서 보이는 두 나라 대학생들의 얼굴 표정은 거의 동일하였다. 하지만, 피험자들이 흰 가운을 입은 실험자와 함께 이야기하면서 동일한 영화를 관찰하도록 요구한 상황에서는 결과가 매우 상이하였다. 이 상황에서는 일본 대학생들이 미국 대학생보다 더 정중하게 행동하였고, 더 자주 웃음을 보였다(Ekman, 1993). 이런 측면에서 볼 때, 정서의 표현은 생득적인 표현과 더불어 문화적으로 학습된 표현이 중복되어 있다고 할 수 있다.

Darwin에 의하면 이러한 정서의 표현은 진화론적으로 의미가 있다고 한다. 예를 들면 급박한 위기 상황에 처했을 때 혹은 좋은 상황에 처했을 때 그 상황을 같은 종의 다른 개체에게 알리는 것은 그 종의 생존에 도움이 된다는 것이다. 그는 이러한 설명에 대한 근거로서 몇 가지를 지적하였다. 첫째는 하등동물과 인간의 정서표현에 유사한 점이 많다는 것이다. 둘째는 인간에 있어서 성인과 유아의 정서표현도 비슷하다는 점이며, 세 번째 근거로서는 태어날 때부터 장님인 아동도 정상인과 유사한 정서적 표현을 한다는 점과 서로 다른 문화에서도 정서적 표현에 있어서 많은 공통점이 발견된다는 사실이다. 그리고 이것은 앞에서 언급된 Ekman의 연구 등이 그 타당성을 어느 정도 증명해준다고 볼 수 있다.

7.3 군사적 활용

군 구성원에 대한 이해라는 측면에서 볼 때, 인간의 동기와 정서에 관한 지식은 중요한 부분을 차지한다. 예를 들어, 군대장면에서 지휘관(지휘자)가 실시하는 상담은 정상인이 생활 중에 경험하는 적응상의 문제를 주로 다루게 되며, 상담에 대한 내담자의 자발적 참여가 성공적 상담진행을 위한 전제조건이 되기 때문이다.

사회 속에서 경험하는 일상생활의 적응적 문제는 동기의 강도나 정서 지각 및 표현방법의 미숙 등으로 인해 시발될 가능성이 높다. 특히, 군대장면에서는 대다수의 소속 부대원이 유사한 직무나 과제를 동일한 시간대에 수행하도록 요구받을 가능성이 높은데, 이런 상황 속에서 각 개인의 동기 수준에 따라서 적극 동참자와 불평자로 갈라진다. 동일한 수준의 훈련에 대해 적극성이나 흥미수준 측면에서 커다란 개인차가 존재한다는 사실이 이를 방증해주고 있다. 이런 현상을 동기이론 측면에서 살펴보면, 앞에서 설명한 적정각성수준이론이나 적정불일치이론 등은 모두 인간이 적정한 수준의 각성을 추구한다는 것을 전제로 하고 있지만, 그 적정수준은 사람마다 상이하다고 제안한다. 사람들이 추구하는 각성수준의 개인차를 측정하기 위해 Marvin Zuckerman(1979, 1984)은 감각추구척도(SSS)를 개발하였는데, 이 척도에 의하면 감각추구성향은 4개의 하위요인으로 구성되어 있다. 첫째 요인은 전율과 모험추구(thrill & adventure seeking)로서 속도, 위험, 새로움과 관련된 활동을 해보고자 하는 열망 정도를 반영하며, 둘째 요인은 경험추구(experience seeking)로서 여행, 음악, 예술, 또는 비일상적 생활 등을 통한 새로움 추구의 정도를 반영한다, 셋째, 탈억제(disinhibition) 요인은 탈억제적 사회활동을 추구하는 정도이며, 넷째, 지루함에 대한 민감성(susceptibility to boredom) 요인은 일상적인 반복과제에 대한 회피경향의 강도를 말한다. 따라서 특정 개인의 적정적응수준은 위 네 가지 요인의 조합을 통한 다양한 편차를 예상해 볼 수 있다.

생리적 동기이론만으로는 이슬람 테러세력의 자살폭탄테러범들이 왜 예정된 죽음과 부상이라는 고통을 스스로 받아들이며 자살을 감행했는지, 왜 그 많은 월맹의 군사들이 기계화된 강력한 적을 공격하기 위해 더위와 해충이 들끓는 밀림을 통과해서 수백 마일을 행군하기 전에, 그 전쟁에 몸바치겠다는 징표로서 자기 장례의식을 치르고 나서 전쟁에 참가했는지 등의 행동을 설명하기가 곤란하다. 그러나 일부 인지이론은 이처럼 복잡한 인간행동에 대한 이해에도 도움을 준다. 따라서, 왜 유기체가 그들이 하는 방식으로 행동하는가에 대한 의문을 설명하는 데 앞에서 설명한 네 가지 동기이론이 사용될 수 있을 것이다. 그러나 어떤 하나의 이론이 정확한 해결책을 제시하리라고 생각되지는 않으며, 각 이론은 동기화된 행동에 대한 이유를 찾는 데 독특한 관점을 제공한다. 동기란 매우 복잡한 현상이므로 군 구성원을 이해하는 과정에서 그들이 보이는 여러 가지 행동에 대해 다양한 이론을 적용시켜 볼 수 있을 것이다.

무엇이 어떤 사람을 타인보다 더 성취지향적인 사람으로 만드는가? 연구에 의하면, 성취지향적 성향은 대부분 초기 아동기에 주로 부모와의 상호작용을 통해 나타나게 되는 것이다. 아동에게 독립적 행동을 격려하고, 성공에 대해 보상을 더 많이

해주는 부모의 아이가 더 성취지향적이었다(Eccles, Jacobs, & Harold, 1990). 출생 및 성장한 문화적 환경도 성취동기에 영향을 준다. 예를 들면, 아동문학 속에 등장하는 사건이나 주제들 속에는 종종 그 문화가 추구하는 가치가 깔려 있는데, 미국이나 서부 유럽의 동화 중에는 인내와 노동의 가치에 관한 것이 많다. McClelland(1965)가 여러 국가의 아동문학서에 실린 성취지향적 주제의 숫자와 그 국가의 현실적 산업의 성장량(실제로는 연간 전기 생산 증가량을 측정함) 간의 유의미한 상관관계가 존재한다는 것을 발견하였다. 한 국가 내에서도 시기별로 차이가 존재할 수 있는데, DeCharms와 Moeller(1962)는 1810년부터 1950년까지 미국 아동도서에 나타난 성취지향적 주제의 숫자와 연도별 특허출원 숫자 간에 유의미한 상관관계가 존재함을 보여주었다. 이러한 결과들은 가정과 사회문화적 배경의 변화가 아이들을 더 성취지향적으로 변화시킬 수 있음을 보여주고 있다.

정서 측면에서는 훈련이나 운동 등 신체적 흥분을 고조시키는 활동이 많은 군 조직 직무의 특성을 고려할 때, '흥분전이 효과'에 대한 이해도 중요한 부분이 될 수 있다. 앞에서 설명한 것처럼 Zillman과 Zillman(1996)의 실험에서 실험집단의 피험자들이 일정시간 운동한 이후에 발생한 신체적 흥분이 가라앉지 않음으로 인해 전혀 다른 맥락에서의 정서자극(즉, 전기자극)에 대해 통제집단 피험자들보다 더 강력한 전기자극으로 보복하는 것과 같은 부정적인 반응을 보였다. 군대장면에서 볼 때, 강한 신체활동이 동반되는 훈련이나 운동으로 인해 발생한 신체적 흥분이 잔존하는 상태에서는 군 구성원 상호간 정서교환의 강도를 증폭시킬 가능성이 있으며, 그러한 현상에 대한 이해부족은 부대 전체에 부정적인 결과를 야기할 가능성을 높일 것이다.

동일한 신체적 반응에 대해서 개개인이 내리는 인지적 판단이 최종적인 인간정서를 결정한다고 주장하는 정서의 인지적 이론 역시 많은 시사점을 제공한다. 셰익스피어는 '햄릿'에서 "반드시 좋기만 한 것도 없고, 반드시 나쁘기만 한 것도 없다. 단지 생각이 그렇게 만드는 것이다"라고 기술하고 있다. 또한 어떤 사람이 시험준비를 하고 있을 때, 인지적 평가가 그 사람의 정서에 영향을 줄 수 있다(Abella & Heslin, 1989). 예를 들어 임박한 어떤 시험을 당신 친구는 위협적인 것으로 평가하고 있는 반면에 당신은 그 시험을 도전해 볼 만한 것으로 평가할 수도 있다. 그 결과로서 시험이 나에게는 갈망하는 것이 되지만, 내 친구에게는 불안스러운 것이 될 수도 있는 것이다. 강한 부정적 정서를 지속적으로 경험하는 군 구성원에게 정서경험의 기본 기제를 이해시키는 과정도 그들에게 많은 도움을 줄 수 있을 것이며, 아울러 대립정서를 유발하는 반복 학습을 통해 부정적 정서 경험을 감소시키는 방법도 도움이 될 것이다.

참고문헌

Allen, L. S., & Gorski, R. A. (1992). Sexual orientation and the size of the anterior commisure in the human brain. *Proceedings of the National Academy of Sciences, 89,* 7199–7202.

Antelman, S. M., Rowland, N. E., & Fisher, A. E. (1976). Stimulation bound ingestive behavior: A view from the tail. *Physiology & Behavior, 17,* 743–748.

Astrup, A. (2000). Thermogenic drugs as a strategy for treatment of obesity. *Endocrine, 13,* 207-212.

Bailey, J. M., Gaulin, S., Agyei, Y., & Gladue, B. A. (1995). Effects of gender and sexual orientation on evolutionary relevant aspects of human mating psychology. *Journal of Personality and Social Psychology, 66,* 1081–1093.

Bailey, J. M., & Pillard, R. C. (1991). A genetic study of male sexual orientation. *Archives of General Psychiatry, 48,* 1089–1096.

Bailey, J. M., & Pillard, R. C. (1995). Genetics of human sexual orientation. *Annual Review of Sex Research, 6,* 126–150.

Bard, P. (1928). A Diencephalic mechanism for the expression of rage with special reference to the sympathic nervous system. *American Journal of Physiology, 84,* 490–515.

Bard, P. (1934). Emotion: I. The neuro–humoral basis of emotional reactions. In C. Murchison (Ed.), *A handbook of general experimental psychology* (pp. 264-311). Clark University Press.

Bell, A. P., Weinberg, M. S., & Hammersmith, S. K. (1981). *Sexual preference: Its development in men and women.* Bloomington: Indiana University Press.

Berlyne, D. E. (1958). The influence of complexity and novelty in visual figures on orienting responses. *Journal of Experimental Psychology, 55,* 289-296.

Berlyne, D. E. (1967). Arousal and reinforcement. *Nebraska Symposium on Motivation, 15,* 1-110.

Berlyne, D. E. (1978). Curiosity and Learning. *Motivation and Emotion, 2,* 97-175.

Bernard, L. L. (1924). *Instinct: A Study in Social Psychology.* New York: Henry Holt and Company.

Bouchard, T. J., Lykken, D. T., McGue, M., Segal, N., & Tellegen, A. (1990). Sources of human psychological differences: The Minnesota study of twins teared apart. *Science, 250,* 223–228.

Bruch, H. (1973). Psychiatric aspects of obesity. *Psychiatric Annals, 3,* 752–757.

Bullough, V. (1990). The Kinsey scale in historical perspective. In D. P. McWhirter, S. A. Sanders, & J. M. Reinisch (Eds.), *Homosexuality/hetero sexuality: Concepts of sexual orientation.* New York: Oxford University Press.

Buss, A. H. (1966). Instrumentality of aggression, feedback, and frustration as determinants of physical aggression. *Journal of Personality and Social Psychology, 3,* 153-162.

Cannon, W. B. (1927). The James–Lange theory of emotions: A critical examination and an alternative theory. *The American Journal of Psychology, 39,* 106–124.

Cannon, W. B., & Washburn, A. L. (1912). An explanation of hunger. *American Journal of Physiology, 29,* 441-454.

Cantor, J. R., Zillmann, D., & Bryant, J. (1975). Enhancement of experienced sexual arousal in response to erotic stimuli through misattribution of unrelated residual excitation. *Journal of Personality and Social Psychology, 32,* 69-75.

Davis, M. (1992). The role of the amygdala in fear and anxiety. *Annual Review of Neuroscience, 15,* 353–375.

Davis, M. (1997). Neurobiology of fear responses: The role of the amygdala. *The Journal of Neuropsychiatry and Clinical Neurosciences, 9(3),* 382-402.

DeCharms, R., & Moeller, G. H. (1962). Values expressed in American children's readers: 1800–1950. *The Journal of Abnormal and Social Psychology, 64,* 136-142.

Dollard, J., & Miller, N. E. (1950). *Personality and psychotherapy: An analysis in terms of learning, thinking, and culture.* McGraw–Hill.

Eccles, J. S., Jacobs, J. E., & Harold, R. D. (1990). Gender role stereotypes, expectancy effects, and parents' socialization of gender differences. *Journal of Social Issues, 46,* 183-201.

Egger, M. D., & Flynn, J. P. (1962). Amygdaloid Suppression of Hypothalamically Elicited Attack Behavior, *Science, 136,* 43–44.

Ekman, P. (1973). Cross–cultural studies of facial expression. In P. Ekman (Ed.), *Darwin and facial expression: A century of research in review* (pp. 169–188). Los Altos, CA: Malor Books.

Ekman, P. (1993). Facial expression and emotion. *American Psychologist, 48,* 384-392.

French, E. G., & Thomas, F. H. (1958). The relation of achievement motivation to problem-solving effectiveness. *The Journal of Abnormal and Social Psychology, 56*, 45-48.

Freud, S. (1915). *The Unconscious* (Standard Edition, vol. 14). London: Hogarth.

Garnets, L., & Kimmel, D. (1990). Lesbian and gay dimensions on the psychological study of human diversity. *Master lecture, American Psychological Association convention.*

Golombok, S., & Tasker, F. (1996). Do parents influence the sexual orientation of their children? Findings from a longitudinal study of lesbian families. *Developmental Psychology, 32*, 3-11.

Haber, R. N. (1958). Discrepancy from adaptation level as a source of affect. *Journal of Experimental Psychology, 56*, 370-375.

Hershberger, S. L. (1997). A twin registry study of male and female sexual orientation. *Journal of Sex Research, 34*, 212-222.

Hoebel, B. G., & Teitelbaum, P. (1976). Weight control in normal and hypothalamic hyperphagic rats. *Journal of Comparative and Physiological Psychology, 61*, 189-193.

Izard, C. E. (1979). Facial expression, emotion, and motivation. In A. Wolfgang (Ed.), *Nonverbal behavior: Applications and cultural implications* (pp. 31-49). New York: Academic Press.

James, W. (1884). What is an emotion? *Mind, 9*, 188-205.

James, W. (1890). *Principles of Psychology*. New York: Henry Holt.

James, W. (1894). The physical basis of emotion. *Psychological Review, 1*, 516-529.

Kapatos, G., & Gold, R. M. (1973). Evidence for ascending noradrenergic mediation of hypothalamic hyperphagia. *Pharmacol Biochem Behavior, 1*, 81-87.

Lazarus, R. S. (1991). Cognition and motivation in emotion. *American Psychologist, 46*, 352-367.

Laumann, E. O., Gagnon, J. H., Michael, R. T., Michael, S. S. (1994). *The social organization of sexuality: Sexual practices in the United States.* Chicago: University of Chicago Press.

LeDoux, J. E. (1986). Sensory systems and emotion: A model of affective processing. *Integrative Psychiatry, 4*, 237-243.

Le Magnen, J. (1990). A role of opiates in food reward and food addiction. In E. D. Capaldi & T. L. Powley (Eds.), *Taste, experience, and feeding* (pp. 157-169). American Psychological Association.

LeVay, S. (1991). A difference in hypothalamic structure between heterosexual and homosexual men. *Science, 253*, 1034–1037.

Lewin, K. (1944). The dynamics of group action. *Educational Leadership, January*, 195–200.

Lorenz, K. (1965). *Evolution and Modification of Behavior*. Chicago, IL: University of Chicago Press.

Lynn, M., & Oldenquist, A. (1986). Egoistic and nonegoistic motives in social dilemmas. *American Psychologist, 41*, 529-534.

Mandler, G. (1975). *Mind and emotion*. New York: Wiley.

Maranon, G. (1924). Diabetes insipidus a hypopituitary syndrome, *The Journal of Nervous and Mental Disease, 59*, 316–322.

McCall, M. (1994). Identifying leadership potential in future international executives: Developing a concept. *Consulting Psychology Journal: Practice and Research, 46*, 49-63.

McClelland, D. C. (1953). *The achievement motive*. New York: Appleton–Century–Crofts.

McClelland, D. C. (1965). Toward a theory of motive acquisition. *American Psychologist, 20*, 321-333.

McClelland, D. C. (1973). Testing for competence rather than for "intelligence." *American Psychologist, 28*, 1-14.

McClelland, D. C., Atkinson, J. W., Clark, R. A., & Lowell, E. L. (1976). *The achievement motive*. Irvington.

McDougall, W. (1908). *An introduction to social psychology*. Methuen.

Money, J. (1987). Sin, sickness, or status? Homosexual gender identity and psychoneuroendocrinology. *American Psychologist, 42*, 384–399.

Morgan, C. T., & Morgan, J. D. (1940). Studies in hunger: I. The effects of insulin upon the rat's rate of eating. *The Pedagogical Seminary and Journal of Genetic Psychology, 56*, 137-147.

Murray, H. A. (1938). *Explorations in personality: A clinical and experimental study of fifty men of college age*. Oxford University Press.

National Center for Health Statistics. (1991). Family structure and children's health: United States, 1988. *Vital and Health Statistics, Series 10*, No. 178, DHHS Publication No. PHS 91–1506.

Osgood, C. E. (1963). On understanding and creating sentences. *American Psychologist, 18*, 735-751.

Plutchik, R. (1980). *Theories of Emotion*. New York: Academic Press.

Price, A. R., & Gottesman, I. I. (1991). Body fat in identical twins reared apart: Roles for genes and environment, *Behavior Genetics, 21*, 1−7.

Sanders, G., & Wright, M. (1997). Sexual orientation differences in cerebral asymmetry and in the performance of sexuality dimorphic cognitive and motor tasks. *Archives of Sexual Behavior, 26*, 463−479.

Schwartz, G. E., & Weinberger, D. A. (1980). Patterns of emotional responses to affective situations: Relations among happiness, sadness, anger, fear, depression, and anxiety. *Motivation & Emotion, 4*, 175-191.

Schwartz, G. E., Weinberger, D. A., & Singer, J. A. (1981). Cardiovascular differentiation of happiness, sadness, anger, and fear following imagery and exercise. *Psychosomatic Medicine, 43*, 343-364.

Smith, C. A., Ellsworth, P. C. (1985). Patterns of cognitive appraisal in emotion. *Journal of Personality and Social Psychology, 48*, 813−838.

Storms, M. D. (1983). *Development of sexual orientation.* Washington, DC: Office of Social and Ethical Responsibility, American Psychological Association.

Tolman, E. C. (1955). Principles of performance. *Psychological Review, 62*, 315-326.

Vroom, V. H. (1964). *Work and motivation.* Wiley.

Whitam, F. L., Diamond, M., & Martin, J. (1993). Homosexual orientation in twins: A report on 61 pairs and three triplet sets. *Archives of Sexual Behavior, 22*, 187−206.

Wolgin, D. L., Cytawa, J., Teitelbaum, P. (1976). The role of activation in the regulation of food intake. In D. Novin, W. Wyrwicka, G. Bray, (Eds.), *Hunger: Basic mechanisms and clinical implications.* New York: Raven Press.

Woods, S. C., & Gibbs, J. (1989). The regulation of food intake by peptides. *Annals of the New York Academy of Sciences. 575*, 236−243.

Zillman, D., & Zillman, M. (1996). Psychoneuroendocrinology of social behavior. In E. E. Higgins & A. Kruglanski (eds.), *Social Psychology: Handbook of Basic Principles* (pp. 39−71). Guilford.

Zuckerman, M. (1979). Sensation Seeking and Risk Taking. In C. E. Izard (Ed.), *Emotions in Personality and Psychopathology* (pp. 161−197). New York, NY: Plenum Press.

Zuckerman, M. (1984). Experience and desire: A new format for Sensation Seeking Scales. *Journal of Behavioral Assessment, 6*, 101-114.

P S Y C H O L O G Y

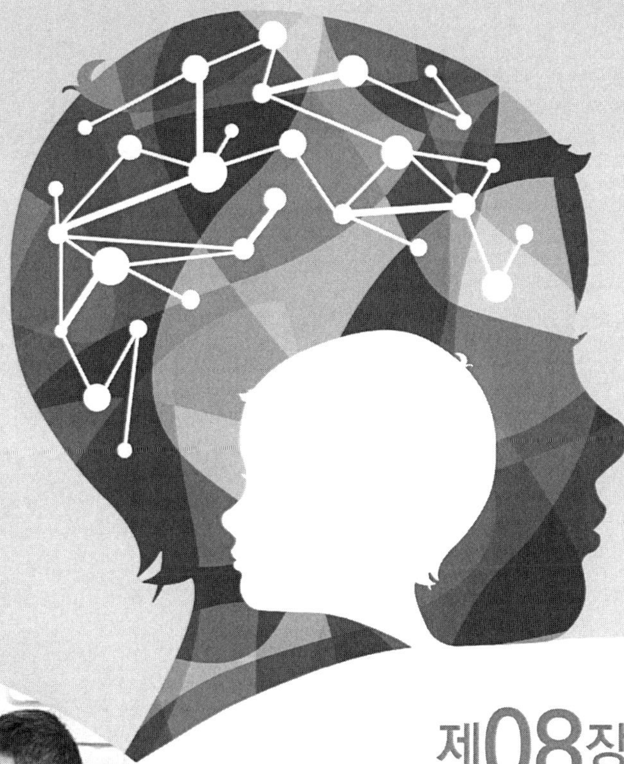

제08장

성격

P S Y C H O L O G Y

08 성격

우리는 자신이 어떤 사람인지, 어떠한 이유에서 지금 현재의 모습으로 되었는지에 대해서 알고 싶어 한다. 그리고 자신의 주변에 있는 사람에 대해서도 비슷한 의문을 가지고 있다.

이러한 점에서 기본적으로 모든 사람을 성격심리학자라고 말할 수 있다. 물론 학문의 범위에서 이루어지는 성격에 대한 분석이 상식적인 수준에서 행해지는 것과는 그 내용이나 방법적으로 차이가 있음이 분명하긴 하지만, 인간을 이해하려고 한다는 점에서는 그 출발이 같다.

이 장에서는 성격의 의미와 성격 형성의 요인들에 대해 알아보고자 한다. 또한, 성격 이론 중 대표적인 이론인 정신분석적 이론, 인본주의적 이론, 사회-인지적 이론, 특성적 이론을 살펴보도록 하겠다.

8.1 성격의 정의

성격이란 용어는 일상적으로 매우 익숙한 것이기는 하나, 연구자마다 그리고 이론마다 바라보는 관점이나 강조하는 부분이 달라서 '성격이란 무엇이다'라고 하나의 정의를 내리기가 쉽지 않다. 따라서 연구자들이 제시한 다양한 성격의 정의를 모두 살펴보는 것보다 공통으로 강조되는 특징이 무엇인지 정리하는 것이 성격이해에 도움이 될 것이다.

공통적으로 강조되는 첫 번째 특징은 성격은 여러 특성의 집합체라는 것이다. 어떤 사람도 단일한 특성만 가지고 있지는 않다. 누군가는 외향적이고 성실하며 타인을 잘 믿는 특성을 보이지만, 다른 누군가는 외향적이지만 충동적이고 타인과 비협조적인 특성을 보인다. 외향적이라는 점에서는 비슷하지만 다양한 특성이 결합되어 있기에 개인들은 저마다 독특한 성격을 나타낸다. 두 번째 특징은 성격은 개인 내부에서 작동하는 기제이다. 그렇기에 한 사람의 성격을 정확히 이해하거나 측정하는 것은 어려운 일이며, 일반적으로 외적으로 나타나는 행동이나 모습을 통해 타인의 내적인 성격을 판단한다.

세 번째 특징은 성격의 일관성이다. 내성적인 특성을 가진 사람은 대체로 사회적 장면에서 수줍어하며 타인 앞에 나서서 행동하는 것을 부담스러워한다. 일관성이 있다고 하여 항상 동일하게 행동한다는 것은 아니다. 내성적인 특성을 가진 사람일지라도 때때로 사람들과 잘 어울리며 활동적으로 행동하는 경우가 있다. 그러나 장기적으로 관찰했을 때 내성적인 사람은 외향적인 사람에 비해 타인과 어울리지 않고 조용하게 지내는 경향을 더 많이 나타낼 것이다. 나이가 들어감에 따라 성실성이나 친화성과 같은 성격 수준은 서서히 증가한다는 연구결과도 있으나(Robert et al., 2006), 많은 연구자는 여전히 성격은 시간이 지나거나 상황이 변해도 비교적 안정적이고 지속적인 특징을 보인다고 주장한다. 네 번째 특징은 성격은 삶에 영향을 미친다는 점이다. 대인관계, 학업, 직장생활, 취미생활 등 한 개인이 다양한 환경에서 적응하며 살아가는 데 성격이 중요한 역할을 한다.

이러한 공통적인 특징들을 모두 고려하면 성격은 '개인에게 내재되어 있는 다양한 심리적 특성들이 독특하게 조직화 되어 일관성이 있게 나타나며, 다양한 환경에 적응하는 데 영향을 미치는 내적 속성'으로 정의할 수 있다. 따라서 한 개인의 성격을 이해하기 위해 행동의 독특성, 일관성, 다양성을 동시에 고려하는 것이 성격을 명확히 이해하는 데 도움이 된다.

8.1.1 성격의 결정

성격은 크게 선천적인 요인과 후천적인 요인의 상호작용에 의해서 형성된다(Michel et al., 2008). 이러한 요인 중 어느 것이 우세하고 덜 우세한지는 불분명하지만, 선천적인 요인이라고 할 수 있는 유전적 소인이 후천적 요인인 환경에 따라서 잘 표현되거나 덜 표현될 수 있으며, 환경적인 영향이 긍정적이라고 하여도 유전적 소인에 따라서 결과가 달라질 수 있음을 명심할 필요가 있다. 따라서 사회라는 큰 테두리 아래에서 선천적인 특징과 후천적인 과정의 상호작용을 이해하는 것이 중요하다.

선천적인 요인이란 주로 유전적이고 생리적인 측면에 대한 것으로, 부모로부터 전해지는 체형이나 기질, 유전적 특징 등을 말한다. 예를 들어, 갓 태어나서 환경의 영향을 거의 받지 않은 신생아일지라도 저마다의 독특한 행동양식이 있는 것으로 알려져 있는데, 이는 성격 형성에 있어 유전적 영향이 얼마만큼 중요할 수 있는지를 이야기해준다. 사실 대부분의 초기 성격 연구들은 주로 이러한 선천적인 요인들을 중심으로 진행되었다. 대표적으로 고대 그리스의 의사인 Hippocrates(B.C. 460~B.C. 377)는 인간의 성격이 신체의 체액 종류에 의해 결정된다고 주장하였다. 이러한 관점은 현대까지도 이어지는데, 미국 심리학자인 Sheldon(1899~1977)은 신체 유형이 어떤가에 따라서 개인의 성격이 구분될 수 있다고 보았다. 예를 들어 그는 '키가 크고 마른 사람'은 내성적이고, 다른 이들과의 관계에서 예민한 성격을 가지고 있으며, 이에 반해 '체격이 크고, 근육의 발달이 좋은 사람'은 사교적이지만 자기 주장성이 강한 성격을 갖고 있다는 방식으로 성격을 설명하였다. 후천적인 요인은 사회문화적인 영향, 부모의 양육방식, 교육 등과 같은 환경적인 측면에 관한 것이다. 대표적인 예는 쌍생아 연구를 들 수 있는데, 같은 유전적인 조건을 타고난 쌍둥이가 각각 다른 환경에서 자란 결과 다른 성격을 갖고 있다는 연구이다(Bleidorn et al., 2010). 즉 성격의 기반이 선천적인 조건에 의해 마련되었다고 할지라도 후천적인 요인들에 의해서 변화할 수 있는 것이다.

결국, 성격이라는 것이 선천적 요인이든 후천적 요인이든 간에 단 한 가지 요인의 절대적 영향 아래서 결정된다고 주장하기에는 어려움이 있다. 오히려 이 두 요인 간의 상호작용에 의해 성격이 결정된다고 보는 것이 더 설득력을 가지고 있으며, 성격 형성을 이해하기 위해서는 위 두 가지 요인을 모두 고려하는 것이 중요하다(Bergman et al. 1988).

8.2 성격이론

앞서 언급했던 것처럼 개인의 성격을 파악하고자 하는 시도는 문헌적으로만 보더라도 고대 그리스 시절부터 찾아볼 수 있다. 자신과 타인에 대해 이해는 어쩌면 인간의 존재 이래로 끊임없이 이어져 온 욕망이었을지도 모른다. 그 결과로 많은 연구자들에 의한 다양한 성격이론이 탄생되었고, 우리의 성격을 이해하기 위한 기본적인 근간이 되고 있다. 여기에서는 가장 대표적인 이론들을 중심으로 성격의 형성과정을 살펴보도록 하겠다.

8.2.1 정신분석적 이론

Sigmund Freud

정신분석적 이론은 Freud(1856~1939)에 의해 개념화된 것으로 인간에 대한 이해 방식의 새로운 장을 열었을 뿐 아니라, 심리학을 비롯하여 철학, 정신의학, 예술, 언어학 등 많은 학문에 영향을 미쳤다. Freud의 정신분석이론에서는 인간의 모든 사고와 행동에는 의미와 목적이 있으며, 그것은 개인의 경험에 의해 이미 결정되어 있다는 심리결정론(psychic determinism) 입장을 취한다. 특히 초기 발달 단계에서 겪는 특정한 경험들이 무의식적 동기(unconscious motivation)를 구성하고, 이러한 무의식적 동기들이 개인이 의식하지 못하는 수준에서 작동하여 우리의 행동을 결정한다고 보았다(Freud, 1964).

Freud는 마음의 구조를 의식(consciousness), 전의식(preconsciousness), 무의식(unconsciousness)으로 구분하였다. 의식은 정신 현상 중 쉽게 인식이 가능한 부분이며, 현재 경험하고 생각하고 있는 것들이 포함되어 있다. 의식은 우리가 일반적으로 생각하는 것보다 그 내용이 훨씬 적으며 직접적인 자각에서 나타나는 사고와 감각에 의해 만들어진다. 따라서 의식은 자각 상태에서의 심적 내용이라 할 수 있다. 한편, 현재 생각하거나 느끼고 있는 것은 아니지만, 떠올리려고 노력하면 비교적 쉽게 의식 속으로 끄집어낼 수 있는 심적 내용은 전의식에 저장되어 있다. 예를 들어, 어렸을 때 같이 놀던 친구들의 모습이나, 그 친구들의 이름 중 평소에 의식하고 있지는 않았으나 집중하여 기억해내려 하면 의식할 수 있는 이름 등이 해당한다. 이같이 현재 생각하고 있지는 않지만 연상에 의해 의식으로 끄집어낼 수 있는 정보들은 전의식에 포함되어 있다.

이와는 달리, 우리가 보통의 방법으로는 도저히 끌어올릴 수 없는 심적 내용들은 무의식에 저장되어 있다. 무의식은 마음의 구조에서 가장 많은 부분을 차지하고 있으며 심적 내용 대부분을 포함하고 있다. Freud는 무의식이 원래 사회적이나 관습적으로 용납되지 않는 욕망이나 충동들로 구성되어 있다고 생각하였다. 따라서 이러한 욕구들은 의식화되어 나타나지 못하고 억제되기 쉬운데, 그렇다고 해서 사라지는 것이 아니라 무의식적인 상태에 머물면서 우리의 행동과 생각, 정서에 영향을 미친다고 보았다. 예를 들어, 이유를 설명할 수 없는 불안이나 실언, 물건 파괴, 물건을 분실하는 행동 등은 대부분 무의식에 있는 욕구나 충동으로 인해 나타나는 것이다. Freud는 의식과 무의식을 빙산에 비유하여 설명하였다. 바다 위에 떠 있는 얼음의 부분이 빙산의 전부인 것처럼 보이지만 사실은 물 아래에 잠긴 부분이 빙산의 대부분을 차지하고 있다. 사람의 정신 현상에서는 물 위에 있는 부분은 의식에 해당되고, 물 아래에 있는 부분은 무의식에 해당된다고 하였으며, 의식은 무의식에 부가된 부분에 지나지 않는다고 보았다(그림 8-1).

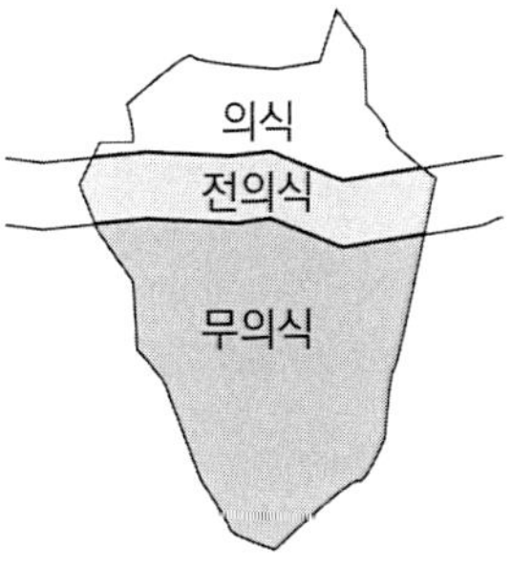

[그림 8-1] Freud의 마음의 구조

8.2.1.1 성격 구조

Freud는 성격이 세 가지의 기본요소로 구성된다고 보았으며, 세 가지 요소들이 갖는 역동성의 결과로서 행동에 미치는 상대적 영향력이 다를 수 있고, 이러한 차이가 개인 간 성격의 차이를 나타낼 수 있다고 주장하였다(Larsen & Buss, 2018).

① 원초아(id)

원초아는 원초적이고 태어날 때부터 갖고 있는 욕구들이 담겨 있는 성격의 한 부분이다. Freud는 이 욕구들 중 가장 중요한 두 가지를 성욕과 공격성으로 보았으며, 이 둘은 모두 심리적 에너지의 근원이라고 믿었다. 그는 심리적 에너지가 기본적으로 성욕, 삶의 본능(eros)을 나타내는 리비도(libido)와 공격성, 죽음의 본능을 나타내는 타나토스(thanatos)로 구성된다고 보았다. 이러한 심리적 에너지는 성격의 다른 부분에 의해서 조정, 변화되기는 하나, 삶 전체를 통하여 심리적 활동에 에너지를 공급한다고 주장하였다. 원초아는 쾌락원칙(pleasure principle)에 의하여 움직인다. 원초아는 욕구가 존재하면 그 욕구를 즉시 충족시키려고 하고, 욕구충족의 지연이 현실적으로 자신에게 도움이 되는 경우에도 즉각적인 충동을 고집한다. Freud는 원초아의 충동은 개인이 의식적인 자각으로 인식할 수 없기 때문에 무의식적 욕구라고 하였다. 원초아의 즉각적 욕구충족은 두 가지 방식으로 나타날 수 있다. 첫째는 욕구충족을 위한 직접적 행동을 통해서이며, 둘째는 소망 충족(wish fulfillment)이다. 소망 충족이란 욕구충족의 대상이나 행동에 대한 상상이나 환상을 형성함으로써 자신의 욕구를 충족시키는 방식이다. 예를 들면 목마를 때, 찬 음료수를 생각한다든가, 미워하는 친구를 때려주는 장면을 상상하는 것이다. Freud는 이러한 사고과정을 일차 과정 사고(primary process thinking)라고 명명하였으며, 이는 일시적으로 원초아를 만족시키는 정도에서 그치는 경우가 많다.

② 자아(ego)

자아는 성장하면서 형성되는 성격의 부분으로써 원초아에서 어떤 욕구가 발생했을 때 이를 적절한 방식으로 충족시켜주는 기능을 수행한다. 자아는 현실원칙(reality principle)에 의하여 움직인다. 이는 자아가 원초아의 욕구를 충족시켜주지만 그 충족방식이 현실적인 조건들을 고려하여 이루어진다는 의미이다. 즉 자아는 원초아의 욕구와 현실적 요구들 사이에서 중재자로 기능하며, 이 과정에서 또한 초자아의 요구도 고려하기 때문에 성격의 지팡이, 행정가로 불리기도 한다. 자아는 현실원칙을 따르기 위해서 우선 원초아의 욕구충족 요구를 지연시키면서 현실적, 논리적인 해결방법을 수립해야 한다. 이를 위해 현실을 고려하고 검토하는 현실검증(reality testing) 기능을 수행하며, 원초아의 욕구를 현실적인 제약들을 고려하여 적절히 충족시킬 수 있는 이차 과정 사고(secondary process thinking)를 한다. 예를 들어, 물건을 훔쳐 도망가는 도둑을 잡았을 때 신체적 폭력을 가하기보다 경찰에게 인계하여 법의 처벌을 받게 하는 것이 안전하면서도 원초아의 공격적 욕구를 충족시키는 방법이 된다.

③ 초자아(superego)

초자아는 성격의 부분 중 가장 나중에 발달하며, 도덕적 이상을 추구하는 기능을 갖는다. 초자아는 부모나 중요한 타인들에게서 배운 사회적 가치나 도덕성이 내면화된 성격의 한 부분이다. 따라서 초자아는 도덕성 원칙(moral principle)을 따른다. 이는 원초아의 쾌락추구 경향을 억제하고 자아가 선택하는 방책들이 보다 완전하고 이상적인 것이 되도록 하는 기능을 갖는다. 상식적인 개념으로 표현한다면 인간의 양심에 해당하는 부분이 될 것이다. 초자아는 무엇이 옳고 그른지 결정하는 역할을 하며, 도덕적 기준에 어긋나는 행동이나 생각을 하게 되면 우리로 하여금 수치심, 죄책감, 당혹감 등을 느끼게 한다.

Freud가 제시한 세 가지 성격 요소들은 서로 다른 목표를 갖고 상호작용하는 역동적 관계에 있으며, 원초아, 자아, 초자아를 각각 욕구, 이성, 양심으로 고려해 본다면 좀 더 친숙한 개념으로 이해할 수 있을 것이다.

8.2.1.2 성격 발달과 특징

Freud는 성격이 몇 개의 단계들을 거치면서 발달한다고 주장했다. 그가 제시한 발달이론의 특징은 두 가지로 요약된다. 첫째는 성격 형성이 대부분 6세 이전의 아동기 시기에 이루어진다는 점이다. 둘째는 아동은 생의 단계를 지나며 특정한 신체 부위에서 성적 쾌감을 느끼는데, 이때 과도하게 그 욕구가 결핍되거나 반대로 과도하게 충족될 경우 그 단계에 성격이 고착(fixation)된다고 보았다. 고착이란 연령이 증가함에도 불구하고 적절한 만족을 얻지 못한 단계의 성격 특징이 지속적으로 나타나는 현상을 의미한다. 발단 단계별 성적 쾌락을 추구하는 신체 부위와 충족 결과에 기초하여 성격 이론을 구성했다는 점에서 심리성적 단계(psychosexual stage) 이론이라 불리기도 한다.

① 구강기(oral stage)

구강기는 생후 1년에서 1년 반 정도까지를 말하며, 이 시기에 즐거움을 느끼는 신체 부위는 입, 혀, 입술이다. 유아에 있어서 젖은 최초의 성욕 대상이 되고, 빠는 행위에서 쾌감을 느끼며, 이를 통한 욕구 충족이 성격 형성에 영향을 미친다. 구강기는 초기(oral passive)와 후기(oral active)로 나뉘는데, 초기는 생후 6개월까지이며 이때는 주로 빠는 행위(sucking)에서 쾌감을 느끼는 때이고, 후기는 이가 나기 시작한 후로 깨무는 행위(cannibalistic)에서 쾌감을 느낀다. 이 시기 동안 구강 쾌감에 만족을 느꼈던 사람은 낙천적이고 자신감이 넘치는 외향적인 사람이 되며, 반대로 구강 만족을 얻지 못하고 성장하면 타인에게 의존적이거나 아기처럼 보살핌을 받고자 하는 소극적인 모습을 보일 수 있다. 이 단계에 고착되면 성인이 된 후에도 입안에 무언가를 넣는 것으로 즐거움을 느끼기 위해 술, 담배, 음식을 지나치게 즐기게 되고, 심리적으로 깨물고 말로 공격하는 가학적 성격(sadistic character)을 보일 수도 있다.

② 항문기(anal stage)

생후 1년 반에서 2년 반 정도까지를 말하는데, 배변으로 생기는 항문자극에 의하여 쾌감을 얻으려 한다. 이 시기는 배변기(anal ejecting), 보류기(anal retentive)로

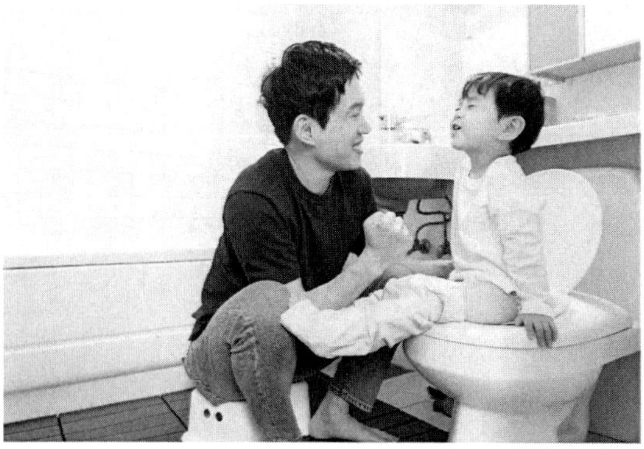

나누는데, 배변기는 배변을 함으로써 신체적 긴장이 풀리고 항문 내 점막에 쾌감을 느끼게 된다. 이러한 긴장해소의 경험은 성격상 정서적 긴장의 해소에 연결된다고 한다. 그 후 유아는 배변훈련(toilet training)에 의하여 배변을 보류해야 하는 경험을 갖게 되는데, 항문이 강하게 자극받고 있다가 배변하면 후련해지는 데서 얻는 쾌감을 즐기게 된다. 하지만 이러한 배변훈련이 너무 엄하면 유아는 이에 대한 보복으로 고의로 더럽게 배변을 하는 행동을 하며, 성인이 되면 권위에 대한 불만이나 보복의 수단으로써 불결, 무책임, 무질서, 낭비적인 행위를 하는 항문 공격적 성격(anal aggressive personality)을 보이게 된다. 또한, 엄격한 배변훈련의 절차는 지나친 결벽성이나 인색한 성격을 가지게도 한다. 배변훈련에 있어 부모가 격려하고 배려하며 배변 후 칭찬을 하게 되면, 부모를 즐겁게 하는 행동을 배우게 된다. 성인이 되어서도 남을 즐겁게 해주기 위해 어떤 일을 하려는 동기를 갖게 되고 관대한 성격과 자선, 박애의 태도를 갖는다. 반면에 너무 배변의 가치를 강조하면 값진 것을 상실하였다고 느끼게 되어 의기소침하고 공허하며 불안한 감정을 가지게 된다. 따라서 점점 배변을 거부하게 되는데 이것이 성격으로 고착되면 지나치게 인색한 생활 태도를 보이는 항문 보유적 성격(anal retentive personality)을 보이게 된다.

③ 남근기(phallic stage)

3세에서 5세 사이의 기간으로써, 아이들은 성기에 관심을 갖게 되며 그것을 만지면서 쾌감을 느낄 수 있음을 알게 된다. 이 시기에 남아와 여아는 이성 부모에 대한 애정을 갖고, 동성 부모를 적대하는 근친상간적 경험을 하게 된다. 남아는 구강기부터 어머니를 애정의 대상으로 하고 있으나, 남근기에 이르러 이 애정이 더욱 심화되면서 상대적으로 아버지가 어머니를 독점하려는 경쟁상대로 변하게 되어 적의를 품게 되는 오이디푸스 콤플렉스

(Oedipus complex)를 경험하게 된다. 이때 남아는 어머니에게 성애를 가진다는 것이 아버지로부터 육체의 위해를 받게 된다는 불안을 갖게 된다. 이러한 불안은 아버지가 어머니를 사랑하고 있는 자기의 성기를 거세해버리지 않을까 하는 공포로 나타나는데 이것을 거세 불안(castration anxiety)이라고 한다. 이러한 거세 불안의 결과로 남아는 어머니에 대한 근친상간적 소원과 아버지에 대한 적의를 억압하며, 어머니를 차지하고 있는 아버지와 같은 사람이 되고자 하는 동일시(identification)를 하게 된다. 이 과정에서 부모의 가치관과 태도를 받아들여 초자아가 형성되며, 남성적인 성 역할을 인식하게 된다. 잠복기의 오이디푸스 콤플렉스가 해소되지 못하고 고착되면 성인이 되어서 자만하거나 무모한 태도를 나타낼 수 있다. 여아에 있어서 최초 애정의 대상은 어머니이다. 그러나 외부 성기를 자각하게 되면서 자신의 성기가 거세된 것으로 생각하고 열등감을 가지며 그 탓을 어머니에게로 돌리고 자기가 갖고 있지 않은 것을 갖고 있는 아버지를 부러워하고 사랑하며 어머니를 질투하게 된다. 이러한 것을 남근 선망(penis envy)이라고 한다. 여아에게 있어 오이디푸스 콤플렉스적 경향을 엘렉트라 콤플렉스(Electra complex)라고 한다. 아버지를 사랑하고 어머니와 경쟁하는 여아도 동일시와 승화과정에 의하여 문제가 해소되고 초자아가 형성된다.

④ 잠재기(latent stage)

6세 정도부터 사춘기까지이며, 신체적 영역에서의 성에 대한 흥미는 저하되고 친구들과의 관계가 증가하면서 사회성이 발달하는 시기이다. 이 기간에는 학교에서 교육을 받으며 지능, 창조성이 발달하고 대인관계 및 운동기술을 배우는 시기이기 때문에 특정한 성적 및 공격적 추동으로 인한 갈등이 없는 심리적 휴식기에 해당한다.

⑤ 성기기(genital stage)

사춘기와 그 이후의 시기에 해당하며, 신체적 성숙과 더불어 이차적 성징이 나타나고 이성과 장기적이고 의미 있는 관계를 발전시켜 나간다. 성적 욕구는 생식기에 집중되지만, 성격발달에 관련된 특정한 갈등이 수반되지는 않으며, 서로 호혜적인 방식으로 타인과 일하고 관계를 맺는 방법을 점진적으로 획득해 나간다.

Freud를 비롯한 정신역동 심리학자들은 성격의 중요한 부분들이 대부분 6세 이전에 형성된다고 보았기 때문에, 잠복기와 성기기에서의 고착에 대해서는 구체적으로 설명하지 않았다. 그렇지만 Freud가 제시한 심리성적 단계 이론은 성격발달에서 초기 아동기의 중요성을 강조함으로써 이 시기에 대한 연구자들의 관심을 불러일으켰고, 성인기에 나타나는 성격들을 이해하고 구조화하는 데 도움을 주었다는 점에서 그 의의가 있다.

8.2.1.3 정신분석적 이론에 대한 평가와 신-정신분석 이론

정신분석 이론은 인간 이해에 대한 공헌을 많이 한 만큼 비판도 많았다. 첫째는 정서적으로 혼란된 환자들을 대상으로 연구하고 체계화했기 때문에 정상인에 대한 적용이 제한된다는 점이었다. 둘째는 Freud는 성적 요인을 적응문제에 도입한 공은 있으나 이를 지나치게 강조하여 적응문제 모두를 이것과 관련짓고 있다는 점이다. 셋째는 그 구성개념들이 애매하고 정의가 분명하지 못한 면이 있다. 이는 이론이 과학적 절차보다는 임상적 관찰에 근거해 구성되었기 때문이다. 넷째는 지나치게 결정론적이며 남녀 차별적이라는 점이다. 즉, 원초아의 욕구에 수동적으로 영향을 받는 존재로 인간을 이해했으며, '남근선망' 등의 개념에서 여성을 열등하게 보았다.

이러한 비판으로 인해 다른 학자들은 성적 및 공격적 욕구를 중요한 원천으로 인식하는 전통적 정신분석적 관점이 아닌 다른 관점에서 성격발달을 주장했다. 대표적으로 Adler(1870~1937)의 개인심리학과 Jung(1975~1961)의 분석심리학을 들 수 있다. 이들은 지나친 성의 강조, 생물학적 결정론과 같은 개념보다는 문화, 사회, 타인과의 관계 경험이 인간의 성격을 형성하는 데 보다 많은 영향을 준다고 보았다.

① Adler의 개인심리학

Adler는 Freud와 오랜 기간 교류를 하며, 초기 정신분석이론에 심취하다가 관점의 차이로 정신분석학회를 탈퇴하고, 개인심리학회를 설립하였다. 아들러는 기존의 정신분석이론에서 강조했던 몇 가지 개념에 대해서 반대하였는데, 그중 한 가지는 인간의 행동을 동기화시키는 에너지는 리비도와 같은 성적인 본능이 아니라 어떤 완벽한 상황에 도달하기 위한 '우월성 추구(striving for superiority)' 라고 주장하였다. 즉, 신체적인 결함이나 심리·사회적 상태에서 오는 열등감을 경험한 아동은 이러한 열등감을 극복하기 위해 노력하는 과정에서 자신만의 독특한 생활양식을 조성하게 되고, 이 생활양식이 성격 형성에 있어 가장 기초가 된다고 보았다. 예를 들어 어린 시절 부모의 과잉보호로 인해 자신감 부족이라는 열등감을 경험한 사람은 성인이 되면서 지나치게 자기주장적인 태도를 보일 수 있다. 자신감 부족이라는 열등감을 극복하기 위해 강하게 자기주장을 하는 노력을 해왔고, 그것이 하나의 생활양식이 되어서 공격적이고 자기주장적인 성격을 형성하는 데 영향을 주었다고 설명할 수 있는 것이다. Adler는 생의 초기 1년간을 매우 중요시하였다. 이 시기가 가장 열등감이 생기기 쉽기 때문에 부모가 아이에 대한 존중, 사랑, 지원을 베풀 때 열등감이 최소화된다고 보았다. 반면에 부모가 아이를 거부하거나 엄격하게 대할 때 열등감이 커지고 자신의 우월감을 증명하려는 욕구도 커진다고 하였다.

Alfred Adler

② Jung의 분석심리학

Jung 역시 Adler와 마찬가지로 초기에는 Freud 이론에 동의하고 함께 연구하기도 하였으나 Freud의 지나친 성적 측면 강조에 반발하여 자기 나름의 이론을 체계화하였다. 그는 성적 충동 이외에도 다른 무의식적 충동들이 존재하며 이들도 역시 중요하다고 보았다. Jung은 무의식을 개인 무의식(personal unconscious)과 집단 무의식(collective unconscious)으로 구분하였다. 개인 무의식은 개인의 독특한 경험과 관련되어 있지만, 집단 무의식은 인간 선조들의 오랜 경험이 잠재되어 선천적으로 타고나는 것으로써 사람들에게 공통적으로 존재하는 무의식이다. Jung의 이러한 가설은 그가 여러 문화권에 걸쳐서 종교, 설화, 전설 등을 비교 연구한 결과로서 인간들에게 공통적인 공포, 신념, 미신 등이 존재함에 기초하고 있다. Jung은 집단 무의식이 원형(archetypes)과 본능(instincts)으로 구성되어 있다고 보았는데, 원형은 인간에게서 공통으로 나타나는 마음의 고유한 잠재적 형태이고, 본능은 타고나며 육체에 기초를 두고 있는 정신 에너지를 의미한다. 대표적인 원형으로는 페르소나, 그림자, 아니마, 아니무스

Carl Gustav Jung

등이 있다.

이러한 개념들과 함께, Jung은 인간에게는 대표적인 심리적 유형이 있다고 보았다. 관심의 방향이 외부로 향하는가, 아니면 내부로 향하는가에 따라 외향성과 내향성의 태도를 보이며, 네 가지 심리적 기능(사고, 감정, 감각, 직관)이 서로 다르게 작동한다고 보았다. 이러한 심리적 유형은 차후 모녀 관계였던 Katharine C. Briggs와 Isabel B. Myers에 의해 오늘날 MBTI(Myers–Briggs Type Indicator) 성격유형검사로 개발되는 토대가 되었다. MBTI에는 Jung이 제시한 두 가지의 정신적 태도(외향–내향)와 네 가지의 심리적 기능(사고–감정, 감각–직관)에 추가하여 판단–인식이라는 두 가지의 생활양식이 포함되어 있으며, 총 8개 지표를 토대로 16가지 성격유형으로 분류된다.

8.2.2 인본주의적 이론

인본주의적 이론에 따르면 성격은 자아실현을 추구하고 개인의 잠재력을 실현하려는 욕구에 의해 형성된다. 인본주의적 이론의 특징을 정리하면 다음과 같다. 첫째, 정신분석이론에서는 인간을 타고난 욕구에 끌려다니는 수동적 존재로 간주하지만, 인본주의적 이론에서는 인간을 성취(fulfillment)를 추구해 가는 능동적 존재로 파악한다. 이 이론가들은 인간은 선택상황이나 기회가 제공되면 성장하고 성숙해 가며 융통성, 행복감, 조화를 이루어간다고 보았으며, 이러한 성취의 경향은 선천적이라고 주장한다. 즉, 정신분석의 내적 구조 간의 갈등이나, 무의식적 욕구에 의한 지배, 어렸을 때의 충족하지 못한 욕구에 대한 지속적 추구를 부정한다. 그 대신 자신과 자신의 환경에 대한 개인적 지각에 관심을 갖고, 행복과 성취를 적극적으로 이루어갈 힘이 있는 존재로 인간을 파악한다.

둘째, 인간의 행동은 외부의 환경이나 과거 경험에 의해서 지배된다는 기계론적 관점을 부정한다. 오히려, 자신의 환경에 굴복하지 않고 오히려 환경을 통제하고 조정할 수 있는 적극적인 힘을 가지고 있는 존재로 파악한다. 셋째, 개인의 현재 경험(here and now)을 중시한다. 과거 경험이나 불확실한 미래에 집착하는 것보다는 현재 그 개인이 경험하고, 느끼고, 행동하는 것이 중요하며, 개인의 진정한 모습을 이해하는 것도 이를 통해 가능하다고 본다.

이 부분에서는 대표적인 이론으로 Rogers(1902~1987)와 Maslow(1908~1970)의 이론을 중심으로 각각의 견해를 다루도록 하겠다.

8.2.2.1 Rogers의 이론

Rogers는 임상경험을 통해 사람들이 불편을 넘어서 성장, 성숙 및 긍정적으로 변화해 가려는 강한 경향성을 보임을 발견하였다. 이러한 경험에 근거하여 긍정적 인간관과 성격 이론을 제시했다. Rogers의 성격 이론에서 핵심적 개념은 유기체(organism)와 자기(self)이다. 그에 의하면 모든 유기체는 특정한 능력, 가능성 혹은 잠재력을 갖고 태어난다. 인생의 목표는 이러한 잠재력을 최대로 충족시키는 것이며 이를 성취하기 위한 경향성, 즉 실현경향성(actualizing tendency)을 유기체는 갖고 태어난다고 보았다(Rogers, 1963/1970).

자기는 '나'에 관한 것으로 현재 자신을 어떻게 지각하고 있는가의 내용 모두를 합한 것이다. 즉 '나는 누구이며 무엇을 할 수 있는가' 등에 관한 질문에 대한 개인적 답들이다. 즉 자신의 능력, 성취도, 매력, 가치관, 태도, 지각양식, 타인 및 주위의 생활 환경과의 관계, 자신에 대한 평가 등으로 구성된다. 유기체의 실현 경향성은 생물적 잠재력을 실현하는 것인 반면, 인간은 자기에 관한 의식적 개념이 형성된 후에는 이를 충족시키려 하며 이를 Rogers는 자기실현경향성(self-actualizing tendency)이라고 하였다. 그는 자기실현경향성이 유기체의 실현경향성과 조화를 이루는 것을 가장 바람직하게 보았고, 이를 이루어가는 사람들을 '충분히 기능하는 사람(fully functioning person)'이라고 불렀다. 충분히 기능하는 사람은 과거에 머무르지 않으며, 그렇다고 미래만을 바라보며 살지 않는다. 이들은 현재에 중심을 두고 있으며 자기 자신이나 자신의 느낌을 중요한 판단의 근거로 삼는다. Rogers는 자기개념과 현실에서의 경험이 일치하면 자아실현을 향해 앞으로 나아갈 수 있지만, 만약 불일치할 경우 불안을 경험하게 되고 심지어 정서적 장애를 겪게 된다고 보았다.

Rogers는 성격의 발달 단계를 설정하지는 않았으며 단지 중요한 타인이 개인의 경험을 평가하는 방식에 따라 자기가 발달한다고 보았다. 바람직한 방식은 타인에 의해 '무조건적인 긍정적 존중(unconditional positive regard)'을 받는 것이다. 이는 개인의 느낌, 태도 및 행동에 관계없이 그 개인의 가치를 인정하고 온정, 존중, 사랑을 '무조건적'으로 보이는 것이다. 이를 통하여 개인은 유기체적 경험과 자기 사이에 어떠한 격차나 불일치도 경험하지 않고 심리적으로 적응되며, 완전한 기능을 발휘하게 되는 것이다.

그러나 대부분의 부모는 아이의 행동에 대하여 자신의 기준에 따라 평가하고 긍정적인 반응과 부정적인 반응을 보이게 된다. 이때 긍정적 반응을 받은 행위와 감정은 유지되나, 부정적 반응을 받은 행위와 감정은 자기개념에서 사라짐으로써 실제 타고난 유기체적 자기가 되기보다는 차츰 타인이 원하는 사람이 되기 쉽다. 그리고 이러한 과정을 통하여 정서적으로 부적응한 사람이 되어가며, 제대로 자기실현경향성을 발휘하지 못하게 된다.

8.2.2.2 Maslow의 이론

Maslow는 인간은 일반적으로 다섯 가지 수준의 욕구 위계를 가지고 있으며, 하위의 욕구가 충족되면 점점 더 상위의 욕구를 충족시키려는 선천적 욕구를 갖고 있다고 믿었다(Maslow, 1970). 인간행동의 최고점은 자기실현이다. 많은 사람은 일시적으로 자기실현의 상태를 경험하나 – 절정경험(peak experience) – 이 상태를 오래 지속시키는 사람은 많지 않다. 절정경험의 순간은 행복과 완수의 상태이며, 경험자들의 반응은 충만함, 완전, 생동감, 독자성, 자부심, 진, 선, 미의 가치를 체험하는 것으로 나타난다. Maslow가 자기 실현된 사람들의 특징을 요약한 것이 표 8–1에 제시되었다.

Maslow가 제시한 속성들은 그가 건강하게 자기실현을 했다고 믿었던 사람들의 – 예를 들어 Einstein, Spinoza, Lincoln 등 – 특성에 기초하였다. 그는 이 연구를 대학생 집단에 확장, 적용하였는데, 일반적으로 집단의 1% 미만이 자기실현을 할 수 있다고 보았다. 그렇다고 비범하고 특별한 능력을 갖춘 사람만이 자기실현을 할 수 있다는 것은 아니다. 평범한 사람도 어떤 일에 시간이나 피로 등을 잊은 채 몰입(flow)하게 되면 자신의 능력을 최대로 발휘할 수 있으며 절정경험을 할 수 있다.

▼표 8-1 자기실현자의 특징 및 행동방식

자기실현자의 특징들
• 현실을 효율적으로 지각하고 불확실감을 참아낼 수 있다.
• 자기 자신과 타인을 있는 그대로 받아들인다.
• 사고와 행동에 자발성이 있다.
• 자기중심적이기보다는 문제중심적이다.
• 좋은 유머감각이 있다.
• 매우 독창적이다.
• 의도적으로 비관습적이 되려는 것은 아니지만, 속물이 되는 데 대해서는 저항한다.
• 인류를 돕고자 하는 진정한 바람을 가지고 있다.

- 단순히 목표를 달성하기 위해 일하기보다 일 자체에 즐거움을 느낀다.
- 많은 사람보다는 몇몇 사람과 깊고 만족스러운 대인관계를 수립한다.
- 인종이나 종교, 성 등과 같은 특징에 근거하여 사람들을 평가하지 않고, 존중하고 소중하게 여긴다.

자기실현에 이르게 하는 행동
- 어린애와 같이 완전히 몰두하고 집중하여 생활을 체험한다.
- 확실하고 안전한 방법에 집착하기보다는 새로운 것을 시도한다.
- 경험을 평가하는 방법에 있어서 전통이나 권위, 대다수의 소리보다는 자기 자신의 느낌에 귀 기울인다.
- 정직하게 행동하며, 가식과 술수를 피한다.
- 자신의 견해가 다수의 사람과 불일치할 때, 인기가 없어짐에 대비한다.
- 책임감을 갖는다.
- 결정한 것은 무엇이든 열심히 한다.
- 자신의 약점을 찾아내고자 하고, 그것을 버릴 용기를 갖는다.

8.2.2.3 평가

인본주의적 이론은 몇 가지의 장, 단점을 갖고 있다. 장점으로는 첫째, 개인적인 경험을 성격연구의 중요 부분으로 도입함으로써 자기경험 보고방식 – Q–sort, 평정법, 의미분석법 등 – 을 연구에 사용 가능하도록 한 점이다. 둘째, 타 연구와 달리 전체적이고 건강한 인간 이해에 연구 중점을 둠으로써 긍정적 성장 과정에 대한 이해를 증진시켰다. 셋째, 인간 본성에 대해 능동적 입장을 강조함으로써 생물학적 결정론이나 기계론적 인간관과 다른 관점을 제시하였다.

반면에 비판점으로는 첫째, 개념의 타당화가 어렵다는 점이다. 자기실현이 무엇인지 구체적으로 정의하지 않았으며 Maslow의 자아실현자 선정기준도 모호하다. 오히려 특정 부분에서의 잠재력을 실현했다고 보아야 할 수도 있다. 둘째, 이론이 지나치게 기술적이며 성격 형성과정에 대한 설명이나 예측이 어렵다. 이는 인간행동의 역동성이나 성격발달을 너무 간과했기 때문일 수 있다. 셋째, 무의식적 욕구나, 초기 경험의 영향, 강화의 효과 등에 대한 고려가 부족하여 이론이 편협하다는 비판을 받는다.

8.2.3 사회-인지적 이론

정신분석적 이론과 인본주의적 이론에서 살펴본 성격 이론들은 인간의 내적인 욕구나 특성이 기본 성격을 형성하는데 주요한 핵심으로 보았다. 이에 반해 사회-인지적 이론은 인간은 기본적으로 '백지상태(tabula rasa)'로 태어나며, 살아가면서 경험하는 환경에서 어떻게 반응하고 행동하는가에 따라 성격이 형성된다고 본다. 즉, 인간의 정신적 과정 혹은 내적 과정보다는 환경을 어떻게 지각하는가와 행동하는가에 초점을 둔다. 본 절에서는 사회-인지적 이론의 대표적인 접근 방식인 학습이론에 중점을 두고 살펴보겠다.

학습이론은 크게 두 가지로 분류된다. 첫째는 연합학습이며, 둘째는 인지학습이다. Pavlov(1849~1936), Watson(1878~1958), Skinner(1904~1990) 등의 연합학습 이론가들은 학습이 특정상황에서 어떤 행동이 강화되거나 처벌되면서 이루어진다고 본다. 즉 개인이 행동에 대한 강화나 처벌을 받게 되고, 그 결과로 강화된 행동은 획득·유지되며, 처벌된 행동은 사라진다고 보는 것이다. 그러나 이 이론은 통제된 실험실 상황에서 동물을 대상으로 연구된 것이기 때문에 인간의 모든 학습현상을 설명하기에는 제한점을 갖는다. 따라서 유아나 어린이들, 특수한 상황적 제약을 허용하는 통제된 조건하의 학습상황일 경우 설명력을 갖는다. 이 부분에서는 Skinner의 견해를 간단히 소개하겠다.

한편, 인지학습이론가들은 인간은 복잡한 환경에서 자신의 인지적 판단에 따라 행동을 하고 학습하는 측면이 강하다고 본다. 이 이론이 강조하고 있는 점은 다음과 같다. 첫째, 인지적 요인을 기본적으로 중요시한다. 사람은 생각하고, 계획하고, 기대하며, 상상한다. 따라서 학습의 상황이나 강화 등은 해석하고, 평가한다. 둘째, 인간의 학습과 행동은 주로 대인 관계적인 환경에서 발생한다. 셋째, 환경적 자극과 영향력에 대해 인간은 수동적으로 수용만 하는 것이 아니고, 환경에 영향을 미치거나 환경을 선택할 힘을 갖고 있다. 이 부분에서는 대표적인 이론가인 Bandura(1925~2021)와 Mischel(1930~2018)을 살펴보도록 하겠다.

8.2.3.1 Skinner의 도구적 학습이론

'급진적' 행동주의자로 불리는 Skinner는 성격과 같은 가설적 구성개념을 사용하지 않고도 인간의 행동을 이해할 수 있다고 본다. 행동은 외부환경에 의해 조형되는 것으로 보며, 따라서 성격은 특정의 강화 경험에 의해 만들어진 내, 외적 반응

체계들의 합이라고 간주한다(Skinner, 1953). 즉, 개인의 행동 경향성 차이는 강화 경험들의 개인차에 의한 결과로서 이해될 수 있다. 또한, Skinner는 성격의 안정성은 환경 단서들의 안정성으로, 행동의 변화는 환경의 변화를 통해서 설명할 수 있다고 보았다(Gerrig & Zimbardo, 2010).

보다 세부적으로 보면, Skinner의 관점에서 개인의 차이점을 설명하는 데는 소극적, 비사교적 같은 특성적 용어보다는 사람들에게 자기주장을 잘못하고, 사람들 앞에 나서기를 싫어하는 등의 구체적 행동으로 설명하는 것이 더 적절하다. 이러한 소극적 행동들은 자기주장을 안 하고 참았을 때 칭찬을 받은 경험과 사람들 앞에서 이야기하다가 혼이 난 경험을 반복적으로 경험한 결과라고 설명할 수 있다. 일단 형성된 행동은 계속적인 강화가 없어도 간헐적인 강화에 의해 지속될 수 있기 때문에 새로운 강화 경험이 생기지 않는 한 계속될 수 있다(홍숙기, 2009).

8.2.3.2 Bandura의 관찰학습 이론

Bandura는 연합 학습의 중요성이나 강화의 필요성을 무시하지는 않았다. 그러나 직접적 강화의 경험에 의해서만 인간의 행동이 학습된다면 다양하고 복잡한 인간행동 모두가 학습되기는 불가능하다고 보았다. Bandura는 이에 대한 대안으로 관찰과 모방을 통해 행동이 습득되며, 강화는 습득된 행동의 수행에 기여한다는 점을 강조하였다(Bandura & Walters, 1963).

Bandura의 '관찰학습'이란 타인의 행동을 관찰함으로써 학습하는 것이다. 이러한 학습은 일상생활에서 많은 예를 찾아볼 수 있다. 가수의 새로운 춤을 흉내 내거나, 아버지의 담배 피우는 모습을 보고 배운다거나, 새로운 범죄방식을 TV나 영화를 보고 배우는 것이 그 예가 될 수 있다. 이러한 학습은 학습자가 직접적 강화 없이 해당되는 정보를 인지적 요소에 의해서 처리하고, 부호화하고, 저장하여 차후 필요 시 쓸 수 있게 된다. 인지적 처리를 통한 학습이 가능하기 때문에, 관찰에 의한 모방 행동은 단순한 복사판이 아니고 유사한 행동을 관찰한 경험을 조합하여 재창조가 가능하다. 또한, 타인의 행동을 관찰하면서 행위의 결과를 파악할 수 있기에 그 결과의 강화 여부에 따라 자신의 행위 결과를 대리로 경험하게 된다. Bandura는 이러한 측면을 강조하여 '대리적 학습'이라고 표현하기도 했다.

Bandura는 직접적 강화의 역할을 무시하지는 않았으나 관찰학습은 인지적 기능에 의해 학습되기 때문에 강화가 행동의 습득에 필수적이라고 보지는 않았다. 단지 강화는 습득된 행동이 실제로 실행에 옮겨질 것인가에 영향을 미친다고 보았다. 또한, 행동의 수행에 기여하는 강화는 직접적인 경험의 결과뿐 아니라 대리적 경험, 즉 타인의 행위 결과를 관찰하는 것에서도 나올 수 있다고 보았다.

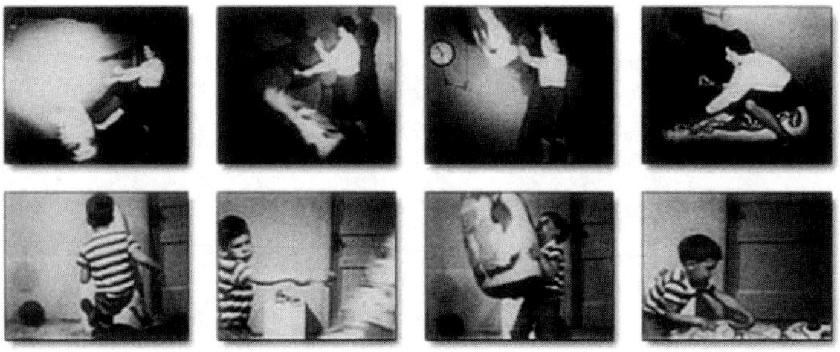

[그림 8-2] Bandura의 관찰학습실험

한 어린이가 실험실에서 보보라고 불리는 인형을 때리는 것을 관찰한다(사진 위). 인형을 때린 어른은 처벌이 아닌 강화를 받았다. 어른이 나간 후, 아이는 어른이 했던 행위(보보 인형을 때리는 것)를 그대로 따라 해 인형에게 폭력을 행사한다(사진 아래). 아이는 다른 사람의 행동과 그에 따르는 결과를 관찰한 것만으로도 행동을 습득하게 되었다.

8.2.3.3 Mischel의 사회학습이론

Mischel은 사회학습이론가들 중에서 인지적 활동에 더 많이 관심을 가졌다. 그는 상황적 요인의 영향 이외에, 개인이 어떤 자극이나 강화에 의미를 부여하는 데 있어 영향을 미치는 변인에 더욱 주의를 기울여야 한다고 주장했다. 이것은 개인이 과거에 경험한 상황 및 보상에서 나오며 개인적 '책략'이나 '스타일'이라고 부를 수 있다. Mischel이 주장하는 개인 변인들은 다음과 같다.

① 재능

이 변인은 해당 개인이 아는 것, 할 수 있는 것을 지칭한다. 정보를 생산하고 변형시키고 사용할 수 있는 능력으로서 사고를 창출하고 문제를 해결하게 한다. 예를 들면 지적 능력, 사고기능, 신체적 기능 등이 있다.

② 인지적 책략

선택적으로 어떤 정보에 주목하고 의미 있게 범주화하는 방식이다. 시험을 치를 때 어떤 학생은 실력 발휘의 기회로 생각하고, 어떤 학생은 위협으로 생각하는 것은 이 변인의 영향 때문이다.

③ 기대

세 가지 기대유형이 있다. 첫째는 '행동의 결과에 대한 기대'이다. 특정 행동을 했을 때 자신이 얻을 수 있는 결과에 대한 기대를 의미한다. 둘째는 '자극결과에 대한 기대'이다. 이는 주어진 자극으로부터 자신이 추론하는 기대이다. 셋째는 '자기효능 기대'이다. 이는 자신이 어떤 행위를 성공적으로 수행할 수 있다는 일반적 자신감에 기초한 기대이다.

④ 주관적 가치

행동결과에 부여하는 개인적 가치이다. 주로 개인적인 선호 또는 혐오에 기초하여 평가한다.

⑤ 사기 조정 체계 및 계획

개인이 스스로 정한 목표 및 표준들에 맞추어 자신의 행동을 조절하는 방식이다. 또한, 자기비판이나 자기칭찬과 같이 개인 스스로 산출하는 결과도 포함하며, 이들은 환경의 영향 없이도 행동에 영향을 미칠 수 있다.

Mischel이 제시한 개인 변인 목록은 완성된 것은 아니며 다른 연구의 기초가 될 수 있다. 단지 그는 이와 같은 인지적 변인들이 개인에게 주어진 상황을 해석하고 행동을 결정하는 데 영향을 미친다고 주장하였다.

8.2.3.4 평가

사회-인지적 관점은 행동의 원인으로서 상황의 영향을 강조하고 전통적 성격 개념보다는 직접적 행동을 보다 강조하였다. 이는 성격연구에서 상황과 행동을 체계적이고 구체적으로 관찰하게 함으로써 객관성을 증진하는데 기여하였다. 또한, 학습 원리를 이용한 구체적 행동치료에도 커다란 도움을 주었다.

그러나 다음과 같은 단점도 있다. 상황 요인을 지나치게 강조함으로써 인간을 단순화하고 기계적인 관점으로 이해하고 있다는 비판을 받는다. 또한, 환경에 대한 반응과 행동이 전체적으로 어떻게 성격의 틀을 형성하고 인간 발달의 특징을 설명할 수 있는지를 다루지 못하고 있다.

8.2.4 특성적 이론

자신이나 혹은 타인의 성격에 대해서 말해달라는 부탁을 받게 되었을 때, 우리는 시간이나 상황의 다양성과 상관없이 안정적으로 나타나는 개인의 특성에 대해서 주로 말하게 된다. 예를 들어 “A라는 사람은 게으르고 변덕이 심하다”나 “B라는 사람은 수줍고 상냥하다”라는 식이다. 즉 사람들은 성격에 대해 말할 때, 성격의 영속적인 자질이나 특성에 대해서 말한다. 이해를 돕기 위하여 특성론에서 주장하는 성격특성에 대해 요약하면 다음과 같다.

첫째, 특성이란 한 개인의 행동을 시간과 상황에 걸쳐 일관성을 갖게 하고 개인에게 독특성을 부여하는 결정적 소질이다.

둘째, 특성은 인간행동에 근본적 특징으로서 상황적 요인보다는 내적 소인에 기인한다.

셋째, 특성은 외현적 행동관찰에 근거하여 추론된 구성개념으로서 양적 측정이 가능하며, 이에 따라 개인 및 집단 간의 양적 비교가 가능하다.

정신분석적 이론과 인본주의적 이론을 창시한 학자들은 주로 임상적 관찰이나 상담 과정에서 만난 사람들을 통해 이론을 발전시켰으며 객관적인 증거보다는 직관과 주관적인 해석에 기반했다고 볼 수 있다. 이와 달리, 특성적 이론은 성격과 관련된 다양한 자료를 통계적으로 추출 및 분류하여 과학적으로 성격특성을 제시하고자 했다. 본 절에서는 대표적인 이론가인 Allport와 Cattell의 특성론에 대해서 살펴보고, 오늘날 많은 성격연구자들이 활용하고 있는 성격 5요인 모델에 대해서 다루도록 하겠다.

8.2.4.1 Allport의 특성론

Allport(1897~1967)는 성격을 구성하는 요소를 특성(또는 특질, trait)으로 보았으며 이 특성들은 습관보다 일반화되어 있으며 상황의 변화에도 불구하고 개인행동에 일관성을 부여한다고 보았다(Allport, 1937). 예를 들어, 주어진 일에 책임감이 강하고, 사전에 계획을 세워 체계적으로 일을 처리하며, 어려움에 직면했을 때는 쉽게 회피하기보다 꾸준하게 문제를 처리해 가는 사람은 **성실한** 특성이 있다고 볼 수 있다. 이러한 특성은 개인의 행동을 기술해주는 것이기는 하나, 무엇이 그러한 행동을 하게 했는지 명확히 설명하기는 어렵다. 행동을 유도하는 동기 요인이 별도로 존재할 수도 있고, 타고난 성향이 성실하기 때문에 그러한 행동으로 나타날 수도 있다. Allport는 후자의 입장을 취하면서, 특성은 개인이 본래 가지고 있는 성향이며 개인행동이 일관되게 나타나게 만드는 원인으로 보았다.

Gordon Allport

Allport는 성격의 다양한 측면을 연구하였으며 그 결과를 행동에 미치는 영향의 정도, 개인의 독특성 등 여러 차원으로 특성들을 정리하였다(Allport, 1961). 그는 성격연구에 있어서 기술적 접근을 사용하였는데, 이 방법은 개인이 남긴 편지, 일기, 자서전 등의 기록들에 기초한 연구이다. 따라서, 모든 사람에게 적용할 수 있는 보편적 특성을 찾는 법칙 정립적인 방법이라기보다는 개인의 독특성을 구체화하여 기술하려는 데 더 초점을 두었다.

그러나 Allport도 법칙 정립이라는 과학적 목표를 무시하지는 않았으며 몇 가지 성격특성을 이론적으로 개념화하였다. Allport에 의하면 특성은 **공통적 특성**과 **개인적 특성**으로 구분할 수 있다. 공통적 특성은 사람들에게 공유되는 특성이며 경험적 연구를 가능하게 하는 부분으로 심리측정법 등을 사용하여 법칙 정립적인 연구대상이 되는 특성이다. 예를 들어 공격성은 공통적 특성 수준에서는 표준화된 검사상의 점수로 측정하여 개인 간 비교가 가능하다. 이와 달리, 개인적 특성은 그 개인에게만 있는 특유한 성향으로 개별 기술적 접근의 대상이 되는 특성이다. 예를 들어, 특정한 대상과 환경에서만 나타나는 독특한 공격성은 개별 기술 수준에서만 파악 가능하며, 다른 사람과의 양적 비교는 불가능하다.

Allport는 행동에 영향을 미치는 정도에 따라 개인적 특성을 세 가지 요소로 구분하였다. 첫째는 기본 특성(cardinal trait)이다. 이 특성은 지배적 동기 혹은 정열이라고 부를 수 있을 정도로 개인의 삶 구석구석에 영향을 미친다. 예를 들면 항상 재산 모으는 것에만 관심이 있다든지, 권력을 잡는 데만 관심이 있다든지 하는 식으로 그 개인의 삶의 모든 것을 포괄하는 한 동기의 포로가 된다는 것이다. 그러나 이러한 극단적 열정의 지배만을 받는 사람은 소수이다. 둘째는 중심 특성(central trait)이다. 이 특성은 비교적 적은 개수이면서, 합해져서 우리 행동의 대부분에 영향을 미친다. 어떤 사람을 남에게 설명할 때 쓰이는 특성들이며 신뢰할 만하다, 시간을 잘 지킨다, 솔선수범한다, 신용할 수 있다 등이 예가 될 것이다. 이 특성은 비교적 보편적이며 보통 다른 사람에게 명백히 알려지며, 통상적인 성격요인이다. 공식적인 이력서나 추천서에 사용할 법한 성격 용어들이 중심 특성에 포함될 수 있다. 셋째는 이차적 특성(secondary trait)이다. 이 특성은 행동에 영향력을 미치기는 하지만 덜 일관적이고 세부적인 것이다. 예를 들면 어떤 종류의 옷을 좋아하는 것, 어떤 유형의 영화를 좋아하는 것 등으로 그 사람을 잘 알아야만 파악될 수 있는 것으로, 통상 태도 요인으로 보기 쉬운 것들이다.

8.2.4.2 Cattell의 특성론

Raymond Bernard Cattell

Cattell(1905~1998)은 영국에서 태어나 런던대학에서 공부하였으며 대학원 재학 중 요인분석(factor analysis) 방법을 개발한 Spearman(1863~1945)과 함께 연구하였다. 이 시기에 배운 요인분석법이 차후에 성격연구의 기본이 되었고, 이는 성격연구에 새로운 한 분야로서 성격연구뿐 아니라 심리학의 여러 연구에도 활용되었다. 앞서 Allport는 개별사례 접근을 통해 개인적 특성을 기술하는 것에 관심을 두었다면, Cattell은 요인분석과 실증적 방법을 활용하여 성격의 주요한 차원들, 즉 보편적 특성을 발견하는 것에 관심을 두었다(Cattell, 1966).

Cattell은 성격의 형식적 정의를 내리지는 않았으나, 그가 확인한 여러 종류의 특성을 기술한 내용에서 개념화가 가능하다. 그는 특성을 성격을 형성하는 요소로서 행동으로부터 추론되며, 그 개인에게 여러 상황에서 일관성 있게 행동하게 하고 행동 예견을 가능하게 하는 것으로 보았다.

Cattell은 특성들을 표면특성(surface trait)과 근원특성(source trait)으로 분류하였다. 표면특성(surface trait)은 Allport와 Odbert(1936)가 성격을 기술하는 단어 4,500개를 사전(辭典)에서 발췌한 것을, Cattell이 최종 35개의 군으로 축약한 것이다. 표면특성은 외현적으로 나타나는 행동적 반응으로서, 다른 사람들도 관찰이 가능하다. 이 특성들은 어떤 상위 범주의 개념으로 범주화할 수 있으며, 이와 관련된 일련의 행동들로 나타난다. 예를 들어 거리에서 인사하고, 미소 짓고, 인사에 답하는 행동 패턴은 친절성이라는 상위 특성으로 표현될 수 있다.

근원특성(source trait)은 질문지, 성격검사, 실생활에서의 관찰 및 개인의 기록물 등을 바탕으로 개인의 자료를 수집, 요인 분석하여 발견한 것이다. 근원특성은 16개이며, 성격의 핵심을 구성하고 있는 기본적인 저변 구조물로서 행동을 유발하고 일관성을 부여하는 역할을 한다(Cattell, 1986). Cattell은 모든 사람이 근원특성을 소유하고 있으나 그 정도는 각기 다르다고 보았다. 예를 들면 지배성은 누구에게나 있으나 그 정도는 각기 다르다는 것이다. 이러한 근원특성의 차이가 사람들의 성격 특징을 결정짓는다. 또한, Cattell은 16개의 근원특성들의 상대적 강도를 측정하기 위한 성격검사(16 personality factors)를 개발하였으며, 검사에서 측정된 각 요인별 점수를 바탕으로 성격 프로파일을 작성하여 개인의 성격을 해석할 수 있도록 하였다.

8.2.4.3 5요인 모델

Allport와 Cattell 이후로 성격의 요인을 밝히려는 연구는 지속적으로 이루어졌다. 그러나 그 결과는 일관적이지 않았으며, 특히 Cattell에 의해 제시된 성격 모델의 특성 차원이 너무 많다는 비판을 받기도 했다. 이러한 분위기에서 Fiske(1949)는 Cattell이 제시한 성격유형들을 요인 분석하여 성격 차원의 수를 대폭 줄인 5요인 모델(Big 5 모델)을 제시하였다. 이후 5요인 모델에 관한 후속 연구들이 꾸준히 이루어지게 되고(McCrae & Costa, 1997), 연구자들 간에 요인 내용이나 명칭에는 다소의 논란이 있었지만 5개 요인이 일반적으로 성격의 유형을 제시하는 데 적합하다는 의견이 모아졌다(Rammstetd et al., 2010). 다음에 제시한 요인들의 명칭과 내용은 홍숙기(2009)가 정리한 내용을 재구성한 것이다.

① 신경성(neuroticism)

이 요인은 정서적 적응과 불안정성의 만성적 수준을 말한다. 부적 정서성 또는 정서적 안정성이라는 표현이 적당하다는 주장도 있으며, 불안, 분노하는 적대감, 우울, 자의식, 충동성, 취약성 등을 측정하는 척도들로 구성된다. 이 요인의 수치가 높으면 스트레스를 잘 받고 걱정을 많이 하지만, 수치가 낮으면 감정적으로 안정되어 있다.

② 외향성(extraversion)

대인적 상호작용의 선호, 활동수준, 자극 욕구, 기쁨 표현능력 등을 말한다. 이 척도의 수치가 높은 사람들은 사교적, 활동적, 말이 많고, 사람 지향적, 낙관적, 재미를 추구하고, 다정한 경향이 있다. 반면, 수치가 낮은 사람들은 타인들과 잘 어울리지 않고, 독립적이며, 조용한 경향이 강하다.

③ 개방성(openness to experience)

지성(intellect) 등 여러 이름으로 불리기도 하는 요인으로, 새로운 체험 자체를 능동적으로 찾고 즐기는 것을 말한다. 이 요인의 수치가 높은 사람들은 호기심과 상상력이 많고, 새로운 습관과 비관습적 가치들에 수용적이며, 다양한 정서들을 생생하게 받아들인다. 또한, 진보적인 정치성향을 보일 수 있으며 소수자나 인종에 대한 편견이 적다. 그러나 수치가 낮은 사람들은 실용적이고 보수적인 모습을 보이며, 새로운 것을 시도하는 데 회피적일 수 있다.

④ 친화성(agreeableness)

우호성, 친절·적대성, 호의성이라는 명칭으로도 불리는 요인으로, 자비에서 적대에 이르는 연속선 차원의 요인이다. 이 요인의 수치가 높은 사람들은 부드럽고, 착하고, 신뢰할 만하고, 잘 돕고, 용서하고 이타적인 경향이 많으며, 남을 도우려는 것 때문에 감정이입을 잘하고 타인도 그럴 것이라고 믿는 경향이 강하다. 수치가 낮은 사람들은 타인에 대한 공감이 낮으며 공격적이고 사회적 상황에서 타인과 갈등을 유발할 가능성이 높다.

⑤ 성실성(conscientiousness)

조직력, 지구력, 통제, 목표 지향성 등의 정도를 나타내는 요인으로, 성취 의지(will to achieve)라고 명명하는 사람들도 있다. 이 요인의 수치가 높으면 조직적이고, 믿을 수 있고, 열심히 일하고, 솔선하고, 시간을 잘 지키고, 빈틈없고, 야심적이고, 지구력이 있는 경향이 있다. 그러나 수치가 낮으면 충동적으로 행동하고 사회 규칙을 잘 지키지 않으며 불안정한 연애 관계를 맺을 수 있다.

다양한 성격을 5개 요인으로 설명하기에는 그 요인 수가 너무 적다고 생각할 수 있다. 그러나 각 요인은 포괄적인 특성을 나타내며, 다양한 세부 성격특성이 그 범주에 포함될 수 있다. 예를 들어, 부지런함, 절제력, 끈기, 인내성, 자기통제력 등과 같은 특성들은 성실성이라는 특성에 포함되어 있다. 5개의 성격특성은 다양한 방식으로 조합되어 개인의 행동에 영향을 미칠 수 있다. 성실성이 높고 신경증이 낮은 사람은 학교에서 우수한 성적을 받으며(Chamorro-Premuzic & Furnham, 2003), 외향성과 친화성이 높으면 자원봉사와 같은 이타적인 행동을 보일 가능성이 높다(Carlo et al., 2005). 한편, 사회적으로 문제가 되는 사이코패스적인 성격을 가진 사람들은 친화성과 성실성이 낮을 가능성이 높다(Vernon et al., 2008).

성격 5요인 모델은 최초에 영어 단어 중 특성을 나타내는 어휘를 연구하여 타당화된 모델이라면, 서양뿐 아니라 동양 언어권에서 특성을 나타내는 어휘를 연구하여 공통적인 성격 요인을 검증한 모델은 HEXACO 모델이다. 이 모델은 정직-겸손성(Honestly-humility), 정서성(Emotionality), 외향성(eXtraversion), 친화성(Agreeableness), 성실성(Conscientiousness), 개방성(Openness to experience)의 6개 요인을 포함한다. 정직-겸손성 요인을 제외한 5개 요인은 Big 5모델의 성격 5요인과 유사하다. 이기범과 마이클 애쉬튼(2021)에 따르면 정직-겸손성이 높은 사람은 공정하고 준법적이며 타인을 조정하지 않고 자만하지 않는다. 반면, 정직-겸손성이 낮은 사람은 개인의 이익을 위해 법과 규정을 무시하고, 특권의식을 가지고 있으며, 대인관계가 착취적이고 자기 자랑을 많이 하는 경향을 보인다. Big 5모델과 마찬가지로 HEXACO 모델도 6개 성격 요인의 다양한 조합이 개인의 행동에 영향을 미친다고 보았으며, 기존 Big5 모델과 다르게 한국어, 헝가리어, 폴란드어 등 다양한 언어권에서 정직-겸손성이라는 요인을 과학적 방법을 사용하여 추가로 밝혔다는 점에서 의의가 있다.

8.2.4.4 평가

성격에 대한 특성적 이론의 기여는 개인차를 측정하고 성격에 관한 가설을 검증할 수 있도록 개념을 정립하고 수단을 제공했다는 점이다. 즉 객관적이고 과학적인 방법을 이용하여 성격 특성을 측정함으로써 양적인 연구를 가능하게 하였고, 성격을 측정하기 위한 다양한 질문지형 검사의 개발을 촉진시켰다.

반면에 특성론의 문제점은 연구에 사용된 자료의 구성과 평가방법에 따라 성격 특성을 나타내는 요인의 수가 다르다는 점이다. 최근에 5요인 모델(Big 5)과 6요인 모델(HEXACO)이 제시되어 많은 경험적 연구가 진행되어 왔으나, 연구에 따라 특성 요인이 5~6개에서 그 이상으로 다양하게 제시되고 있어(예, 7개 요인, Benet-Martinez & Waller, 2002), 기본특성에 대한 개념이나 숫자에 대한 명확한 합의점은 아직 없다.

8.3 군사적 활용

8.3.1 성격유형과 리더십

성격과 리더십의 관련성을 검증한 연구들이 수행되어 왔다. 먼저, 미군 장교들의 경우, 효과적인 리더는 비효과적인 리더에 비해 신경증이 유의하게 낮았으며, 외향성, 개방성, 친화성, 성실성은 유의하게 더 높은 점수를 나타냈다(Johnson & Hill, 2009). 호주 장교들을 대상으로 Big 5 성격요인이 승진에 미치는 독립적인 영향력을 검증한 McCormack과 Mellor(2002)에 따르면 외향성은 중간 이상이 바람직하나 지나치게 높으면 오히려 승진에 부정적인 영향을 미쳤으며, 높은 개방성과 성실성은 승진에 긍정적인 영향을 나타냈다. 미 육군사관학교 생도의 경우에는 높은 친화성과 성실성이 리더십의 효과성과 유의한 관련성이 있었다(Bartone, Snook, & Tremble, 2002). 이처럼 연구 대상에 따라 리더십의 효과성과 유의한 관련성을 나타내는 성격유형은 다르게 나타났는데, 다수의 연구를 메타분석을 실시한 Judge 등(2002)에 따르면 일반적으로 신경증이 낮고, 성실성과 외향성이 높을수록 리더십의 효과성은 증가한다. 한편, Chan과 Drasgow(2001)는 특정한 성격 요인과 리더십 효과성의 직접적인 관련성보다는, 매개 요인의 중요성을 강조했다. 예를 들어, 성실성이 리더십 효과성을 높이는 중요한 성격 요인이기는 하지만, 만약 리더가 조직을 이끌고자 하는 동기가 없으면 성실성은 리더십 효과성에 영향력을 미치지 못할 것이라고 주장하였다.

8.3.2 성격유형과 군사훈련

'성격유형이 군사훈련에 영향을 미치는가?', 또는 '군사훈련은 성격을 변화시키는가?'도 흥미로운 연구주제이다. Jackson 등(2012)에 따르면, 친화성과 신경증, 개방성이 낮은 고등학생일수록 졸업 후 군에 입대할 가능성이 높았다. 한편, 군에 입대한 신병과 사회복무 대체로 근무한 집단을 비교한 결과, 신병 훈련 이후 병사들은 사회복무 대체 인원들보다 더 낮은 친화성을 보였는데, 이러한 낮은 친화성은 훈련 이후 5년이 경과하면서 계속 유지되었으나, 사회복무 대체 인원들의 친화성은 5년 동안 지속적으로 증가하였다. 비행 훈련에 영향을 미치는 성격 요인을 연구한 메타분석에서는 신경증은 부적인 관련성을 외향성은 정적인 관련성을 나타냈으며(Campbell et al., 2009), 군사학교 생도들을 대상으로 한 연구에서는 군사훈련이 자신감, 지배성, 외향성은 증가시키고, 신경증적 경향성은 감소시킴을 밝혔다(Maleki et al., 2012). 이러한 결과들은 성격 요인이 군사훈련 참여 의지나 효과성에 영향을 미치기도 하지만, 군사훈련을 통해 개인의 성격이 영향을 받을 수 있음을 보여준다.

참고문헌

이기범, 마이클 애쉬튼 (2021). **H팩터의 심리학**. 서울: 문예출판사.

홍숙기. (2009). **성격심리(수정2판)**. 서울: 박영사.

Allport, G. W. (1937). Personality: A psyghological interpretation. New York: Henry Holt.

Allport, G. W. (1961). Pattern and growth in personality. New York: Holt, Rinehart & Winston.

Allport, G. W. & Odbert, H. S. (1936). Trait−names: A psycholexical study, *Psychological Monographs, 47*(211).

Bandura, A. & Walters, R. H. (1963). Social learning and personality development. New York: Holt, Rinehart & Winstone.

Bartone, P. T., Snook, S. A., & Tremble, T. R. (2002). Cognitive and personality predictors of leader performance in West Point cadets. *Military Psychology, 14*, 321−338.

Benet-Martínez, V., & Waller, N. G. (2002). From adorable to worthless: Implicit and self-report structure of highly evaluative personality descriptors. *European Journal of Personality, 16*, 1−41.

Bergman, C. S., Plomin, R., McClearn, G. E., & Pedersen, N. L. (1988). Genotype−environment interaction in personality development: Identical twins reared apart. *Psychology and Aging, 3*, 399−406.

Bleidorn, W., Kandler, C., Hülsheger, U. R., Riemann, R., Angleitner, A., & Spinath, F. M. (2010). Nature and nurture of the interplay between personality traits and major life goals. *Journal of Personality and Social Psychology, 99*(2), 366−379.

Campbell, J. S., Castaneda, M., & Pulos, S. (2009). Meta−analysis of personality assessments as predictors of military aviation training success. *The International Journal of Aviation Psychology, 20*, 92−109.

Carlo, G., Okun, M. A., Knight, G. P., & de Guzman, M. R. T. (2005). The interplay of traits and motives on volunteering: Agreeableness, extraversion and prosocial value motivation. *Personality and Individual Differences, 38*, 1293−1305.

Casement, A (2007). **칼 융**(박현순, 이창인, 역). 서울: 학지사.

Cattell, R. B. (1966). The scientific analysis of personality. Chicago: Aldine.

Cattell, R. B. (1986). The handbook for the 16 personality factor questionnaire. Champaign, IL: Institute for Personality and Ability Testing.

Chamorro−Premuzic, T., & Furnham, A. (2003). Personality predicts academic performance: Evidence from two longitudinal university samples. *Journal of Research in Personality*, *37*, 319−338.

Chan, K. Y., & Drasgow, F. (2001). Toward a theory of individual differences and leadership: Understanding the motivation to lead. *Journal of Applied Psychology*, *86*, 481-498.

Fiske, D. W. (1949). Consistency of the factorial structures of personality ratings from different sources. *Journal of Abnormal and Social Psychology*, *44*, 329−344.

Freud, S. (1964). New introductory lectures on psychoanalysis (J. Strachey, Ed. and Trans.). New York: Norton.

Gerrig, R., & Zimbardo, P. G. (2010). Psychology and life (19th ed.). Boston, MA: Allyn & Bacon.

Jackson, J. J., Thoemmes, F., Jonkmann, K., Lüdtke, O., & Trautwein, U. (2012). Military training and personality trait development: Does the military make the man, or does the man make the military?. *Psychological Science*, *23*, 270−277.

Johnson, J. L., & Hill, W. R. (2009). Personality Traits and Military Leadership. *Individual Differences Research*, *7*, 1−13.

Judge, T. A., Bono, J. E., Ilies, R., & Gerhardt, M. W. (2002). Personality and leadership: A qualitative and quantitative review. *Journal of Applied Psychology*, *87*, 765-780.

Larsen, R. J., & Buss, D. M. (2018). **성격심리학** (김근향, 조선미, 권호인 역). 서울: 시그마프레스.

Maleki, B., Sanei, S., Borhani, H., & Ghavami, A. (2012). Effect of military training on personality traits of military students. *Iranian Journal of Military Medicine*, *13*, 195−200.

Maslow, A. H. (1970). Motivation and personality (2nd Ed.). New York: Harper and Row.

McCormack, L., & Mellor, D. (2002). The role of personality in leadership: An application of the five−factor model in the Australian military. *Military Psychology*, *14*, 179−197.

McCrae, R. R., & Costa, P. T. (1997). Personality trait structure as a human universal. *American Psychologist*, *52*, 509−516.

Mischel, W., Shoda, Y., & Ayduk, O. (2008). Introduction to Personality. (Eighth Edition). John Wiley & Sons, Inc.

Rammstedt, B., Goldberg, L. R., & Borg, I. (2010). The measurement equivalence of Big－Five factor markers for persons with different levels of education. *Journal of Research in Personality*, *44*, 53－61.

Roberts, B. W., Walton, K. E., & Viechtbauer, W. (2006). Patterns of mean－level change in personality traits across the life course: A meta－analysis of longitudinal studies. *Psychological Bulletin*, *132*, 1－25.

Rogers, C. R. (1963). The actualizing tendency in relation to motives and to consciousness. In M. Jones (Ed.), Nebraska Symposium on Motivation. Lincoln, Neb: University of Nebraska Press.

Rogers, C. R. (1970). On becoming a person: A therapist's view of psychotherapy. Boston: Houghton Mifflin.

Skinner, B. F. (1953). Science and human behavior. New York: Free Press.

Stein, M. (2015). **융의 영혼의 지도** (김창한, 역). 서울: 문예 출판사.

Vernon, P. A., Villani, V. C., Vickers, L. C., & Harris, J. A. (2008). A behavioral genetic investigation of the Dark Triad and the Big 5. *Personality and Individual Differences*, *44*, 445－452.

P S Y C H O L O G Y

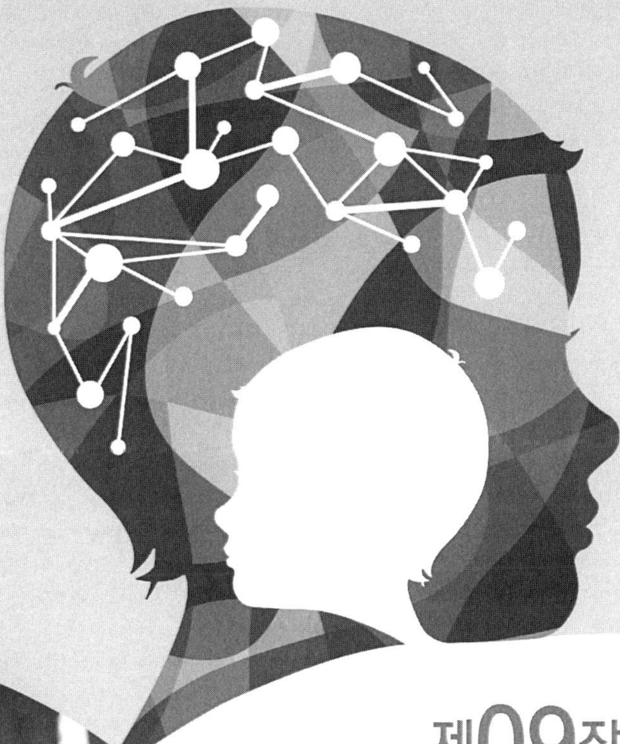

제09장

사회적 행동

P S Y C H O L O G Y

09 사회적 행동

인간은 사회적 동물이다. 가정에서는 부모와 형제, 학교에서는 선생님과 친구, 회사에서는 상사와 동료, 그리고 군에서는 상급자와 하급자 등 우리는 여러 사회적 장면에서 타인과 끊임없이 상호작용을 하며 살아간다. 사회심리학은 인간이 다양한 사회장면에서 타인을 지각하고, 관계를 맺고, 상호 영향을 주고받는 과정에서 나타나는 인간의 행동과 심리과정을 연구하는 심리학의 세부 분야이다. 사회심리학은 이론심리학으로 분류되며, 산업/조직심리학, 임상심리학, 상담심리학 등 다양한 응용 심리학 분야에 기초지식을 제공한다. 본 장에서는 사회심리학에서 주요하게 다루는 개념과 원리를 살펴봄으로써 사회심리학에 대한 기본지식의 함양을 도모하고자 한다.

9.1 사회심리학의 정의

사회심리학(social psychology)이란 집단 속에서 살아가는 사람들의 생각, 감정, 그리고 행동이 타인에 의해 어떻게 영향을 받는가를 연구하는 과학이다(Allport, 1985). 특히, 개인이 다른 개인(혹은 집단)에 의해 어떠한 심리적 과정을 거쳐 인식되며, 이에 따르는 효과가 무엇인가와 관련한 주제는 사회심리학자들의 주요 관심사라 할 수 있다. 사회심리학은 광범위한 주제를 다루고 있으나, 본 장에서는 크게 어떻게 타인에 대해 지각하는가를 다루는 '사회지각', 타인에게 어떻게 행동하는가를 다루는 '사회관계', 타인과 어떻게 영향을 주고받는가를 다루는 '사회영향', 그리고 본인과 여러 타인으로 구성된 '집단'과 집단 내에서 일어나는 의사결정 과정 및 수행에 대해 알아보고자 한다.

9.2 사회지각

누군가를 처음 만나는 상황을 상상해 보자. 예를 들어, 학교장면에서 처음으로 선생님과 친구들을 만나거나 군장면에서 상급자와 동료들을 접하게 되는 상황이 있을 것이다. 이러한 상황에서 우리는 어떻게 타인을 지각하게 될까? 사람들은 타인의 외모, 목소리 등과 같은 비언어적 요인과 언행 등을 통해 타인이 어떠한 사람인가를 파악하게 되는데, 이러한 과정을 통틀어 사회지각(social perception)이라 한다. 다시 말해, 사회지각이란 본인을 포함하여 어떠한 대상에 관한 정보를 기억하고 해석하고 처리하는 과정을 의미한다. 사회지각 연구 분야에서 다루어지는 문제는 다양하지만, 본 장에서는 타인에 대한 인상을 어떻게 형성하는가에 관한 인상형성(impression formation) 과정, 타인이 보이는 언행의 이유를 추론하는 귀인(attribution) 과정, 그리고 이러한 과정을 통해 결과적으로 형성되는 타인에 대한 태도(attitude)에 관해 다룬다.

9.2.1 인상형성

9.2.1.1 인상형성의 근본적 차원: 따뜻함과 유능함

원시시대에 수렵생활을 하며 살아가던 사람들을 상상해 보자. A부족의 사람들이 사냥을 하던 도중, 한 번도 마주친 적 없는 B부족의 사람들을 마주치게 된다. 이 상황에서 각 부족의 사람들은 즉각적으로 어떤 생각을 했을까? 구체적으로, 타 부족으로부터 어떠한 정보를 자연스럽게 판단하려 했을까? 연구자들에 따르면, 타인의 행동에 대한 대비를 위해서는 2가지 차원의 정보를 획득하려고 했을 것으로 추론된다. 첫째는 타 부족 사람들이 우리 부족에게 어떠한 의도를 가지고 있는가에 관한 것이고, 둘째는 타부족 사람들이 그 의도대로 행동할 수 있는 능력이 있는가에 관한 것이다(Fiske, Cuddy, & Glick, 2007). 즉, 사람들은 타부족 사람들이 우리를 해하려는 의도가 있을까(적), 아니면 우리와 화합하려는 의도가 있는지(친구)에 대해 판단했어야 하며, 만약 적이라고 판단했다면 그들이 우리에게 해를 가할 수 있는 능력이 있는지를 판단해야 했다는 것이다. 연구자들은 전자에 관한 차원을 따뜻함(warmth)의 차원으로 명명하고, 후자에 관한 차원을 유능함(competence)의 차원으로 명명한다(Judd, James-Hawkins, Yzerbyt, & Kashima, 2005).

따뜻함의 차원은 타인으로부터 지각된 우호적인(friendly), 도움을 주는(helpful), 진실된(sincere), 도덕적인(moral) 등의 특질을 포함하며, 타인의 의도를 평가할 수 있게 해준다. 반면, 유능함의 차원은 지적인(intelligent), 숙련된(skillful), 창의적인(creative) 등의 지각된 특성을 나타내며, 타인의 능력을 지각하는 것에 도움을 주는 차원이다. 이러한 인상형성의 차원을 처음으로 제시한 연구자는 Asch(1946)이다. 그는 한 집단의 연구대상자들에게는 가상인물의 특성을 묘사하는 여러 형용사(예를 들어, 그는 '부지런하다', '단호하다', '지적이다', '온화하다' 등)를 제시하고 그 인물에 대한 인상을 형성하도록 하였다. 다른 집단의 연구대상자들에게는 '온화하다'의 특성 대신에 그 반대 의미를 지닌 '냉정하다'라는 특성을 제시하고 인상형성을 하도록 하였다. 그 결과, 첫 번째 집단의 사람들은 가상인물에 대해 매우 긍정적인 인상형성을 한 반면, 두 번째 집단의 사람들은 다소 부정적인 인상을 형성하는 것으로 나타났다. 흥미롭게도, 다른 상반된 단어들을 대치하였을 때에는(예를 들어, '지능이 높다' vs. '지능이 낮다'), 인상형성이 크게 차이가 나지 않는 것으로 나타났다. 이는 인상형성 과정에서 따뜻함(warmth)-차가움(coldness)의 차원이 중심 특성(central trait) 즉, 인상형성에 큰 영향력을 미치는 특성으로 작동함을 밝힌 것이라 할 수 있다.

Rosenberg와 그의 동료들(1968)은 Asch(1946)의 연구를 기초로 인상형성의 차원을 확장했다. 이들은 연구에서 연구대상자들에게 친구, 친척, 유명 인사 등 인상을 형성할 대상을 자유롭게 떠올리게 하고, 여러 형용사로 구성된 목록을 제시했다. 그리고 목록에 제시된 형용사들 중에서 떠올린 대상과 어울리는 형용사를 선택하여 분류하도록 하였다. 그 결과, 60개의 형용사가 '사회적으로 좋은-나쁜(socially good-bad)'; 따뜻함의 차원과 '지적으로 좋은-나쁜(intellectually good-bad)'; 유능함의 차원으로 분류되는 것으로 밝혀졌다. 예를 들어, 따뜻함의 차원에는 '진실된(sincere)'과 '허영심이 강한(vain)' 등이 극명하게 양극단에 분류되었고, 유능함의 차원에서는 '과학적인(scientific)'과 '어리석은(foolish)' 등이 양극단에 가깝게 분류되었다. 이후, 연구자들에 따라 도덕성(morality) 대 유능함의 차원(Wojciszke, Bazinska, & Jaworski, 1998), 호감과 연관된 타인-유익성(other-profitability) 대 권력과 연관된 자기-유익성(self-profitability)의 차원(Peeters, 2002), 우호성-적대성(friendliness-hostility)의 차원 대 우세성-복종성(dominance-submissiveness)의 차원(Freedman, Leary, Ossorio, & Goffey, 1951) 등으로 인상형성의 차원이 형성되는 것으로 제시되기도 했다. 이처럼 연구자들마다 용어가 상이하기는 하지만, 따뜻함과 유능함의 차원이 인상형성의 근본적 차원이라는 점에서는 합의를 이루고 있다(Judd 등, 2005).

이러한 인상형성의 2가지 차원은 대상에 대한 정서경험(emotional experience)에도 영향을 미친다. 연구들에 따르면, 대상에게 지각하는 따뜻함의 정도(따뜻한－차가운)와 유능함의 정도(유능한－무능한)는 대상에 대해 존경심(admiration), 혐오심(contempt), 시기심(envy), 그리고 동정심(pity)의 4가지 각기 다른 정서경험을 일으키는 것으로 나타났다(Cuddy, Fiske, & Glick, 2008). 존경심은 준거집단(reference group)이나 내집단(ingroup)처럼 따뜻함과 유능함을 모두 높게 지각하는 대상으로부터 경험하는 정서이고, 혐오심은 낮은 지위와 기식(free－loading)의 특성을 가진, 즉 따뜻함과 유능함을 모두 낮게 지각하는 대상에 대해 경험하는 정서이다. 한편, 노인과 장애인과 같은 따뜻하지만 상대적으로 유능성이 낮게 인식되는 대상에게는 동정심을, 부유하거나 외집단(outgroup)처럼 유능하지만 차가워 보이는 대상에게는 시기심을 느낀다.

9.2.1.2 인상형성의 원리 및 과정

① 평균원리

위에서 언급한 것처럼, 특정 대상에게 지각하는 특성은 매우 다양하다. 따뜻함의 차원에 속하는 여러 특성과 유능함의 차원에 속하는 여러 특성을 동시에 지각할 때, 사람들은 각 차원에 속하는 특성들의 평가치를 평균하여 통합된 인상을 형성하게 되는데, 이러한 인상형성의 원리를 '평균원리(averaging principle)'이라 한다(Anderson, 1965). 예를 들어, 특정 대상에 대해 따뜻함의 차원에 해당하는 '온화한', '진실한'의 특성에 5점 만점 기준, 각각 3점과 5점으로 평가를 했다면, 그 평균값인 4점 정도의 따뜻함의 인상을 형성하게 된다는 것이다. 물론, 개인마다 각 특성에 대해 가중치가 다르고 평가하는 기준이 다른 것은 자명한 사실이다.

② 초두효과

대상으로부터 특정한 특성을 지각하는 과정에서 모든 특성이 동시간대에 지각되지는 않는다. 예를 들어, 동일 대상에 대해 처음에는 '온화하다'라는 인상을 받았는데, 그 이후에는 '똑똑하다'라는 인상을 받을 수 있다. 이처럼 여러 시간에 걸쳐 여러 특성을 동일 대상으로부터 지각할 수 있는데, 이때 가장 먼저 지각한 특성이 전반적인 인상형성에 더 큰 영향을 미치는 효과를 '초두효과(primacy effect)'라고 한다. 연구대상자들에게 가상인물에 대한 기술문 형태로 구성된 여러 특성정보를 제시하고 그 인물에 대한 인상을 형성하도록 한 연구에 따르면, 처음에 제시된 특성에 따라 전반적인 인상형성이 바뀌는 현상이 발견되었다(Luchins, 1957). 이는 처음에 제시된 특성정보가 그 대상에 대한 인상형성 과정에서 일종의 프레임으로 작동하기 때문에, 그 특성정보의 프레임 속에서 이후 제시되는 특성정보들을 평가해서 나타나는 현상이라 할 수 있다. 예를 들어, '기도를 하는 상황에서 음주를 하는 행위'와 '음주를 하는 상황에서 기도를 하는 행위'는 두 행위 모두 '기도'와 '음주'를 동시에 하는 모습임에도 불구하고, 다른 프레임이 형성됨에 따라 행위에 대한 평가가 달라질 수 있다. 초두효과는 왜 사람들의 첫인상(first impression)이 중요한가를 나타내는 효과이기도 하다.

③ 부정적 정보의 중시

모든 사람에게는 긍정적인 특성도 있고, 부정적인 특성도 있기 마련이다. 만약, 동일한 가중치와 동일한 개수의 긍정적 특성과 부정적 특성이 동시에 지각이 되는 상황에서 지각자는 대상에 대해 어떠한 전반적인 인상을 형성하게 될까? 물론 여러 영향요소가 있을 수 있지만, 일반적으로는 부정적인 쪽으로 조금 더 치우쳐진 인상을 형성하게 될 가능성이 높다. 그 이유 중 하나는 사람들의 손실회피(loss aversion; Tversky & Kahneman, 1991) 경향성이다. 이는 사람들이 일반적으로 긍정적인 결과로 얻는 행복보다 부정적인 결과로 얻는 불행이 더 큰 경향이 있고, 따라서 긍정적인 결과를 얻기보다는 부정적인 결과를 피하는 선택을 더 하기 때문이다. 즉, 타인에게 지각되는 부정적인 특성은 자신에게 부정적인 영향을 미칠 가능성이 높기 때문에 타인의 부정적 특성에 더 민감하게 반응하는 것이라 할 수 있다.

④ 고전적 조건화

6장에서 학습한 고전적 조건화는 인상형성의 과정을 잘 설명할 수 있는 이론이다. 예컨대, 코로나19 상황에서 동양인을 대상으로 한 혐오범죄가 서양문화권에서 발생한다는 점은 동양인에 대한 부정적 인상이 형성되는 과정을 잘 보여준다. 코로나19가 최초 발발하는 시점에서 코로나19를 다루는 언론들은 자연스럽게 동양인의 모습 혹은 동양인이라는 단어를 같이 제시했을 가능성이 높다. 즉, 코로나19에 수반되는 부정적인 정서경험과 동양인의 범주가 연합됨으로써 동양인에 대한 부정적 인상이 형성되었을 가능성이 높다. 이렇듯, 자연적으로 일어나는 조건형성은 인상을 형성시키는 주요한 과정이다.

9.2.1.3 인상형성의 단서

그렇다면, 사람들은 어떠한 단서에 기초하여 대상에 대해 따뜻함과 유능함의 정도를 판단하게 되는 것일까? 인상형성의 단서는 여러 가지로 제시될 수 있으나, 크게 직접 대면을 통해 얻을 수 있는 직접적 단서와 제3자에 의한 평가와 같은 간접적 단서로 구분할 수 있다. 직접적 단서로는 대상과 상호작용 하는 과정에서 자연스럽게 드러나는 대상의 외모, 표정, 옷차림, 목소리, 말투, 행동, 걸음걸이 등이 있을 수 있다. 이는 대상을 직접 대면하는 과정에서 얻게 되는 정보이므로 비교적 객관적일 수 있지만, 대상이 의도적으로 본인의 모습을 조작하거나, 지각자(perceiver)가 무의식적으로 편향되게 대상을 지각할 수 있다는 점에서 주관적인 측면도 내재되어 있다. 특히, 이러한 부분은 사회지각이 3장에서 다룬 대물지각(object perception)과 구분되는 측면이기도 하다. 예를 들어, 대물지각의 경우 여러 잣대(저울 혹은 자)를 통해 지각의 정확성 정도를 비교적 객관적으로 판단할 수 있는 반면, 사회지각의 경우 지각의 정확성 정도를 판단하는 것이 쉽지 않다. 인상형성의 왜곡은 이후의 내용에서 더 구체적으로 다룰 것이다.

간접적 단서는 지각자 본인이 아닌 제3자(예를 들어, 친구, 신문기사 등)가 대상에 대해 평가하는 정보 등을 의미한다. 이러한 간접적 단서는 지각자의 편향을 보완해 줄 수 있는 긍정적 측면도 있지만, 지각자와 제3자의 관계, 지각자가 인식하는 제3자와 대상의 관계 등 다소 복잡한 사항들이 반영되기 때문에 오히려 인상형성의 왜곡을 일으키는 요소가 될 수도 있다. 따라서 지각자는 대상에 대한 인상을 형성할 때, 여러 왜곡이 일어날 수 있음을 명심해야 한다.

9.2.1.4 인상형성의 왜곡

앞서 기술한 바와 같이, 대상에 대한 인상형성은 제한된 정보에 기초하여 인상을 형성하는 경우가 많기 때문에 그 내용이 왜곡되거나 편향될 가능성이 높다. 지금부터 인상형성을 왜곡시킬 수 있는 요소에 관해 알아보도록 하자.

① 고정관념

고정관념을 이해하기 위해서는 먼저 사회 범주화(social categorization)에 대한 이해가 선행될 필요가 있다. '개(dog)'는 그 종에 따라 다양한 외형적 특성(예를 들어, 다리 길이, 털 색깔, 몸의 크기 등)을 지니고 있음에도 불구하고, 우리는 동일하게 '개'라고 지각할 수 있는 이유는 우리는 '개'라는 범주(category)에 관한 공통된 개념

(concept; 예를 들어, 적절한 크기, 털, 꼬리, 네 발, 짖는 소리 등)을 가지고 있기 때문이다. 특정 대상을 지각할 때 우리는 대상에 관한 공통된 개념을 바탕으로 그 대상이 어떠한 범주에 속하는가를 순간적으로, 그리고 자동적으로 판단하게 되는데, 이를 사회 범주화라고 한다(Bodenhausen, Kang, & Peery, 2012). 예를 들어, 녹색 견장을 착용한 군복을 입은 남성을 마주치게 되면, 우리는 자동적으로 그 대상을 '군인', '지휘관', '남성' 등의 범주에 속하는 대상으로 지각하게 된다는 것이다. 우리가 이러한 사회 범주화의 과정을 통해 특정 대상을 특정 범주에 속하는 대상으로 지각하게 되면, 이는 대상의 특성을 미리 예측하고 대응할 수 있게 해 주는 기제로 작용한다. 따라서, 사회 범주화는 인간의 적응과정에 매우 유용한 도구로 평가된다(Bodenhausen 등, 2012).

여기서 주목할 점은 사회 범주화가 특정 범주에 관해 우리가 동일하게 가정하고 있는 개념 혹은 관념을 전제하고 있다는 것이다. 예를 들어, '군인'이라는 범주에 속하는 사람들은 '군복 착용', '단정한 머리', '강한 애국심'과 같은 특성을 지니고 있다는 관념이 있을 수 있는데, 이러한 관념을 고정관념(stereotype)이라 한다(Kanahara, 2006). 즉, 우리는 고정관념을 가지고 있기 때문에 처음 보는 대상에 대해서도 쉽게 사회 범주화를 실시하고, 그에 맞는 행동을 대상에게 보이게 된다. 반대로, 우리가 어떠한 대상을 특정 범주에 속하는 대상이라는 것을 알게 되면, 그 대상은 그 범주를 대표하는 특성을 지니고 있을 것으로 자연스럽게 판단한다. 만약 군인은 체력이 좋다는 고정관념을 가지고 있는 지각자가 있다면, 그 지각자는 군복을 입은 군인을 보면 그 군인이 실제로는 체력이 약하더라도 자연스럽게 체력이 좋을 것으로 판단하게 될 것이다. 대상이 속한 범주에 기초하여 그 대상의 특성을 추론하게 하는 고정관념화(stereotyping)라고 한다. 이는 인지적 과정을 효율적으로 만들어주는 매우 적응적인 과정으로 평가된다(Verhaeghen, Aikman, & Van Gulick, 2011). 실제로, 우리는 한국을 여행하는 외국인에게 지리를 묻지 않고(외국인은 한국 지리를 잘 모를 것이라는 고정관념), 유치원생에게 대통령 선거결과에 대한 예측을 묻지 않는다(유치원생은 정치에 대해 잘 모를 것이라는 고정관념).

그러나 이러한 고정관념(화)의 유용성에도 불구하고, 특정 범주에 관한 고정관념의 내용이 다소 부정적일 때는 여러 사회적 문제를 야기할 수 있다. 예를 들어, '유대인은 돈을 밝힌다'라는 고정관념은 지각의 대상이 되는 특정 유대인이 실제로는 그렇지 않은 사람임에도 불구하고 그를 돈을 밝히는 사람일 것으로 판단하게 할 수 있다. 즉, 대상에 대한 인상형성 시에 그 대상이 특정 범주에 속하는 대상이라는 이유만으로 그 대상에 대한 인상이 왜곡될 수 있다는 것이다. 따라서 지각자는 특정 대상에 대한 인상형성 과정에서 본인의 고정관념이 발현될 수 있음을 인식할 필요가 있다.

② 내집단-외집단 편파

본인과 같은 범주 혹은 집단에 속하는 대상을 내집단(ingroup), 다른 범주 혹은 집단에 속하는 대상을 외집단(outgroup)이라 한다. 내집단과 외집단은 명확하게 규정되어 있는 것은 아니며, 상황에 따라 동일한 대상이 내집단으로 지각될 수도 있고, 외집단으로 지각될 수도 있다. 예를 들어, A대학교의 한 남학생과 한 여학생을 떠올려보자. 이들은 캠퍼스 내에서 때로는 남성과 여성의 범주로 구분되어 서로 외집단으로 지각할 수도 있으나, 이들이 캠퍼스 밖에서 B대학교의 학생들을 마주하게 될 때에는 같은 A대학교의 학생이라는 것이 부각되어 같은 내집단으로 지각할 수 있다.

그런데 사람들은 일반적으로 내집단 구성원을 외집단 구성원보다 호의적으로 지각하고, 내집단의 성과를 외집단의 성과보다 더 긍정적으로 평가하는 경향이 있다. 이를 '내집단-외집단 편파(ingroup-outgroup bias)'라 한다(Hamley, Houkamau, Osborne, Barlow, & Sibley, 2020). 예를 들어, 내집단이 경기에 승리하면 이는 공정한 경기 과정에 의한 결과라 평가하지만, 내집단이 경기에 패하면 외집단인 상대 팀의 구성원들이 비신사적으로 경기에 임했기 때문이라고 주장한다(Lalonde, 1992). 이는 올림픽이나 월드컵과 같은 전세계적인 스포츠 경기에서도 자주 발생하는 현상이다.

이러한 인지적 편파는 내집단 구성원들의 자긍심과 안녕감을 고취시키기 위한 심리적 기제로써, 내집단과 외집단의 구분이 사회적으로 별다른 의미를 지니고 있지 못할 때에도 나타난다. 한 연구에 따르면, 연구대상자들에게 화면에 제시된 점이 몇 개인지를 추정하게 한 후, 추정값을 기준으로 2개의 집단으로 구분하거나, 2개의 미술작품 중 어떠한 작품을 더 선호하는가에 따른 방식으로 2개 집단으로 구분하더라도, 시간이 지남에 따라 집단 간 편파가 나타난다(Tajfel, 1970; Tajfel, Flament, Billig, & Bundy, 1971). 따라서 동일한 대상이라 할지라도 외집단으로 분류되느냐 내집단으로 분류되느냐에 따라 전혀 다른 인상을 형성할 수 있다.

③ 암묵적 성격이론(대상의 외모)

'외모로 사람을 평가하지 말라'라는 격언에도 불구하고, 사람들은 대상의 외모(facial appearance)를 대상의 특성을 나타내는 중요한 창구로 인식하는 경향이 있으며(Todorov, Olivia, Dotsch, & Mende-Siedlecki, 2015), 특정한 외모를 가진 대상에 대해 사람들은 서로 비슷한 인상형성을 하는 것으로 나타난다. 한 연구에 따르면, 연구대상자들에게 프랑스 의회 선거에 출마한 후보자들의 사진만을 제시하고 해당 후보자의 유능함의 정도를 평가하게 하였는데, 5세에서 13세 사이의 어린이들의 평가값과 성인들의 평가값이 통계적으로 차이가 나지 않는 것으로 나타났다(Antonakis & Dalgas, 2009). 이러한 외모에 기반을 둔 인상형성 경향성은 사람들의 실제 투표행위와도 밀접한 관계가 있는 것으로 보고된 바도 있는데 즉, 외모적으로 유능해 보이는 후보자들이 실제로 더 많은 표를 받은 것으로 나타났다(Todorov, Mandisodza, Goren, & Hall, 2005). 외모를 통해 대상에 대한 인상을 형성하는 것은 0.033초만에 일어나며, 이렇게 짧은 시간에 형성된 인상은 시간이 지나도 잘 바뀌지 않는 것으로 밝혀졌다(Todorov, Pakrashi, & Oosterhof, 2009). 이는 인상형성 과정에서 대상의 외모를 통한 인지적 편향이 발생할 가능성이 높다는 것을 의미한다.

이러한 외모의 효과는 암묵적 성격이론(implicit personality theory)의 발현으로 볼 수 있다. 사람들은 문화에 따라 조금씩 다른 사람의 특성평가에 대한 이론을 가지고 있다. 예를 들어, 매력적인 외모를 가진 사람은 성격이 좋지 않다거나, 머리가 똑똑한 사람은 이기적이라는 형태의 암묵적으로 공고히 형성되어 있는 신념이 있을 수 있는데, 이를 암묵적 성격이론이라 한다. 따라서 지각자는 대상에 대한 인상형성 시에 개인이 가지고 있는 암묵적 성격이론에는 어떠한 것이 있는지를 확인하고, 그 이론이 정확하고 타당한지 여부를 확인해 볼 필요가 있다.

9.2.2 귀인

9.2.2.1 귀인의 의미

사람들은 타인이 어떠한 말을 하거나 특정한 행동을 할 때, 그 사람이 그러한 언행을 보이는 이유를 알고자 한다. 예를 들어, 친구가 크게 웃고 있거나 혹은 울고 있다면, 사람들은 자연스럽게 그 이유를 알고 싶어 한다. 즉, 그 친구에게 어떤 좋은 일이 생겼나? 혹은 좋지 않은 일이 생겼나? 등 그 행동의 원인을 생각해 보게 된다. 이처럼 대상이 특정한 언행을 한 원인을 추론하는 과정을 귀인(attribution)이라 한다(Kelly, 1967).

9.2.2.2 귀인의 종류

만약, 한 친구가 수업시간에 지각을 한 상황을 상상해 보자. 지각한 친구를 보며, 우리는 왜 그 친구가 지각을 했을지에 관한 여러 원인을 추론해 볼 수 있다. 어떤 사람은 그 친구가 원래 게으르고 시간엄수의 원칙을 잘 따르지 않기 때문에 지각한 것이라 생각할 수 있다. 또 다른 사람은 그 친구가 등교하는 과정에서 예상치 못한 사건(예를 들어, 자동차 사고 등)을 겪었기 때문에 늦었다고 추론할 수도 있다. 전자의 경우처럼, 행동의 원인을 개인의 성격이나 동기, 태도와 같은 대상의 성향에 귀인하는 것을 성향귀인(dispositional attribution) 혹은 내부귀인(internal attribution)이라 한다. 반면, 후자의 경우처럼, 행동의 원인을 개인의 성향과 관련 없는 특정한 일시적 상황에 원인을 두는 것을 상황귀인(situational attribution) 혹은 외부귀인(external attribution)이라 한다.

9.2.2.3 귀인오류

위에서 제시한 예시와 같은 상황에서 성향귀인 혹은 상황귀인 중 무엇이 더 정확할까? 이는 상황의 종류나 그 상황에서 행동하는 대상이 누구인가에 따라 다를 것이다. 또한, 지각자가 귀인을 하는 과정에서 여러 오류를 범할 수 있다. 그 오류들 중 대표적인 3가지 오류, 기본귀인오류, 행위자－관찰자 편파, 그리고 자기고양 편파에 대해 알아보자.

① 기본귀인오류

사람들은 타인의 행동에 대해 일반적으로 상황귀인보다는 성향귀인을 하는 경향이 강하다. 즉, 타인이 특정한 행동을 하는 이유는 그 사람이 현재 처한 특정한 상황보다는 그 사람이 그러한 행동을 하는 성향을 가진 사람이기 때문이라고 판단한다는 것이다. 이렇듯, 상황귀인보다는 성향귀인을 하는 경향을 기본귀인오류(fundamental attribution error)라 부른다(Ross, 1977). 예를 들어, 누군가 수업에 지각을 한 위와 같은 상황에서, 상황적 원인은 고려하지 않고 사람들은 쉽게 수업시간을 지키지 않는 게으른 사람이라고 판단하게 될 가능성이 높다는 것이다.

② 행위자-관찰자 편파

기본귀인오류는 기본적으로 타인의 행동은 물론 본인의 행동 모두에 적용되는 것으로 알려져 있다. 그러나 이러한 오류는 개인의 행동에 대해 귀인하는 과정인지, 혹은 타인의 행동에 대해 귀인하는 과정인지에 따라 다소 차이가 나타난다. 즉, 기본귀인오류는 본인의 행동에 대해 귀인하는 과정에서 덜 나타나는 경향이 있고, 오히려 상황귀인을 하는 경향이 나타난다. 다시 말해, 타인의 행동에 대해서는 성향귀인을 하는 경향이 강하며, 자신의 행동에 대해서는 상황귀인을 하는 경향이 강한 것을 '행위자-관찰자 편파(actor-observer bias)'라 부른다(Choi & Nisbett, 1998). 예를 들어, 본인이 수업에 지각한 경우에는 '차가 막혀서', '갑자기 급하게 해야 할 일이 생겨서' 등과 같은 이유로 본인의 행동에 대해 상황귀인을 할 수 있지만, 타인이 수업에 지각한 경우에는 쉽게 성향귀인을 하는 것이다.

이러한 편향이 나타나는 이유 중 하나는 타인의 행동에 대해 상황귀인을 하기 위해서는 타인이 어떠한 상황에 처해 있는지, 어떠한 일시적인 상황을 경험했는지 등에 대한 정보를 알아야 하는데, 사람들이 이를 알기가 쉽지 않거나 알려 하지 않는 특성이 있기 때문이다. 이러한 특성을 인지적 구두쇠(cognitive miser)라고 한다.

③ 자기고양 편파

사람들은 자신에게 일어난 좋은 일이나 성공에 대해서는 자신의 능력이나 노력 등의 내적 요인에 귀인하는 성향귀인을 하는 반면, 자신에게 일어난 실패 혹은 나쁜 일에 대해서는 운이나 상황적 어려움 등의 외적 요인에 귀인하는 상황귀인을 하는 경향이 있다. 이러한 경향성을 '자기고양 편파(self-serving bias)'라 한다. 이는 본인의 자존감을 유지하거나 고양시키려는 과정에서 나타나는 현상으로, 일상생활에서 자주 발견되는 편파라 할 수 있다.

9.2.3 태도

사람들은 타인에 대한 지속적인 인상형성 과정과 귀인과정을 통해 결과적으로 타인에 대해 호감(liking) 혹은 비호감(disliking)을 가지게 된다. 타인과의 상호작용 과정에서 파악하게 된 타인의 성격적 특성이나 행동적 특성은 시간이 지남에 따라 공고화됨에 따라 일종의 고정관념으로 형성되고, 이에 따라 비교적 일정하게 그 대상에 대해 호의 또는 비호의적으로 반응하게 된다. 이와 같이 특정 대상에 대해 호의적 혹은 비호의적으로 반응하게 만드는 체제화된 성향을 태도(attitude)라고 한다. 본 절에서는 태도의 구성, 태도를 강화시키는 과정인 확증적 지각, 그 결과로 나타나는 호감/비호감의 태도형성에 영향을 미치는 심리적 원리, 그리고 태도를 변화시키는 방안에 대해 논의한다.

9.2.3.1 태도의 구성요소

연구자들마다 조금씩 다른 의견이 있지만, 일반적으로 태도는 크게 3가지 구성요소로 이루어진 것으로 이해된다. 첫 번째 구성요소는 대상에 관한 사실 혹은 지식에 해당하는 '인지'적 측면인 신념(belief)이다. 두 번째 요소는 대상에 대해 호오의 감정을 느끼는 '정서'적 측면의 평가(evaluation)이다. 마지막으로 세 번째 요소는 대상을 향해 어떻게 '행동'하는가의 측면의 행동(behavior)이다. 예를 들어, A대학교의 학생들에 대한 태도를 3가지 요소에 맞게 정리해볼 수 있다. A학교의 학생들은 '지적으로 우수하다', '주어진 일을 책임감 있게 실시한다' 등의 신념을 가지고 있을 수 있다. 만약, 지각자가 지적능력과 책임감의 특성을 긍정적으로 인식하는 사람이라면, A학교의 학생들에 대해 긍정적 정서를 경험할 것이다. 그리고 A학교의 학생들을 대할 때, 친절하고 호의적인 언행을 보일 가능성이 높다.

9.2.3.2 확증적 지각

확증적 지각(perceptual confirmation)이란 특정 대상에 대한 태도가 공고화되는 과정에서, 그에 대해 형성되고 있는 고정관념에 부합하도록 대상을 지각하는 경향을 의미한다(Hamilton & Sherman, 1994). '백인보다 흑인의 농구 실력이 우수하다'라는 고정관념이 확증적 지각을 통해 농구선수에 대한 인식에 영향을 미칠 수 있는가를 확인한 연구를 살펴보자. 연구자들은 연구대상자들에게 한 대학 농구 경기의 실황을 들려주었다. 연구대상자들은 소리를 들으며, 경기 속에 등장하는 한 특정 선수의 경기력을 평가하도록 지시받았는데, 한 조건의 연구대상자들에게는 그 선수가 흑인이라고 알려준 반면, 또 다른 조건의 연구대상자들에게는 백인이라고 알려주었다. 경기력 평가값을 확인한 결과, 평가 대상을 흑인이라고 인지한 집단이 백인이라고 인지한 집단보다, 그 선수에 대한 경기력을 더 좋다고 평가하는 것으로 밝혀졌다(Stone, Perry, & Darley, 1997). 최근 한 국내 연구에서는 70년대부터 이어져오는 '한국축구는 골 결정력이 부재한다'라는 고정관념이 사실인지 아니면 인지적 편향인지를 연구하였는데, 외국 축구 대표팀과 비교했을 때 골 결정력의 유의한 차이는 없었으며 특히, 골 결정력이 팀의 경기력과도 무관하다는 것을 확인했다(최우열, 홍준희, 2014). 이는 사람들이 일반적으로 한국축구에 대한 고정관념에 부합하는 방식으로 축구 경기를 지각한다는 것을 시사한다. 따라서 사람들은 확증적 지각을 통해 대상에 대한 태도를 공고히 하게 됨을 알 수 있다.

9.2.3.3 호감/비호감 태도의 조건

그렇다면, 사람들은 누구에게 결과적으로 호감 혹은 비호감의 태도를 가지게 되는 것일까? 어떠한 대상에 대해 우리는 더 호감을 느끼게 될까? 상대에 대한 호감/비호감의 태도가 그 대상과의 관계의 질, 관계 유지 가능성 등에 많은 영향을 미치므로, 본 절에서는 호감/비호감의 태도 형성에 영향을 미치는 조건들을 살펴보고자 한다.

① 물리적 근접성의 원리

타인에 대해 호감을 가지게 하는 첫 번째 원리는 물리적 근접성의 원리(proximity principle)이다. 즉, 물리적으로 먼 대상보다는 가까운 대상에게 일반적으로 더 호감을 느낀다는 것이다. 기숙사에서 제일 친한 친구를 고르게 하면, 아마도 같은 방을 사용하거나 인접 방에 거주하고 있는 친구일 가능성이 높다. 왜 물리적으로 가까운 사람들에게 더 많은 매력을 느낄까? 그 이유는 물리적 근접성은 많은 상호작용을 하게 하며, 상호작용이 많아질수록 상호 친숙성이 증가하기 때문이다. 이를 노출효과(exposure effect) 혹은 단순노출효과(mere exposure effect)라 한다(Zajonc, 1968). 즉, 단순히 노출되는 횟수가 많아짐에 따라 그 대상에 대해 호감이 증가하는 경향성을 의미한다. 이는 흔히 에펠탑 효과로도 불리는데, 에펠탑이 완공되는 과정에서는 파리 시민들 사이에 에펠탑에 대한 부정적 여론이 강했지만, 어디서나 항상 눈에 들어오는 에펠탑에 점차 친근해지면서 에펠탑이 완공된 이후에는 긍정적 여론이 강해진 사례를 나타낸다.

한편, 노출효과는 왜 제품을 판매하는 기업에서 다양한 방법을 통해 해당 기업의 제품을 소비자들에게 노출시키려 하는가에 대한 이해를 돕는다. 즉, 신문, TV, 지하철역은 물론 인터넷상에 지속적으로 제품을 노출시킴으로써, 제품에 대한 친숙성을 증가시키기 위함인 것이다.

② 유사성의 원리

유유상종이라는 말이 있듯이, 사람들은 본인과 비슷한 사람에게 호감을 느끼는 경향이 강하다. 즉, 본인의 성격, 외모, 혹은 사회적 배경 등 본인과 유사한 특성을 지닌 사람을 좋아하는 이러한 경향성을 유사성 원리(similarity principle)라 한다. 본인과 고향이 같거나, 다니는 학교가 같거나, 성격이 비슷하거나, 비슷한 취미생활을 하거나, 같은 스포츠팀을 응원하는 사람을 만나면 우리는 호감을 느낀다.

본인과 유사한 사람에게 호감을 느끼는 것은 사람들이 개인의 자존감을 고취시키려 하는 경향성을 고려했을 때, 자연스러운 현상으로 이해되기도 한다. 즉, 나와 유사한 사람을 좋아한다는 것은 본인의 모습을 좋아한다는 의미이며, 반대로 유사한 사람을 싫어한다는 것은 본인에 대해 매력을 적게 지각한다는 의미이기 때문이다. 또한, 본인과 같은 가치관과 신념을 가진 사람을 만나게 되면 본인이 추구하는 가치에 대해 정당성과 확신을 부여하게 되므로, 가치관이 비슷한 사람들과의 만남은 매우 보상적인 측면을 지닌다.

③ 상보성의 원리

상보성 원리(complementary principle)는 자신에게 부족한 특성을 보완해줄 수 있는 자신과 상이한 사람에게 호감을 느끼는 경향성을 의미한다. 예를 들어, 지배적인 성향이 강한 사람들은 주로 본인과 비슷하게 지배적인 사람보다는 이끌리기를 선호하는 수동적 성향이 강한 사람을 찾기 마련이다. 특히, 회사처럼 특정한 목적을 가지고 형성된 집단의 경우, 본인에게 부족한 능력을 보완해줄 수 있는 상사나 동료에게 호감을 더 느낄 가능성이 높다.

상보성의 원리는 유사성의 원리와 대치되는 측면이 있다. 그렇다면, 사람들은 나와 비슷한 사람을 좋아한다는 것인가, 아니면 상이한 사람을 좋아한다는 것인가? 일반적으로는 유사성의 원리가 상보성의 원리보다 호감을 더 잘 이끌어 내는 것으로 알려져 있다(Miller, Perlman, & Brehm, 2007). 그러나 지배성-수동성의 측면에서는 상보성의 원리가 더 효과적임이 밝혀지기도 했다(Dryer & Horowitz, 1997).

④ 상호성의 원리

상호성 원리(reciprocity principle)는 본인에게 호감을 보이는 사람에게 호감을 느끼고, 본인에게 비호감을 느끼는 사람에게는 마찬가지로 비호감을 느끼는 경향성을 의미한다. 즉, 호감관계의 상호적 특성을 나타내는 개념이라 할 수 있다. 예를 들어, 본인의 직업에 대해 긍정적인 평가를 하는 사람과 부정적인 평가를 하는 사람이 있다면, 여러분은 누구에게 호감 혹은 비호감을 느끼겠는가?

9.2.3.4 태도의 변화

태도가 인지, 정서, 행동으로 구성되어 있음을 상기해 보면, 이 3가지의 측면을 개별적으로 혹은 동시에 변화시킴으로써 대상에 대한 태도를 변화시킬 수 있음을 유추할 수 있다.

① 인지적 측면

인지적 변화를 통해 태도를 바꾸기 위해서는 말 그대로 특정 대상에 대한 공고화되어 있는 지식을 변화시킬 필요가 있다. 예를 들어, 'A집단은 지적으로 우수하지 못하다', '그는 윤리의식이 부족하다', '그녀는 타인의 눈치를 보지 않는다' 등의 신념을 가지고 있다면, 그러한 신념 자체를 변화시켜 주는 것이다. 특히, 대상과의 지속적인 접촉 및 상호작용은 대상에 대한 객관적 정보를 증가시키는 경향이 있어, 결과적으로 대상에 대한 태도를 긍정적으로 변화시킬 수 있다(Pettigrew & Tropp, 2008). 어느 연구자들은 전통적으로 백인 학생들로 주로 구성되어 온 한 대학에 나니고 있는 아프리카계 미국 학생들을 대상으로 연구를 실시하였는데, 종단 연구와 실험연구를 통해 아프리카계 학생들이 백인 학생들과의 상호작용이 증가하고 우정관계가 형성되었을 때, 대학을 향한 비소속감과 불만족과 연관되어 있는 인종 기반의 거부 민감성(race-based rejection sensitivity)이 낮아지는 것을 밝혔다(Mendoza-Denton & Page-Gould, 2008). 따라서, 특정한 관계 속에서 부정적인 신념이 상호 존재한다면, 상호작용의 증가를 통해 보다 객관적이고 긍정적인 신념을 가지도록 노력할 필요가 있다.

② 정서적 측면

정서적 측면은 6장에서 다룬 고전적 조건형성 과정을 통해 변화시킬 수 있다. 한 연구에 따르면, 연구대상자들에게 독일인, 프랑스인 등과 같은 특정 국가의 국민을 나타내는 단어들을 보여주면서, 연구진행자가 하는 말을 따라 하게 하였다(Staats & Staats, 1958). 이때, 특정한 국가의 국민을 나타내는 단어를 보여줄 때는 비정서적인 단어를 따라 하게 한 반면, 그 외의 국가의 국민을 나타내는 단어를 제시할 때는 긍정 혹은 부정적인 정서를 유발시키는 단어를 따라 하게 하였다. 이후, 각 국민에 대해 평가를 하게 하였는데, 긍정적인 정서와 연합이 되었던 국민이 더 긍정적인 평가를 받는 것으로 나타났다. 이러한 현상은 한 개인에게도 나타날 가능성이 높다. 따라서 본인 혹은 타인에 대한 인상형성을 변화시키기 위해서는 정서적 반응을 일으키는 무조건자극을 적절히 연합시켜 제시할 필요가 있다.

③ 행동적 측면

인지부조화(cognitive dissonance) 이론은 행동이 태도를 변화시키는 현상을 잘 설명하는 대표적인 이론 중 하나이다(Festinger, 1957). 인지부조화 이론은 사람들이 자신의 태도와 일치하지 않는 행동을 할 때, 인지적 부조화 상태를 경험하게 되며, 이러한 경험을 하게 되면 부정적인 불편한 정서를 경험하는 것을 전제한다. 그리고 사람들은 이러한 부조화 상태를 조화로운 상태로 변화시키기 위해 행동에 맞게 자신의 태도를 변화시킨다고 제안한다. 이를테면, 내가 싫어하는 사람에게 (어떠한 이유로든) 긍정적인 형태의 행동을 보이게 되는 상황에서 사람들은 부정적 태도와 긍정적 행동 사이에서 불편감을 경험하게 되고, 이러한 불편감을 해소하기 위해 긍정적 행동에 맞게 태도를 변화시키게 된다는 것이다. 한국전쟁 발발 당시 중공군에 포로로 잡혔던 미군들이 공산주의자로 변화해 가는 과정은 인지부조화가 태도를 실제로 변화시킨 상징적인 역사적 사례이다. 중공군들은 미군들에게 담배 한 갑을 주며 공산주의를 미화하고 자본주의를 비난하는 글을 써내게 했는데, 이러한 경험을 반복적으로 하게 됨에 따라 행동(글쓰기)에 따라 태도를 바꾸게 된 것이다.

9.3 사회관계

9.3.1 도움행동

자기희생을 해가며 남을 돕는 것만큼 인간적으로 보이는 일도 없다. 남의 어려움을 보고 돕게 되는 것은 우리 인간에게 이타적인 본성이 있기 때문인가? 성선설을 주장한 맹자라든가 인본주의 학자들은 아마도 그런 이타적 본성론을 지지할 것이다. 그러나 인간이 이타적 본성을 갖고 있는지 아닌지의 진위 여부는 증명하기가 매우 어려운 문제이기 때문에 사실상 실증적 연구의 논의 대상이 되지 못한다. 따라서 사회 심리학자들은 어떤 상황에서 도움행동이 나오고 어떤 상황에서 그렇지 않은가의 문제에 관심을 갖는다.

도움행동이란 무엇인가? 물질적인 보상을 바라거나 외부적인 압력 때문에 남을 도와줄 수도 있다. 원래는 선한 동기에서 남을 도와주려고 한 행동이 오히려 그에게 해를 끼치는 결과를 초래하는 경우도 있다. 남을 도울 생각은 전혀 없이 어떤 행동을 한 것이 결과적으로 그 사람에게 도움을 준 꼴이 되는 경우도 있다. 위에 예시된 경우들은 사실상 도움행동이라고 볼 수 없다. 그래서 도움행동이란 자발적이며(즉, 외부적 압력의 부재), 외적인 보상(상이나 물질적 보상)을 바라지 않은 상태에서 시발된 행동으로서, 그 행동의 결과가 실제로 대상인물에게 도움을 주는 것을 말한다. 아래에서 위급한 상황에서의 도움행동과 위급하지 않은 상황에서의 도움행동으로 구분하여 살펴보기로 한다.

9.3.1.1 위급 상황에서의 도움행동

① Kitty Genovese 사건

도움행동이 사회 심리학자들의 관심을 집중적으로 끌게 된 계기는 1964년 미국의 New York 시내에서 일어났던 한 노상 살인사건 때문이었다. Kitty Genovese는 바에서 일하는 여자였는데, 직장에서 일을 마치고 새벽녘에 집으로 돌아오는 길이었다. 그녀가 자신의 승용차에서 내려서 아파트로 들어가려고 하는 순간 어떤 남자가 칼을 들고 그녀를 덮치려고 했다. 놀란 그녀는 도와달라고 소리를 치며 도망을 갔다. 강도가 뒤쫓아가 그녀를 잡아서 칼로 찌르자 그녀는 비명을 질렀다. 이때 몇몇 아파트의 창문에 불이 켜지고 사람들이 창문 뒤에 숨어서 이 광경을 엿보고 있었다. 그러자 그 강도는 약간 주춤하여 물러섰으나 다시 달려들어 피를 흘리고 있는 그녀를 칼로 찔렀고 마침내 그녀는 살해당하고 말았다. Kitty가 강도로부터 피습을 받기 시작해서 살해될 때까지는 시간이 무려 45분이나 걸렸으며, 최소한 38명의 사람들이 이 광경을 지켜보고 있었으나 경찰에 신고전화를 한 사람은 아무도 없었다. 이 사건은 당시의 미국 사회에 큰 충격을 주었고, 사회 심리학자들의 관심을 끌었다. 여기서 중요한 문제는 왜 사람들은 어떤 때는 다른 사람을 잘 도와주면서, 또한 어떤 때는 전혀 개입하려 들지 않느냐는 것이다.

② 설명이론

위급 상황에서 주위에 도와줄 만한 사람이 여러 명 있음에도 불구하고 아무도 도와주지 않는 것에 대한 한 가지 설명은 책임감 분산이론이다. 위급 상황에서 어떤 사람이 곤경에 처해 있을 때 만약 주위에 여러 사람의 목격자가 있다면 그들 각자는 '주위 사람들 중에서 누군가가 도와주겠지'라는 생각을 하게 될 것이고, 이것이 오히려 아무도 곤경에 처한 사람을 도와주지 않는 결과를 초래할 수 있다는 것이다. 이 이론에 의하면, 위급상황 당시에 주위에 사람이 많이 있을수록 책임감이 더 많이 분산되어 개인에게 돌아가는 책임감이 적어지므로 도움행동이 일어날 가능성이 더 낮아진다는 것이다. 이 견해는 Darley와 Latané(1968)의 연구에서 실증적으로 지지되었다. 다른 대안적인 이론으로는 주변 사람들의 존재가 이 상황에 대한 해석을 모호하게 만들기 때문이라는 견해가 있다. 즉, Kitty Genovese의 경우 주변의 다른 사람들이 조치를 취하지 않는 것을 보고 '이 상황이 폭력 상황이 아니라 단순한 애인 간의 다툼인가 보다'라는 생각을 하게 만들어서 개입하지 않았을 수 있다는 것이다.

9.3.1.2 평상적 상황에서의 도움행동

비록 도움행동에 대한 사회 심리학자들의 관심이 위급 상황에서 사람들이 남을 도와주지 않은 사건을 계기로 촉발되긴 했지만, 우리의 일상생활을 보면 이웃 간에, 친구 간에, 또는 낯모르는 사람과도 서로 도움을 주고받으며 살아가고 있다. 이렇게 평상시의 상부상조하는 행동은 무엇에서 기인하며, 어떤 요인에 의해 영향을 받는가?

① 규범

사람들 간의 상호작용을 지배하는 사회적 규범 중에서 가장 기본적인 것은 아마도 응보(reciprocity)의 규범일 것이다. 사회적 상호작용이란 결국 무언가 득(reward)이 되는 것을 서로 주고받는 가운데 유지되는 것이다. 그래서 한 쪽에서 상대방에게 아무리 잘해준다고 하더라도 돌아오는 것이 없으면 결국 두 사람 사이의 관계는 끊어지게 된다. Gouldner(1960)는 사람들이 최소한 다음의 두 가지 응보규범을 갖고 있다고 하였다: (1) 나를 도와준 사람에게는 도움으로 보답해야 한다, (2) 나를 도와준 사람은 해쳐서는 안된다. 일상생활에서의 많은 도움행동은 이 응보규범에 근거하여 이루어진다. 친구나 이웃으로부터 도움을 받았기 때문에 그에 대한 보답으로 그들에게 도움을 주게 되고, 또한 자신이 어려운 처지에 놓여 있을 때 그들이 도움을 줄 것이라는 기대를 하기 때문에 먼저 도움을 준다. 그러나 이 응보규범으로는 이전에 도움받은 일도 없고 또 앞으로도 도움을 되돌려 받을 기약이 없는 낯선 사람에게 도움을 베푸는 일에 대한 설명이 어렵다. 이에 대해 Berkowitz와 Daniels(1963)는 사회적 책임 규범(social responsibility norm)이라는 견해를 제시하였다. 이것은 응보규범이 일반화된 것으로서 도움을 줄 수 있는 능력이 있고 또 그럴 수 있는 위치나 입장에 처하게 되면 비록 도움받은 일이 없고 앞으로 다시 만날 일이 없는 낯선 사람이라 할지라도 어려움에 처해 있는 것을 보면 사회적 책임감이 생겨서 도움을 주게 된다는 것이다. 선행을 한 사람이 표창을 받는 자리에서 통상 "사람으로서 마땅히 할 도리를 다한 것뿐이다"라고 말하는 것은 이 사회적 책임감을 표현하는 것이다.

② 빚진 느낌

사람들은 남에게 손해를 끼치게 되면 그로 인해 빚진 느낌을 갖게 마련이다. 빚진 느낌을 갖게 되면 어떤 방식으로든 그것을 감소시키려고 노력하게 된다. 빚진 느낌을 감소시키는 방법 중의 하나는 자신으로 인해 손해를 입은 사람에게 어떤 이득이 돌아가게 해주거나 필요한 도움을 줌으로써 자신의 잘못을 속죄하는 것이다. 왜 타인에게 손해를 끼침으로써 생긴 빚진 느낌이 그 피해자에게 도움을 줌으로 인해서 덜어지는 것일까? 한 가지 설명이론은 사람들에게는 형평성(equity)에 대한 신념이 있다는 것이다. 타인에게 손해를 끼치게 되면 두 사람 사이의 관계에서 형평성이 기울어지게 되고, 이것은 불편한 감정상태를 유발시킨다. 따라서 이 불편감을 없애기 위하여 형평성을 회복하고자 동기화된다. 이 기울어진 형평성을 회복하는 방법으로는 상대방이 그만큼의 손해를 입을 만한 잘못을 저질렀다고 비난을 가함으로써도 가능하고, 상대방에게 응분의 이득이나 도움을 줌으로써도 가능하다. 그러면 어느 경우에 상대방을 비난하게 되고 어느 경우에 상대방에게 응분의 보답을 하게 되는가? 형평성 이론에 의하면 되돌려주어야 할 보상의 크기가 너무 적지 않거나 너무 크지 않은 경우에 응분의 보답을 하게 된다고 한다. 따라서 상대방의 빚진 느낌을 이용하여 도움행동을 이끌어내기를 원한다면 그가 응분의 보상을 할 수 있을 정도만큼의 빚진 느낌을 갖도록 만들어야 할 것이다. 옛말에 "동물은 구해주면 보답을 받지만 사람은 구해주면 해를 입는다"라는 말이 있는데, 이는 빚진 느낌이 너무 크면 이를 보답하려고 하기보다는 은혜를 준 사람을 비난하는 것으로 자신의 빚진 느낌을 상쇄하려고 한다는 인간의 심리를 간파한 우리 조상들의 지혜에서 나온 말이다.

9.3.2 반사회적 폭력

호감이나 도움행동은 타인지향 행동 중에서 사회적으로 긍정적인 것들이다. 이에 반해 반사회적 폭력은 사회적으로 용인이 되지 않는 부정적 행동이다. 폭력적 행동 중에서는 사회적으로 용인되는 것들이 있다. 예를 들면 임무를 수행하고 있는 군인이나 경찰이 합목적적으로 물리력을 행사하는 것이나 각종 격투기 경기에서 격투를 하는 것이 이에 해당된다. 그 외의 폭력적 행동은 거의 모두가 반사회적인 것이다. 따라서 반(反)사회적 폭력이란 사회적 규범에 반대되는 것으로서 타인을 해칠 목적으로 취하는 모든 행동을 의미한다. 아래에서 폭력적 충동이 생기게 되는 원인이 무엇이며, 폭력충동이 어떠한 과정에 의해 행동화되는지, 그리고 폭력행동을 감소시킬 수 있는 방안이 무엇인가에 관하여 살펴본다.

9.3.2.1 폭력충동의 원천

① 본능

인간의 폭력행동에 대한 최초의 심리학적 견해는 Freud(1920)에 의해 제안되었는데, 그는 인간이 폭력충동을 본능적으로 갖고 태어난다고 보았다. 이 폭력충동은 배출구를 찾게 되는데, 사회적 규범이나, 도덕, 윤리 등이 폭력충동을 표출하지 못하도록 막기 때문에 저수지에 물이 고이듯이 자꾸 모이게 된다. 사냥이라든가 격렬한 스포츠 등의 사회적으로 용인되는 좋은 배출구가 있기는 하지만 궁극적으로 만족할 만한 정도의 발산이 되지 못하기 때문에 언젠가는 축적된 폭력충동이 봇물 터지듯이 분출해 나오면서 과격한 폭력행동으로 된다. 따라서 이 본능론에 따른다면 인간은 주기적으로 어떤 형태로든 폭력적 행동을 하도록 되어 있다. 그러나 비록 몇몇 동물행동학자들(ethologists)이 현재까지도 동물의 본능적 폭력행동에 대한 관찰 결과를 보고하고 있지만, 인간의 폭력행동에 관한 한 본능론은 현재 거의 지지를 받지 못하고 있다.

② 욕구좌절

인간의 폭력행동에 대하여 비교적 광범위한 지지를 받고 있는 한 가지 심리학적 이론은 Dollard와 그의 동료들에 의해 제안된 욕구좌절－폭력 이론이다(Dollard, Doob, Miller, Mowrer, & Sears, 1939). 이들에 따르면, 사람들은 자신이 성취하고자 원하는 목표의 달성이 좌절되거나 목표에 도달하는 길이 차단되었을 때 폭력충동이 생기게 되고, 이 폭력충동은 다시 욕구좌절을 일으키게 만든 대상을 향한 폭력행동으로 표현된다고 하였다.

③ 짜증

목표의 달성이 좌절된 경우 이외에도 짜증나는 일을 당하게 되면 사람들은 역시 폭력충동을 갖게 된다고 한다. 즉, 타인이 성가시게 굴거나 괴롭힌다든가, 방안

온도가 너무 더워서, 출근길 전철 안의 사람들이 너무 많아서, 하고 있는 공부의 내용이 이해가 잘 되지 않아서 등과 같은 일로 인해 짜증이 나는 경우에도 사람들은 폭력충동을 느끼게 된다.

욕구좌절이나 짜증으로 인하여 폭력충동이 생겼을 때 이 폭력충동이 바로 폭력행동으로 이어지기도 하지만, 폭력충동이 폭력행동으로 반드시 표출되는 것은 아니다. 그렇다면 어떤 경우에 폭력충동이 폭력행동으로 표현되는가?

9.3.2.2 폭력행동의 실행

폭력충동이 생긴다고 해서 그것이 항상 폭력행동으로 나타나는 것은 아니다. 물론 폭력충동이 강하고 이를 느끼는 횟수가 많을수록 폭력행동이 나올 가능성은 높아지지만, 많은 경우에 있어서 사람들은 폭력충동을 느끼면서도 폭력행동의 실행은 억제한다. 폭력충동이 어떤 방식으로 표현될 것인가를 결정짓는 요인은 폭력충동의 표현에 관한 사회규범의 학습 정도이다. 즉, 사람들은 경험을 통하여 폭력충동을 어떤 경우에, 어떤 방식으로 표현하는 것이 주변 사람들에게서 용인되는지에 대한 규범을 학습하며, 학습 수준에 따라 개인차가 존재한다는 것이다.

① 강화

학습이 일어나는 첫 번째 기제는 강화(reinforcement)이다. 강화의 원리란 어떤 행동 후에 좋은 결과가 나오면 그 행동은 반복해서 일어날 가능성이 커진다는 것을 말한다. 아이가 이웃집 아이를 때리고 들어왔을 때, "네가 이겼구나. 잘했다"라고 칭찬을 하게 되면 그 아이는 차후에 폭력행동을 더 자주 하게 된다. 폭력행동에 대하여 칭찬은 물론이고 처벌을 하지 않는 것도 정적 강화를 주는 것이 된다. 왜냐하면 폭력행동에 대하여 침묵하는 것은 곧 그 행동을 승인하는 것으로 받아들여지기 때문이다.

② 모방

특히 어린이들은 타인을 모방하는 경향이 강하다. 다른 모든 행동의 경우에서와 마찬가지로 폭력행동도 모방에 의해 학습된다. 아이들은 어른이나 다른 아이들이 폭력충동이 유발된 상황에서 이를 어떻게 표현하는가를 관찰함으로써 그 표현 방식을 학습한다. 그 상황에서 사람들은 폭력충동을 자제하는가 아니면 폭력행동을 하는가, 그리고 폭력행동을 한다면 어떤 경우에 그러한 행동이 용납되는가 등을 보고서 그 규범을 학습하게 된다. 아이들은 자신에게 중요시되는 사람, 힘이 있는 사람,

지위가 높은 사람, 자신이 좋아하는 사람을 그렇지 않은 사람보다 더 잘 모방한다. 강화와 모방의 두 원리를 결부시켜서 생각할 때 흥미로운 예측이 나온다. 예를 들면 아동의 폭력행동을 처벌하기 위하여 아동을 때리는 경우, 아동은 자신의 폭력행동 후에 부정적 처벌이 가해지기 때문에 앞으로 폭력행동을 하지 않게 된다. 그러나 동시에 아동은 처벌하는 방법으로서 때리는 것이 용납되는 행동이라는 것을 관찰하고 이것을 학습하게 된다.

9.3.2.3 폭력행동의 감소방법

인류의 평화를 달성하기 위해서는 자비나 선행을 장려하는 것보다는 폭력적 행동을 감소시키는 데 주력하는 것이 더 효과적일지도 모른다. 폭력행동의 감소를 위한 방안을 강구함에 있어서 두 가지 변인이 고려대상이 된다. 먼저 폭력충동의 강도가 어느 정도 강한가가 문제가 된다. 폭력충동의 강도는 욕구좌절 또는 피해의 정도와 그것에 대해 개인이 어떻게 해석하는가에 의해 결정된다. 두 번째 고려사항은 폭력충동을 표현하는 방식이 어떻게 학습되었는가의 문제이다. 이러한 사항을 고려함으로써 몇 가지 폭력행동 감소방안을 생각해 볼 수 있다.

① 정화

폭력행동 감소 방안의 하나로서 오래전부터 내려온 생각은 폭력충동을 어떤 방식으로든 외부적으로 발산함으로써 이를 해소해버린다는 것이다. Freud는 이것을 폭력충동의 정화라고 하였다. 폭력충동이 계속 축적되어 폭발할 때까지 기다리기보다는 그 이전에 조금씩 풀어버림으로써 폭발적이고 파괴적인 폭력행동을 막을 수 있다는 견해이다. 정화는 개인이 매우 강렬한 폭력충동을 느끼고 있고, 때리거나 욕을 하는 등의 비교적 직접적인 방식으로 폭력적 표현을 할 수 있고, 폭력충동을 일으키게 만든 직접적 당사자에 대해 폭력적 표현을 할 수 있는 경우에는 비교적 효과가 있는 것으로 알려져 있다. 그렇지 않은 경우에는 정화의 효과가 없거나 오히려 폭력행동을 증폭시킬 위험성이 있다. 그리고 정화의 효과가 있다 하더라도, 일단 폭력충동이 방출되면, 그리고 그것이 사회적으로 용인되는 것 같아 보이면, 탈억제(disinhibition), 즉 폭력충동의 방출을 억제해 오던 자제력이 풀리면서 더욱 파괴적인 폭력행동을 불러일으킬 수 있다.

② 처벌의 위협

폭력행동을 하면 그에 대해 처벌이 주어질 것이라는 위협을 가하는 방법은 폭력행동을 감소시킬 수 있다. 사람은 행동을 하면서 자신의 행동이 어떤 결과를 낳을지를 예측하는데, 폭력을 행사하면 처벌된다는 것을 알게 되면 그만큼 폭력행동을 억제하게 된다. 각종 반사회적 폭력행동에 대한 법률적 처벌 규정은 사후적 처벌뿐만 아니라 이러한 사전 억제적 효과를 염두에 두고 있다. 그러나 처벌에 대한 두려움은 오히려 더 강한 폭력행동을 자극시킬 가능성이 있다. 즉, 폭력행동을 교묘하게 하여 법망을 피하려 하거나 완전범죄를 위하여 더욱 잔혹한 폭력행동을 하도록 만들 위험성이 있다.

③ 학습된 억제

처벌의 위협이 폭력행동을 억제시키는 데 일시적인 효과가 있기는 하지만 궁극적인 해결책은 될 수 없다. 처벌 위협이 성과를 거두기 위해서는 모든 사람의 모든 폭력행동을 감시할 수 있어야 하는데, 이것은 현실적으로 불가능하다. 따라서 보다 더 근본적인 대책은 사회 구성원 각자가 자신의 폭력적 행동을 스스로 통제하는 것을 학습하도록 만드는 것이다. 이것은 아동기부터 폭력행동을 하게 될 상황이 되면 폭력행동의 표출에 대해 죄책감이나 불안감을 갖도록 훈련을 함으로써 달성될 수 있다. 이러한 폭력불안(aggression anxiety)에 의한 폭력행동의 억제는 아동기부터의 훈련이 중요하지만 소속된 집단이나 사회의 규범 또한 중요한 역할을 한다. 예를 들면, 폭력적 집단에서는 폭력불안을 오히려 비겁자의 특징으로 비난하므로 폭력불안을 학습해온 사람이라 할지라도 그 사회 속에 들어있게 되면 점차적으로 폭력불안이 희석될 것이며, 따라서 시간이 흐름에 따라 점점 더 쉽게 폭력행동을 표출하게 될 수 있다.

9.4 사회영향

사람들은 상호작용 과정에서 끊임없이 서로 영향을 주고받는다. 예를 들어, 가정에서 부모님의 행동을 따라하거나, 학교장면에서 열심히 공부하는 친구의 모습을 보고 같이 열심히 하게 되거나, 군장면에서 지휘관의 명령에 따라 작전을 수행하게 되는 경우처럼 우리는 다양한 사회장면에서 타인에 의해 생각이나 태도 혹은 행동이 변화된다. 이러한 제반과정을 사회영향(social influence)이라 한다. 본 절에서는 사회영향을 이루는 주요 개념인 동조와 복종에 대해 다룬다.

9.4.1 동조

9.4.1.1 동조의 개념

어떤 음식점에 처음으로 방문한 상황을 상상해 보자. 주변 사람들을 보니, 모두 같은 메뉴를 주문하여 먹고 있다. 이 상황에서 사람들은 보통 어떤 선택을 할까? 아마도 대다수의 사람은 다른 사람들이 주문하고 있는 메뉴를 따라서 주문할 가능성이 높다. 이렇듯, 타인의 직접적인 부탁이나 요청이 없음에도 불구하고 주변의 다른 사람들이 보이는 의견, 판단, 행위 등에 맞추어 본인의 의견, 판단, 행위 등을 변화시키는 것을 동조(conformity)라고 한다. 동조 현상에 따르면, 모든 사람이 '맞다'라고 할 때 혼자서 '아니다'라고 하는 것이 얼마나 어려운 일인가를 깨닫게 한다.

Asch(1955)는 이러한 동조현상을 실험적으로 밝혀낸 학자이다. Asch의 실험상황을 한번 재연해 보자. 여러분은 현재 다른 연구대상자들과 함께 서로의 얼굴을 볼 수 있는 테이블에 둘러앉아 있고, 실험자가 그림 9-1과 같이 2개의 카드를 보여준다. 실험자는 2개의 카드를 가지고 아주 간단한 문제를 내는데, 문제의 내용은 왼쪽 카드에 제시되어 있는 기준 선분(X)과 같은 길이를 가진 선분을 오른쪽 카드에 제시된 3개의 선분(A, B, C) 중에 고르라는 것이다. 정답은 분명히 A이다. 그런데 정답을 말하는 방식이 약간 독특하다. 실험자가 연구대상자를 1명씩 지목하면서 정답을 말하도록 요구한다. 그런데 모두가 정답을 A가 아닌 B라고 답한다. 그리고 마침내 실험자가 여러분을 지목한다. 여러분이라면 어떻게 대답하겠는가? 이 내용이 실제 Asch가 연구에 사용하였던 실험의 내용이다. 이러한 상황에서 놀랍게도 이러한 문제를 여러 번 반복적으로 제시했을 때, 전 시행의 33% 정도의 경우에 다른

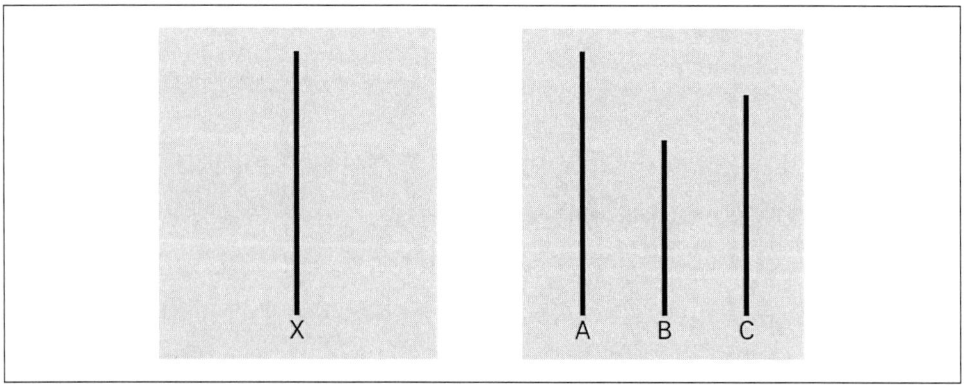

[그림 9-1] 기준 선분(X)과 제시된 3개의 선분(A, B, C)

사람들의 오답에 따라 연구대상자들이 오답을 제시하는 것으로 나타났다.

이 실험의 경우 객관적이고 명확한 정답이 분명한 상황에서도 약 1/3에 해당하는 시행에서 동조현상에 따라 연구대상자들이 오답을 제시한 것은 놀라운 일이다. 일반적으로 판단의 명확한 정답이 없는 일상생활에서는 동조현상이 더욱 대두될 것임은 자명한 사실로 보인다.

9.4.1.2 동조현상이 나타나는 이유

왜 사람들에게는 이러한 동조현상이 나타나는 것일까? 우선 Asch 연구를 자세히 살펴보면, 연구대상자를 제외한 모든 사람이 동일하게 오답을 제시했음을 알 수 있다. 즉, 만장일치로 많은 사람이 같은 의견을 제시하고 있는 상황이다. 이러한 상황에서는 혼자 다른 의견을 내는 것에 심리적 압박을 받기 마련이다. 즉, 정답이 명확히 있는 상황에서도 모든 사람이 만장일치로 다른 답을 제시하면, 다른 사람들로부터 좋지 않은 인상을 받게 될 것이라는 압박감과 일탈자로 낙인될 가능성에 대한 불안이 동조를 일으키는 주요한 원인으로 제시된다.

또한, 위에서 언급한 바와 같이, 명확한 정답이 없는 다양한 사회적 문제 상황에서 대다수의 사람이 내리는 결정을 판단의 준거로 삼는 것은 합리적인 일이기도 하다. 즉, 대다수의 사람이 가지는 판단, 의견, 행위는 일종의 사회적 규범(norm)으로 작동하며, 이러한 규범에 따르는 것은 적응적인 행위라는 것이다. 이를 고려해 보면, 특정한 제품을 광고할 때, 제품의 우수성을 부각시키는 방법 이외에 많은 사람이 이 제품을 사용하고 있음을 부각시키는 것도 효과적인 광고 전략이 될 수 있음을 시사한다.

9.4.2 응종

여러분은 다른 사람의 부탁을 잘 들어주는 편인가? 아니면 그렇지 않은 편인가? 사람들은 대체적으로 다른 사람의 직접적인 요구나 부탁에 부합하게 행동하는 경우가 많다. 이처럼 타인의 요구나 부탁에 응하여 그에 맞게 행동하는 것을 '응종(compliance)'이라 한다.

응종을 이끌어내는 가장 기본적인 방법은 '호감을 갖는 사람의 부탁은 더 잘 들어준다'라는 사실을 응용하는 것이다. 그래서 부탁을 하려고 하는 사람의 기분을 좋게 만드는 것이 응종을 이끌어 내는 아주 효과적인 방법이다. 타인의 기분을 좋게 만드는 한 가지 방법이 상대방의 비위를 맞추는 것이다. 애교 있는 말이 갖는 힘을 우리는 일상 생활에서 쉽게 찾아볼 수 있다. 역사 드라마에서 자주 보듯이 아첨꾼이 득세를 하는 방법 중의 하나가 바로 권력자의 비위를 잘 맞추어서 기분을 좋게 만든 다음 그들이 원하는 바를 권력자에게서 얻어내는 것이다. 사회심리학 연구에 의하면 무능하고 포악한 왕들만이 아첨에 약한 것이 아니라는 것이다. 동서고금을 막론하고 사람들은 자신의 비위를 잘 맞추어 주는 사람을 그렇지 않은 사람보다 더 호감이 가는 것으로 평가한다고 한다.

상대방의 호감을 사는 것 이외에도 다른 여러 가지 전략이 상대방의 응종을 이끌어내는 데 사용될 수 있다. 한 가지 방법은 먼저 상대방이 쉽게 들어줄 수 있는 아주 사소한 부탁을 하여 상대방의 승낙을 이끌어내는 것이다. 그 다음에 점차 자신이 실제로 원하는 큰 부탁을 한다. 이 방법을 '문간에 발 들여놓기(foot–in–the–door)'라고 하는데, 연구 결과는 이 방법이 응종을 이끌어 내는데 상당히 효과적임을 보여주고 있다. '문간에 발 들여놓기'와는 정반대로 '문전박대(door–in–the– face)'를 유도하는 방법이 있는데, 이는 상대방이 들어주기 어려운 큰 부탁을 먼저 하여 상대방이 이를 거절하게 만든 다음, 자신이 실제 원하는 보다 작은 부탁을 하여 상대방의 응종을 이끌어 내는 방법이다. 이 방법은 남의 부탁을 거절한 사람은 미안한 감정을 갖게 되며, 미안한 마음을 해소하기 위해 작은 부탁은 들어줄 것이라는 심리를 응용한 것이다. 이 방법은 물건을 흥정하는 장면에서 흔히 볼 수 있는데, 상대방이 받아들일 수 없는 높은 가격을 먼저 불렀다가, 곧이어서 가격을 낮추어 불러서 흥정을 성사시키는 방법이다. 연구 결과들은 두 방법이 모두 효과적임을 보여주고 있는데, '문간에 발 들여놓기' 방법이 효과적으로 적용되는 상황이 더 많다고 한다.

9.4.3 복종

동조와 응종은 행위자와 상대방의 사이에 위계(hierarchy)를 가정하지 않는 관계에 기반한 현상이라 할 수 있다. 그러나 사회, 조직, 집단에 따라 정도의 차이가 있을 뿐 다양한 형태의 위계구조로 구성되어 있음을 알 수 있다. 회사에는 상사와 직원이 있기 마련이고, 군에서는 지휘관과 부하가 있기 마련이다. 친구 관계에서도 리더의 역할을 하는 사람은 자연스럽게 나타나며, 심지어 이성관계 및 부부관계와 같은 연인관계 내에서도 일반적으로 위계는 존재하는 것으로 나타난다(Felmlee,

1994). 위계질서가 존재하는 관계는 누군가가 다른 사람보다 상대적으로 더 많은 권력을 가지고 있다는 것을 의미한다. 권력을 가진 사람은 상대적으로 권력을 덜 가진 사람에게 영향을 미치며, 이러한 과정에서 나타나는 것이 복종(obedience)이다. 즉, 복종이란 상대방이 지닌 권력으로 인해 상대방이 요청하는 것에 따르는 것을 말한다. 이번 절에서는 복종과정에서 반드시 전제되는 권력의 개념은 무엇인지, 또한 권력이 복종을 어떻게 일으키는지를 논의한다.

9.4.3.1 권력의 개념

권력(power)에 대해서 학자들마다 다양한 정의를 내리고 있으나, 일반적으로 본인과 타인의 자원을 통제할 수 있는 능력으로 정의된다(Galinsky, Gruenfeld, & Magee, 2003). 그러나 최근부터 심리학자들은 권력의 개념을 2가지로 세분화하여 이해하기 시작했다. 즉, 학자들은 권력을 크게 사회적 권력(social power)과 개인적 권력(personal power) 구분하고 있다(Lammers, Stoker, Rink, & Galinsky, 2016). 사회적 권력은 영향력(influence)으로도 이해되며, 타인 혹은 타집단에 영향을 미치고, 그들에게 (시키지 않았다면 하지 않았을) 무언가를 하도록 만들 수 있는 능력을 의미한다. 반면, 개인적 권력은 자율성(autonomy)이라고도 불리며, 본인이 원하는 대로 행동하거나 원하는 것을 얻을 수 있고, 타인의 영향력으로부터 자유로울 수 있는 능력을 의미한다. 연구에 따르면, 동양문화권에서는 권력을 사회적 권력의 차원으로 이해하는 경향이 강한 반면, 서양문화권에서는 권력이 개인적 권력의 차원으로 받아들여지는 경향이 강하다고 한다(Mondillon 등, 2005).

따라서 타인으로부터 복종을 유발시키는 권력은 개인적 권력보다는 사회적 권력에 해당한다고 볼 수 있다. 그러나 권력자의 명령에 복종해야 하는 대상의 개인적 권력의 정도가 복종의 과정에 영향을 미칠 수 있으므로, 포괄적인 이해를 위해서는 권력의 2가지 개념을 이해하는 것이 중요하다.

9.4.3.2 권력의 작용과 복종의 발현

복종을 유발하는 권력의 작용을 가장 상징적으로 나타내는 연구는 사회심리학에서 가장 유명하고 고전적인 연구 중 하나인 Milgram(1963)의 복종 연구이다. 이 연구의 목적은 사람들이 과연 어느 수준까지 타인에게 해를 가하면서까지 권력을 가진 자에게 복종하는가를 알아보는 것이었다. Milgram은 복종에 관한 다양한 형태의 연구를 실시하였으나, 여기에서는 가장 기본적인 형태의 연구를 소개한다.

① 연구광고 및 역할배정

연구대상자는 처벌이 학습 과정에 미치는 효과에 관한 연구라는 눈속임 광고를 보고(즉, 연구의 본 목적을 인지하지 못한 상태로) 연구에 참여한 사람들이었다. 연구대상자들이 예일(Yale) 대학교에 위치한 실험실에 도착한 후, 연구대상자를 포함하여 3명의 사람이 동시에 실험에 참여했다. 연구대상자를 제외한 사람 중 1명은 실험을 책임지는 '실험자(experimenter)'의 역할이었으며, 나머지 1명은 또 다른 연구대상자로 보였지만 실제로는 연구팀의 일원인 '실험협조자(confederate)'였다. 실험자는 연구대상자와 실험협조자에게 '선생(teacher)'과 '학습자(learner)'의 역할을 무작위로 배정하는 것처럼 하였으나, 사실은 연구대상자는 항상 선생 역할을 배정받았고, 실험협조자는 학생 역할을 배정받았다.

② 역할내용

선생은 일련의 단어 쌍(예를 들어, 'blue box')을 학습자에게 읽어준 후, 곧바로 이어서 학습자에게 첫 단어('blue')와 연관될 수 있는 단어들('sky', 'ink', 'box', 'lamp')을 제시한다. 그리고 학습자에게 첫 단어와 함께 제시되었던 단어가 4개 중 어떠한 단어인지를 회상하게 하고 정답을 말하는지 여부를 확인한다. 만약 정답('box')이 아닌 오답('sky', 'ink', 'lamp' 중 하나)을 학습자가 답하면 선생은 실험실에 있는 전기쇼크 기계를 이용하여 학습자에게 전기쇼크를 준다.

③ 전기쇼크 기계

전기쇼크 기계는 실제로는 전기가 흐르지 않는 가짜 기계이며, 30개의 전기 스위치로 되어 있다. 선생이 스위치를 누르면 학습자에게 전기쇼크가 가해지는 것으로 꾸몄으며, 스위치에는 제일 약한 15볼트부터 제일 강한 450볼트까지 전기쇼크를 가할 15볼트 간격으로 적혀 있다.

④ 실험참여자의 위치 및 의사소통

실험자와 선생(연구대상자)은 전기쇼크 기계와 함께 같은 방에 위치하며, 학습자(실험협조자)는 바로 옆방에서 전기쇼크 기계와 연결된 전선을 손목에 부착한 상태로 대기한다. 선생과 학습자는 마이크를 사용하여 통신한다.

⑤ 실험시작

선생은 학습자가 첫 문제를 틀리면 15볼트 스위치를 누르고, 두 번째 문제를 틀리면 30볼트, 세 번째 문제를 틀리면 45볼트, 이런 식으로 점점 강도가 강한 스위치를 눌러 학습자에게 전기쇼크를 주도록 지시받는다. 학습자는 연구목적에 따라 계속해서 오답으로 답을 하는 역할을 실시한다. 학습자는 약속된 절차에 따라 문제를 계속 틀려 전압의 강도가 강해질수록, 벽을 두드리는 행위와 같이 저항하는 모습을 연출하며, 일정 강도 이상부터는 아무런 반응을 보이지 않는 연기를 실시한다. 선생이 학습자의 반응을 살피며 전기쇼크를 가하는 것을 주저할 때마다, 실험자는 계속해서 실험을 실시하도록 단호한 반응을 보인다.

⑥ 연구결과

과연 선생 역할을 배정받은 연구대상자들은 몇 볼트까지 학습자에게 전기쇼크를 가했을까? 실험에 참여한 연구대상자들은 총 40명이었는데, 놀랍게도 이들 중 65%에 해당하는 26명의 연구대상자들이 가장 강한 강도인 450볼트까지 전기쇼크를 가하는 것으로 나타났다. 이후 Milgram은 실험조건을 조금씩 변화시켜가며 복종연구를 계속 실시했으나, 실험의 결과는 대동소이한 것으로 나타났다.

9.4.3.3 권력 및 복종의 기반

연구대상자들은 학습자가 고통스러워하는 것을 느끼면서도 왜 전기쇼크를 계속 가했을까? 실험자는 실험 당일 처음 만나는 대상이었고, 향후 다시 볼 일이 없음에도 불구하고 왜 연구대상자들은 실험자의 말에 복종했을까? French와 동료들(1959)이 제안한 6가지 주요한 권력 및 복종의 기반을 바탕으로 이에 대한 답을 찾아보고자 한다.

① 보상권력

보상권력(reward power)은 권력자의 가치 있는 자원(예를 들어, 돈, 진급)에 대한 통제력으로부터 발현되는 권력이다. 연구대상자들은 4.5달러의 연구참여 사례금을 지급받는 목적으로 실험에 참여하였는데, 실험자가 4.5달러의 가치 있는 자원을 제공하는 대상이라는 점에서 보상권력이 작용하였을 가능성이 높다.

② 강제권력

강제권력(coercive power)은 권력자가 타인에게 처벌을 가할 수 있는 능력에 기반하는 권력이다. 고용인이 피고용인을 해고하거나, 교수님에 학생에게 낮은 학점을 줄 수 있는 권한 등이 그 예라 할 수 있다. 실험자는 주저하는 연구대상자들 앞에서 단호하고 강제적인 단어를 사용하여 행동을 촉구하였는데, 이는 연구대상자으로 하여금 실험자의 말에 따르지 않았을 때 부정적인 결과(예를 들어, 연구참여 사례금 미지급)를 예상하게 하는 행동이었다.

③ 합법적 권력

합법적 권력(legitimate power)은 권력자가 타인에게 명령을 내릴 수 있는 합당하고 승인된 권한에 가지고 있는 데서 나오는 권력이다. 경찰관의 음주측정에 응하는 시민들, 교관에게 훈련을 받는 교육생들의 경우가 그 예이다. 실험자는 연구에 대한 책임감을 가지고 연구를 진행하는 사람으로, 연구가 잘 진행될 수 있도록 자신들의 행동을 통제하는 권한을 가진 사람으로 실험자를 느꼈을 가능성이 높다.

④ 참조권력

참조권력(referent power)은 타인으로부터 존경받고 많은 호감을 받는 사람에게 나타나는 권력의 형태이다. 본인에게 해를 가할 능력이나 영향력을 미칠 수 있는 권리가 없는 사람이지만, 사람들이 그의 인격이나 카리스마에 매력을 느껴 그를 따른다면 그는 참조권력을 행사하고 있는 것이다. 실험자는 미국의 명문대 중 하나인 예일 대학교의 연구자였으므로, 연구대상자들로부터 일종의 존경심을 받았을 것이다.

⑤ 전문성권력

전문성권력(expert power)은 권력자가 전문적인 지식이나 능력을 갖추고 있는 데서 나타나는 권력의 형태이다. 의사의 말에 환자들이 귀 기울이며, 교수의 강의를 경청하는 학생들의 경우가 그 예다. 실험자는 전기충격을 이용하는 연구를 진행하는 사람이었으므로, 전기와 관련한 전문지식을 가지고 있을 것으로 연구대상자들이 인식했을 가능성이 높다.

⑥ 정보성권력

정보성권력(informational power)은 사람들에게 중요한 정보에 대한 접근성 및 정보를 생산 혹은 유통할 수 있는 능력에 기반하는 권력이다. 회사 직원들의 개인정보를 모두 알고 있는 인사팀 혹은 비밀정보를 다루는 요원들의 경우가 정보성권력을 가진 예라고 할 수 있다. 실험자는 중요한 연구를 진행하는 사람이었으므로, 연구대상자들은 연구가 종료되면 실험자로부터 연구에 대한 중요한 사실 혹은 깨달음을 얻을 수 있을 것으로 예상했을 것이다.

9.5 집단

본 장의 서두에서 언급한 바와 같이, 인간은 사회적 동물이다. 즉, 인간은 홀로 살아가는 것이 아니라 집단을 이루어 살아간다. 2명의 개인이 힘을 합쳤을 때, 정확히 2명 분량의 힘이 나타나지 않는다는 것은 이제는 상식이 되었다. 경우에 따라, 3명 이상의 힘을 내기도 하고, 반대로 1명의 힘에도 못 미치는 경우도 있다. 본 절에서는 사람 개인의 차원에서 영향을 주고받는 것이 아닌, 개인들이 모여 집단을 이루었을 때 어떠한 심리적 현상이 나타나는가를 알아보고자 한다. 구체적으로 집단의 정의를 먼저 살펴보고, 집단의사결정에서 나타나는 현상 및 집단과제수행에서 나타나는 현상을 다룬다.

9.5.1 집단의 정의

집단(group)은 사회적 관계 속에서 상호 연결되어 있는 둘 이상의 개인을 의미한다. 집단은 크게 가족, 가까운 친구 등과 같은 일차 집단(primary group), 회사 사람들, 스포츠팀, 같은 연구실 구성원 등 일차집단보다 더 공식적이고 명확한 목적을 지니고 있는 집단인 이차 집단(secondary group) 혹은 사회 집단(social group)으로 구성된다.

9.5.2 집단의사결정

집단을 구성하는 이유 중의 하나는 일을 혼자보다 여럿이서 하면 더 효과적일 것이라고 생각하기 때문이다. 사람들은 통상 의사결정에서도 개인보다는 집단으로 할 때 더 나은 결과가 나올 것이라고 생각한다. 따라서 법률 입안이나 정책 결정, 사업계획 수립 등을 할 때 위원회나 심의회 등의 집단을 구성하여 좋은 방안을 모색하려고 한다. 그러면 과연 여러 사람의 중지를 모아서 나온 집단의 방안이 개인의 생각에서 나온 방안보다 항상 더 나을까? 이러한 집단의사결정과 관련된 의문에 대해 사회심리학자들이 갖는 주요 관심주제는 집단구성원들이 어떠한 과정을 거쳐서 합의에 도달하고 결정을 내리게 되는가, 집단이 내린 결정은 개인이 내린 결정과 다른가, 집단을 구성하는 사람들이 유능하면 항상 훌륭한 방안이 나오게 되는가 등의 문제이다.

9.5.2.1 집단극화

Moscovici와 Zavalloni(1969)는 대학교 학생들에게 어떤 사회 문제에 관하여 집단 토의를 하게 하고 그 문제에 대한 태도를 집단토의를 하기 전후에 측정하여 변화의 방향을 알아보았다. 집단토의를 하고 난 이후에 학생들은 원래 자신이 갖고 있던 태도를 더 강화하는 쪽으로 변화를 보였다. 즉, 원래 긍정적 태도를 가졌던 학생은 더 긍정적으로, 부정적 태도를 가졌던 학생은 더 부정적으로 되었다. 이런 현상은 집단 내 각 개인의 태도나 의견이 집단토론을 하고 난 후에 본래의 입장 쪽으로 더 극단화되는 식의 변화를 보인다고 하여 집단극화(group polarization) 현상이라고 불렀다. 이 현상이 우리의 관심을 끄는 이유는 우리가 통상 생각하기로는 집단 토의가 구성원들 간의 태도나 견해차를 좁히는 데 공헌할 것이라고 보는데 실제로는 그와 정반대의 현상이 일어난다는 것 때문이다.

9.5.2.2 극단이행

Stoner(1961)는 가상적 의사결정 상황에서 두 개의 방안, 예컨대 이윤은 낮지만 안전한 사업과 이윤은 높지만 모험을 걸어야 하는 사업, 둘 중 어느 하나를 선택하도록 하는 과제를 피험자에게 주고, 개인적으로 결정을 하는 경우와 집단적으로 결정을 하는 경우를 비교해 보았다. 그 결과는 집단적으로 결정을 하는 조건에서 모험적인 방안의 선택이 더 많이 나왔다. 즉, 집단적으로 결정을 하게 되면 개인적으로 하는 경우보다 더 모험적인 방안을 택한다는 것이다. 이 현상을 모험이행(risky shift)이라고 한다. 그러나 그 이후의 연구들을 보면 어떤 경우에는 집단적 결정이 개인적 결정보다 오히려 더 보수적인 방안을 택한다는 결과도 나왔다. 따라서 이 현상들은 나중에 극단이행(extremity shift) 현상으로 불리게 되었다. 즉, 집단적 의사결정은 개인적 의사결정보다 더 모험적이거나 아니면 더 보수적인 극단적 방안 선택으로 귀결된다는 것이다.

그러면 왜 집단적으로 의사결정을 하면 더 극단적인 방안이 나오게 되는 것일까? 이 문제는 집단극화 현상으로 설명이 된다. 사람들이 집단으로 모여서 토론을 하게 되면 구성원들의 태도나 가치는 기존의 태도나 가치보다 더 극단적인 방향으로 변하게 된다. 이처럼 태도나 가치가 더 극단적으로 변한 상태에서 방안을 선택하면 더 극단적인 방안이 나오게 되는 것은 당연한 이치이다. 이때 집단 구성원 다수의 의견이 모험 지향적인 것이었으면 모험이행이, 보수 지향적인 것이었으면 보수이행이 일어나게 되는 것이다.

9.5.2.3 집단사고

집단을 구성하여 토의를 하고 문제해결을 시도하는 이유 중의 하나는 집단이 중지를 모으기 때문에 개인보다 더 나은 방안을 도출해 낼 수 있을 것이라는 기대를 하기 때문이다. 나아가 그 구성원이 유능한 사람들이라면 이런 기대는 더욱 높아질 것이다. 그러나 어떤 경우에는 가장 유능한 전문가들로 구성된 최선의 집단이 최악의 방안을 내놓는 경우가 있다는 것이다. 집단사고(groupthink)라고 불리는 이러한 현상의 대표적인 한 예가 1961년 미국이 쿠바의 카스트로 정권을 전복시키기 위해 시도했던 피그스 만(灣) 상륙작전 계획이다. 이 작전의 계획수립을 위해 당시 케네디 대통령을 보좌하던 유능한 국방 전문가, 학자, 정치가 등이 모여서 토의를 했고, 쿠바의 국내 사정에 대한 정통한 정보를 갖고 있었음에도 불구하고 이 계획은 1,400명의 상륙 부대 중 200명이 전사하고 1,200명이 포로가 되는 결과를 낳으며 완전히 실패하였다. 집단사고의 다른 예로 일본의 진주만 기습에 대비하지 않았던 Kimmel 제독, 중공군의 한국전 불개입을 장담했던 Truman 대통령, 베트남 전쟁 개입의 실책을 범한 Johnson 대통령 등의 경우를 들 수 있다.

집단사고 현상이 일어나는 원인은 무엇일까? 일반적으로 집단구성원들 간의 응집성이 높으면 구성원들의 만족도나 집단과제 수행의 성과 등이 증진된다. 그러나 집단 응집성이 너무 높을 때 몇 가지 다른 조건이 결합되면 이러한 집단사고가 일어날 가능성이 크다. 그러한 조건으로는 집단에 강력한 권한을 가진 지도자가 존재하는 경우, 해결해야 할 과제가 집단의 성패에 중대한 영향을 미치는 경우, 시간적 여유가 아주 촉박한 긴급 상황에서 문제를 해결해야 하는 경우 등이 있다. 이런 조건에서 높은 응집성을 가진 집단은 문제에 대한 최선의 해결책을 찾으려고 노력하기보다는, 집단구성원들 간의 감정에 상함이 없이 만장일치적 합의를 이끌어 내는 데 주된 노력을 기울이기 때문에 집단사고가 일어나기 쉽다는 것이다.

집단사고가 일단 형성되고 나면 집단 구성원들은 자기 집단이 결코 잘못된 결정을 내릴 수 없는 완벽한 집단이라는 신념을 견지하게 된다. 나아가서 만약 자신들이 내린 결정과 상반되는 내용의 견해나 정보를 접하게 되면 그것을 무시해버리거나 그것의 가치를 깎아내리는 등의 집단합리화(collective rationalization)를 하게 된다. 이들은 또한 자기 집단이 능력 면에서도 우수할 뿐만 아니라 도덕적으로도 우월하다는 생각을 가지게 된다.

그러면 이런 집단사고를 방지할 수 있는 방안은 무엇일까? 먼저 집단 성원들 간에 상호 건설적인 비판을 허용하는 개방적 분위기가 만들어져야 한다. 이런 분위기를 만드는 데 가장 중요한 역할을 하는 사람은 역시 그 집단의 리더이다. 리더가 그런 분위기를 선도적으로 조성해야 한다. 이런 분위기를 만들기 위하여 안건에 대한 리더의 의견을 미리 밝히지 말아야 하고, 때때로 회의에 리더가 참가하지 않음으로써 허심탄회한 토의가 이루어지도록 여건을 마련해준다. 또 구성원들이 돌아가면서 한 사람씩 집단 토론에서 비판자 역할을 담당하게 하는 방법을 써도 좋다. 둘째, 집단을 여러 개의 하위 집단으로 나누어서 각 하위 집단이 독립적으로 문제를 해결하게 한 다음, 각 하위 집단에서 제안된 방안을 종합하는 방식을 사용하는 것도 효과적이다. 셋째, 비록 집단이 합의에 도달했다 하더라도 합의한 방안에 문제점이 더 이상 없는가를 한 번 더 생각해 볼 기회를 주고, 다시 모여서 그 방안을 재차 토론에 부치는 방법을 사용하는 것도 좋다.

9.5.3 집단과제수행

9.5.3.1 사회적 촉진

사람은 혼자서 일을 할 때보다 집단 속에서 일을 할 때 과제 수행의 능률이 더 증진된다. Triplett(1897)은 사이클 경주자들의 기록을 조사하는 과정에서 선수가 혼자서 달린 경우보다 옆에서 경쟁자가 함께 달렸을 때 기록이 더 좋다는 것을 우연히 발견하였다. 이 발견 이후 많은 연구가 이루어졌는데, 그 결과 동일한 과제를 하는 사람과 함께 과제를 수행하거나, 관객과 같은 타인이 단순히 곁에 있기만 하여도 과제 수행이 촉진된다는 사실이 밝혀졌다. 이러한 현상은 후에 사회적촉진(social facilitation)이라고 부르게 되었다(Zajonc, 1965). 사회적 촉진이 일어나는 원인에 대한 한 가지 설명은 타인의 존재가 사람의 긴장도(arousal)를 높이고, 이것이 과제 수행을 촉진하는 요인으로 작용한다는 것이다.

그러나 후속 연구들은 타인의 존재가 오히려 수행 능률을 저하시키는 경우를 발견하였다(사회적억제, social inhibition). 그렇다면 언제 촉진이 일어나고, 언제 억제가 일어나는가? 그것은 수행 과제의 난이도에 의해 결정된다. 수행 과제가 간단한 것이거나 익숙한 것일 경우에는 타인이 옆에 있으면 과제수행의 능률이 오르지만(촉진), 복잡한 것이거나 생소한 과제인 경우에는 오히려 능률이 저하된다. 즉, 타인의 존재로 인하여 증가된 긴장도는 쉬운 과제나 익숙한 과제 수행할 때는 능률을 향상시키는 요인으로 작용하고, 반대로 복잡한 과제나 생소한 작업을 수행할 때는 능률을 저하시키는 요인으로 작용한다는 것이다.

9.5.3.2 사회적 태만

집단의 일원으로서 집단 속에 묻혀서 과제를 수행하게 되면 개별적으로 할 때보다 덜 열심히 일을 하게 된다. 즉 작업 동기가 저하되는 현상인 것이다. 이것을 사회적태만(social loafing)이라고 하는데, 이 현상은 과제의 난이도와는 상관없이 일어난다. 사회적 태만은 자신이 작업을 얼마만큼 했는지 평가해 볼 수 없는 조건에서 일어나기 쉽다. 예컨대 이사할 때 무거운 냉장고를 여러 사람이 들어서 나르는 경우 사람들은 각 개인이 얼마만큼의 힘을 들였는지 알 수가 없다. 이런 경우에는 꾀를 부려서 힘을 덜 쓰는 일이 일어날 것이다. 그러나 각 개인의 작업량을 평가할 수 있는 상황에서는 이러한 꾀를 부릴 수 없다. 그래서 한 손으로 들 수 있는 자그마한 상자들을 여러 사람이 나르는 경우에는 누가 몇 개를 날랐는지 알 수 있을 것이므로 이때는 사회 태만이 잘 일어나지 않을 것이다.

9.6 군사적 활용

지금까지 9장에서는 사회심리학의 주요 주제인 ‘사회지각’, ‘사회관계’ 및 ‘사회영향’ 과정에 관해 알아보았다. 특히, 강한 위계질서를 기반으로 하는 ‘군’이라는 사회집단은 그 어느 집단보다도 구성원 간의 상호작용이 활발하게 이루어지는 집단이다. 따라서 본 장에서 다룬 다양한 개념과 원리가 군 조직 구성원 간의 다양한 상호작용을 이해하는 데 여러 함의를 제공할 수 있다.

사회지각에서는 크게 인상형성, 귀인, 및 태도에 관해 다루었다. 구체적으로, 인상형성 부분에서는 인상형성의 근본적 차원(따뜻함과 유능함), 인상형성의 원리 및 과정(평균원리, 초두효과, 부정적 정보의 중시, 고전적 조건화), 인상형성의 단서, 인상형성의 왜곡(고정관념, 내집단-외집단 편파, 암묵적 성격이론)에 관해 논의했다. 이러한 인상형성의 다양한 원리는 군 조직 구성원 간 상호 인상형성을 하는 과정을 이해하는 데 도움이 된다. 첫째, 우리는 상급자, 하급자, 혹은 동료들을 따뜻함과 유능함의 차원에서 어떻게 바라보고 있는가를 스스로 생각해 볼 필요가 있다. 더 나아가, 타인이 자신을 두 차원에서 어떻게 지각하고 있는가도 고민해 볼 필요가 있다. 두 차원에 따른 인상형성이 대상에 대한 여러 정서(존경, 혐오, 동정, 시기)를 유발시킨다는 점을 고려할 때, 본인을 포함하여 구성원 상호 간 따뜻함과 유능함의 정도를 어떻게 지각하고 있는가를 객관적으로 인식하는 것은 중요하고 의미 있는 과정일 것이다. 특히, 군의 리더들은 리더십을 발휘하는데 있어, 본인이 부하들에게 두 차원에서 얼마나 그리고 어떻게 지각되고 있는지를 주기적으로 확인할 필요가 있다. 리더에 대한 존경은 부하들의 직무만족, 성과 등에 중요한 영향을 미치는 요소로 알려져 있다(Judge & Piccolo, 2004). 스스로 성과에 기반한 유능함의 차원에 지나치게 집중하고 있는 것은 아닌지, 반대로 관계에 기반한 따뜻함의 차원에 지나치게 몰두하고 있는 것은 아닌지 자기인식을 해야 한다.

고정관념 등으로 인해 인상형성 과정에 왜곡이 발생할 수 있는 측면 또한 중요한 함의를 지닌다. 군이 그 어느 집단보다도 집단응집력(group cohesiveness)이 중요하게 작동한다는 점을 고려할 때, 구성원 간 상호 긍정적인 인상을 형성함으로써 응집력을 강화하는 것은 리더의 중요한 역할 중 하나이다. 구성원 간 상호 고정관념은 없는지, 군 내에서 상대적으로 외집단으로 인식되는 소수집단은 없는지 등에 관해 확인하고, 만약 있다면 이를 어떻게 해결할 것인가에 대한 제도적 차원의 보완이 필요하다. 특히, 현재 군 내 여군의 비중이 지속적으로 높아지고 있고, 다문화 가정 출신의 용사의 수도 늘어나고 있다. 하지만, 이들은 여전히 군 집단에서 소수집단으로 형성되어 있기 때문에 이들에 대한 인상형성의 왜곡이 발생할 가능성이 제기된 바도 있다(구자일, 2019).

귀인 부분에서는 귀인의 의미, 종류, 그리고 귀인과정에서 발생할 수 있는 오류에 관해 다루었다. 왜 상급자가 이러한 언행을 보일까, 왜 하급자가 그러한 반응을 보일까에 대한 판단은 귀인과정의 대표적인 예이다. 이런 상황을 한번 상상해 보자. 한 하급자가 최근 마주칠 때마다 표정이 좋지 않고, 대화를 할 때도 긍정적이지 않은 형태의 반응을 보인다. 이때 상급자는 크게 2가지 측면으로 하급자의 모습에 대해 귀인을 할 수 있다. 먼저, '저 하급자는 태도가 불량하구나, 저 하급자가 나를 상급자로 제대로 대우하지 않는구나'와 같이 성향귀인을 할 수 있다. 반면,

'저 하급자에게 무슨 일이 생긴 것 같다, 내가 알지 못하는 어떤 상황에 처한 것 같다' 등과 같이 상황귀인을 할 수도 있다. 만약, 전자와 같이 귀인을 한다면, 그 상급자는 하급자에게 부정적인 태도를 형성하거나 부정적인 반응을 보이게 될 것이다. 반면, 후자와 같이 귀인을 한다면, 하급자에게 찾아가 어려운 점은 없는지 물어보고, 이를 조치해주거나 상담을 실시해줄 것이다. 즉, 귀인을 어떻게 하느냐에 따라 같은 상황에서도 전혀 다른 형태의 행동을 보일 수 있다. 여러분은 평소에 위와 같은 상황에서 어떻게 판단하는가? 만약, 전자와 같이 주로 반응했다면, 앞으로는 후자와 같이 조금 더 여유를 가지고 행동해 보는 것은 어떨까?

태도 부분에서는 태도의 구성요소, 확증적 지각, 호감/비호감의 형성과정, 그리고 태도의 변화과정에 관해 다루었다. 특정 상급자나 하급자에 대해 지나치게 강한 호감을 가지고 있거나 반대로 비호감을 가지고 있다면, 스스로 확증적 지각을 하고 있는 것은 아닌지 반추해볼 필요가 있다. 이미 형성된 인상형성을 기반으로 내가 객관적이지 못하고, 지나치게 편향되게 상대방을 인식하고 있는 것은 아닌지, 동일한 행동을 하더라도 사람에 따라 다르게 평가하고 있는 것은 아닌지 등 스스로의 모습을 반추해보자.

태도의 구성요소는 인지, 정서, 행동으로 되어 있고, 이를 바탕으로 태도의 변화 가능성에 대해 다루었다. 타인이 본인에게 가지는 태도를 변화시키고 싶거나, 혹은 본인이 타인에게 가지는 태도를 변화시키고 싶다면, 본 장에서 다룬 방식을 적용해 보길 권장한다. 물론, 군 내 모든 구성원에게 항상 좋은 인상을 주어야 하고, 혹은 타인을 무조건 좋게만 바라봐야 하는 것은 지나친 생각일 수 있다. 하지만, 적어도 군의 리더들은 이를 위해 더욱 노력할 필요는 있어 보인다. 상급자에게 많은 권한과 권력이 주어지는 군의 특성을 고려했을 때, 하급자에 대한 부정적인 태도는 하급자에게 비합리적으로 행동하는 것으로 발전될 가능성이 있다. 위에서 언급한 바와 같이, 집단응집력의 측면에서도 이러한 부정적 태도는 집단응집력을 해하는 요소로 작용할 것이다. 프래깅(fragging)이란 용어가 있다. 이는 군대 내에서 특히 상관을 대상으로 일어나는 아군에 의한 의도적인 살인을 의미한다. 미군의 경우, 베트남전에서 많은 프래깅의 사례가 발생한 것으로 알려져 있다. 평소 만연하게 형성되어 있는 군 내 상호 간 부정적 태도가 이러한 상황을 촉발한 것으로 이해할 수 있다.

사회관계 부분에서는 공격성과 도움행동에 관해 논의하였다. 특히, 이러한 공격성과 도움행동은 전장 상황에서 발생할 수 있는 다양한 상황에 대해 생각할 거리를 제공한다. 총기와 수류탄과 같은 무기사용의 제약이 사라지는 상황에서 필요치 않은 공격성의 발휘는 아군은 물론 본인 스스로에게도 위험한 요인으로 작동할 것이다. 또한, 위급상황에서의 도움행동에서 다룬 Kitty Genovese 사건을 고려했을 때, 만약 전장 상황에서 누군가 위험에 처한 모습을 본다면, 군인들은 어떻게 행동할지, 위험에 처한 사람의 모습을 보면서도 모두가 그 모습을 그냥 방관하고 지나치는 상황이라면, 본인은 어떻게 행동할지에 대해서도 고민해볼 필요가 있다.

사회영향 부분에서는 크게 동조 및 복종의 개념과 그 과정에 대해 공부하였다. 동조 현상은 군대 내 문화를 변화시키는 것이 얼마나 어려운 과정인지를 짐작하게 한다. 군 내에 존재하는 여러 문화의 정당성 혹은 필요성에 대한 판단과 별개로, 구성원들이 공공하게 가지고 있는 신념이나 일반적으로 보이는 행동은 계속해서 답습될 가능성이 크다. 만약 부정적인 문화가 존재한다면, 우리는 이를 어떻게 변화시켜 나가야 할까? 우리는 앞에서 동조현상이 나타나는 주요 원인은 일탈자로 낙인될 가능성에 대한 불안이라는 것을 확인하였다. 즉, (만장일치에 가깝게) 대부분의 군인들이 한가지로 행동하고 있는데, (설령 본인의 행동이 올바르다 하더라도) 그와 다른 행동을 보이는 것은 상당히 어려운 일일 것이다. 따라서 군 내에서 다수와 다른 의견을 낼 수 있는 장치와 이를 건전하게 수용할 수 있는 여건을 만들 필요가 있어 보인다. 특히, 리더는 조직문화의 긍정적인 변화를 유도하기 위해 권력이 있는 '소수'로서 솔선수범의 자세를 더욱 견지할 필요가 있다.

복종 현상은 상명하복의 가치를 추구하는 군의 특성과 밀접하게 연관된다. Milgram의 복종실험은 일시적으로 형성된 집단에서도 권력의 복종의 상호작용이 강하게 나타나며, 심지어 다소 불합리한 명령에 대해서도 나타날 수 있음을 보여준다. 따라서 리더와 같은 권력을 가진 자는 본인의 말이 가진 힘을 인지하고, 권력의 발휘에 있어 겸손하고 윤리적인 태도를 보여야 한다. 또한, 권력의 6가지 원천을 고려했을 때, 본인이 하급자들에게 발휘하고 있는 권력의 형태는 어떠한 것인지를 반추해볼 필요도 있다. 특히, 보상권력과 강제권력은 영원할 수 없다는 점을 유념해야 한다.

마지막으로 '집단' 부분에서는 집단의 정의와 집단의사결정(집단극화, 극단이행, 집단사고) 및 집단과제수행(사회적 촉진, 사회적 태만)에 대해 알아보았다. 특히, 집단사고에서 제시했던 피그스 만(灣) 상륙작전의 실패사례는 군인들에게 여러 생각거리를 제공한다. 아무리 훌륭한 리더와 참모진, 그리고 부하들이 있다고 하더라도 집단사고 현상이 발생하게 되면 돌이키지 못할 부정적 결과를 초래할 수 있다. 집단

사고의 조건으로 제시했던 강력한 권한을 가진 지도자의 존재, 당면 과제의 위급성 및 중요성, 만장일치의 압박 등은 특히 군의 특성 및 전장의 상황과 매우 일치한다. 앞서 기술한 바와 같이, 집단사고를 방지하기 위해서 우리는 다시 한 번 집단사고의 발생과정에 대해 명심하고, 평소부터 집단사고가 발생할 수 있는 조건을 완화시키기 위해 노력해야 하며, 전장상황 속에서의 여러 의사결정 과정에 대한 시뮬레이션 훈련을 실시할 필요가 있다.

참고문헌

구자일 (2019). 여군을 인식하는 생각의 틀: 사회심리학적 관점을 기반으로. **한국군사학논집, 75,** 85－119.

최우열, 홍준희 (2014). 한국 축구대표팀 골결정력 부재에 관한 실증 연구. **한국스포츠심리학회지, 25,** 67－75.

Allport, G. W. (1985). The historical background of social psychology. In G. Lindzey & E. Aronson (Eds.), *Handbook of social psychology* (3rd ed., Vol. 1, pp. 1－46). New York, Random House.

Antonakis, J., & Dalgas, O. (2009). Predicting elections: Child's play!. *Science, 323,* 1183－1183.

Bodenhausen, G. V., Kang, S. K., & Peery, D. (2012). Social categorization and the perception of social groups. In S. T. Fiske & C. N. Macrae (Eds.), *The sage handbook of social cognition* (pp. 318－336). Thousand Oaks, CA: Sage.

Choi, I., & Nisbett, R. E. (1998). Situational salience and cultural differences in the correspondence bias and actor－observer bias. *Personality and Social Psychology Bulletin, 24,* 949－960.

Cuddy, A. J., Fiske, S. T., & Glick, P. (2008). Warmth and competence as universal dimensions of social perception: The stereotype content model and the BIAS map. *Advances in Experimental Social Psychology, 40,* 61－149.

Darley, J. M., & Latané, B. (1968). Bystander intervention in emergencies: Diffusion of responsibility. *Journal of Personality and Social Psychology, 8,* 377－383.

Dryer, D. C., & Horowitz, L. M. (1997). When do opposites attract? Interpersonal complementarity versus similarity. *Journal of Personality and Social Psychology, 72,* 592－603.

Felmlee, D. H. (1994). Who's on top? Power in romantic relationships. *Sex Roles, 31,* 275－295.

Fiske, S. T., Cuddy, A. J., & Glick, P. (2007). Universal dimensions of social cognition: Warmth and competence. *Trends in Cognitive Sciences, 11,* 77－83.

Freedman, M. B., Leary, T. F., Ossorio, A. G., & Goffey, H. S. (1951). The interpersonal dimension of personality 1. *Journal of Personality, 20,* 143－161.

French, J. R., Raven, B., & Cartwright, D. (1959). The bases of social power. *Classics of Organization Theory, 7*, 311 – 320.

Galinsky, A. D., Gruenfeld, D. H., & Magee, J. C. (2003). From power to action. *Journal of Personality and Social Psychology, 85*, 453 – 466.

Hamilton, D. L., & Sherman, J. W. (1994). Stereotypes. In R. S. Wyer, Jr. & T. K. Srull (Eds.), *Handbook of social cognition* (Vol. 2, pp. 1 – 68). Hillsdale, NJ: Erlbaum.

Hamley, L., Houkamau, C. A., Osborne, D., Barlow, F. K., & Sibley, C. G. (2020). Ingroup love or outgroup hate (or both)? Mapping distinct bias profiles in the population. *Personality and Social Psychology Bulletin, 46*, 171 – 188.

Judd, C. M., James – Hawkins, L., Yzerbyt, V., & Kashima, Y. (2005). Fundamental dimensions of social judgment: Understanding the relations between judgments of competence and warmth. *Journal of Personality and Social Psychology, 89*, 899 – 913.

Judge, T. A., & Piccolo, R. F. (2004). Transformational and transactional leadership: A meta – analytic test of their relative validity. *Journal of Applied Psychology, 89*, 755 – 768.

Kanahara, S. (2006). A Review of the Definitions of Stereotype and a Proposal for a Progressional Model. *Individual Differences Research, 4*, 306 – 321.

Lalonde, R. N. (1992). The dynamics of group differentiation in the face of defeat. *Personality and Social Psychology Bulletin, 18*, 336 – 342.

Lammers, J., Stoker, J. I., Rink, F., & Galinsky, A. D. (2016). To have control over or to be free from others? The desire for power reflects a need for autonomy. *Personality and Social Psychology Bulletin, 42*, 498 – 512.

Mendoza – Denton, R., & Page – Gould, E. (2008). Can cross – group friendships influence minority students' well – being at historically white universities?. *Psychological Science, 19*, 933 – 939.

Miller, R. S., Perlman, D., & Brehm, S. S. (2007). Intimate relationships (4th ed.). Boston, MA: McGraw – Hill.

Mondillon, L., Niedenthal, P. M., Brauer, M., Rohmann, A., Dalle, N., & Uchida, Y. (2005). Beliefs about power and its relation to emotional experience: A comparison of Japan, France, Germany, and the United States. *Personality and Social Psychology Bulletin, 31*, 1112-1122.

Peeters, G. (2002). From good and bad to can and must: Subjective necessity of acts associated with positively and negatively valued stimuli. *European Journal of Social Psychology, 32*, 125 – 136.

Pettigrew, T. F., & Tropp, L. R. (2008). How does intergroup contact reduce prejudice? Meta-analytic tests of three mediators. *European Journal of Social Psychology, 38*, 922–934.

Rosenberg, S., Nelson, C., & Vivekananthan, P. S. (1968). A multidimensional approach to the structure of personality impressions. *Journal of Personality and Social Psychology, 9*, 283–294.

Ross, L. (1977). The intuitive psychologist and his shortcomings: Distortions in the attribution process. In L. Berkowitz (Ed.), *Advances in Experimental Social Psychology* (Vol. 10, pp. 173–220). New York, NY: Academic Press.

Staats, A. W., & Staats, C. K. (1958). Attitudes established by classical conditioning. *Journal of Abnormal and Social Psychology, 57*, 37–40.

Stone, J., Perry, W., & Darley, J. M. (1997). " White men can't jump": Evidence for the perceptual confirmation of racial stereotypes following a basketball game. *Basic and Applied Social Psychology, 19*, 291–306.

Tajfel, H. (1970). Experiments in intergroup discrimination. *Scientific American, 223*, 96–103.

Tajfel, H., Billig, M., Bundy, R. P., & Flament, C. (1971). Social categorization and intergroup behaviour. *European Journal of Social Psychology, 1*, 149–178.

Todorov, A., Mandisodza, A. N., Goren, A., & Hall, C. C. (2005). Inferences of competence from faces predict election outcomes. *Science, 308*, 1623–1626.

Todorov, A., Olivola, C. Y., Dotsch, R., & Mende–Siedlecki, P. (2015). Social attributions from faces: Determinants, consequences, accuracy, and functional significance. *Annual Review of Psychology, 66*, 519–545.

Todorov, A., Pakrashi, M., & Oosterhof, N. N. (2009). Evaluating faces on trustworthiness after minimal time exposure. *Social Cognition, 27*, 813–833.

Tversky, A., & Kahneman, D. (1991). Loss aversion in riskless choice: A reference–dependent model. *Quarterly Journal of Economics, 106*, 1039–1061.

Verhaeghen, P., Aikman, S. N., & Van Gulick, A. E. (2011). Prime and prejudice: Co-occurrence in the culture as a source of automatic stereotype priming. *British Journal of Social Psychology, 50*, 501–518.

Wojciszke, B., Bazinska, R., & Jaworski, M. (1998). On the dominance of moral categories in impression formation. *Personality and Social Psychology Bulletin, 24*, 1251–1263.

Zajonc, R. B. (1968). Attitudinal effects of mere exposure. *Journal of Personality and Social Psychology, 9*, 1–27.

P S Y C H O L O G Y

제10장

검사와 측정

P S Y C H O L O G Y

10 검사와 측정

심리검사는 개인의 심리적 특성을 파악하기 위해 도구를 사용하여 수량적, 체계적으로 측정 및 평가하는 일련의 과정을 의미한다. 현대 사회가 점차 복잡해지고 빠르게 발전하면서, 인간을 이해하기 위한 과학적 접근의 일환으로 심리검사에 대한 수요 역시 증가하고 있는 실정이다. 예를 들어, 자신이 대학의 어느 학과에 진학할 것인지, 어떤 직업에 종사하는 것이 좋을 것인가를 결정하기 위해서 심리검사의 결과를 활용할 수 있다. 또한, 조직의 인사 담당자들이 목적에 맞는 인원을 선발 및 채용하거나, 정신과 또는 심리상담센터에서 개인의 성격이나 정신건강을 파악하는 데 있어 심리검사의 도움을 받을 수 있다. 이는 심리검사가 개인에 대한 상대적으로 정확하고 객관적인 정보를 제공하기 때문이다.

다만, 검사 결과를 확신하기 위해서는 심리검사의 제작에 있어 객관성, 타당성과 신뢰성이 반드시 확보되어야만 한다. 본 장에서는 심리검사를 이해하기 위한 측정학적 개념을 살펴보고, 도구의 구조화 여부에 따라 구분된 객관적 검사와 투사적 검사의 유형을 살펴보겠다. 아울러 심리검사가 군 조직에서 어떻게 활용되는지를 논의하겠다.

10.1 심리검사란 무엇인가?

10.1.1 심리검사의 정의

심리검사에 대해 Anastasi와 Urbina(1997)는 “객관적이고 표준화된 방식으로 행동 표본을 관찰하는 것”이라고 정의하였고, Cronbach(1990)는 “두 사람 이상의 행동을 비교하는 조직적인 절차"라고 정의하였다. 이를 종합해 보면, 심리검사는 '개인의 인격적·정서적·행동적 측면을 이해하고, 심리적 현상의 개인차를 비교하기 위해 표준화된 조건에서 나타나는 행동특성을 측정하는 과정'이라고 할 수 있다. 이러한 정의를 명확하게 이해하기 위해서는 다음의 개념들을 알 필요가 있다.

심리검사는 표준화된 절차에 의하여 제작되었다. 이때, 표준화된 절차란 수검자들에게 주어진 조건이 모두 동일하다는 것을 의미한다. 이러한 표준화된 절차는 검사 실시 및 채점과정에서 발생하는 오차를 방지하여 순수한 개인차를 비교할 수 있도록 한다.

심리검사는 행동을 측정한다. 이때, 행동이란 외현적 행동뿐만 아니라 내현적 행동, 즉 지능, 적성, 성격, 학력, 흥미 등을 포함한 것이다. 심리검사에서 행동은 수검자의 반응이며, 심리학자는 수검자의 반응을 통해 개인의 행동적 특성을 추론한다. 이러한 반응은 기호, 단어, 또는 상징과 같이 대부분 간접적이고 추론적이다. 따라서 심리검사의 결과는 개인의 행동영역을 단지 기술하고 이해하는 데 그칠 뿐, 개인의 행동을 완전히 설명할 수는 없다.

심리검사는 행동의 한 표본을 측정한다. 단일 심리검사를 통해 특정 행동영역(지능, 적성, 성격 등)의 모든 것을 측정할 수는 없다. 심리검사에 있는 일련의 과제나 질문은 넓은 행동영역에서 선택된 하나의 표본에 불과하다. 따라서 심리검사 내 과제나 질문이 과연 심리학자가 측정하고자 하는 행동영역의 특성을 적절하게 대표할 수 있는지가 문제점으로 제기될 수 있으며, 동일한 행동특성을 확인하는 검사일지라도 그 행동특성을 대표하는 문항이 다를 수 있다.

심리검사는 하나의 측정도구이다. 이때, 측정이란 어떤 규정된 법칙에 근거하여 수검자의 반응을 수량적인 값으로 변환시키는 것을 의미한다. 개인의 행동특성을 측정 및 평가하는 방법에는 면접법, 질문지법 및 관찰법 등 여러 가지가 있다. 따라서 심리검사는 이러한 여러 방법 중의 하나이며, 심리검사에서 얻은 정보는 유용한 정보들 중 하나에 불과하다.

심리검사는 강점뿐만 아니라 한계점도 존재하며, 따라서 심리검사의 결과를 과도하게 의존하거나 평가절하하는 태도를 갖는 것은 당면한 문제를 해결하는 데 도움을 주지 못한다. 심리검사의 강점과 한계점을 올바르게 이해하고, 심리검사를 통해 최선의 결과를 얻을 수 있도록 노력한다면 문제해결과 의사결정과정에서 유용하게 활용할 수 있을 것이다.

10.1.2 심리검사의 기능

첫째, 심리검사는 개인의 심리적인 문제를 진단하는 데 사용된다. 예를 들어, 심리검사는 학교장면에서 학업소진 수준을 진단하거나 임상장면에서 반사회적 행동의 수준을 진단하는 데 사용된다. 이러한 진단적 검사를 적절하게 사용한다면, 행동상의 결함을 발견할 수 있을 뿐만 아니라 결함에 대한 원인을 찾을 수도 있다. 다만, 이러한 심리검사는 진단적 경향이 강해서 고도로 전문화되어 있으므로, 심리검사를 사용하는 사람은 상당한 교육과 훈련이 필요하게 된다.

둘째, 심리검사는 개인의 미래행동을 예측하는 데 사용된다. 즉, 어떤 사람이 성격검사에서 '정서적 안정성' 점수가 매우 낮게 나왔다면, 이 사람은 특별한 조치가 없는 한 장래에도 정서적 불안정 상태가 될 수 있음을 예측할 수 있다.

셋째, 심리검사는 개성이나 적성을 발견해서 맞춤형 지도방법을 결정하는 데 도움을 줄 수 있다. 예를 들어, 학교에서는 개인의 지적 능력에 맞는 교육지도를 위해 지능검사를 실시할 수 있으며, 회사에서는 직무배치를 위한 기초자료로 심리검사를 사용할 수 있다. 또한, 군대에서도 인원의 선발과 배치, 그리고 병과분류를 위해 심리검사가 활용될 수 있다. 실제로 비행기 조종사 훈련을 위한 적성검사 내 운동협응, 반응시간, 지각기능, 일반지능 등을 포함한 많은 소검사가 이러한 목적으로 개발되었다.

넷째, 심리검사는 집단이 가지고 있는 특정 경향성을 규명하려는 조사적 목적으로 사용된다. 예컨대 특정 학교의 상태를 전국 학교의 일반적인 경향과 비교하는 경우, 지역차나 민족차를 비교하는 경우 등이 이에 해당한다.

10.2 심리검사의 역사

심리검사가 사용된 초기의 사례는 19세기 말 Galton의 연구에서 발견할 수 있다. Galton은 Darwin의 진화론을 기반으로 인간의 천재성이 자연 도태 과정을 통해 유전된다는 것을 이론화시켰다(Galton, 1879). 동시에, 그는 이를 입증하기 위해 반응시간이나 시각 민감성과 같은 감각능력을 측정하는 검사를 고안 및 실시하였으며, 이때 평정척도와 설문지를 처음으로 사용하였다. 이러한 Galton의 연구는 현대의 다양한 지필검사와 태도검사, 질문지법이 발전하는 데 지대한 영향을 미쳤으며, 이후 정신 검사(mental test)라는 용어를 최초로 사용했던 Cattell(1890) 연구의 토대가 되었다.

이후 체계적인 심리검사의 개발은 1905년 Binet가 그의 동료인 Simon과 함께 개발한 지능검사로부터 시작되었다. Binet의 지능검사는 공립학교에서 정신지체 학생들을 평가 및 파악하여 반 편성을 별도로 실시하기 위한 목적으로 개발되었다. 이 지능검사는 개인검사로서 주로 어휘력을 측정하는 문항들로 구성되었으며, 이전의 검사들보다 몇 가지 발전된 점을 가진다. 첫째, 이전의 검사는 문항을 제작하는 과정에서 과학적 방법을 사용한 문항분석을 시도하지 않았다. 반면, Binet는 많은 문항을 만든 후 각 연령층이 풀 수 있는 문제유형을 파악하였으며, 생활 연령(chronological age: CA)에 따라 풀 수 있는 문제를 다양하게 개발하였다. 둘째, Binet는 각 연령층에서 풀 수 있는 평균 문항 수를 계산한 규준표를 제작하였다. 수검자는 처음부터 문제를 풀기 시작해서 자신이 맞히지 못하는 문제가 나오면 검사를 중지하게 된다. 이때 검사자는 수검자가 몇 개를 맞혔는지를 파악 후 규준표와 대조하여 수검자의 정신연령(mental age: MA), 즉 해당 연령의 수검자가 그 규준의 어느 위치까지 도달하였는가를 알 수 있다. 이러한 Binet 검사의 문항분석 및 규준표 작성 과정은 현대의 검사개발 과정에서 사용하는 방식과도 크게 차이가 없다. Binet 검사는 이후 미국에서 타당화된 Stanford–Binet 검사의 토대가 되었다(Terman, 1916).

한편, 앞서 언급했듯이 Binet의 지능검사는 개인검사이며, 따라서 한 번에 한 사람에게만 실시할 수 있다는 한계점이 있다. 비록 정신지체 학생은 학생 모집단 중 매우 작은 집단에 속했기 때문에 이들을 대상으로는 Binet 검사가 큰 문제 없이 사용될 수 있었으나, 1차 세계대전이 발발하면서 많은 사람이 군에 입대하였고, 개인검사로는 이러한 수요를 충당할 수 없었다. 따라서 이들을 빠른 시간 내 적재적소에 배치하기 위한 집단검사의 필요성이 대두되기 시작했으며, Yerkes를 중심으로 한 심리학자들은 미국 정부와 미국심리학회(American Psychological Association)의 지원을 받아 정신능력을 측정하기 위한 집단검사를 최초로 개발하였다(Yerkes, Bridges, & Hardwick, 1915). 이 집단 검사는 글을 읽을 수 있는 지원자를 대상으로 개발된 Army－α 검사(수학문제 풀기, 동의어와 반대어 사용하기, 수열 완성하기 등)와 글을 잘 읽을 수 없는 지원자에게 실시할 수 있도록 그림을 많이 추가한 Army－β 검사(미로 찾기, 조각그림문제, 계산하기 등)의 두 가지 형태로 개발되었다.

국내에서 심리검사의 발전은 주로 외국의 검사를 번안한 후 우리나라 실정에 맞게 표준화 과정을 거쳐 출판하면서 시작되었으며, 1960년대에 이르러 검사가 본격적으로 제작되기 시작하였다. 지능검사의 경우, 1963년에 전용신, 서봉연, 이창우가 함께 한국판 웩슬러검사(Korean Wechsler Intelligence Scale: K－WAIS)를 제작하였으며, 이 검사는 만 16～64세의 지능을 측정하도록 제작되었다. 이후 1974년에는 이창우와 서봉연이 만 6~16세의 아동의 지능을 측정하기 위한 한국 웩슬러 아동지능검사(Korean Wechsler Intelligence Scale for Children: K－WISC)를, 1996년에는 박혜원, 곽금주와 박광배가 만 3~7세의 유아의 지능을 측정하기 위한 한국 웩슬러 유아지능검사(Korean Wechsler Preschool and Primary Scale of Intelligence: K－WPPSI)를 제작하였다. 또한, 1970년에는 성백선과 전용신이 Binet 검사의 한국판을 출판하였으며, 만 4～14세까지의 아동의 지능을 측정하도록 제작하였다. 성격검사의 경우, 1963년 정범모, 이정균, 진위교 등이 MMPI를 한국판으로 최초로 표준화하였으며, 이후 한국임상심리학회에서 새롭게 표준화 작업을 진행하여 사용하고 있다.

10.3 검사의 측정학적 개념

10.3.1 측정의 의미

측정(measurement)이란 일정한 규칙에 의거하여 대상이나 사건의 속성(attribute)을 숫자를 통해 객관적으로 표현하는 과정을 의미한다. 여기서 중요한 것은 대상이 아닌 대상의 '속성'를 표현한다는 점이다. 따라서, 측정은 대상의 키나 몸무게 등의 물리적 속성, 또는 언어능력이나 정직성 등의 심리적 속성을 재는 것이며, 대상 그 자체를 재는 것은 아니다.

한편, 측정의 대상이 되는 속성 중 키나 몸무게와 같은 물리적 속성은 직접적으로 측정할 수 있지만, 언어능력이나 정직성과 같은 심리적 속성은 직접적으로 측정할 수 없다. 이러한 물리적 속성과 구분되는 심리적 속성을 구성개념(construct)이라고 부르며, 이는 인간 행동을 설명하기 위해 고안된 추상적이고 가설적인 개념이다.

구성개념이 어떠한 과정을 통해 만들어지며, 이 속성을 어떻게 측정하는지를 예를 들어 살펴보자. 어떤 심리학자가 아동의 행동을 관찰하면서 일부 아동이 사교성이 높고, 말도 잘하며, 자신 있는 모습을 보인다는 것을 발견하였다. 그는 이러한 행동을 '외향성'이라고 명명했다. 즉, 이 심리학자는 몇 가지 유사행동들을 하나로 묶어서 외향성이라는 구성개념을 만든 것이다.

구성개념을 만든 후에는 이를 어떻게 측정할 것인지를 고안해야 한다. 그러기 위해서는 구성개념을 구체적인 행동용어로 정의하는 것, 즉 조작적 정의(operational definition)를 내리는 것이 필요하다. 조작적 정의를 통해 특정 상황에서 어떤 행동 유형이 '외향성'을 특징짓는지 결정한 후, 이와 관련된 개인의 행동을 관찰하게 된다. 이러한 행동의 관찰을 통해 검사가 만들어지게 된다. 따라서, 심리적 속성을 측정한다는 것은 검사를 사용해서 측정대상이 심리적 속성과 관련된 행동을 얼마나 많이 보이는지를 숫자로 나타내는 것이다(탁진국, 2007). 즉, 개인이 일정 시간 동안 보인 행동 중 특정 속성과 관련된 행동의 수를 숫자로 표기하면 그 값이 해당 속성의 정도를 간접적으로 나타내는 것이 된다.

구성개념의 측정을 통해, 심리학자들은 유사한 행동을 묶어 하나의 이름으로 분류하는 범주화 과정이 가능해졌으며, 인간 행동에 대한 이론을 조금 더 수월하게 논의할 수 있게 되었다.

10.3.2 측정 척도의 종류

측정이 일정한 규칙에 의해 숫자를 부여하는 것이라면, 척도(scale)란 측정을 위한 도구에 해당한다. 측정대상들에게 숫자를 부여할 때, 부여된 모든 숫자가 동일한 특성을 지니고 있는 것은 아니다. 예를 들어, 어떤 숫자는 측정대상을 또 다른 측정대상과 구별하게 해주는 특성만 가지는 반면(학년, 유니폼 등번호 등), 어떤 숫자는 측정대상 간의 상대적 비교를 가능하게 한다(키, 몸무게 등). 이처럼 각 측정대상에게 부여된 숫자는 그 숫자의 특성에 따라 얻을 수 있는 정보의 정도가 달라지게 된다. 척도는 이러한 숫자의 특성을 다루는 측정의 수단이며, 다음과 같은 네 가지 유형으로 구분된다.

10.3.2.1 명목척도

명목척도(nominal scale)는 말 그대로 이름뿐인 척도이다. 가장 초보적인 척도로, 단순히 사람이나 사물 또는 특성을 분류하고자 할 때 사용된다. 예를 들어, 학년의 경우 1학년, 2학년, 3학년 등 각 학년의 숫자는 단순히 각 학년이 서로 다른 학년이라는 상태의 차이만을 의미한다. 이 숫자들의 총합이나 평균을 계산할 수는 있겠지만, 그 값은 어떤 의미도 갖지 못한다.

명목척도는 크게 등가성(equality), 상호배타성(mutual exclusiveness), 망라성(exhaustiveness)의 세 가지 특성을 가진다. 첫째, 등가성이란 어떤 한 범주에 속해 있는 대상이 그 범주의 다른 모든 대상과 동등하다는 것을 의미한다. 예를 들어, 1학년으로 분류된 모든 사람은 각자 동등하다. 둘째, 상호배타성은 어떤 한 범주로 분류된 대상이 동시에 다른 어느 범주에도 속할 수 없다는 것을 의미한다. 예를 들어, 응답자의 소득을 '100만 원 이상'과 '100만 원 이하'로 구분했을 때, 소득이 '100만 원'인 사람은 두 범주에 모두 속하므로 이 구분은 상호배타성을 위반한 것이 된다. 셋째, 망라성은 모든 대상이 반드시 어느 한 범주로 분류될 수 있어야 함을 의미한다. 예를 들어 인종을 선택하는 질문의 선택지가 '백인'과 '흑인'으로만 구성되어 있다면, '황인'은 두 범주 어디에도 속할 수 없으므로 이 질문은 망라성을 위반한 것이 된다.

10.3.2.2 서열척도

명목척도와는 달리, 측정대상들에게 부여된 숫자를 통해 대상 간의 순위관계를 알 수 있는 경우가 있다. 예를 들어, 100m 달리기 대회를 실시한 결과 A가 1등, B가 2등, C가 3등일 경우, 우리는 각자에게 부여된 숫자인 1, 2, 3을 통해 A, B, C가 각각 다른 사람임을 알 수 있다. 또한, A는 B, C보다 빠르며, B는 C보다 빠르다는 사실 역시 알 수 있다. 이렇듯 서열척도(ordinal scale)는 측정대상이 갖고 있는 특정한 속성의 많고 적음, 크고 작음, 높고 낮음 등의 순서에 따라 순위를 부여해 주는 척도이다. 이때, 서열척도의 숫자는 절대적인 양이나 크기를 의미하지 않으며, 단지 순서만 나타낸다. 따라서 대상 간 속성의 크기 차이가 얼마인지는 알 수 없고, 대상의 순위 간 거리도 일정하지 않다. 앞서의 달리기 대회의 예를 들면, 1등을 차지한 A가 2등을 차지한 B보다 얼마나 더 빠른지 알 수 없다는 것이다. 또한, 1등과 2등의 기록 차이는 2등과 3등의 기록 차이와 동일하지 않다. 이러한 서열척도의 특성으로 인해, 서열척도는 명목척도와 마찬가지로 산술평균이나 표준편차와 같은 수학적 계산이 제한된다.

10.3.2.3 동간척도

동간척도(interval scale)는 등간척도라고 부르기도 하며, 서열척도가 지닌 '분류'와 '순위'의 속성을 모두 가지면서, 순위 사이의 간격이 균일한 척도를 말한다. 따라서 동간척도를 통해 얻어진 측정치는 측정대상이 가지는 양적인 정도의 차이를 의미한다. 예를 들어 어떤 날의 온도를 세 번에 걸쳐 측정한 결과 8℃, 10℃, 12℃의 값을 얻었다고 할 때, 이 수치는 각각의 온도를 측정한 시점이 다르다는 것을 알려주는 '분류', 8℃가 10℃와 12℃에 비해 더욱 춥다는 '순위'를 알려주는 동시에, 12℃와 10℃의 차이인 2℃가 10℃와 8℃의 차이인 2℃와 같다는 정보도 제공한다.

동간척도는 명목척도, 서열척도와 달리 어느 정도의 수학적 계산은 가능하지만, 수치 간의 비율계산은 불가능하다. 즉, 12℃가 10℃의 1.2배라고 말할 수 없으며, 10℃×10℃가 100℃가 될 수 없다는 것이다. 이는 동간척도가 절대영점(absolute zero point)을 가지고 있지 않기 때문이다. 비율계산이 가능하기 위해서는 그 단위의 절대영점, 즉 '해당 속성이 존재하지 않는 상태'가 필요하다. 그러나 동간척도는 절대영점을 갖고 있지 않으며, 단지 임의의 영점을 가지고 있다. 예를 들어 온도계의 0℃는 영상과 영하를 구분하는 임의적 기준일 뿐, 실제로 온도 자체가 없는 상태를 의미하는 것이 아니다.

10.3.2.4 비율척도

비율척도(ratio scale)는 명목척도(분류), 서열척도(순위), 등간척도(단위 간 등간격)의 속성을 모두 갖고 있으며, 추가적으로 절대영점을 갖고 있어 수치 간의 비율적 정보를 제공한다. 따라서 비율척도는 사칙연산이 가능하며, 대상의 특성에 대해 가장 자세한 정보를 제공하는 척도이다. 예를 들어, A와 B의 몸무게가 각각 100kg, 50kg이라고 하자. 이때, 몸무게는 질량이 전혀 없는 상태인 절대영점이 존재하므로, 우리는 A의 몸무게가 B의 몸무게의 2배라고 말할 수 있다.

이상으로 살펴본 네 가지 척도 중 비율척도가 가장 많은 척도를 포함하고 있으나, 심리학에서 사용되는 수치는 대부분 비율척도가 아닌 동간척도를 사용한다. 이는 심리학에서 절대영점의 값을 상정하는 것이 매우 어렵기 때문이다. 예를 들어, 내향성을 측정하는 성격검사에서 0점을 받은 사람은 내향적인 특성이 전혀 없다고 말할 수 있을까? 마찬가지로, 어떤 지능검사에서 0점을 받은 사람은 지적 능력이 전혀 없는 사람일까? 해당 검사에서 0점이라는 것은 그 사람이 해당 검사에서 점수를 얻지 못한 것일 뿐, 같은 구성개념을 측정하는 또 다른 검사에 대해서는 그 사람의 점수가 0점이 아닐 수 있다. 이러한 이유로 대부분의 심리검사에서의 0점은 임의영점에 해당한다.

10.3.3 심리검사의 구비요건

심리검사의 결과를 가지고 어떤 문제를 결정하거나 학생들을 어떤 기준에 따라 선발하고 분류하는 경우, 우리는 그 심리검사에서 얻은 결과가 매우 신뢰할 만하고 타당하다는 전제하에서 의사결정을 하게 된다. 다시 말해서, 그 검사의 신뢰도와 타당도가 좋아야만 그 결과를 믿을 수 있게 된다. 또한 심리검사의 점수가 갖는 의미를 해석하기 위해서는 해당 점수가 표준화되어야만 한다.

10.3.3.1 신뢰도

신뢰도(reliability)란 한 심리검사가 갖는 측정오차의 정도에 관한 문제이며, 신뢰도가 높은 측정도구는 측정대상을 반복해서 측정했을 때 그 측정치가 일관성 있게 유지된다. 자연과학의 측정과는 달리 심리학에서의 인간행동에 대한 측정은 간접측정인 경우가 대부분이다. 또한 심리검사라는 도구가 완전하지 못하며, 측정하고자 하는 특성의 불안정성 때문에 많든 적든 항상 오차가 있게 마련이다. 그리고 이러한 오차의 근원을 완전히 통제한다는 것은 불가능하므로, 결국 신뢰도란 오차의 범위를 줄여서 얼마만큼 정확하게 측정하느냐의 정도를 의미한다. 검사를 신뢰하지 못하게 되는 원인은 여러 가지가 있다. 예를 들어, 혼동되거나 애매한 검사문항들은 때로는 여러 수검자에게 각기 상이한 의미로 해석될 수 있다. 검사가 너무 짧은 경우에는 검사되는 능력을 적절하게 표본추출할 수 없을 수도 있다. 만약 검사가 다른 시간에 실시되었거나 다른 사람들에 의해 채점되었을 때 다른 결과를 도출한다면, 그 검사는 믿을 수 없는 검사일 것이다. 확신을 가지고 검사결과들을 이용하기 위해서는 검사의 신뢰도가 높아야 한다. 다음은 신뢰도의 종류와 추정방법들에 대해 정리한 것이다.

검사-재검사 신뢰도(test-retest reliability)는 한 개의 검사를 수검자에게 두 번 실시하여, 측정한 검사의 측정점수가 얼마만큼 상관이 있는지를 확인하는 방법이다. 만약 처음 실시한 검사의 점수와 나중에 실시한 검사의 점수의 상관이 높다면 그 검사는 검사-재검사 신뢰도가 있다고 볼 수 있다. 하지만 반복적으로 실시해야 한다는 번거로움과, 학습효과나 기억의 효과가 측정치에 영향을 미칠 수 있다. 일반적으로 검사-재검사 신뢰도 계수는 Pearson 상관계수로 0.8 이상이 되어야 신뢰할 수 있다.

반분신뢰도(split-half reliability)는 앞서 언급된 검사-재검사 신뢰도의 문제점을 최소화하기 위한 방법으로 고안되었다. 반분신뢰도를 측정하기 위해서는 한 번에 실시할 검사의 문항을 반씩 나누어 두 개의 검사를 구성한다. 그리고 반으로 문항수가 줄어든 두 검사의 점수 사이의 상관계수를 산출한다. 만일 검사가 신뢰할 만하게 정확한 검사라면 반분신뢰도가 높게 나와야 한다. 반분신뢰도는 검사가 얼마나 동질적인가를 알려주는 지표가 되므로 내적 합치도라고도 표현하는데, 지능검사의 경우 반분신뢰도 계수는 최소 0.9는 되어야 한다.

이 밖에도 검사를 개발할 때 비슷한 두 개의 검사를 만들어 신뢰도 계수를 얻을 수도 있다. 가령, A형과 B형의 두 가지 검사를 개발하고, 이들 검사점수의 상관계수를 계산하는 동형검사 신뢰도가 있다. 동형검사 신뢰도도 일반적으로 0.9 이상이 되어야 신뢰할 만한 검사라고 할 수 있다.

10.3.3.2 타당도

타당도(validity)란 검사가 무엇을 측정하고 있는가, 혹은 그 검사가 측정하려고 의도한 것을 얼마나 정확하게 측정하고 있는가를 말한다. 물리적 특성을 측정하는 척도에서는 흔히 육안으로 측정하는 내용물을 확인하므로, 이때의 타당도는 상대적으로 문제가 되지 않는다. 그러나 심리적 특성을 측정할 때는 사정이 다르다. 검사가 타당하다면, 즉 타당도가 높다면 그 검사는 측정하려고 의도한 것을 정확하게 측정하고 있다는 것이다. 예를 들어, 복잡하고 교묘한 문장구성으로 제시된 경제학 시험은 강의에서 배운 경제학의 이해 정도를 측정하는 검사이기보다는 학생들의 언어능력에 관한 검사일 수도 있다. 그런 시험은 신뢰할 수는 있겠지만, 그 시험은 경제학 강의에 대한 학생들의 성취를 측정하는 검사로는 타당하지 않을 것이다. 타당도를 검증하기 위해서는 흔히 네 가지 방법이 사용된다.

예언타당도(predictive validity)는 한 검사가 어떤 미래의 행동특성을 얼마나 정확하게 예언하는지를 측정하는 것이다. 예컨대 지능검사가 학업성적을 잘 예언한다면 그 지능검사의 예언타당도는 높다고 할 수 있다. 참고로, Stanford–Binet 지능검사의 점수와 학업성적 간의 상관은 0.6 정도이다.

공존타당도(concurrent validity)는 새롭게 개발한 검사와 이미 타당도가 있다고 알려진 기존 검사와의 상관계수로 나타낸다. 흔히 지능검사의 경우는 타당도가 높은 것으로 알려진 Stanford–Binet 지능검사와의 공존타당도를 밝히는 경우가 많다. 또한 지능검사의 경우 어떤 타당도 측정치는 수검자의 점수를 그들의 학교성적과 관련시키는 경우가 많으며, 검사점수를 학생의 지적 능력에 대한 교사의 평정과 상관시키기도 한다.

내용타당도(content validity)는 수치로서 나타내지는 않지만 우리가 측정하는 검사내용이 측정하려는 특성과 내용적으로 일치하는지를 해당 분야의 전문가들이 논리적으로 분석 및 검토하는 것이다. 이를 논리적 타당도라고도 한다. 예를 들어 중학교 3학년 국어검사의 경우 대학교수나 국어교사들이 중학교 3학년 국어과 교육목표를 준거로 삼아 내용을 분석한다.

구성타당도(construct validity)는 검사가 이론상 특정한 구성개념을 측정하도록 되어 있을 때 해당 구성개념을 잘 측정하는 정도를 의미한다. 예를 들어 지적 능력이 연령증가에 따라 향상된다는 이론에 따라서 지능검사를 만들었다면 연령증가에 따라 지능검사 점수가 상승해야 한다. 만일 지능검사 점수가 연령증가에 따라 상승했다면 이 지능검사는 구성타당도가 있다고 할 수 있다.

한 검사의 타당도는 그 검사 자체의 내용이나 결과만으로는 알 수 없으며, 그 검사의 내용과 결과를 다른 준거에 비추어 보아 타당도를 검증할 수 있다. 아울러, 심리검사가 타당하려면 적어도 두 가지 이상의 타당도가 보장되어야 한다.

10.3.3.3 표준화

표준화(standardization)의 의미는 두 가지가 있다. 하나는 심리검사를 실시하는 조건, 검사절차, 채점방법, 해석기준 등을 일정하게 하여 검사의 객관성을 보장하는 것이다. 즉, 검사를 실시하는 환경조건이 주의를 집중할 수 있을 만큼 쾌적하고 조용한 장소여야 한다든지, 검사를 실시하는 절차가 일정해야 한다든지 등을 요구한다. 예컨대 시간제한이 있는 검사인데 한 검사자는 7분 동안 실시하고 다른 검사자는 5분 동안만 실시했다면, 이 두 경우의 검사결과를 같은 입장에서 비교할 수 없을 것이다. 채점도 마찬가지로 모든 수검자의 답을 같은 기준으로 채점하도록 객관화가 되어야만 각 검사결과를 비교할 수 있을 것이다. 물론 모든 외부변인을 예측하거나 통제할 수 있는 것은 아니다. 예컨대, 검사자의 성별이 바뀔 수 있으며, 이는 검사자의 일반적인 태도(얼굴표정, 말투 등)가 미치는 영향만큼 수검자의 검사결과에 영향을 줄 수 있다. 비록 이러한 변인들이 모두 통제될 수는 없지만, 이런 것들의 영향은 검사결과를 평가하는 데 있어 고려되어야 한다.

다른 하나는 각 개인의 검사점수를 비교할 수 있는 규준(norm)을 작성하는 과정이다. 규준이란 표준화 집단의 검사점수를 객관적으로 비교할 수 있는 점수척도로 만든 것이다. 즉, 규준이란 물리적 특성을 측정하는 척도에서 길이의 cm나 무게의 g과 같은 기능을 한다. 한 검사에서 얻은 점수는 그 자체로서 의미를 갖기보다는 미리 객관적으로 정해 놓은 규준에 비추어 평가해야 그 의미를 찾을 수 있다. 가령, 한 고등학교 3학년 학생의 모의고사 성적이 80점이라고 하자. 이 점수만으로는 성적이 좋은지, 나쁜지를 알 수가 없다. 보다 정확하게 비교하기 위해서는 우리나라 고등학교 3학년 학생 전체를 대상으로 동일한 모의고사를 실시하여 점수분포를 만들고, 그 분포 상에서 해당 점수의 위치를 찾아 비교하면 성적의 우열 정도를 판단할 수 있을 것이다. 그러나 전국에 있는 모든 고등학교 3학년 학생의 성적을 조사하는 것은 제한사항이 많으므로, 전국의 고등학교 3학년 학생을 잘 대표할 수 있는 적당한 수만큼을 표집하여 그 표집집단의 검사점수를 가지고 규준을 만든다. 이처럼 한 검사가 사용될 전집을 대표하는 표집을 표준화 집단이라고 한다.

검사점수를 표준화 집단의 점수분포와 쉽게 비교하기 위한 규준점수로는 백분위(percentile rank)나, 평균과 표준편차를 이용하여 환산하는 표준점수가 일반적으로 많이 사용된다. 이때, 백분위는 등위만을 알려주는 반면, 표준점수는 등위뿐만 아니라 점수 간의 거리도 제공하며, 따라서 통상 표준점수가 더 좋은 규준이라고 평가된다. 중요한 점은 규준이 꾸준히 시간이 지남에 따라 최신화되어야 한다는 것이다. 30년 전과 지금의 환경이 많이 달라졌음에도 불구하고, 30년 전에 마련된 규준으로 현재 산출된 점수의 의미를 해석하는 것은 적합하지 않을 것이다. 따라서 규준은 적합성 측면에서 지속적으로 검토될 필요가 있으며, 주기적으로 개정되어야 한다.

10.4 심리검사의 유형

심리검사는 형태, 목적 및 내용 등 여러 기준에 의해 분류될 수 있다. 예를 들어, 문항의 형식에 따라 언어성 검사와 비언어성 검사로, 측정 시의 시간제한 여부에 따라 속도검사와 능력검사로, 검사의 집단적 실시 여부에 따라 개인검사와 집단검사 등으로 분류할 수 있다. 본 장에서는 일반적으로 사용되고 있는 기준인 객관적 검사(objective test)와 투사적 검사(projective test)의 구분을 소개하고자 한다. 이 구분은 도구의 구조화 여부에 따라 분류된 것이다.

10.4.1 객관적 검사

객관적 검사는 검사과제가 구조화되어 있고, 채점과정이 표준화되어 있으며, 해석의 규준이 제시되어 있는 검사를 의미한다. 객관적 검사에서는 검사에서 평가되는 내용이 검사목적에 따라 일정하게 준비되어 있으며, 수검자는 검사의 일정한 형식에 따라 반응하게 된다. 따라서, 객관적 검사는 개인의 독특성보다는 사람들이

공통적으로 갖고 있는 차원이나 특성을 기준으로 개인을 상대적으로 비교 및 평가하는 구조적 검사이다. 이때, 객관적 검사의 구조화 정도는 검사 지시문에 의해 결정된다. 예를 들어, 구조화의 정도를 높이고자 할 경우, 검사 지시문은 반응을 '그렇다' 또는 '아니다'로 선택하게 하거나, 가능한 반응의 개수를 제한하는 방식으로 기술된다.

객관적 검사는 검사의 실시, 채점 및 해석이 간편하며, 검사 제작과정에서 검사의 신뢰도와 타당도 검증이 이미 이루어졌다는 장점을 가진다. 또한 객관적 검사는 검사자 변인이나 검사 상황변인에 따른 영향을 적게 받으므로, 개인 간 객관적인 특성차 비교가 가능하며, 다수의 수검자를 대상으로 한 번에 검사 실시가 가능하므로 경제성이 높다.

반면, 객관적 검사는 수검자들이 문항에 대해 사회적으로 바람직한 방향으로 반응할 수 있으며, 내용에 따라 방어가 쉽게 일어날 수 있다는 한계점을 가진다. 또한, 개인이 문항에 대해 일관적으로 긍정적 반응 또는 부정적 반응을 보일 수 있는데, 이는 검사 결과에 대한 오염변인으로 작용할 수 있다. 마지막으로, 개인의 질적 독특성이나 수검 당시의 상황 변인이 무시될 가능성이 있다.

본 장에서는 대표적인 객관식 검사로 WAIS 지능검사, 다면적 인성검사(MMPI-2), NEO 성격검사, MBTI를 소개하고자 한다.

10.4.1.1 WAIS 지능검사

10.4.1.1.1 지능의 정의와 본질

사람들은 학습하고, 문제를 해결하고, 논리적으로 사고하고, 개념을 이해하고 획득하며, 언어를 유창하고 정확하게 구사하고, 추상적인 개념을 통합하는 등의 인지적 과제를 수행하는 능력에 있어 개인차가 존재한다. 대부분의 사람은 다른 인지능력과 더불어 위에 기술한 내용들이 사람의 지능을 구성한다고 믿는다(Sternberg, 1985). 그러나 지능의 개념과 평가방법에 대해서는 심리학자들 사이에서 많은 논란이 있어 왔다. 세부적으로, 지능을 어떻게 정의할 것인지, 지능검사가 정말로 지능을 측정하는지, 검사가 어떤 집단에 유리하게 되어 있지는 않은지, 지능이 유전과 환경 중에서 어느 것에 의해 더 영향을 받는지 등과 같은 문제들이 제기되어 왔으며, 현재까지도 여전히 해결되지 않은 상태로 남아 있다.

① 지능의 정의

지능(intelligence)에 대한 정의는 매우 다양하지만, 여러 다양한 관점을 종합해 보면 지능이란 '학습하고, 추리하고, 추상적 개념을 사유하고, 새로운 상황에 적응하고, 사회생활을 영위할 수 있는 비교적 안정적인 속성'을 의미한다. 지금까지 지능에 대한 여러 연구에서 나타난 중요한 사실은 지능이 하나의 단일요인이 아닌 여러 상이한 요인으로 구성되었다는 점과, 이러한 상이한 요인들 간에는 매우 밀접한 정적인 상관관계가 있다는 점이다. 이 구성요소들은 일반적으로 다음의 세 가지로 분류된다.

1. 언어지능: 어휘력, 언어유창성 및 독창력과 같은 일반학습능력과 이해능력
2. 문제해결능력: 당면한 문제에 지식을 적용하고, 적절한 방식으로 문제를 제기하고, 아이디어들 간의 관계를 밝히는 것과 같은 추상적 사고와 추리력
3. 실행지능: 상황을 잘 이해하고, 목표를 달성하는 방법을 결정하고, 세계에 대한 흥미를 가지고 사회적으로 유능하게 적응하는 능력

② 지능에 대한 요인분석적 접근

심리측정적 접근을 사용하는 연구자들은, 지능검사의 결과를 분석하여 지능의 본질을 발견하려고 노력하였다. 영국의 심리학자인 Spearman(1904)은 지능의 구조를 밝히기 위해 최초로 요인분석법을 사용하여, 지능에는 일반지능요인(g요인)과 특수지능요인(s요인)이 있다는 2요인론(two-factor theory)을 주장하였다. 세부적으로, 일반지능요인은 모든 종류의 지적인 기능에 관련되는 일반적인 요인이며, 특수지능요인은 음악적 재능과 같은 어떤 특정한 과제수행에 요구되는 지적 요인을 의미한다. 즉, 특정한 과제에 대한 수행능력은 해당 특수지능요인에 의해 결정되지만, 전반적인 지적 수행능력의 탁월성은 일반지능요인에 의해 결정된다. 반면, 미국의 Thurstone(1943)은 Spearman과는 다른 요인분석법을 사용하여 일반지능요인은 없으며, 일곱 개의 독립적인 요인만이 존재한다는 다요인론을 주장하였다. 이 요인들은 언어이해력, 어휘유창성, 수리능력, 공간관계, 기억력, 지각속도 및 추리력으로서

그는 이것을 기본정신능력(primary mental ability: PMA)이라고 하였다. 그러나 이후의 연구에서 일곱 개의 기본정신능력 간에 상당히 높은 상관관계가 있음이 밝혀졌다.

한편, Guilford(1956)는 요인과 관련하여 지능구조이론을 제시하였으며, 요인분석법을 사용하여 지능의 구조를 종합적이고 체계적으로 다루었다. 그는 개인이 무엇을 사고하고, 어떻게 사고하며, 그리고 사고의 결과로 어떤 것이 나타나는지를 구분하였고, 이를 지능의 3차원이라고 명명하였다. 즉, Guilford는 지능의 구조를 사고의 대상인 내용(contents), 사고의 방법인 적용(operations), 그리고 사고의 산물인 산출(products) 등 세 차원의 상호작용으로 보았다.

Guilford는 지능의 일반적인 요인이 존재한다는 주장에 반대하면서 인간의 지능구조는 120개의 다른 요인[내용(4가지)×조작(5가지)×결과(6가지)]으로 구성되어 있다고 주장하였다. 예를 들어, 지금 시험을 위하여 단어를 공부한다고 할 때, 내용은 어의적(semantic)이며, 정신적인 조작은 기억(memory)이 되며, 그 결과는 시험 칠 때 회상되는 단위(unit)들이 된다. 그는 지능의 모든 요인은 독립적이며, 따라서 단 하나의 점수로서 지능을 측정한다는 것은 잘못되었음을 주장하였다.

비교적 최근에 제시된 요인분석적 접근의 이론으로는 Horn과 Cattell(1966)의 2요인 이론이 있다. 이들에 따르면, 일반적으로 지능은 유동성 지능(fluid intelligence)과 결정성 지능(crystallized intelligence)의 두 요인으로 구성된다. 구체적으로, 유동성 지능은 주로 유전적 요인의 영향을 받는 지능으로서 경험해보지 못한 새로운 문제를 취급하기 위해 사용되는 지능이며, 사고능력, 기억용량, 정보처리속도 등이 여기에 속한다. 반면, 결정성 지능은 주로 환경적 요인의 영향을 받는 지능으로서 과거의 일상적 경험, 학교교육을 통해 습득한 지식과 문제해결 방법 등을 의미하며, 언어이해력, 수리능력, 사전지식 등이 여기에 속한다. 유동성 지능은 성인 중기 또는 그 이전부터 연령증가에 따라 쇠퇴되어 가는 경향이 있으나, 결정성 지능은 퇴보하지 않으며 오히려 지적 자극이 풍부한 환경 속에서 살아가는 경우 노년기까지 계속 향상될 수 있다.

③ 다중지능이론

Gardner는 지능을 '개인이 속한 문화 내에서 타인들이 가치를 부여하는 것들을 할 수 있는 능력'으로 정의하였다(Gardner, 1983). 이러한 정의를 바탕으로 그는 인간에게는 여덟 가지 지능유형(언어지능, 논리수학지능, 신체운동지능, 공간지능, 음악지능, 자연지능, 인간친화지능, 자기성찰지능)이 존재한다는 다중지능이론을 제시하였다.

세부적으로, 첫째, 언어지능은 언어로 자신과 세상을 표현하는 능력, 둘째, 논리수학지능은 기호, 숫자 및 법칙을 이해하는 능력, 셋째, 신체운동지능은 신체의 동작들을 원활하게 통제하는 능력, 넷째, 공간지능은 도형, 구조 및 입체적인 사물을 인지하는 능력, 다섯째, 음악지능은 음과 박자를 직관적으로 이해하는 능력, 여섯째, 자연지능은 동·식물과 환경의 특징을 인식하고 분별하는 능력, 일곱째, 인간친화지능은 타인의 동기와 정서를 분별하고 이해하는 능력, 여덟째, 자기성찰지능은 자신의 동기와 정서를 이해하고 이를 통해 적응하는 능력을 의미한다.

Gardner에 따르면, 우리는 이 여덟 가지 지능유형을 각각 어느 정도 수준으로 보유하고 있으며, 특정 지능에서는 탁월한 능력을 보일 수 있다. 또한 여덟 가지 지능은 뇌의 여러 영역에 위치하고 있으며, 각 지능은 서로 관련되어 있어 어떤 때는 독립적으로 작용하고, 어떤 때는 상호작용한다. 마지막으로, 유전과 환경의 영향으로 인해 우리의 지능은 개인차가 존재하게 된다.

Gardner(1983)는 여러 임상연구와 문화연구를 바탕으로 지능이 적어도 여덟 개의 서로 다른 능력의 조합으로 이해되어야 하며, 지능이 문화적으로 상대적인 개념임을 주장하였다. 예를 들어, Gardner는 임상연구를 진행하면서 뇌손상으로 언어적 능력을 상실한 아동이 여전히 음악적 능력을 가지고 있는 사례를 발견하였다. 실제로도 우리는 그림 그리기에는 능하지만 책을 읽지 못하는 사람과 같은 자폐적 석학(autistic savant)이나, 과학과목에는 탁월하지만 친구가 전혀 없는 학생 등과 같은 경우를 확인할 수 있다. 또한, Gardner는 문화연구를 진행하면서 서구사회는 언어적·논리적·수학적 능력을 지능의 중요 요소로 고려하였지만, 사냥과 채집이 중요하게 여겨지는 사회에서는 신체적·운동적 능력이 지능의 중요 요소로 고려되었다는 점을 발견하였다.

Gardner의 이론은 장점을 확인할 수 있을 만큼의 충분한 검증연구이 이루어지지는 않았다. 그러나 이 이론이 학문적 장면과 비학문적 장면 모두에서 충분히 기능하기 위해 필요한 능력유형에 주목하고 있다는 측면에서 볼 때, 전통적인 이론보다는 우월한 이론으로 규명될 가능성이 잠재되어 있다.

④ 지능의 발달에 대한 유전과 환경의 영향

초기의 많은 학자는 지능을 유전적으로 결정되는 사고능력과 문제해결능력이라고 보았다. 따라서 지능은 일생 동안 변하지 않는 것으로 가정하였다. 그러나 연구가 계속 진행되면서 개인의 지능지수가 상황에 따라 상당히 변할 수 있다는 사실이 밝혀지게 되었다. 따라서, 현재는 지능의 결정요인으로 유전과 환경의 역할이 모두 중요하다고 평가된다. 그러나 유전과 환경 중 어느 요인이 어느 정도 영향을 주는가의 문제는 논란의 대상으로 남아 있다.

지능과 유전과의 관계를 밝힌 대부분의 연구는 혈연관계에 있는 사람들 간의 지능지수의 상관관계를 확인하였다. 이들 연구에 따르면, 일반적으로 유전적 관계가 가까울수록 지능지수가 비슷하다. 예를 들어, 가족 간 지능의 유사성을 확인한 연구들을 종합한 결과, 부모와 자녀의 지능지수 간 관계는 .4의 상관을 보였으며, 부모와 양자 간에도 .31의 상관을 보였다(Bouchard & McGue, 1981). 그리고 일란성 쌍생아의 경우는 .86으로 매우 높은 상관을 보였으나, 이란성 쌍생아는 약 .60의 상관을 보였다. 즉, 유전적 소질이 비슷한 사람일수록 그렇지 않은 사람보다 상관관계가 높은 경향을 보인다.

그러나 이러한 연구들은 유전적 요인이 지능에 미치는 영향이 강력하더라도 유전 이외의 다른 요인에 의해서도 영향을 받는다는 것을 보여준다. 형제간 같은 집에서 양육되면 따로 양육되는 경우보다 지능지수의 상관이 더 높게 나타났다는 사실을 주목할 필요가 있다. 또한, 입양된 아동의 지적 능력은 그를 낳아준 부모의 능력에 기초해서 예언된 지능지수보다 더 높다는 결과를 보였다(Scarr & Weinberg, 1976). 즉, 환경적 요인 역시 지능의 발달에 영향을 준다는 것이다. 이러한 환경적 요인에는 영양, 건강, 자극의 질, 가정의 정서적 분위기, 행동에 대해 제공해주는 피드백의 유형 등이 있다. 결론적으로, 유전적 요인이 한 개인의 잠재적인 지능의 범위를 결정해준다면, 환경적 요인은 잠재적인 지능의 범위 내에서 지능을 어느 정도 개발할 수 있는가를 결정한다고 볼 수 있다. 실제로 Newman, Freeman과 Holzinger(1937)는 일란성 쌍생아들을 각기 다른 교육적 환경에서 양육한 후 이들의 지능지수를 조사하였는데, 좋은 교육적 환경에서 자란 아동들이 그렇지 못한 아동들에 비해 훨씬 높은 지능지수를 보인 것으로 나타났다.

10.4.1.1.2 지능검사의 역사

지능의 성질을 보다 충분히 이해하기 위해서는 우선 과학자들과 교육자들이 그 현상을 어떻게 측정하려고 시도해 왔는지를 이해할 필요가 있다.

초기의 지능검사는 지능이 생리적 기초를 가진다는 가정에 근거를 두고 신경기능의 속도가 지능을 결정한다고 생각하였다. 따라서 눈과 손의 협응, 감각적 예민성 및 반응시간과 같은 생리적 과정을 측정함으로써 지능을 측정하려고 시도하였다. 지적 능력에 관한 검사를 개발하고자 시도한 최초의 인물은 100여 년 전의 박물학자이며, 수학자인 Galton이었다. 그는 외종사촌 형인 Darwin의 진화론으로 인해 개인차에 관심을 갖게 되었으며, 어떤 가계는 다른 가계보다 생물학적으로 더 우수하다고 생각했다. 또한 그는 지능이 하나의 특출한 지각-운동 기능의 문제이며, 한 세대에서 다음 세대로 전달되는 개념이라고 생각했다. 1884년에 Galton은 런던박람회에 구경 온 9,000명 이상의 관람자들을 대상으로 머리의 크기, 반응속도, 시각의 예민성, 청각 식역 등을 측정하였다. 그 결과 그가 내린 결론은 영국의 유명한 과학자들도 머리 크기를 기준으로 볼 때 보통 사람과 큰 차이가 없으며, 반응속도와 같은 측정치들은 참여자의 지적 능력이나 직업적 성공을 예측하지 못했다. 비록 그의 검사는 그리 유용한 것으로 판명되지는 않았지만, 이러한 연구과정에서 그는 심리학에서 중요한 통계적 방법으로 사용되고 있는 상관계수를 창안하였다.

19세기 말에 와서야 지능의 정확한 지표는 '정신기능을 측정하는 것'이라는 인식이 형성되었고, 이후 1905년 프랑스의 Binet와 Simon이 고등정신지능을 측정하는 지능검사인 Binet-Simon 검사를 최초로 만들게 되었다(Binet & Simon, 1905). 이것이 현대의 지능검사에 가까운 최초의 지능검사이다. Binet는 지능이 지각-운동 기능보다는 사고와 문제해결능력을 요하는 과제를 통해 측정되어야만 한다고 생각하였으며, 지능이 연령과 관계있는 것으로 개념화하였다. 그는 지능을 측정하기 위해 10가지의 '정신기능'을 측정할 것을 제의했는데, 이는 세부적으로 기억, 심상, 상상, 주의, 암시성, 이해, 심미감, 도덕성(의지력) 및 운동기능 등이었다. 이후 Binet-Simon 지능검사의 1908년의 개정판에서는 처음으로 정신연령의 개념인 연령수준(age level)이란 용어를 도입하였다.

1911년 Stanford 대학교의 Terman은 Binet-Simon 지능검사를 미국판으로 개정했는데, 미국아동들의 성취를 근거로 하여 문항을 수정하고 보완했다(Terman, 1911). 이 최초의 Stanford-Binet 지능검사를 만들면서 Terman은 지능검사에서 정신연령(mental age: MA)이란 개념을 도입하였고, 1916년 개정되면서 우리에게 잘 알려진 지능지수(intelligent quotient: IQ)의 개념이 소개되었다(Terman, 1916).

10.4.1.1.3 WAIS의 역사적 배경

20세기가 시작된 후 여러 심리검사 도구가 개발되었으나, 당시 표준화된 지능검사는 Stanford-Binet 검사가 유일한 상황이었다. 그러나 Stanford-Binet 검사는 몇 가지 한계점을 갖고 있었다. 첫째, Binet의 지능연구의 중요한 시사점은 지능이란 여러 재능으로 구성된 복잡한 특성이라는 점이었다. 다른 연구들에서도 지능을 구성하는 여러 하위능력이 있으며, 이 능력들로 지능이 구성된다는 것을 밝히고 있었다. 그러나 Stanford－Binet 검사는 단일 지능지수(intelligent quotient: IQ)를 산출하는 검사였다. 이 검사를 구성하는 문항은 언어, 산수추리, 수행검사 등 다양했지만, 이 검사 결과를 통합하여 단일 IQ로 산출한다는 문제점이 있었다. 따라서 하위능력을 독립적으로 측정할 필요가 있게 되었다. 둘째, Stanford－Binet 검사의 문항과 내용구성에 대한 비판이 대두되기 시작하였다. 언어능력을 요하는 문항에 과도하게 치중되어 있다는 점과, Stanford－Binet 검사가 원래 아동용으로 제작되어 성인의 지능을 측정하기에는 합당하지 않다는 점이 제기되었다. 셋째, Stanford－Binet 검사에서 IQ는 비율 IQ, 즉 정신연령(MA)과 생활연령(CA)의 비율로 산출되었다(IQ＝(MA/CA)×100). 이때, 이 검사는 지능이 16세 이후에는 성장하지 않는다고 가정하였으며, 생활연령의 상한을 16세로 설정하였다. 따라서 정신연령에 근거한 IQ는 16세 이상에서는 산출할 수 없다는 문제점이 있었다. 그러나 IQ가 일생 동안 변동된다는 것이 밝혀지기 시작하면서, 이를 보완할 수 있는 새로운 지능검사가 요구되었다.

미국의 임상심리학자였던 Wechsler는 뇌손상 환자나 정신과 환자의 지능을 평가하면서 여러 지능요소를 개별적으로 측정할 필요를 느꼈으며, 이후 1939년 Wechsler－Bellevue 성인용 지능검사를 제작하였다. 이 검사는 Army－α 검사와 Army－β 검사를 바탕으로 개발된 검사이며, 언어적 지능을 측정하는 언어성 검사와 비언어적 지능을 측정하는 동작성 검사를 통해 지능을 평가하도록 구성되었다. 이후 그는 지능의 여러 하위능력을 측정하고, 상이한 연령집단에도 적용될 수 있는 지능검사를 제작하였는데, 이 검사가 1955년에 Wechsler 성인용 지능검사(Wechsler Adult Intelligence Scale: WAIS)로 개선되었다.

우리나라의 경우, 1963년에 전용신 등이 원판 WAIS를 표준화한 한국판 WAIS(K－WAIS)를 출판하였다. 최근에는 황순택 등(2012)이 개정된 미국판 WAIS－Ⅳ(Wechsler, 2008)를 표준화하여 K－WAIS－Ⅳ로 출판하였다.

10.4.1.1.4 내용구성

K－WAIS－Ⅳ에서 전체 지능지수(full scale intelligence quotient: FSIQ)는 수검자의 전체적인 인지능력을 나타낸다. 전체 지능지수는 일반능력지표(general ability index: GAI)와 인지효능지표(cognitive proficiency index: CPI)로 이루어져 있으며, 일반능력 지표는 다시 언어이해지표(verbal comprehension index: VCI)와 지각추론지표(perceptual reasoning index: PRI)로, 인지효능지표는 작업기억지표(working memory index: WMI)와 처리속도지표(processing speed index: PSI)로 이루어져 있다. 네 개의 지표는 10개의 핵심 소검사와 5개의 보충 소검사로 구성되어 있는데, 보충 소검사는 수검자의 신체적 조건 등으로 인해 핵심 소검사의 수행이 방해를 받거나, 핵심 소검사 결과가 특정 이유로 인해 타당하게 도출되지 않을 경우 이에 대비하여 핵심 소검사를 대체하는 기능을 가진다.

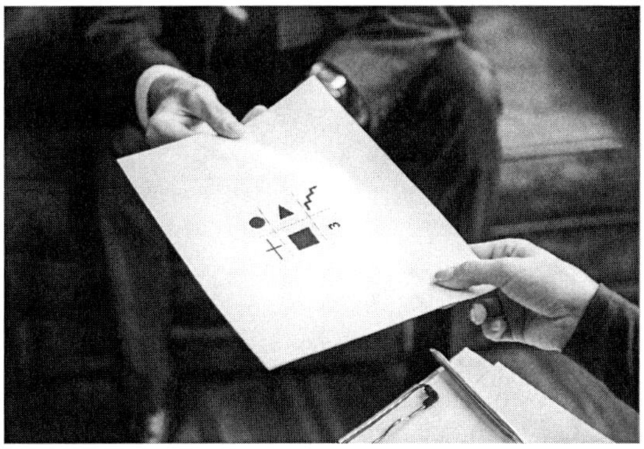

K-WAIS-Ⅳ 지능검사의 구성을 표 10-3에 제시하였으며, 각 척도 및 소검사가 측정하는 대략적인 능력 또는 특성을 표 10-4에 제시하였다.

▼표 10-3 K-WAIS-Ⅳ 지능검사의 구성

조합척도 또는 지수척도			소검사: 핵심 소검사	소검사: 보충 소검사
전체 지능지수 (FSIQ)	일반능력지표 (GAI)	언어이해지표 (VCI)	② 공통성 ⑤ 어휘 ⑨ 상식	⑬ 이해
		지각추론지표 (PRI)	① 토막짜기 ④ 행렬추론 ⑧ 퍼즐	⑫ 무게비교 ⑮ 빠진 곳 찾기
	인지효능지표 (CPI)	작업기억지표 (WMI)	③ 숫자 ⑥ 산수	⑪ 순서화
		처리속도지표 (PSI)	⑦ 동형찾기 ⑩ 기호쓰기	⑭ 지우기

* 소검사 좌측의 숫자는 소검사 실시의 표준화된 순서를 나타낸 것임.
출처: 황순택 등(2012)

▼ 표 10-4 K-WAIS-Ⅳ 척도 및 소검사가 측정하는 능력 또는 특성

척도명 및 소검사명	검사방법	측정하는 능력 또는 특성
1. 언어이해지표(VCI)	-	• 추상적 의미 정보를 활용하는 능력 • 교육수준과 교육량
1-1. 공통성	• 제시된 두 단어의 유사점을 설명하는 과제	• 논리적인 추상적 추론 • 언어적 개념 형성과 개념적 사고
1-2. 어휘	• 제시된 사물이나 단어의 의미를 설명하는 과제	• 언어 발달 • 표현 언어 능력
1-3. 상식	• 일반적 지식에 대한 질문에 답변하는 과제	• 일반적인 사실적 지식 • 지적 호기심 혹은 지식 탐구 의욕
1-4. 이해	• 일반적 원칙과 사회상황에 대한 질문에 답변하는 과제	• 실용적 지식 • 사회적 성숙, 상식, 실제 사회적 상황에서의 판단
2. 지각추론지표(PRI)	-	• 운동 반응 관련 지각 자극을 통합할 수 있는 능력 • 추상적/추정적 추론
2-1. 토막짜기	• 제시된 그림과 똑같은 토막 형태를 만드는 과제	• 시각-운동-공간 통합, 조직 및 지각의 속도 • 전체를 구성요소들로 분해
2-2. 퍼즐	• 제시된 퍼즐을 완성할 수 있는 도형 3개를 찾는 과제	• 전체와의 관계 속에서의 부분에 대한 지각 • 시각공간 추론
2-3. 빠진 곳 찾기	• 제시된 그림에서 빠진 부분을 찾는 과제	• 시각적 각성 • 중요한 부분과 지엽적인 부분을 구분하는 능력
2-4. 행렬추론	• 일부가 빠진 행렬을 보고 이를 완성하는 선택지를 고르는 과제	• 시각공간 추론 • 시각공간 정보의 동시적 처리
2-5. 무게비교	• 균형이 맞지 않은 양팔저울을 보고, 균형을 맞출 수 있는 추를 찾는 과제	• 비언어적인 수학적 추론 • 시각적 조직화 능력과 결합된 시각적 집중력
3. 작업기억지표(WMI)	-	• 집중력과 주의력 • 단기기억에서 정보를 유지하고 조작하는 능력
3-1. 숫자	• 숫자를 바로 따라 외우는 과제	• 즉시 회상

척도명 및 소검사명	검사방법	측정하는 능력 또는 특성
	• 숫자를 거꾸로 따라 외우는 과제	• 가역성(사고 패턴을 전환하는 능력)
3-2. 산수	• 산수 문제를 암산으로 푸는 과제	• 수리적 추론과 수리적 조작의 속도 • 계산 기술
3-3. 순서화	• 일련의 숫자와 글자를 읽어주면 순서대로 회상하는 과제	• 청각적 단기기억 • 순서화 능력
4. 처리속도지표(PSI)	-	• 정보처리 속도 • 계획, 조직화, 동기화
4-1. 기호쓰기	• 숫자와 짝지어진 기호를 옮겨적는 과제	• 정신운동 속도 • 지시를 따르는 능력
4-2. 동형찾기	• 제시된 기호와 동일한 기호를 보기에서 찾아내는 과제	• 시각적 검색 속도 • 정보처리 속도
4-3. 지우기	• 여러 도형들 중 제시된 것과 동일한 모양을 찾아 표시하는 과제	• 지각적 재인/변별 • 시각운동 협응

출처: Groth-Marnat & Wright(2017)

Wechsler 지능검사의 점수 산출 과정은 다음과 같다. 첫째, 수검자의 소검사별 원점수 총점을 동일 연령집단과 비교한 환산점수로 변환한다. 이때, 환산점수는 소검사별 원점수 총점을 10, 표준편차 3인 표준점수로 변환한 점수를 의미한다. 둘째, VCI, PRI, WMI, PSI 및 FSIQ에 해당하는 소검사별 환산점수의 총점을 조합점수로 변환한다. 이때, 조합점수는 각 환산점수의 총점을 평균 100, 표준편차 15인 표준점수로 변환한 점수를 의미한다. 참고로, 규준집단 수검자의 약 96%가 70~130점 사이의 조합점수를 획득한다.

10.4.1.1.5 지능검사의 한계점

첫째, 개인의 경험이나 사회·문화적 요인이 지능검사 점수에 큰 영향을 미칠 수 있다. 비록 지능검사를 엄밀하게 표준화했다고는 하나, 아직까지도 상당수의 지능검사는 중상층 계층의 아동에게 유리할 수 있고, 소수집단이나 사회경제적 계층이 낮은 집단의 아동에게는 불리할 수 있다. 구체적으로, 다수의 지능검사에서 사용되는 어휘는 백인 중류 계층이 사용하는 언어이며(Kagan, 1971), 최상류 계층 아동과 최하류 계층 아동의 지능지수는 20점 정도 차이가 있다(Backman, 1972). 반대

로, Williams(1972)는 흑인을 위한 지능검사를 개발하였는데, 이 지능검사에서는 흑인이 타 인종에 비해 IQ 점수가 최소한 20점 이상을 더 받았다고 한다(Matarazzo & Wiens, 1977). 이러한 사실을 바탕으로 볼 때, 동일한 지적 능력을 가지고 있다고 하더라도 성장배경이나 경험배경에 의해서 지능검사 결과가 다르게 나타날 수 있다. 따라서, 지능검사의 결과를 활용할 때는 잠재적인 한계점을 염두에 두고 불공정한 판단과 취급을 피하도록 해야 한다.

둘째, 지적 능력 이외의 요인이 지능검사에 영향을 줄 수 있다. Wechsler가 임상용 지능검사를 발전시킨 것도 바로 지적 능력 이외의 정서 상태나 동기가 지능검사 결과에 영향을 미친다는 이론적 배경에서 비롯되었다. 예를 들어, 지능검사 결과뿐만 아니라 모든 수행검사에서 수검자의 불안 수준이 검사 결과에 영향을 미친다는 것은 잘 알려진 사실이다. 즉, 불안 수준이 매우 높거나, 매우 낮은 수검자는 적정 수준의 불안을 보이는 수검자보다 검사수행이 떨어진다는 것이다.

셋째, 지능검사가 학습 잠재력으로서의 지적 능력을 평가하는 것인지, 아니면 이미 학습한 결과의 성취도를 평가하는 것인지를 구분하기 힘들다. 많은 지능검사 문항이 지적 성취 잠재력을 평가한다고 하기보다는 단순한 지식 또는 성취도를 평가하고 있는 것이 사실이다. 이렇게 볼 때, 지능검사는 순수한 지적 잠재력 또는 학습 잠재력을 측정하는 것이 아니라 지적 잠재력과 성취도를 함께 측정하는 것이라고 보아야 한다.

마지막으로, 일반적으로 지능검사 점수가 학업성취의 예측에는 유용하지만, 성인의 일상적 기능의 예측에는 만족스러운 결과를 제공하지 못한다. 즉, 지능검사가 모든 능력을 측정한다고 볼 수는 없다.

그러나 이러한 문제점과 비판에도 불구하고, 지능검사 결과는 학업 성적과 밀접한 관계가 있으며, 학교장면의 적응 정도를 확인할 수 있는 요인으로 평가된다. 또한, 지능검사는 다른 어떤 종류의 검사들보다 신뢰도가 매우 높다. 따라서 지능검사의 강점과 한계점을 인정하고, 지능검사 결과에 영향을 미치는 요인을 고려하면서 결과를 해석한다면 유용한 측정도구가 될 것이다.

10.4.1.2 다면적 인성검사(MMPI-2)

10.4.1.2.1 역사적 배경

다면적 인성검사(Minnesota Multiphase Personality Inventory: MMPI)는 정상적 개인과 병리적 개인을 구분하기 위해 만들어진 최초의 성격검사 중 하나이며, 성인과 청소년의 전반적인 정신건강을 진단할 목적으로 사용되는 검사이다(김영빈, 김계현, 2001). MMPI는 신뢰도가 높고 효율적이며, 실시와 채점이 쉽고, 해석방식이 간편하다는 장점을 가진다(Piotrowski, 1997). 이러한 이유로 인해 MMPI는 성격검사 중 세계적으로 가장 널리 사용되고 있는 검사이다.

MMPI는 1943년 미국 Minnesota 대학교의 임상심리학자인 Hathaway와 정신과 의사인 McKinley에 의해 개발되었다. MMPI는 일차적으로 정신질환자에게 효율적인 평가와 진단을 실시하기 위한 목적으로 제작되었으나, 오늘날에는 비임상 집단의 성격의 경향성을 평가하는 데도 사용되며, 법적 자문, 인사선발, 연구 등의 다양한 분야에서도 널리 활용되고 있다.

MMPI는 1989년 미국의 Butcher를 중심으로 MMPI-2로 개정되었으며, 이때 시대적 변화를 고려하여 다음의 사항들을 수정하였다. 첫째, MMPI에서 이의 제기 소지가 있는 문항(성차별적 문구, 종교적 문구, 시대에 뒤떨어지는 문구 등)과 임상적 진단에 큰 효과가 없는 문항을 제거하였다. 둘째, MMPI는 선형 *T*점수를 사용했기 때문에 같은 *T*점수여도 척도에 따라 다른 의미를 가졌는데, MMPI-2는 이를 해결하기 위해 동형 *T*점수를 사용하여 척도 간 비교를 가능하게 하였다. 셋째, 타당도척도, 내용척도, 보충척도 등 새로운 척도를 추가하였다. MMPI-2는 18세 이상 성인을 대상으로 실시되었으며, 같은 해에 만 14～18세의 청소년에게 실시할 수 있는 MMPI-A가 발표되었다(Butcher 등, 1989).

우리나라의 경우, 1963년 서울대학교 의과대학의 정범모를 중심으로 MMPI를 표준화한 한국판 MMPI가 출판되었다. 이후 2001년에 김중술을 중심으로 MMPI-2가 표준화되었으며, 2005년도에 한국판 MMPI-2가 출판되었다(김중술, 2001; 김중술 등, 2005).

10.4.1.2.2 내용구성

MMPI-2는 총 567문항이며 모든 문항은 '그렇다' 또는 '아니다'로 응답하도록 되어 있다. 크게 10개의 타당도 척도와 10개의 임상 척도로 구성되어 있으며, 이외에도 두 척도의 해석을 보완할 목적으로 제작된 보충 척도, 수검자가 자신에 대해 전달하고자 하는 것을 수검자가 응답한 문항내용을 통해 이해하고자 제작된 내용 척도가 있다. 여기서는 타당도 척도와 임상 척도에 대해 살펴볼 것이다.

타당도 척도는 수검자의 수검태도를 탐지하는 척도이다. 수검자가 문항을 주의 깊게 읽지 않거나 솔직하게 대답하지 않아 타당도 척도의 점수가 일정 기준 이상으로 측정될 경우, 전체 결과가 무효 처리될 수 있다. 타당도 척도는 세부적으로 검사에 대한 동기부족이나 심각한 정신병리일 가능성을 나타내는 ?(무응답) 척도, 독해능력 부족이나 혼란스러운 상태일 가능성을 나타내는 무선반응 비일관성(VRIN) 척도, 비일관적인 반응을 나타내는 고정반응 비일관성(TRIN) 척도, 증상을 과장하려는 의도나 검사 도중 수검자의 태도에 변화가 있을 가능성을 나타내는 비전형(F)/비전형(후반부)(F(B))/비전형(정신병리)(F(P))/증상타당도(FBS) 척도, 방어적인 태도를 나타내는 부인(L)/교정(K)/과장된 자기제시(S) 척도로 구분된다.

임상 척도는 정신 병리의 유무를 탐지하기 위해 제작된 척도이다. 각 척도의 원점수는 평균이 50점이고 표준편차가 10점인 *T*점수로 변환된다. 통상 45~57점의 점수 구간은 정상 범위로 간주되며, 65점 이상(백분위 92%)일 경우 심리적 문제가 있는 것으로 해석될 수 있다(Meyer, 1993). 임상 척도는 세부적으로 과도한 신체적 관심이나 불만을 나타내는 척도 1(건강염려증, Hs), 우울함이나 의기소침을 나타내는 척도 2(우울증, D), 신경증적인 방어행동이나 단순함을 나타내는 척도 3(히스테리, Hy), 반사회성이나 반항적인 태도를 나타내는 척도 4(반사회성, Pd), 비정형적인 성역할에 대한 관심을 나타내는 척도 5(남성성-여성성, Mf), 의심이 많거나 적대적인 태도를 나타내는 척도 6(편집증, Pa), 불안감이나 열등감을 나타내는 척도 7(강박증, Pt), 정신혼란이나 기괴한 생각을 나타내는 척도 8(조현병, Sc), 산만함이나 과장된 태도를 나타내는 척도 9(경조증, Ma), 수줍음이나 사회적 불편감을 나타내는 척도 0(사회적 내향성, Si)으로 구분된다.

MMPI-2는 개별 임상척도의 해석 외에도 척도 중 가장 높은 점수를 받은 2개 이상의 척도를 연결하여 프로파일 해석을 실시할 수 있으며, 2개 이상의 높은 점수를 받은 척도를 묶은 것을 상승척도 쌍(code type)이라고 한다. 예를 들어, 1-2상승척도 쌍은 척도 1의 점수가 측정한 사람의 프로파일에서 가장 높고, 척도2의 점수가 그 다음으로 가장 높다는 것을 의미한다. 척도의 순서는 일부의 경우를 제외하고는 서로 바뀌어도 상관 없으며(즉, 1-2상승척도 쌍과 2-1상승척도 쌍은 동일하다.), 해석도 기본적으로 동일하다. 상승척도 쌍에 기반해 해석된 내용들은 단일 척도의 상승에 기반한 해석 내용보다 더 강력한 설명력을 가진다. 상승척도 쌍 해석의 몇 가지 예시를 들면, 1-3(3-1)상승척도 쌍을 보이는 사람은 자신의 심리적인 문제를 신체증상으로 전환시켜 문제를 외부로 돌리려는 경향이 있으며, 4-7(7-4) 상승척도 쌍을 보이는 사람은 자신의 가치를 확인받기를 기대하지만 타인으로부터 인정을 받지 못해 분노감이 있는 경향이 있다.

상승척도 쌍은 *T*점수가 최소 65점 이상 상승한 척도를 대상으로 해석하는 것이 바람직하며, 한 척도가 다른 척도에 비해 10점 이상 높을 경우 높은 척도를 중심으로 해석하는 것이 일반적이다.

10.4.1.2.3 MMPI의 한계점

MMPI-2는 검사의 효과성이 높은 것으로 평가된다. 다수의 연구에서 MMPI-2의 반분신뢰도 계수는 0.70 이상인 것으로 나타났으며, 검사-재검사 신뢰도 계수는 0.80 이상인 것으로 나타났다. 타당도 역시 다수의 연구를 통해 검증되었다(Friedenberg, 2004). 그러나 MMPI-2에 대한 비판도 다수 존재한다. 첫째, 다수의 문항이 두 개 이상의 척도로 채점된다. 즉, 한 문항에 대한 반응이 서로 다른 2개 이상의 척도의 점수에 포함된다. 따라서 척도 간 상호독립적이지 않아 진단적 변별력이 낮을 수 있다. 둘째, 검사 결과에 인구통계학적 특성이 반영될 수 있다. 예를 들어, 나이가 많을수록 사회적 내향성(Si) 척도의 점수가 높을 수 있다(Meyer, 1993). 따라서 평가자는 수검자의 점수 프로파일을 해석할 때 반드시 수검자의 인구통계학적 특성을 고려해야 한다.

10.4.1.3 NEO 성격검사

10.4.1.3.1 역사적 배경

NEO 성격검사(NEO Personality Inventory: NEO PI)는 정상인을 대상으로 지속성 있는 성격특성을 평가하기 위한 검사이며, 성격심리학의 5가지 성격 특성(Big Five personality trait) 또는 성격 5요인 모델(Five factor model)이라고 불리는 이론에 근거하여 개발되었다. 여기서 특성이란 '행동으로부터 추론할 수 있는 일반화된 행동 경향성'을 의미한다. 1978년 Costa와 McCrae는 여러 성격검사를 요인분석한 결과 인간이 가지고 있는 공통적인 특성 요인이 신경증(neuroticism), 외향성(extraversion), 경험에의 개방성(openness)임을 밝혔으며, 이후 더 많은 성격 모델을 검토하여 친화성(agreeableness), 성실성(conscientiousness)의 2개 요인을 더 포함하였다. McCrae와 Costa는 1987년에 이 5개 영역이 반영된 NEO PI를 발표하였으며, 이후 1992년에 각 영역당 6개의 하위척도를 추가한 NEO PI-R을 출간하였다. 이러한 5요인 모델은 다수의 다른 문화권에서도 동일하게 나타나고 있다(McCrae, 2002).

우리나라는 안창규와 채준호가 1997년에 NEO 성격검사를 표준화하였으며, 이 검사는 만 17세 이상을 대상으로 제작된 검사였다. 이후 2005년에 안현의 등이 NEO 성격검사를 아동용(초등학교 3~6학년), 청소년용(중·고등학생), 성인용으로 구분하여 출판하였다. 여기서는 한국판 NEO 성격검사를 기준으로 살펴보도록 하겠다.

10.4.1.3.2 내용구성

NEO 성격검사는 성격의 5요인과 각 요인의 하위척도의 *T*점수를 바탕으로 해석된다. 수검자에 대한 일반적인 기술은 5요인의 해석을 통해 이루어지며, 이에 대한 자세한 정보는 각 영역의 하위척도를 해석하여 기술된다. 통상 각 척도에서 55점을 기준으로 점수가 높다고 평가되며, 45점을 기준으로 점수가 낮다고 평가된다.

NEO 성격검사의 각 요인을 보면, 첫째, 신경증(N) 척도는 정서적 불안정이나 혼란한 정도를 측정하며, 불안, 적대감, 우울, 충동성, 사회적 위축, 정서충격의 하위요인들로 구성되어 있다. 신경증 점수가 높은 사람은 예민하고, 자신의 충동을 잘 조절하지 못하며, 일상에서의 스트레스나 욕구불만에 대해 잘 대처하지 못하는 경향을 보인다. 둘째, 외향성(E) 척도는 낙관적이고, 외부지향적이며, 따뜻하고 친절한 정도를 측정하며, 사회성, 지배성, 자극추구의 하위요인들로 구성되어 있다. 외향성 점수가 높은 사람은 명랑하고, 쾌활하며, 열정적이며, 낙천적인 경향을 보인다. 셋째, 개방성(O) 척도는 새로운 경험과 변화에 대한 선호, 풍부한 아이디어, 지적 호기심의 정도를 측정하며, 창의성, 정서성, 사고유연성의 하위요인으로 구성되어 있다. 개방성 점수가 높은 사람은 자신과 타인의 감정에 민감하고, 세상에 대한 호기심이 많으며, 새로운 가치관과 아이디어를 추구하는 경향을 보인다. 넷째, 친화성(A) 척도는 이타적이고 타인을 신뢰하며 친밀한 정도를 측정하며, 온정성, 신뢰성, 관용성의 하위요인으로 구성되어 있다. 친화성 점수가 높은 사람은 타인에게 관심이 많고, 갈등 상황이 발생했을 때 타인에게 양보하며, 타인을 배려하고 도와주려는 경향을 보인다, 다섯째, 성실성(C) 척도는 자신의 능력에 자신감이 있고, 계획적이고 조직적으로 일을 처리하며, 신중함과 책임감이 강한 정도를 측정하며, 유능감, 조직성, 책임감의 하위요인으로 구성되어 있다. 성실성 점수가 높은 사람은 사려 깊고, 성취욕구가 강하고, 자신의 의무를 철저하게 이행하는 경향을 보인다.

이상의 5개 요인들은 개별적으로 해석될 수도 있지만, 요인의 조합을 통해 보다 더욱 다양하게 해석될 수 있다(Groth－Marnat & Wright, 2017). 이러한 요인의 조합을 통한 해석을 성격 유형(personality style)이라고 한다. 그 유형으로는 개인이 참여하는 활동에 대한 선호도를 보여주는 흥미 유형(E와 O의 조합), 대인 관계에서의 상호작용이 어떤지를 보여주는 상호작용 유형(E와 A의 조합), 개인 내적으로 긍정 정서와 부정 정서를 경험하는 정도를 보여주는 안녕감 유형(N과 E의 조합), 스트레스나 생활상의 어려움을 어떻게 극복하는지를 보여주는 방어 유형(N과 O의 조합), 분노를 어떻게 표현하는지를 보여주는 분노 통제 유형(N과 A의 조합), 충동을 어떻게 통제하는지를 보여주는 충동 통제 유형(N과 C의 조합), 자신의 일상이나 일에 대한 행동에 어떻게 접근하는지를 보여주는 활동 유형(E와 C의 조합), 자신의 신념이나 가치관의 양상을 보여주는 태도 유형(O와 A의 조합), 공부 및 학습과 관련된 태도를 보여주는 학습 유형(O와 C의 조합), 욕구와 능력의 방향이 자신 또는 타인에게 있는 정도를 보여주는 성향 유형(A와 C의 조합) 등 열 가지가 있다.

10.4.1.3.3 NEO 성격검사의 한계점

NEO 성격검사의 신뢰도와 타당도는 다른 성격검사보다 상대적으로 높은 편이다. 신뢰도의 경우, NEO PI－R의 영역별 내적 합치도는 .88～.92이며(McCrae 등, 2005), 1주 간격의 단기 검사－재검사 신뢰도 역시 .91～.93으로 우수한 편이다(Kurtz & Parrish, 2001). 타당도의 경우, McCrae와 Costa(2008)는 NEO 성격검사의 문항들을 요인분석한 결과 5요인이 가장 적절한 요인구조를 보인다는 것을 검증하였으며, 이러한 5요인은 다양한 인종과 문화권에서도 반복적으로 검증되고 있다.

그러나 NEO 성격검사는 다음과 같은 한계점을 가진다. 첫째, NEO 성격검사는 개인의 문제행동이나 문제점을 직접적으로 평가하지 않는다(Ben－Porath & Waller, 1992). 따라서 NEO 성격검사의 결과만 가지고는 임상적 평가를 실시할 수 없으며, 따라서 진단을 명확하게 실시하기 위해서는 다른 검사의 측정치를 종합적으로 고려하는 과정이 필요하다. 둘째, NEO 성격검사는 공식적인 타당도 척도를 갖고 있지 않으며, 부정 반응(nay-saying)과 무선 반응(random responding)을 확인하는 과정을 통해서만 수검자가 검사를 성실하게 실시하였는지를 확인할 수 있다. 이때, 부정 반응은 '아니다' 또는 '아주 아니다'로 응답한 반응의 개수가 50개 미만일 경우로 확인하고, 무선 반응은 특정 개수 이상 연속적으로 같은 반응을 보이는 경우로 확인한다. 따라서 수검자가 자신의 반응을 조작하기 수월하다는 한계점이 있으므로, 인사선발 장면에 NEO 성격검사의 결과를 반영할 때는 많은 주의가 필요하다.

10.4.1.4 MBTI

MBTI(Myers-Briggs Type Indicator)는 Carl Jung의 심리유형(psychological type) 이론에 기반하여 1921년에 Katharine Cook Briggs와 Isabel Briggs Myers에 의해 개발된 검사이다. MBTI는 자기보고식 문항을 통해 특정 상황을 인식하고 판단할 때 개인이 선호하는 경향을 찾고, 이러한 경향이 개인의 행동에 미치는 영향을 확인하여 실생활에 적용할 수 있도록 개발되었다. Briggs와 Myers가 Form A를 제작한 이후 현재는 Form Q까지 출판된 상태이며, 우리나라에서는 2012년에 144문항의 Form Q가 표준화되어 현재까지 사용되고 있다.

Jung의 심리유형 이론에 따르면, 인간은 누구나 감각(sensing: S), 직관(intuition: N), 사고(thinking: T), 그리고 감정(feeling: F)의 4가지 기본적인 정신기능을 사용하는데, 사람마다 외부 환경으로부터 정보를 수집하고 이 정보에 근거해 행동하는 방식에 있어 정신기능의 사용 양상이 다르다. 그리고 이러한 정신기능을 사용할 때 어떤 태도를 가지느냐에 따라 외향(extraversion: E) 또는 내향(introversion: I), 그리고 판단(judging: J) 또는 인식(perceiving: P)의 차이를 보인다.

MBTI는 이를 반영하여 인간의 사고, 감정 및 행동을 특징짓는 네 가지 기본적인 차원들(내향성-외향성, 감각형-직관형, 사고형-감정형, 판단형-인식형)에서 수검자가 어떤 위치에 해당하는지를 결정하기 위해 강제선택형('A' 혹은 'B') 문항을 사용한다. MBTI의 각 선호양식에 대한 설명을 표 10-5에 제시하였으며, 4가지 선호양식을 조합하여 만들어진 16가지의 성격유형을 표 10-6에 제시하였다.

▼표 10-5 MBTI의 선호양식

1. 외향성/내향성: 주의의 초점; 주의 집중과 에너지의 방향에 대한 선호

외향성(extraversion: E)		내향성(introversion: I)
• 폭넓게 사람들과 사귐 • 사교적, 적극적, 활동적인 유형 • 자신 외부로 관심을 쏟는 편	↔	• 깊이 있는 대인관계를 유지 • 조용하고 신중하게 집중력 있는 작업 선호 • 에너지의 초점이 자기 내부로 향함

2. 감각형/직관형: 인식기능; 정보를 인식하는 방식에서의 경향성

감각형(sensing: S)		직관형(intuition: N)
• 오감에 의존하고 실제의 경험을 중시 • 지금, 현재에 초점 • 실제적이며 정확한 것을 좋아함 • 관찰 능력이 뛰어나 상세한 것까지 기억을 잘하는 편	↔	• 육감이나 영감에 의존 • 미래지향적, 현실보다는 가능성과 의미를 추구 • 다양한 아이디어를 가지고 있음 • 신속, 비약적으로 일을 처리하는 경향

3. 사고형/감정형: 판단기능; 인식된 정보를 가지고 판단을 내릴 때 쓰는 기능의 선호

사고형(thinking: T)		감정형(feeling: F)
• 객관적 사실에 관심을 기울임 • 사사로운 감정이나 인정에 얽매이기보다는 원리나 원칙에 입각하여 논리적이고 분석적으로 판단	↔	• 사람과의 관계에 관심이 있음 • 옳고 그름이나 원칙보다는 주관적인 가치와 상대방의 입장을 배려, 조화를 고려하여 판단

4. 판단형/인식형: 생활양식; 외부세계에 대한 태도나 적응에 있어 선호하는 과정

판단형(judging: J)		인식형(perceiving: P)
• 분명한 목적과 방향을 가지고 행동하고자 함 • 계획을 잘 짜며 신속하게 의사결정을 하고 체계적인 생활을 하는 편	↔	• 목적과 방향에 대해 변화의 가능성을 열어놓고 상황에 따라 융통성 있게 행동함 • 개방성과 포용성을 가지고 여유롭게 생활하는 편

출처: 김동민 등(2013)

▼표 10-6 MBTI의 16가지 성격유형

성격유형	특성
ISTJ	신중함, 조용함, 집중력이 강함, 사리분별력이 뛰어남, 현실적, 책임감이 강함
ISFJ	책임감이 강함, 헌신적, 온정적, 인내심이 강함, 분명한 것을 선호함
INFJ	인내심이 강함, 통찰력이 높음, 양심이 바름, 독창적, 화합 추구, 내적 독립심
INTJ	독창적, 비판 · 분석력이 뛰어남, 직관력 · 결단력이 강함, 인내심이 강함
ISTP	조용함, 상황파악능력이 뛰어남, 절제된 호기심, 조직화하는 것을 좋아함
ISFP	다정함, 겸손함, 개방적, 적응력이 좋음, 관용적, 주도하기보다는 따르는 편임
INFP	따뜻함, 조용함, 책임감이 강함, 관대함, 자신을 잘 드러내지 않음, 완벽주의적
INTP	논리적, 분석적, 통찰력 좋음, 지적 호기심 많음
ESTP	관대함, 느긋함, 현실적, 논리적, 문제해결능력 뛰어남, 순발력 좋음
ESFP	사교적, 수용적, 낙천적, 주위에 관심이 많음, 현실적, 적응력이 높음
ENFP	창의적, 정열적, 문제해결이 빠름, 남을 도와주려는 태도를 가짐
ENTP	민첩함, 다방면에 관심과 재능이 많음, 문제해결능력 좋음, 상상력이 풍부함
ESTJ	현실감각이 좋음, 지도자의 기질이 있음, 사실적인 활동을 계획하고 추진함
ESFJ	따뜻함, 인기가 많음, 협력자 기질이 있음, 양심적, 타인에게 관심이 많음
ENFJ	따뜻함, 적극적, 동정심, 동료애, 사교성, 인내심 높음, 타인의 감정을 고려
ENTJ	열정이 많음, 솔직함, 단호함, 지도력 있음, 정보에 밝음, 논리적, 거시적 안목

출처: 오윤선, 정순례(2018)

10.4.2 투사적 검사

객관적 검사는 채점과 평가가 용이하고, 검사 결과를 통계적으로 다루기가 비교적 용이한 반면, 질문에 대해 수검자가 보일 수 있는 반응을 제한한다는 한계점을 가진다. 따라서, 수검자의 반응을 제한하지 않으면서 더 많은 심리적 특성을 발견하기 위해서는 개방형 질문을 해야 할 필요가 있다. 이러한 필요를 충족시켜주는 검사가 바로 비구조적인 방법을 사용하는 투사적 검사이다.

투사적 검사에서 투사(projection)는 Freud에 의해서 처음으로 사용되었다. Freud

에 따르면, 투사는 무의식의 영역에서 이루어지며, 무의식적 충동, 감정, 생각, 태도 등을 외부로 전가하는 방어기제의 기능을 수행하여 개인의 긴장을 해소시킨다. 투사적 검사의 특징을 살펴보면 다음과 같다.

첫째, 투사적 검사는 개인의 독특한 심리적 특성에 관심을 가지며, 따라서 개인의 다양한 반응을 무제한적으로 허용하는 비구조적 검사 과제를 제시한다. 둘째, 투사적 검사는 검사자극이 모호할수록 지각적 자극을 인지적으로 해석하는 과정에서 개인의 욕구, 성격, 갈등 등의 심리구조의 영향이 크게 작용한다고 전제한다(Murray, 1938). 따라서 검사 지시 방법이 간단하고 일반적인 방식으로 주어지며, 검사자극이 모호하고 불분명하다. 셋째, 투사적 검사는 모호하고 불분명한 자극을 통해 수검자가 자신의 내면적인 성향이나 욕구를 외부에 자연스럽게 투사할 수 있도록 유도하며, 따라서 수검자는 검사자극에 대해 자기노출적이고 비의도적 반응을 보이게 된다.

투사적 검사는 검사자극에 대한 수검자의 방어적 반응이나 허위 반응을 어느 정도 차단할 수 있으며, 수검자의 실제 특성을 나타내는 반응을 유발한다. 또한, 검사 지시방법이 제한되지 않고 검사자극이 모호하여 개인이 표현할 수 있는 반응이 다양하며, 이러한 반응의 다양성이 개인의 독특성을 반영해준다. 특히 투사적 검사는 일반적으로 자극이 강렬하여 평소에는 의식의 영역에 있지 않은 감정이나 사고를 자극하며, 따라서 전의식이나 무의식 영역 내 심리적 특성의 반응을 유발할 수 있다는 강점을 가진다. 그러나 검사의 신뢰도 및 타당도가 객관적 검사에 비해 상대적으로 낮으며, 따라서 검사 반응에 대한 통계적 처리가 상대적으로 제한된다는 한계점이 있다. 또한 투사적 검사는 검사자의 인종, 성, 검사자의 태도 등 여러 상황적 요인의 영향을 받을 가능성이 높다는 단점도 있다.

대표적인 투사적 검사로는 Rorschach 검사(로르샤하 검사), TAT(주제통각검사), SCT(문장완성검사) 등이 있다.

10.4.2.1 로르샤하(Rorschach) 검사

10.4.2.1.1 역사적 배경

Rorschach(로르샤하) 검사는 10장의 카드 속에 담긴 대칭형 잉크반점에 대한 반응을 해석하는 성격검사이다. 1921년 스위스의 정신과 의사인 Herman Rorschach가 개발하였으며, 현재 임상장면에서 가장 널리 사용되는 투사적 검사이다.

사실 잉크반점을 사용한 검사는 Rorschach가 1921년에 10개의 카드로 이루어진 검사를 출판하기 전부터 존재했다. 최초로 잉크반점을 이용하여 수검자의 투사적 반응을 파악한 학자는 Kerner인데, 그는 1857년에 이미 사람들이 동일한 잉크반점에 대하여 각기 다른 반응을 제시한다는 자료를 제시하였다. 또한, Binet는 1895년에 지능검사를 개발하는 과정에서 최초로 성격진단에 잉크반점을 사용하였으며, Whipple은 1910년에 잉크반점들을 최초로 표준화하고 체계적인 실시 요강을 제작하였다. 그러나 Whipple은 수검자의 잉크반점에 대한 반응은 단순히 수검자의 상상력이 반영된 것이라 생각하였으며, 수검자의 성격특성과 관련시키지는 못하였다. 따라서, Rorschach는 일련의 표준화된 카드에 대한 수검자의 반응을 점수화하고 해석하는 실증적 근거를 가진 체계를 최초로 고안하였다는 의의를 가진다.

그러나 학파들 간의 학문적 배경과 강조점이 달라 다른 채점 체계가 생기게 되었는데, 1957년에는 독립된 Rorschach 체계가 5개나 되었다. 이는 Rorschach 검사 연구가 일관성 있고 체계적으로 발전되는 데 어려움을 주었고, Rorschach 검사의 신뢰도와 타당도에도 의심을 가지게 만들었다. 이에 Exner는 채점과 해석을 종합적으로 실시하기 위한 체계 개발을 진행하였다. 이러한 노력은 1974년에 『로르샤하: 종합체계(Rorschach: A Comprehensive System)』으로 이어졌다. 해당 저서는 2003년 4판까지 출시되었으며, 국내에서는 윤화영이 2011년에 번역하였다. 이 체계는 대규모 규준자료 사용, 표준화된 절차 및 해석방식, 경험적 효용성 중시 등 다양한 강점을 갖고 있다.

10.4.2.1.2 내용 구성

Rorschach 검사는 의도적으로 모호하게 제작된 그림 카드들을 수검자에게 보여준 후, 수검자가 각 그림이 어떻게 보이는지를 답하는 방식으로 진행된다. Rorschach 검사에서 수검자의 성격구조는 그림의 모호한 자극을 지각하고 인지하는 방식을 구성하며, 따라서 그림 카드에 대한 수검자의 반응은 수검자의 여러 성격적 특성이 투사되었을 가능성이 있다. 즉, 수검자가 비구조화되고 모호한 자극을 지각하고 이를 자신의 기억과 대조하여 인출하는 과정에서 수검자의 경험구조를 파악할 수 있으며, 따라서 연구자들은 각 그림 카드에 대한 반응을 통해 수검자의 동기, 내면의 갈등, 방어기제 등을 추론할 수 있다.

Rorschach 검사의 검사도구는 총 10장의 대칭적인 잉크반점 카드로 구성되어 있다. Ⅰ, Ⅳ, Ⅴ, Ⅵ, Ⅶ번 카드는 무채색의 흑백으로 구성된 카드, Ⅱ, Ⅲ번 카드는 흑백과 붉은 색이 섞여 있는 카드, 나머지 Ⅷ, Ⅸ, Ⅹ번 카드는 여러 가지 색채로 혼합 구성된 카드이다. 이 중 어떠한 카드도 특정한 사물이나 대상으로 명명할 수 있을 만큼 형태, 색채, 음영, 공간 등이 체계화, 정형화되어 있지 않다. 따라서 수검자에 따라 다양한 반응이 나타날 수 있다.

Rorschach 검사를 실시할 때 주의해야 할 점은 수검자가 '창의력'이나 '상상력'에 대한 검사를 하고 있다는 인상을 받으면 안 된다는 것이다. Rorschach 검사 과정은 잉크 반점에 대해 '연상한 것'이 아닌 '본 것'에 대해서 반응해야 하기 때문이다. 검사 지시는 간단하며, 각 카드를 제시하면서 "이것이 무엇으로 보입니까?"라고 말하고 그 이외의 말은 하지 않는다. 이 질문을 듣고 수검자는 그림을 보면서 부호화, 분류, 비교, 취사선택 등 다양한 인지적 조작 과정을 거치게 된다(김영환 등, 2005). 총 10장의 카드에 대한 반응을 마치면, 검사자는 수검자에게 "당신이 본 것을 저도 보고 싶고, 당신이 본 것과 같은 방식으로 제가 볼 수 있는지 확인하고 싶습니다. 당신이 말한 것을 제가 읽어주면, 당신이 잉크반점의 어느 곳에서 그렇게 보았는지, 어떻게 해서 그렇게 보인 것인지를 말해주세요. 그래야 저도 당신이 본 것처럼 볼 수 있으니까요."와 같이 지시한다. 이러한 지시를 통해 수검자의 반응을 정확히 부호화하고 채점할 수 있게 된다.

이러한 지시 후 수검자가 말하는 내용을 통해 검사자가 기록해야 할 부분은 크게 세 가지인데, 첫째는 위치(어디서 그렇게 보았는가), 둘째는 내용(무엇으로 보았는가), 셋째는 결정인(무엇 때문에 그렇게 보았는가)이다. 이를 토대로, Exner 종합체계는 반응의 위치(잉크반점의 어느 위치에 반응하였는가), 반응 위치의 발달질(해당 위치의 반응이 얼마나 구체적이고 조직화되어 있는가), 반응의 결정인(반응을 결정하는 데 영향을 준 잉크반점의 특징은 무엇인가), 형태질(반점의 형태를 얼마나 적합하게 묘사하였는가), 반응내용(반응의 내용이 어떤 범주에 속하는가), 평범성(흔한 반응인가), 조직화 활동(자극 영역을 얼마나 인지적으로 통합하여 반응하였는가), 특수점수(특이한 언어적 반응이 나타났는가), 쌍반응(사물을 대칭적으로 지각하였는가)의 아홉 가지 기준에서 채점하도록 제안하였다(김영환 등, 2006).

10.4.2.1.3 Rorschach 검사의 한계점

Rorschach 검사는 수검자의 의식적인 저항의 가능성을 감소시키는 데 우수하며, 수검자 성격의 기저에 있는 무의식적 구조를 평가할 수 있다는 장점을 가진다. 수검자가 겉보기에는 적절한 적응을 보이고 있으며, MMPI 등의 객관적 검사에서도 특별한 문제점이 보이지 않지만 특정한 병리가 있다고 의심될 때, 이를 탐색하기 위해 Rorschach 검사를 사용할 수 있다. 또한, Rorschach 검사는 수검자의 응답왜곡의 가능성을 감소시키는 데 우수하다는 장점을 가진다.

그러나 Rorschach 검사는 부호화 방식, 채점 범주, 채점 공식에 따라 타당도가 차이를 보인다는 한계점을 가진다. 또한, Rorschach 검사는 심리검사 중 가장 복잡한 검사 중 하나이기 때문에 검사의 실시, 부호화, 채점 및 해석의 과정 중 오류가 발생할 수 있으며, 검사의 복잡성으로 인해 검사를 전문적으로 진행하기까지 상당한 기간의 수련을 필요로 한다.

10.4.2.2 주제통각검사(TAT)

10.4.2.2.1 역사적 배경

주제통각검사(Thematic Apperception Test: TAT)는 1935년 Harvard 대학교의 Murray와 Morgan에 의해 제작되었으며, Rorschach 검사와 함께 세계에서 가장 많이 쓰이는 투사적 검사 중 하나이다. TAT는 수검자의 동기, 감정, 정서, 성격의 갈등, 콤플렉스 등을 살펴보기 위해 제작되었으며, Rorschach 검사와 마찬가지로 수검자가 모호한 자극을 지각하는 과정에서 개인의 독특한 심리적 특성이 영향을 미친다는 정신분석학적 입장을 따르고 있다.

TAT는 우리가 외부의 대상을 인지할 때 단순히 자극 내용만을 지각하지 않고 지각자가 대상에 대해 주관적인 해석이나 상상을 하면서 받아들인다는 것을 전제한다. 즉, 우리는 '지각-이해-추측-상상'의 과정을 거쳐 외부의 대상에 대한 결론을 내린다는 것이다. 이때, 우리는 공통적으로 대상을 지각하는 과정에서 대상의 자극 특성에 의존하기도 하지만, 자극 특성이 아닌 우리의 선행 경험적 측면에 의존하기도 한다. 이 두 가지 측면이 상호작용하여 이해, 추측 및 상상이라는 심리적 작용이 이루어지는데, 이 과정을 '통각(apperception)'이라고 한다.

한편, '주제(thematic)'는 개인이 공상한 내용을 의미하며, 이때 공상한 내용은 개인의 내적인 욕구와 환경적 압력이 결합한 것이다(Murray, 1943). 즉, 수검자는 TAT를 진행하면서 검사자에게 자신의 성격과 환경의 상호작용 방식이 반영된 공상적인 이야기를 말하며, 이를 통해 수검자의 역동적인 심리구조를 파악할 수 있는 것이다.

우리나라의 경우 TAT가 활발하게 사용되지는 않으나, 전용신이 1973년에 Murray의 검사실시요강을 번역하였으며, 1974년에는 이상로, 변창진과 김경린의 『TAT 성격진단법』이 출판되어 임상장면에 사용되었다.

10.4.2.2.2 내용구성

TAT는 30장의 흑백사진 카드와 1장의 백지 카드로 구성되어 있다. 이 중 11장은 모든 수검자에게 공통적으로 사용되고, 연령과 성별에 따라 각각 9장으로 구성된 성인 남성용(M), 성인 여성용(F), 14세 이하 소년용(B), 14세 이하 소녀용(G) 카드를 택일하여 총 20장을 검사에 사용한다. 대부분의 카드에는 등장인물이 1명 이상이며, 카드 1장은 백지로 구성되어 있다. 전체 검사 과정을 두 번의 회기로 나누어 시행하며, 한 회기는 약 한 시간 정도 소요된다. 이때, 두 회기 간에는 최소 하루 정도의 간격을 두어야 한다. 이는 피로효과를 최소화하여 수검자가 충분하게 반응할 수 있는 여건을 만들어주기 위함이다.

검사자는 수검자와 라포를 형성한 후, 수검자가 피로하지 않은 상태에서 검사를 실시한다. 이때, 검사자는 수검자에게 카드를 보여주며 "현재 무슨 일이 일어나고 있으며, 그 일이 일어나기까지 어떤 일이 있었을지, 그림 속 등장하는 사람들이 무엇을 느끼고 생각하고 있는지, 앞으로 일이 어떻게 진행될지, 이야기의 끝은 어떤지에 대해 이야기해 주십시오."와 같은 지시를 내린다. 이후 2회기에서는 "오늘은 몇 장의 그림을 더 보여 줄 건데, 방법은 지난번 하셨던 방법과 동일합니다. 단지 지난번보다 조금 더 자유롭고 흥미있게 상상해 보세요. 꿈이나 동화처럼요. 상상력을 마음껏 발휘해 보기 바랍니다." 등의 지시를 내리며, 백지 카드에 대해서는 "이 백지에서 무엇을 볼 수 있나요? 어떤 그림을 상상해 보고, 저에게 자세하게 설명해 주세요. 상상한 것을 이야기로 만들어서 저에게 말해주시면 됩니다."와 같은 지시를 내린다.

10.4.2.2.3 TAT의 한계점

TAT는 수검자의 내적 욕구, 동기, 성격, 외부 환경과의 갈등 등에 대한 정보를 단시간에 얻을 수 있다는 장점이 있다. 특히, TAT는 수검자의 심리적 갈등(정신 내적 갈등 또는 환경과의 갈등)을 확인하고자 할 때 유용한 정보를 줄 수 있다. 또한, Rorschach 검사는 수검자의 원초적 욕구를 이끌어낼 수 있는 반면, TAT는 대인관계 간의 역동적 측면을 파악하는 데 유용하다. 따라서, 두 검사는 서로 상호보완적 기능을 하며, Rorschach 검사를 실시할 때 TAT를 동시에 수행하는 것이 추천되기도 한다(Murray, 1963).

그러나 TAT는 검사자의 주관이 상당히 개입될 가능성이 있으며, 따라서 심리측정학적 근거가 명확하지 않다는 한계점을 가진다. 그래서 TAT는 임상장면에서 주로 초기 라포를 형성하거나 다른 성격검사를 보완하는 성격의 검사로서 사용되고 있다.

10.4.2.3 문장완성검사(SCT)

문장완성검사(Sentence Completion Test: SCT)는 수검자의 갈등이나 정서와 관련된 미완성 문장을 수검자 자신의 생각대로 완성하게 하는 검사이다. SCT는 Rorschach 검사나 TAT에 비해 검사자극이 분명하며, 수검자가 검사자극을 지각할 수 있도록 구성되어 있다. 따라서 다른 투사적 검사에 비해 의식 수준에서의 심리적 특성이 나타나는 경향이 있다. 우리나라의 경우, Rotter와 Rafferty(1950)가 개발한 RISB(Rotter Incomplete Sentence Blank)와 Sacks와 Levy(1950)가 개발한 SSCT (Sacks Sentence Completion Test)가 주로 사용되고 있다.

일반적으로 SCT는 30~50문항으로 구성되어 있으며, 각 문항은 "나의 어머니는 ______", "내가 없을 때 친구들은 ______"와 같은 미완성 상태의 자극문으로 되어 있다. 이를 통해 수검자는 문장을 작성하면서 다양한 투사적 반응을 일으킬 수 있으며, 여기에는 공격성, 분노, 생각, 감정, 태도, 욕구 등의 영역이 포함된다.

SCT는 첫째, 수검자가 자신이 원하는 답을 할 수 있고, 둘째, 수검자가 검사 목적을 의식하기 어렵고, 셋째, 다른 투사적 검사보다 검사를 실시하고 해석할 때 특별한 훈련이 필요하지 않고, 넷째, 경제적이며 검사를 집단으로 실시할 수 있다는 강점을 가진다. 그러나 SCT는 객관적 검사에 비해 채점의 객관성이 낮을 수 있으며, 수검자가 검사에 비협조적이거나 언어 표현력이 부족할 경우 검사 결과가 실제와는 다르게 나타날 수 있다는 한계점을 가진다.

10.5 군사적 활용

군 조직에서 심리검사는 궁극적으로 부대의 전투력을 보존 및 강화하기 위한 목적으로 실시된다. 구체적으로, 군 심리검사는 장병의 정신병리 유무를 확인하고, 부적응 장병의 심리적 특성을 파악하며, 이를 통해 잠재적인 사고를 예방하기 위해 일차적으로 사용된다. 또한, 군 심리검사는 장병의 군 생활 적응을 도와주는 과정에서 참고자료로 활용될 수 있으며, 병영생활전문상담관이나 정신건강 전문가에게 특정 장병의 심리문제 진단을 의뢰하기 위해 사용될 수 있다. 뿐만 아니라, 군 심리검사는 특정 장병에 대한 심리측정적 정보를 획득하고 장병이 소속된 집단 내 상호작용을 평가하여 대인관계적 측면에서의 성격 특성을 확인하기 위해서 실시될 수 있다. 현재 육군에서 사용되고 있는 심리검사에는 우울증, 알코올중독, 스트레스, 자살생각, 불안장애, 일반 정신건강 수준을 측정할 수 있는 정신건강 자가진단, 사관생도의 리더십 역량을 다면적으로 측정할 수 있는 리더십역량진단, 연대장 이하 지휘관·지휘자와 사단급 이하 참모를 대상으로 자신의 상·하급자가 자신의 리더십 역량을 평가하는 리더십 진단체계, 신인성 검사, 병 인터넷 중독 진단검사 등이 있다. 본 장에서는 이 중 신인성검사와 병 인터넷 중독 진단검사를 중점적으로 살펴보고자 한다.

10.5.1 신인성검사

10.5.1.1 역사적 배경

1995년부터 2006년까지 군은 복무부적합자를 선별하기 위해 육군 인성검사(Korea Military Personality Inventory: KMPI)를 사용하였다. KMPI는 기존의 MMPI를 축소 및 재표준화한 검사인데, 신뢰도가 부족하다는 문제나 각종 사고와의 관련성을 파악하기 어렵다는 문제가 제기되었다. 이러한 이유로 1997년 국방부는 한국심리학회에 군 인성검사의 개발을 의뢰하였으며, 1999년에 군 인성검사가 개발이 완료되었다. 최초 군 인성검사는 병무청에서만 사용되었으며, 육군은 2006년부터 이 검사를 본격적으로 사용하기 시작하였다. 그러나 군 인성검사가 실시되고 있는 중에도 장병들의 군무 이탈이나 자살 등의 부적응 및 정신병리에 의한 사고가 계속되는 문제점이 발생하였으며, 검사에 대한 심리측정적 문제가 증대되었다(김완일, 권소영, 2016). 구체적으로, 측정요소가 과도하게 많은 점, 인성검사 결과 전체 표본의 30%에서 정밀진단이 필요하다고 나타나는 경우가 있는 등 규준을 재설정할 필요가 있다는 점, 불성실한 반응과 무작위 반응을 측정하는 방식이 없다는 점, 각 장병에 대한 자대용 검사가 없다는 점 등이 개선되어야 할 문제점으로 제기되었다.

이러한 필요성에 근거하여 국방부는 군 인성검사를 기반으로 새로운 검사도구를 개발하는 것이 타당하다고 판단하였으며, 2009년 한국국방연구원(KIDA)의 주관하에 기존의 군 심리검사를 개선하여 신인성검사를 개발하게 되었다. 이후 2016년에 복무부적합 및 부적응 가능성에 대한 신규문항 개발, 심리적 취약성의 선별 기능 향상, 타당도 척도 개선, 문항반응이론에 기반한 분석, 리커트 방식 응답으로의 변경 등 여러 가지 사항을 개선한 신인성검사 2.0이 개발되었다.

10.5.1.2 내용구성

신인성검사 2.0은 검사모듈 방식으로 설계되었으며, 표 10-12에 제시된 바와 같이 용도(정신병리 증상 파악, 부적응자 식별 등)에 따라 검사유형별로 모듈을 달리하여 실시된다. 예를 들어, 병무청에서 사용되는 심리검사의 경우, 입대하는 용사들의 정신과적 문제를 진단하여 병역등급을 판정하는 임무를 수행하는 점을 고려하여 정신질환 여부를 판별하는 문항을 위주로 구성된다. 또한 부대에서 복무 중인 용사를 대상으로 실시되는 검사의 경우, 사고 예방을 위해 심리적 부적응을 나타내는 인원을 식별하는 목적으로 사용된다는 점을 고려하여 적응활동 및 사고유발 가능성이 높은 특성과 징후를 포착하는 문항을 위주로 구성된다.

▼표 10-12 신인성검사 2.0의 검사유형

구분	용사용					간부용
단계	징병검사	입영신체검사	신병교육	자대복무	자대복무	자대복무
기관	병무청	훈련소	훈련소	자대	자대	자대
검사 유형	복무적합도 검사 2.0	복무적합도 검사 2.0	군생활적응 검사 2.0	복무적응도 검사 2.0	관계유형 검사	복무적응도 검사 2.0
문항	271문항	271문항	147문항	190문항	15문항	217문항
목적	• 정신과적 문제 파악 • 입대 결정 여부 파악	• 정신과적 문제 파악 • 현역복무 부적합자 선별 참고자료 제공	• 훈련기간의 정서 및 행동문제 파악 • 성격 관련 정보 제공	• 부적응 가능성 예측 • 개인 성격 특성 파악	• 타인평가에 의한 부적응행동 식별 • 관계유형 이해	• 스트레스 및 심리적 어려움 파악
대상	징병검사 대상자	입영신검 대상자	훈련병	전 용사	전 용사	위관장교 하 · 중 · 상사
시기	징병검사 시	입영 후 3일 내	입소 3~4주차	• 신병: 2~3주 • 일병: 반기 • 상병: 진급 시 • 병장: 필요시	반기 1회	연 1회

출처: 김용주, 강성록(2019)

각 모듈에 해당하는 척도는 정신병리 척도, 적응 및 사고 관련 척도, 적성 성격 특성 척도, 반응왜곡 탐지 척도로 구성되어 있다. 구체적으로, 첫째, 정신병리 척도는 군 복무 과정에서 정신병리와 관련된 문제를 보일 수 있는 인원을 조기에 선별하여 제외시키기 위한 척도이다. 둘째, 적응 및 사고 관련 척도는 군 복무 과정 간 주어진 임무를 충실하게 수행할 수 있는지, 다른 구성원들과 적응적인 관계를 유지할 수 있는지, 사고와 관련된 행동을 할 가능성이 있는지를 판별하기 위한 척도이다. 셋째, 적성 성격 특성 척도는 군 생활에 긍정적인 영향을 미치며, 성공적으로 군 생활을 하게끔 만드는 건강한 성격특성을 나타내는 척도이다. 넷째, 반응왜곡 탐지 척도는 자신의 증상을 더욱 부정적으로 보이게 하거나 자신을 더욱 잘 보이게 하기 위한 여러 왜곡된 반응을 포착하는 척도이다. 이러한 척도 외에도 자기보고식 검사의 한계점을 보완하기 위해 병 상호 간 평가를 통해 집단 내 타인의 인식을 확인하게 해주는 관계유형검사가 존재한다.

10.5.1.3 신인성검사의 장점

신인성검사는 징병검사, 입영신체검사, 훈련소, 자대배치 등 각 단계별로 실시한 심리검사의 검사결과가 통합되어 관리되며, 따라서 지휘관은 특정 장병의 신인성검사 결과를 모두 확인하여 해당 인원의 심리적 어려움을 쉽게 파악할 수 있다. 또한, 신인성검사는 부적응을 보이는 장병을 비교적 신뢰롭게 예측할 수 있으며, 온라인 검사이므로 편의성과 효용성이 우수하다는 장점을 가진다. 다만, 각 장병이 실시한 검사의 신뢰도를 높이기 위해서는 조용한 장소 및 충분한 시간적 여유가 확보된 상태에서 검사가 진행되도록 여건을 보장하여야 한다.

10.5.2 병 인터넷 중독 진단검사

10.5.2.1 역사적 배경

국방부는 군 내 인터넷 과의존군을 변별하고, 이들에 대한 치료적 개입을 위한 평가도구의 필요성을 인식하였는데, 민간인을 대상으로 실시되는 검사가 아닌 군의 특성과 용사들의 생활여건을 고려한 새로운 검사를 개발하고자 하였다. 이에 국방부는 한국정보화진흥원에 용사들의 인터넷 중독 여부를 확인할 수 있는 검사의 개발을 요청하였으며, 한국정보화진흥원은 육군사관학교 심리학과에 검사 개발을 의뢰하였다. 이후 2006년에 신응섭 등이 병 인터넷 중독 진단검사를 개발하였으며, 육군은 이를 국방망으로 연결된 모든 부대에서 실시할 수 있도록 하였다.

10.5.2.2 내용구성

병 인터넷 중독 진단검사는 61문항, 4점 리커트 척도로 구성되어 있다. 진단검사는 크게 입대 전의 인터넷 중독 수준을 측정하기 위해 과거 시제형으로 기술된

A척도, 인터넷 중독과 관련이 높은 심리적 취약성을 측정하는 P척도, 군 복무 중 인터넷 중독과 연관된 대체행동을 측정하는 B척도로 구성되어 있다. 이 중 P척도는 다시 세부적으로 외로움을 측정하는 L척도, 효능감을 측정하는 E척도, 통제력을 측정하는 C척도로 구성되어 있다.

인터넷 중독 진단검사의 결과는 위험군, 잠재군, 일반군의 세 수준으로 제시된다. 구체적으로 첫째, 위험군은 과거에 고위험군 수준의 인터넷 중독을 경험하였고, 현재 심리적으로 매우 취약하거나 대체행동의 빈도가 높다고 판단되는 집단이다. 둘째, 잠재군은 과거에 잠재적 위험군 수준의 인터넷 중독을 경험하였고, 현재 중간 수준의 심리적 취약성과 대체행동을 보이는 집단이다. 셋째, 일반군은 과거에 인터넷 중독을 경험하지 않았으며, 현재에도 이와 관련된 심리적 취약성이나 대체행동을 보이지 않는 집단이다. 이러한 세 집단 중 위험군과 잠재군이 관리 대상자로 선정되며, 특히 위험군은 즉각적인 상담 및 관리가 필요한 집단이다.

10.5.2.3 병 인터넷 중독 진단검사의 장점

병 인터넷 중독 진단검사는 첫째, 군이라는 특수성을 고려하여 용사들의 인터넷 중독과 관련된 변인들을 측정하고, 중독 수준에 따른 분류 기준을 제시하였다는 점, 둘째, 입대 전 인터넷 중독 경향성을 보이는 용사가 입대 후 중독 경향성이 어떻게 진행되었는지를 확인할 수 있으며, 지휘관리의 참고자료로 사용할 수 있다는 장점을 가진다.

참고문헌

김동민, 강태훈, 김명식, 박소연, 배주미, 선혜연, ..., 최정윤 (2013). **심리검사와 상담**. 서울: 학지사.

김영빈, 김계현 (2001). 청소년 상담에서의 심리검사 활용실태: 시·도 청소년종합상담실을 중심으로. **한국심리학회지: 상담 및 심리치료, 13**, 149-162.

김영환, 김지혜, 홍상황 (2005). **로르샤하 해석의 원리**. 서울: 학지사.

김영환, 김지혜, 홍상황 (2006). **로르샤하 종합체계 워크북(5판)**. 서울: 학지사.

김완일, 권소영 (2016). **군 상담의 이론과 실제**. 서울: 학지사.

김용주, 강성록 (2019). **심리학의 군사적 활용**. 파주: 청문각.

김중술 (2001). **다면적 인성검사**. 서울: 서울대학교 출판부.

김중술, 한경희, 임지영, 이정흠, 민병배, 문경주 (2005). **다면적 인성검사 II (MMPI-2) 매뉴얼**. 마음사랑.

박혜원, 곽금주, 박광배 (1996). 한국형 유아지능검사(WPPSI) 의 표준화: 표준화연구 (1). **한국심리학회지: 발달, 9**, 60-70.

성백선, 전용신 (1970). **고대-비네 (Kodae-Binet) 검사 작성**. 서울: 고려대학교 행동과학연구소.

안현의, 김동일, 안창규 (2005). **청소년용 NEO 성격검사**. 서울: 한국가이던스.

안창규, 채준호 (1997). NEO-PI-R 의 한국표준화를 위한 연구. **한국심리학회지: 상담 및 심리치료, 9**, 443-472.

오윤선, 정순례 (2018). **심리검사의 이해와 활용**. 파주: 양서원.

이상로, 변창진, 김경린 (1974). **TAT 성격진단법**. 서울: 중앙적성출판사.

이창우, 서봉연 (1974). **K-WISC 실시요강**. 서울: 배영사.

전용신 (1973). **TAT 검사법**. 서울: 문천사.

전용신, 서봉연, 이창우 (1963). **한국판 Wechsler 지능검사(KWIS) 실시요강**. 서울: 중앙교육연구소.

정범모, 이정균, 진위교 (1963). **MMPI 검사실시요강**. 서울: 코리안 테스팅센터.

탁진국 (2007). **심리검사 개발과 평가방법의 이해(2판)**. 서울: 학지사.

황순택, 김지혜, 박광배, 최진영, 홍상황 (2012). **K-WAIS-IV 실시 및 채점요강**. 대구: ㈜한국심리.

Anastasi, A., & Urbina, S. (1997). *Psychological testing* (7th ed.). Englewood Cliffs, NJ:

Prentice−Hall.

Ben−Porath, Y. S., & Waller, N. G. (1992). "Normal" personality inventories in clinical assessment: General requirements and the potential for using the NEO Personality Inventory. *Psychological Assessment, 4*, 14−19.

Binet, A., & Simon, T. (1905). New methods for the diagnosis of the intellectual level of subnormals. *Annals of Psychology, 11,* 191−244.

Bouchard, T. J., & McGue, M. (1981). Familial studies of intelligence: A review. *Science, 212,* 1055−1059.

Butcher, J. N., Dahlstrom, W. G., Graham, J. R., Tellegen, A. M., & Kaemmer, B. (1989). *MMPI−2; Manual for administartion and scoring.* Minneapolis, MN: University of Minnesota Press.

Cattell, J. M. (1890). Mental tests and measurements. *Mind, 15,* 373−380.

Costa, P. T., & McCrae, R. R. (1992). *Revised NEO Personality Inventory (NEO−PI−R) and NEO Five−Factor Inventory (NEO−FFI) professional manual.* Odessa, FL: Psychological Assessment Resources.

Cronbach, L. J. (1990). *Essentials of psychological testing* (5th ed.). New York, NY: HarperCollins.

Exner, J. E. (2003). The Rorschach: A comprehensive System (4th ed.). New York, NY: Wiley.

Friedenberg, L. (2004). **심리검사: 설계, 분석 및 활용** (김명소, 오동근, 옮김). 서울: 시그마프레스.

Galton, F. (1879). Psychometric experiments. *Brain, 2,* 149−162.

Gardner, H. (1983). *Frames of mind: The theory of multiple intelligence.* New York, NY: Basic Books.

Groth−Marnat, G., & Wright, A. J. (2017). **심리평가 핸드북** (신민섭, 김은정, 민병배, 박수현, 박중규, 송현주, ..., 황순택 옮김). 서울: 사회평론아카데미.

Guilford, J. P. (1956). The structure of intellect. *Psychological Bulletin, 53*, 267-293.

Horn, J. L., & Cattell, R. B. (1966). Refinement and test of the theory of fluid and crystallized general intelligences. *Journal of Educational Psychology, 57*, 253-270.

Kurtz, J. E., & Parrish, C. L. (2001). Semantic response consistency and protocol validity in structured personality assessment: The case of the NEO−PI−R. *Journal of Personality Assessment, 76*, 315−332.

McCrae, R. R. (2002). NEO−PI−R data from 36 cultures: Further intercultural comparisons. In R. R. McCrae & J. Allik (Eds.), *The five−factor model of personality across cultures* (pp. 105−125). New York, NY: Kluwer

Academic/Plenum.

McCrae, R. R., & Costa, P. T., Jr. (2008). Empirical and theoretical status of the five-factor model of personality traits. In G. J. Boyle, G. Matthews, & D. H. Saklofske (Eds.), *The SAGE handbook of personality theory and assessment, Vol. 1. Personality theories and models* (pp. 273-294). Sage Publications, Inc.

McCrae, R. R., Martin, T. A., & Costa Jr, P. T. (2005). Age trends and age norms for the NEO Personality Inventory-3 in adolescents and adults. *Assessment, 12,* 363-373.

Meyer, R. G. (1993). *The clinician's handbook* (3rd ed.). Boston, MA: Allyn & Bacon.

Morgan, C. D., & Murray, H. A. (1935). A method for investigating fantasies: The thematic apperception test. *Archives of Neurology & Psychiatry, 34,* 289-306.

Murray, H. A. (1943). *Thematic Apperception Test manual.* Boston, MA: Harvard College Fellows.

Murray, H. A. (1963). Studies of stressful interpersonal disputations. *American Psychologist, 18,* 28-39.

Newman, H. H., Freeman, F. N., & Holzinger, K. J. (1937). *Twins: A study of heredity and environment.* Chicago, IL: University of Chicago Press.

Piotrowski, C. (1997). Use of the million clinical multaxial inventory in clinical practice. *Perceptual and Motor Skill, 81,* 1185-1186.

Rotter, J. B., & Rafferty, J. E. (1950). *The Rotter Incomplete Sentences Blank.* New York, NY: The Psychological Corporation.

Sacks, J. M., & Levy, S. (1950). The Sentence Completion Test. In L. E. Abt & L. Bellak (Eds.), *Projective psychology* (pp. 357-402). New York, NY: Knopf.

Scarr, S., & Weinberg, R. A. (1976). IQ test performance of black children adopted by white families. *American Psychologist, 31,* 726-739.

Spearman, C. (1904). General intelligence, objectively determined and measured. *American Journal of Psychology, 15,* 201-293.

Sternberg, R. J. (1985). *Beyond IQ: A triarchic theory of human intelligence.* New York, NY: Cambridge University Press.

Terman, L. M. (1911). The Binet-Simon scale for measuring intelligence: Impressions gained by its application upon four hundred non-selected children. *Psychological Clinic, 5,* 199-206.

Terman, L. M. (1916). *The measurement of intelligence.* Boston, MA: Houghton Mifflin.

Thurstone, L. L. (1943). *Primary mental abilities.* Chicago, IL: University of Chicago

Press.

Wechsler, D. (2008). *Wechsler Adult Intelligence Scale-Fourth Edition (WAIS-IV).* San Antonio, TX: NCS Pearson.

Yerkes, R. M., Bridges, J. M., & Hardwick, R. S. (1915). *A point scale for measuring mental ability.* Baltimore, MD: Warwick & York.

제11장

스트레스와 건강

P S Y C H O L O G Y

11 스트레스와 건강

사람들은 태어나서 죽음에 이르기까지 스스로 해결해야 할 과제들과 씨름하면서 보낸다. 과제는 자신의 내적 욕구나 희망에서 나오기도 하고, 환경의 요구나 제약으로부터 나오기도 하며, 더욱 많은 경우는 자신과 환경의 상호작용에 의해서 발생하기도 한다. 이러한 과제와의 사투는 스트레스라는 단어로 치환되어 우리 삶을 지배한다. 대부분의 사람은 해결해야 할 스트레스에 직면해서 이를 원만하게 해결하여 적응된 삶을 영위한다. 반면에 어떤 사람들은 스트레스를 적절히 해결하지 못해 문제행동을 하기도 하며, 이는 본인과 주위 사람들에게 불편을 준다. 문제행동을 갖게 된 경우, 스스로의 힘으로 해결이 불가능할 때에는 타인, 특히 전문가의 도움이 문제해결의 열쇠가 되기도 한다.

이 장에서는 먼저 사람들이 삶에서 수없이 직면하게 되는 스트레스를 개념화하고, 스트레스가 신체적·정신적 건강에 미치는 영향을 살펴본다. 그리고 스트레스에 대한 대처의 개념과 유형, 건강한 스트레스 대처법에 대해 검토한다. 마지막으로 스트레스와 관련된 군사적 활용 가능성에 대해서 알아본다.

11.1 스트레스의 개념

11.1.1 스트레스의 정의

스트레스라는 용어 자체가 사용되기 시작한 것은 14세기부터로, 그 당시에는 고난 혹은 역경을 의미하는 용어로 쓰였다. 스트레스라는 용어는 자연과학 분야, 특히 토목공학에서도 많이 사용되고 있다. 20세기 중반까지 스트레스는 특정한 상태를 의미하거나 외부에서 가해지는 영향력으로 이해되었다. 그러나 스트레스가 오늘날과 같이 학문적으로 본격적으로 사용되기 시작한 것은 Hans Selye나 Walter Cannon과 같은 생리학자들의 연구에 힘입은 바가 크다. 이들이 스트레스에의 반응에 중점을 둔 반면, 이후 연구자들은 자극으로서의 외적 사건에 초점을 두기도 하고, 사람과 환경 간의 교류에서 나타나는 경험으로 스트레스를 이해하기도 하였다(Mason, 1975).

오늘날 스트레스라는 용어는 우리의 일상생활 속에서 매우 빈번하게 사용되는 개념이며, 현대인의 질병을 설명하는 장면에서도 '스트레스성 질환'이라는 용어를 쉽게 접할 수 있다. 가정이나 직장 생활 속에서도 흔히들 "스트레스를 받았다"라는 말을 자주 사용한다. 이처럼 스트레스는 우리의 생활 속에서 자주 사용되는 개념이면서도, 다양한 상황에서 스트레스라는 말이 사용되고 있으며 스트레스 연구는 다양한 방향으로 전개되었기 때문에 스트레스에 대한 정의를 내리는 것이 쉬운 일은 아니다.

스트레스의 개념에 대한 가장 보편적인 정의를 살펴보면, 스트레스는 "내·외적 사건들이 개인의 중요한 동기를 위협하고, 개인이 이를 극복할 능력이 부족할 때 일어나는 특정한 형태의 심리·생리적 반응의 혼란"을 의미한다(신응섭 외, 2004).

현대인들은 다양한 스트레스에 노출된 채 살아가고 있다.

이러한 스트레스의 정의를 더 세부적으로 살펴보면, 아래와 같이 세 가지 부분으로 구성되어 있다는 것을 알 수 있다. 첫째, 스트레스의 원인으로써 스트레스를 유발하는 내·외적 사건들이다. 이는 사소한 사건으로부터 심각한 외상적 사건에 이르기까지 다양하다. 둘째, 스트레스에 대한 반응으로써 심리·생리적 반응의 혼란이다. 이것은 개인의 경험을 의미하는 것으로, 예컨대 우리가 어떤 사람이 스트레스로 고통을 겪고 있다고 말하는 것이다. 셋째, 스트레스 원인과 개인 간의 상호작용이다. 동일한 자극사건이라 하더라도 각 개인이 가지고 있는 내적 특징에 따라 다른 스트레스 반응으로 경험될 수 있다는 것이다. 다시 말해, 각 개인의 극복 능력이 다양하기 때문에 스트레스에 대한 반응은 개인에 따라 상이하다는 의미이다.

11.1.2 자극으로서의 스트레스

11.1.2.1 스트레스원의 특징

자극으로서의 스트레스를 연구한 학자들은 외적 환경인 스트레스 사건 자체에 관심을 가졌으며, 이를 스트레스원(stressor)이라고 불렀다. 초기 연구자들은 전쟁이나 자연재해와 같은 외상을 주로 연구하였으며, 주요한 생활사건, 만성적 역할 긴장, 사소한 사건이나 일상의 스트레스원 등으로 영역을 확대하였다. 우선 스트레스가 되는 사건의 특성을 살펴본 후 대표적인 스트레스원에 대해 알아보도록 하겠다.

삶을 살아가면서 경험하는 다양한 사건 중에서 우리는 어떤 경험을 스트레스로 인식하게 될까? Taylor(2016)는 스트레스로 인식하게 만들 가능성이 높은 사건의 특징을 다음과 같이 정리하였다. 첫째, 부정적 사건이다. 긍정적인 경험도 스트레스를 유발할 수는 있으나, 일반적으로 가족의 죽음, 입시에서의 실패, 승진 누락 등 부정적인 사건은 긍정적인 사건에 비해 심리적 고통과 신체적 증상에 더 큰 영향을 미친다. 둘째, 예측 또는 통제 불가능한 사건이다. 인생의 중요한 갈림길에서 선택의 순간을 떠올려 보라. 어떠한 사건이나 선택의 결과를 예측할 수 없다면, 우리는 불안과 긴장을 느끼게 될 것이다. 그리고 자신의 일이나 상황을 통제할 수 있는가의 여부도 스트레스의 인식에 있어 중요한 요인이다. Karasek과 Theorell(1990)은 직장 스트레스의 경험을 책임과 통제력의 상호작용으로 검증하였는데, 책임은 낮으나 통제력이 높은 직업군이 가장 스트레스가 낮았으며, 책임은 높으나 통제력이 낮은 직업군은 관상동맥 심장질환 및 사망에 이르기 쉬운 것으로 나타났다. 셋째, 모호한 사건이다. 모호한 사건은 사건의 경위를 파악하는 데 많은 시간과 자원을 소모하도록 강요할 뿐만 아니라 이에 대한 행동을 주저하게 한다. 마지막으로, 과부하이다. 지나치게 업무량이 많거나 자신의 능력을 벗어난 업무는 스트레스를 유발할 수 있다. 특히 업무 처리에 있어 시간적 압박을 받거나 결과에 대한 본인의 책임이 크다면 스트레스는 더욱 증가할 가능성이 있다.

11.1.2.2 스트레스원의 유형

각 개인에게 스트레스를 유발하는 사건은 매우 다양하지만 일반적으로 언급되는 스트레스원은 외상적 경험, 생활사건, 만성적 역할 긴장, 사소한 사건 등으로 구분된다(Aldwin, 2015).

11.1.2.2.1 외상 사건

외상 사건: 9.11 테러

외상 사건은 보통 인간의 한계를 넘어선 극도의 위험상황을 의미한다. 외상 사건은 크게 자연과 과학기술 재해, 전쟁 관련 문제, 개인 외상의 세 가지로 구분된다. 지진, 홍수, 가뭄과 같은 천재지변이나 체르노빌 핵발전소, 후쿠시마 원자력 발전소 사고 등은 자연과 과학기술 재해의 대표적인 예이다. 전쟁은 군인뿐만 아니라 민간인에게도 극도로 위협적이며 죽음에 이를 수 있다는 공포를 경험하도록 한다. 성적 학대, 근친상간 등 성 관련 문제뿐만 아니라 대구 지하철 사고나 9.11 테러와 같은 대형 사고나 강력범죄와 같은 개인 외상 또한 매우 심각한 스트레스를 유발할 수 있다.

11.1.2.2.2 생활사건

생활사건은 가족의 죽음, 결혼과 이혼, 실직과 은퇴 등 개인이 경험하는 큰 사건을 의미한다. 생활사건에 대한 대표적인 연구는 Holmes와 Rahe(1967)에 의해 수행되었다. 이들은 사회 재적응 평정 척도(social readjustment rating scale) 연구를 통해 스트레스를 유발하는 요인들을 알아보고, 각 스트레스 유발 요인들에 대한 스트레스 정도를 평가했다. 이들은 재적응에 필요한 생활변화의 양으로 스트레스의 양을 측정하려 하였다. 이를 위해 긍정적 스트레스나 상당한 생활변화가 요구되는 결혼에 50이라는 값을 부여하고, 400여 명에게 43개의 사건들을 결혼과 비교하여 생활변화의 정도에 값을 부여하도록 요구하였다. 얻어진 값들의 평균을 그 사건의 생활 변화 단위(life change units)로 제시하였다. 이들의 조사 결과에서는 배우자의 죽음이 100으로 가장 높았으며 가벼운 법의 위반이 11점으로 가장 낮았다. 국내에서는 홍강의와 정도언(1982)이 사회 재적응 평정치를 표 11－1과 같이 제시하였다. 이러한 연구에서 흥미로운 점은 생활상의 변화는 좋든 나쁘든 간에 그 자체가 스트레스가 된다. 일반적으로 결혼이나 휴가는 많은 사람이 원하는 것이기에 스트레스가 되지 않는다고 생각하지만, 실제로는 그렇지 않을 수 있다. 왜냐하면 변화는 새로운 것에 대한 적응 노력을 요구하기 때문이다.

▼표 11-1 홍강의와 정도언(1982)이 조사한 사회 재적응 평정치

서열	생활 사건	평정치	서열	생활 사건	평정치
1	자식 사망	74	16	사업의 일대 재정비	43
2	배우자 사망	73	17	직업 전환	43
3	부모 사망	66	18	정년 퇴직	41
4	이혼	63	19	해외 취업	39
5	형제자매 사망	60	20	유산	38
6	혼외 정사	59	21	임신	37
7	별거 후 재결합	54	22	입학 시험, 취직 실패	37
8	부부의 이혼, 재혼	53	23	자식의 분가	36
9	별거	51	24	새 가족의 등장	36
10	해고, 파면	50	25	가족 중 한 명의 병	35
11	정든 친구의 사망	50	26	성취	35
12	결혼	50	27	주택, 사업, 부동산 매입	35
13	징역	49	28	정치적 신념의 변화	35
14	결혼 약속	44	29	시댁, 처가, 친척과의 알력	34
15	중병, 중상	44	30	학업의 시작, 중단	34

11.1.2.2.3 만성적 역할 긴장

만성적 역할 긴장은 우리가 속해 있는 삶의 범위 안에서 지속적으로 경험하게 되는 스트레스를 의미한다. 예를 들어, 가정 내에서는 부부간의 긴장, 부모의 역할에 따른 긴장을 경험할 수 있다. 그리고 직장인은 업무량, 업무 속도, 작업 환경, 대인관계, 성별과 학력에 의한 차별, 부적절한 보상 등의 직무 스트레스를 경험할 수 있다. 또한 빈곤, 인종과 성차별 등 특정 사회나 문화에서의 구조적 특성으로부터 기인하여 만성적인 영향을 미치는 스트레스원도 있다.

11.1.2.2.4 사소한 사건(hassles)

아침에 울리지 않은 자명종 소리로 인한 늦잠, 출근길의 막히는 도로, 카페 종업원의 불친절, 불쑥 방해를 하는 동료의 언행 등 우리가 일상에서 자주 접하게 되

는 사소한 사건은 비교적 단기간에 나타나고 심각도도 경미한 편이다. 그러므로 사소한 사건은 큰 스트레스를 유발하지 않는다고 생각할 수 있다. 그러나 앞서 제시한 외상이나 주요한 생활사건이 상대적으로 드물게 발생하는 반면, 사소한 사건은 그 빈도가 매우 높으므로 건강에 더 큰 영향을 미칠 가능성이 있다.

11.1.3 반응으로서의 스트레스

11.1.3.1 초기 선구자들: Cannon과 Selye

Walter Cannon

Hans Selye

초기 스트레스를 연구한 학자들은 스트레스에 대한 반응에 초점을 두었다. 특히 스트레스 연구의 토대를 마련한 것으로 평가되는 사람은 미국의 생리학자 Walter Cannon과 캐나다 의학자 Hans Selye이다. Walter Cannon(1939)은 유기체가 위협에 직면할 때 교감신경계의 각성을 통해 위협에 대비하게 되는데, 이를 "투쟁-도피 반응(fight-or-flight response)"이라고 명명하였다. 즉 위협을 지각하게 되면 시상(현재는 사상하부로 밝혀짐)의 활성화, 뇌하수체 자극을 거쳐 부신수질에서 교감신경계 활성화를 자극하는 에피네프린과 노르에피네프린을 방출하게 된다. 그리고 위협이 사라지면 부교감신경계 활동을 통해 신체가 항상성(homeostasis) 상태로 돌아가게 된다.

Cannon의 투쟁-도피 이론을 확장한 Hans Selye(1956)는 일반적응증후군(general adaptation syndrome: GAS)을 주장하였다. 그는 스트레스에 대한 반응을 그림 11-1에서 보는 바와 같이 경고-저항-소진의 세 단계로 구분하였다. 경고 단계는 위협에 대한 준비상태를 갖추는 단계인데, 이는 교감신경계가 활발해짐을 의미한다. 저항 단계는 위협에 대처하기 위해 노력하는 단계로, 신체의 생리적 각성이 높아진다. 만약 이러한 노력에도 불구하고 스트레스가 지속된다면, 소진 단계에 이르러 질병에 걸리거나 죽음에 이를 수 있다.

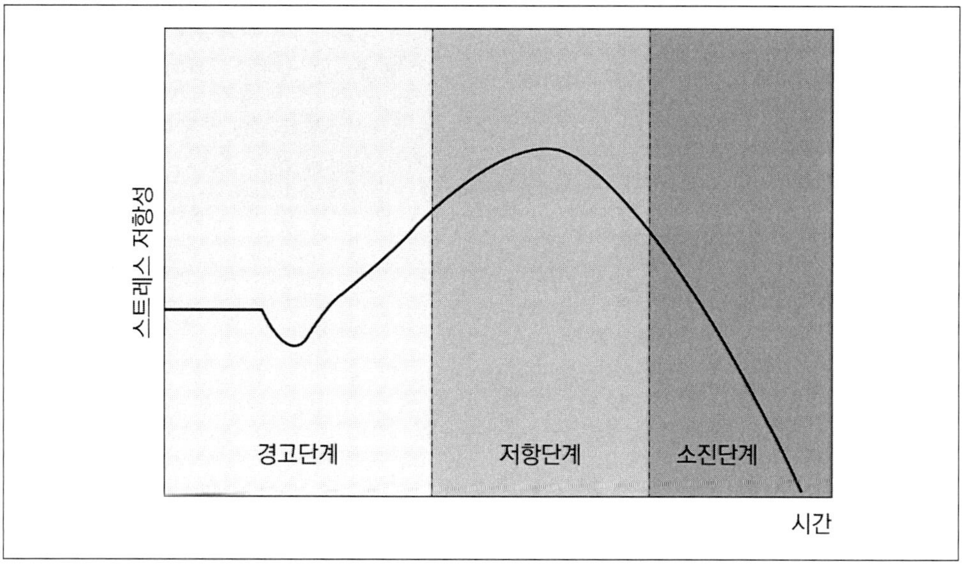

[그림 11-1] 스트레스에 대한 반응 단계: 경고-저항-소진

Cannon의 투쟁-도피 반응과 Selye의 일반적응증후군의 공통점은 스트레스에 대한 일반적 반응을 가정한다는 점이다. 즉 스트레스의 유형에 관계없이 모든 스트레스원에 대해 동일한 생리적 반응을 보인다고 주장한다. 그러나 이후 연구자들은 스트레스원이나 개인차에 의해 스트레스에 대한 상황-특정적 반응이 있음을 밝히게 된다. 예를 들어, Taylor와 동료들(2000)은 투쟁-도피에 돌봄과 어울림(tend-and-befriend)을 추가하였는데, 인간 특히 여성의 사회적 협력과 자손에 대한 양육행동 등 스트레스 반응의 사회적 요소를 강조하였다. 돌봄과 어울림은 옥시토신과 관련이 있는데, 이는 스트레스 사건에 반응하여 빠르게 방출되는 스트레스 호르몬으로, 협력과 돌봄을 증가시키고, 스트레스의 부정적 효과와 불안을 완화하도록 하는 역할을 한다.

11.1.3.2 스트레스 반응: 생리적, 심리적, 행동적 차원

스트레스에 대한 반응은 생리적, 심리적, 행동적 차원에서 다양하게 나타나며, 이러한 차원이 독립적으로 나타나는 것은 아니며, 개인차가 존재할 수 있다. 첫째, 생리적 차원에서의 반응은 크게 두 가지 범주(뼈와 근육 계통의 증상, 내장계통의 증상)로 나누어 볼 수 있다. 뼈와 근육 계통의 증상은 긴장감, 떨림, 약해짐, 통증 등이 있으며, 내장계통의 증상은 심장 박동의 증가, 소변 횟수의 증가, 짧은 호흡 주

기, 구토 등의 위장 기능장애 등으로 나타난다. 두 범주의 증상은 많은 에너지를 준비하고 있는 상태로, 자율신경계와 내분비샘의 특정 기능들이 활성화되어 있음을 의미한다.

둘째, 행동적 차원에서의 반응은 스트레스에 대해 바람직한 결과를 유도하는 건설적 대응으로 나타날 수도 있으나, 공격행동, 포기, 방종 등 방어적이고 부정적 결과를 초래하는 반응을 보이기도 한다. 일반적으로 공격행동은 좌절에 의해 촉발될 수 있으나, 좌절을 경험한다고 해서 반드시 공격행동이 일어나는 것은 아니고 여러 상황요인이 좌절과 공격과의 관계에 영향을 미친다. 포기행동은 슬픔이나 실의와 연합되는 경향이 있다. 자신의 인지적 판단으로 스트레스 상황을 이겨내지 못할 때 주저하거나 의욕을 상실하는 무력감을 보이는 경우가 있다. 방종행동은 스트레스를 받을 때 현명하지 못한 식사습관, 음주, 흡연, 약물남용과 같은 비정상적 행동을 하는 경우를 의미한다. 이러한 행동들은 일시적인 스트레스 해소책은 될 수 있으나 장기적으로는 심리적, 신체적, 정서적 스트레스를 더욱 가중시키는 결과를 야기한다. 스트레스에 대한 자기탐닉적이고 방종적인 행동은 스트레스에 의한 부작용을 강화시키는 요인으로 작용한다.

마지막으로, 심리적 차원에서의 반응은 크게 정서적 측면과 인지적 측면의 두 범주로 나누어 볼 수 있다. 정서적 측면에서는 불안, 흥분, 분노, 우울, 죄책감 등이 보고된다. 사람에 따라 이들 중 하나만을 경험하거나 두 가지 이상의 정서를 동시적 또는 연속적으로 경험하는 경우도 있다. 이들 중에서 가장 대표적인 스트레스 관련 정서가 불안과 우울이다. 이에 대해서는 11.2절 스트레스와 건강에서 더 다루기로 한다. 인지적 측면에서의 반응은 이차적인 것으로 사고기능, 심상, 주의집중력, 기억 등에서 일어난다. 사고 기능이 정상적일 때는 합리적, 논리적, 융통성이 있지만 스트레스 상황에서는 논리적인 사고와 일관된 조직화가 손상을 입는다. 대신에 자기 행위의 부정적 결과에 대한 걱정과 부정적 자기평가의 지배를 받는다. 심상에 있어서도 원하지 않고 불유쾌한 내용이 깨어 있을 때나 수면 중에 되풀이될 수 있다. 불필요한 자극은 무시하고 필요한 자극에 주목하는 선택적 주의집중능력도 감소한다. 그 결과 개인의 업무 수행 능력과 문제해결능력의 손상을 가져온다. 기억 내용에서도 혼란과 망각이 일어나 심하면 매우 일상적 경험마저 잊어버리는 경우도 생긴다.

압박감은 내·외적 요구가 너무 강하고, 개인이 그것에 꼭 부응하려고 할 때 경험하는 긴장 상태이다. 내적 요구나 압력으로는 자존심을 지키려는 지나친 성취욕, 지나친 완벽주의, 인정받으려는 욕구, 일에 대한 과도한 욕심 등을 들 수 있다. 가령 자기 자신의 지능, 인격 또는 재능에 관한 스스로의 믿음 때문에 보다 우수한 수준까지 자신을 끌어올리려고 하는 데서 오는 압박감을 느낄 수 있다. 외부적 요구나 압력으로는 직장이나 학교에서의 과도한 요구, 사회 환경이나 가정에서의 기대 등을 들 수 있다. 마감시간이 있는 직업 및 작업량의 폭주도 우리에게 압박감을 주는 요인이다.

11.1.4 사람과 환경의 교류로서의 스트레스

동일한 사건을 경험한 사람들이 모두 같은 반응을 보일까? 대학입시에 떨어진 경우를 생각해 보자. 매우 큰 충격을 받아 삶의 의욕을 잃은 채 실의의 나날을 보내는 사람이 있는 반면, 다음엔 꼭 좋은 성과를 내겠다며 도전 의지를 불태우는 사람이 있을 수 있다. 동일한 경험에 대하여 왜 이와 같은 개인차가 발생하는 것일까?

스트레스를 사람과 환경의 상호작용으로 간주하는 교류주의자들에게 스트레스를 외부사건으로만 이해하는 것은 스트레스의 지각과 해석에서의 개인차를 간과하는 것으로 간주된다. 개인이 스트레스 사건을 경험할 때, 이 사건을 어떻게 지각하는지 여부와 이에 효과적으로 대처할 수 있는 자원이 있는지의 여부가 중요한 역할을 차지한다. 즉 스트레스란 환경의 요구와 개인의 자원 간의 조합을 의미한다. 스트레스는 환경적 상황의 요구와 그것에 대처할 수 있는 개인의 능력 간의 불균형으로부터 발생하게 된다.

Lazarus와 Folkman(1984)의 이론에 따르면, 스트레스에 대한 대처 과정의 첫 번째 단계에서 평가(appraisal)가 이루어진다. 그림 11-2에서 보는 바와 같이, 평가는 사건에 대한 위험 요소(일차 평가, primary appraisal)와 가능한 대처 자원과 선택권(이차 평가, secondary appraisal)을 평가하는 인지적 과정을 의미한다. 일차 평가의 유형은 "위해(harm)", "손실(loss)", "위협(threat)", "도전(challenge)", "호의(benign)", "무관(irrelevant)"으로 구분된다. 이 중 위해, 손실, 위협은 개인의 안녕에 부정적인 영향을 끼친다고 지각할 때 발생하므로 스트레스를 주는 상황임을 뜻한다. 도전은 사건에 대해 숙달감(mastery)이나 이득(gain)을 얻을 것으로 예상하는 기회를 의미하는데, 스트레스의 부정적 영향이 가장 적은 평가로 알려져 있다. 호의 평가는 사건이 긍정적으로 해석될 때, 즉 개인적 안녕감을 유지하거나 높일 때 일어난다. 무관한 평가는 사건이 개인의 안녕과 관련이 없는 것으로 평가함을 나타낸다.

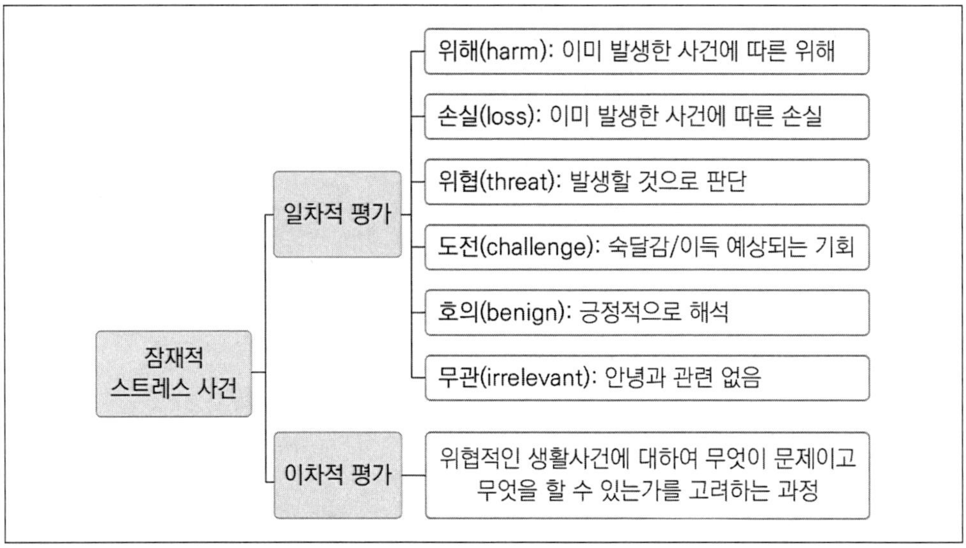

[그림 11-2] 스트레스에 대한 평가의 유형
출처: Lazarus & Folkman, 1984

한편, 이차 평가는 일차 평가를 통하여 위협적으로 평가된 생활사건에 대하여 무엇이 문제이고 무엇을 할 수 있는가를 고려하는 과정을 의미한다. 개인은 자신이 가지고 있는 자원을 검토하여 어떤 선택이 가능한지를 생각하고, 그 선택지들이 달성 가능한지 평가하는 과정을 거친다. 위협적 생활사건에 대하여 자신이 충분한 자원을 가지고 있다고 평가한다면 스트레스를 거의 느끼지 않을 것이지만, 개인의 자원이 충분치 않다고 지각하면 매우 큰 스트레스를 경험할 것이다.

11.2 스트레스와 건강

스트레스는 현대인에게 있어서 만병의 근원으로 인식되고 있다. 병원을 찾는 외래 환자들을 대상으로 실시된 한 역학조사에 따르면, 환자의 80~90%가 스트레스와 연관되어 있는 것으로 나타났다(Mason, 2001). 스트레스는 우울, 불안 등 정신건강뿐만 아니라 성인병 등 신체건강과 매우 높은 관련성을 가지고 있다(Billings, Cronkite, & Moss, 1983). 이러한 점으로 인해 미 보건성에서도 스트레스를 여러 가지 만성적인 질병을 발생시키는 주요 원인으로 제시했으며, 스트레스를 진단하고 관리하는 대응 프로그램 개발이 매우 중요함을 강조하였다(장현갑, 김정모, 배재홍, 2007).

11.2.1 스트레스와 신체건강

Walter Cannon은 마법사에게 저주를 받은 후 죽음을 맞이한 호주 원주민의 사례를 바탕으로 이를 '부두 죽음(voodoo death)'이라고 명명하였다. 그 원주민은 질병이 있거나 굶주림 등 인위적 요인이 없었음에도 불구하고 사망한 것이다. 마법사의 저주가 통한 것일까? Cannon은 이를 지나친 교감심경계의 활성화가 겁에 질린 상태를 만들어 종국에는 쇼크와 심혈관계 정지를 초래했다고 설명하였다. 교감신경계와 부교감신경계의 정상적인 조절 실패는 질병과 사망 위험의 증가를 가져올 수 있음을 많은 후속 연구로부터 증명되었다.

스트레스 중에서도 만성적이거나 반복되는 스트레스가 건강에 더 큰 악영향을 미치게 된다. 예를 들어, 스트레스에 대한 반응으로 활성화되는 시상하부–뇌하수체–부신피질 축(Hypothalamic–pituitary–adrenocortical Axis: HPA 축)은 교감신경계의 지나친 활성화에 따른 독소효과를 감소시키기 위해 면역계를 억제한다. 즉 교감신경계는 면역계의 염증반응을 자극하는데, 이 염증반응이 장기화되면 다양한 기관계에 손상을 입히게 되므로, HPA 활성화는 이러한 손상을 막기 위해 면역계를 억제하게 된다. 장기간의 면역억제는 박테리아나 바이러스로부터의 감염에 취약하게 만들기도 하며, 암세포에 대한 면역계의 감시를 방해하기도 한다. 그리고 장기적인 스트레스는 코르티솔 분비를 촉진하여 해마의 뉴런을 손상시켜 언어, 기억력, 집중력 저하를 초래하기도 하고, 내장 부위에 지방을 축적하도록 하여 비만을 유발할 수도 있다(Aldwin, 2015).

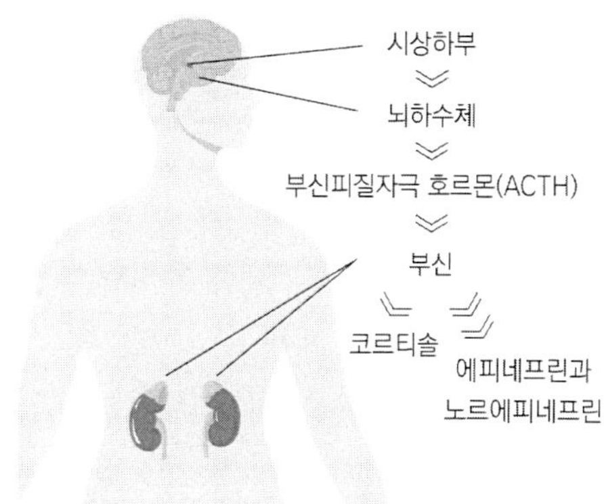

시상하부 – 뇌하수체 – 부신피질 축

한 가지 주의할 점은 교감신경계의 활성화 자체는 질병을 일으키지는 않는다는 것이다. 즉 스트레스원에 대한 교감신경계의 각성보다는 HPA 축의 지속적인 활성화가 건강에는 치명적인 영향을 미치게 된다. 운동은 교감신경계의 각성을 가져오지만, HPA 축의 활성화를 초래하지는 않으므로, 건강을 해치지 않고 오히려 건강을 증진시킨다.

11.2.2 스트레스와 정신건강

스트레스와 관련 있는 대표적인 정신건강 관련 문제는 불안과 우울 증상이다. 스트레스를 경험할 때 많은 사람은 불안과 우울 증상을 경험할 수 있다. 그러나 대부분의 사람에게 이러한 증상은 일시적이며, 원인을 제공했던 스트레스가 사라지면 증상도 없어지는 경우가 많다. 그러나 스트레스가 외상과 같이 매우 충격적이거나 장기간 지속된다면, 개인은 이러한 스트레스를 적절히 해결하지 못하게 되고 스트레스를 이겨낼 수 있는 동력을 상실할 수 있다. 이러한 경우 각종 정신질환으로 발전할 수 있는데, 적응장애, 불안장애, 우울장애, 수면장애, 급성 스트레스 장애나 외상후 스트레스 장애 등이 대표적이다. 정신장애에 대해서는 13장 이상심리에서 자세히 다루므로, 여기서는 불안과 우울의 주요 특징에 대해서만 간단히 언급하기로 한다.

11.2.2.1 불안

불안이란 매우 복잡하고 이해하기 힘든 스트레스 경험유형이다. 불안은 무언가 좋지 않은 일이 일어날 것 같은 예감이 따르는 걱정, 근심, 두려움, 안절부절못함, 긴장과 같은 정서 상태이다. 스트레스 경험의 다른 예들은 모두 무엇 때문에 자신이 그와 같은 불편감을 느끼는지 인식하나, 불안을 만성적으로 경험하는 사람들은 그 원인을 분명히 인식하지 못한다. 불안은 특질불안과 상태불안으로 구분할 수 있다. 특질불안은 비교적 지속적인 일종의 성격특성이고, 상태불안은 특정한 상태나 장면에 따라서 증가하기도 하고 감소하기도 하는 불안이다. 만성적인 불안을 느끼

는 사람은 통상적으로 근육 긴장, 주의력 저하, 불규칙한 호흡, 우울과 초조, 수면 장애 및 식욕부진, 잦은 분노와 짜증 등을 호소한다.

11.2.2.2 우울

우울은 불안과 함께 정서적 혼란의 가장 일반적인 유형이다. 불안은 스트레스 상황이 예상될 경우 발생하나, 우울은 스트레스 사건을 경험한 후에 생기기 쉽다. 우울을 경험하는 사람은 슬픔, 무가치감, 피로감, 염세적 생각 등을 호소한다. 우울을 유발하는 원인은 친밀한 인간관계가 깨질 때, 가족의 죽음, 심각한 질병 등이다.

우울장애는 자살의 유혹자로 알려져 있는데, 우울장애 환자의 15～20%가 자살을 시도하고, 그중 2～3%는 실제 자살에 성공한다. 즉 스트레스가 직·간접적으로 자살의 원인으로 작용할 가능성이 높다는 것을 암시해준다. 우리나라의 경우, 1998년 외환위기 이후 자살이 크게 증가하였으며, 그 수는 2010년을 전후해서는 인구 10만 명당 30명을 넘기도 하였다. 자살률은 남자가 여자보다 두 배 이상 높으며, 나이가 들수록 높은 경향이 있다.

11.3 스트레스 대처

우리가 알고 있는 수많은 신화와 위인들의 이야기를 상기시켜 보라. 많은 주인공이 가지고 있는 공통점은 역경에 맞서 싸워 위대한 업적을 이루어냈다는 점이다. 이는 그들이 경험했던 스트레스에 적절하게 대처(coping)하여 목표를 성공적으로 달성하였음을 의미한다. 그리고 스트레스에 어떻게 대처하느냐에 따라 목표 달성 여부뿐만 아니라 적응이나 신체적·심리적 건강의 결과가 달라질 수 있다. 여기에서는 대처의 이론적 접근과 대표적인 대처의 유형에 대해서 살펴본 후 건강한 스트레스 대처법에 대해서 알아보도록 한다.

11.3.1 대처의 이론적 접근

대처에 대한 이론적 접근은 개인성향에 기반한 접근(person–based approach), 상황에 기반한 접근(situation–based approach), 인지적 접근(cognitive approach) 등 3가지로 구분할 수 있다(Aldwin, 2015).

개인성향에 기반한 접근 관점에서는 환경적 일관성을 가정한다. 그러므로 같은 상황에 대해서 개인은 항상 같은 반응을 할 것으로 예상한다. 개인성향에 기반한 접근법은 정신분석, 성격 특성, 지각 양식으로서의 대처 관점에서 이해될 수 있다.

첫째, 정신분석적 이론에서의 방어기제는 대처에 관한 연구와 연결된다. 방어기제란 자아(ego)가 원초아(id)와 초자아(superego) 간의 무의식적 갈등으로부터 발생하는 불안감을 피하고 충동적인 행동이나 감정, 본능을 통제하는 수단을 의미한다. 방어기제의 유형은 억제, 부정, 히스테리, 강박, 투사, 반동형성, 승화, 유머, 합리화 등이 있다. 이러한 방어기제들은 현실을 왜곡하는 측면에서 부적응적이라는 비판이 있었다. 이에 대해 Vaillant(1977)는 방어기제가 건강하고 적응적이라고 전제하면서 승화, 이타심, 유머 등과 같은 성숙한 기제를 더 많이 사용할수록 더 행복하고 오래 사는 경향이 있음을 발견하였다.

둘째, 대처를 성격 특성으로 보는 관점이다. 성격과 건강 간의 관련성을 알아본 대표적인 연구는 Friedman과 Rosenman(1974)에 의해 수행되었다. 그들은 성격을 A형과 B형 행동형태로 구분하였는데, A형 행동 형태는 지나치게 경쟁적이고, 공격적이며, 참을성이 없고, 적대적인 행동을 많이 하는 특징을 가지고 있다. 이에 비해 B형 행동 형태는 덜 경쟁적이며 덜 투쟁적이다. A형 사람들은 관상동맥성 심장질환, 만성적 통증의 비율이 현저하게 높았는데, 이는 그들의 적개심, 우울, 불안과 같은 부정적 정서성이나 신경증적 경향성이 높은 대처 방식이 영향을 미쳤을 것으로 보인다. 이에 반해 긍정적인 성격과 정서기능을 가진 B형 사람들은 정신적, 신체적 건강이 더 좋은 것으로 나타났다. 예를 들어, 낙관주의(optimism), 지각된 통제감(psychological control), 자존감(self–esteem), 탄력성(resiliency), 성실성(conscientiousness) 등은 효과적인 대처에 영향을 미쳐 심리적 적응과 건강의 증진을 가져오는 대표적인 성격 특징이다.

마지막으로, 지각 양식(perceptual style)으로서의 대처는 정서를 다루는 방법보다는 정보를 어떻게 처리하는지에 더 관심을 둔다. 초기에는 정보를 회피하거나 억누르는 억제 대처와 정보를 탐색하고 확대하는 민감화 대처로 구분하였으며, 최근에는 접근 대 회피 대처(approach vs. avoidance)의 용어를 주로 사용한다.

상황에 기반한 접근 관점에서는 환경적 요구와 상황적인 특성에 따라 다른 대처전략을 사용한다고 가정한다. 초기연구들은 특정한 스트레스원에 사람들이 어떻게 반응하고 대처하는지에 초점을 두었다. 예를 들어, Folkman과 Lazarus는 상실을 경험하는 상황에서는 정서 지향적인 대처를, 위협이나 도전 상황에서는 문제 지향적인 대처를 더 많이 사용한다고 하였다. 그리고 Pearlin과 같은 학자들은 일, 결혼생활, 부모 등 사회적 역할에 따라 다른 대처가 사용됨을 발견하였다.

인지적 접근법은 상황에 대한 평가(appraisal)에 따라 선택하는 대처가 달라지며, 특정문제의 요구에 따라 전략을 수정할 수 있다. 즉 환경적 일관성을 가정하는 개인성향에 기반한 접근법은 대처의 일관적인 특성을 반영하여 대처 양식(coping style)이라는 용어를 선호하는 데 반해, 환경적 여건을 고려하는 인지적 접근법에서는 대처 전략(coping strategy)이라는 용어가 사용된다.

11.3.2 대처의 유형

앞에서 살펴본 바와 같이 대처에 대한 다양한 이론적 접근이 존재하는데, 각 이론적 접근에 따라 대처의 정의와 대처의 유형에도 차이가 존재한다. 대처는 문제중심적 대 정서중심적 대처, 일차 대 이차 통제 대처, 접근 대 회피 대처 등 다양한 차원으로 구분되는데, 여기서는 가장 일반적으로 사용되고 있는 Lazarus와 Folkman(1984)의 대처의 정의와 유형을 중심으로 알아보기로 한다.

11.3.2.1 문제중심적 대처와 정서중심적 대처

Lazarus와 Folkman은 대처(coping)를 “스트레스로 평가되는 상황의 내적·외적 요구와 충돌을 통제하고 견디어 내거나 경감시키는 인지적, 행동적 노력”으로 정의하였다. 대처는 스트레스 사건의 변화하는 요구에 대한 반응에 따라 변화하는 지속적인 역동적 과정임을 의미한다.

Lazarus와 Folkman(1984)은 대처를 문제중심적 대처(problem-focused coping)와 정서중심적 대처(emotion-focused coping)로 구분하였다. 문제중심적 대처는 스트레스 상황을 해결하기 위하여 정보를 탐색하고, 실현 가능성 있는 문제해결책을 생성하며, 스트레스를 발생시키는 환경을 변화시키기 위한 행동을 하는 등의 건설적인 시도를 의미한다. 반면, 정서중심적 대처는 스트레스 상황에 직면하여 개인의 정서를 표현하고, 타인의 위로나 지지를 구하기 위한 노력을 하며, 스트레스의 원천을 피하고자 하는 등의 감정을 조절하기 위한 노력을 의미한다. 즉, 문제중심적 대처는 스트레스의 근원 문제를 해결하고자 하는 노력과 적극적인 변화 시도를 의미하는 반면, 정서중심적 대처는 상황에 의해 발생한 정서적 고통을 경감하거나 관리하는 것을 의미한다.

Folkman과 동료들(Folkman, Lazarus, Gruen, & DeLongis, 1986)은 특정 대처의 효과성은 대처와 사건에 대한 지각된 통제감 사이의 적합도(Goodness-of-Fit)에 달려 있다고 제안했다. 이러한 적합도 이론에 따르면, 문제중심적 대처는 높은 수준의 통제 조건에서는 적응적 결과를 보이지만, 낮은 수준의 통제 상황에서는 부적응적 결과를 보인다. 어떤 상황을 통제할 수 없다고 지각할 때 문제중심적 대처를 사용하는 것은 좌절감과 실망감을 만들어낼 가능성이 높기 때문이다. 반면에, 정서중심적 대처는 문제중심적 대처와 정반대의 결과를 나타낸다. 즉 정서중심적 대처는 높은 수준의 통제 조건에서는 부적응적 결과를 나타내지만, 낮은 수준의 통제 상황에서는 적응적인 결과를 나타낸다. 이는 사람들이 낮은 통제 상황하에서 발생할 수 있는 무망감을 다루는데 있어서 정서중심적 대처가 더 유용하기 때문일 것이다.

Lazarus와 Folkman은 문제중심적 대처와 정서중심적 대처 모두 스트레스 사건에 대한 유용한 대처가 될 수 있다고 보았음에도 불구하고, 대체적인 연구 결과를 보면, 문제중심적 대처를 사용할수록 정신 건강이 더 좋고, 정서중심적 대처를 사용할수록 덜 적응적이며 정신 건강이 좋지 않은 것으로 알려져 있다. 이에 Stanton과 동료 연구자들(2000)은 기존의 척도들이 정서중심적 대처의 측정에 있어서 방법론적 문제가 있었음을 지적하며 정서접근적 대처(emotional-approach coping)를 개발하여 정서접근적 대처를 많이 사용할수록 적응이 향상됨을 보였다.

11.3.2.2 예기적 대처와 선행적 대처

한편 Aspinwall과 Talyor(1997)는 예기적 대처(anticipatory coping)와 선행적 대처(proactive coping)의 개념을 발전시켰다. 일반적으로 대처가 스트레스 사건에 대해 현재 발생한 부정적 정서를 조절하는 노력인데 반해, 예기적 대처와 선행적 대처는 미래의 가능성에 대한 대처를 의미한다. 예기적 대처는 미래에 발생할 가능성이 분명한 사건의 부정적 효과를 최소화하기 위해 사용하는 전략을 의미한다. 예를 들어, 기말고사에서 F학점을 맞을 경우 퇴학 처분을 받게 된다는 것을 안다면, 이를 피하기 위해 공부를 열심히 하는 것이 효과적인 예기적 대처가 될 수 있을 것이다. 반면에 선행적 대처는 좀 더 일반적이고 잠재적인 스트레스 상황이 일어날 가능성이 있을 때, 그것이 일어나지 않게 하거나 그 형태를 수정하기 위한 노력을 의미한다. 예를 들어, 충치를 예방하기 위해 하루에 세 번 이를 닦는 경우가 선행적 대처의 예이다.

11.3.3 건강한 스트레스 대처법

스트레스에 대한 개념 설명에서 스트레스 반응은 크게 두 가지 요인에 의한 상호작용의 결과라고 언급되었다. 하나는 스트레스를 유발하는 스트레스원이며, 다른 하나는 이러한 스트레스원을 극복할 수 있는 개인의 역량변인이다. 이것은 객관적인 스트레스원이 아무리 많다 하더라도 이를 극복할 수 있는 개인의 역량이 충분할 경우 스트레스를 경험하지 않는다는 것이다. 이를 돌이켜 생각해 보면, 스트레스에 대한 대처는 크게 두 가지로 대별된다고 볼 수 있다.

하나는 스트레스원을 제거하는 것이며, 다른 하나는 스트레스를 극복할 수 있는 개인의 역량을 강화하거나 스트레스원에 대한 대응방법을 개선하는 것이다. 스트레스원을 제거하는 방략은 스트레스를 해소하는 가장 근원적인 방법이 될 수 있지만, 현실적으로 스트레스원을 모두 제거하는 것은 불가능한 일이다. 결국 스트레스원에 대한 개인의 역량 또는 대응방법을 변환시키는 노력이 함께 이루어져야 할 것이다. 이렇게 보면 스트레스에 대한 대처방략은 조직차원에서 이루어질 수 있는 것과 개인차원에서 이루어질 수 있는 것, 그리고 조직과 개인 모두에 해당되는 것들로 구분될 수 있다. 개인차원에서 이루어질 수 있는 스트레스 대처방략은 다시 인지적, 정서적, 신체적, 행동적 방략으로 구분된다.

11.3.3.1 조직차원에서의 대처방략

11.3.3.1.1 업무 재설계

조직차원에서 가능한 대처방략 중 하나는 업무를 재설계하는 것이다. 조직의 업무는 조직의 특성에 따라 상당한 시행착오를 통하여 구체화된 것이기 때문에 수시로 조정되기 어렵지만, 조직원들의 능력과 기호에 맞게 직무가 설계되고 복무 여건이 조정될 경우 조직의 효율성과 조직원의 만족도가 향상되고 자연적으로 스트레스를 덜 받게 될 것이다.

11.3.3.1.2 책임과 역할의 명확화

조직원 개개인의 책임과 역할을 분명하게 규정하고 이에 대한 구분과 평가 등을 명확하게 하는 것도 스트레스를 관리하고 해소하는 방략이다. 상급자의 지시내용에서 하급자의 책임과 역할이 불명확할수록 해당 업무로 인한 스트레스가 증가한다.

11.3.3.1.3 사회적 지지

사회적 지지는 조직내외부의 인간관계를 최대한 활용하여 조직원의 적응력을 높이고 스트레스 해소를 위한 채널을 다양화시켜주는 것이다. 다시 말해 사회적 지지는 개인이 필요로 하는 정서적, 정보적, 평가적, 및 도구적 지원을 통해 스트레스에 의한 개인의 심리적, 신체적 손상을 약화시키는 방법이다. 정서적 지지는 타인과의 교류를 통해 소속감, 친밀감과 정서적 안정감을 향상시키는 것을 말하는데, 군대의 경우, 병 상호 간뿐만 아니라 간부나 외부의 전문가나 사회단체와의 관계로부터 정서적 지지를 얻을 수 있다. 정보적 지지는 정보와 충고, 제안, 지도 등을 통해 문제를 해결할 수 있는 지지를 제공하는 것을 의미한다. 평가적 지지는 수용, 긍정적 자기평가, 피드백 제공 등의 방법을 사용하는 것이며, 도구적 지지는 문제해결에 필요한 물질적인 도움, 돈, 시간, 노동 등을 제공하는 것을 의미한다.

11.3.3.2 개인차원의 대처방략

개인차원에서 가능한 건설적인 스트레스 대처방략은 크게 네 가지로 구분한다.

첫째는 인지적 대처로서 분명한 요구들을 재평가하고 스트레스적 절충의 명백한 의미를 재정의하는 노력이다. 둘째는 정서적 대처로서 스트레스에 의해 흥분된 정서적 반응을 감소시키려는 노력이다. 셋째는 신체적 대처로서 신체적 건강을 유지함으로써 스트레스로 인한 충격을 감소시키는 것이다. 넷째는 임무수행 역량을 강화하는 노력이다.

11.3.3.2.1 인지적 대처

스트레스는 객관적인 과정에 의해서 전개되기보다는 주관적인 감정에 의하여 다양하게 전개되는 심리적 과정이다. 인지적 대처는 불합리한 평가에 의하여 스트레스가 유발되거나 혹은 더 강화되기도 한다는 점에 착안하여 스트레스에 대한 정확한 평가를 통하여 스트레스에 대처하려는 노력이다. 인지적 대처에는 방어적 자기기만의 최소화, 부정적 자기－대화의 감소, 파멸적 사고에서의 탈피, 긍정적 자세 견지, 스트레스 근원인식 등이 있다.

① 방어적 자기기만의 최소화

스트레스에 직면한 경우 흔히 사용되는 대처 중 하나는 방어적 왜곡인데, 이 방식은 문제를 평가절하하거나 무시함으로써 문제를 더 악화시키고 심각하게 한다. 따라서 방어적 자기기만을 최소화하는 것이 인지적 대처방략 중 하나이다. 이를 위해서는 스트레스 해소과정에서 방어기제가 존재하고 사용된다는 사실을 인지하는 것이 중요하다.

② 부정적 자기-대화의 감소

Ellis에 의해 고안된 합리적 정서적 행동치료(Rational Emotive Behavior Therapy, REBT)는 부정적 자기－대화를 감소시키기 위해 주로 내담자의 상황에 대한 평가를 변화시키는 데 초점을 맞추는 접근법이다. 이에 따르면 사건에 대한 부정적인 정서적 반응은 사건 그 자체에 의해서가 아니라 이들 사건에 대한 부정적 해석에 의해 야기된다고 보고, 이러한 부정적 해석 과정을 변화시킴으로써 스트레스에 대처하는 방략이다. 사람들은 불운한 사건을 현실적으로 보지 않고 비합리적으로 '침소봉대'하거나, 불편함을 '재앙'으로 해석하기도 한다. 이러한 생각은 사람들이 가지고 있는 비합리적인 가정에서 비롯되는 경우가 많다. 사람들은 자주 '내가 모든 사람으로부터 인정받아야 한다' 혹은 '나는 모든 일을 잘 해야 한다' 혹은 '내가 동일시하는 모든 사람은 누구나 유쾌한 경험을 해야 한다'와 같이 논리적으로 맞지 않는 전제로부터 추론한다.

③ 파멸적 사고 탈피

잘못된 평가, 즉 파멸적 사고를 감소시키는 방법은 먼저 비합리적인 신념을 찾아내는 일이며, 그 다음으로는 그것에 대항하는 방법을 아는 것이다. 비합리적인 신념은 왜 내가 동요되는지를 자신에게 물어보는 자기-대화를 통하여 발견할 수 있다. 자신의 사고과정에서 '반드시, 꼭, 결코, 틀림없이'와 같이 파멸적 사고에서 흔히 나타나는 핵심어들이 존재하는지 살펴봄으로써 자신이 얼마나 이러한 사고과정에 익숙해 있는지를 스스로 인식할 수 있다.

④ 긍정적 자세의 견지

삶에 대한 긍정적 자세를 견지한 사람은 부정적 자세를 취하는 사람보다 실망이나 좌절감을 덜 겪을 수 있다. 긍정적인 자세는 삶을 개선하고 자신감을 충만하게 하여 큰 만족감을 얻도록 도와준다. 몇 가지 긍정적 자세를 정리하면 다음과 같다.

첫째는 스트레스를 인생의 일부로 받아들이는 것이다. 스트레스는 회피할 수 없는 인생의 한 부분이다. 그것은 자연스럽고, 불가피하며, 우리 모두가 예상하고 있는 것이다. 당황하거나 화내거나 격분하지 않고 현실적으로 존재하는 것을 인식해야 한다.

둘째는 불평보다는 문제해결적인 태도를 택하는 것이다. 일단 스트레스를 자연스러운 생활의 한 부분으로 인정한다면 스트레스에 대해 문제해결적 태도를 가질 수 있게 된다. 일단 스트레스 상황에 대해 문제해결적 접근법을 택하게 되면, 그 문제에 대해 단순히 생각하는 것에서 무엇인가 해보는 쪽으로 바뀌게 된다.

셋째는 성장을 위한 기회로 스트레스를 대하는 것이다. 우리는 스트레스를 나쁜 것으로 생각한다. 그러나 반갑지 않은 스트레스라도 선용될 수 있다. 따라서 스트레스를 다루는 한 방법은 스트레스 상황을 성장을 위한 기회로 이용하는 것이다.

⑤ 스트레스 근원인식

스트레스의 근원을 인식하고 그에 적절한 대안적 행동과정을 고안하고 행동해 나가는 것도 스트레스를 해소하는 방법이다. 스트레스를 효과적으로 다루기 위해서는 가장 먼저 자신이 무엇 때문에 스트레스를 받고 있는지에 대하여 잘 알아야 한다. 보통 우리는 스트레스를 받고 있음을 알지라도 그것에 대해 막연하게 알고 있는 경우가 많다. 스트레스 근원을 명확하게 인식하는 데에 도움이 되는 방법 중 하나는 스트레스에 관한 항목표를 작성해 보는 것이다. 이를 위하여 자신에게 다음에 제시된 몇 가지를 질문해 보는 것이 도움이 된다.

- 내가 지금 무슨 일을 하고 있는가?
- 무슨 갈등을 경험하고 있는가?
- 압력은?
- 좌절은?
- 나를 죄책감에 빠지게 하는 것은 무엇인가?
- 부끄럽게 하는 것은?

이러한 질문에 답하면서 자기 자신이 느끼는 스트레스를 확실히 정리해 항목화하여 알아본다. 항목표를 작성하는 것은 매우 중요하다. 왜냐하면 우리가 경험하고 있는 스트레스의 유형을 알지 못하고는 스트레스를 다루는 효과적인 전략을 개발할 수 없기 때문이다.

11.3.3.2.2 정서적 대처

스트레스로 인한 반응은 인지적 반응, 정서적 반응, 신체적 반응, 행동적 반응으로 구분된다. 여기서 정서적 반응에 대한 대처방안은 정서적인 차원에서 접근하는 것이 효과적이다. 대표적인 정서적 대처방안은 억눌린 정서의 발산, 주의분산, 이완학습이다.

먼저 억눌린 정서의 발산은 성숙되고 사회적으로 인정받는 형태로 감정을 표현하는 것이다. 화를 내야 하는 경우 말로써 그 화를 발산하여 푸는 것이 가장 좋다. 화를 조용하고 합리적인 방식으로 표현하는 방식에는 '주장하기'가 있다. 말로 나타내는 것은 불안으로부터 벗어나는 좋은 방식이다. 사회적으로 수용할 수 있는 방식으로 해결할 수 있는 대처법의 핵심은 실제로 기꺼이 들어주는 누군가를 찾아내는 것이다. 낙담하고 슬플 때 우는 것도 가치가 있다. 우는 것이 성인에게는 맞지 않는 행동이라는 생각에서 벗어나야 한다. 상황이 그럴 만하다면 우는 것이 나쁜 것은 아니다.

주의분산은 다른 사람의 일을 생각하거나 다른 활동을 함으로써 자신의 주의를 분산시키는 대처전략이다. 주의분산은 타인에게 타격을 가한다거나 부정적 자기-대화로 인해 막다른 상황에 처하거나, 방어적 대처로서 현실을 지나치게 왜곡하는 것보다는 좋은 생각이다.

이완학습은 다양한 방법에 의하여 심신을 이완시킴으로써 정서적인 혼란을 억제하고 통제하는 방법이다. Benson(1975)은 이완반응을 촉진하는 네 가지 요인을 제시하였다. 먼저, 조용한 환경은 이완 반응을 가장 쉽게 유도한다. 둘째, 반복적인 암송 소리와 같이 동일한 자극에 주의를 집중하는 정신적 책략의 사용이다. 셋째, 주의분산은 어쩔 수 없다는 수동적인 태도이다. 넷째는 신체의 적당한 편안을 유지하는 것이다.

11.3.3.2.3 신체적 대처

스트레스는 신체적 반응을 유발하기도 한다. 따라서 잠재적인 스트레스와 싸우기 위해서는 신체를 매우 건강하게 유지하는 것도 매우 중요하다. 사람들은 자신이 더 쉽게 흥분하고 화나는 때가 있음을 알 수 있다. 어제는 그렇지 않았는데 오늘은 유달리 상급자의 지시나 교육이 불만스러울 수 있다. 동료의 자기중심적 행동에 대해 매우 화가 나지만, 또 어떤 때는 너그럽게 이해해주기도 한다. 우리가 때에 따라 다르게 반응하는 이유 중에서 가장 중요한 하나는 우리의 신체적 조건 때문이다. 잠을 설치고, 제때에 먹지 않고, 불규칙적으로 생활할수록 더 긴장되고, 안절부절못하며, 스트레스 상황에 대해 더욱 과민반응을 보이게 된다. 피곤하거나 욕구좌절이 되면 쉽게 화를 내고 쉽게 흥분한다. 그러므로 자신의 신체적 조건에 관심을 가져, 적절한 건강을 유지함으로써 우리의 스트레스를 상당히 줄일 수 있다. 신체적 조건을 잘 유지하는 방법을 몇 가지 제시한다.

- 적절한 휴식을 취한다. 과도하게 피곤하거나 기진맥진해지지 않도록 하려면 적당히 자고 쉬어야 한다.

- 서두르지 않는다. 어떤 활동을 하든지 천천히 그리고 주의 깊게 하자. 걸을 때, 식사할 때, 천천히 하도록 하자.
- 심호흡을 한다. 앉거나 누워서 눈을 감고 몇 분 동안 깊고 조용히 숨쉬는 것이다. 다섯을 세는 동안 크게 숨을 들이쉬고, 다섯을 세는 동안 멈췄다가, 다시 다섯을 세는 동안 내쉬어 하나의 리듬을 형성하는 것이다.
- 이완한다. 이완을 위해 명상이나 바이오 피드백의 기법들이 사용될 수 있다.
- 규칙적인 활동을 개발한다. 매일 행할 수 있는 반시간 정도의 합리적이고 즐거운 일상적인 일을 개발하여 매일 같은 시간에 그 일을 하도록 하는 것이다.

그 밖의 신체적 대처방략으로는 영양과 수면 그리고 운동을 들 수 있다. 영양상태는 스트레스에 의한 파괴를 잘 견딜 수 있는 능력에 영향을 준다. 수면에서는 REM 수면을 취하는 것이 중요하다.

11.3.3.2.4 임무수행 역량 강화

다음은 생활 속에서 끊임없이 해결해야 할 과제들에 직면하여 생각해 볼 수 있는 대응책에 대해 소개한다.

첫 번째는 과중한 요구에 대한 감소방법이다. 주어진 요구가 너무 많아서, 혹은 특수한 유형의 요구 때문에 스트레스가 생긴다면 그 요구들을 감소함으로써 스트레스를 감소시킬 수 있다. 감소하는 방법으로는 아래의 사항을 고려할 수 있다.

- 우선 순위를 정한다.
- 과제가 수행되기 위해 필요한 요구의 실행 예정표를 만든다.
- 자기-부과적 요구를 감소시킨다.

두 번째는 통제력을 강화시키는 것이다. 스트레스는 통제역량을 넘어설 경우 경험하게 되므로, 과제에서 스스로의 통제력을 발휘할 수 있는 요소를 적극적으로 찾고, 실행하는 것이 도움이 된다.

세 번째는 불확실성을 감소시키는 것이다.

네 번째는 미완성된 과제를 해결하는 것이다.

11.4 군사적 활용

군대장면은 입대한 사람들에게 일반 사회와 구별되는 군대 특유의 특성과 환경을 제공한다. 이는 그들이 지금까지는 전혀 경험해 보지 못한 스트레스원에 직면할 수 있음을 뜻하며, 이에 따른 스트레스 반응과 영향도 주의 깊게 살펴보아야 함을 의미한다. 그리고 군대의 본질적인 존재 이유를 생각해 볼 때, 군대에서 경험할 수 있는 가장 극단적인 스트레스는 물리적 충돌이 발생하는 상황일 것이다. 이에 일반적인 전장에서 경험할 수 있는 스트레스에 대해서 알아보고자 한다.

11.4.1 군 조직의 특성과 생활환경

병영생활에서 장병들이 경험하는 스트레스는 한 개인으로서 겪는 스트레스에 군 조직의 특성으로부터 기인하는 스트레스가 가중된 것이다. 군대 조직은 일반 사회의 조직과는 다른 특징을 갖고 있기 때문에, 군대 생활을 하는 장병들의 스트레스를 올바르게 이해하기 위해서는 군대 조직의 특성을 고려해야 한다.

군대조직은 일반 사회조직과 비교하여 집단성, 구조성, 원리성 등 여러 차원에서 차이가 있다. 무엇보다도 군대는 조직 지향적이며 통일주의와 희생을 요구한다. 아울러 지휘관 중심이며 수직적 상명하복의 절대적 위계질서를 강조한다. 폐쇄적이며 지배적이고 강제적인 측면도 갖는다.

군대조직은 부여된 임무완수를 위해 일정한 지역에 상주하고 조직적이고 통일된 행동을 요구하기 때문에 신세대 장병들이 복무해야 하는 생활환경은 일반사회와는 많은 차이를 나타내고 있다. 심리적 환경 측면에서 군대조직은 강한 친화력과 유대감을 쌓을 수도 있으나, 심리적 구속감, 피해의식과 자기퇴보감, 수행해야 하는 임무와 관련된 불안과 긴장 등 부정적인 환경에 직면할 수도 있다. 그리고 생활 환경 측면에서 주거환경은 열악하고 통제되어 있으며, 근무여건은 단순하고 반복적이며, 여가 선용을 위한 문화 활동은 매우 제한적이다(최광표, 1999).

11.4.2 군대장면에서의 스트레스와 영향

강성록, 고재원, 김용주(2012)는 우리나라에서 수행된 군대장면에서의 스트레스 연구를 종합적으로 검토한 후 육·해·공군 모두를 대상으로 연구를 진행하여 우리 군의 실정에 맞는 스트레스 진단 척도를 개발하였다. 연구자들은 우선 군대장면에서의 스트레스를 다룬 연구 문헌을 검토한 결과, 환경적 요인, 조직관련 요인, 직무관련 요인, 개인관련 요인, 대인관계 요인 등의 스트레스원이 주로 연구되었음을 밝혔다. 그리고 Matteson과 Ivancevich(1979)의 통합 모형(그림 11-3 참고)에 근거하여 스트레스의 원인과 이에 대한 반응, 사고행동까지 측정할 수 있는 도구를 제작하였다.

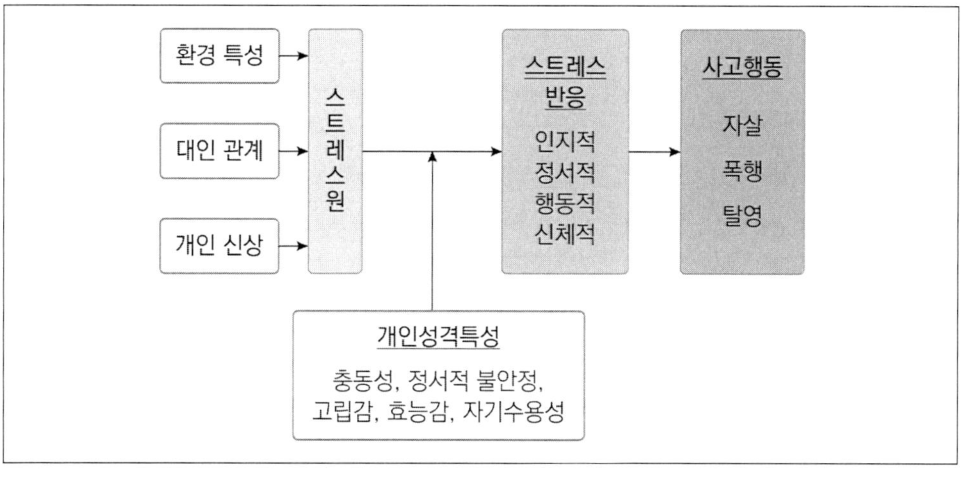

[그림 11-3] 군 스트레스 진단 척도의 모형

다음의 표 11-2에서 볼 수 있는 바와 같이, 군대에서 경험하는 스트레스원은 크게 근무환경, 대인관계, 개인신상의 3요인으로 구분되었다. 근무환경 요인은 부대의 물리적 생활환경뿐만 아니라 업무와 조직의 특성을 반영하고 있다. 대인관계 요인은 간부와의 관계를 비롯하여 용사들 간에도 계급에 따른 선임병, 동료, 후임병과의 관계로부터 발생하는 스트레스로 구성되어 있다. 마지막으로 개인신상 요인은 주로 부대 외적 요인과 관련이 있는데, 가족 내 갈등의 문제, 가족에 대한 걱정, 이

▼표 11-2 군 스트레스 진단 척도의 내용

구 분			세부 내용
스트레스원	근무환경	부대환경	• 추위, 악취, 좁은 개인공간 • 온수공급 미흡, 세면시설 열악, 불결한 화장실
		직무 부적합	• 과중한 일과, 쉬는 시간 부족 • 업무구분 불명확, 위험한 직무, 단순 반복 업무 • 적성에 맞지 않는 직무, 업무 적응 어려움
		상급자 특성	• 강압적 복종 요구, 사적 업무 지시, 기분에 따른 지시 • 능력을 고려치 않은 업무 부여, 평가/처벌 불공정
	대인관계	간부관계	• 자기중심적, 의사소통 부재 • 비인격적 대우, 이해와 배려 부족
		선임병관계	• 권위의식, "내가 당했으니 너도" 하는 생각 • 의견 차이, 꼬투리 잡음
		동료관계	• 의견 차이, 대화 기회 없음 • 무관심, 따돌림
		후임병관계	• 능력/예의 부족, 업무 미숙, 선임병에게 책임 부과
	개인신상	가족갈등	• 부모의 이혼/별거, 가족 간 갈등, 나와 부모의 갈등
		가족걱정	• 부모의 건강, 가족의 사고/질환, 가족의 경제사정
		여자친구문제	• 그리움, 갈등, 변심 가능성
		복무염증	• 시간낭비, 싫은 것을 해야 함, 초라함, 외부와의 단절
스트레스 반응		사고와해	• 공포감, 주의 산만, 정신집중 어려움 • 결정을 내리지 못함, 기억의 어려움, 흥미 못 느낌
		신체증상	• 소화불량, 두통, 불면, 신경통, 잦은 소변
		정서반응	• 우울, 임무에서 벗어나고 싶음, 피로감, 창의성 저하
사고행동		자살	• 자살 충동, 자살 생각, 자해 생각
		폭행	• 폭행 경험과 충동, 참지 못함, 과격해지는 성격
		탈영	• 탈영병의 심정 이해, 탈영 충동과 생각

성친구와의 관계 문제, 사회와 단절된 상황에서 비롯되는 복무염증 등의 스트레스원을 다루고 있다.

우리 군의 현역복무부적합으로 인한 전역 현황을 보면, 2015년 4,572명, 2017년 5,583명, 2019년 6,202명 등 그 숫자가 매우 급격히 증가함을 알 수 있다. 이 중 80% 가량은 정신질환이나 군복무 적응 곤란 등 심리적 요인에 기인한 것으로 알려져 있다. 그리고 군병원 정신건강의학과를 찾은 외래 진료 현황을 살펴보면, 적응장애, 우울장애, 불안장애, 수면장애, 급성스트레스장애와 외상후 스트레스 장애 등이 주를 이루고 있었다. 이러한 사실들로부터 짐작건대, 군에서 경험하는 스트레스는 다양한 정신건강 문제를 유발하고 있으며, 장병들이 복무부적합으로 조기에 군을 떠나게 되는 주요한 원인임을 알 수 있다.

강성록 등(2012)의 연구에서도 일반 병사 집단과 군무이탈, 폭행 등으로 육군교도소에 복역 중인 재소자 집단을 비교한 결과, 재소자 집단은 부대환경 특성을 제외한 모든 스트레스원 하위 척도에서 일반 병사 집단에 비해 유의하게 높은 스트레스에 노출되었을 뿐만 아니라 사고와해, 신체반응, 정서반응의 스트레스 반응도 높게 나타났다. 즉 군에서 경험하는 스트레스는 다양한 스트레스 반응을 초래하는 데 그치지 않고, 심할 경우 자살, 폭행, 탈영 등 심각한 사고행동과 직결될 수 있다는 점을 명심해야 한다.

11.4.3 전투 스트레스와 PTSD

적군과의 군사적 마찰이 발생하는 전장은 개인이 미래의 상황을 예측할 수 없으며 자신의 주변에서 발생하는 사건을 통제할 수 없다고 느낄 수 있는 불확실성의 장(場)이다. 전장은 인적 요소의 변경과 환경의 변화로 인한 스트레스뿐만 아니라 인간이 경험할 수 있는 가장 극한의 외상적 스트레스가 도처에 도사리고 있다.

이재윤(2014)은 전장에서의 스트레스에 따른 반응들을 정서적 경험에 초점을 두어 다음과 같이 정리하였다. 첫째, 전장에서 인간은 적과 적의 무기로부터 비롯되는 부상과 죽음에 대한 공포를 경험한다.

공포는 자율신경계의 활성화를 초래할 것이며, 다양한 심리적, 인지적 반응이 뒤따른다. 둘째, 공황이다. 공황의 상황적 자극(외부 요인)은 대량 살상이 가능한 적의 무기, 사상자의 목격, 각종 유언비어, 지휘관의 무능과 불신행동 등을 들 수 있다. 공황의 심리적 동기(내적 요인)는 적의 무차별적 공격이나 사상자의 발생에서 비롯되는 공포심의 확산, 불확실성과 불신, 피암시성의 증대 등이 있다. 전시에 발생하는 공황 행동의 특징은 각개 장병이 자아통제력을 상실하기도 하거나 오직 생존욕구에 의해 지배되며, 행동상의 문제나 감각과 지각의 왜곡을 경험하도록 하기도 한다. 셋째, 분노의 감정이다. 분노는 일반적으로 욕구가 저지되거나 부당한 간섭과 모욕을 당했을 때 일어나는 정신적 긴장을 의미한다. 이러한 분노는 공격과 연합되어 자주 발생하는데, 욕구좌절은 분노를 수반한 공격을 유발한다는 욕구좌절–공격 가설에 의해 설명된다. 넷째, 고독이다. 사회적 관계에서 어떤 중요한 측면이 결여되었을 때 고독을 느끼게 된다. 장병들은 애착인물의 부재로 발생하는 정서적 고독과 친구나 동료들과의 연결망 부재로 발생하는 사회적 고독을 경험할 수 있다. 마지막으로, 권태이다. 전장에서는 격렬한 감정뿐만 아니라 권태의 기간도 존재하게 되는데, 이는 주의력 저하와 경계를 허술하게 하는 원인이 될 수 있다. 그러므로 전투력 유지를 위해서는 권태의 문제를 해결하기 위해 적절한 긴장을 유지할 필요가 있다.

전투 스트레스는 전시의 각종 공포자극이나 불만, 분노로 인한 심신의 이상과 긴장상태를 의미한다. 이는 기본적으로 부상과 죽음에 대한 위협으로부터 발생할 뿐만 아니라 의식주에서의 문제, 수면 부족, 기후, 지형, 등으로 인해 발생할 수 있다. 전투 스트레스와 관련된 부적응 행동은 최초에는 1차 대전 시에 포탄 충격(shell shock)으로 명명되었으며, 그 후 전투 신경증, 전투 소모증, 전투 쇼크, 전투 피로증 등으로 불렸다.

대표적인 전투 관련 스트레스 연구들을 보면, 1973년 4차 중동전쟁 당시, 24시간 동안 연속해서 전투를 벌인 결과 총 사상자의 23%가 전투 쇼크 환자로 밝혀졌다. 전투 쇼크는 전투가 치열할수록 빠르게 발생하였으며, 지연 발생하는 경우에는 자율신경계의 비정상적인 지속으로 인해 더 큰 문제를 내포하기도 하였다. 또 다른 예는 2차 대전 당시 기갑병과 항공기 승무원의 전투 피로증을 비교한 연구가 있었다. 항공기 승무원이 전투 사상자 비율이 더 높았음에도 불구하고, 전투 피로증은 기갑사단이 최고였으며, 항공기 승무원이 최저로 나타났다. 기갑병은 탱크 속에서 갇혀 있고 개인적 행동이 불가능하여 자신이 상황을 통제할 수 없었던 반면, 항공기 승무원들은 엘리트 집단이라는 의식이 강했고, 높은 사기와 단결력을 유지하였으며, 안정적으로 의식주를 제공받았던 점이 이러한 차이를 만들었을 가능성이 있다.

최근에는 외상후 스트레스 장애(Posttraumatic stress disorder, PTSD)의 개념과 진단기준을 이용하여 전투 스트레스가 연구되고 있다. 정신질환의 진단 및 통계 편람 5판(DSM-V, 2013)에서는 PTSD의 진단준거로 다음의 5가지를 제시하고 있다(자세한 내용은 12장 참조): 스트레스 유발 요인, 재경험(침습), 회피, 인지와 감정의 부정적 변화, 과각성.

첫째, 스트레스 유발 요인의 대표적인 예는 전투 노출(combat exposure)이다. 전투 노출은 PTSD 발달의 가장 중요한 위험요인으로, 일반적으로 전투 노출이 강렬할수록 PTSD 비율은 상승하게 된다. 생활환경, 기후, 인적 요소 등 전쟁 중 경험하는 요인이 PTSD의 발병에 영향을 미칠 수 있지만, 전쟁 중 요인에만 국한되는 것은 아니다. 예를 들어, 1994년부터 1996년까지 설문을 실시한 정문용 등(2002)의 연구에서 베트남전 참전용사의 PTSD 유병률은 23%였던 반면, 2013년에 설문을 실시한 강성록 등(2014)의 연구에서는 베트남전 참전용사의 PTSD 유병률은 40.8%로 증가하였다. 이 두 연구에서 전투 노출(전쟁 중 요인)과 아동기의 가정환경(전쟁 전 요인)과 같은 변인은 큰 차이가 없음을 가정할 때, 베트남전 복귀 후 낮은 사회적 지지와 증가된 스트레스 생활사건 등 전쟁 이후 사회에 복귀하여 경험하는 부정적 요소들이 PTSD 유병률의 상승에 영향을 미쳤을 가능성이 있음을 시사한다.

둘째, 재경험(침습, intrusion)은 외상성 사건에 대한 심리적 고통과 생리적 재반응을 의미한다. 즉 생명의 위협을 느꼈을 사건은 잊고 싶지만 반복해서 기억하게 되는 것이다. 예를 들어, 영화 「람보」에서 주인공은 경찰관들의 학대를 경험할 때 베트남전에서 전쟁포로로 고문을 당하던 과거 경험이 떠올라 경찰관들을 제압하고 도망치는 장면이 있다. 그리고 영화 「7월 4일생」에서 베트남전에 참전하여 총상을 입고 전역한 주인공은 자신이 전쟁에서 벌인 살인으로 인한 기억으로 끊임없이 괴로워한다. 셋째, 회피는 외상적 사건과 관련된 생각이나 느낌, 대화를 피하는 것뿐만 아니라 이와 관련된 외부적 요소도 피하게 된다. 넷째, 인지와 감정의 부정적 변화는 개인적 활동에 대한 흥미가 저하되거나 타인으로부터 소외되거나 멀어지는 느낌, 타인에 대한 무관심을 보이기도 한다. 마지막으로 과각성(hyperarousal)은 어떤 자극에 과민한 행동이나 분노를 폭발하거나 지나친 경계나 놀람 반응, 또는 집중장애나 수면 장애를 가지는 형태로 나타난다.

그런데 군 관련 일부 PTSD 증상은 일반 사회에서의 PTSD 증상과 다른 의미를 가질 수 있다. 예를 들면, 재경험은 병사들에게는 반드시 병리적이지 않을 수 있으며, 오히려 북돋워지기도 하고 생존에 도움을 주기도 한다. 인지와 감정의 부정적 변화에서 개인 활동의 흥미 저하와 정서의 범위 제한은 전장에서 불필요한 주의분산을 없애고 항상 즉응태세를 갖추는 데 도움이 될 수도 있다. 과각성에서 수면 문제는 전장에서는 흔하게 발생하는 일이며, 지나친 경계나 놀람 반응은 생존 향상에 도움을 줄 수 있다. 그리고 전투와 관련된 PTSD에 있어서 특징 중의 하나는 PTSD 증상이 외상경험 직후 발생하지 않는 경우가 흔하다는 점이다. 많은 경우 PTSD 증상은 전장이나 파병을 벗어난 시기에 발생하게 되는데, 이와 같은 PTSD의 지연된 발생은 PTSD로 고통받는 사람들의 치료에 큰 장애요소가 될 수 있음을 알아야 한다.

참고문헌

강성록, 김세훈, 이현엽 (2014). 베트남전 참전 제대군인의 외상후 스트레스 장애 증상에 대한 예측 변인. **한국심리학회지: 임상, 33**, 35–50.

강성록, 고재원, 김용주 (2012). 군내 스트레스 분석을 통한 스트레스 진단 척도 개발 연구. **한국심리학회지: 일반, 31**, 345–367.

이재윤 (2014). **군사심리학의 이론과 실제**. 파주: 지문당.

정문용, 서일, 정일진, 김동기, & 민경호 (2002). 참전재향군인에서 외상후 스트레스 장애의 유병상태와 관련요인 분석. **사회정신의학, 7**, 93–102.

Aldwin, C. M. (2015). **스트레스, 대처, 그리고 발달 2판** (강성록, 양재원, 유현경, 정유진 번역). 서울: 시그마프레스. (원전 출판: 2007).

Aspinwall, L. G., & Taylor, S. E. (1997). A stitch in time: Self–regulation and proactive coping. *Psychological Bulletin, 121*, 417–436.

Cannon, W. B. (1939). *The wisdom of the body* (2nd ed.). Norton & Co.

Folkman, S., Lazarus, R. S., Gruen, R. J., & DeLongis, A. (1986). Appraisal, coping, health status, and psychological symptoms. *Journal of Personality and Social Psychology, 50*, 571–579.

Friedman, M., & Rosenman, R. H. (1974). *Type A behavior and your heart.* New York: Knopf.

Karasek, R., & Theorell, T. (1990). *Healthy work: Stress, productivity, and the reconstruction of working life.* New York, NY: Basic Books.

Lazarus, R. S., & Folkman, S. (1984). *Stress, appraisal, and coping.* Springer publishing company.

Mason, J. W. (1975). A historical view of the stress field. *Journal of Human Stress, 1*, 6–12.

Matteson, M. T., & Ivancevich, J. M. (1979). Organizational stressors and heart disease: A research model. *Academy of Management Review, 4*, 347–357.

Selye, H. (1956). *The stress of life.* New York: McGraw–Hill.

Stanton, A. L., Kirk, S. B., Cameron, C. L., & Danoff–Burg, S. (2000). Coping through emotional approach: Scale construction and validation. *Journal of Personality and Social Psychology, 74*, 1078–1092.

Taylor, S. E. (2016). **건강심리학 9판** (서수연, 박준호, 심은정, 조성근, 한경훈 번역). 서울: 시그마프레스. (원전 출판: 2014).

Taylor, S. E., Klein, L. C., Lewis, B. P., Gruenewald, T. L., Gurung, R. A., & Updegraff, J. A. (2000). Biobehavioral responses to stress in females: Tend–and–befriend, not fight–or–flight. *Psychological Review, 107*, 411–429.

Vaillant, G. (1977). *Adaptation to life: How the best and the brightest came of age.* Boston: Little Brown.

P S Y C H O L O G Y

상담은 어떻게 진행되는가?

제12장 상담의 이론 및 방법

P S Y C H O L O G Y

12 상담의 이론 및 방법

사람들은 심리적 문제를 해결하기 위해 끊임없이 노력한다. 스스로의 힘으로 문제를 해결하기도 하지만, 이것이 불가능할 때는 타인, 특히 '전문가'의 도움을 받아 문제를 해결한다. 심리적 문제해결을 위한 도움은 주로 상담을 통해 이루어진다. 상담을 통해 사람들은 자신의 내면 상태와 삶의 문제들을 객관적으로 파악하여 문제의 원인을 알아내고 그 해결방안을 찾아가며, 자신과 세상에 대한 더 나은 이해와 통찰을 얻게 된다.

본 장에서는 먼저 상담의 정의와 상담자가 갖추어야 할 태도 및 책임에 대해 살펴보고, 이어서 대표적인 상담이론으로 손꼽히는 정신분석적 상담과 인간중심적 상담, 행동주의적 상담, 인지적 상담을 중심으로 상담의 기본원리를 알아볼 것이다. 다음으로 상담에서 사용되는 기본방법을 살펴보고, 마지막으로 군 리더로서 이해해야 할 군대 상담의 특징 및 필요성에 대해서도 간단하게 논의하겠다.

12.1 상담이란 무엇인가?

12.1.1 상담의 정의 및 특징

상담에 대한 정의는 학자들마다 차이가 있으나, 일반적으로 '내담자와 상담자 간의 상호작용을 통하여 내담자의 문제를 해결하고, 인간적인 성장과 발전을 도모하는 심리적 조력 과정'으로 정의할 수 있다. 상담이 성립하려면 도움을 받으려는 내담자와 도움을 주는 상담자가 있어야 한다. 현대에는 '면대면(face to face)'의 직접적인 상호작용이 이루어지는 상담뿐 아니라 전화나 전자메일, 인터넷을 활용한 비대면 상담도 이루어지고 있다. 그러나 어떤 형태를 유지하건 내담자와 상담자가 둘 다 존재할 때 상담은 성립될 수 있다.

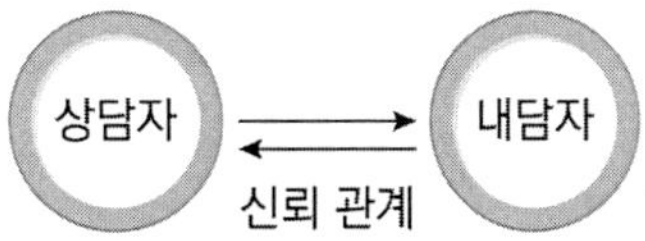

[그림 12-1] 상담자 내담자 신뢰 관계

또한, 상담은 상담자와 내담자의 상호 신뢰 관계(rapport, 라포)에 기초하여 진행된다. 편안하고 따뜻한 신뢰 관계만으로도 치료적 효과가 있으며, 내담자는 상담자와 신뢰 관계가 형성될 때 자신의 문제를 솔직하고 정확하게 털어놓는다. 따라서 상담은 상급자와 하급자로 이분되는 위계적 서열 관계가 아니라, 개인 존중과 신뢰를 바탕으로 한 상호 협력의 관계에 기초한다. 바람직한 상담 관계는 상담자와 내담자가 서로 동등한 위치에서 상담에 임하는 것이며, 서로 합의해서 상담의 목표를 설정하고 그것을 구체화하는 것이다.

12.1.2 상담과 심리치료

상담(counseling)과 유사한 용어로 심리치료(psychotherapy)가 있다. 두 개념 모두 내담자의 심리적인 문제를 돕는다는 측면에서 공통점이 있으나 일반적으로 심각한 정신적 질병을 치료하는 병원장면에서는 심리치료라는 용어를 자주 사용하며, 사회적 삶에서 적응상의 문제를 해결하고 내면의 성장을 목표로 할 때는 상담이라는 용어를 자주 사용한다. 추가로 상담과 심리치료는 다음과 같은 측면에서 차이를 두기도 한다(Sharf, 2019; Egeli, 2019).

▼표 12-1 상담과 심리치료의 차이

구분	주요 상담내용	기본 목적	문제파악 방식	주요 접근모델	명칭	주요 활용장소
상담	적응상의 문제	자기/타인이해, 내면 성장	비진단적	교육/성장 모델	상담자, 내담자	학교, 사회사업
심리 치료	심한 정신장애	정신건강 회복, 성격 구조변화	진단적	장애/결함 모델	치료자, 환자	병원

상담은 일반적으로 정상인을 대상으로 광범위한 일상의 문제를 다룬다면, 심리

치료는 정신과적 장애 환자를 대상으로 장애를 진단하고 치료한다는 점에서 차이가 있다. 그렇지만, 상담과 심리치료는 같은 이론적 배경을 가지고 있고, 상담의 기술들이 심리치료에서도 활용되므로, 본 장에서 소개되는 내용은 상담뿐만 아니라 심리치료에서도 적용될 수 있다.

12.1.3 상담자의 태도 및 책임

12.1.3.1 상담자의 태도

상담자는 내담자를 배려하는 마음과 존중하는 태도로 대하며 내담자의 행동이나 감정을 상담자의 가치관이 아닌 내담자의 관점에서 이해하려고 노력해야 한다. 현재 문제를 경험하고 있는 사람은 상담자가 아니라 바로 내담자이기 때문에 그들의 경험 세계에서 문제를 바라보고 이해하는 것이 중요하다. 그리고, 내담자의 문제에 진심 어린 관심을 가지며 겸손한 태도로 내담자의 말을 주의 깊게 경청해야 한다. 한편 상담자는 자신의 행동이나 감정, 가치관 등에 대해서도 솔직해져야 한다. 진실하고 정직하게 자기 자신을 이해하는 상담자가 내담자의 문제에 대해서도 진솔하고 개방적으로 대할 수 있다.

마지막으로 상담에 대한 전문성을 함양해야 한다. 사람들은 전문적 지식과 상담경험을 지닌 사람에게 상담을 의뢰하며, 상담을 통해 증상의 완화뿐만 아니라 내담자의 심리적 성숙을 이루는 것까지 목표로 하기 때문이다. 그러나 처음부터 이와 같은 태도를 갖춘 상담자는 거의 없다. 교육을 통해 전문 지식을 습득하고, 실제 상담을 통해 경험을 쌓아 가야한다. 그리고 자격을 갖춘 전문상담자로부터 사례 슈퍼비전을 받고 개인 분석을 거치는 과정을 통해 유능한 상담자로 성장하는 과정이 필요하다(William et al., 2006).

12.1.3.2 상담자의 책임

상담자는 상담내용에 대해서 상담의 비밀보장 윤리규정에 따라 철저하게 비밀을 지켜야 한다. 내담자는 자신의 인격에 손상이 가는 내용이나 사적인 내용 등을 이야기하고 싶어도 비밀보장에 대한 확신이 없기에 말하기를 주저하는 경우가 많다. 비밀보장은 내담자와의 신뢰 관계를 형성하는 매우 중요한 요인이며, 상담자의 가장 중요한 윤리적 책임이다. 그러나 비밀보장이 제한되는 예외사항은 다음과 같다. 내담자가 자해 혹은 자살생각, 자살계획, 자살시도를 하는 경우, 살인이나 방화와 같이 타인에게 해를 끼칠 수 있는 행동을 시도하는 경우, 소속 기관이나 국가에 해를 미칠 수 있는 행동을 계획하는 경우 가족 및 보호자와 관련 기관에 이를 알릴 수 있다. 이러한 비밀보장의 윤리규정은 상담 시작 전 내담자에게 고지하고 동의서를 받도록 한다.

또한, 내담자의 사생활도 보호해야 한다. 상담을 받는 것 자체도 사생활의 영역에 해당하므로 타인에게 내담자가 상담받는 것이 노출되지 않도록 해야 한다. 내담자들의 동선이 겹치지 않도록 별도의 공간을 마련하거나 이전 상담 시간과 다음 상담 시간의 간격을 여유 있게 편성하여 내담자가 서로 만나지 않도록 할 수 있다.

마지막으로 상담에서 지켜야 할 규칙이나 비밀보장의 한계 등에 대해 설명하고 내담자와 상호동의를 거친 후 동의서를 작성한다. 예를 들어, 상담시간 준수를 언급하면서, 비용을 받고 상담을 진행하는 경우 내담자가 사전 고지 없이 상담실에 오지 않아도 해당 비용이 청구된다는 것을 알려주고 동의를 받아야 차후 법률적 소송에서 안전할 수 있다. 또한, 상담에서 비밀보장이 지켜지지 않는 경우(예, 자해 행동, 타인 피해 행동 등)나 타 기관 전문가의 도움이 필요한 경우(예, 의학적 치료 등)에 대해서도 사전 동의를 받는 것이 좋다.

12.2 상담의 기초이론

12.2.1 정신분석적 상담이론

정신분석적 상담이론은 Sigmund Freud에 의해 창시된 이론으로써, 인간이 나타내는 부적응 문제를 무의식과 심리적 역동의 관점에서 설명하며 자유연상, 꿈 분석, 전이와 저항의 분석 등을 통해 심리적 문제와 부적응적인 행동을 해결하려는 상담 방법이다(이무석, 2004). 정신분석이론은 부적응 행동을 심리적 원인에 의해 설명하는 최초의 체계적 이론이라는 점에서 기념비적인 의미를 지니며, 다른 이론을 주요한 상담 방법으로 활용하는 많은 상담자도 어느 정도 정신분석적 원리들을 활용하고 있다.

정신분석적 상담방법은 내담자의 심리성적 발달의 생애사에 강조점을 두고, 내면세계를 분석적으로 탐색해 가는 장기적 상담방법이다. 그 목표는 내담자로 하여금 자신의 무의식적 갈등을 과거 경험과 관련하여 심층적으로 탐색하여, 심리적 문제에 대한 통찰을 얻고 자아의 기능을 강화하여 삶을 적응적으로 통제할 수 있도록 돕는 데 있다(Corey, 2012). 실제로 정신분석의 수행과정은 억압되었거나 방어기제에 의해 변형된 경험을 의식화하는 것이기 때문에 매우 어렵고 복잡한 과정이다. 상담자들도 대부분 고도로 훈련된 의사나 심리학자이며 이들은 장기간에 걸쳐 정신분석에 대해 전문적인 교육과 훈련을 받은 전문가들이다. 이 복잡한 과정을 이해하기 위해서는 기본적으로 정신분석에서 가정하는 인간관과 이와 관련된 상담 방법을 이해해야 한다.

Sigmund Freud

12.2.1.1 인간에 대한 기본 가정

정신분석이론은 인간의 심리적 현상에 대한 몇 가지 기본적인 가정에 기초한다. 첫째는 심리 결정론(psychic determinism)으로써 인간의 겉으로 드러난 감정과 행동은 어떤 원인에 의해 미리 결정된다는 것이다. 사람들이 기쁘고 슬프며, 괴롭고 분노하는 것은 우연히 일어나는 현상이 아니며 내부적인 심리적 원인이 작용한 결과이다(Freud, 1940). 따라서 그 원인이 멈추지 않는 한 심리적 문제나 이상행동은 멈추지 않는다.

둘째는 무의식(unconsciousness)에 대한 가정이다. 우리는 '빙산의 일각에 불과하다'라는 말을 자주 사용한다. 표면적으로 보기에는 바다 위에 떠 있는 빙산이 전부인 것처럼 보이지만 실제로는 빙산의 거의 대부분이 수면 아래 가라앉아 있다. 인간의 심리적 세계도 이와 같아서, 정신 내면에는 의식적으로 자각하지 못하는 무의식적 정신 현상이 존재하는데, 인간의 행동은 의식적인 요인보다 무의식적인 요인에 의해 더 많은 영향을 받는다는 것이다(Freud, 1940). 정신분석이론에 따르면 사람들이 겪는 심리적인 문제는 무의식이 작용한 결과이다. 무의식에 있던 욕구나 감정이 약해진 마음의 방어력을 뚫고 의식 상태로 올라오려고 하는 과정에서 심리적 증상이 발생하는 것이다. 무의식에 지배당하지 않고 조금씩 무의식에 접근해 나가 부적응 증상을 일으킨 원인을 건강하게 깨닫게 될 때, 비로소 사람들은 심리적 건강을 회복할 수 있게 된다.

셋째는 인간은 기본적인 두 가지 욕구를 가지고 있다는 가정이다. 하나는 성욕(리비도; Libido)이고, 다른 하나는 공격욕(타나토스; Thanatos)이다. Freud에 따르면 모든 정신적 행위에는 이 두 가지 욕구가 연관되어 있으며, 인간을 움직이는 가장 중요한 원동력으로 작용한다. 이러한 성적 욕구와 공격적 욕구는 일반적으로 사회의 도덕적 기준에 위배되기 때문에 무의식 속에 억압되어 인간의 행동에 지대한 영향을 미치게 된다. 심리적 부적응도 이러한 본능적 욕구들을 현실에 맞게 조정해 나가는 데 있어서 실패한 결과라고 볼 수 있다.

12.2.1.2 심리적 문제의 발생 과정

Freud에 의하면 인간의 성격은 원초아(id), 자아(ego), 초자아(superego)의 세 부분으로 구성되어 있으며, 심리적 세계에서 이 세 가지 성격들이 서로 경합하고 조정되는 역동적 과정이 발생한다. 그런데 이 세 가지 성격 구조들은 서로 추구하는 욕구가 다르기 때문에 자연히 이들 간에 마찰과 갈등이 일어나게 된다.

원초아는 성욕과 공격욕과 같은 본능적인 욕구를 직접적으로 충족시키려고 하고, 자아는 현실에 비추어 이를 저지하거나 적절한 방식으로 충족시키려고 한다. 초자아는 도덕성 원칙에 따라 원초아와 자아가 사회적 규범이나 도덕, 양심에 위배되는 행동을 하는지 항상 감시한다. 이러한 갈등이 심리적 문제의 근원이 된다. 즉, 자아와 원초아 그리고 초자아 간에 서로 조화를 이루지 못하는 점이 심리적 증상 형성의 출발점이 된다. 이때 중요한 것은 자아의 역할이다. 자아가 잘 발달되어 주도적인 역할을 하고 원초아의 본능적 욕구와 초자아의 윤리의식을 현실원리에 따라 적절하게 조절하고 해소하면 아무런 문제가 생기지 않는다. 그러나 자아가 미숙하여 지배적인 역할을 하지 못하고, 원초아, 초자아와 적절히 조화를 이루지 못하면 내면적 갈등이 발생하고 이로 인해 심리적 불안과 부적응 행동이 나타나게 된다.

이처럼 중요한 자아의 역할을 좀 더 살펴보면, 자아는 내면적 갈등에 대처하기 위하여 방어기제를 사용한다(Freud, 1967). 방어의 목적은 무의식적 욕구나 충동들이 현실에서 분출하지 못하도록 제어하는 것이다. 만약 사람들이 아무런 여과 없이 본능적 욕구들을 분출한다면 이 세상은 혼란과 공포로 가득 찰 것이다. 따라서 자아는 이를 방지하기 위하여 여러 방어기제를 사용한다. 방어기제 그 자체로는 자아가 무의식에 압도되지 않고 적응적 삶을 살아가게 하는 적응적인 면이 있다. 그러나 방어기제를 과도하게 사용하거나, 방어기제를 사용해도 심리적 갈등을 해결할 수 없을 때 심리적·행동적 증상이 발생하게 된다.

※ 방어기제

승화(sublimation) 본능적 욕구나 참아내기 힘든 충동 에너지를 사회적으로 용납되는 형태로 돌리는 것. 예 운동을 통해 스트레스를 해결함.

유머(humor) 거북하고 불쾌한 감정을 즐겁게 표현하는 것.

회피(avoidance) 위험한 상황이나 대상으로부터 안전한 거리를 유지하는 것. 예 고통스러운 경험을 일으켰던 사건이나 장소를 회피함.

억압(repression) 의식에서 용납하기 힘든 생각, 욕망, 충동 등을 무의식 속으로 억누르는 것. 예 충격적인 사건이나 경험을 기억하지 않으려고 애써 억누름.

반동형성(reaction formation) 무의식적 소망과는 반대되는 방향으로 행동하는 것. 예 실제로는 미워하는 대상인데도 그 대상에게 호의를 베풀거나 관심을 기울이는 것처럼 행동함.

합리화(rationalization) 비합리적이고 비수용적인 행동에 대해 그럴듯한 이유나 설명을 대는 것. 예 이솝우화의 '여우와 신포도'.

퇴행(regression) 욕구불만의 상태에 있는 사람이 자기가 현재 처해 있는 입장을 벗어나 그 이전의 상태로 되돌아가서 만족을 얻으려는 현상. 예 대소변을 잘 가리던 아이가 동생이 태어나자 엄마의 관심을 받기 위해 대소변을 가리지 못하는 행동을 함.

신체화(somatization) 심리적 갈등이 감각기관, 수의 근육계 등 신체 증상으로 표출되는 것. 예 속담: 사촌이 땅을 사면 배가 아프다.

동일시(identification) 자기가 달성하려고 하는 목표를 이미 달성한 사람에게 자기를 동일시하여 자기 자신으로서는 충족시킬 수 없는 욕구나 목표를 달성한 것같이 만족해하는 심리적 상태. 예 영화의 주인공을 자신과 동일시하여 실제 삶에서도 주인공처럼 살아가려고 함.

부정(denial) 고통을 주는 사실이나 경험을 있는 그대로 인정하지 않는 것. 예 사랑했던 연인이 죽은 사실을 인정하지 않으려는 행동.

투사(projection) 자기 자신이 수용할 수 없는 특성들을 다른 사람의 탓으로 돌림. 예 자신이 화가 난 것은 생각하지 않고 상대방이 자신에게 화를 냈다고 생각하는 것.

12.2.1.3 상담목표와 상담방법

정신분석적 상담의 목표는 증상의 원인이 되는 무의식의 갈등을 자각하고 자아의 기능을 강화함으로써 심리적 문제를 해결하고 현실에 잘 적응할 수 있도록 돕는 데 있다(Day, 2004). 즉, 자신의 감정이나 생각, 행동 등에 영향을 미치는 무의식적 요소를 의식의 영역으로 이끌어내어 강화된 자아의 힘으로 더 이상 무의식이 왜곡된 방식으로 현실에 영향을 미치지 못하도록 만드는 것이다. 이를 위해 내담자로 하여금 비난을 받을 위험이 전혀 없는 안전한 분위기 속에서 과거의 장면을 떠올리게 하고 억압된 감정이나 충동들을 자유롭게 표현하게 한다. 내담자는 점차적으로 자신의 문제 증상과 관련된 무의식의 내용을 의식화하게 되고, 문제 행동의 원인을 통찰하게 되어 보다 적응적인 행동을 하게 된다. 무의식을 의식화하는 정신분석적 상담 방법에는 자유연상, 꿈 분석, 저항 분석, 전이 분석 등이 있다.

① 자유연상(free association)

초기에 Freud는 최면상태에서 내담자를 이완시키고 격려하는 방법을 사용하였다. 그러나 최면에 걸리지 않는 사람들이 있음을 발견하고, 어떤 대상과 관련하여 마음속에 떠오르는 생각이나 감정, 기억들을 자유롭게 말하게 하는 방법을 사용하였다. 외부의 방해를 최소한으로 하기 위해 내담자는 조용한 방에서 안락의자에 편하게 누워 이야기한다. 그리고 상담자는 내담자 옆이나 뒤에 앉아 내담자의 주의를 분산시키지 않고 생각이나 감정이 자유롭게 떠오르는 것을 방해하지 않도록 한다.

내담자는 비록 말로 표현하기에 난처하거나 아무리 사소한 내용일지라도 무엇이든 자유롭게 말하도록 격려받으며, 상담자는 비판하지 않는 온화한 태도로 내담자의 이야기를 경청한다. 이 방법이 자유연상이며 정신분석적 상담기법 중에서 가장 핵심적인 것으로, Freud는 정신분석의 기본적 규칙이라고 하였다. 자유연상의 과정을 통해, 내담자는 차츰 증상과 관련된 과거의 경험이나 감정을 기억하게 되며, 억압되었거나 무의식화되었던 내용들을 의식화하여 그것이 어떤 의미를 지니는지 이해하게 된다.

② 꿈 분석(dream analysis)

꿈 역시 내담자의 무의식을 분석하는 중요한 수단이다. 수면 상태는 의식의 통제가 약해지는 시간이기 때문에, 억압된 욕구와 본능적 충동들이 의식의 표면으로 쉽게 떠오르게 된다. 따라서 꿈의 내용을 기초로 하여 내담자의 성욕이나 공격욕의 잠재된 내용을 해석할 수 있으며, 이는 무의식에 접근하는 하나의 지름길이 된다.

③ 저항(resistance)

내담자는 억압된 사고내용을 드러내는 과정에서 매우 불안해질 수 있으며, 이때 그 내용을 이야기하는 것을 회피할 수 있다. 예를 들어, 상담 도중 내담자가 갑자기 이야기의 화제를 바꾼다거나, 중요한 경험의 세부적 부분을 잊어버린다거나, 두통 증세를 보인다거나, 상담을 종결하기를 요구하기도 한다. 이러한 저항은 무의식의 내용을 의식화하는 과정에서 발생하며 내담자가 그 주제를 다루기 꺼려하고 있음을 의미한다. 따라서 상담자는 내담자에게 저항의 의미를 적절히 해석해주어 내담자가 다시 상담에 협조할 수 있도록 해야 한다.

④ 전이(transference), 역전이(counter transference)

사람은 누구나 과거에 경험했던 감정, 반응, 갈등, 욕망 등을 유사한 현재 상황에서 반복하는 경향이 있다. 특히 그것이 강한 갈등과 좌절을 수반하는 요소들일 때 더욱 그러하다. 이러한 현상을 전이라고 하는데, 내담자와 상담자 사이에서도 전이 현상이 발생한다. 예를 들어 내담자가 어렸을 때의 경험을 이야기하는 과정에서, 당시에 중요했던 인물에 대한 감정이 상담자에게 다시 표현되는 것이다. 이때 상담자는 과거의 인물들이 사용했던 방식과는 달리 중립적이고 따뜻한 관계를 보임으로써, 내담자로 하여금 자신의 잘못된 행동과 감정을 이해하고 더 성숙하고 적응적인 방식을 배우도록 도울 수 있다. 한편, 전이의 현상은 역으로 발생하기도 한다. 즉, 상담자는 내담자와 상담하는 과정에서 자신이 과거에 경험했던 감정이나 갈등 등이 내담자에게 느껴질 수 있는데, 이를 역전이라고 한다. Freud는 내담자가 상담 과정에서 상담자의 무의식적 감정에 영향을 미치기에 역전이가 발생한다고 보았으며, 바람직한 상담 관계를 유지하고 내담자에 대한 분석을 제대로 수행하기 위해서 상담자는 자신의 내면에서 역전이가 일어나는지 지속적으로 관찰해야 한다고 주장했다(최영민, 2016).

⑤ 통찰(insight)

정신분석의 목적은 내담자가 자신의 어려움과 관련된 무의식적 갈등을 인식하여, 새로운 시각으로 볼 수 있도록 하는 것인데, 이를 통찰이라고 한다. 통찰은 문제와 관련된 경험을 한번 검토한다고 해서 단번에 달성되지 않는다. 그 문제를 여러 측면에서 반복적으로 검토하고 분석할 때 점진적으로 달성되는 것이다.

상담자는 해석(interpretation)을 통해 내담자의 통찰을 돕는다. 해석은 내담자의 행동들을 요약하고 그것의 무의식적 동기를 설명하는 상담기법이다. 예를 들어 내담자가 상담자와의 전이 관계에서 "당신은 권위적이에요"라고 표현했을 때 상담자가 "아버지를 권위적으로 생각해 온 것이 지금 나에게서 느껴진 것은 아닌가요?"라고 말하는 방식이다.

해석은 시기가 중요하다. 만일 내담자가 받아들이기 곤란할 때 제시되면 내담자의 불안과 방어만 증가시키게 된다. 따라서 해석은 내담자가 자신의 문제 원인을 이해하고 있고, 그것을 받아들일 준비가 되어 있을 때 이루어져야 한다.

⑥ 훈습(working through)

통찰이 증가하면서 내담자는 점점 더 성숙한 행동을 하게 된다. 초기에는 상담자와의 관계에서만 일어나던 성숙한 행동이 타인들과의 관계에서도 차츰 나타나게 된다. 이와 같이 통찰 이후에 성숙한 행동방식과 태도를 획득하는 과정을 훈습이라고 한다. 훈습은 동일한 문제들이 다양한 상황에서 반복적으로 발생할 때 내담자가 그 원인을 자각하여, 이전의 미성숙한 방어가 아닌 성숙한 행동을 통해 해결하려는 과정을 반복하면서 이루어진다.

12.2.1.4 이론에 대한 평가

Freud가 창시한 정신분석 방법은 몇 년에 걸쳐 매주 3~4회 이상 상담을 진행하는 장기적 상담방법이다. 이 방식은 내담자의 심리적 문제를 이해하고 해결하기 위해 출생에서 현재에 이르기까지의 모든 삶의 과정을 고려한다. 그렇기 때문에, 내담자가 겪는 심리적 문제의 의미와 원인을 보다 근본적이고 심층적으로 이해할 수 있다는 장점이 있다. 그러나 상담 기간이 너무 장기화된다는 문제와 전 생애에 걸친 전반적인 분석이 모든 내담자에게 꼭 필요한 것인가라는 의문이 제기되었다. 장기상담으로 인한 경비지출이 많았으며, 바쁜 일상을 살아가고 있는 현대인들은 단기상담을 더 선호하기 때문이었다. 그래서 오늘날에는 상담목표와 방법이 다소 수정되어 사용되고 있으며, 정신분석이론에 근거를 둔 단기상담이 더 일반적인 형태로 사용되고 있다.

12.2.2 인간중심적 상담이론

Carl Rogers

인간중심적 상담이론은 1940년대에 Carl Rogers에 의해 창시된 이론이다. 초기에는 정신분석적 상담의 지시적 접근에 반대하여 '비지시적 상담'이라고 불렸다가, 1950년 초반에는 상담자(치료자) 중심 상담에 대비하여 '내담자 중심 상담'이라 불렸고, 1970년대에서는 인간에 대한 신념과 믿음으로 '인간중심 상담'으로 명칭을 바꾸었다. 인간중심 상담이론은 구체적인 문제해결 기법보다 내담자에 대한 상담자의 태도와 상담 관계를 더 중요하게 여긴다. 왜냐하면, 인간은 자기를 실현할 수 있는 기본적인 동기와 능력을 갖추고 있는 존재로서, 상담자와의 관계에서 충분히 존중받고 공감받게 되면 과거에 거부당했거나 왜곡했던 경험들을 의식화하여 심리적 문제에서 벗어날 수 있기 때문이다. 또한, 자신의 가능성과 잠재력을 발견하여 자기실현을 할 수 있는 존재가 된다. 이 같은 인간의 잠재능력과 가능성에 대한 믿음이 인간중심 상담이론의 핵심을 이룬다(Rogers, 1963/1970).

12.2.2.1 인간에 대한 기본 가정

인간중심 상담에서는 인간을 긍정적이며 자신의 잠재력과 가능성을 실현하려는 경향성을 가진 존재로 여긴다. 인간은 자아 개념을 변경시킬 수 있는 방대한 자원을 갖추고 있으며, 이러한 자원은 무비판적이고 신뢰로운 분위기만 제공되면 계발될 수 있는 것이다. 만약 어떤 사람이 현재 시점에서 좌절을 겪고 있다면 그것은 자신의 가능성을 발견하지 못하여 제대로 실현하지 못했기 때문이다. 따라서 상담자가 전문적인 기법을 동원하여 내담자의 문제를 해결해주는 것이 아니라, 내담자가 스스로 자신의 문제를 인식하고 해결해 나가도록 촉진적 분위기를 제공해주면, 내담자는 점차 자발성을 증가시키고 자신을 신뢰하면서 인생 목표를 향하여 능동적으로 행동하게 된다.

12.2.2.2 심리적 문제의 발생 과정

그러면 왜 사람들은 자신의 가능성과 잠재력을 실현하지 못하고 심리적 문제를 경험하게 되는 것일까? 이를 이해하기 위해서는 다음의 두 가지 내용을 먼저 살펴보아야 한다.

첫째, 사람들은 누구나 자기에 관해 긍정적인 존재로 생각하려는 욕구가 있다. 그리고 이를 위해서는 다른 사람들의 인정을 받는 것이 필요하다. 다른 사람은 부정적으로 평가하는데, 자기만 스스로를 괜찮은 사람이라고 평가한다면 그것은 억지에 불과하기 때문이다. 결국 긍정적인 자기개념을 형성하는 데 있어 중요한 것은 다른 사람들의 평가인 것이다.

둘째, 사람들은 성장 과정에서 중요한 타인으로부터 긍정적인 평가를 받기 위해 개인의 행동과 사고방식을 다른 사람들이 바라는 쪽으로 발전시키게 된다. 예를 들어, 아이들은 부모의 애정과 사랑을 받는 것을 매우 중요하게 여긴다. 그래서 성장 과정 동안 자신 스스로가 좋게 여기는 가치보다는 부모의 가치에 들어맞는 방식으로 행동하게 된다. 부모의 가치 기준에 따라 살지 않으면 그들로부터 긍정적인 평가를 받을 수 없다는 것을 경험하면서 점차 부모의 가치 기준을 내면화하게 되는 것이다. 이와 같이 사람들은 중요한 타인에 의해 부여된 가치조건(conditions of worth)을 중요하게 여기며, 자신도 모르는 사이에 이러한 가치 조건에 길들여지게 된다.

가치의 조건과 개인의 실현 경향성이 잘 조화를 이룬다면 전혀 문제가 발생하지 않는다. 오히려 성장을 촉진하는 분위기 속에서 마음껏 자신의 가능성과 잠재력을 발견하고 실현해 갈 수 있다. 그러나 외적인 가치의 조건과 개인이 진정으로 하고 싶은 것이 일치하지 않을 때 문제가 발생한다. 예를 들어, 부모로부터 '너는 의사가 되어야 한다'라는 말을 끊임없이 들어온 아이를 생각해 보자. 이 아이는 사실 의대 공부보다 음악을 공부하는 것에 더 흥미가 있었지만, 부모의 인정과 사랑을 받기 위해 음악 공부를 포기하고 의대에 진학하게 된다. 그러나 의대에 진학을 했어도 왠지 행복하지는 않다. 인체생리학 책을 보아도 전혀 집중이 되지 않고 학교생활에도 흥미를 느끼지 못한다. 자퇴를 하고 재수하여 음대에 지원해 볼 마음도 들었으나 왠지 그래서는 안 될 것 같았다. 실망하는 부모님의 모습이 떠올랐기 때문이다. 결국, 이런 생활이 반복되면서 삶의 의욕은 상실되고 좌절감과 스트레스만 쌓여가게 된다. 이처럼 지금 여기에서(here and now) 느끼는 경험(예: 음악에 대한 흥미)과 외적인 가치 조건에 의해 길들여진 자기개념(예: 의사가 되어 부모의 인정을 받는 것에서 자신의 의미를 찾는 것)이 불일치할 때 심리적 문제가 발생하게 된다.

12.2.2.3 상담목표와 상담방법

인간중심 상담에서는 심리적 문제 자체보다는 인간 자체에 초점을 두고 내담자가 자기를 실현하도록 돕는 데 목표를 둔다. 왜냐하면 내담자가 지금 여기(here and now)에서 경험하는 자기를 바로 이해하고, 외적인 조건이 아닌 자신의 실현경향성을 깨닫게 되면 심리적 문제는 저절로 해결되기 때문이다. 그리고 단순히 증상만 해결되는 것이 아니라 자기를 실현하는 과정을 통해 더욱 성숙한 인간으로 발전할 수 있게 된다.

그러나 개인의 삶에 지대한 영향을 미쳐 온 가치의 조건에서 혼자의 힘으로 벗어나기는 쉽지 않다. 그래서 상담자는 내담자가 기존에 타인들과 맺어 온 관계와 다르게, 아무런 조건 없이 존중하고 수용하는 태도로 대하게 된다. 이러한 상담 경험을 반복하면서 내담자는 자신에게 부여된 가치 조건들을 조금씩 벗어 버리게 된다. 그동안은 다른 사람들의 가치 조건에 맞추어 자기를 개념화했지만, 자신을 있는 그대로 존중해주는 상담 경험을 통해, 자기 내면을 진실하게 들여다보고, 자신의 참모습을 발견할 수 있게 되는 것이다. 바로 이런 이유 때문에 인간중심 상담에서는 상담 관계, 특히 상담자의 태도가 가장 중요한 핵심이 된다.

① 상담자의 태도

상담과정을 촉진하는 상담자의 태도는 세 가지로 요약된다.

무조건적인 긍정적 존중(unconditional positive regard): 무조건적인 긍정적 존중은 내담자의 현재 상태와 상관없이 무조건적으로 그 개인의 인간적 가치를 존중하는 태도를 말한다. 이런 태도는 내담자의 변화와 성장 가능성에 대한 신뢰와 믿음을 가짐으로써 가능해진다. 즉, 내담자가 현재 보이는 어떤 부적응적 사고와 행동도 일시적인 현상이며, 적절한 기회가 주어지면 새롭게 변화, 성장해 갈 것이라는 믿음을 갖는 것이다. 여기서 '무조건적인 존중'이라는 것은 내담자의 모든 말이나 행동을 필수적으로 승인한다는 뜻이 아니다. 명백히 잘못된 행동(예: 다른 사람의 물건을 훔친 것)을 하고 있다면 그 행동은 승인하지 않아도 된다. 중요한 것은 내담자의 행동이나 감정이 아니라 그런 행동을 하고 감정을 느끼고 있는 내담자의 인간으로서의 가치다. 즉, 내담자를 상담자의 가치 조건에 비추어 판단하거나 평가하지 않고, 그가 무엇을 말하고 느끼고 행동하든 간에 내담자라는 인간은 가치 있고 존중받을 만하다는 태도를 일관되게 유지하는 것이다.

공감(empathy): 공감은 상대방의 시각으로 사태를 바라보고 그들의 경험을 이해하는 것이다. 상담자는 지속적으로 내담자에 대해 공감적 이해를 하도록 노력해야 한다. 공감은 상담의 촉진제 역할을 하며, 내담자에 대한 무조건적인 긍정적 존중을 전달해주는 도구로 기능한다. 깊은 공감적 이해가 없다면 내담자는 상담자의 무조건적인 긍정적 존중을 신뢰할 수 없게 된다.

공감은 상담자가 내담자가 말하는 내용뿐만 아니라 그 뒤에 숨겨져 있는 감정을 파악하려고 노력할 때 가능해지는데, 이러한 청취 방식을 능동적 경청(active listening)이라고 한다. 또한, 상담자는 반영(reflection)을 통하여 내담자의 이야기를 공감하고 있음을 전달해야 한다. 반영은 상담자가 내담자의 말의 내용과 감정을 요약하여 전달하는 것으로 정확한 반영은 내담자가 자신의 감정을 이해하고, 더 높은 수준의 자기 이해로 나아가도록 돕는다.

내담자의 감정을 파악하는 것이 중요하다고 해서 거기에 상담자도 함몰되어서는 안 된다. 공감은 내담자와는 별개의 존재인 상담자가 자기 본연의 정체성은 그대로 유지한 채 마치 자신이 내담자인 것처럼(as if) 내담자의 내면세계를 대리 경험하는 것이다.

진솔성(self-congruence): 상담자는 내담자와의 관계에서 솔직해야 한다. 상담자가 내담자의 인간적 가치를 인정하고 공감을 추구하는 태도가 단지 상담적 기법이어서는 안 된다는 의미이다. 내담자에게 가식이나 겉치레 없이 대하고 자신의 한계에 대해서도 솔직하게 전달하는 것이 바람직하다. 또한, 상담자는 자신의 감정에도 민감해야 하며 이를 내담자에게 진솔하게 표현해야 한다. 상담자가 자신의 감정을 무시하고 의식적으로 반응할 때, 이는 내담자에게 전달될 수 있으며, 상담을 위한 신뢰 관계에도 손상을 줄 수 있다. 따라서 상담 관계에서 상담자와 내담자가 긍정적 감정과 부정적 감정 모두를 서로 성숙한 방법으로 교환하는 것이 좋다.

② 상담 과정

상담자가 적절한 태도를 유지하며 내담자와 대화하는 과정에서 나타날 수 있는 특징적 단계들이 있다. 그러나 이 단계들이 필수적인 것은 아니며 때로는 생략되어 나타나거나 순서가 바뀌거나 섞여서 나타나기도 한다.

1) 내담자는 자의로 도움을 받고자 해야 한다. 만일 타의로 도움을 받게 되었다면 이 태도를 변화시키는 것이 우선이다.

2) 상담의 과정을 정의한다. 상담자가 문제의 해답을 제시하는 것이 아니며 상담자의 도움을 받아 자기 스스로 문제를 해결해 가는 과정임을 설명한다.
3) 상담자는 내담자가 자신의 문제에 관한 감정을 자유롭게 표시하도록 북돋아 준다.
4) 상담자는 표출되는 부정적 감정을 받아들이고, 이해해주고, 정리해준다. 상담의 초기에는 통상 부정적 감정의 표현이 주로 이루어지며, 이때 상담자의 태도를 유지하기 위한 노력이 필요하다.
5) 부정적 감정을 완전히 표현할 수 있게 된 후에는 미약하고 부분적이기는 하지만 성장에 보탬이 되는 긍정적 감정과 충동이 나타나게 된다.
6) 상담자는 내담자의 부정적 감정을 받아들인 것과 마찬가지로 긍정적 감정을 인정하고 받아들인다.
7) 부정적 감정과 긍정적 감정을 경험하고 나면 새로운 자기이해, 자기수용, 즉 통찰이 나타난다.
8) 통찰과 뒤섞여서 여러 가지 의사결정을 할 수 있는 길이 보이게 된다.
9) 내담자는 더 성숙하고 긍정적인 행동을 선택하고 행하게 된다.
10) 차츰 긍정적 행동의 양이 증가하고 자신감과 능력을 갖추게 된다.
11) 내담자가 도움의 필요를 덜 느끼게 되고 상담 관계를 종결해야겠다는 의견을 제시하게 된다.

12.2.2.4 이론에 대한 평가

상담 관계에서의 공감이나 진실성, 내담자에 대한 존중과 같은 태도들은 상담자라면 누구나 갖추어야 할 태도로 간주 된다. 이와 같은 Rogers의 인간에 대한 사상과 철학은 그가 이론을 발표한 지 60년이 지난 지금에도 지대한 영향을 미치고 있다. 또한, 인간중심 상담은 여러 가지 문제, 예를 들면 아동문제, 부모문제, 결혼, 직업선택 등 개인이 당면하는 적응 문제들에도 폭넓게 적용될 수 있다는 장점이 있다.

그러나 이 방법의 문제점은 인간의 부정적인 측면을 고려하지 않은 채 인간을 긍정적인 존재로만 간주한다는 것이다. 그리고 상담자 수준에 따른 영향이 크다는 점과 치료 동기가 부족한 사람과 언어구사력이 부족한 사람, 현실감각이 부족한 정신장애 환자들에게 적용하기 곤란하다는 한계가 있다.

12.2.3 행동적 상담이론

Joseph Wolpe

Burrhus F. Skinner

행동적 상담에서는 학습이론에 근거하여 인간의 행동을 후천적인 학습의 결과로 파악한다. 물론 인간의 행동 중에는 유전적이거나 생물학적 영향을 받는 부분도 있지만, 대부분의 행동은 환경의 영향을 받아 학습된 것이라고 가정한다. 따라서 부적응적 행동도 학습에 의한 결과이며, 이에 대한 치료도 학습 원리를 이용한 재학습을 통해 가능하다고 본다(Spiegler, 2004).

행동적 상담에서는 내담자가 자신의 문제를 해결하기 위해 상담자에게 언어로 이야기하는 것으로만 그치지 않는다. 행동을 통해 상담 과정에 적극적으로 참여하며 그 결과에 대해 상담자와 피드백을 주고받는다(Spiegler, 2004).

행동적 상담이론의 뿌리는 Watson과 Rayner(1920)의 'Albert 소년' 실험이다. 그러나 현대적 의미에서의 행동적 상담 이론은 1950년대에 실행된 Wolpe(1958)의 체계적 둔감화 기법과 Skinner (1953) 등이 정신병원 환자들을 대상으로 조작적 조건형성 원리를 적용한 상담기법들에서 시작되었다고 볼 수 있다. 그리고 1980년 이후에는 그동안 배제해 온 인지적 요소(사고, 신념 등)도 중요하게 부각되어, 인지학습이나 사회학습의 원리를 적용한 상담기법이 사용되기 시작했다. 이 절에서는 행동적 이론의 원리를 이해하기 위해 전통적인 행동적 상담이론을 중심으로 살펴보겠다.

12.2.3.1 인간에 대한 기본 가정

전통적인 행동적 상담이론에 따르면 인간은 환경에 반응하는 수동적인 존재로서, 정상행동과 이상행동 모두 환경으로부터 학습한 결과이다. 따라서 인간의 행동에 영향을 미치는 변인들을 찾아내고 이들을 통제하는 방법을 발견하면, 인간의 모든 행동은 예측 가능하고 수정할 수 있다고 본다. 자아개념이나 자아, 무의식과 같은 내면적 특성들을 본질적으로 부정하는 것은 아니지만, 이들을 관찰하거나 조작하는 것은 불가능하기 때문에 객관적인 검증이 가능하고 학습을 통해 조작할 수 있는 내담자의 행동에 초점을 두었다.

12.2.3.2 심리적 문제의 발생 과정

인간의 행동은 그 행동 전·후에 일어난 사건에 의해 유발되고 유지된다. 선행사건(antecedents)은 행동을 일으키는 원인이 되고, 이러한 행동(behavior)의 결과로 후속결과(consequences)가 발생한다. 예를 들어 배가 고프다는 느낌은(선행사건) 음식을 먹는 행동을 유발하고(행동), 음식을 먹는 행동을 한 후에는 배가 부르다는 느낌(후속결과)으로 이어지게 된다. 선행사건은 최초 행동을 유발하는 원인으로 작용하지만, 그 행동을 다시 일어나게 하는 요인은 후속결과이다. 후속결과가 만족스러우면 그 행동을 다시 반복할 가능성이 높아지고, 반대로 후속결과가 마음에 들지 않는다면 그 행동을 다시 할 가능성은 낮아진다.

이러한 원리로, 사람들이 보이는 부적응적 문제도 행동 그 자체보다는 행동에 영향을 주는 선행사건과 후속결과와의 잘못된 학습에서 기인한 것이다. 예를 들어, 대중 앞에만 서면 긴장되고 불안해지는 사람이 있다고 가정해 보자. 이 사람은 어떤 환경적 사건으로 인해 대중 앞에서 노래를 했고, 그 결과 사람들로부터 비웃음을 듣게 되었다. 노래를 부르는 행동은 사람들로부터 비웃음을 듣는 부정적인 후속결과를 초래했고, 그 결과 대중이 모이는 상황에서 앞에 나서기만 하면 긴장감과 불안함을 경험하게 되는 것이다.

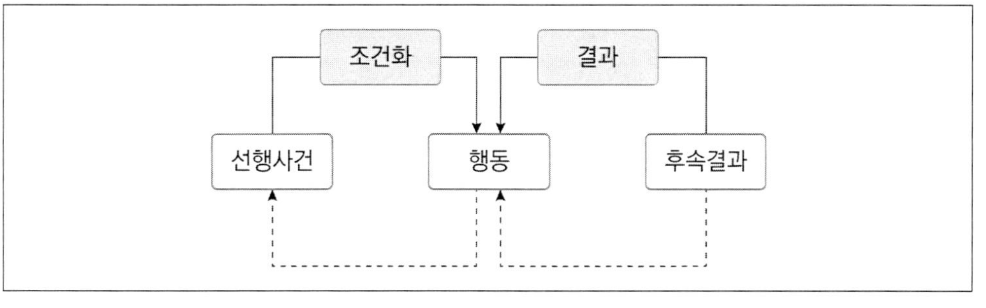

[그림 12-2] 행동주의적 상담이론의 ABC모델
선행사건(Antecedents)-행동(Behavior)-후속결과(Consequences)
출처: Spiegler & Guevremont, 2003

12.2.3.3 상담목표와 상담방법

행동적 상담의 목표는 재학습과정을 통해 현재 내담자에게 문제가 되는 부적응적인 행동증상을 소거 또는 감소시키고 적응적인 대안적 행동을 강화하는 것이다. 이때 상담목표는 관찰에 의해 측정될 수 있는 구체적인 것으로 정한다. "나는 공부를 열심히 하겠다"라는 추상적인 목표보다는 "나는 하루에 3시간 이상 책상 앞에 앉아 공부하겠다"와 같은 구체적인 목표를 정하는 것이 더 효과적이다. 행동적 상담에서는 다양한 상담방법들이 내담자의 문제 행동 유형에 따라 활용된다. 이 절에서는 대표적인 두 가지 방법을 소개한다.

① 체계적 둔감화

체계적 둔감화 절차(systematic desensitization procedure)는 Wolpe(1958)에 의해 제시된 것으로서 고전적 조건형성의 원리를 이용한 대표적인 방법이다. 불안이나 공포증을 보이는 사람들에게 효과적으로 적용되며, 문제 행동과 상반되는 상황을 짝지어 반복 제시함으로써 문제 행동을 점차적으로 감소시켜, 궁극적으로 문제 행동을 제거하는 것이다.

체계적 둔감화 절차는 세 가지 단계로 구성된다. 첫째는 불안을 억제하는 방법으로서 내담자에게 점진적 이완훈련(progressive relaxation training)을 실시한다. 둘째는 내담자의 설명에 기초하여 불안을 유발하는 정도에 따라 문제 상황들을 서열화하고, 목록을 작성한다. 셋째는 내담자를 충분히 이완시킨 후에 불안의 정도가 낮은 상황부터 상상하면서 단계적으로 각 상황에서의 불안이 사라지도록 한다.

점진적 이완훈련은 내담자가 자신의 팔, 다리, 복부, 목, 머리, 얼굴 등의 근육을 긴장시켰다가 이완시키는 방식을 반복함으로써 이루어진다. 근육이완은 일반적으로 편안한 느낌을 제공하기 때문에 불편한 감정이나 증상으로부터 벗어날 수 있게 한다. 내담자는 편안하게 기댈 수 있는 안락한 의자에 앉아 눈을 감고 상담자의 지시에 따라 근육을 긴장/이완시킨다.

> 눈을 감고, 편안하게 뒤로 기대세요. 왼손부터 시작하겠습니다. 왼손을 주먹 쥐세요. 아주 세게 주먹을 쥐고 그 긴장감을 느껴 보세요. 계속...(5초 동안 멈춤). 이제 천천히 힘을 빼고 왼손 근육을 이완시키세요. 왼손 근육을 이완시켜서 편안한 상태로 놓아 두세요. 그냥 편하게...(15초 동안 멈춤). 다시 한 번 왼손을 천천히 주먹 쥐어 가면서 그 긴장감을 느껴 보세요.(5초 동안 멈춤). 다시 천천히 주먹을 풀고 힘을 빼세요. 천천히 이완시키면서 주먹을 세게 쥐었을 때와 힘을 뺐을 때 차이점을 느껴 보세요....

불안 위계표(anxiety hierarchy)는 상담자와 내담자가 함께 불안을 느끼는 수준에 기초해서 상황 목록을 서열화하여 작성한 목록이다. 예를 들어 시험불안을 나타내는 사람의 경우에 다음과 같이 불안 위계 목록을 작성할 수 있다.

(가) 교수가 일주일 내에 시험이 있을 것을 예고
(나) 시험 전날 밤에 공부하는 상황
(다) 시험 당일 아침 식사하는 장면
(라) 시험장소인 교실로 걸어가는 상황
(마) 교실에 들어가기 위해 기다리는 상황
(바) 교실에 들어감
(사) 교실에 앉아 있음
(아) 교수가 시험문제를 나누어줌

점진적 이완훈련을 습득하고, 불안 위계표가 작성되면, 상담자는 내담자를 깊이 이완시킨 후 불안 위계표의 가장 낮은 수준의 장면부터 설명한다. 이때 내담자가 실제로 그 상황에 처한 것처럼 경험할 수 있도록 자세하게 묘사해야 한다. 내담자는 각 장면을 떠올리면서 불안이나 불쾌한 감정을 느낄 경우, 근육이완을 통해 편안한 상태를 다시 유지한다. 각 단계는 내담자가 해당 상황의 불안에서 자유로워질 때까지 반복한다.

둔감화 절차는 실제 노출(in vivo exposure)에서도 적용할 수 있다. 예를 들어, 높은 곳에 올라가는 것을 두려워하는 사람의 경우, 처음에는 낮은 높이부터 시작하여 편안한 느낌을 경험하게 한 다음, 점차 높이를 높여가며 그 높이에 익숙해지는 훈련을 할 수 있는 것이다.

② 조작적 절차

조작적 조건형성에서 발견된 원리들이 이상행동의 교정에 폭넓게 적용된다. 이 방식은 조건형성 학습과 마찬가지로 변별, 강화, 처벌 등에 의하여 이상행동의 제거와 적응적 행동의 획득을 위해 활용된다.

정적 강화의 경우, 강화물이 행동 후에 제시되면 그 행동의 출현 빈도가 증가하게 된다. 이 원리는 성인과 어린이들이 자신의 위생 상태를 돌보는 행동이나 사회적 기술의 습득에 폭넓게 적용된다. 이러한 방식의 한 예가 토큰 경제(token economy)이다. Token System은 습득시키려는 바람직한 행동이 대상 인물에게 나타나면, 이를 발견한 사람이 토큰을 강화물로 주는 것이다. 토큰은 그 공동체에서 돈과 같이 사용될 수 있게 함으로써 강화물의 속성을 갖도록 준비되어야 한다.

예를 들어, 만성적 정신병원 환자들에게 바람직한 행동을 획득하도록 하기 위해 이 방법이 사용될 수 있다. 치료자에 의해 환자의 목표행동이 선택되면, 환자는 해당 행동을 할 때마다 정해진 수의 토큰을 받게 된다. 일정 개수 이상의 토큰을 모으면 병원에서 환자가 필요로 하는 것들(예, TV 시청, 산책, 담배구매 등)을 교환하는 데 사용할 수 있어 강화물의 속성을 갖는다.

12.2.3.4 이론에 대한 평가

행동주의적 상담에서는 객관성과 정확성, 경험적 검증 등 과학적인 접근을 강조한다. 상담 과정에서는 타당화된 방법과 절차를 사용하기 때문에 누구나 같은 절차 혹은 방법을 사용하면 같은 결과를 가져올 수 있다. 그리고 관찰과 측정이 가능한 행동의 변화를 상담 목표로 하기 때문에 그 효과를 객관적으로 평가할 수 있다는 장점이 있다.

그러나 상담 과정에서 감정과 정서표현의 중요성을 충분히 고려하지 않으며, 문제 행동의 해결과 증상 완화를 강조한 나머지 내담자의 말을 충분히 주의 깊게 들어주거나 탐색하지 않는다는 한계가 있다. 또한, 심층적인 상담을 통해 내담자의 통찰을 지향하는 상담자들은 행동적 상담기법이 즉각적인 증상 완화에는 도움이 될지 모르나 그 이상의 삶의 의미를 찾는 데는 불충분하다고 보았다.

12.2.4 인지적 상담이론

Albert Ellis

인지적 상담이론은 인간을 능동적인 존재로 간주하며, 행동에 있어 사고(또는 인지)의 영향을 강조한다. 그리고 모든 심리적인 증상에는 왜곡되고 역기능적인 사고가 주요 원인이 되며, 이러한 역기능적 사고가 내담자의 정서와 행동에 영향을 미친다고 가정한다. 따라서 역기능적이고 부적응적인 사고를 현실적이고 적응적인 사고로 수정하게 되면 내담자의 심리적 문제와 부적응적 행동이 해결된다고 본다. 이러한 인지적 접근방법은 Albert Ellis와 Aron Beck에 의해 체계적으로 발전되었으며, 심리학계 내에 인지심리학이 중요하게 부각되면서 인지적 입장이 더욱 힘을 얻게 되었다. 현대에는 이론적 설명과 상담 효과를 증대시키기 위해 일부 학습이론과 행동적 기법을 통합하였고, 이런 이유 때문에 흔히 인지행동(cognitive behavior) 상담이론으로 불리기도 한다.

Aaron T. Beck

12.2.4.1 인간에 대한 기본 가정

고대 스토아학파 철학자인 Epictetus는 그의 저서 『The Enchiridion』에서 "인간은 사물로 인해 고통받는 것이 아니라 그것을 받아들이는 관점으로 인해 고통받는다"(Novaco, 1978 재인용, p.143)라고 하였다. 즉, 사람들이 어떤 사건 이후 특정한 감정을 경험하거나 행동을 하게 되는 것은 그 사건 자체로 인한 결과물이 아니라, 그 사건에 대해 어떤 해석을 내리기 때문에 발생하는 것이라고 본다. 예를 들어, 기말고사 시험 이후 시험점수가 낮게 나온 사람이 좌절을 경험하고 있다면, 이는 '낮은 점수'라는 사건 때문에 좌절을 경험하는 것이 아니다. '낮은 점수'에 대해 '나는 무능력하다, 앞으로도 잘할 수 없을 것 같다'와 같은 사고를 하기 때문에 좌절을 경험한다는 것이다. 이와 같이 인지적 상담이론에서는 인간의 여러 측면, 즉 사고, 감정, 행동의 측면 중에서 사고를 가장 중요하게 여긴다. 감정이나 행동도 물론 중요하지만, 그것들은 모두 사람들이 어떻게 생각하느냐에 따라 영향을 받는다고 본다.

Epictetus

12.2.4.2 심리적 문제의 발생 과정

Ellis에 따르면 사람들이 정서적 문제를 겪는 이유는 어떤 사건을 지각하고 받아들이는 방식이 잘못되었기 때문이다. 즉, 그 사건을 자신이 이미 갖고 있는 기존의 생각들에 비추어 비합리적으로 해석하기 때문에 그 결과로 정서적 문제를 경험하게 된다는 것이다(Ellis, 2005). 이러한 비합리적 사고는 보통 '모든', '항상', '반드시'와 같은 당위적인 사고와, '~하면 큰일 날 것이다', '~은 끔찍한 일이다'와 같이 현실보다 훨씬 더 과장된 사고로 나타난다. 또한, 자기 자신이나 타인을 평가할 때 자기비하나 타인비하로 드러나는 경향이 있다.

이 물은 얼마나 남았을까?

Beck은 심리적 문제의 발생 과정을 좀 더 세분화하였다. 부정적인 사건이 발생하게 되면 사람들은 과거의 경험으로부터 축적되어 온 부적응적인 인지 도식이 촉발되어 자동적으로 어떤 사고(automatic thought)를 떠올리게 된다. 이 자동적인 사고가 긍정적이거나 최소한 중립적이면 심리적 문제가 발생하지 않는다. 그러나 부정적인 내용일 경우에는 심리적 혼란과 문제를 발생시킨다(Weishaar, 2007). 예를 들어, 대학입학 시험에서 떨어진 사람을 생각해 보자. 이 사람은 어려서부터 실패해서는 안 된다는 교육을 받아왔다. 부모 또는 선생님으로부터 늘 칭찬만 받아 왔기 때문에 실패란 있을 수 없었다. 그러나 대학입학 시험에 떨어진 결과는 엄청난 생활 스트레스로 작용하게 되고, 곧이어 어려서부터 축적되어온 부적응적인 인지도식(실패해서는 절대 안 된다)이 촉발되게 된다. 그 결과 자동적으로 이 사람은 '대학 입학시험에 떨어져 부모님이 실망할 거야, 난 이제 끝이야, 앞으로 어떻게 하지?'와 같은 생각들이 스쳐 지나게 된다. 부적응적인 인지도식이 자동적 사고로 이어질 때 인지적 오류가 작용한다. 인지적 오류로 인해 사람들은 더 파국적이고 부정적인 자동적 사고를 하게 된다. 결국 이러한 부적응적인 인지 과정이 반복되면서 심리적인 문제가 발생하게 된다.

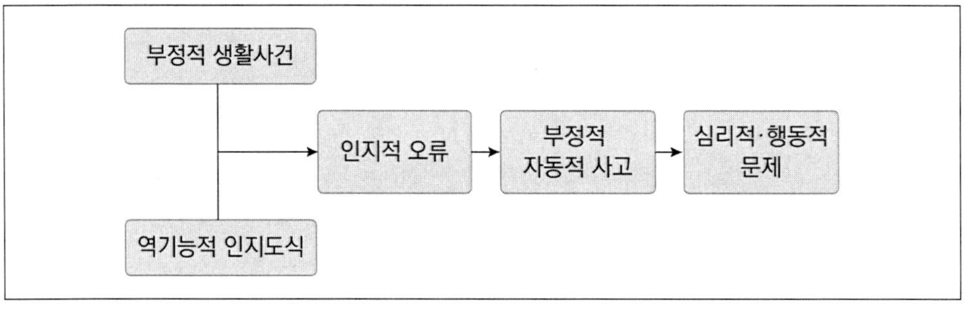

[그림 12-3] 부적응적 인지 과정

※ 인지적 오류

흑백논리적 사고(all or nothing thinking) 생활 사건의 의미를 이분법적인 범주 중의 하나로 해석. 예 실패 아니면 성공, 나를 받아들이는가 아니면 거부하는가.

과잉일반화(overgeneralization) 한두 번의 사건에 근거하여 일반적인 결론을 내리고 무관한 상황에서도 그 결론을 적용. 예 나는 항상, 누구에게나, 어떻게 행동하든지 거부당한다 혹은 실패한다.

정신적 여과(mental filtering), 선택적 추상화(selective abstraction) 전체를 무시하고 특정한 일부 정보에만 주의를 기울여 전체의 의미를 해석. 예 주된 대화 내용이 긍정적이었음에도 몇 마디 부정적 내용에 근거하여 비판했다고 생각.

의미확대(magnification), 의미축소(minimization) 부정적인 일의 의미는 확대하고 긍정적인 일의 의미는 축소. 예 칭찬은 듣기 좋으라고 한 말로, 비판은 평소 속마음을 드러낸 것으로 해석.

개인화(personalization) 자신과 무관한 사건을 자신과 관련된 것으로 해석. 예 도서관 앞을 지나가는데 도서관 앞 벤치에 있던 학생들이 크게 웃었을 때, 그들이 자기 때문에 웃은 것으로 해석.

잘못된 명명(mislabeling) 사람의 특성이나 행위를 과장되거나 부적절한 명칭을 사용하여 기술. 이는 개인의 행동을 그 명칭에 맞도록 유도하는 결과를 초래할 수 있음. 예 자신을 '실패자'라고 규정한 사람은 미래의 상황에서도 자신이 실패자로 행동할 것이라고 예상하고, 실제 상황에서도 그렇게 실패자처럼 행동하게 될 수 있음.

독심술적 오류(mind-reading) 충분한 근거 없이 모호하고 사소한 단서에 의해 다른 사람의 마음을 추측하고 단정하는 것.

예언자적 오류(fortune telling) 충분한 근거 없이 미래에 일어날 일을 단정하고 확신. 마치 미래의 일을 미리 볼 수 있는 예언자인 것처럼, 앞으로 일어날 결과를 부정적으로 추론하고 이를 굳게 믿음. 예 이전 미팅에서 마음에 드는 이성을 만나지 못한 사람이 이번에도 그럴 것으로 믿고 미팅에 나가지 않음.

감정적 추리(emotional reasoning) 충분한 근거 없이 막연히 느껴지는 감정에 근거하여 결론을 내림. 예 죄책감이 드는 걸 보니 내가 뭔가 잘못했음이 틀림없다고 생각.

12.2.4.3 상담목표와 상담방법

1960년대 이후 인지적 관심이 높아지면서 상담 이론과 방법이 매우 다양해졌다. 그러나 여러 인지적 입장에서 공통적으로 제시하는 상담의 기본목표는 심리적·행동적 증상을 유발시키고 지속시키는 부적응적 사고를 적응적 사고로 변화시키는 것이다. 이 절에서는 가장 대표적인 인지적 상담방법으로 알려진 Ellis의 합리적 정서치료와 Beck의 인지치료를 중심으로 살펴보겠다.

① Ellis의 합리적 정서치료(Rational-emotive behavior therapy)

Ellis와 MacLaren(2005)에 따르면 합리적 정서치료의 원리는 'ABCDE 모형'으로 설명된다. A는 내담자가 현재의 문제를 갖게 만들었던 상황이나 이전의 선행사건(Antecedents)이고, B는 선행사건 이후에 발생한 내담자의 신념(Beliefs)이다. 내담자에게 있어 이 신념은 보통 비합리적인 형태로 나타난다. 그리고 C는 선행사건 때문에 생겨났다고 내담자가 보고하는 정서적 또는 행동적 결과(Consequences)이다. D는 내담자가 생각하는 비합리적 신념이 적절한 것인가를 따져보는 논박(Disputes)을 의미하며, E는 비합리적 신념을 따져 보아 새롭게 경험하는 바람직한 결과(Effects)이다.

이 모형에 따르면 내담자는 선행사건(A) 때문에 심리적 문제(C)가 일어난 것으로 생각하지만, 실제로는 내담자가 가지고 있는 신념체계(B) 때문에 심리적 문제(C)가 발생한다. 그리고 이러한 신념체계는 비합리적인 신념으로 구성되어 있다. 내담자가 비합리적인 신념들에 대하여 도전하고 적극적으로 논박(D)을 하면 혼란스러운 결과는 사라지고 정서적 건강을 되찾게 되는 효과(E)를 얻게 된다.

이를 그림으로 제시하면 아래 그림과 같다.

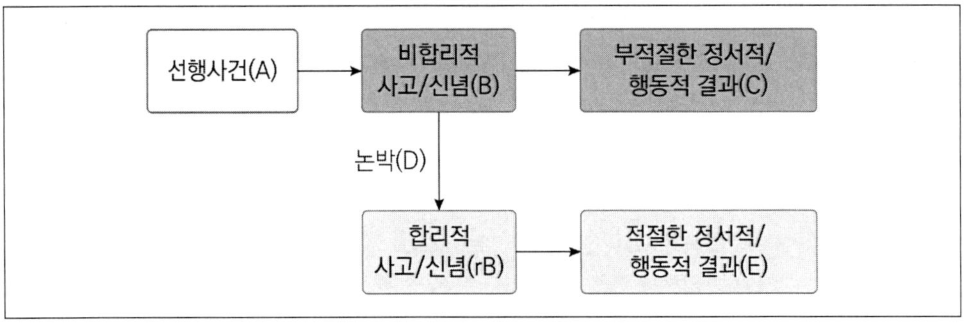

[그림 12-4] ABCDE 모델

비합리적 신념을 논박하는 구체적인 기법에는 여러 가지가 있다. 여기에서는 대표적으로 사용되는 몇 가지 기법만 간단히 제시하겠다.

신념의 결과가 내담자에 도움이 되었는지를 검증하는 논박

"그렇게 생각하는 것이 당신에게 얼마나 도움이 되었나요?"

"다른 긍정적인 결과를 얻을 수 있는 방법은 없을까요?"

자신을 격려하는 합리적인 자기 진술

"이런 상황에서 기분 나빠 할 필요는 없어."

"이 일을 해내기 위해 열심히 노력하겠지만 만약 성공하지 못한다고 해도 내가 실패자가 되는 건 아냐."

존경하고 닮고 싶어 하는 인물을 모델로 삼는 모델링

"당신이 존경하는 그 사람은 이 상황에서 어떻게 생각했을까요?"

이전에 불편함을 느꼈던 사람의 역할을 대신 해보는 역할 연기

"이제부터 당신은 어린 시절로 돌아가 아버지의 역할을 해 보는 겁니다. 아버지의 입장이 되어서 말해 보세요. 그리고 나(상담자)는 당신의 입장에서 말을 해 보겠습니다."

② Beck의 인지치료(Cognitive therapy)

Beck의 인지치료의 기본원리는 내담자의 부적응적인 자동적 사고와 인지적 오류, 역기능적 인지도식을 찾아내어 더 건강한 적응적인 인지로 대체시키는 것이다. 인지치료의 주요 과정을 세분화하여 살펴보면 다음과 같다.

첫째, 내담자가 호소하는 심리적 문제를 탐색하고 구체화하여 상담 목표를 정한다.

둘째, 내담자의 심리적 문제가 인지적인 요인과 관련되어 있음을 내담자가 납득할 수 있도록 인지치료의 기본원리와 상담 과정을 설득력 있게 설명한다.

셋째, 현재 내담자에게 문제를 일으킨 환경적 사건과 부적응적인 자동적 사고를 탐색한다. 이때 부적응적인 자동적 사고를 탐색하기 위해 질문과 사고 기록지를 활용할 수 있다(예 "친구로부터 헤어지자는 말을 들었을 때 어떤 생각이 스쳐 지나갔나요?").

넷째, 환경적 사건에 비추어 부적응적인 자동적 사고의 현실적 타당성을 검증해 본다. 이때 상담자는 내담자의 부적응적인 사고내용을 꾸짖듯이 따지는 것이 아니라 소크라테스식 질문법을 사용한다. 그래서 내담자가 스스로 자신의 사고내용을 평가하여 부적응적인 사고의 현실적 타당성을 검증해 보게 해야 한다(예 "그렇게 생각한 근거는 무엇입니까?", "다른 사람도 그 상황에서 같은 생각을 할까요?").

다섯째, 환경적 사건에 대한, 보다 객관적이고 타당한 대안적 사고내용을 탐색해 보고, 이를 기존의 부적응적인 자동적 사고와 대체시킨다.

여섯째, 환경적 사건을 왜곡되게 지각하도록 만드는 근원적인 역기능적 인지도식을 탐색하여 확인한다.

일곱째, 역기능적 인지도식의 내용을 합리적이고 현실에 맞게 수정한다.

여덟째, 과거의 습관화된 부적응적인 사고패턴이 생활 속에서 나타날 때마다 적응적인 사고로 대체시키는 훈련을 꾸준히 한다.

인지치료에서 가장 대표적으로 사용되는 기법은 사고 기록지이다. 기분을 나쁘게 만들었던 상황과 그로 인해 발생한 정서를 구체적으로 적고, 이때 머릿속에 스쳐 간 자동적인 사고가 어떤 내용인지 작성한다. 그다음, 문제를 발생시킨 상황에 대해 기존의 자동적 사고를 대체할 수 있는 현실적이고 타당한 합리적 사고를 적는다. 마지막으로 부적응적인 자동적 사고를 합리적인 사고로 대체시켰을 때 어떤 다른 결과가 발생했는지 작성하여 기존과 감정이 얼마나 완화되었는지 확인한다.

이외에도 인지치료에서는 역할 연기, 행동 실험, 활동 감찰, 대처카드, 과제부여 등 다양한 기법이 사용된다.

12.2.4.4 이론에 대한 평가

인지적 상담은 내담자의 추동이나 숨겨진 동기, 무의식보다 인지적 정보처리 과정을 중요하게 여긴다. 사람들이 왜 그렇게 행동하는가에 대해 인지적 과정을 강조함으로써 상담자뿐 아니라 내담자도 자신의 심리적 문제를 더 쉽게 포착하고 자각할 수 있게 된다. 그리고 상담시간 이외에도 기록지 작성 등 과제를 부여하여 내담

▼표 12-2 사고 기록지 예

	상황	감정	자동적 사고	합리적인 반응	결과
항목	불쾌한 감정을 유발한 사건	어떻게 느꼈나? 얼마나 나빴나? (0~100%)	무엇이 마음을 스쳐 지나갔나?	자동적 사고에 대한 대안들	기존의 감정에 어떤 변화가 있나?(0~100%)
예	거리에서 친구를 만났는데 그는 아는 척을 하지도 않고 그냥 지나쳤다.	친구로부터 거절당했다는 불쾌한 마음이 들었다.(90%)	내가 그를 화나게 할 만한 일을 했나? 그는 나를 별로 좋아하지 않아. 나는 대인관계를 잘 맺지 못해.	무슨 급한 일이 있었는지 몰라. 좀 서두르는 것 같았어. 나는 여전히 OOO와 좋은 관계를 유지하고 있어. 대인관계를 잘 맺지 못하는 것은 아니야.	불쾌한 마음이 감소됨.(40%)

출처: Sanders & Wills, 2005

자가 일상생활을 하면서 자신의 마음속에 떠오르는 비합리적 인지 과정을 스스로 인식하고 교정할 수 있는 방법을 제공한다는 장점을 갖고 있다.

그러나 인지적 상담방법은 너무 기법 지향적이고, 현재 중심적이라는 비판점이 제기되었다. 현재의 문제와 인지 과정만 강조할 뿐 복잡한 문제영역이나 무의식적 갈등을 다루지 않아 내담자의 문제를 심층적으로 분석할 수 없다는 것이다.

12.3 상담의 주요방법

12.3.1 경청

경청은 내담자가 전달하는 언어 또는 비언어적인 메시지를 적극적으로 포착하고 이해하는 과정을 말한다(이장호 등, 2005). 내담자는 상담자가 자신에게 주의 집중하여 경청하고 있을 때 자신을 가치 있게 여기며 개방적으로 이야기하게 되고 자신의 생각과 감정을 깊이 탐색하게 된다. 상담자는 적극적 경청을 통해 내담자를 좀 더 잘 이해하고, 적절한 도움을 제공할 수 있게 된다. 적극적 경청의 행동유형으로는 먼저 눈맞춤(eye-contact)이 있다. 눈맞춤은 상대방에게 관심을 가지고 있음을 전달하는 대표적인 비언어적 행위이다. 너무 적은 눈맞춤은 듣는 이가 흥미 없어 한다는 감정을 유발할 수 있고 반대로 너무 잦은 눈맞춤은 강요당한다거나 압도당한다는 감정을 일으킬 수 있다. 따라서 내담자와 적정 거리를 유지하여 진지하고 자연스런 눈길을 보내되 너무 고정적으로 시선을 응시하지 않아야 한다. 얼굴 표정은 사람의 느낌이나 정서를 전달해준다. 자연스럽고 편안한 표정을 유지해야 하며 상담의 흐름에 맞는 표정을 지어야 한다. 일반적으로 상담에 있어서 중요한 얼굴 표정은 미소 짓는 것이다. 미소는 사람을 친근하게 만들며 자기 탐색을 격려한다. 몸짓과 자세도 중요하다. 몸의 자세는 내담자 쪽으로 상체를 굽히고, 팔짱을 끼거나 다리를 꼬지 않고 개방적인 자세를 취하는 것이 좋다. 이때 내담자와의 거리가 너무 가까우면 오히려 불안감이나 불쾌감을 유발할 수 있으므로 적정한 거리를 유지한 채 내담자에게 상체를 향하는 것이 중요하다. 하품을 하거나 몸을 뒤로 젖히는 행동은 삼가야하며 내담자의 이야기를 들을 때 진지하게 들으려는 자세를 보여야 한다. 적절히 머리를 끄덕이는 것도 상담자가 경청하고 있음을 보여주는 긍정적인 행동이다.

12.3.2 재진술

재진술은 내담자의 진술 내용이나 그 의미를 반복하거나 바꾸어 말하는 것이다(Hill & O'Brien, 2001). 내담자는 종종 자신의 문제로 인해 혼돈되거나 갈등을 느낄 때, 재진술을 들음으로써 자신의 문제가 다른 사람에게는 어떻게 들리는지 알 수 있으며, 자신의 생각을 재평가할 수 있게 된다. 또한 상담자는 재진술을 통해 내담자의 이야기를 정확히 들었는지 검토해 볼 수 있다. 만약 상담자가 내담자 이야기의 핵심을 제대로 파악하지 못한 채 재진술을 한다면, 내담자는 명확히 설명하려고 노력할 것이기 때문이다. 군대에는 '복명복창'이라는 것이 있다. 상급자가 하급자에게 무엇인가 지시했을 때 하급자는 자신이 듣고 이해한 내용을 다시 상급자에게 피드백해줌으로써 상호 오해가 없도록 하는 것이다. 재진술도 이와 같은 원리로 상담에서 적용된다. 재진술을 하는 것은 단지 듣는 것뿐만 아니라 내담자가 이야기한 것을 충분히 이해해야 하고 내담자 메시지의 본질을 파악할 수 있어야 하기에 힘든 과정이다. 처음에는 재진술이 단순히 수동적인 대답의 형태로 보일지 모른다. 하지만 이 과정은 상담자들이 내담자 경험의 본질을 끄집어내기 위해 매우 적극적인 몰입을 하는 것이다. 재진술은 내담자의 말을 모두 옮기는 것이 아니라 가장 중요한 것에 초점을 맞춘다. 그래서 내담자의 진술보다 더 짧고 간결한 형태로 제시된다. 재진술은 다양한 형태로 구사되며 "내가 이해하기로 당신이 말하고자 하는 것은~", "혹시 ~를 말씀하신 건가요?", "~하게 들리는데요"와 같은 식으로 표현할 수 있다.

12.3.3 질문

질문은 상담 과정에서 중심 역할을 한다. 질문은 내담자가 말하는 것을 독려하기도 하고, 제한하기도 하며, 라포(rapport) 형성에 기여하고, 정보를 수집하며, 내담자에게 관심을 보여주는 등 여러 가지 측면으로 사용될 수 있다. 질문은 크게 개방형(open), 폐쇄형(closed), 간접적(implied), 투사적(projective) 형태로 구분할 수 있다(John & Rita, 2003).

개방형 질문은 내담자가 자신의 생각이나 느낌을 꺼내어 말하게 하는 기능을 한다. 따라서 내담자가 자신의 문제에 집중하지 못하거나 깊이 탐색하려고 하지 않을 때 유용하다. 개방형 질문은 단순한 대답 그 이상을 요구하며, 일반적으로 "어떻게"나 "무엇"으로 질문을 시작한다. 목소리의 톤은 관심과 친밀함을 전달하기 위하여 낮게 유지하고, 말의 빠르기는 천천히 하며, 질문은 내담자에게 심문하는 것처럼 들리지 않도록 표현해야 한다.

"무슨 문제가 마음을 괴롭게 하나요?"
"그것에 대해 어떻게 생각하나요?"

폐쇄형 질문은 "예"나 "아니오"와 같은 간단한 대답을 받게 한다. 내담자가 말을 많이 하는 사람일 경우 그의 말을 제한하거나, 시간이 짧아 특정한 대답을 요구할 때 유용하게 사용된다. 폐쇄형 질문은 "누가", "언제", "어디서"와 같은 질문으로 시작한다.

"이번에 휴가를 나가서 누구를 만나고 왔나요?"
"그 친구는 언제 만났나요?"

폐쇄형 질문을 너무 자주 사용할 경우 상담이 형식적으로 이루어질 수 있으므로 가급적 폐쇄형 질문을 개방형 질문으로 바꾸는 것이 좋다.

간접적 질문은 내담자가 어떤 생각을 하고 있는지 궁금하지만 내담자에게 대답해야 한다는 압박감을 주고 싶지 않을 때 사용된다. 일반적으로 "~궁금하네요", "~인 것 같아요"와 같은 질문으로 시작하며 다음의 예들이 간접적인 질문이다.

"졸업 후 어떤 계획이 있는지 궁금하네요."

간접적 질문을 너무 자주 사용하면 내담자를 속이는 것 같고 교묘히 꾸미는 듯한 인상을 줄 수 있으므로, 이러한 질문은 라포가 잘 형성되어 있을 때 가끔 사용되어야 한다.

투사적 질문은 내담자의 무의식적이고 분명하지 않은 갈등이나 가치, 사고, 감정들을 명확히 하고 탐색하게 한다. 투사적 질문은 "만약 ~라면 어떻게 될까?"라는 질문으로 시작하며, 내담자가 자신의 문제에 대해 숙고하게 만든다.

"만약 그때 상황으로 돌아간다면 무엇을 하고 싶나요?"

"왜"라고 시작하는 질문은 상담에서 피하는 것이 좋다. 이 질문은 종종 내담자로 하여금 도전받았다는 느낌을 갖게 하고 방어적으로 만들기 때문이다. "왜"라고 질문하는 대신 "무엇"이나 "어떻게"라는 질문으로 바꾸어 표현하는 것이 효과적이다.

12.3.4 감정의 반영

반영은 거울을 통해 자신의 감정과 태도를 비추듯, 내담자의 태도와 감정을 상담자가 다른 언어 및 비언어적 수단으로 표현해주는 것을 말한다. 상담자는 내담자가 자신의 감정을 파악하고 명료화하여 표현할 수 있도록 돕기 위하여 반영을 사용한다. 반영을 통해 내담자는 자신의 내적 감정을 깊이 경험하고 이해하게 된다(Hill & O'Brien, 2001). 내담자가 자신의 감정을 수용하게 되면 정서적인 정화(카타르시스; katharsis)를 경험하게 되며 새로운 감정이나 경험에도 개방적인 태도를 갖게 된다. 반영은 내담자의 감정이나 감정의 원인을 이야기하는 것으로 이루어진다. 예를 들어 "당신은 ~ 때문에 ~를 느끼는군요"와 같이 표현된다. 상담자는 모든 감정을 반영하려 하기보다는 가장 현저한 감정을 집어내야 한다. 따라서 내담자의 모든 언어적·비언어적 행동에 주의를 기울여야 하며, 감정을 반영할 때 그 감정의 내용과 강도를 정확히 반영해야 한다. 내담자의 감정의 강도를 상담자가 축소하거나 과장하게 되면 공감에 불리한 영향을 줄 수 있다.

12.3.5 요약

요약은 내담자가 이야기한 내용의 흐름을 파악하여 그 안에 포함된 핵심적인 요소를 간결하게 정리하는 것이다. 첫째, 요약은 내담자가 다양한 내용을 열거한 다음 전체적으로 내용을 통합할 때 도움이 된다. 둘째, 내담자가 자신의 이야기에 빠져서 길게 이야기를 늘어놓거나 하나의 주제에서 벗어나지 못할 때 초점을 이어주는 주제로 이동하게 한다. 셋째, 회기를 시작하거나 마칠 때 지난 회기를 요약하거나 그 회기를 정리하기 위해 사용한다(이규미, 2017). 요약을 통해 상담자는 내담자의 말을 주의 깊게 경청하고 있음을 보여주고, 내담자로 하여금 중요한 주제에 초점을 맞추도록 도와준다. 요약을 시작하는 방법은, 먼저 내담자의 말 중에서 중요한 내용과 감정에 주의를 기울여 핵심이 되는 내용 및 일반적인 줄거리를 잡아내는 것이다. 그리고 파악된 생각과 느낌을 통합하여 간결하게 전달하되, 상담자 자신의 새로운 견해를 더하지 않도록 한다. 내담자가 말했던 것을 정확히 기억하지 못할 수도 있으므로 메모지에 간단히 요약하며 듣는 것도 도움이 된다. 내담자가 직접 요약하는 경우도 있다. 무엇이 중요하다고 생각하는지 스스로 점검하고 자신의 문제해결에 대한 책임감을 갖게 할 수 있기 때문이다.

12.3.6 명료화

명료화는 내담자의 말에 내포되어 있는 뜻을 내담자에게 명확하게 말해주거나, 모호한 부분을 분명하게 말해달라고 요청하는 것이다. 명료화는 내담자가 말하고자 하는 의미를 상담자가 생각하고, 그것을 다시 내담자에게 말해준다는 의미에서 내담자의 말을 단순히 재진술하는 것이 아니다. 다시 말해서 명료화는 내담자의 실제 반응에서 나타난 감정 또는 생각 속에 암시되었거나 내포된 의미를 내담자에게 보다 분명하게 말해주는 것이다.

"제가 제대로 이해했다면, 당신은 어려서부터 부모님에게 관심과 사랑이 아닌 공부에 대한 강요만 받아 온 것이군요. 이게 당신이 말한 의미가 맞나요?"

또한 상담자가 내담자의 반응을 이해할 수 없을 때 분명하게 다시 말할 것을 요청하기도 한다. 내담자가 말하는 의미가 모호하거나 혼란스러울 때에는 다음과 같이 질문할 수 있다.

"잘 이해하지 못했는데, 당신이 말하고자 하는 바를 좀 더 분명하게 말해줄 수 있나요?"

명료화를 사용할 때 고려해야 할 사항은 두 가지이다. 첫째, 이야기의 주제가 너무 사소하거나 주요 문제와 관계 없을 경우에는 명료화를 하지 않아야 한다. 내담자가 중요한 주제를 회피하기 위해 장황하게 늘어놓는 말에 상담자가 관심을 기울이게 되면 오히려 상담에 대한 회피를 강화하게 되고, 상담이 두서없이 진행된다. 둘째, 명료화를 할 때 비판한다는 인상을 주지 않도록 해야 한다. 내담자의 말이 모호하거나 잘 이해되지 않았음을 밝히고 진지한 태도로 다시 설명해 줄 것을 요청해야 한다.

12.3.7 직면

직면은 내담자가 모르거나 인정하기를 거부하는 생각과 느낌을 지적해주어 내담자의 자각을 돕는 과정이다. 내담자가 자신의 경험의 일부로 지각하기를 두려워하거나 거부하는 측면에 주의를 돌리도록 요청하는 것이기 때문에 직면은 내담자의 변화와 성장을 증진시킬 수도 있지만, 자칫 심리적인 위협과 상처를 줄 수도 있다. 따라서 내담자와의 라포가 깊게 형성되어 있고 내담자가 직면을 받아들일 준비가 되어 있는지를 고려하여 사용해야 한다. 직면이 사용되는 상황은 내담자의 말이나 행동에서 어떤 불일치가 발생하거나, 중요한 화제를 피하고 다른 주제로 이야기를 전환하는 경우, 다른 사람의 의견이나 생각 등을 받아들이려 하지 않을 때이다. 즉, 문제접근에 대해 저항이 일어나는 상황에서 직면이 사용된다. 직면을 사용할 때는 내담자를 질책하거나 좌절감을 표현하는 수단으로 사용해서는 안 된다. 내담자가 미처 깨닫지 못하거나 인정하지 않으려는 부분을 지적하여 자각하게 하고 자신의 사고와 행동에서 모순을 발견하는 것이 목적이므로 내담자의 성장과 변화를 진솔하게 배려하는 분위기에서 행해지는 것이 바람직하다.

12.3.8 해석

해석은 내담자가 새로운 방향에서 문제를 볼 수 있도록 하기 위하여 내담자의 행동, 생각, 감정 등의 원인이나 의미를 설명하는 것이다. 직면이 문제에 대한 자각을 불러일으키는 것이었다면, 해석은 그 문제가 왜 생겼는지에 대한 이유를 알아내려는 과정이다. 해석을 통해 내담자는 자신의 감정이나 행동 뒤에 숨어 있는 원인에 대해 깨닫게 되며 자신에 대해서 새로운 이해를 할 수 있게 된다. 해석의 중요성은 상담이론에 따라 다르다. 정신분석적 상담에서는 해석을 내담자를 변화시키는 중심 기술로 본다. 해석을 통해 더 현실지향적인 감정과 행동을 이끌어낼 수 있으며, 현실 관계와 초기 관계의 인과성을 찾을 수 있게 된다. 정신분석적 상담자들은 초기 아동기의 관계가 모든 관계의 기초가 된다고 믿기 때문에, 전이를 해석하는 것(예를 들어, 초기 아동기의 관계에 기초하여 내담자가 상담자에게 어떤 감정을 표현하는 현상)이 가장 중요한 작업이 된다. 이에 비해 인간중심적 상담에서는 해석을 피하고 주로 감정의 명료화나 반영을 사용한다. 해석은 오히려 내담자의 저항을 조장하고 상담자가 너무 많은 치료적 책임을 갖게 한다고 주장한다. 인간중심적 상담자들은 상담자가 해석을 해주지 않아도 내담자가 진실하게 내면을 들여다 볼 수 있도록 감정을 반영해주면, 스스로가 문제의 원인과 해결점을 찾아간다고 본다.

그러나 실제로는 감정의 반영도 대부분 온화한 형태의 해석이라고 할 수 있다. 감정반영은 내담자가 제시한 자료 중에서 가장 정서가 높은 감정을 상담자가 거울처럼 반영해주는 것으로 해석의 측면이 담겨 있다. 감정의 명료화 역시 마찬가지이다. 내담자의 말에 내포된 의미를 명확히 하여 반응해줌으로써 문제의 원인을 간접적으로 전달해준다. 따라서 상담자가 내담자의 감정을 반영하고 명료화하는 것은 해석과 별개의 것이 아니며 모두가 하나의 연속선상에 속해 있다고 보아야 한다. 반영, 명료화, 직면, 해석은 각각 다르게 표현되지만 반응 내용의 정도와 깊이의 차이가 있을 뿐이다. 즉 반영→명료화→직면→해석의 순으로 내담의 내면세계에 접근하는 정도가 깊어진다(이장호 등, 2005).

해석은 내담자가 받아들일 준비가 되어 있을 때 조심스럽게 하는 것이 효과적이다. 받아들일 준비가 되어 있지 않을 때 해석하면 내담자에게 상처를 주고 심리적으로 불안해질 수 있다. 또한, 내담자의 성격을 파악하지 못했거나 해석을 위한 실증적인 근거가 없을 때에는 해석을 하지 말아야 한다. 대체로 상담 초기 단계에서는 감정의 반영을 많이 하며, 라포가 깊이 형성되고 내담자가 자신의 문제를 인식하기 시작하면 내담자의 감정과 태도를 명료화하는 반응을 한다. 그리고 구체적이고 심층적인 해석은 후기 단계에서 내담자가 자신의 문제에 대해 깊이 인식하고 해석을 받아들일 준비가 되었을 때 하는 것이 가장 효과적이다.

12.3.9 정보제공

정보제공은 내담자에게 특정 자료나 사실, 의견 등을 제공하는 것으로 상담자의 경험이나 지식, 전문적 기술 등을 사용하여 제시한다. 예를 들어 "수면을 취하지 않고 공부하는 것보다 수면을 취하면서 공부하는 것이 더 효과적이다.", "적절한 수준의 걱정은 사람의 동기를 유발하는 데 유용하지만, 너무 많은 걱정은 비생산적이 될 수 있다.", "충격적인 사건(예: 전쟁, 교통사고, 지진)을 경험하고 난 후에 불안감이 지속되는 경우가 있는데, 이를 외상후 스트레스 장애(posttraumatic stress disorder)라고 한다."와 같은 것이다. 때때로 상담자는 상담 진행에 있어 내담자의 질문이 적절하다고 판단되면 대답을 하기도 한다. 예를 들어 어느 내담자가 어떻게 군 장교가 되는지 질문하였는데, 내담자가 적절한 이유에서 질문하였다고 판단되면, 상담자는 군 장교가 되는 과정에 대해 내담자에게 알려줄 수 있다. 상담자는 정보를 제공하기 전에 무엇이 내담자로 하여금 정보를 요구하도록 동기화시켰는지 이해하려고 노력해야 한다. "내담자는 자신의 문제에 대해 이야기하는 것을 회피하려고 하는가?", "정보를 주는 것이 내담자를 더 의존적으로 만드는 것인가?"와 같은 의문을 먼저 가져 본 후 질문에 답할 필요가 있다.

12.3.10 조언/지시

조언이나 지시는 내담자가 해야 한다고 생각하는 것을 직·간접적으로 제시하는 것으로, 조언보다 지시가 더 높은 강제성을 띤다. 정보제공은 단지 사실이나 자료를 전달하지만 내담자가 취해야 할 행동을 제안하지 않는 것에 비해, 조언이나 지시는 직·간접적으로 내담자를 위한 행동을 제안한다.

정보제공: "시험 전날 밤 충분하게 잠을 자는 것이 좋습니다."

조언/지시: "시험 전날 밤에 6시간 이상 잠을 자는 게 좋지 않을까요?"

상담에서는 조언이나 지시를 많이 사용하지 않는다. 과도한 조언이나 지시는 상담 관계를 딱딱하게 만들고 상담자를 의존적으로 만들 수 있기 때문이다. 따라서 내담자의 문제를 해결하는 데 꼭 필요하다고 판단될 때만 사용하는 것이 좋다. 상담자는 조언이나 지시를 하기에 앞서 내담자가 지금까지 시도해 온 노력이나 방법을 질문해야 한다. 내담자는 상담을 받으러 오기 전까지 그 나름대로 해결 방법을 찾아보고 노력해 보았지만 결국 문제를 해결하지 못해 상담을 요청하는 경우가 많기 때문이다. 따라서 내담자가 시도한 방법들을 먼저 검토한 후 방법상에 문제가 있었던 것은 아닌지, 또는 다른 대안은 없는지 함께 탐색해야 한다. 조언이나 지시를 할 때에는 최대한 구체적이고 명확하게 제시하는 것이 좋으며, 그에 따라 실행이 가능한가에 대해서도 피드백을 받아야 한다.

※ 상담에서의 침묵

상담 과정에서 가끔 내담자가 말을 하지 않아 침묵이 지속되는 경우가 있다. 대개 내담자의 침묵은 저항이나 드러내기 어려운 감정을 검열하는 과정을 나타낸다. 침묵의 기간 중에는 어떤 말도 오가지 않기 때문에 상담자와 내담자 둘 다 불편한 감정을 경험할 수 있다. 이때 상황이 불편하다고 하여 상담자가 먼저 침묵을 깨고 화제를 유도하면 자칫 내담자의 중요한 정보를 놓칠 수 있다. 따라서 상담자는 침묵의 기간에 불편해하지 말고 느긋한 마음을 갖는 것이 필요하다. 침묵은 주로 다음과 같은 상황에서 발생하며 언제 누구에 의해 시작되었느냐에 따라 그 의미가 다를 수 있다(방기연, 2020; 이장호 등, 2005).

첫째, 내담자가 더 이상 할 말이 없어 무슨 말을 해야 할지 모르는 경우다. 이때 상담자는 자연스럽게 다른 화제를 유도하여 대화를 시작할 수 있다.

둘째, 상담자에 대한 거부감과 저항 때문에 생기는 경우다. 이것은 내담자가 호출되어 온 경우에 자주 나타난다. 내담자는 상담자가 먼저 말을 꺼내주기만을 기다리고 있으며, 상담자가 질문해도 간단히 대답하는 분위기가 되기 쉽다.

셋째, 내담자가 이야기하고 싶은 내용이 있으나 말로 표현할지를 망설이고 있는 경우이다. 이러한 때에는 상담자가 인내심을 가지고 기다려주는 것이 필요하다. 내담자가 자신의 생각이나 감정을 어떻게 표현할지 몰라 망설이는 경우에 상담자가 불쑥 다른 화제를 꺼내게 되면 내담자는 자신의 마음을 다시 닫게 된다. 침묵이 너무 장기화될 경우 상담자가 "무언가 말하고 싶은 것이 있는데 표현하기 힘든 것 같군요. 안심하고 천천히 말하셔도 됩니다."라고 안심시켜주는 것도 좋다. 대개 이런 경우의 침묵을 깨고 나오는 내담자의 말에는 중요한 정보가 들어있다.

넷째, 내담자가 방금 이야기한 것에 대해 생각을 계속하고 있는 경우이다. 이때는 침묵을 방해하지 않도록 해야 한다. 그래야 내담자가 연속적인 사고와 감정을 경험하면서 이야기한 주제를 계속 진전시킬 수 있기 때문이다.

12.4 군사적 활용

12.4.1 군대 상담

군대 상담에 대한 정의는 아직 명문화되지는 않았지만, 일반적으로 '군대 집단 구성원의 행동을 개선하고, 나아가 그들의 훈련이나 업무수행 등 근무 능률을 향상시키기 위한 목적으로, 문제가 있는 개인이 그 스스로 문제를 해결하도록 다른 사람이 도와주는 일련의 과정'으로 정의할 수 있다. 군대 상담은 상담의 원칙과 방법적인 측면에서 일반 상담과 다르지 않다(김완일, 2006). 그러나 군이라는 특수성 때문에 일반 상담과 다음과 같은 몇 가지 차이점이 있다.

첫째, 상담자가 내담자의 문제를 해결해줄 수 있는 범위와 정도에 한계가 있다. 엄격한 규율과 구성원의 개인 생활에 대한 규제가 군 조직 유지를 위해 필수적이므로 내담자에게 유익한 해결 방법이 있더라도 적용하기 곤란한 경우가 발생할 수 있다.

둘째, 내담자들의 대부분이 20대 초반의 청년층이다. 이들은 육체적으로는 성인이지만 정신적으로는 다소 미성숙하고, 문제해결 시 제한된 경험에 집착하거나 감정에 치우칠 가능성이 크다.

셋째, 내담자는 보통 병사계층이 되는데, 이들은 군대와 군인이라는 급격한 환경 변화와 역할 변화에 따라 정서적, 사회적 적응상에 특수한 문제가 발생할 수 있다. 24시간 공동생활, 엄격한 위계질서와 규율, 단순·반복적인 일상 업무, 특수한 임무 수행이 요구되는 특수한 환경에 처해있고, 성장 환경이 다른 사람들이 모여서 공동생활과 목표를 추구하므로 부적응 문제가 발생할 소지가 있다.

넷째, 내담자들은 개인의 편리와 이익을 위해 거짓으로 문제를 호소할 가능성이 있다. 좀 더 편한 부대나 보직으로 옮겨가기 위해, 혹은 휴가를 가고 싶어 문제를 허위로 만들어낼 수 있다. 따라서 상담자는 내담자의 호소가 사실인지의 여부를 확인할 필요가 있음을 숙지해야 한다.

12.4.2 군대 상담의 유형

군대 상담은 크게 두 가지 유형으로 구분할 수 있다. 첫 번째 유형은 지휘관(지휘자)을 포함한 군 간부가 상담자가 되어 진행하는 상담유형이고, 두 번째 유형은 최근 군내에 도입된 병영생활 전문상담관이 상담자가 되어 진행하는 상담 유형이다. 전자가 일반적으로 군 내에서 이루어져 왔던 군 간부와 병사들 간의 상담 유형이었다면, 후자는 병사들의 기본권을 보장하고 전문적인 상담을 제공하기 위해 2005년 이후부터 군내 도입되어 운영되고 있는 상담 유형이다. 이 절에서는 현재 군에서 활발하게 운영 중인 병영생활 전문상담관 제도에 대해 소개하겠다.

12.4.2.1 병영생활 전문상담관 제도

병영생활 전문상담관 제도는 민간의 상담 전문 인력을 활용하여 군대 내 보호 및 관심이 필요한 병사 관리에 전문성을 기하기 위해 2005년부터 도입된 제도로써, 장병들이 당면하는 심리적 갈등을 해소하고 정신 건강의 증진을 도와 군 내 사고를 예방하는 데 주목적을 두고 있다. 병영생활 전문상담관은 10년 이상의 군 경험이 있는 예비역 군인이나, 민간의 전문상담 경력이 있는 전문가들로 구성되어 있으며, 2005년 8명을 시작으로 2020년에 663명까지 증원되어 대대급에 1명씩 운영 중이다(국방부, 2020). 병영생활 전문상담관 운영에 관한 훈령(국방부, 2018)에 제시된 주요 임무 및 세부 업무는 다음과 같다.

① 임무

• 고충을 호소하는 군인 및 장기복무 군인 가족에 대한 전문적 심리상담과 그 밖에 지휘관이 부여한 업무수행
• 복무 부적응을 겪고 있는 장병이 상담실을 방문 시 대면 상담하거나, 출장상담, 심리검사 및 각종 집단상담 프로그램 등을 실시
• 상담 역량의 구비가 필요한 간부 및 병사에게 상담 관련 교육을 시행 또는 지도 가능
• 각종 심리검사 및 심리상담 결과에 대한 분석을 통해 건전한 병영문화 조성을 위한 제도적 보완사항 등을 건의 가능
• 슈퍼바이저로 지정된 상담관은 상담관들의 직무역량 강화, 고충의 수렴 및 제도적 발전을 위한 제언 등의 활동 실시 가능

② 세부 업무

• '병영생활 전문상담관실' 세부 운영계획 수립 시행
• 사고우려자 및 도움·배려 병사 등에 대한 현장 위주 상담 관리
• 장병 기본권 보장 관련 갈등관리 및 지휘 조언
• 군내 사용하는 인성검사 분석 및 후속조치 조언
• 각종 집단상담 프로그램 지도 및 시행
• 그린캠프(Green Camp), 병역심사관리대 운영지원 및 장병 상담교육
• 군 생활, 성고충, 개인신상, 가족관계 및 자녀교육 등으로 인한 어려움을 겪고 있는 군인 및 장기복무 군인가족에 대한 상담 조언. 다만, 성고충(피해)을 인지하거나 식별 시는 성고충 전문상담관에게 피해자 상담을 연계하며, 연계 전까지는 상담 조언
• 주기적 상담결과 분석 및 분석결과의 지휘 참고자료 제공
• 그 밖에 상담관 임무와 관련하여 운영부대장 또는 직접운영부대장이 부여한 업무

김영태와 이현엽(2009)의 연구에 따르면 전문상담관들의 활동에 대한 일선 부대의 평가는 대체로 긍정적으로 평가되었다. 군대 생활에 어려움을 겪는 병사들에 대한 심리적 지원과 의사소통 경로의 확보를 통해 부대 적응을 돕고, 지휘관들의 지휘 사각지대를 축소시켜 부대 관리에도 도움을 주는 것으로 보고되었다. 또한, 전문상담관을 운용하고 있는 각 부대의 인사실무자 및 지휘관을 대상으로 전문상담관

제도의 필요성에 대해 조사한 결과 “필요하다”라고 응답한 비율이 매우 높게 나타났다(육군 91%, 해군 97%, 해병대 96%, 공군 100%).

군에서는 지속적으로 심리적으로 취약한 장병들을 대상으로 심리적 지원 프로그램을 운용하고 있으며 현재 대대급까지 전문상담관이 배치되어 운용되고 있어, 부하들을 지휘하는 리더들도 전문상담관의 도움을 통해 더 안정적인 부대관리를 할 수 있을 것으로 보인다.

참고문헌

국방부. (2018). 병영생활전문상담관 운영에 관한 훈령.
https://law.go.kr/LSW/admRulLsInfoP.do?admRulSeq=2100000127950

국방부. (2020). **2020 국방백서**. 서울: 국방부.

김영태 · 이현엽. (2009). 병영생활 전문상담관제도의 효과성 분석 및 발전방안 탐색. **국방정책연구**, 25(3), 177-200.

김완일. (2006). **군 상담의 이론과 실제**. 서울: 학지사.

방기연. (2020). **상담심리학**. 파주: 교육과학사.

이규미. (2017). 상담의 실제: 과정과 기법. 서울: 학지사.

이무석. (2004). **정신분석에로의 초대**. 서울: 이유.

이장호 · 정남운 · 조성호. (2005). **상담심리학의 기초**. 서울: 학지사.

최영민. (2016). 역전이 개념. **대한신경정신의학회**, 55(4), 321-333.

Corey, G. (2012). **심리상담과 치료의 이론과 실제**(조현춘, 조현재, 문지혜, 이근배, 홍영근 역). 서울: 시그마프레스.

Day, S. X. (2004). *Theory and Design in Counseling and Psychotherapy*. Boston, MA: Houghton Mifflin Company.

Freud, S. (1940). An outline of psychoanalysis. *International Journal of Psychoanalysis*, *21*, 27-84.

Freud, A. (1967). *The ego and the mechanisms of defense* (rev. Ed.). New York: International Universities Press.

Egeli, C. (2019, June). Counselling and psychotherapy: Hierarchies, epistemicide and bad medicine. In Clinical Psychology Forum (Vol. 318, pp. 17-20).

Ellis, A. & MacLaren, C. (2005). *Rational Emotive Behavior Therapy*. CA: Impact Publications.

Hill, C. E. & O'Brien, K. M. (2001). **상담의 기술**(주은선 역). 서울: 학지사.

John, S. F. & Rita, S. F. (2003). *Clinical Interviewing*. New Jersey: John Wiley & Sons, Inc.

Novaco, R. W. (1978). Anger and coping with stress: Cognitive behavioral interventions. In J. P. Foreyt, & D. P. Rathjens (Eds.), Cognitive Behavioral Therapy. New York: Plenum Press.

Rogers, C. R. (1963). The actualizing tendency in relation to motives and to consciousness. In M. Jones (Ed.), *Nebraska Symposium on Motivation. Lincoln*, Neb: University of Nebraska Press.

Rogers, C. R. (1970). *On becoming a person: A therapist's view of psychotherapy.* Boston: Houghton Mifflin.

Sanders, D. & Wills, F. (2005). *Cognitive therapy* (2nd.). London: Sage.

Sharf, R. S. (2019). **심리치료와 상담이론 개념 및 사례**(천성문, 김진숙, 김창대, 신성만, 유형근, 이동귀, 이동훈, 이영순, 한기백, 역). 서울: 센게이지.

Skinner, B. F. (1953). *Science and human behavior.* New York: Free Press.

Spiegler, M. (2004). **행동치료**(전윤식, 강염심, 황순영 역). 서울:시그마프레스

Spiegler, M. & Guevremont, D.(2003). *Contemporary Behavior Therapy. 4th* ed. Sydney, Australia:Wadsworth/ Thomson Learning.

Watson, J. B. & Rayner, R. (1920). Conditioned emotional reactions. *Journal of Experimental Psychology, 3*, 1-4.

Weishaar, M. E. (2007). **아론 벡: 인지치료의 창시자** (권석만 역). 서울: 학지사.

William, O., Nicholas, A. C. & Janet, L. C. (2006). *Clinical Strategies for Becoming a Master Psychotherapist.* Elsevier Inc.

Wolpe, J. (1958). *Psychotherapy by reciprocal inhibition.* Stanford: Stanford University Press.

P S Y C H O L O G Y

제13장

이상심리: 장애와 치료

P S Y C H O L O G Y

13 이상심리: 장애와 치료

인생을 살아가는 기나긴 여정에서 사람들은 누구나 여러 가지 경험을 하게 된다. 출생 이후 어린 시절 부모와의 관계에서 차별과 학대, 가정불화 및 경제적 어려움, 부모의 이혼이나 사망, 학교생활에서 학업과 또래 관계 문제를 겪는 경우, 이성 관계의 어려움, 신체 질병, 실직, 직장 내 대인관계의 어려움 등 인생의 길목에는 다양한 문제가 산재해 있고 누구도 피해갈 수 없는 불행이 찾아오기도 한다. 이 세상에는 다양한 사람이 살아가고 있고 같은 상황에서도 각기 생각하고 느끼며 행동하는 양상이 다르지만 어떤 사람들은 고통스럽고 불행한 사건이 일어나는 인생의 위기를 잘 극복하고 건강하고 적응적인 삶을 살아가는가 하면 어떤 이들은 마음의 고통이 악화되고 심리적 갈등이 심화되어 오래 지속되는 경우 부적응적인 정신 문제를 보이기도 한다. 이처럼 인생에서 경험하는 여러 가지 불행한 사건은 이상행동과 정신장애를 유발할 수 있고 본인뿐만 아니라 가족과 주변 사람들에게도 고통을 주고 부담을 지우며 사회에도 여러 문제로 악영향을 미치게 된다.

본 장에서는 이상행동을 연구하는 이상심리학에 대한 기본적 이해를 도모하고 다양한 이상행동 및 주요 정신장애를 소개하며 각 장애의 주요 증상, 임상적 특징 및 원인과 치료에 대해 살펴볼 것이다. 또한 군대장면에서 정신건강과 이상행동의 문제를 탐지하고 효과적으로 대응하여 해결하기 위해 고려해야 할 군사적 활용에 대해 논의하겠다.

13.1 이상심리학이란 무엇인가?

이상심리학(abnormal psychology)은 이상행동과 정신장애를 과학적으로 연구하는 심리학 분야이다. 이상행동(abnormal behavior)은 객관적으로 관찰하고 측정할 수 있는 부적응적 심리적 특성으로 인지, 정서, 행동, 생리적 측면 등 다양한 영역에서 나타날 수 있다. 정신장애(mental disorder)는 일련의 이상행동이나 정신병리적 증상들로 구성된 증후군을 의미한다. 이상행동에 대한 정의를 내리기 위해 다양한 학자의 견해가 제시되어 왔으나 모두가 동의하는 일관적이고 포괄적인 정의를 정하는 것은 어렵다. 다만, 대부분 공통적으로 포함하는 기준으로는 주관적 고통과 불편감, 적응적 기능의 저하와 손상, 심리적 부적응, 통계적 규준의 일탈, 규범과 문화로부터의 일탈이 있다.

13.1.1 이상행동과 정신장애의 판별기준

이상행동이나 이상심리를 정의하는데 단일한 행동이 아닌 여러 가지 행동과 요소를 복합적으로 고려해야 하므로 하나로 정의하기 어렵다. 이상행동 여부를 판별하기 위해 제시된 여러 기준이 있으나 주로 다음의 5가지 기준을 고려할 수 있다(권석만, 2013; Butcher 등, 2013; Davison, Neale, & Kring, 2001).

13.1.1.1 주관적 불편감과 고통

우울, 불안, 공포, 분노 등 개인이 경험하는 현저한 주관적 불편감과 고통(subjective discomfort and distress)은 적응상의 어려움을 초래하며 이상행동과 정신장애를 판별하는 중요한 기준으로 고려된다. 개인이 호소하는 주관적 불편감과 고통은 누구나 인생의 길 위에서 마주하는 다양한 상황에서 자주 경험할 수 있다. 예를 들어, 가족을 사고로 잃었을 때, 친한 친구들과 이별을 해야 할 때, 대학입시에서 불합격하였을 때, 사랑하는 애인과 헤어졌을 때, 직장에서 실직했을 때 등 슬프고 우울하고 불안한 마음에 잠도 오지 않고 고통스러운 경우가 발생하며 이때 주관적 불편감과 고통이 심화될 수 있다. 심리적 고통을 경험하는 것은 그 사람이 처한 상황을 고려할 때 정상적일 수 있으나 과도하거나 부적절한 고통을 경험하는 등 비정상적인 고통을 호소할 수도 있다. 따라서 고통의 수준이 어느 정도인지를 객관적으로 판단하기 어렵고 개인마다 고통을 표현하는 정도나 참는 수준도 다르기 때문에 주관적 불편감만으로 이상행동을 정의하지는 않는다. 또한 자신은 전혀 불편하거나 고통스럽지 않지만 이상행동을 나타내는 망상장애 환자나 범죄를 저지르고도 죄의식을 느끼지 않는 반사회적 성격장애 환자도 있고, 양극성 장애에서 조증 상태에 있는 경우 현저한 정서적 고통감을 느끼지 않는 경우도 있으므로 주관적 불편감과 고통감만으로 이상행동을 판별하지는 않는다.

13.1.1.2 적응적 기능의 저하와 손상

이상행동은 개인의 적응(adaptation)을 방해하는 심리적 기능의 손상을 나타낸다(권석만, 2014). 과도한 우울감과 불안감, 주의집중력의 저하, 현실검증력의 손상, 폭력적이거나 충동적인 행동, 식욕 및 성욕의 감퇴 등은 가정, 학교, 직장 등에서 대인관계에서 갈등을 초래하며 직업적 성취나 사회적 역할수행에도 악영향을 미치게 되어 개인의 적응을 방해한다. 인지적·정서적·행동적·신체생리적 특성이 개인의 적응을 저해할 때 그 부적응적 특성을 이상행동으로 간주할 수 있다(Wakefield, 1999). 다만, 이상행동에서 적응과 부적응의 경계가 모호한 점, 적응과 부적응의 평가 근거에서 평가 기준이나 평가자에 따른 차이가 발생할 수 있는 점 등은 한계점으로 작용할 수 있다.

13.1.1.3 통계적 일탈

이상은 정상에서 벗어난 것을 의미하며 이상행동을 보이는 경우 일반적인 평균 집단에 속하는 사람들과 다른 사고, 정서, 행동을 나타낼 수 있다. 예를 들어, 많은 사람이 나타내는 특성인 지능을 측정하여 빈도의 분포를 그려 보면 정상분포(normal distribution)를 나타낸다. 대다수의 사람은 평균에 속하지만 평균에서 일탈되는 특성은 통계적 기준(statistical norm)에 따라 보통 평균에서 ±2 표준편차 이상 멀어지면 비정상적인 것으로 본다. 일반적으로 사용되는 여러 지능검사의 경우 평균은 100점, 표준편차는 15점이다. 지능지수(IQ) 100인 경우 같은 연령대에서 평균 수준의 지능을 나타내지만, 평균으로부터 2 표준편차 이하인 70점 미만의 지능지수를 보이는 경우 지적 장애(Intellectual Disability)로 판단한다. 한편, 2 표준편차 이상으로 30점이 높아 130 이상의 지능지수일 때 최우수 수준에 속하는데 이 경우에는 통계적으로 평균에서 바람직하게 일탈되어 있기 때문에 비정상이거나 이상행동으로 보지 않는다. 따라서 통계적 기준만으로 이상행동을 정의하지는 않으며 여러 기준 중 하나로 고려한다.

13.1.1.4 사회적·문화적 규범의 일탈

모든 사회의 구성원들은 자신이 속한 사회와 문화가 지닌 특유의 문화적 규범(cultural norm)을 따라야 하며 이 규범에서 일탈된 행동을 이상행동으로 볼 수 있다. 예를 들어, 군대 내에서 부하는 상관에게 예의를 갖추어 행동해야 하나, 반말을 하거나 비속어를 사용하며 대한다면 이상행동으로 볼 수 있을 것이다. 이와 같이 사회적·문화적 규범에서 벗어난 행동은 이상행동으로 볼 수 있으나 규범은 시대와 문화권에 따른 문화적 상대성으로 인해 달라질 수 있고 바람직하지 못한 문화적 규범의 경우 무조건 지켜야 하는가의 문제도 제기될 수 있다.

13.1.1.5 위험성

이상행동은 위험성(dangerousness)의 관점에서 판단할 수 있다(이우경, 2016). 자해와 자살 위험이 높거나 타인에게 해를 미칠 수 있는 행동을 계획하고 실행할 가능성이 높다면 비정상적인 심리상태일 수 있다. 다만, 전쟁 상황에서 전투에 임하고 있는 군인은 타인에게 해를 미칠 수 있으나 이는 조국과 국민을 지키기 위한 정당한 행동이므로 이상행동으로 보지 않으며, 히말라야 산맥 등반 등 위험을 무릅쓰는 행동을 지속한다고 해서 비정상으로 판단하지는 않는다. 또한, 정신장애를 지니고 있다고 해서 모두 타인에게 해를 미치지 않고 정신장애가 없는 정상인 중에서도 타인에게 해를 미치는 경우가 있기 때문에 위험성만으로 이상행동을 판단하지는 않는다.

지금까지 살펴본 바와 같이, 이상행동을 정의하고 규정하는 기준은 다양하며 각각 장단점을 가지고 있으므로 이상행동과 정신장애를 판단하기 위해서는 여러 가지 기준을 종합적으로 고려할 필요가 있다.

13.1.2 이상심리학의 이론적 입장

이상심리학에서는 이상행동의 원인을 설명하기 위해 정신분석 및 인지행동이론의 심리적 이론과 유전, 뇌 결함, 뇌의 생화학적 이상 등 생물학적 이론을 소개하고 있다. 본 장에서는 심리적 이론과 생물학적 이론을 간략히 살펴보고 이상행동과 정신장애에 적용되는 치료적 접근의 함의에 대해서 기술하고자 한다.

13.1.2.1 정신분석적 입장

Sigmund Freud

정신분석이론은 Sigmund Freud가 인간의 다양한 행동을 심리적 원인으로 설명하기 위해 제시한 최초의 체계적인 이론이며 무의식의 중요성을 강조하고 인간 행동을 설명하는 심리적 구조와 과정을 밝혔다. Freud는 이상행동이 어린 시절에 경험한 좌절에서 발생한 무의식적 갈등에서 기원한다고 보고 삼원구조 이론(tripartite theory)에서 원초아(Id), 자아(Ego), 초자아(Superego)의 개념을 제시하면서 인간의 성격이 세 가지 심리적 구조와 기능 간 역동(dynamic)에 따라 형성된다고 설명하였다. 원초아는 본능적 욕구와 추동으로 쾌락원리에 따라 작동하며 성적 에너지인 리비도가 원초아의 에너지로 작용한다. 자아는 무의식적으로 쾌락을 추구하지만 원초아와는 달리 현실원리에 따라 작동하며 환경적 요구에 따라 충동을 조절할 수 있다. 초자아는 부모나 사회의 윤리적 및 규범적 가치가 내면화되는 것이다. 원초아, 자아, 초자아는 역동적으로 심리세계 안에서 갈등을 겪게 되는데 성숙하고 적응적인 사람은 자아가 주도적 역할을 하면서 원초아의 쾌락욕구와 초자아의 윤리적 의식 간 균형을 맞추며 갈등을 해소하지만 미숙하고 부적응적인 경우 심리적 불안과 부적응적 행동을 보이게 된다. 성적 충동이나 공격성과 같은 원초아의 욕구가 강해지고 자아의 기능이 약화되면 신경증적 불안(neurotic anxiety)이 나타나고 자아는 불안을 경감시키기 위해 다양한 방어기제(defense mechanism)를 사용하게 되는데 미숙한 방어기제를 사용하는 경우 이상행동을 보일 수 있다.

정신분석치료에서는 자유연상(free association)을 통해 저항, 전이, 꿈 분석 등으로 자신의 문제에 대해 통찰을 얻게 하고 실제 자신의 삶에서 통찰한 내용을 실천하는 훈습의 과정을 거친다. 정신분석에서는 이상행동이 어린 시절 경험한 좌절로 인한 무의식적 갈등으로부터 발생한다고 여기기 때문에 무의식적 갈등을 자각하고 현실적이고 적응적인 자아의 역할을 성숙시키는 것이 중요하다고 본다.

최근까지 정신분석이론은 Freud의 정신분석, Jung의 분석심리학, Adler의 개인

심리학, 자아심리학, 자기심리학, 대상관계이론 등으로 다양하게 발전되어 왔다. 정신분석이론은 무의식적 갈등 등 개념이 추상적이고 측정 가능하지 않아 효과를 일반화하거나 검증하기 어렵다는 비판을 받았으나 현대심리학의 다양한 이론에 많은 영향을 미쳤으며 심리치료의 효과를 최초로 제시하였다는 데 의의가 있다.

13.1.2.2 인지행동적 입장

1950년대 정신분석적 입장이 비과학적이라는 비판이 제기되면서 인간의 행동이 학습과 환경에 대한 반응으로 변화될 수 있으며 경험을 통해 결정된다는 행동주의적 입장이 대두되었다. 행동주의에서는 객관적으로 관찰가능하고 측정가능한 행동을 연구하여 경험과학으로서 심리학을 발전시켜야 한다고 보았다. 인간의 행동은 환경과의 상호작용 속에서 학습되며 정상행동과 이상행동은 모두 고전적 조건형성, 조작적 조건형성, 사회적 학습 등을 통해 설명할 수 있다. 고전적 조건형성(classical conditioning)은 무조건 자극과 조건자극을 짝지어 연속적으로 제시하면 연합이 이루어져 조건자극에 대한 조건반응이 학습되는 것이다. 조작적 조건형성(operant conditioning)은 어떤 행동을 한 뒤 보상이 주어지면 그 행동이 증가하고, 처벌이 주어지면 행동이 감소하는 방식을 학습하는 것이다. 사회적 학습에서는 다른 사람들을 관찰한 뒤 행동을 모방하여 모델링(modeling)을 통해 새로운 행동을 학습할 수 있다.

행동주의적 입장에서는 고전적 조건형성, 조작적 조건형성, 사회적 학습을 통해 문제가 되는 이상행동을 소거시킨다. 예를 들어, 공포증에는 고전적 조건형성의 원리를 적용한 체계적 둔감화(systematic desensitization)가 효과적인 방법으로 알려져 있다. 체계적 둔감화는 환자가 공포를 느끼는 상황에서 불안의 위계를 설정하고 단계적으로 긴장을 이완시키면서 점차 불안을 극복해 나가도록 돕는 것이다. 이외에도 소거, 처벌, 상호억제, 혐오적 조건형성 등이 있다. 행동치료는 정신분석에 비해 상대적으로 단기간의 치료 기간과 자극과 반응이 관찰 가능하고 측정 가능하다는 장점이 있으나, 인간행동 및 심리적 요인이 보다 복잡하기 때문에 자극과 반응만으로 설명되기 어렵다는 비판을 받았고 이후 인지적 과정에 대한 중요성이 대두되었다.

이후 1960년대 초반 합리적 정서치료를 제시한 Albert Ellis와 인지치료를 창시한 Aron Beck이 인지적 입장을 제시하였다. 인지적 입장에서는 이상행동과 정신장애의 발생에 부적응적 인지과정이 중요한 역할을 한다고 보았다. 인간은 능동적인 존재로 자신과 세상에 대해 의미를 부여하는 과정에서 부정적 자동적 사고, 역기능적 신념, 인지오류, 부적응적 인지도식 등이 정신장애를 유발하므로 심리치료를 위해서는 부적응적 인지를 변화시키는 것이 핵심적이다. 인지적 접근에서는 인간의 내적 사고 과정에 관심을 두면서도 모호한 개념으로 과학적 연구가 어렵다는 비판을 받았던 정신분석과 달리 측정가능하고 관찰가능한 개념들을 활용하여 엄격하게 통제가 이루어진 연구결과가 활발하게 제시되었다.

1970년대 이후 인지적 입장과 행동적 입장이 통합되어 인지행동적 이론(cognitive behavior theory)으로 발전하였고 과학적 방법을 통해 다양한 정신장애의 기제를 설명하는 이론을 제시하고 있으며 현재 이상심리학에서 가장 영향력 있는 이론적 입장으로 대두되었다. 인지행동치료(Cognitive Behavior Therapy: CBT)에서는 다양한 정신장애에 대한 연구 결과를 기반으로 장애를 유발하고 지속시키는 인지 및 행동적 요인을 찾고 변화시키는 기법을 적용하고 있으며, 우울증, 사회불안장애, 공포증 등 다양한 정신장애 치료에 효과적인 것으로 보고되고 있다(Clark & Beck, 2010).

최근 인지치료에서 제3의 물결로 지칭되는 새로운 치료법이 제안되었다. 마음챙김 인지치료(Mindfulness Based Cognitive Therapy: MBCT)와 수용전념치료(Acceptance and Commitment Therapy: ACT)에서는 부정적 사고를 판단하거나 의식적으로 바꾸려고 노력하기보다 있는 그대로 알아차리고 수용하는 것이 바람직하다고 주장하고 있다. 마음챙김 인지치료가 퇴역군인이 경험하는 외상후 스트레스 장애를 경감시키고(King 등, 2013), 우울증과 불안장애 등 다양한 정신장애의 치료에 효과적이라는 연구 결과가 보고되고 있다(Chiesa & Serretti, 2011).

13.1.2.3 생물학적 입장

생물학적 입장에서는 의학적 모델에 따라 정신장애를 유발하는 원인으로 뇌의 구조적 결함, 생화학적 이상, 유전적 요인을 강조한다. 최근 뇌의 특정 영역에서 나타나는 결함이 어떤 심리장애와 관련이 있는지에 대해 살펴보는 연구가 활발하게 진행되고 있다. 유전적 영향을 알아보기 위해 쌍둥이 연구, 가계연구가 이루어지고 있고 뇌의 구조적 기능상 이상을 알아보기 위해 전산화된 단층촬영술(CT)이나 자기공명 영상술(MRI), 양전자방출 단층촬영술(PET) 등 다양한 뇌영상술(brain imaging)이 활용되고 있다. 뇌는 뉴런(neuron)이라는 신경세포로 이루어져 있고 뉴런에서 뉴런으로 전달되는 전기자극을 통해 정보가 수신되는데 이 신호전달에서 문제가 생길 경우 장애를 일으킨다. 각 뉴런은 특정 신경전달물질을 이용하는데 현재까지 50여 종의 신경전달물질이 알려졌으며, 이 신경전달물질의 과잉분비나 결핍이 발생할 경우 정신장애가 나타날 수 있다. 예를 들어, 우울증은 세로토닌과 노르에피네프린의 저하와 관련된다고 보고되고 있다. 생물학적 입장에서는 정신장애를 치료하기 위해 약물치료, 전기충격요법(Electroconvulsive Therapy: ECT), 정신외과술(psychosurgery) 등이 정신치료를 위해 활용되며 약물치료가 가장 흔하게 이루어지고 있다.

13.1.3 이상행동과 정신장애의 분류와 진단체계

인간의 이상행동과 정신장애를 분류하기 위해 현재 임상장면과 연구에서 가장 널리 사용되는 정신장애 분류체계는 2013년 미국정신의학회에서 발간한 정신장애의 진단 및 통계 편람의 5번째 개정판(Diagnostic and Statistical Manual of Mental Disorders-5: DSM-5)과 2015년 세계보건기구(WHO)에서 발간한 세계질병분류의 11번째 개정판(International Classification of Disease: ICD-11)이다. DSM은 미국과 우리나라에서 주로 사용되고 ICD는 유럽 등에서 주로 활용된다.

1952년 DSM-I이 처음 발간된 후 여러 차례 개정을 거쳐 2013년 DSM-5가 출간되었으며 정신장애를 20개의 주요 범주로 나누고 하위 범주에는 400여 개 이상의 정신장애가 분류되어 있다. DSM-5는 ICD-11의 분류체계와 조화를 이루도록 개정되었으며, 기존의 진단적 범주뿐만 아니라 차원적 범주까지도 고려하여 진단하는 체계를 도입하였다. 또한, DSM-5에서는 심리적, 생물학적 특성과 차원을 공유하는 장애군을 스펙트럼(spectrum)으로 분류하여 기술하였다.

13.2 조현병 스펙트럼 및 기타 정신병적 장애

「뷰티풀 마인드」 조현병을 앓았던 실존 인물 John Nash의 실화를 바탕으로 한 영화

조현병 스펙트럼 장애(Schizophrenia Spectrum Disorder)는 현실을 왜곡하는 기괴한 사고와 혼란스러운 언어를 특징으로 하는 다양한 장애들을 의미하며 조현병과 유사한 증상을 나타내고 공통의 원인적 요인이 추정되는 다양한 정신장애를 지칭한다. 이 장애에 속하는 경우 조현병과 유사한 증상을 보이지만 증상의 심각성, 지속기간, 기능 저하 정도에 따라 스펙트럼상에서 다양하게 분류될 수 있으며 조현병, 조현정동장애, 조현양상장애, 망상장애, 단기정신병적 장애의 하위장애로 구분된다. 조현병과 조현정동장애가 가장 심각한 양상을 보인다.

13.2.1 조현병

조현병(Schizophrenia)은 망상, 환각, 혼란스러운 언어와 행동을 보이며 부적응적 양상을 보이는 심각한 정신장애이다. 조현병의 가장 중요한 특징은 현실에 대한 판단력이 손상되고 현실 접촉을 상실하는 것이다. 스위스의 정신과 의사 Eugen

Bleuler는 그리스어에서 균열을 의미하는 'schizo'와 마음을 의미하는 'phren'을 합쳐 'schizophrenia'로 이 장애를 명명하였다. 과거 우리나라에서는 정신분열증의 명칭을 사용해왔으나 2011년 대한신경정신의학회에서 명칭이 주는 부정적 낙인과 편견을 피하기 위해 현악기가 정상적으로 조율되지 못한 것처럼 혼란스러운 정신상태를 나타낸다는 질병의 의미를 담아 조현병(調絃病)으로 명칭을 변경하였다.

13.2.1.1 주요 증상과 임상적 특징

조현병은 정신증(psychosis)으로 불리는 대표적인 정신장애로 비현실적인 지각과 비논리적 사고장애를 나타내고 현실검증력(reality testing)의 손상으로 일상생활 적응력이 현저히 저하되는 장애이다. 조현병의 평생 유병률은 국가, 문화, 인종에 따라 다르지만 약 0.3~0.7%로 알려져 있다(APA, 2013). 우리나라의 경우 평생 유병률은 0.2%이며, 남녀 모두 동일하였다(조맹제, 2011). 과거 편집성, 혼란형, 긴장성 등의 하위 유형으로 분류했으나 DSM-5에서는 분류하지 않았다. 조현병은 청소년기 이전 발병은 드물고 대부분 10대 후반~30대 중반에 발병하며 남자는 20대 초중반에 발병, 여자는 20대 후반 발병이 많다. 발병 연령이 어릴수록, 병전 기능이 좋지 않을수록, 사회적 계층과 교육 수준이 낮을수록 예후가 좋지 않다. 조현병 환자의 약 20%는 양호한 수준으로 돌아오며 완전히 회복되는 경우도 있으나 대다수는 증상의 악화와 완화를 반복하면서 만성화되고 어떤 환자들은 점진적인 황폐화를 경험한다. 조현병은 양성 증상, 음성 증상, 정신운동 증상을 나타낸다.

조현병의 진단 기준(DSM-5)

A. 다음 증상 중 2가지 또는 그 이상이 1개월 중 상당 기간 동안 존재해야 하며 이들 중 최소한 하나는 1 혹은 2 혹은 3이어야 한다.
   1. 망상
   2. 환각
   3. 와해된 언어(예 빈번한 탈선 또는 지리멸렬한 언어)
   4. 극도로 와해된 행동 또는 긴장성 행동
   5. 음성 증상(예 감정표현의 감소 혹은 무의욕증)

B. 장애가 발병한 이후 상당 시간 동안 일과 대인관계 또는 자기관리와 같은 주요

영역 중 한 가지 이상에서 기능 수준이 발병 전 성취 수준 이하로 현저히 저하된다(혹은 아동기나 청소년기에 발병하는 경우, 기대 수준의 대인관계, 학문적·직업적 기능을 성취하지 못함).

C. 장애의 지속적 징후가 최소 6개월 이상 계속된다.

D. 조현정동장애와 정신병적 증상을 동반한 우울 또는 양극성장애는 배제된다.

E. 장애가 물질(예: 약물, 치료약물)의 생리적 효과나 다른 의학적 상태로 인한 것이 아니다.

13.2.1.1.1 양성 증상

양성 증상(positive symptoms)은 병석으로 과노하거나 괴상한 증상으로 망상, 환각, 혼란스러운 언어, 부적절한 정서가 있다.

① 망상(delusion)

망상은 대부분의 조현병 환자에게 나타나는 대표적 증상으로 자신과 세상에 대한 잘못된 신념이고 분명한 반증이 있는 경우에도 확고하게 믿고 있는 믿음으로 사고내용(content)의 장애이다. 피해망상(persecutory delusion)이 가장 흔하게 나타나고 누군가가 자신을 감시하고 정보기관이나 단체에서 자신을 미행하고 있거나 고의로 자신에게 피해를 입히고 있다는 믿음이다. 과대망상(grandiose delusion)은 자신이 매우 중요한 사람이며 특별한 능력을 지니고 있다는 망상이다. 관계망상(delusion of reference)은 TV나 라디오에서 자신과 관련된 이야기를 하고 있다고 믿는 망상이다. 애정망상(erotic delusion)은 연예인 등 유명한 사람이 자신과 사랑하는 사이라고 믿는 것이다. 신체망상(somatic delusion)은 자신의 신체에 심각한 병이 있다는 믿음이다.

② 환각(hallucination)

환각은 양성 증상 중 하나로 외부 자극이 없는데도 지각하는 현상이 나타나는 것이다. 환각은 환청, 환시, 환후, 환촉, 환미로 구분할 수 있다. 가장 흔하게 나타나는 것은 환청(auditory hallucination)이며 외부 자극이 없는 상황에서 어떤 의미 있는 소리 혹은 사람의 목소리를 듣는다. 환시(visual hallucination)는 환청 다음으로 많이 나타나며 시각적 형태의 환각이다. 환후(olfactory hallucination)는 후각적 환각, 환촉(tactile hallucination)은 촉각적 환각, 환미(tasteful hallucination)는 미각적 환각이다.

③ 혼란스러운 언어(disorganized speech)

비논리적이고 부적절하며 와해된 사고와 언어를 나타내며, 형식 사고장애(formal thought disorder)에 속한다. 조현병 환자들은 자신이 말하고자 하는 바를 논리적으로 사고하지 못하고 앞뒤가 맞지 않는 지리멸렬한(incoherent) 표현으로 이야기를 하며 신조어(neologism)를 만들어내기도 한다.

④ 부적절한 정서(inappropriate affect)

상황에 맞지 않는 부적절한 정서를 보이는 것으로 좋은 소식으로 행복한 정서를 표현해야 하는 순간에 부적절하게 분노를 표현하거나, 가족의 사망 소식을 알게 된 슬픈 상황에서 웃는 등 부적절한 감정을 표현하는 것을 말한다.

13.2.1.1.2 음성 증상

음성 증상(negative symptoms)은 병리적으로 결핍과 결함을 보이는 것으로 양성 증상보다는 덜 심각하지만 사회적 기능을 적절히 발휘하기 어려워 적응력이 감퇴되도록 한다. 가장 많이 나타나는 음성 증상은 감소된 정서표현, 무의욕증, 사회적 철수이다.

① 감소된 정서표현(diminished emotional expression)

언어표현이 빈약하고 얼굴 표정이나 눈맞춤, 말의 억양, 손 제스쳐 등이 감소하고 감정표현이 줄어든 것이다.

② 무의욕증(avolition)

일상생활에 의욕이 없고 에너지 수준이 낮으며 흥미도 보이지 않아 목표지향적인 행동을 보이기 어렵다.

③ 사회적 철수(social withdrawal)

사회적 상황에서 고립되어 자신의 사고와 환상에 몰두하며 타인과의 상호작용이 줄어들고 관심이 감소한다.

13.2.1.1.3 정신운동 증상(psychomotor symptoms)

이상한 자세로 움직이거나 오랜 시간 가만히 경직된 자세를 취한다. 가장 심한 증상은 긴장증(catatonia)으로 반응 없이 가만히 서 있거나 아무 말도 하지 않기도 하며 이상한 자세로 있는 것이다.

13.2.1.2 원인

조현병의 발병 원인에 대해서는 아직 정확히 알려진 바가 없다. 조현병은 이질적인 증상을 보이고 동질적이지 않은 진단기준을 활용한 연구결과가 비일관적으로 나타나고 있다. 다만, 가족연구와 가계연구 등의 결과에서 생물학적 요인의 연관성이 보고되고 있다.

13.2.1.2.1 생물학적 요인

생물학적 입장에서는 조현병이 유전적 요인, 뇌의 기능 및 구조적 결함, 신경전달물질의 이상 등 뇌의 장애로 발병한다고 본다. 가계연구 결과에서 조현병 환자의 가족 중 조현형 성격장애 비율이 높고, 부모와 형제자매는 일반인의 10배, 자녀는 일반인의 15배에 가까운 비율로 조현병이 발생한다. 쌍둥이 연구에서 일란성 쌍둥이의 공병률은 57%, 이란성 쌍둥이는 동성의 경우 12%, 이성의 경우 6%로 보고되었다. 뇌 구조 및 기능에서 조현병 환자는 정상인보다 뇌척수액이 있는 뇌실의 크기가 크고(Cahn 등, 2006), 일부 환자들에게서 측두엽과 전두엽이 더 작고 뇌 혈류의 감소를 나타낸다는 보고가 있다. 조현병에 영향을 미치는 신경전달물질로 도파민(dopamine)의 활동이 과다할 때 조현병이 발병될 수 있다는 도파민 가설이 제안되었다(Meltzer & Stahl, 1976). 최근에는 세로토닌과 도파민 모두 조현병에 영향을 준다는 세로토닌–도파민 가설(Meltzer, 1993)이 제기되었으며, 두 신경전달물질 모두에 영향을 미치는 클로자핀(clozapine)이 조현병 치료에 효과를 보이는 점은 이 가설을 지지하고 있다. 출생 전후의 생물학적 환경이 유전적 취약성을 발현시켜 조현병의 원인으로 작용할 수 있다는 주장도 제기되었다.

13.2.1.2.2 심리적 요인

조현병의 심리적 요인에 대해 정신분석에서 Freud는 자아가 발달하기 이전인 오이디푸스 단계 이전의 심리적 갈등에 의해 조현병이 발생한다고 보고, 자아기능이 발달 초기로 퇴행한다는 갈등 모델(conflict model)과 리비도 에너지가 내부로 향하며 자폐적 세계로 철수하여 심리적 적응기능이 손상되는 결손모델(deficiency model)을 제안하였다. 인지적 모델에서는 조현병에서 주의(attention) 기능의 손상으로 사고장애가 발생한다고 보고 추론, 집행기능, 계획능력, 작업기억의 손상 등 다양한 인지기능의 결함이 나타난다고 여긴다. 최근 조현병 환자의 뇌 기능상의 문제와 인지적 기능결함에 대한 신경심리학적 연구가 활발하게 이루어지고 있다.

13.2.1.2.3 가족관계 및 사회환경적 요인

조현병과 관련된 환경적 요인 중 가족관계의 중요성이 보고되었다. 부모와 자녀 간 의사소통, 양육태도, 가족 간 의사소통 방식 등이 조현병의 발생과 경과에 영향을 미칠 수 있다. 조현병 환자의 부모는 같은 일에도 서로가 다른 시기에 상반된 의사를 전달하거나 지시를 하는 경우가 있는 등 이중적 의미를 전달하는 의사소통 방식을 보인다는 이중구속이론(double-bind theory)이 제안되었다(Bateson 등, 1956). 또한 조현병 환자의 가족들은 가족 간 갈등이 많고 강한 부정적 감정을 표출하며 비판적이고 분노를 과하게 표현하고 간섭이 심한 특성을 보이는 등 표현된 정서(expressed emotion)를 나타낸다는 주장이 제기되었다.

13.2.1.3 치료

조현병은 사고장애와 현실검증력의 손상이 나타나고 일상생활의 적응이 어려우며 자신과 타인에게 해를 미칠 가능성으로 입원하여 약물치료를 받는 것이 바람직하며 집단 심리치료와 작업치료 등이 병행되는 것이 적응기능 향상에 도움이 된다.

조현병 치료에는 양성 증상의 경감을 위해 클로자핀 등 항정신병 약물이 처방되고 음성 증상의 개선을 위해 클로자핀, 리스페리돈, 설프리드 등이 사용되고 있다. 클로자핀 이외 대부분 약물이 근긴장곤란증, 좌불안석증, 손떨림, 침흘림, 입맛다시기 등을 나타내는 등 추체외로 부작용을 포함하여 다양한 부작용을 보인다는 문제가 있다. 행동치료적 기법으로는 적응적 행동을 개선하기 위해 환표이용법(token economy)이 활용되며 체계적 둔감법 등이 불안 감소를 위해 사용되기도 한다. 또한 사회적 기술 훈련으로 타인과의 상호작용을 개선시키는 개입이 시행될 수 있다. 인지적 기법으로는 건강한 자기대화를 위해 자기지시훈련(self-instruction training)이 활용된다. 조현병 환자들의 적응에 가족과의 관계가 매우 중요하므로 가족치료를 통해 건강한 의사소통과 감정표현을 할 수 있도록 돕는 것이 필요하다. 최근에는 지역사회 안에서 생활하면서 정신건강센터에서 치료와 재활훈련을 받을 수 있도록 돕는 개입이 이루어지고 있다.

13.3 우울장애

우울장애(Depressive Disorder)는 '마음의 감기'로 불릴 만큼 흔하게 나타나고 인생을 살면서 누구나 맞닥뜨릴 수 있지만 우울감, 흥미와 즐거움의 상실, 공허감, 짜증스러움 등을 동반하여 일상생활에서 개인의 기능 저하와 사회적·직업적 적응상의 어려움을 야기하는 장애이다. DSM-5에서는 주요 우울장애, 지속적 우울장애, 월경전기 불쾌장애, 파괴적 기분조절장애의 하위유형을 제시하고 있다. 본 장에서는 주요 우울장애를 중심으로 주요 증상과 임상적 특징, 원인, 치료 등에 대해 논의하고자 한다.

13.3.1 주요 우울장애

13.3.1.1 주요 증상과 임상적 특징

주요 우울장애(Major Depressive Disorder)는 우울장애 중 가장 심한 증상을 보이는 장애이다. 우울한 기분과 함께 식욕과 체중변화가 나타나고 수면의 질 저하, 즐거움의 상실, 에너지 저하, 집중력의 저하를 호소한다. 또한, 초조해하거나 행동이 느려지고, 피곤함을 느끼며 자신감이 저하되고 죄책감이 심해지고 무가치하다는 생각을 하고, 죽음에 대해서도 반복해서 생각하는 양상이 나타난다.

다음 진단기준 중 5가지 이상의 증상이 매일 연속적으로 2주 이상 나타난다. 우울 증상은 양극성 장애의 삽화로 나타나는 것이 아니어야 하고 다른 정신장애로 더 잘 설명되지 않아야 한다. 주요 우울장애의 평생 유병률은 여자 10~25%, 남자 5~12%이다. 우울장애는 정신장애 중에서 가장 유병률이 높은 장애로 일생 동안 20~25%의 사람이 한 번 이상의 우울장애를 경험한다(Kessler 등, 2005).

우울장애는 여자에게 더 흔하게 나타나며 청소년기와 성인기에 여자가 1.5~3배 정도 더 우울장애를 경험하기 쉽다. 18~29세에서 60세 이상의 경우보다 3배 이상 높게 나타난다(APA, 2013). 우울장애는 자살 위험성이 높고 과거 자살 시도 경험이 있을 경우 재발가능성이 매우 높다.

주요 우울장애의 진단 기준(DSM-5)

A. 다음 증상 중 5가지 이상이 거의 매일 적어도 2주 이상 지속된다.

1. 하루 중 대부분 거의 매일 우울한 기분이 지속(아동·청소년의 경우 과민한 기분으로 나타남)
2. 대부분의 일상 활동에 대한 흥미나 즐거움이 현저히 감소
3. 다이어트를 하지 않아도 체중이 현저히 감소(1개월 동안 5% 이상의 체중 변화)하거나 증가, 거의 매일 식욕의 감소나 증가가 나타남
4. 거의 매일 불면증이나 과다수면
5. 거의 매일 정신운동성 초조나 지체
6. 거의 매일 피로나 에너지 상실
7. 거의 매일 무가치감과 부적절하거나 지나친 죄책감
8. 거의 매일 사고력·집중력의 감소 또는 우유부단함
9. 반복적으로 죽음에 대한 생각을 하거나 구체적인 계획없이 반복적인 자살 사고 또는 자살 시도나 자살 수행에 대한 구체적인 계획

B. 증상이 사회적, 직업적 또는 다른 중요한 기능 영역에서 임상적으로 유의한 고통이나 손상을 초래한다.

13.3.1.2 원인과 치료

주요 우울장애의 원인을 설명하기 위해 다양한 이론이 제안되었다. 본 장에서는 생물학적 입장, 정신분석적 입장, 인지적 입장, 행동적 입장을 살펴볼 예정이다. 우울장애에 가장 효과적인 치료법은 인지치료와 약물치료이다.

13.3.1.2.1 생물학적 입장

우울장애에는 유전적 요인, 신경전달물질, 뇌구조의 기능적 이상이 관련된 것으로 제안되었다. 가계연구 결과 우울장애 환자의 가족에서 우울장애가 발병할 확률이 정상인보다 1.5~3배 더 높게 나타났다. 쌍둥이 연구, 분자생물학 연구 결과에서 우울증에 대한 유전적 소인이 유전될 수 있다고 보고되었다. 우울한 사람들은 17번 염색체에 있는 5-HTT 유전자의 이상이 있고 신경전달물질인 세로토닌과 관련성을 보여 낮은 세로토닌 수준일 때 우울증이 발현된다는 가설이 제안되었다(Carlson 등, 2009). 노르에피네프린, 에피네프린, 도파민을 포함하는 카테콜아민 가설

(Catecholamine hypothesis)에서는 이 호르몬이 결핍되었을 때 우울장애가 발생하고, 과다해지면 조증이 발생한다고 보았다(Schildkraut, 1965). 또한 우울한 사람들은 스트레스를 받으면 내분비체계인 부신에서 나오는 코르티솔 수준이 매우 높게 나타나고(Burke 등, 2005), 멜라토닌 수준도 더 높게 나타난다(Cardinali 등, 2012).

우울장애를 치료하기 위한 약물치료에는 삼환계 항우울제, MAO 억제제가 1세대 약물로 1950년대에 개발되어 사용되었다. 최근 우울장애의 치료에 2세대 약물로 세로토닌 재흡수 억제제를 주로 사용하며 다른 신경전달물질에는 영향을 미치지 않고 세로토닌의 활동만 증가시킨다. 세로토닌 재흡수 억제제로는 플루옥세틴(약명: 프로작), 설트랄린(약명: 졸로프트)이 있다. 항우울제는 우울증상을 완화시키지만 우울장애의 근본적 원인을 치료하는 것이 아니다. 또한, 항우울제 복용을 중단하였을 때 약 50%의 환자가 재발하였다는 보고를 고려할 때 심리치료를 함께 병행하여 재발률을 낮추는 것이 바람직하다(Casacalenda, Perry, & Looper, 2002).

13.3.1.2.2 정신분석적 입장

정신분석적 입장에서는 우울장애가 무의식적 동기와 갈등으로 인해 발생한다고 보았다. Freud는 사랑하는 사람의 무의식적 상실에 대한 반응으로 무의식적으로 자기에게 향한 분노가 우울장애로 나타난다고 보았다. 내적으로 향해진 분노는 자기비난과 죄책감을 심화시키고 자아 기능을 약화시킬 수 있다. Bibring(1953)은 자신이 가치 있고 우월해야 한다는 높은 자아 이상을 지니고 있으나 이는 현실에서 충족되기 어려우며 자기존중감이 손상되기 쉬워 결국 우울장애가 나타난다고 주장하였다.

13.3.1.2.3 인지적 입장

우울장애에 대한 인지적 입장은 현재 가장 대표적이고 영향력이 있는 모델이다. Aron Beck은 우울증의 인지이론(cognitive theory of depression)을 제안하면서 부정적인 사고가 우울장애를 유발하고 기분을 우울하게 만들며 부적응적 행동을 하도록 한다고 주장하였다. 우울장애를 유발하는 부정적인 역기능적 신념이 어린 시절부터 부모 및 중요한 사람들과의 상호작용 속에서 형성된다. 이는 현재 상황에서 스트레스를 경험하게 되면 활성화되어 부정적 자동적 사고(automatic thought)로 나타나는데 빠르게 순간적으로 지나가기 때문에 자각하지 못하고 우울감을 느끼게 된다. 우울한 사람들의 부정적 자동적 사고는 인지삼제(cognitive triad)의 사고패턴으로 나타나며 자기("나는 무능력한 실패자이다."), 세상("세상 사람들은 아무도 나에게 잘해주지 않고 좋아하지 않는다."), 미래("내 삶은 앞으로도 계속 이렇게 어둡고 되는 일이 없을 거야.")의 3가지 주제로 나눠진다. 우울한 사람들은 인지적 오류(cognitive error)로 현실에서 일상적 사건의 의미를 과장하거나 왜곡하여 해석하며 논리적 오류를 범한다. 예를 들어, 흑백논리적 사고는 이분법적 사고라고도 하며 자기 성취에 대해 성공하거나 실패하거나 둘 중 하나로 생각하고 그 중간의 의미는 생각하지 못하는 경우를 들 수 있다. 인지적 오류에는 이외에도 과잉일반화, 정신적 여과, 개인화, 잘못된 명명, 예언자적 오류, 독심술의 오류 등이 있다.

우울장애를 지닌 사람들은 생활 사건의 의미를 부정적으로 편향되게 인식하는 틀인 인지도식(schema)으로 현실을 보기 때문에 부정적으로 왜곡하는 오류를 범하게 된다. 인지도식은 어린 시절의 경험에 의해 형성되고 기억되며 현재 부정적 생활사건을 경험하게 되면 활성화되어 그 사건의 의미를 부정적으로 왜곡하고 우울증상을 유발할 수 있다. 인지도식은 역기능적 신념으로 나타나는데 타인의 인정과 관심 및 자신의 성취와 독립에 대한 신념의 주제로 구성된다.

우울장애의 치료를 위해 인지치료에서는 부정적인 역기능적 신념을 보다 현실적이고 긍정적인 신념으로 변화시키도록 하기 위해 인지오류를 수정하고 교정하도록 돕는다. 인지치료는 비교적 단기간에 우울장애를 치료할 수 있고 치료효과가 우수하며 약물치료와 달리 부작용이 적고 치료효과가 지속되어 재발률이 낮다는 연구결과들이 보고되었다.

13.3.1.2.4 행동주의적 입장

우울장애를 설명하는 행동주의적 입장에서는 긍정적 강화가 상실되고 혐오적 불쾌경험이 증가하여 우울증상이 강화되는 경우 우울장애가 발생한다고 보았다(Lewinsohn 등, 1984). Martin Seligman은 우울할 때 무기력을 학습한다는 학습된 무기력 이론으로 우울장애를 설명하였으나, 수동적으로 무기력이 학습되었다기보다는 미래에 대한 부정적 기대 때문이라는 반론이 제기되면서 귀인이론으로 발전되었다. 우울한 사람들의 귀인양식(attribution style)을 살펴보면, 우울한 사람들은 실패하게 되면 과도하게 내부적("이건 내 잘못이다."), 안정적("안 좋은 일은 계속 일어날 것이고 이건 나의 잘못 때문이다."), 전반적 귀인("나는 뭘 해도 안돼.")을 하지만 성공한 경험에는 지나치게 외부적, 불안정적, 특수적 귀인을 하는 경향을 보인다. 이는 우울유발적 귀인(depressogonic attribution)으로 귀인 오류(attribution error)를 범하는 것을 의미한다. 이후 연구자들은 우울증에 적용되는 귀인이론이 다른 장애에도 적용되기 때문에 우울증 발생에 부정적 귀인보다 절망감이 더 중요한 변인이라고 주장하였다. 우울장애의 경우 통제력을 상실했다고 여기고 절망감을 경험한다는 점에서 차이가 있다(Qiu 등, 2017).

13.4 양극성 및 관련 장애

우리는 일상생활에 하루에도 몇 번씩 감정이 바뀌기도 하고 자신이 원하던 소망이 이루어지면 기분이 좋고 신나는 일상이 이어지는 시기도 경험하고 좋지 않은 일들이 이어져서 기분이 가라앉거나 무기력해져 아무것도 하고 싶지 않은 시기도 겪을 수 있다. 이러한 기분 변화는 정상적이며 시간이 지남에 따라 안정적으로 느껴진다. 그러나 신나서 기분이 들뜨는 정도가 과도하고 불안정해지거나 충동적인 행동을 하게 되면 일상생활에서 다양한 적응상의 문제를 경험할 수 있다. 양극성 장애는 우울장애와 발생원인 및 경과와 예후에서 차이를 보인다는 연구결과에 따라 DSM-5에서는 별개의 진단범주로 분류되었고 양극성 관련 장애하에 제1형 양극성 장애, 제2형 양극성 장애, 순환감정 장애가 포함되었다.

13.4.1 양극성 장애

양극성 장애(Bipolar Disorder)는 우울한 기분이 드는 우울 삽화와 고양된 기분이 나타나는 조증 삽화가 교차되어 나타나는 장애로 기분이 심하게 변동되는 장애이며 조울증(Manic Depressive Illness)으로도 불린다. 양극성 장애는 조증의 심각성에 따라 제1형 및 제2형 양극성 장애로 나뉜다.

13.4.1.1 제1형 양극성 장애와 제2형 양극성 장애

13.4.1.1.1 주요 증상과 임상적 특징

제1형 양극성 장애(Bipolar I Disorder)는 기분이 비정상적으로 고양되고 과민한 조증 삽화가 1회 이상 발생하는 경우를 나타낸다. 자신이 정상에 올라간 듯한 느낌과 즐겁고 고양된 기분 상태를 보이다가 극단적으로 심하게 우울감에 빠지는 주요 우울 삽화가 1회 이상 나타난다. 양극성 장애로 진단을 내리기 위해서 과거 병력을 탐색하여 가장 최근에 나타난 기분 삽화와 심각도를 고려하여야 하며, 과거 조증 삽화를 나타냈고 현재 주요 우울 삽화를 보일 경우 제1형 양극성 장애로 진단되고 주요 우울 삽화와 심각도를 기록한다. 조증 삽화일 경우 기분이 급변하고 자신이 유명인의 가족이라고 하거나 연예인과 특별한 관계라고 칭하는 등 과대망상과 관계망상을 보일 수 있으며 수면 욕구가 감소하여 잠이 줄어들고 피곤함을 느끼지 않는 양상을 보인다. 사고의 비약(flight of behavior)이 나타나 하나의 주제에서 다른 주제로 빠르게 전환되고 끊임없이 연상이 이어지며 말이 빠르고 목소리도 커진다. 성적 욕구와 환상이 이어지고 성적으로 충동적 행동을 보이며 증상에 대한 통찰력이 저하되어 치료에 저항적 태도를 보일 수 있다.

제1형 양극성 장애의 1년 유병률은 0.6%로 보고되며 남녀 발생 비율은 유사하다(APA, 2013). 처음 발병하는 연령은 18세경이며 중년이나 노년에 발병하는 경우는 드물다.

I형 양극성 장애의 진단 기준(DSM-5)

I형 양극성 장애 진단을 위해서는 다음과 같이 조증 삽화의 진단기준을 만족시켜야 한다. 조증 삽화는 경조증 혹은 주요 우울증 삽화에 선행하거나 혹은 뒤에 나타날 수 있다.

〈조증 삽화〉

A. 비정상적으로 들떠 있거나, 의기양양하거나, 기분 과민, 목표지향적 활동, 에너지 증가가 최소한 7일간, 거의 매일 나타난다.

B. 다음 중 3가지 이상을 보이며 평소에 비해 변화가 뚜렷하고 심각한 양상으로 나타난다.

1. 자존감이 증가하거나 과대감을 느낌

2. 수면 욕구 감소
3. 말이 많아지거나 끊을 수 없을 정도로 말을 계속함
4. 사고비약, 사고가 빠른 속도로 꼬리에 꼬리를 무는 듯한 경험
5. 주의산만이 지나쳐 주관적으로 보고하거나 객관적으로 관찰가능
6. 목표지향적 활동 증가, 정신운동 초조
7. 과도한 쇼핑, 과소비, 무분별한 성행위, 어리석은 사업투자 등 지나친 활동

C. 기분 장애가 사회적·직업적 기능의 뚜렷한 손상을 초래하라 정도로 심각하거나, 자해나 타해를 예방하기 위해 입원이 필요하다. 또는 정신병적 양상이 동반된다.

제2형 양극성 장애(Bipolar II Disorder)는 적어도 1회의 주요 우울 삽화와 제1형 양극성 장애와 유사하지만 상대적으로 경미한 경조증 삽화(hyphomanic episode)를 적어도 1회 나타낸다. 경조증 삽화는 평상시의 기분과 다른 의기양양하거나 고양된 기분이 적어도 4일간 지속적으로 나타나고, 7가지 조증 증상 중 3가지 이상을 보이지만 입원이 필요할 정도로 심각하거나 정신증적 양상이 동반되지 않으며 사회적 및 직접적 기능에 현저한 지장을 초래하지 않는다. 1년 유병률은 미국 외의 국가에서는 약 0.3%, 미국은 0.8%이고 남성보다 여성에게 더 흔하게 나타난다(APA, 2013). 5~15% 정도는 발병 후 5년이 경과한 시점에 조증 삽화를 보이고 제1형 양극성 장애로 진단된다는 결과가 있다.

II형 양극성 장애의 진단 기준(DSM-5)

II형 양극성 장애 진단을 위해서는 다음과 같이 경조증 삽화의 진단 기준을 만족시켜야 한다. 동시에 현재 또는 과거의 주요 우울 삽화 진단 기준을 만족해야 한다.

〈경조증 삽화〉

A. 비정상적으로 들떠 있거나, 의기양양하거나, 기분 과민, 목표지향적 활동, 에너지 증가가 최소한 4일간, 거의 매일 나타난다.

B. 기분장애 및 에너지 증가 활동을 보이는 기간 중에 다음 중 3가지 이상을 보이며 평소에 비해 변화가 뚜렷하고 심각한 양상으로 나타난다.

1. 자존감이 증가하거나 과대감을 느낌

2. 수면 욕구 감소

3. 말이 많아지거나 끊을 수 없을 정도로 말을 계속함

4. 사고비약, 사고가 빠른 속도로 꼬리에 꼬리를 무는 듯한 경험

5. 주의산만이 지나쳐 주관적으로 보고하거나 객관적으로 관찰 가능

6. 목표지향적 활동 증가, 정신운동 초조

7. 과도한 쇼핑, 과소비, 무분별한 성행위, 어리석은 사업투자 등 지나친 활동

C. 삽화는 증상이 없을 때와 다른 명백한 기능 변화를 동반한다.

D. 기분장애와 기능 변화가 타인에 의해 관찰된다.

E. 사회적·직업적 기능의 현저한 손상을 일으키거나 입원을 요할 정도로 심각하지는 않다.

13.4.1.1.2 원인과 치료

양극성 장애는 신경전달물질, 뇌구조 및 유전적 요인의 영향을 받는 장애로 알려져 있다. 양극성 장애 환자의 가족 중에 양극성 장애나 주요 우울장애를 겪는 경우가 많고 쌍둥이 연구결과에서는 일란성 쌍둥이일 경우 약 70%가 양극성 장애를 겪을 수 있다고 나타나 유전적 영향이 크다는 점이 시사된다.

인지적 입장에서는 조증 삽화를 경험하는 환자가 현실 해석을 할 때 성공과 성취에 대한 자동적 사고를 보이고 인지적 왜곡을 나타내는데, 인지오류 중 자신이 무슨 일이든 성공할 것으로 해석하는 과잉일반화의 오류를 범한다고 보았다. 경조증 삽화를 경험하는 환자는 자신이 할 수 있다고 생각하는 일의 양을 과대평가하고, 실제 수행에 걸리는 시간을 과소평가하는 경향을 보일 수 있다.

제1형 양극성 장애에서 특히 조증 삽화 시기에는 입원하여 약물치료를 하여야 한다. 항조증 약물로는 리튬(Lithium)이 널리 사용되며 모든 유형의 양극성 장애에서 조증 삽화를 예방하는 효과가 있다. 그러나 약물치료를 받은 양극성 장애 환자의 50~70%가 재발하고, 대부분의 경우 만성적인 경과를 밟으며, 전반적으로 기능수준이 저하된다(Goldberg, Harrow, & Grossman, 1995). 따라서 약물치료와 심리치료를 병행하는 것이 재발방지와 치료에 중요하다. 양극성 장애 환자는 규칙적인 일상생활과 수면을 유지하는 것이 중요하며 가족이 환자의 기분상태와 증상을 잘 관찰하여 일상생활에 적응할 수 있도록 돕고 조증 삽화의 전구기 증상을 확인하여 효과적으로 치료를 받을 수 있도록 하는 것이 필요하다.

13.4.1.2 순환성 장애

순환성 장애는 기분의 불안정성과 변동성을 특징으로 하는 만성적인 기분장애이며 경조증과 우울증 기간이 혼재되어 나타난다.

순환성 장애의 진단 기준(DSM-5)

- 적어도 2년(아동·청소년은 1년) 동안 경조증 삽화의 진단 기준을 충족하지 않는 경조증 기간과 주요 우울 삽화 진단 기준을 충족하지 않는 우울증 기간이 있다.
- 2년 이상의 기간 동안 경조증 기간과 우울증 기간이 절반 이상을 차지하고, 증상이 없는 기간이 2개월 이상 지속되지 않는다.
- 주요 우울 삽화, 조증 삽화, 또는 경조증 삽화가 존재하지 않는다.

13.5 불안장애

13.5.1 일반화된 불안장애

일반화된 불안장애(Generalized Anxiety Disorder)는 범불안장애로도 불리며, 다양한 상황에서 과도하게 불안감을 경험하고 걱정하는 장애이다.

13.5.1.1 주요 증상과 임상적 특징

일반화된 불안장애 환자들은 일상생활에서 경험하는 전반적인 사건들에 대해 과도하게 지속적으로 걱정을 하며 실제 해야 할 일에 집중하지 못하고 지연행동을 하여 업무를 잘 처리하지 못한다. 정서적으로 늘 불안감을 느끼고 초조해하며 사소한 일에도 긴장하고 예민한 상태로 짜증을 내고 쉽게 피로감을 경험한다. 근육의 긴장이 지속되고 위장장애도 경험할 수 있으며, 발한, 오심, 설사 등의 신체증상도 동반되는 경우가 있다. 일반화된 불안장애의 유병률은 청소년 0.9%, 성인은 2.9%으로 보고되었고, 여성에게서 더 빈번하게 발생한다(APA, 2013).

일반화된 불안장애의 진단 기준(DSM-5)

A. 직장이나 학교와 같이 일상 활동에서 과도하게 불안하거나 걱정을 하고 적어도 6개월 이상, 최소한 한 번에 며칠 이상 발생한다.

B. 이런 걱정을 조절하기 어렵다고 느낀다.

C. 불안과 걱정은 다음의 6가지 증상 중 적어도 3가지 이상의 증상과 관련이 있다(지난 6개월 동안 적어도 몇 가지 증상이 있는 날이 없는 날보다 더 많다).
주의점: 아동에서는 한 가지 증상만 만족해도 된다.

1. 안절부절못하거나 가장자리에 선 느낌
2. 쉽게 피로해짐
3. 집중하기 힘들거나 머릿속이 하얗게 되는 느낌
4. 과민성
5. 근육의 긴장
6. 수면 교란(잠들기 어렵거나 유지가 어렵거나 밤새 뒤척이면서 불만족스러운 수면 상태)

D. 불안, 걱정 또는 신체 증상이 사회적, 직업적 또는 다른 중요한 기능 영역에서 임상적으로 유의한 고통이나 손상을 초래한다.

13.5.1.2 원인과 치료

일반화된 불안장애의 원인에 대한 생물학적 입장에서는 일반적인 불안 기질이 유전되고 직계가족 내에서 15% 정도 일반화된 불안장애가 흔하게 발생한다고 보고하였다(Kendler 등, 1995). 뇌 불안의 뇌생리학적 기제에서 벤조다이아제핀(benzodiazepines) 계열의 약물이 일반화된 불안장애 환자들의 불안증상을 감소시킨다는 결과가 제시되었다. 신경전달물질인 가바(GABA)가 특정 뉴런의 가바 수용기에 결합되어 뉴런들이 점화를 멈추는데 이 피드백 체계가 오작동이 될 때 공포와 불안 반응이 억제되지 않고 계속될 수 있다(Burijon, 2007).

정신분석적 입장에서는 성격 구조 간의 불균형에서 발생하는 무의식적 갈등 때문에 겪는 부동불안(free-floating anxiety)이 일반화된 불안장애의 핵심적 증상이라고 보았다. 인지행동적 입장에서는 일반화된 불안장애를 겪는 사람들이 위험과 위협에 대한 인지도식이 더 발달되어 있어서 위험한 자극에 주의를 기울이고 더 위협적으로 지각하는 인지적 편향을 보인다고 보았다(Mathew & MacLeod, 1986).

일반화된 불안장애의 치료 중 약물치료에서는 벤조다이아제핀 계열의 약물로 불안민감성을 경감시키고 진정시키도록 한다. 다만, 장기 복용 시 의존이 생겨 약물을 중단하기 어렵고 중단 시 금단현상을 겪을 수 있다. 인지행동치료에서는 걱정과 관련된 사고를 관찰하고 기록지에 상세히 기록 후 실제로 걱정의 내용이 현실적인가, 효율적인가를 고려하여 걱정의 반대증거를 찾고 부정적 신념을 수정하는 등의 방법을 활용한다. 또한, 걱정만 하는 시간을 하루에 정해놓고 그 외의 시간에는 일상적인 업무에 집중하는 방법, 걱정에 대한 인내력을 증가시키는 방법, 걱정을 회피하기보다 수용하도록 하는 방법 등을 사용한다. 긴장이완법과 명상 등도 함께 활용할 수 있다. 최근에는 마음챙김 인지치료나 수용전념 치료 등 불안감과 부정적인 생각을 없애려고 하기보다 수용하고 인정하도록 돕는 치료가 효과적이라는 연구결과들이 보고되고 있다(Evans, 2016; Semple & Burke, 2012).

13.5.2 사회불안장애

사회불안장애(Social Anxiety Disorder)는 사회적 상황에서 다른 사람에게 관찰되고 평가되는 것을 두려워하고 회피행동을 보이는 장애로 사회공포증(Social Phobia)으로도 불린다.

13.5.2.1 주요 증상과 임상적 특징

사회불안장애 환자들은 다른 사람 앞에서 발표를 하거나 많은 사람 사이에서 관찰되는 상황 등에서 부정적 평가를 받고 당황하거나 창피를 당할 수 있다는 불안감으로 고통받는다. 사회적 상황에서 얼굴이 붉어지거나 땀을 흘리고 말을 더듬으며 타인에게 불안 증상을 보이는 것에 대해 과도하게 걱정하고 심한 고통을 느낀다. 다른 사람들 앞에서 음식을 먹고 글씨를 쓰거나 공중화장실을 사용하는 것 등도 두려워하고 수치심을 경험한다. 사회불안장애는 회피성 성격장애 및 다른 불안장애와 함께 나타나는 경우가 많고 치료를 받기 위해 의료기관이나 상담기관을 찾기보다 사회적 관계를 회피하며 지내기 쉽다.

13.5.2.2 원인과 치료

사회불안장애의 원인에 대해 정신분석적 입장에서는 무의식적 갈등이 사회불안을 야기한다고 보았고, 의식적으로 수용하기 어려운 공격적 충동이 타인에게 투사되어 사회적 상황에서 타인이 자기를 공격하거나 비판할 것으로 여기고 사회적 상황을 회피한다고 설명하였다. 대상관계이론에서는 주 양육자인 어머니와의 관계에서 주요한 타인에 대한 내적 표상을 형성하는데 어머니와 불안정한 관계를 형성하고 거부 경험을 하게 되면 부정적 자아상과 타인상을 형성하고 이후에도 대인관계에서 사회불안을 느낄 수 있다고 주장하였다.

인지적 입장은 사회불안장애 환자들이 사회적 상황에서 부정적 자기상을 형성하고 타인에게 좋은 인상을 주고자 하지만 사소한 잘못에도 쉽게 비난과 비판을 받을 것으로 예상하고 자신의 행동은 부정적으로 평가절하한다고 본다. 사회적 상황에서 지속적으로 불안감이 심화되고 좌절 경험이 쌓이게 되면 상황을 회피하는 대처방식을 고수하게 된다. 사회불안장애의 인지모델에서 Clark와 Wells(1995)는 3가지 역기능적 신념을 제시하였다. 사회불안장애 환자들은 첫째, 사회적 수행에 대해 과도한 기준의 신념을 나타내고("나는 모든 사람에게 인정을 받아야 한다."), 둘째, 사회적 평가에 대해 조건적 신념을 보이며("내가 실수를 하면 다른 사람들은 나를 싫어하고 무시할 것이다."), 셋째, 자신과 관련된 부정적 신념을 보인다("나는 능력이 없다."). 사회적 상황에서 이 역기능적 신념이 활성화되고 상황을 부정적으로 해석하여 사회적 위험을 지각하게 되면 얼굴의 홍조, 빠른 심장 박동, 떨리는 목소리 등 신체적 변화가 나타나고, 손 떨림을 보이지 않기 위해 물병이나 마이크를 꽉 쥐거나 시선을 피하고 더 빨리 말하는 등 불안을 줄이기 위한 안전행동(safety behavior)을 보이게 된다. 또한, 자기초점적 주의(self-focused attention)가 나타나 관찰자 시점에서 자신의 모습을 바라보게 되는데 자기관찰에 근거하여 타인도 자신처럼 손떨림이나 목소리 떨림 등을 알 것이라고 생각하고 잘못된 판단을 내린다.

사회불안장애에는 인지행동치료가 가장 효과적인 것으로 보고되고 있다. 사회적 상황에서 나타나는 부정적 신념을 수정하는 인지 재구성(cognitive restructuring)을 통해 대안적 사고를 검증하고, 노출 치료를 통해 반복적으로 역할연기 등을 해보는 것, 불안을 이완시키기 위한 긴장이완훈련 등을 실시한다. 사회불안장애에 인지행동 집단치료가 매우 효과적이지만 노출치료 후 탈락하는 비율이 높다는 비판이 제기되었다. 최근에는 이미지 재구성(Imagery Rescripting) 치료를 통해 과거 사회적 상황에서 경험한 기억을 현재로 불러와서 재구성하는 기법을 활용하여 부정적 자기상을 수정하고 사회불안 수준을 경감시키는 새로운 치료법이 제안되었으며 노출치료에 비해 치료 탈락자가 적고 치료효과가 우수하다는 결과가 보고되고 있다(최윤영, 2018).

사회불안장애의 약물치료에서는 세로토닌 재흡수 억제제 등 항우울제와 벤조다이아제핀 계열의 항불안제가 사용되며, 약물치료와 심리치료가 병행되었을 때 재발 가능성이 낮다고 보고되었다.

13.5.3 공황장애

공황장애(Panic Disorder)는 예상하지 못한 상황에서 갑자기 죽을 것 같은 극심한 공포를 느끼는 공황발작(panic attack)을 반복적으로 경험하는 장애이다.

13.5.3.1 주요 증상과 임상적 특징

공황발작을 경험하면 죽을 것 같은 공포를 경험하며 응급실을 방문하지만 보통 10~20분 정도 지속되다가 사라진다. 공황장애 환자들은 자신이 심각한 질병이 있지 않을까 걱정하며 스스로 통제를 하지 못하는 것을 두려워하고 갑자기 발작이 올까봐 예기불안을 느끼며 운동이나 일상생활도 잘 영위하지 못한다. 공황발작은 예상하지 못한 상황에서 발생하고 그냥 쉬거나 잠을 자고 있는 상황에서도 이유 없이 갑자기 나타나기도 하므로 발작 전의 사건과 어떤 원인의 연관성이 있는지 주의 깊게 살펴보아야 한다. 공황발작의 빈도와 심각도는 다양하게 나타나며 매일 빈번하게 일어나기도 하고 1주일에 한 두 번 몇 개월이 지속되기도 하고 증상이 사라졌다가 다시 나타나 수년간 지속되기도 한다. 공황장애는 사춘기 이후 청소년기에 주로 발병하고 여성에게 더 많이 나타나며 평균적으로 20~23세경 발병한다

(APA, 2013). 공황장애 환자 중 30~50%가 광장공포증을 경험하며 증상이 만성화되면 우울증이 동반되고 자살의 위험성도 높게 나타난다.

공황장애의 진단 기준(DSM-5)

A. 예기치 못한 공황발작이 반복적으로 지속된다. 공황발작은 극심한 고통이 갑작스럽게 발생하여 몇 분 이내에 최고조로 이른다. 다음 중 4가지 이상의 증상이 있다.

1. 심계항진, 가슴 두근거림, 심박수 증가
2. 발한
3. 몸이 떨리거나 후들거림
4. 숨이 가쁘거나 답답한 느낌
5. 질식할 듯한 느낌
6. 흉통, 가슴 불편감
7. 메스꺼움, 복부 불편감
8. 현기증, 불안정감, 멍한 느낌 또는 쓰러질 것 같음
9. 오한 또는 화끈거리는 느낌
10. 감각 이상(감각이 둔해지고 따끔거리는 느낌)
11. 비현실감(현실이 아닌 것 같은 느낌) 또는 이인증(내가 내가 아닌 것 같은 느낌)
12. 스스로 통제할 수 없을 것 같은 두려움이나 미칠 것 같은 두려움
13. 죽을 것 같은 공포

B. 적어도 1회 이상 발작 뒤에 1개월 이상 다음 중 한 가지 조건을 만족해야 한다.

1. 추가적인 공황발작이나 그 결과(심장발작, 미치는 것, 통제력 잃음)를 걱정
2. 부적응적인 변화, 즉 공황발작을 회피하기 위해 익숙한 환경을 피하는 것

13.5.3.2 원인과 치료

공황장애의 생물학적 원인에 대한 연구에서 신경전달물질인 노르에피네프린의 불규칙한 과잉활동이 보고되었고, 최근에는 편도체, 복내측 시상하부, 청반 등의 영역으로 이루어진 뇌회로가 공황장애와 관련되었다는 설명이 제안되었다(Burijon, 2007). 또한 Klein(1993)은 공황장애의 질식 오경보 이론(suffocation false alarm theory)을 제안하였는데 공황장애 환자는 혈액 내 이산화탄소(CO_2) 수준에 과도하게 예민한 취약성을 보이며 이산화탄소, 카페인, 락테이트 등의 생화학적 변화가 장애를 유발할 수 있다는 주장이다. 뇌중추에서 혈액 내 이산화탄소(CO_2) 수준이 높아지는 경우 질식에 대한 경보를 내려 과호흡을 하도록 하는 질식감찰기(suffocation monitor)가 잘못된 질식경보를 내려 과잉호흡과 공황발작을 유발한다는 것이다.

공황장애에는 심리적 요인의 중요성도 강조되고 있는데, Clark(1986)는 공황장애를 가장 대표하여 설명하는 인지이론을 제안하였다. 이 인지모델에서 Clark는 신체감각을 위험한 것으로 오해석하는 파국적 오해석(catastrophic misinterpretation)이 공황발작을 유발한다고 보았다.

13.5.4 광장공포증

광장공포증(Agoraphobia)은 특정한 상황이나 장소에 노출되는 것에 대한 공포를 나타내는 것이다. 예를 들어, 버스, 기차, 배, 비행기 등 대중교통수단을 이용하거나, 공연장, 영화관 등 폐쇄된 공간에 있거나, 주차장, 시장 등 개방된 공간에 있는 경우, 집 밖에 혼자 있는 경우, 줄을 서 있거나 군중 속에 있는 것을 두려워한다. 광장공포증 환자들은 이러한 상황에서 공황 증상이나 쓰러질 것 같은 공포가 나타나면 도움을 받을 수 없거나 상황을 회피할 수 없을 듯한 생각 때문에 두려워한다. 광장공포증은 인지행동치료가 가장 효과적이며, 광장공포증의 심리적 원인과 기제를 설명하는 심리교육 및 긴장이완훈련과 복식호흡법을 실시한다. 또한 점진적으로 노출훈련을 통해 신체감각에 대한 잘못된 해석을 수정하고 대처행동을 할 수 있도록 한다. 항우울제를 투여하는 약물치료도 사용될 수 있으나 중단 시 재발률이 높게 나타나므로 약물치료와 심리치료인 인지행동치료의 병행이 가장 효과적이다.

광장공포증의 진단 기준(DSM-5)

A. 다음의 5가지 상황 중 2가지 이상의 상황에서 현저한 공포와 불안을 느낀다.
   1. 대중교통 수단을 이용하는 것(예 자동차, 버스, 배, 비행기, 기차)
   2. 열려 있는 공간에 있는 것(예 주차장, 시장, 다리)
   3. 밀폐된 공간에 있는 것(예 상점, 영화관, 공연장)
   4. 줄을 서 있거나 많은 군중 속에 서 있는 것
   5. 집 밖에 혼자 있는 것

B. 공황발작과 유사한 증상 혹은 무능력하거나 당혹스럽게 되는 다른 증상(예 노인의 경우 낙상에 대한 공포, 실금에 대한 공포)이 생겼을 때 도움을 받을 수 없거나 그 상황에서 벗어나기 어려울 것이라는 불안 때문에 이러한 상황을 두려워하거나 회피한다.

C. 광장공포 상황은 항상 불안과 공포를 일으킨다.

D. 광장공포 상황을 적극적으로 회피하고, 다른 사람이 옆에 있어줄 것을 요구하거나 극도의 공포와 불안 속에서 견딘다.

E. 공포, 불안, 회피 반응이 대개 6개월 이상 지속된다.

F. 공포, 불안, 회피로 인해 사회적, 직업적, 또는 다른 중요한 기능 영역에서 임상적으로 유의한 고통이나 손상을 초래한다.

13.5.5 특정공포증

특정공포증(Specific Phobia)은 특정한 대상이나 상황에 대해 비정상적으로 극심한 불안과 공포 반응을 보이고 회피행동을 지속하는 것이다. 특정공포증은 일반적으로 흔하게 나타나고 평생유병률이 10~11.3%이며 여성이 남성의 2배 정도 더 많이 경험한다. 특정공포증은 학습이론으로 잘 설명될 수 있다. 고전적 조건형성에 의해 중성적인 자극이 공포를 유발하는 자극과 반복적으로 짝지어 제시될 때 공포반응이 유발될 수 있다. 생존을 위협하는 자극에는 준비성(preparedness)을 지니고 있어 다른 자극보다 더 쉽게 공포반응이 학습되며 형성 후 소거도 쉽게 되지 않는다. 특정공포증은 다른 사람이 특정 대상에 공포를 느끼고 회피행동을 보이는 것을 보고 대리학습으로 형성될 수 있고, 어떤 대상에 대한 정보를 언어적, 비언어적으로 전달하는 정보전이를 통해서도 공포가 학습될 수 있다. 공포자극을 회피하는 행동은 부적 강화 효과를 통해 공포 자극이 위험하지 않다는 것을 알 수 없게 해서 공포 반응이 소거되지 않는다. Mowrer(1950)의 2요인 이론(two-factor theory)에서는 고전적 조건형성을 통해 공포가 형성된 뒤 조작적 조건형성의 원리로 강화되고 유지될 수 있다고 제안하였다.

특정공포증의 치료는 행동치료가 가장 효과적이며, 체계적 둔감법과 노출치료가 활용된다. 또한 타인이 공포자극에 불안을 느끼지 않는 장면을 관찰하는 참여적 모방학습과 신체적 이완을 하는 기술을 습득하는 이완훈련을 활용할 수 있다.

특정공포증의 진단 기준(DSM-5)

A. 특정 대상, 상황에 대하여 극심한 공포나 불안이 유발된다(예 비행기 타는 것, 높은 곳, 동물, 주사 맞기, 피를 보는 것 등).

B. 공포 대상과 상황은 대부분 즉각적으로 공포나 불안을 유발한다.

C. 공포 대상 혹은 상황을 회피하거나 매우 극심한 불안과 공포를 지니면서 참는다.

D. 공포나 불안이 특정 대상이나 상황의 실제적인 위험에 비해 극심하며 사회문화적으로 흔히 받아들여지는 것보다 심하다.

E. 공포나 불안, 회피 반응이 대체로 6개월 이상 지속된다.

F. 공포, 불안, 회피로 인해 사회적, 직업적 또는 다른 중요한 기능 영역에서 임상적으로 유의한 고통이나 손상을 초래한다.

※ 동물형(거미, 곤충, 개), 자연환경형(고소, 폭풍, 물), 혈액-주사-손상형(바늘, 침투적인 의료 시술), 상황형(비행기, 엘리베이터, 폐쇄된 장소), 기타(질식, 구토를 유발하는 상황)

13.6 강박 및 관련 장애

13.6.1 강박장애

강박장애(Obsessive Compulsive Disorder)는 자신의 의지와 상관없이 어떤 생각이 반복적이고 의식적으로 나타나는 강박사고(obsessive preoccupation)와 그에 대한 반응으로 나타나는 반복적 행동이나 정신내적인 행위인 강박행동(obsessive behavior)을 주된 특징으로 하는 장애이다.

13.6.1.1 주요 증상과 임상적 특징

강박사고는 성적인 생각, 오염이나 실수에 대한 생각, 공포스러운 이미지 등으로 침습적으로 나타나고 불안을 유발하며 고통을 주기 때문에 강박장애 환자는 강박사고를 피하려 하고 사고 억제를 하면서 이 생각을 무시하려고 하거나 강박행동으로 중화하려고 하게 된다. 예를 들어, 악수하거나 공중화장실의 문고리를 잡으면 병균이 묻을 것 같은 생각이 반복적으로 드는 경우 씻기를 과도하게 할 수 있고, 집 현관문을 잘 잠궜는지 계속 걱정하는 경우 다시 확인하는 행동을 반복한다.

미국에서 강박장애의 1년 유병률은 1.2%이고(APA, 2013), 한국의 경우 평생 유병률은 0.7%, 1년 유병률은 0.6%였다(조맹제, 2011). 남성은 5~15세, 여성은 20~29세에 발병하며 대부분 만성적인 경과를 밟는다. 강박장애와 함께 우울장애, 불안장애, 강박성 성격장애 등 다른 장애를 동반하여 호소하는 경우가 많다.

강박장애의 진단 기준(DSM-5)

A. 강박사고나 강박행동 혹은 둘 다 존재하며, 강박사고는 1과 2로 정의된다.

1. 반복적이고 지속적인 생각, 충동 또는 심상이 장애 시간의 일부에서는 침투적이고 원치 않는 방식으로 경험되며 대부분 현저한 불안이나 괴로움을 유발한다.
2. 이러한 생각, 충동 및 심상을 경험하는 사람은 이를 무시하거나 억압하려고 시도하며, 또는 다른 생각이나 행동을 통해 이를 중화시키려고 노력한다.

강박행동은 1과 2로 정의된다.

1. 손씻기나 정리정돈하기, 확인하기와 같은 반복적 행동과 기도하기, 숫자세기, 속으로 단어 반복하기 등과 같은 정신적인 행위를 개인이 경험하는 강박 사고에 대한 반응으로 수행하거나 엄격한 규칙에 따라 수행함.
2. 행동이나 정신적인 행위들은 불안감이나 괴로움을 예방하거나 감소시키고, 또는 두려운 사건이나 상황의 발생을 방지하려는 목적으로 수행됨, 그러나 이러한 행동이나 행위들은 그 행위의 대상과 현실적인 방식으로 연결되지 않거나 명백하게 지나침.

B. 강박사고나 강박행동은 시간을 소모하게 만들어, 사회적, 직업적 또는 다른 중요한 기능 영역에서 임상적으로 현저한 고통이나 손상을 초래한다.

C. 강박증상은 물질의 생리적 효과나 다른 의학적 상태로 인한 것이 아니다.

D. 장애가 다른 정신질환으로 더 잘 설명되지 않는다.

13.6.1.2 원인과 치료

강박장애의 원인에 대해 인지행동적 입장에서는 강박장애의 발생과정에서 침투적 사고(intrusive thought)와 자동적 사고(automatic thought)를 강조하여 설명하였다(Salkovskis, 1985). 침투적 사고는 누구나 경험하고 흔하게 나타나는 일반적이지만 강박장애 환자는 침투적 사고로 나타나는 위협적 결과와 자신의 책임을 과대하여 평가한다. 침투적 사고와 관련된 자동적 사고는 자아동조적(ego-syntonic)이며 강박적 사고를 유발하게 되는데 침투적 사고를 억제하려고 할수록 더 자주 의식에 떠오르게 되는 악순환이 지속된다. 강박장애 환자는 사고-행위 융합(thought-action fusion)의 인지적 오류를 나타내는 데 이는 생각한 것이 곧 행동한 것과 같다는 것이다. 예를 들어, 도덕성 융합(moral fusion)의 오류를 보일 경우 간음에 대한 성적인 생각을 품었다는 것만으로도 그 행동을 한 것과 같다고 여기고 과도하게 죄책감을 경험하며 강박행동에 몰입하게 된다. 또한 발생가능성 융합(likelihood fusion)을 나타내는 경우 일어날지도 모르는 비윤리적 행위를 생각하면 실제로 그 행동이 일어날 가능성이 높아지기 때문에 그 가능성을 줄이려고 강박적 행동에 몰두한다(Salkovskis 등, 1999). 강박장애 환자들은 실수와 오류 같은 불완전함을 견디지 못하고 완벽함을 추구하는 경향을 보인다. Wegner와 동료들(1987)은 하얀 북극곰 실험에서 북극곰을 떠올리지 말라고 하면 할수록 그 생각이 더 자주 떠오르게 되는 사고 억제의 역설적 효과(ironic effect of thought suppression)에 대해 설명하였다. 강박장애 환자들은 원하지 않는 침투적 사고를 떠올리게 되면 이에 과도한 책임감을 경험하고 침투적 사고를 억제하려고 하지만 오히려 더 빈번하게 떠오르고 병적인 강박사고로 진행되는 악순환을 겪게 된다.

강박장애의 심리치료에는 행동치료인 노출 및 반응방지법(Exposure and Response Prevention)이 가장 효과적이다. 강박장애 환자들이 두려워하는 자극이나 사고에 노출시키지만 강박행동은 하지 못하게 하는 방법이다. 노출 시 실제 노출과 심상 노출이 활용되며 이를 통해 강박장애 환자의 50~70%에서 증상이 개선되는 결과가 보고되었다(Abramowitz, 2008). 또한 최근에는 수용전념치료(Acceptance and Commitment Therapy)와 노출 및 반응방지법을 함께 실시한 연구에서 탈락률이 낮고 참여도가 높으며 치료효과가 유지되었다는 결과도 보고되었다(Twohig 등, 2018). 강박장애의 약물치료에는 항우울제로 세로토닌 활동을 증가시키는 방법이 활용되고 있다.

13.7 외상 및 스트레스 관련 장애와 해리장애

13.7.1 외상후 스트레스 장애

외상후 스트레스 장애(Posttraumatic Stress Disorder: PTSD)는 충격적인 외상 사건(traumatic event)을 경험한 후 침투증상, 외상 사건과 관련된 자극의 회피, 외상 사건과 관련된 인지 및 감정의 부정적 변화, 현저한 각성과 반응성의 변화를 나타내는 장애이다.

PTSD의 진단 기준(DSM-5)

A. 실제적이거나 위협적인 죽음이나 심각한 상해 또는 성폭력에의 노출 경험이 다음 중 한 가지 이상에서 나타난다.

1. 외상 사건을 직접 경험함
2. 다른 사람에게서 일어나는 외상 사건을 직접 목격함
3. 외상 사건이 친한 가족이나 친한 친구에게 일어났다는 것을 알게 됨
4. 외상 사건의 혐오스러운 세부 내용에 반복적으로 혹은 심하게 노출됨(예 사

람의 유해를 처음 수거하는 초기 대응자, 아동 학대의 세부 사항에 반복 노출된 경찰 등)

B. 외상 사건과 관련된 침습적 증상이 한 가지 이상 존재한다.

1. 외상 사건이 반복적·불수의적·침습적으로 떠오르는 고통스러운 기억들
2. 꿈의 내용과 정동이 외상 사건과 관련되어 반복적으로 나타나는 고통스러운 꿈
3. 외상성 사건이 재생되고 있는 것처럼 느끼고 행동하게 하는 해리 반응(플래시백)을 보임
4. 외상 사건과 유사하거나 외상 사건을 상징하는 내적·외적 단서에 노출되면 극심하고 장기적인 심리적 고통을 느낌
5. 외상 사건과 유사하거나 외상 사건을 상징하는 내적·외적 단서에 노출되면 뚜렷한 생리적 반응을 보임

C. 외상과 관련된 자극을 회피한다(다음 중 한 가지 이상).

1. 외상 사건과 관련되는 고통스러운 생각, 감정, 대화를 회피함
2. 외상 사건과 관련되는 고통스러운 기억, 생각, 감정을 불러일으키는 외부 단서(사람, 장소, 대화, 행동, 대상, 상황)를 회피하거나 회피하려는 노력을 함

D. 외상 사건과 관련된 인지 및 기분의 부정적인 변화가 있다(다음 중 2가지 이상).

1. 외상 사건의 중요한 부분을 회상할 수 없음
2. 자기, 타인, 세상에 대한 지속적이고 과장된 부정적인 신념이나 기대를 지님 (예 '나는 나쁘다.', '누구도 믿을 수 없다.', '이 세상은 위험하다.' 등)
3. 외상 사건의 원인이나 결과에 대해 지속적으로 왜곡된 인지를 가짐 (예 자기 자신이나 타인의 탓으로 돌림)
4. 지속적인 부정적인 정서 상태(예 두려움, 경악, 분노, 죄책감, 수치심 등)
5. 주요한 활동에 대해 관심이 줄고 참여하는 것이 현저하게 줄어듦
6. 다른 사람으로부터 동떨어진 느낌과 소원한 느낌
7. 긍정 정서(예 행복, 만족감, 사랑의 감정 등)를 경험하지 못함

E. 외상 사건과 관련된 각성, 활동 수준이 현격하게 변화된다(다음 중 2가지 이상).

1. 자극이 거의 없거나 아예 없는데도 사람 또는 사물에 대해 언어적·신체적 공격성을 보이는 과민한 행동과 분노 폭발
2. 무모하고 자기파괴적인 행동

3. 과잉 각성

4. 과도한 놀람 반응

5. 집중의 어려움

6. 수면 장해

F. 장애의 지속기간이 1개월 이상이어야 한다.

G. 장애가 사회적, 직업적 또는 다른 중요한 기능 영역에서 임상적으로 유의한 고통과 손상을 초래한다.

※ 다음의 경우 명시할 것

해리 증상 동반: 증상이 외상후 스트레스 장애 기준에 해당되고 또한 스트레스에 반응하며 다음에 해당하는 증상을 지속적·반복적으로 경험한다.

1. 이인증

2. 비현실감

13.7.1.1 주요 증상과 임상적 특징

외상(trauma)은 외부의 충격적 사건을 경험하고 심리적 상처를 받은 것을 말하며, 증상이 1달 미만으로 나타날 경우 급성스트레스 장애로 진단하고 1달 이상 지속될 때 PTSD로 진단한다. PTSD에서 침투증상(intrusion symptoms)은 과거 외상 사건과 관련된 기억과 감정이 의식에 침투하여 재경험되는 것으로 자꾸 떠오르거나 악몽으로 경험되기도 한다. 외상 사건과 관련된 자극에 접촉하면 재현경험(flashback)을 하거나 매우 고통스러워하는데 이러한 재경험이 매우 힘들기 때문에 외상 기억과 관련된 생각이나 감정, 장소를 회피한다. 또한, 외상 사건의 중요한 부분들을 기억하지 못하거나 자신이나 타인을 원망하고 과도한 부정적 정서를 보이고 대인관계에서 소외감을 경험하기도 한다. PTSD 환자들은 과민해지고 주의집중력의 저하를 경험하며 사소한 일에도 놀라고 짜증을 내거나 분노폭발을 보이기도 한다. 이러한 증상들은 대부분 외상 경험 후 3개월 이내에 나타나지만 일정한 시간이 지나고 나서 발생하는 경우도 있다. 일반적으로 장애는 치료를 받지 않으면 몇 개월에서 몇 년도 계속될 수 있고 다른 장애와의 공병률도 높다. 약 50%의 환자가 주요 우울장애를 경험하고 일반화된 불안장애와의 공병률도 높게 나타난다(Kessler 등, 1997). PTSD의 1년 유병률은 3.5%이며 남성보다 여성에게서 더 흔하다(APA, 2013).

13.7.1.2 원인과 치료

외상을 경험한 사람들이 모두 동일한 심리적 반응을 보이지는 않고 어떤 사람은 빨리 극복하는 반면 어떤 사람들은 심각한 장애를 나타낸다. 어떤 유형의 사람들이 PTSD에 취약한가에 대한 연구결과가 보고되었다. Davidson과 Foa(1991)는 외상후 스트레스 장애를 유발하는 위험요인에 대해 외상 전 요인, 외상 중 요인, 외상 후 요인으로 구분하여 설명하였다. 외상 전 요인(pretraumatic factors)은 가족 내 정신장애의 병력이 있는 경우, 아동기 외상경험, 정서적 취약성 등이 있고, 외상 중 요인(peritraumatic factors)은 외상 사건의 강도와 빈도가 높을 경우, 외상 사건이 고의로 발생하거나 가까운 사람에게 발생한 경우를 들 수 있다. 외상 후 요인(posttraumatic factors)은 가족이나 지인 등 친밀한 관계가 빈약하고 사회적 지시체계가 부족한 경우, 직업 및 가정의 불안정, 약물남용 등으로 적응상의 어려움을 초래하고 장애를 더 악화시키게 된다.

PTSD에서 가장 대표적인 이론은 Foa와 동료들이 주장한 정서적 처리 이론(emotional processing theory)이다. 외상을 경험한 사람은 공포 기억구조(fear structure)를 형성하는데 외상 사건 정보, 외상 사건에 대한 인지, 행동, 생리적 반응에 대한 정보, 자신의 반응에 대한 정보 등으로 구성된다. 외상 경험과 관련된 단서들이 이 공포 기억구조의 연결망을 활성화하고 침투 증상이 나타난다. 공포 기억구조의 활성화를 회피하고 억압하려 하지만 회피 증상이 심화되고 적응상의 문제가 지속되기 때문에 반복 노출을 통해 공포 기억구조를 수정하고 공포를 둔감화시키며 결국 회피가 줄어들도록 하는 것이 필요하다. 노출을 계속할수록 환자들은 자신에 대한 유능감을 다시 회복하고 예측가능성과 통제가능성을 되찾으면서 기존 신념체계로 통합을 할 수 있다.

PTSD의 치료에는 지속노출치료(Prolonged Exposure)가 효과적인 것으로 보고된다. 외상 사건을 단계적으로 떠올리고 반복노출시키며 긴장이완과 호흡 훈련을 실시한다. 실제 노출과 심상 노출로 외상 사건에 노출하며 외상 기억에 대한 둔감화를 일어나도록 하고 기억이 외상 사건과 다르다는 것을 인식하게 되면 불안이 줄어들게 된다(Foa & Rauch, 2004).

13.7.2 해리성 정체성장애

해리성 정체성장애(Dissociative Identity Disorder)는 2개 이상의 각각 구별되는 정체성 혹은 성격 상태가 존재하는 것으로 다중인격(multiple personality)으로 불리기도 한다. 해리성 정체성장애는 아동기에 신체적 및 성적 학대를 경험한 경우가 많다는 주장이 제시되었다. 해리성 정체성장애의 외상 모델에서는 아동기의 외상 경험을 회피하기 위해 해리적 방어로 나타난 해리 증상이 연령 증가에 따라 더 정교화되면서 장애로 발달한다고 설명하였다. 해리적 방어를 하면서 외상 사건이 일어나는 순간에 충격에서 분리가 가능하고 이후에는 기억을 다루는 것에서 벗어나도록 할 수 있다. 따라서 해리는 자신이 감당할 수 없는 아동기 외상 경험으로부터 자신을 보호하기 위해 외상 기억과 감정을 억압하는 기능을 하지만 이후 성장과정에서 자기정체감을 형성하지 못할 때 해리성 정체성장애로 발전할 수 있다.

해리성 정체성장애의 진단 기준(DSM-5)

A. 2개 이상의 별개의 성격 상태로 특징되는 정체성의 붕괴다. 어떤 문화권에서는 빙의 경험으로 정의된다. 정체성 붕괴는 자기 감각과 행위 주체감에 대한 뚜렷한 비연속성을 포함하며 정동, 행동, 의식, 기억, 지각 인지 그리고 감각운동 기능에서 변화가 나타난다.

B. 매일의 일상 사건이나 중요한 개인적 정보 또는 외상 사건을 기억할 때는 반복적으로 공백이 나타나는데, 이는 일상적인 망각으로는 설명되지 않는다.

C. 증상은 사회적, 직업적 또는 다른 주요 기능 영역에서 임상적으로 유의한 고통이나 손상을 초래한다.

D. 장애는 널리 받아들여질 수 있는 문화적 또는 종교적 관례로 볼 수 있는 것이 아니다.

E. 증상은 물질의 생리적 효과나 다른 의학적 상태에 의한 것이 아니다.

13.8 성격과 성격장애

성격장애(Personality Disorder)는 어린 시절부터 형성되며 발달한 심리적 특성이 부적응적으로 나타나 사회적·직업적 기능상 유의한 장애가 발생하는 것을 말한다. DSM-5에서는 유사한 성격장애를 3가지 군집으로 분류하고 있다.

성격장애 진단에는 오랜 기간 관찰이 이루어져야 하고 주변 사람들로부터의 정보를 얻을 필요가 있으며 특징적인 성격 특질이 성인기 초기 전에 분명하게 나타나야 하므로 진단이 쉽지 않다.

성격장애의 증상은 다양하고 그 정도도 경미한 수준에서 심각한 수준까지 나타날 수 있다. 성격장애의 양상은 청소년기나 성인기 초기에 나타나고 시간이 흘러도 크게 변하지 않고 유지되는 사고와 행동을 보인다. 다만, 반사회성 성격장애나 경계선 성격장애 같은 경우 나이가 들면서 호전되는 경우가 있으나 분열형 성격장애, 강박성 성격장애 같은 성격장애는 더 악화되거나 변화를 보이지 않을 수 있다. 성격장애를 지닌 사람들은 역기능적 성격 특성과 행동을 나타내고 대인관계에서 친밀한 관계를 형성하고 유지하기 어려우며 주변 사람들에게 고통을 준다. 성격장애를 지닌 사람들은 자신의 성격에 대한 통찰력이 빈약하고 자아동조적(ego-syntonic)인 경향이 있어 고통감이 크지 않기 때문에 스스로 치료장면에 찾아오는 경우가 드물고 치료도 어렵다.

전반적인 성격장애의 진단 기준(DSM-5)

A. 내적 경험과 행동의 지속적인 패턴이 그 사람이 속한 문화에서 기대되는 것으로부터 현저하게 편향되어 있다. 이러한 패턴은 다음 사항 중 2가지 이상에서 나타난다.

1. 인지(자신과 다른 사람 및 사건을 지각하고 해석하는 방법)
2. 정동(감정 반응의 범위, 불안정성, 적절성)
3. 대인관계 기능
4. 충동 조절

B. 지속적인 패턴이 개인의 사회 상황의 광범위한 범위에 걸쳐서 경직되어 있고 전반적으로 나타난다.

C. 지속적인 패턴은 사회적, 직업적 또는 다른 기능 영역에서 임상적으로 유의한 고통이나 손상을 초래한다.

D. 성격 패턴은 안정적이고 오랫동안 있어 왔으며, 청소년기 또는 초기 성인기부터 시작되었다.

13.8.1 A군 성격장애

A군 성격장애는 사회적으로 고립되어 있고 기이하고 괴상한 성격특성을 나타내는 성격장애로 편집성 성격장애, 조현성 성격장애, 조현형 성격장애가 있다.

13.8.1.1 편집성 성격장애

편집성 성격장애(Paranoid Personality Disorder)는 타인을 믿지 못하고 의심하며 타인이 자신을 공격한다고 여기고 적대적 태도로 사회적 적응상의 문제를 야기하는 성격특성을 보인다. 주변 사람들과 친밀한 대인관계를 맺기 어렵고 불필요한 논쟁을 벌이며 타인의 위협 가능성을 지나치게 경계하고 신뢰하지 않는다.

DSM-5 진단기준에서는 다음 중 4개 이상의 항목을 충족시켜야 한다. 1) 충분한 근거 없이 타인이 자신을 착취하고 해를 주거나 속인다고 의심한다. 2) 친구나 동료의 충정이나 신뢰에 대해 근거 없는 의심에 사로잡혀 있다. 3) 어떤 정보가 자신에게 나쁘게 이용될 것이라는 잘못된 두려움 때문에 타인에게 비밀 등을 털어놓기를 꺼린다. 4) 보통의 악의 없는 말이나 사건에 숨겨진 위협 또는 자신의 품위를 손상하는 의미가 있다고 해석한다. 5) 지속적으로 원한을 품는다. 즉, 모욕, 무례 또는 경멸을 용서하지 못한다. 6) 다른 사람이 볼 때는 분명하지 않은 자신의 성격이나 평판에 대한 공격을 지각하고, 즉시 화를 내거나 반격한다. 7) 정당한 이유 없이 배우자 또는 애인의 정절에 대해 반복적으로 의심한다.

13.8.1.2 조현성 성격장애

조현성 성격장애(Schizoid Personality Disorder)는 타인과의 친밀한 관계형성에 대한 관심이 없고 감정표현에 서투르며 사회적 적응상의 현저한 어려움을 보이는 성격장애이다. 이들은 친밀한 관계에 무관심하고 가족을 제외하면 친한 사람이 거의 없으며 다른 사회집단의 사람들과 어울리는데 흥미가 부족해 혼자 사회적으로 고립되어 지내기 쉽다. 일이나 업무도 컴퓨터 관련된 직종을 선택하고 게임에 몰두하는 등 사람과 교류하지 않는 일을 선호하고 뚜렷한 인생의 목표가 없는 것처럼 지낸다. 성적인 흥미도 부족하여 이성관계를 맺기 어렵고 결혼을 하더라도 성적인 친밀함을 맺는데 관심이 없고, 사회적 상황의 단서에 둔감하여 부적절하게 반응하거나 사회기술이 부족하고 따돌림을 받을 수 있다. 아동기와 청소년기부터 증상을 나타내는 경향이 있고 조현형 성격장애나 조현병을 겪는 가계에서 이 장애의 유병률이 더 높게 나타난다.

13.8.1.3 조현형 성격장애

조현형 성격장애(Schizotypal Personality Disorder)는 조현병과 가장 유사한 성격장애이다. 도파민 과활성화, 뇌실 확장, 측두엽 축소 및 회백질 손상과 같은 조현병의 발병과 관련된 생물학적 요인들뿐만 아니라 가계에도 조현형 성격장애가 많이 나타난다는 연구결과가 보고되었다. 조현성 성격장애와 유사하지만 이 장애는 대인관계에서의 불안감과 경미한 사고장애를 동반하며 기괴한 언행을 보인다는 점에서 차이가 있다. 조현형 성격장애로 진단하기 위해서는 친밀한 대인관계에 대한 현저한 불안감, 대인관계 형성 및 유지가 제한되는 점, 인지적 왜곡과 기이한 행동, 전반적으로 사회적 적응에 손상을 나타낸다. 아동기와 청소년기에 증상이 나타나기 시작해 성인기 초기에 발병하며 심한 스트레스를 받으면 일시적으로 정신증의 증상을 보일 수도 있다.

13.8.2 B군 성격장애

B군 성격장애는 극적이고 변덕스러운 정서적 성격특성을 보이며 반사회적 성격장애, 연극성 성격장애, 경계선 성격장애가 속한다.

13.8.2.1 반사회성 성격장애

반사회성 성격장애(Antisocial Personality Disorder)는 사회의 규범이나 법규를 지키지 않고 타인의 권리를 침해하는 행동을 보이고 무책임하고 폭력적인 행동을 나타내 사회적 부적응을 보이는 장애이다. 이 장애를 겪는 사람들 중에는 타인을 괴롭히고 사기 등으로 재산을 침탈하고 개인적인 쾌락을 위해 거짓말을 계속하거나 알콜, 약물 등에 탐닉하고 위험한 성적 행동이나 음주 운전, 폭행 등의 문제행동을 보이는 경우가 많다. 반사회성 성격장애로 진단되기 위해서는 15세 이전에 품행장애를 보여야 하고, 흔히 아동기와 청소년기부터 폭력, 거짓말, 절도, 결석이나 가출 등의 문제를 나타낸다. 타인에게 고통을 주고도 죄책감이나 후회가 없고 불법적인 행동을 반복해서 저질러 사회에 큰 피해를 입힌다.

정신분석에서는 반사회적 성격장애의 원인이 부모에게 충분한 애정을 받지 못하고 기본적 신뢰를 쌓지 못한 상실감에 있다고 보고 있다. 어린 시절 경험하는 부모의 다툼과 가정폭력, 이혼, 경제적 어려움 등이 반사회적 성격장애 형성에 영향을 미치는 요인이 될 수 있다.

주로 법원의 처분에 따라 치료장면에 오는 경우가 많으며 스스로 문제의식이 없기 때문에 자발적으로 치료를 받으러 오는 경우는 극히 드물다. 치료에 대한 동기 수준이 낮고 통찰력도 빈약할 뿐 아니라 2차적 이득을 위해 치료를 이용하려고 하기 때문에 주의해야 한다. 따라서 아동기나 청소년기에 문제행동 및 비행 청소년에 대한 조기개입과 부모교육을 통해 예방하는 것이 더 바람직하다.

13.8.2.2 경계선 성격장애

경계선 성격장애(Borderline Personality Disorder)는 불안정한 자아상 및 정서, 대인관계의 문제, 현저한 충동성이 성인기 초기에 시작되어 여러 상황에서 발생하는 장애이다. 이들은 다른 사람에게 버림받는 것에 대한 두려움이 매우 큰 양상을 보이는 등 거절 민감성(rejection sensitivity)이 높고 유기를 피하기 위해 필사적으로 노력하며 욕구 좌절 시 자해 행동, 자살 시도를 반복적으로 보인다. 타인에 대한 극단적인 이상화와 평가절하를 반복하고 불안정하고 강렬한 대인관계 양식을 나타낸다. 정신분석에서는 경계선 성격장애가 초기 오이디푸스 이전 부모-자녀 관계에서 건강한 분리에 실패하고 분리 개별화 단계에 고착된 경우 의존성을 나타내고 분리에 대한 대응을 잘 하지 못하게 된다고 설명하였다(Gunderson, 2009). 경계선 성격장애 환자들은 어린 시절 언어적 학대, 신체적 학대, 성적 학대, 부모의 양육방임과 태만을 겪는 경우가 많았다(Sansone 등, 2005).

경계선 성격장애를 겪는 이들은 만성적 공허감을 경험하고 쉽게 강한 분노감을 경험하며 감정 조절에 취약하고 극심한 스트레스 상황에서 일시적으로 해리 증상이나 편집성 사고를 보일 수도 있다. 우울장애, 양극성 장애, 물질사용장애, 신경성 폭식증, 외상후 스트레스 장애가 흔하게 동반된다(APA, 2013).

13.8.2.3 연극성 성격장애

연극성 성격장애(Histrionic Personality Disorder)는 타인의 애정과 관심을 받기 위해 지나친 감정표현과 관심을 끄는 행동을 보이는 장애이다. 이들은 자신이 주목을 받지 못하는 상황을 견디지 못하고 불편감을 경험하며 정서적으로 불안정하고 대인관계에서 갈등을 경험한다. 주변 사람들의 관심을 받기 위해 노력하지만 오히려 주변의 관심을 멀어지게 하는 경향이 있고 감정기복이 심하고 피상적이고 깊이가 없는 듯한 감정표현을 한다. 화려하게 치장하고 이성에게 유혹적인 행동을 할 뿐 아니라 이성의 요구에 잘 응하고 상대방에게 칭찬 세례를 하는 행동을 보이며 관심을 받고자 한다. 다른 사람들이 자신이 원하는 인정과 관심을 보여주지 않으면 자신을 싫어한다고 여기고 우울하고 불안해하며 주목받는 타인에 대해 강한 분노와 시기, 질투, 경쟁심을 보인다. 겉으로는 자신감 있어 보이지만 실제로는 자존감이 빈약하고 상처받는 것에 민감하며 거절을 두려워한다. 자신이 원하는 것을 얻기 위해 타인을 조종하며 욕구 좌절 상황에서 상식을 벗어난 행동을 보일 수 있다.

13.8.2.4 자기애성 성격장애

자기애성 성격장애(Narcissistic Personality Disorder)는 자신에 대한 과장된 평가인 과대성(grandiosity)을 보이고 타인에게 과도한 숭배를 요구하며 착취하거나 오만한 행동을 보이고 다른 사람의 감정에 대한 공감의 결여를 특징으로 하는 장애이다. 일반적으로 자신을 사랑하는 것은 건강한 것이지만 비현실적으로 자신을 과대평가하고 타인을 무시하며 자기중심적인 행동을 보여 대인관계에서 갈등과 부적응 양상이 심화되는 경우 자기애성 성격장애로 진단할 수 있다. 이들은 자신이 매우 특별한 사람이라고 생각하며 특권의식이 있어 대우받기를 원하며 타인이 자신에게 헌신하도록 혹사시키면서도 남의 삶에는 관심이 없다. 사회적 지위가 높은 특별한 사람들만이 자신과 어울릴 자격이 된다고 생각하고 무한한 성공과 권력, 이상적 사랑에 대한 공상에 집착할 수 있다. 남성이 주로 이 장애로 진단되며 나이가 들어 육체적으로 쇠약하고 직업적 상실을 경험하면 정서적 어려움이 심화될 수 있다. 자기애성 성격장애는 일반적으로 개인심리치료로 접근한다. 정신분석치료에서는 내담자와 치료자 간 관계에서 나타나는 전이를 통해 과거 부모와의 관계에서 좌절된 욕구를 탐색하게 되고 치료자는 내담자의 욕구를 잘 이해하고 공감해주도록 한다. 인지행동치료에서는 비현실적인 과대한 자기상에 대한 부적응적 신념을 수정하여 현실적인 자기상을 형성할 수 있도록 돕고 타인의 감정에 대해 공감할 수 있도록 하며 착취적인 행동을 수정할 수 있도록 한다.

13.8.3 C군 성격장애

C군 성격장애는 불안하고 두려움을 느끼며 겁이 많은 성격특성을 나타내고, 회피성 성격장애, 의존성 성격장애, 강박성 성격장애가 해당한다.

13.8.3.1 회피성 성격장애

회피성 성격장애(Avoidant Personality Disorder)는 다른 사람으로부터 부정적인 평가를 받는 것을 과도하게 두려워하고 사회적 관계에서 과도하게 억제적이며 쉽게 상처받고 회피하여 고립되어 지내기 쉬운 장애이다. 수줍음이 많고 부적절감을 느끼며 새로운 관계를 형성하는데 어려움을 경험할 뿐만 아니라 자신이 열등하고 매력이 없는 사람이라고 생각하는 경향이 있다. 사소한 실수에도 예민하게 반응하고 당황하는 모습을 들킬까봐 새로운 일을 하지 않으려 하고 위험을 무릅쓰지 않으려 한다. 회피성 성격장애는 주로 개인 심리치료로 치료하며 정신분석치료에서는 과거 성장과정에서 경험한 수치심의 원인을 탐색하고 인지행동치료에서는 긴장이완훈련 등으로 불안감을 경감시키도록 돕고 사회적 상황에서 대처할 수 있는 노출법을 점진적으로 실시하며 대인관계 및 부정적 자기상과 관련된 부정적 신념을 수정하여 긍정적 신념으로 변화시키도록 한다.

13.8.3.2 의존성 성격장애

의존성 성격장애(Dependant Personality Disorder)는 다른 사람의 도움 없이는 혼자 독립적으로 생활하지 못하고 주변 사람들에게 의존하며 중요한 타인과 분리되는 것이 두려워서 복종적인 행동을 하면서 보호받으려 하는 장애를 말한다. 의존성 성격장애를 겪는 이들은 중요한 타인에게 과도하게 의지하여 자기확신을 하지 못하고 결정력도 부족하며 매우 수동적이어서 자기가 책임져야 할 일도 다른 사람에게 전가한다. 이들은 어떤 옷을 입을지, 무슨 일을 먼저 해야 하는지, 오늘 외출 시 챙겨야 하는 물건이 무엇인지와 같이 사소한 일에도 결정을 내리지 못하고 중요한 타인에게 의존한다. 자신의 생각과 달라도 자기 견해를 주장하지 못하고 혼자서 아무

것도 하지 못한다고 느끼기 때문에 위험한 일을 감수하지 않고 새롭게 도전하지 않으며 소극적 태도로 일관한다. 어린 시절 신체적으로 허약하고 만성적 질환을 앓았던 아동의 경우 부모가 과잉보호하면서 장애가 유발될 수 있고 자녀의 기질적 요인 외에도 부모의 성격적 특성으로 아동을 과도하게 보호할 수도 있다. 의존성 성격장애는 주로 개인 심리치료로 접근한다. 타인에게 의존하지 않는 독립적인 인생을 살 수 있도록 자기효능감을 증진시키고 자기확신감을 가질 수 있도록 스스로 문제해결력을 키우고 자기 주장 훈련과 의사소통 훈련 등을 할 수 있다.

13.8.3.3 강박성 성격장애

강박성 성격장애(Obsessive Personality Disorder)는 사소한 세부사항과 규칙이나 순서 등에 과도하게 집착하고 완벽주의적 성향을 보이며 경직성과 완고함을 보이는 성격장애이다. 이들은 시야가 매우 협소하고 극도로 신중하며 실수를 반복해서 확인하는 등 비효율적인 업무양식을 보여 오히려 과제 완수를 하지 못하고 정서적으로도 고통감을 경험한다. 감정표현을 억제하고 자유롭게 감정을 표현하는 사람을 불편하게 여긴다. 돈에 매우 민감하고 인색할 뿐만 아니라 미래에 생길 불행한 사건들에 대비해서 미리 돈을 통제하고 구두쇠처럼 생활하며 닳고 쓸모없는 물건도 버리지 못하고 모아두기도 한다. 대인관계는 형식적이고 애정 표현이나 칭찬에도 인색하며 일하는 데만 몰두해서 여가활동이나 친구관계의 우정도 희생한다. 또한 지나치게 양심적이고 고지식하며 융통성이 없다. 강박장애를 보이는 경우에는 강박성 성격장애를 나타내지 않는 경우가 대부분이지만 강박적 성격장애는 강박장애를 함께 보이는 경우가 있다. 남자가 여자보다 2배 정도 더 많이 진단된다. 강박장애의 정신분석적 치료에서는 지나치게 엄격한 부모의 통제 하에 형성한 초자아를 수정하고 두려움과 죄책감, 분노감 등의 감정을 통제하기보다 수용하여 자신의 일부로 받아들이도록 한다. 인지행동적 치료에서는 내담자의 문제에 대해 구체적 목표를 정하고 해결하면서 부적응적 신념을 탐색하고 현실적인 신념으로 수정하는 데 초점을 둔다.

13.9 군사적 활용

13.9.1 군의 정신건강 실태

군의 기본적인 사명은 심신이 건강한 자원을 선별한 후 그들을 교육훈련하여 강군으로 육성하는 것이다. 그러나 군복무 중 많은 장병이 군복무에 부적응하거나 정신건강 상의 문제로 인해 군을 떠나고 있다. 표 13-1에서 볼 수 있는 바와 같이 최근 발표된 자료(2021. 9. 29. 뉴시스)에 의하면, 2012년부터 2021년까지 10년간 현역복무 부적합으로 판정받아 전역한 용사는 총 42,870명이었으며, 이 중 79.3%인 34,038명이 정신질환과 복무 부적응으로 전역한 것으로 나타났다. 정신질환과 복무 부적응 전역자는 2012년 840명에서 2020년 4,916명으로 매년 꾸준한 증가세를 보여주고 있다.

▼표 13-1 최근 10년간 현역복무 부적합으로 전역한 병사수(연도별 · 유형별)

구분	2012년		2013년		2014년		2015년		2016년	
	정신질환/복무 부적응	군복무 곤란 질환	정신질환/복무 부적응	군복무 곤란 질환	정신질환/복무 부적응	군복무 곤란 질환	정신질환/복무 부적응	군복무 곤란 질환	정신질환/복무 부적응	군복무 곤란 질환
전역 인원 (명)	840	220	1,194	227	2,776	551	3,570	1,002	3,909	1,212
	4,277	1,303	4,783	1,308	4,929	1,274	4,916	1,132	2,844	603

출처: 조명희 의원실 제공(https://mobile.newsis.com/view.html?ar_id=NISX20210929_0001597856)

군병원 정신건강의학과 진료를 받은 장병을 분석한 최근 신문기사(2020. 10. 26. 한국일보)를 보면, 군병원 정신건강의학과 외래 · 입원환자 진료 건수가 2016년 35,507건에서 2019년 46,852건으로 약 32% 이상 증가했다. 진료 환자는 적응 장애, 우울장애로 진단되는 경우가 가장 많았고, 불안장애, 성격장애, 양극성 장애, 정신병적 장애, 신체증상장애, 충동장애, 물질사용장애, 섭식장애, 성주체성장애 등 다양한 장애로 진단되었다.

군대의 부적응 연구를 살펴보면, 김수룡 등(1997)의 연구에서 27.8%가 인성검사에서 이상이 있으며, 18.3%는 상담이나 후송이 필요하다는 결과를 얻었다. 그리고 함봉진 등(2007)의 연구에서는 정신증을 제외한 대부분 정신장애의 1년 유병률이 24.2%로 동일 연령대의 일반인구 결과보다 빈도가 높은 것으로 나타났다. 안현의 등(2007)의 연구와 김상균 등(2013)의 연구에서는 같은 척도를 사용하였는데, 전자에서는 용사의 10.96%, 후자의 연구에서는 7.9%가 부적응으로 분류되었다. 이와 같이 부적응 비율은 감소하였으나, 각 부적응 용사가 가지고 있는 증상의 개수는 3.07개에서 3.67개로 증가하였다. 더 우려스러운 점은 안현의 등(2007)의 연구에서는 대인관계 문제에서 비롯된 부적응이 많았던데 반해, 김상균 등(2013)의 연구에서는 대인민감성뿐만 아니라 공포증, 편집증, 정신증, 강박 등 병리적인 성격의 증상이 증가하였다는 점이다.

한편 자살은 군복무 부적응뿐만 아니라 우울장애 등과 밀접하게 관련되어 있으며, 군의 사기와 전투력 보존에 직접적인 영향을 미치게 된다. 우리나라는 1998년 외환위기 시기에 자살이 크게 늘었는데, 이는 삶의 만족도와 서로 관계가 있는 것으로 알려져 있다. 우리나라는 OECD 평균보다 자살률이 두 배 이상 높은 실정인데, 2010년 전후로는 인구 10만 명당 30명이 넘기도 하였으며, 2020년을 전후해서는 20명 후반을 기록하고 있다. 자살에 대한 통계를 20대로 한정하여 살펴보면, 표 13-2와 같이 군 자살률은 동일 남성연령대 민간 자살률의 절반에도 미치지 못한다. 그리고 군내 사망 사고 중 자살이 차지하는 비율은 2011년 이후 지속적으로 감소 추세를 보이고 있는데, 이는 한국군의 자살과 관련된 안전관리 활동이 매우 성과가 있었음을 의미한다. 그러나 군에서의 자살이 사기와 전투력에 미치는 영향을 고려할 때, 군에서 실시하고 있는 자살예방 종합시스템을 잘 이해하고 제도개선을 비롯한 지속적인 노력을 해나가야 함을 명심해야 한다.

▼표 13-2 20대 군과 민간인의 자살사고 비교

구 분		11	12	13	14	15	16	17	18	19	20
군	자살자 수	97	72	79	67	57	54	51	56	62	42
	10만 명당 수	15.2	11.1	12.2	10.2	8.7	8.2	8.0	8.8	9.7	7.1
일반	자살자 수	990	813	720	754	709	702	741	767	772	849
	10만 명당 수	28.2	23.5	20.9	21.8	20.3	19.9	20.8	21.5	21.6	23.7

출처: e-나라지표(http://www.index.go.kr/potal/main/EachDtlPageDetail.do?idx_cd=1701)

13.9.2 자살예방 종합시스템

군에서 장병들의 정신건강을 개선하고 자살을 비롯한 각종 사고를 줄이기 위해 오랜 시간 동안 노력을 기울여 왔으며, 자살예방 종합시스템은 그 노력의 산물이라고 볼 수 있다. 여기서는 4단계로 세분화된 자살예방 종합시스템의 전반적인 흐름을 이해하고, QPR 자살예방 프로그램, 그린캠프 등에 대해서 알아보고자 한다. 신인성검사, 병영생활 전문상담관 제도도 자살예방 종합시스템의 중요한 구성요소이다. 신인성검사는 10장, 병영생활 전문상담관은 12장에서 자세히 살펴보았다.

13.9.2.1 자살예방 종합시스템: 차단-식별-관리-분리

그림 13-1에서 볼 수 있는 바와 같이, 자살예방 종합시스템은 차단-식별-관리-분리의 4단계로 구분되며, 차단 단계는 자대 복무 전에, 나머지 세 단계는 자대 복무 중에 실시한다.

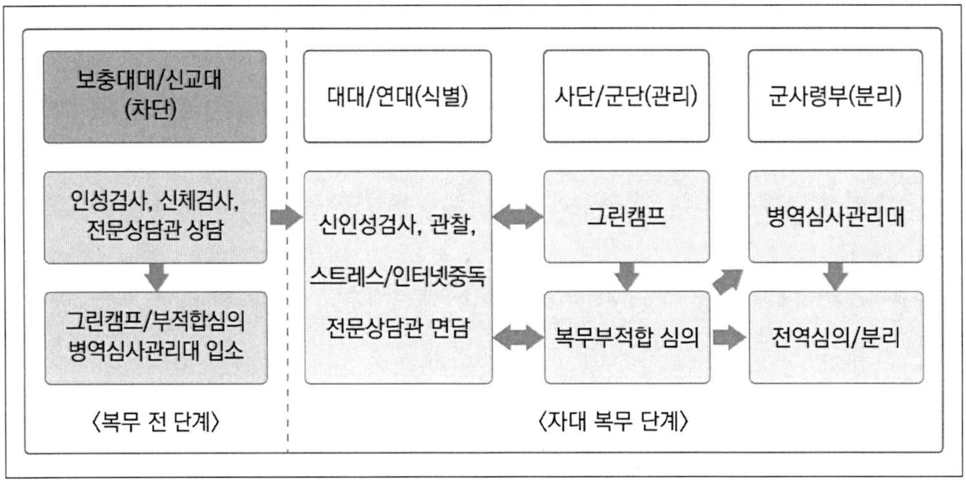

[그림 13-1] 자살예방 종합시스템

차단 단계는 병무청 수검과 입영 부대에서 진행된다. 매년 19세가 되는 남성은 군복무의 적합성 여부를 알아보기 위해 병무청에서 병역판정검사를 받는다. 신체등급에 따른 병역처분기준은 1~3급은 현역병 입영 대상, 4급은 보충역, 5급은 전시근로역이 되며, 6급은 병역면제, 7급은 재신체검사를 받게 된다. 그런데 이 검사의 수검인원이 지속적으로 감소하고 있어 2012년 36만여 명에서 2020년 28만여 명에 그쳤다. 수검인원 중 현역 비율도 지속적으로 감소하여 2012년 91.3%에서 2020년 81.2%인 반면, 보충역은 꾸준히 증가하여 2012년 5.2%였으나 2020년에는 13.3%에 이르렀다. 또한, 군 유입이 차단되는 불합격 인원은 2012년 1.9%에 그쳤으나, 2018년부터 3%를 상회하기 시작하였다. 한편 병무청 수검뿐만 아니라 입영부대에서도 일부 인원에 대한 차단 절차를 진행한다. 즉 입영부대에서는 신인성검사(복무적합도검사 모듈)와 신체검사 결과를 통해 정신질환자를 귀향 조치하도록 하고 있다.

군복무 중 자살우려자와 부적응자를 식별하고 관리하며, 필요 시 군복무로부터 분리하는 작업은 신병교육대부터 지속적으로 시행되고 있다. 신병교육대에서는 신인성검사(군생활적응도검사 모듈), 병영생활지도기록부, 관찰과 면담 등을 통해 자살우려자를 식별하고 자살위험 정도를 분류한다. 그리고 병영생활 전문상담관이나 군종장교와의 상담, 정신과 군의관 진료 등을 실시하여 적응을 돕도록 하며, 필요한 경우에 도움훈련병으로 지정하고, 멘토를 두기도 한다. 그러나 자살우려가 심각할 경우 그린캠프에 입소 후 현역복무부적합 심의를 통해 분리를 실시한다.

자대에서의 식별-관리-분리도 신병교육대에서와 같은 맥락에서 진행된다. 자대에서의 식별은 전입 후 집중부대관리 기간에 전입면담, 병영생활 전문상담관의 상담, 신인성검사 등의 과학적 식별도구(10장을 참고하라) 결과를 활용하여 도움 병사와 배려 병사, 자살우려자를 식별하고자 한다. 도움 병사는 배려 병사에 비해 사고유발 가능성이 높은 고위험군에 해당하며, 군복무 중 자살계획을 밝히거나 자살을 시도하기도 한다. 자살우려자는 24시간 관찰계계를 유지하고, 정신과에서 정확한 진단과 치료를 받을 수 있도록 한다. 그리고 필요한 경우에는 본인의 동의하에 그린캠프에 입소할 수 있다. 이러한 관리에도 불구하고 자살위험이 해소되지 않거나 현역복무로 부적합하다고 판단되는 경우에는 현역복무부적합 조사위원회와 병역심사관리대의 전역심사위원회를 거쳐 군으로부터 분리하게 된다.

13.9.2.2 QPR 자살예방 프로그램

군에서는 QPR 자살예방 프로그램을 도입하여 활용하고 있다. QPR 자살예방교육 프로그램은 1995년에 미국 워싱턴 대학의 Paul Quinnett 교수가 개발하였는데, 전체적 접근, 지역사회에 기초한 접근을 이론적 토대로 하고 있다. QPR 자살예방 프로그램의 목적은 전 장병을 자살예방 게이트 키퍼(gate keeper)화하여 자살을 감소하거나 예방하는 것이다.

QPR은 질문하기(Question), 설득하기(Persuade), 의뢰하기(Refer)를 의미하는데,

한국 QPR 자살예방연구소에서 주관하는 자살예방 교육을 받은 장병은 자살의 위험신호를 알아챈 후 심리상태를 질문하고, 긍정적 방향으로 설득하여 전문가의 치료를 받도록 의뢰하는 역할을 한다. 자살예방 교관화 교육은 기본과정과 간부과정으로 구분되어 있다. 기본과정은 용사를 포함한 군의 모든 구성원이 교육받을 수 있으며, 간부과정은 관련 업무를 담당하는 간부 위주로 교육을 실시한다.

13.9.2.3 그린캠프(Green Camp)

군에서 운용하는 각종 캠프는 적응에 곤란을 겪거나 자살 등 심리적 문제를 가지고 있는 용사를 체계적으로 관리·치료함과 동시에 지휘관으로 하여금 부대의 병력관리와 지휘부담을 감소시키기 위해 도입한 제도이다. 2003년 군종장교 주관으로 운영된 비전캠프가 첫선을 보였으며, 힐링캠프가 사단급 부대에서 활용되기도 하였다. 그린캠프는 2009년부터 사단급에서 운용하다가 2011년부터는 군단급으로 조정되어 현재에 이르고 있다. 그린캠프는 2주간 프로그램으로 구성된 정규캠프이다. 캠프의 운영은 현역 장병이 담당하고 있으나, 실제 프로그램은 외부전문가를 활용하여 집중적으로 시행하고 있다.

그린캠프 운영상에서 여러 문제점이 제기되었다. 우선 그린캠프에 입소하는 용사들이 부적응자 또는 낙오자라는 낙인 효과(stigma effect)를 경험할 수 있다는 점이다. 이로 인해 적응에 어려움을 겪거나 치료가 필요한 용사가 입소를 꺼리게 될 수 있으며, 비자발적으로 입소하게 될 가능성도 있다. 그리고 입소하는 용사들은 다양한 문제점을 가지고 있으나 프로그램의 구성은 상대적으로 제한적일 수 있다. 더불어 그린캠프에는 전문적 상담능력을 보유한 병영생활상담관이 투입되어 운영되고 있으나, 전국 각지에서 운용되기 때문에 필요 시 외부 강사 초빙 등에 어려움이 있을 수 있으므로 이를 개선하기 위한 노력이 이루어져야 하겠다.

참고문헌

권석만 (2013). **현대 이상심리학(제2판)**. 서울: 학지사.

권석만 (2014). **이상심리학의 기초**. 서울: 학지사.

김상균, 이정원, 강성록, 김윤나, 송병호, 박일 (2013). **군복무 부적응자 인권상황 및 관리에 대한 실태조사**. 국가인권위원회.

김수룡, 이태경, 조선익 (1997). 관심사병 관리에 대한 육군 인성검사(KMPI)와 간이정신진단검사(SCL-90-R)와의 비교연구 **대한군진의학학술지, 28**, 51-64.

박대로 (2021. 09. 29). **10년간 3만4천여명, 정신질환·복무 부적응으로 전역**. 뉴시스. https://mobile.newsis.com/view.html?ar_id=NISX20210929_0001597856

박진만 (2020. 10. 26). **정신과 진료 받은 군인 4년 새 30% 늘었다**. 한국일보. https://www.hankookilbo.com/News/Read/A2020102614370005022

안현의, 최병순, 손난희, 이문희, 서은경, 이은진 (2007). **군복무 부적응자 인권상황 실태조사**. 국가인권위원회.

이우경(2016). **DSM-5에 의한 최신 이상심리학**. 서울: 학지사.

조맹제(2011). **2011년도 정신질환실태 역학조사 보고서**. 서울: 보건복지부.

최윤영(2018). **사회불안장애에 대한 강화된 이미지 재구성 치료효과 및 치료기제 검증**. 고려대학교 박사학위 논문.

함봉진, 전홍진, 장성만, 이해우, 이효정, 심은정 (2007). **국방부 연구용역사업보고서-군내 정신질환(급성, 외상후스트레스장애 포함)의 유병율 조사**. 서울: 서울대학교 의과대학.

Abramowitz, J. S. (2008). Is nonparaphilic compulsive sexual behavior a variant of OCD?. In J. S. Abramowitz, D. McKay, & S. Taylor (Eds.), *Obsessive-compulsive disorder: Subtypes and spectrum conditions* (pp. 271-286). Oxford, England: Elsevier.

American Psychiatric Association (2013). **정신질환의 진단 및 통계편람 제5판**[Diagnostic and Statistical Manual of Mental Disorder-5th edition(DSM-5)] 권준수 외 공역. 서울: 학지사. (원저는 2013년에 출판).

Bateson, G., Jackson, D. D., Haley, J., & Weakland, J. (1956). Toward a theory of schizophrenia. *Behavioral Science, 1*, 251-264.

Bibring, E. (1953). The mechanism of depression. In P. Greenacre (Ed.), *Affective disorders: Psychoanalytic contributions to their study* (pp. 13-48), New York:

International Universities Press.

Burijon, B. N. (2007). *Biological bases of clinical anxiety*. New York: W. W. Norton & Company.

Burke, H. M., Davis, M. C., Otte, C., & Mohr, D. C. (2005). Depression and cortisol responses to psychological stress: A meta-analysis. *Psychoneuroendocrinology, 30*, 846-856.

Butcher, J. N., Hooley, J. M., & Mineka, S. M. (2013). *Abnormal psychology* (16th ed.). Boston, MA: Pearson.

Cahn, W., Van Haren, N. E. M., Pol, H. H., Schnack, H. G., Caspers, E., Laponder, D. A. J., & Kahn, R. S. (2006). Brain volume changes in the first year of illness and 5-year outcome of schizophrenia. *The British Journal of Psychiatry, 189*, 381-382.

Cardinali, D. P., Srinivasan, V., Brzezinski, A., & Brown, G. M. (2012). Melatonin and its analogs in insomnia and depression. *Journal of Pineal Research, 52*, 365-375.

Carlson, J. M., Gilbert, D. G., Riise, H., Rabinovich, N. E., Sugai, C., & Froeliger, B. (2009). Serotonin transporter genotype and depressive symptoms moderate effects of nicotine on spatial working memory. *Experimental and Clinical Psychopharmacology, 17*, 173-180.

Casacalenda, N., Perry, J. C., & Looper, K. (2002). Remission in major depressive disorder: A comparison of pharmacotherapy, psychotherapy, and control conditions. *American Journal of Psychiatry, 159*, 1354-1360.

Chiesa, A., & Serretti, A. (2011). Mindfulness based cognitive therapy for psychiatric disorders: A systematic review and meta-analysis. *Psychiatry Research, 187*, 441-453.

Clark, D. M. (1986). A cognitive approach to panic. *Behaviour Research and Therapy, 24*, 461-470.

Clark, D. A., & Beck, A. T. (2010). Cognitive theory and therapy of anxiety and depression: Convergence with neurobiological findings. *Trends in Cognitive Sciences, 14*, 418-424.

Clark, D. M., & Wells, A. (1995). A cognitive model of social phobia. In R. G. Heimberg, M. R. Liebowitz, D. A. Hope, & F. R. Schneier (Eds.), *Social phobia: Diagnosis, assessment, and treatment* (pp. 69-93). New York: Guilford Press.

Davidson, J. R., & Foa, E. B. (1991). Refining criteria for posttraumatic stress disorder. *Psychiatric Services, 42*, 259-261.

Davison, G. C., Neale, J. M., & Kring, A. M. (2001). *Abnormal psychology* (8th ed.).

New York: John Wiley & Sons.

Evans, S. (2016). Mindfulness-based cognitive therapy for generalized anxiety disorder. In S. Eisendrath (Ed.), *Mindfulness-based cognitive therapy* (pp. 145-154). Springer, Cham.

Foa, E. B., & Rauch, S. A. (2004). Cognitive changes during prolonged exposure versus prolonged exposure plus cognitive restructuring in female assault survivors with posttraumatic stress disorder. *Journal of Consulting and Clinical Psychology, 72*, 879-884.

Goldberg, J. F., Harrow, M., & Grossman, L. S. (1995). Recurrent affective syndromes in bipolar and unipolar mood disorders at follow-up. *The British Journal of Psychiatry, 166*, 382-385.

Gunderson, J. G. (2009). Borderline personality disorder: ontogeny of a diagnosis. *American Journal of Psychiatry, 166*, 530-539.

Kendler, K. S., Walters, E. E., Neale, M. C., Kessler, R. C., Heath, A. C., & Eaves, L. J. (1995). The structure of the genetic and environmental risk factors for six major psychiatric disorders in women: Phobia, generalized anxiety disorder, panic disorder, bulimia, major depression, and alcoholism. *Archives of General Psychiatry, 52*, 374-383.

Kessler, R. C., Berglund, P., Demler, O., Jin, R., Merikangas, K. R., & Walters, E. E. (2005). Lifetime prevalence and age-of-onset distributions of DSM-IV disorders in the National Comorbidity Survey Replication. *Archives of General Psychiatry, 62*, 593-602.

Kessler, R. C., Gillis-Light, J., Magee, W. J., Kendler, K. S., & Eaves, L. J. (1997). Childhood adversity and adult psychopathology. In I. H. Gotlib & B. Wheaton (Eds.), *Stress and adversity over the life course: Trajectories and turning points* (pp. 29-49). New York: Cambridge University Press.

King, A. P., Erickson, T. M., Giardino, N. D., Favorite, T., Rauch, S. A., Robinson, E., ... & Liberzon, I. (2013). A pilot study of group mindfulness-based cognitive therapy (MBCT) for combat veterans with posttraumatic stress disorder (PTSD). *Depression and Anxiety, 30*, 638-645.

Klein, D. F. (1993). False suffocation alarms, spontaneous panics, and related conditions: an integrative hypothesis. *Archives of General Psychiatry, 50*, 306-317.

Lewinsohn, P. M., Antonuccio, D. O., Steinmetz, J. L., & Teri, L. (1984). *The coping with depression course: A Psycho-educational intervention for unipolar depression*. Eugen, OR: Castilia Publishing.

Mathews, A., & MacLeod, C. (1986). Discrimination of threat cues without awareness in anxiety states. *Journal of Abnormal Psychology, 95*, 131–138.

Meitzer, H. Y. (1993). New drugs for the treatment of schizophrenia. *Psychiatric Clinics, 16*, 365–385.

Meltzer, H. Y., & Stahl, S. M. (1976). The dopamine hypothesis of schizophrenia: A review. *Schizophrenia Bulletin, 2*, 19–76.

Mowrer, O. (1950). *Learning theory and personality dynamics*. New York: Ronald.

Qiu, T., Klonsky, E. D., & Klein, D. N. (2017). Hopelessness predicts suicide ideation but not attempts: A 10-year longitudinal study. *Suicide and Life-Threatening Behavior, 47*, 718–722.

Salkovskis, P. M. (1985). Obsessional–compulsive problems: A cognitive–behavioural analysis. *Behaviour Research and Therapy, 23*, 571–583.

Salkovskis, P., Shafran, R., Rachman, S., & Freeston, M. H. (1999). Multiple pathways to inflated responsibility beliefs in obsessional problems: Possible origins and implications for therapy and research. *Behaviour Research and Therapy, 37*, 1055–1072.

Sansone, R. A., Songer, D. A., & Miller, K. A. (2005). Childhood abuse, mental healthcare utilization, self–harm behavior, and multiple psychiatric diagnoses among inpatients with and without a borderline diagnosis. *Comprehensive Psychiatry, 46*, 117–120.

Schildkraut, J. J. (1965). The catecholamine hypothesis of affective disorders: A review of supporting evidence. *American journal of Psychiatry, 122*, 509–522.

Semple, R. J., & Burke, C. A. (2012). Mindfulness–based treatment for children and adolescents. In P. C. Kendall (Ed.), *Child and adolescent therapy: Cognitive–behavioral procedures* (pp. 411-428). NY: Guilford Press.

Twohig, M. P., Abramowitz, J. S., Smith, B. M., Fabricant, L. E., Jacoby, R. J., Morrison, K. L., ... & Ledermann, T. (2018). Adding acceptance and commitment therapy to exposure and response prevention for obsessive–compulsive disorder: A randomized controlled trial. *Behaviour Research and Therapy, 108*, 1–9.

Wakefield, J. C. (1999). Evolutionary versus prototype analyses of the concept of disorder. *Journal of Abnormal Psychology, 108*, 374–399.

Wegner, D. M., Schneider, D. J., Carter, S. R., & White, T. L. (1987). Paradoxical effects of thought suppression. *Journal of Personality and Social Psychology, 53*, 5–13.

P S Y C H O L O G Y

제14장

산업 및 조직심리학

P S Y C H O L O G Y

14 산업 및 조직심리학

심리학은 다양한 분야로 구성되어 있으며, 실험심리학처럼 과학적 원리 발견에 치중하는 분야도 있지만, 실험실 밖의 실생활 문제에 대한 과학적 지식의 적용에 관심을 두는 분야도 있다. 즉, 실험심리학이나 기초심리학 분야에서 연구되고 정립된 다양한 발견과 이론들을 활용하고 실생활에 적용함으로써 궁극적으로 사람들이 보다 안전하고, 행복하고, 스트레스를 덜 받는 삶을 살아갈 수 있도록 도움을 제공하는 심리학 분야를 우리는 응용 심리학 분야라고 통칭한다. 일반적으로 임상 및 상담심리학과 산업 및 조직심리학이 응용 심리학 분야에 해당된다고 1장에서 설명하였다. 임상 및 상담심리학 분야는 사람들이 한 인간으로서 삶을 살아가는 일반적인 생활환경 안에서 부딪히는 문제들로 인해 겪는 삶의 문제를 연구하고 도움을 제공하는 방법을 제시하는 반면, 자연인으로서의 삶이 아닌 조직 내에서 일하는 조직 구성원으로서의 삶의 문제를 연구하고 해결책을 도출하고자 노력하는 심리학적 연구 역시 중요한 분야가 될 수밖에 없다.

사람들은 성인이 되는 시기 또는 그보다 훨씬 더 이전부터 조직에 소속하거나 채용된 상태에서 삶을 살아가게 되는데, 조직에 속한 상태와 장면에서 직면하게 되는 문제에서 사람들이 보이는 태도와 행동의 문제는 심리학 분야의 중요한 관심의 대상이었다. 뿐만 아니라 조직의 입장에서 인적자원을 조직으로 채용하고 그들을 효과적으로 활용하여 목표를 달성하고 높은 수준의 성과물을 창출하도록 만드는 방안에 대한 고민도 심리학자들의 지속적인 연구대상이었다. 예를 들면, 어떻게 선발해야 일을 잘하고 높은 성과를 낼 수 있는 사람을 선발할 수 있을 것인가? 어떻게 하면 더 공정하고 객관적인 기준을 설정한 상태에서 직원을 선발하고, 승진시키고, 보상할 수 있을 것인가? 조직에 채용되어 일을 하면서 더 적극적이고 만족해 하는 사람은 어떤 사람들이고, 그들은 왜 다른 사람보다 더 열심히 일을 할까? 조직생활에 대해 만족하고 행복감을 느끼는 사람은 어떤 태도와 행동을 보일까? 등 많은 질문은 조직을 설립하고 운영 또는 경영하는 사람들에게는 지속적인 고민의 대상이 아닐 수 없다.

다양한 연구들을 통해 이런 궁금증에 대한 답을 찾고, 그 결과를 바탕으로 조직 입장에서는 자신들이 채용한 사람들에 대해 더 만족할 수 있도록, 종업원의 입장에서는 동일한 시간과 노력을 투입하더라도 더 보람되고 행복한 조직생활을 할 수 있도록 도움을 제공하는 심리학 분야가 산업 및 조직심리학이다.

14.1 산업 및 조직심리학의 소개 및 역사

14.1.1 산업 및 조직심리학이란 무엇인가?

산업 및 조직심리학(Industrial & Organizational Psychology, 이하 산업조직심리학)은 임상심리학과 함께 과학적 연구를 하면서 동시에 과학적 원리를 적용하는 심리학의 전문분야이다. 산업조직심리학회는 미국심리학회의 제14분과이며, 한국심리학회의 제3분과 학회라는 점을 고려할 때 심리학의 역사에서 초기에 확립된 분야임을 알 수 있다. 산업조직심리학은 다양한 심리학 분야가 산출한 인간에 관한 과학적 지식을 바탕으로 실제 조직 내의 다양한 인간활동을 계획하고 도움을 제공하는 분야로서 심리학의 원리와 이론을 직장과 일터장면에 적용한 학문이다. 따라서 산업조직심리학은 조직 내에서 종업원과 고용주의 태도와 행동, 직장에서의 대인관계, 조직 및 정책의 구조, 동기부여와 리더십, 개인성과와 조직성과, 조직문화, 일과 가족 간의 관계와 조화 등의 주제에 많은 관심을 가지고 연구한다.

두 가지 명칭이 결합된 이름이 함축하는 것처럼 산업조직심리학은 두 가지 주요한 분야, 즉 산업(또는 인사) 영역과 조직 영역으로 대별된다. 두 영역은 내용이 부분 중첩되고 구분하기 어려운 면도 있지만 각기 다른 전통에서 발전해왔다. 산업심리학(I)은 상대적으로 역사가 오래된 영역이며 인적자원인 사람들을 적절하게 활용하여 조직 효과성을 증진시키려는 관리적 관점의 접근을 보이며, 주로 직무분석 및 직무설계, 종업원 선발 및 훈련, 직무수행 성과 평가와 관련된 영역이므로 기술적 측면이 강하다. 반면 조직심리학(O)은 조직의 인간관계 운동에서부터 발전한 것으로 일터에서 종업원의 안녕을 증진시키고 그들의 행동을 이해하는 것에 관심을 두는 관계적 접근을 보이며, 주로 직무 태도, 동기 부여, 직무 스트레스, 리더십, 조직 구조, 조직 문화, 그리고 직무수행과정 등과 관련된 영역으로 인간에 대한 관심이 상대적으로 강하다. 하지만, 두 분야는 서로 밀접하게 연관되기 때문에 이분법적으로 구분하는 것은 적절하지 않고 서로 의존적인 영역이며 조직 내에서 발생하는 문제를 산업심리 또는 조직심리의 문제로 구분하는 경계도 없다. 이와 같은 두 영역이 존재한다는 것은 이 분야의 성격이 얼마나 광범위한지를 보여주는 것이다[4].

▼표 14-1 산업조직심리학 박사과정 프로그램에서 개발되어야 할 역량

태도: 이론, 측정 및 변화	직무분석과 분류
경력 개발	판단과 의사결정
컨설팅 및 경영 기술	리더십과 관리
소비자 행동	조직 개발
준거 이론과 준거 개발	조직 이론
I/O 심리학의 윤리적 · 법적 · 전문적 맥락	수행평가와 피드백
심리학 분야	모집, 선발, 배치
조직 내 건강	연구방법
심리학의 역사와 체계	소집단 이론과 팀 과정
인적 요인/수행	통계 방법/자료 분석
개인 평가	훈련: 이론, 프로그램 설계와 평가
개인차	직무 동기
직무 평가와 보상	

* Society for Industrial and Organizational Psychology(1999), Levy(2018)에서 재인용.

이러한 학문적 성격 때문에 미국 산업 및 조직심리학회(SIOP)는 산업조직심리학 박사과정 교육지침의 제정을 통해 산업조직 심리학자를 양성하는 교육이 '과학자-실무자 모델(scientist-practitioner model)'을 지향하도록 전제하고 있다(SIOP, 1999).

4) 이런 주제들에 대한 관심으로 인해 산업 및 조직심리학은 일부 국가에서는 인사심리학(personnel psychology) 또는 직업심리학(vocational psychology) 등으로 불리기도 한다.

이는 산업조직 심리학자는 연구를 통한 지식의 생산자이자 소비자이기 때문에 양성 시 이론교육과 실무적 적용 훈련 모두에 초점을 맞춰 교육해야 한다는 것을 말한다. 이 지침은 또한 양성과정을 통해 개발되어야 할 산업조직 심리학자의 역량목록을 제시하고 있으며, 이는 대학원 과정에서 산업조직 심리학자를 훈련하는 데 중요한 가이드라인이 되고 있다.

이와 같은 역량을 갖춘 산업조직 심리학자들은 다양한 조직에 채용되어 일을 하거나 경영 관련 컨설팅회사에서 활동하고 있으며, 이들이 수행하거나 담당하는 몇 가지 주요업무영역을 살펴보면 다음과 같다(SIOP, 2006).

첫 번째로 산업조직 심리학자가 가장 많이 일하고 있는 영역은 선발업무이다. 이 분야의 전문가들은 직원채용 및 배치에 사용되는 검사의 개발과 관리를 담당한다. 이 선발과정에서 중요한 업무는 직무수행을 잘 예측할 수 있도록 선발검사의 타당도를 검증하는 것이다. 좋은 검사란 특정 직무에서 누가 탁월한 수행을 보일 직원이 될 수 있을지를 정확하게 예측하는 검사이므로 많은 산업조직 심리학자들은 검사의 타당도 검증을 위해 지원자와 재직자에게 선발에 사용되는 검사를 실시한 후 이 검사점수가 직무수행평가 점수와 상관이 있는지를 확인하는 데 많은 노력을 기울이고 있다. 두 번째로 많이 일하고 있는 영역은 교육 및 개발 분야이다. 기업은 신입직원에게 일하는 방법을 가르치는 교육 프로그램에 많은 시간과 돈을 투자하고 경력직원에게 새로운 장비와 기술을 활용하여 일하는 방법을 가르친다. 산업조직 심리학자는 이런 교육 프로그램 개발을 위해 우선 조직과 직무과업을 분석하고 직원들과 함께 교육 프로그램을 실시하여 업무수행 능력을 향상시키며, 프로그램 실시 이후에 프로그램의 효과를 평가하는 일을 한다. 세 번째로 많이 일하고 있는 영역은 조직개발(Organizational Development: OD)이다. 이 분야의 전문가들은 조직 구조, 문화 및 분위기를 분석하고 조직이 보다 효과적으로 운영될 수 있도록 각 조직에 적합한 처치 및 개입 프로그램을 개발한다. 급격하게 변화하는 기업의 경쟁 환경을 고려할 때 조직변화는 기업들에게 매우 중요한 주제로 대두되고 있는 실정이다. 네 번째 영역은 수행평가(또는 성과관리) 영역이다. 주로 개인과 조직의 성과 측정방법을 개발하고 이 방법들을 활용하여 성과를 향상시키는 데 중점을 두고 있다. 산업조직 심리학자는 수행평가 방법을 개발하고 어떻게 이를 실행할지 결정하며, 그 방법의 실행과정을 관리 및 감독한다. 마지막 영역은 삶의 질에 관한 영역이다. 이 분야는 직무만족 및 조직몰입과 같은 직무태도를 측정하고 이를 증진시키기 위한 방안을 구상하는 일을 한다. 산업조직 심리학자는 직원들이 자신의 직무를 좋아하는지 또는 싫어하는지를 파악하고 이해하기 위한 태도조사 방법을 개발하고 실행한다. 이러한 직무만족이나 조직몰입과 같은 태도점수는 조직의 전체적 성과와 관련이 있는 것으로 나타나기 때문에 태도점수가 낮을 경우에는 그 원인을 규명하고 이를 개선하기 위한 업무환경뿐만 아니라 조직의 효율성을 향상시키기 위한 계획을 수립 및 제공해준다. 이외에도 최근에 새롭고 빠르게 성장하는 분야는 조직 내 공정성과 친사회적 행동(일명 조직시민행동)에 대한 관심이다. 이러한 사회적 정의와 친사회적 행동은 사회에 도움이 되는 자원봉사나 역할 외 행동으로 정의되며, 대가 없이 참여하는 프로젝트나 조직 내 도움행동 등이 여기에 해당된다.

14.1.2 산업 및 조직심리학의 역사

산업조직심리학은 19세기 후반에 태동하여 심리학 분야의 초창기부터 시작되었으며, 20세기를 통해 급격하게 확산되었다. 최초의 산업조직 심리학자는 심리학의 원리를 조직문제에 적용하는 것에 흥미를 가졌던 실험심리학자들이었다.

Wundt의 제자이자 노스웨스턴대학교의 교수였던 W. D. Scott은 1901년 12월 20일 잡지광고 매니저들을 대상으로 심리학과 기업 경영 간 관련성과 광고의 심리적 측면에 대한 강연을 하였으며, 이 날은 산업조직심리학이 시작된 날로 언급되기도 한다. 산업조직심리학 분야에 주요한 영향을 끼친 사람 중 한 명으로 종업원 생산성을 연구한 F. W. Taylor를 빼놓을 수 없다. 그는 과학적 관리법이라는 이름으로 시간과 동작 연구(time & motion study)의 기본원리를 제시하고, 더 나아가 조직활동 방식에 지침을 제공하는 여러 원리를 제시하였는데(Taylor, 1911), 이 원리들은 오늘날 조직에서도 여전히 중요하고 고려할만한 가치가 있는 것들이다(Spector, 2015).

- 과업을 수행하는 최선의 방법을 구체화할 수 있도록 각 직무는 신중하게 분석되어야 한다.
- 종업원은 직무수행과 관련된 특성에 따라 선발되어야 한다. 관리자들은 중요한 개인특성을 발견하기 위해 현직 종업원을 연구해야 한다.
- 종업원은 자신들의 직무 과업을 수행하기 위해 세밀한 훈련을 받아야 한다.
- 직무수행 수준을 높이기 위해서 종업원은 생산성에 따라 보상해야 한다.

이와 같은 산업조직심리학적 접근은 제1차 세계대전을 수행하는 미군과 영국군을 돕기 위한 목적으로 적용 및 활용의 범위가 급격하게 확대되었다. 영국에서 산업심리학의 시작은 1915년에 설립된 군수품 공장 근로자 건강위원회가 효시였는데, 이 조직은 전쟁으로 인한 생산성 증대 요구로 발생한 종업원의 건강악화, 안전 및 효율성 등에 관한 문제를 다루었다(Kries, 1995). 미국이 참전한 1917년부터 Robert Yerkes의 지휘 아래 많은 심리학자가 군대에 서비스를 제공하였으며, 가장 유명한 업적은 정신능력을 측정하는 군대 알파와 군대 베타 집단검사를 개발한 것이었다. 이것은 직무에 개인을 배치하기 위해 심리검사를 적용한 최초의 사례였고, 심리검사가 교육장면이나 고용장면으로 확대 사용되는 기반을 마련하였다(Spector, 2015). 제1차 세계대전 이후 산업조직심리학은 오늘날 활용 분야의 대부분으로 활동 영역이 넓어졌는데, 이 시기의 가장 중요한 사건 중 하나는 1930대 후반부터 미국 일리노이주 호손에 있는 Western 전기회사에서 10년 이상 지속된 호손(Hawthorne) 연구이다.

호손 연구가 실시되기 전에 산업조직 심리학자들은 대부분 종업원의 능력평가와 직무의 효율적인 설계 등의 문제에 주로 치중하였다. 호손 연구도 처음에는 이러한 주제를 연구하기 위해 시작되었지만, 이 연구를 진행하는 과정에 연구자들은 조직 생활의 다양한 사회적 측면이 종업원 행동과 직무수행에 영향을 끼친다는 것을 발견하게 되었다. 호손 연구에서 가장 잘 알려진 주제는 조명 강도의 효과에 대한 연구였다(Roethlisberger & Dickson, 1939). 이 연구의 목적은 공장 과업에서 최상의 수행을 이끌어 내는 조명의 강도를 결정하는 일이었다. 연구자들은 한 종업원 집단을 매일 조명수준이 변하는 특수한 방에서 일하게 하는 실험을 하였다. 생산성에 미치는 효과를 연구하기 위해 조명이 점점 더 밝아지거나 어두워지도록 처치하였다. 연구자들은 실험이 진행되는 동안 조명수준과는 거의 상관없이 지속적으로 생산성이 증가하는 것을 발견하고 매우 놀랐다. 이러한 결과에 대한 많은 설명이 제안되었고, 그중 가장 자주 논의된 것이 호손 효과(Hawthorne effect)라고 부르는 것인데, 실험에 참여하고 있다는 사실을 아는 것만으로도 수행이 증가하는 효과를 의미한다. 그 이유가 무엇이든지 사람들의 직무수행에서 물리적 요인(조명의 밝기)보다 사회적 요인(경영진의 관심)이 더 중요할 수 있다는 점은 명백해 보이며, 이 연구를 기점으로 산업조직 심리학자들은 팀 개발, 감독, 집단과정, 종업원 사기 및 기타 조직 현상들이 조직성과에 많은 역할을 한다는 것에 관심을 갖기 시작했다. 따라서 혹자들은 기존의 '산업'심리학적 관심만 갖고 있던 심리학자들에게 '조직'심리학적 관심을 유발시켰고, 오늘날 조직심리학을 탄생시킨 중요한 사건으로 보고 있다(Spector, 2015).

제2차 세계대전은 전쟁을 수행한 양측의 국가, 특히 미국과 영국에서 산업조직 심리학 분야가 발달하는 데 커다란 자극이 되었다. 전쟁 기간에 심리학자는 신병선발, 직무 배치, 훈련, 사기, 수행평가, 팀 개발, 장비 설계 등 산업조직 심리학의 전 분야에 이르는 문제들을 다루었다. 제2차 세계대전 이전에 미국심리학회(APA)는 실험심리학에만 관심을 가졌고 산업조직 심리학자들의 실무적인 시도를 비과학적이라고 생각하여 심리학회의 역할 일부로 허용하기를 거부했었다. 하지만 전쟁의 결과로 미국심리학회는 응용 심리학을 인정하였고, 1944년에 산업 및 경영심리학 제14분과가 만들어졌다(Benjamin, 1997). 그 이후 민간기업들이 심리검사와 같은 산업조직심리학적 절차를 시행하면서 이 분야에 대한 관심이 폭증하였고 1970년에 산업 및 조직심리학 분과로 이름을 변경하여 오늘날에 이르고 있다.

미국에서 산업조직심리학 분야가 성장하는 데 도움을 준 또 하나의 사건은 1964년의 시민권법(Civil Rights Act) 통과였다. 이 법은 소수 인종에 대한 차별을 불법으로 규정하였으며, 이는 조직이 어떻게 종업원을 고용하고 처우해야 하는지에 큰 영향을 미쳤다. 당시 주요 이슈 중 하나로 선발검사의 민족 및 인종 차별 가능성에 대한 우려가 제기되어 그 검사의 공정성 문제에 대한 논의가 진행되었는데, 이때 산업조직 심리학자들이 직장에서 차별을 없애는 절차의 개발을 돕는 일을 맡게 되었다. 게다가 1991년 미국장애인법(Americans With Disabilities Act: ADA)이 통과되어 차별로부터의 보호가 장애인에게까지 확대되어 차별방지 방책을 개발하는 일에 대한 산업조직 심리학자들의 역할은 더욱 사회적으로 중요한 관심을 받게 되었다고 할 수 있다.

14.2 산업심리학 분야 주제

14.2.1 직무분석

산업심리학은 전통적으로 인사심리학으로 불리어온 분야로서 그 핵심과 시작점은 직무분석이라고 할 수 있다. 직무분석이 왜 산업심리학의 시작점인지를 그림

14-1에 제시하였는데, 그림은 조직의 모든 인력 관련 판단과 결정이 대부분 직무 분석에 기반하게 된다는 점을 잘 보여주고 있다.

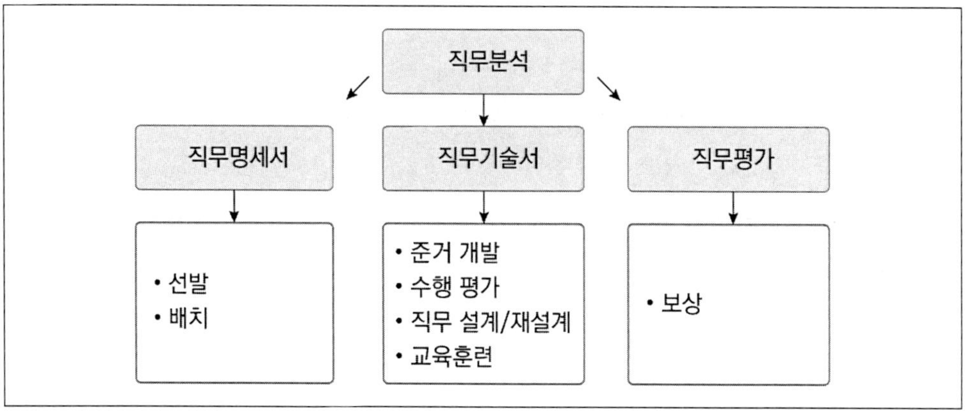

[그림 14-1] 산업심리학의 구조
출처: Levy, 2018

그림에서 보는 것처럼 직무분석은 인적자원관리에 매우 중요하다. 종업원을 선발하고, 직무에 배치하고, 더 나아가 그들의 수행과 성과를 평가하기 위한 기준을 설정하고, 특정 구성원의 능력개발을 위해 어떤 교육훈련이 요구되는지를 알기 위해서는 반드시 해당 직무에 대한 이해가 선행되어야 한다. 따라서, 직무분석은 인적자원관리에서 빈번히 행하는 직무평가, 직무기술서, 직무명세서를 개발하고 실행하는데 중요한 정보를 제공한다. 직무평가는 임금과 보상수준을 결정하는 데 활용되며, 직무기술서는 해당 직무에서 실제로 무엇을 하는지와 관련이 되며, 마지막으로 직무명세서는 종업원들이 해당 직무를 효과적으로 수행하는데 요구되는 능력 등에 관한 것이다.

14.2.1.1 직무분석의 방법과 목적

직무분석은 직무에 관한 지식, 직무를 수행하는데 요구되는 능력과 책임 및 의무, 해당 직무의 과업 구성요소 등으로 직무를 정의하는 과정이다. 직무분석과정을 좀 더 세부적으로 살펴보면, 먼저 각 개인이 수행하는 가장 작은 활동 단위인 요소(element)를 분석하여, 의미 있는 일의 단위, 즉 구체적인 목표를 달성하기 위해 수행하는 일과 관련된 활동인 과업(task)들로 목록화한다. 그 다음 단계로 개인이 수행하는 목록화된 과업을 종합하여 개인의 직위(position)를 결정하며, 마지막으로 공통의 직무과업을 가진 유사한 직위의 집합인 직무(job)를 정의하는 과정이다. 이 과정에서 KSAOs가 사용되는데 이는 성공적으로 직무를 수행하는 데 요구되는 지식(knowledge), 기술(skill), 능력(ability), 그리고 이외의 특성(other characteristics)을 줄여서 사용하는 일반용어이다(Primoff & Eyde, 1988). 조직은 성공적으로 직무를 수행하는데 필요한 KSAOs를 가진 종업원을 채용하고자 하며, 그 선발과정에서 KSAOs를 선발준거로 활용한다.

직무분석을 실행하는 접근법은 보편적으로 과업중심 직무분석과 작업자중심 직무분석으로 구분한다. 과업중심 직무분석의 대표적 방법은 과업목록 접근법을 들 수 있는데, 이는 직무에 친숙한 전문가, 직무재직자, 또는 해당 직무의 관리자들이 특정 과업을 진술하는 진술문을 만들어내고 그 직무에 해당하는 과업들을 목록화하는 방법이다. 작업자 중심 직무분석은 직무가 수행할 특정 과업들을 망라하기보다

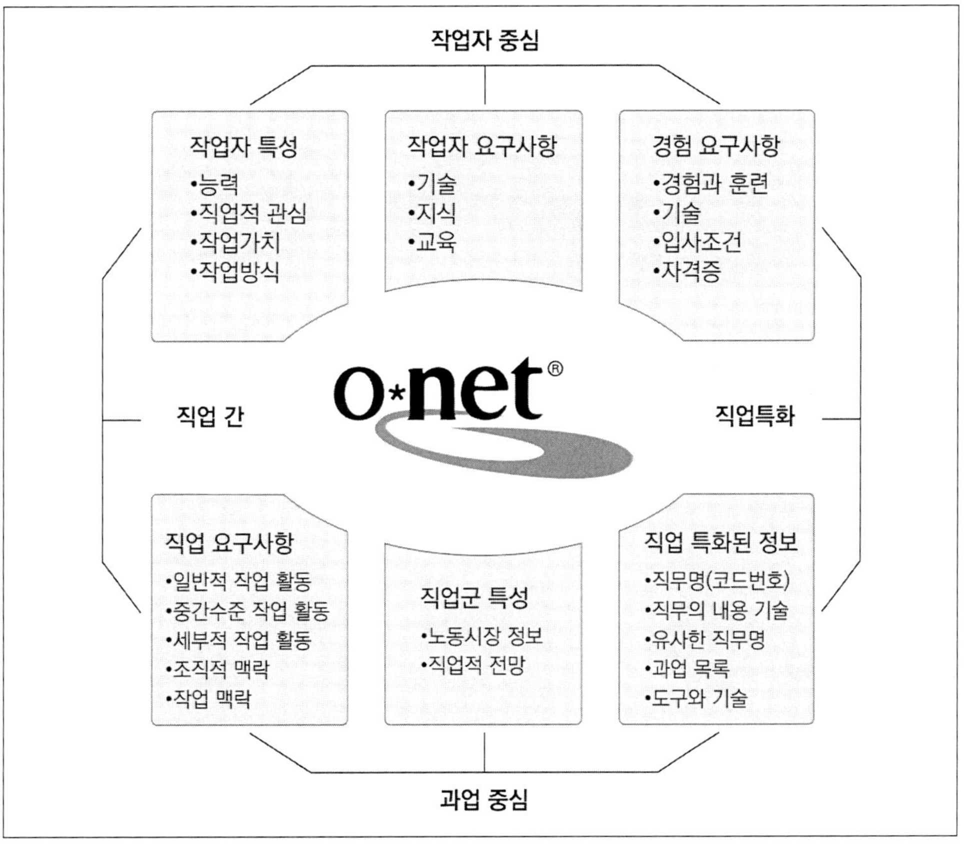

[그림 14-2] O*NET 콘텐츠 모델

출처: http://onetcenter.org

는 그 직무를 성공적으로 수행할 수 있는 사람의 속성이나 특성을 명세화하는 데 더 중점을 두는 방법이다. 이 두 가지 접근법은 고유한 이점과 장점이 있으며, 이들 장점을 결합하여 접목시키려는 노력의 결과로 만들어진 것이 미국 노동부가 만든 O*NET이다. O*NET은 현대의 다양한 직업을 설명하고 있고, 직업목록사전을 대체하여 사용되고 있으며, 다양한 방식으로 정보를 수집하고 과업과 작업자 모두에 중점을 두기 때문에 하이브리드 접근법으로 분류된다.

직무분석은 조직 내에서 다양한 목적을 위해 사용되는데, 그 용도와 범위는 다음 표 14-2에 제시되어 있다.

▼표 14-2 직무분석 정보의 용도(Spector, 2015)

용 도	설 명
종업원의 모집과 선발	고용/선발의 기초자료로 지원자 특성을 기술한다.
직무수행 평가	종업원의 직무수행을 평가하기 위한 준거를 정한다.
교육훈련	교육훈련의 영역을 제안한다.
경력 개발	승진을 위해 필요한 KSAOs를 정의한다.
임금 책정	직무의 임금수준을 정한다.
법적 문제 대응	선발기준으로 제시된 KSAOs의 직무 관련성을 보여준다.
효율/안전	업무 효율과 안전을 위해 직무를 설계한다.
직무분류	유사한 직무들을 군집으로 묶는다.
직무기술	직무에 대해 간략하게 기술한다.
직무설계/재설계	직무 내용을 설계한다.
계획	특정 KSAOs를 지닌 종업원들에 대한 미래의 수요를 예측한다.

14.2.2 인사선발

본인이 원하던 조직에 신입사원으로 채용되거나, 재직하던 조직에서 상위직급으로 승진하는 것은 대부분 성인들에게 매우 중요한 일이며, 삶의 많은 부분에서 변화를 유발하는 사건이 될 수 있다. 마찬가지로 조직 입장에서도 능력을 갖춘 새로운 직원을 채용하거나 승진시키는 일은 매우 중요하다. 특히 대기업과 공조직은 채용과 승진과정에서의 공정성과 사회적 수용성을 유지하는지에 대해 국민, 정치권, 언론 등으로부터 많은 관심을 받으며, 경우에 따라서는 사회적 이슈로 제기되어 조직을 큰 어려움에 처하게 하기도 한다. 이 절에서는 주로 선발에 대한 결정만 설명하지만, 재직자에 대한 승진과 해고 등과 같은 다른 유형의 인사결정에서도 동일하게 적용될 수 있을 것이므로, 인사선발의 일반적 과정과 주요 관심요소들을 위주로 설명하고자 한다.

14.2.2.1 예측변인, 준거, 타당도

일반적으로 조직은 선발을 위해 충분한 수의 지원자를 모집해야 한다. 모집과정에서는 대학게시판, 신문, 직원소개 업체, 취업 박람회 등을 통해 광고하는 방법이 주로 사용되어 왔으며, 적합한 역량과 자격조건을 갖춘 지원자를 모집하는 데 어려움을 겪는 경우들도 많았다. 하지만 최근에는 인터넷 광고 등의 방법을 통해 지리적, 시간적 경계를 넘어서 수많은 지원자에게 광고할 수 있는 환경이 열렸으므로, 적정한 작업조건과 보상수준만 갖춘다면 지원자를 모집하는 것은 큰 문제가 되지 않는 세상으로 변화하고 있다. 다양한 온라인 매체를 활용한 모집공고가 갖는 또 다른 장점은 특정 계층이나 대상에게만 정보가 제공되는 폐쇄성으로 인해 발생할 수 있는 사회적 불만, 또는 경우에 따라 조직의 공정성과 윤리성 문제 우려를 감소시킬 수 있다는 점이다.

충분한 지원자가 확보된 상황에서 어떤 방법으로 누구를 선발하거나 누구를 선발하지 않을지를 결정하는 과정에서 중요하게 제기되는 개념이 예측변인(predictors), 준거(criteria), 그리고 타당도(validity)이다. 선발과정을 역량과 태도 수준에 대해 미지의 상태인 지원자들 중에서 채용 이후에 종업원으로 높은 성과를 보여줄 수 있는 대상자를 선택하는 과정이라고 단순화시켰을 때, '미지의 상태' 문제를 해결하기 위한 측정값이 예측변인이며, '높은 성과'의 지표가 되는 것이 준거라 할 수 있으며, 이 둘 간에 유의한 관계성을 확인하는 과정이 타당도 검증이라고 간략히 설명할 수 있다.

14.2.2.1.1 예측변인

직무를 수행하는 데는 다양한 개인 특성, 즉 KSAOs(지식, 기술, 능력, 기타 특성)가 필요하다. 이 특성들 중에서 어떤 특성이 실제 직무수행에 중요할 것인가에 대한 판단을 바탕으로 예측변인이 선택되는데 이는 대부분 직무분석을 통해 도출될 가능성이 높으며, 일부 경우에 따라서는 경영층의 전략적 판단에 의존할 수도 있을 것이다. 어떤 특성이 선택되었다면 이를 측정하기 위한 다양한 기법·방법·도구 중에서 가장 적합하고 유용한 것을 선택하고 실행하여 점수화하는 과정을 예측변인의 측정과정이라고 한다. 예측변인의 측정을 위한 방법으로 가장 많이 사용되는 것은 심리검사와 면접방법이며, 이외에도 생활사 자료 수집, 추천서, 작업표본, 평가센터 등 다양한 평가방법이 활용된다. 아래에서는 가장 보편적으로 사용되는 선발평가방법인 심리검사와 면접에 대해 추가적으로 설명을 하겠다.

심리검사는 특정한 개인적 특성을 평가하는 일련의 표준화된 문제나 질문들의 세트를 말하는데, 일반적으로 지능, 지식, 성격, 기술, 능력, 태도, 흥미 등을 포함하는 특성을 평가하기 위해 사용된다. 일반적으로 심리검사는 여러 문항의 질문로 구성되는데, 이 문항들은 관심의 대상이 되는 특성에 대한 지표이며, 응답자들은 각 문항을 빠르게 응답할 수 있다. 따라서 심리검사는 개별 특성을 평가하는 많은 문항을 포함하며, 한꺼번에 여러 특성을 평가하는 것도 가능하다. 심리검사는 실시방법, 응답 요구 유형, 시간제한 등의 요인을 기준으로 몇 가지 유형으로 분류될 수 있다(Spector, 2015). 한 번에 한 명만 실시하는지 또는 여러 사람을 한꺼번에 실시하는지에 따라 개인용 검사와 집단용 검사로 구분하기도 하며, 수검자가 자유롭게 반응하고 응답하는 것이 허용되는지 또는 여러 가능한 응답 중 하나를 선택하는지에 따라 개방형 검사와 폐쇄형 검사로 구분되며, 엄격한 시간제한을 두고 빠르게 응답을 하도록 하는 속도검사(speed test)와 시간제한을 두지 않고 모든 문항에 응답할 수 있도록 허용하는 역량검사(power test)로 구분하기도 한다. 선발장면에서 많이 사용되는 심리검사로는 인지능력 검사(즉, 지능 검사), 정신운동능력 검사, 성격검사, 정서지능 검사, 정직성 검사, 직업적성 또는 흥미 검사 등의 다양한 특성을 측정하는 검사들이 개발되어 있으며, 일반적으로 사용되는 검사들에 대한 자세한 설명은 10장에 소개되어 있다.

심리검사와 함께 보편적으로 사용되는 선발평가방법은 면접법이다. 면접은 정보를 수집하거나 고용 결정을 내리기 위해 한 명 또는 다수의 면접관과 지원자 간에 갖는 만남을 말한다. 면접법이 널리 보편적으로 사용되는 이유는 면접 방법에 대한 사람들의 수용성(즉, 안면타당도)이 높다는 점이며, 이에 대한 연구결과들을 봐도 사람들은 면접법을 조직이 사용하는 가장 공정한 선발방법 중 하나라고 평가하고 있다(Bertolino & Steiner, 2007).

면접은 면접자가 질문 항목과 제시 순서를 미리 선정해놓고 실시하는 구조화된 면접과, 면접자가 생각나는 것 또는 대화 도중에 도출된 궁금증을 자유롭게 질문할 수 있도록 허용되는 비구조화된 면접으로 크게 구분할 수 있다. 구조화된 면접과 비구조화된 면접 중 어떤 방식을 사용할 것인지는 선발직무의 특성과 중요도에 따라 결정되기도 하지만, 지원자의 숫자와 면접에 사용할 수 있는 시간 등의 요인에 의해 결정될 수도 있으며, 면접이 선발평가를 위해 사용되는 유일한 방법이냐 또는 다른 유형의 평가방법과 함께 사용되느냐에 의해서도 결정될 수도 있다. 일반적으로 비구조화된 면접은 중요한 직무에 소수의 지원자가 지원한 경우에 사용될 가능성이 크며, 면접이 다른 평가방법과 함께 사용되는 경우나 지원자의 숫자가 많아 개인당 면접에 많은 시간을 할애할 수 없는 경우에 많이 사용된다. 구조화된 면접이라 하더라도 질문할 내용이나 주제를 미리 정하는 정도로만 표준화하는 적당 수준의 구조화된 면접도 있다. 반면에 엄격히 구조화된 면접의 경우는 미리 정한 순서대로 질문해야 하고, 동일 어구와 표현을 사용해야 하며, 응답이 분명하지 않더라도 부연 설명할 기회를 주지 않고, 면접이 종료될 때까지 어떤 질문도 허용되지 않는다.

면접은 응시원서를 검토하는 것 이상의 이점을 지닌다. 구체적으로 첫째, 면접에서는 짧거나 간단한 응답보다는 좀 더 길고 상세한 대답을 할 수 있다. 대부분 사람들은 글로 작성하는 것보다 말로 표현하는 게 더 쉽다고 생각한다. 둘째, 면접관과 지원자 모두가 서로 명확하지 않은 부분에 대해 질문이 가능하며, 명확하지 않은 응답에 대해 재질문하거나 부가설명을 요구할 수도 있다. 하지만, 면접관이 지원자의 대답에 영향을 미칠 수 있다는 점에서 중요한 제한점을 갖고 있다. 면접이 세심하게 구조화되고 면접관이 철저히 훈련받았다고 하더라도 면접관과 지원자 사이의 상호작용은 면접마다 다를 수 있다. 면접이 기본적으로 면접자와 지원자 간의 상호작용을 기반으로 진행되는 평가방법인 관계로 면접에서는 지원자의 객관적 역량이나 자격요건 이외에 다양한 사회적 요인이 면접결과에 영향을 미칠 수 있다. 예를 들어, 면접자와 지원자 간의 성, 인종, 태도 등의 유사성 정도, 비언어적 행동(표정, 자세, 손동작 등), 발언의 내용을 넘어서는 언어적 단서(말의 속도, 끊김, 목소리 크기 등) 등이 면접결과에 영향을 미칠 수 있다. 면접은 선발결정 과정에서 사용빈도가 높은 평가방법이므로 산업조직 심리학자들은 상당한 관심을 갖고 연구를 진행하고 있다.

많은 연구에서 비구조화된 면접보다는 구조화된 면접으로 평가된 고용 적합성 값이 지원자의 미래 직무수행을 예측하는 것으로 나타났는데, 통합분석 연구결과

(Wiesner & Cranshaw, 1988)에 의하면, 면접결과와 직무수행 간의 평균 상관값은 구조화된 면접 연구(r=.34)에서 비구조화된 면접 연구(r=.17)보다 더 높은 것으로 나타났다. 따라서, 면접방법의 구조화 정도가 강할수록 예측타당도가 높아질 수 있으므로 가능한 한 면접을 더 강한 수준으로 구조화해야 한다고 주장하는 학자들도 있다(Campion, Palmer, & Campion, 1997).

14.2.2.1.2 준거

우리는 어떤 사람이나 사물을 평가할 때 구체적이고 특정한 기준을 사용한다. 이 기준을 준거(criteria)라고 하며, 어떤 판단의 참조점이나 잣대의 역할을 한다. 의사결정에서 적절한 준거가 무엇인가에 대해서는 사람들 간에 의견이 일치하지 않는 경우가 자주 발생한다. 일상적 대화에서조차도 기준과 의견의 불일치는 불편함과 불협화음을 유발하므로 서로 회피하고 싶은 상황이 된다. 이와 같은 기준과 의견의 불일치가 선발결정 과정에서 발생한다면 매우 심각한 여러 가지 문제를 동반하게 될 것이므로 정확한 준거의 설정과 그 준거에 대한 정확한 측정값을 산출하는 것은 조직의 입장에서 매우 중요한 이슈이다.

준거의 측정을 위해서는 개념준거를 먼저 설정해야 한다. 개념준거는 연구자가 연구를 통해 이해하고자 하는 이론적 기준을 말하는 것으로서 이론적 개념, 즉 실질적으로는 측정할 수 없는 추상적인 개념이다. 개념준거가 이론적 개념이기 때문에 준거에 대한 실제적인 측정을 위해서는 실제준거를 얻어야만 한다. 실제준거란 연구자가 측정하거나 평가하는 데 사용되는 조작적 기준 혹은 실제적 기준을 말한다. 예를 들어서 훌륭한 군인을 정의하는 데 필요한 개념적 준거로 우수한 지적 능력, 강인한 신체 능력, 수준 높은 군사적 전문성이라는 세 가지 요인들이 제시되었다고 한다면, 이에 대한 실제준거는 각각 대학재학 간 평균 학점, 체력검정 합산점, 군사훈련 이수 취득점 또는 자격증 보유 유무 등이 될 수 있을 것이다. 실제준거는 개념준거의 내용에 대한 정의를 최대한 반영하는 것이 최선이지만, 측정을 위해 선택된 실제준거가 개념준거의 모든 영역을 포함하기는 어려우며, 따라서 개념준거와 실제준거 간에는 최소한 어느 정도의 불일치와 미흡함이 수반될 수밖에 없다. 준거 적절성(criterion relevance)이란 실제준거와 개념준거가 일치하거나 유사한 정도를 말하는 것으로 개념준거와 실제준거 간 일치가 크면 클수록 준거 적절성은 더 커진다. 반면, 준거 결핍(criterion deficiency)은 실제준거가 개념준거를 나타내지 못하는 정도, 즉 개념준거에는 있지만 실제준거로는 측정하지 못하는 부분을 말한다. 마지막으로, 준거오염(criterion contamination)은 실제준거가 개념준거와 관련되지 않은 부분을 의미하며, 원래 개념준거에는 없는 내용이 실제준거와 함께 측정되는 정도를 나타낸다. 준거오염은 대개 두 가지 부분으로 구성되는데, 편파(bias)는 실제준거가 개념준거가 아닌 다른 어떤 것을, 어떤 원인에 의해서든, 체계적으로 일관성있게 측정하고 있는 정도를 말하며, 오류(error)는 실제준거가 어떤 것과도 관련되지 않은 정도, 또는 무선적인 측정 실수값을 말한다. 오염이든 결핍이든 둘 모두 실제 준거에서 바람직하지 못한 요소들이다. 왜냐하면 개념준거의 중요한 차원이 실제준거에는 포함되지 않았거나, 실제준거에 포함되지 말아야 하는 요인이 측정에 포함되었기 때문이다.

일반적으로 사용되는 직무수행 준거는 생산량, 판매액, 근속기간 혹은 이직, 결근율, 사고율, 절도율, 정서노동, 조직시민행동 등이 있는데, 크게 객관적 준거와 주관적 준거로 구분해 볼 수 있다. 객관적 준거란 객관적이거나 사실적인 성격을 지니는 직무수행을 평가할 때 사용하는 요인으로 조직의 기록자료로부터 얻은 어떤 주관적 평가도 포함되지 않은 준거를 말하며, 주관적 준거란 사람들의 주관적인 평정에 의해 직무수행을 평가할 때 사용하는 요인으로 상사, 동료, 부하들에 의한 설문응답 또는 이로부터 변형된 형태의 평가값을 말한다.

어떤 준거를 사용하든 직무수행을 측정하기 위한 하나의 완벽한 준거는 없다고 단언할 수 있다. 각 준거는 나름의 고유한 장점을 지니고 있는 반면, 다른 차원에서는 약점을 지니고 있다. 즉, 직무수행은 다차원적인 변인이며, 각 단일 차원의 측정만으로는 전반적 수행에 대한 불완전한 지표값을 산출할 수 있다. 따라서, 준거를 설정할 때 직무수행과 관련된 많은 측면을 포함해야만 한다는 점과 모든 직무수행 준거는 어느 정도의 결핍과 오염이 존재한다는 점을 염두에 둘 필요가 있다.

14.2.2.1.3 타당도 검증

예측변인과 준거가 선정되면, 그 이후의 단계는 타당도를 검증하는 과정이 필요하다. 이를 위해서는 일반적으로 예언 타당도 설계와 동시적 타당도 설계의 두 가지 방법이 사용된다. 먼저 예언 타당도 설계는 예측변인을 준거변인보다 시간적으로 먼저 측정할 수 있는 경우에 사용될 수 있으며 예측변인은 고용하기 전 선발과정에서 사용되기 때문에 고용된 직원의 직무수행은 선발 후 일정 기간이 지난 이후에 측정이 가능하다. 이를 위해 필요한 숫자보다 소수의 인원만 채용한 이후에 타당도 검증을 하는 방법이 사용되거나, 또는 선발장면에서 예측변인을 측정하지만 채용을 결정하는 데는 사용하지 않고 채용된 이후에 준거변인을 측정하여 관계성을 보는 방법 등이 사용된다. 하지만, 두 가지 방법 모두 시행하려면 실제로 직원을 채용해야 하고, 채용 이후에 타당도 수준을 확인하는 데 너무 많은 시간(최소 수개월)이 걸리며 필요한 인원을 한꺼번에 채용하지 못하거나 (측정만 하고 선발결정에는 사용하지 않으므로) 예언변인에서 점수가 높은 지원자와 낮은 지원자가 모두 채용될 수 있다는 제한점을 안고 있다. 따라서 예언 타당도 설계를 사용하기 어렵거나 불가능한 상황이라면 이에 대한 대안적 방법으로 동시적 타당도 설계를 사용할 수 있다. 이 방법은 한 예측변인이 준거를 얼마나 예측할 수 있는지를 동일시점의 다른 대상에 대한 측정을 통해 확인하는 방법이다. 일반적으로 동시적 타당도 검증은 지원자를 대상으로 타당도를 확인하는 것이 아니라, 기존 재직자들을 대상으로 타당도를 확인하며, 예측변인과 준거의 측정이 동시에 이루어진다.

예언 타당도 설계는 이미 훈련되고 재직 중인 종업원보다는 지원자들에 대해 직접 예측변인을 측정하기 때문에 동시적 타당도 설계보다는 우월해 보이기도 하며, 실제 지원자를 검사하고 측정하는 것이기 때문에 타당도 일반화의 가능성이 증가된다. 뿐만 아니라 동시적 타당도 설계는 현직자를 대상으로 측정하고 평가하고 있는데 현직자들이 직무에 대한 경험, 검사 실시의 동기 수준 등이 지원자들과 상이한 수준일 가능성이 존재하기 때문에 동시적 타당도의 사용에 우려를 표현하는 학자들(Cascio & Aguinis, 2008)도 있다. 그러나 두 설계의 타당도를 비교한 연구결과에 의하면, 타당도 계수는 두 설계 간에 차이가 없었고(Schmitt, Gooding, Noe, & Kirsch, 1984), 일부 연구에서는 동시적 타당도가 예언 타당도에 비해 더 높게 나타났다(Van Iddekinge & Ployhart, 2008). 예언 타당도 설계를 시행하는 데는 너무 긴 시간이 걸리기 때문에 이러한 연구결과는 조직 입장에서는 매우 희소식이다. 왜냐하면 조직은 준거점수를 수집하기 위해 예측변인 점수를 측정한 이후에 1년을 기다려야 할 수도 있으며, 게다가 어떤 조직은 통계분석을 시행할 정도로 충분한 수의 사람을 고용하기까지 몇 달 혹은 몇 년이 걸릴 수도 있기 때문이다. 만약 예측변인을 빨리 측정하고 준거점수을 쉽게 구할 수 있다면 동시적 타당도 연구는 매우 짧은 기간에 수행할 수 있을 것이다.

14.2.2.2 선발결정

인사선발에 대한 결정은 다양한 요인에 기반하여 이루어진다. 가장 근원적이며 중요한 요인은 바로 조직의 요구이다. 모든 인사결정은 조직의 요구를 충족하기 위해 이루어지며, 이를 위해 산업조직 심리학자들은 검사도구를 개발하고, 타당화 연구를 수행할 때 과학적 이론을 사용한다. 검사도구를 사용하여 지원자를 평가하고 지원자에 대해 판단을 내리고 최종적으로 누구를 채용할지를 결정한다. 그렇기 때문에 조직의 요구, 과학적 이론, 평가도구의 연구와 개발, 자질에 대한 측정, 측정에 근거한 결정 등의 요인들이 최종 선발결정에 내려지는 과정에 영향을 미칠 수 있는 요인으로 중요하게 연구되어 왔다.

앞서 설명한 것처럼 인사결정의 시작점은 직무 분석 및 조직 분석이다. 이러한 분석의 결과는 직무수행을 예측하는데 유용한 예측변인의 개념설정과 그 선정과정에 대한 통찰력을 제공할 뿐만 아니라 직무수행의 준거를 결정하고 측정하는 데에도 유용한 정보를 제공한다. 이렇게 선정되고 평가한 예측변인과 준거 간의 관계는 타당도의 핵심으로서 예측변인이 미래의 직무수행을 얼마나 잘 예측하는지를 결정한다. 미국 산업 및 조직심리학회(SIOP)는 '인사선발 절차의 타당화와 사용'에 관한 원칙을 제시하였는데, 이러한 원칙은 인사선발 분야에서 밝혀진 과학적 결과와 일반적으로 받아들여지는 전문적 관행에 근거하고 있으며, 산업조직 심리학자가 정확하고 공정한 인사선발 결정을 내릴 수 있도록 도와준다.

인사선발은 모집한 지원자들 중에서 실제로 채용할 사람들을 결정하는 과정이다. 즉 선발은 지원자들 중에서 합격자와 탈락자를 구분해내는 과정이므로 선발이 성공적이라면 선발된 지원자는 직무에서 성공적인 수행을 보이고 조직의 목표달성에 기여할 것이다. 그림 14-3은 선발상황에서 발생가능한 다양한 결과물을 조합하여 제시한 것이다. 그림에서 A와 C는 올바른 선발결정을 한 경우이다. A는 '올바른 합격자'로서 선발시스템에 기초하여 성공적인 수행이 예측되어 선발하였으며, 실제로 채용된 이후에 기대 수준 또는 그 이상의 직무수행을 보이는 사람들이다. C는 '올바른 불합격자'로 예측변인 측정값을 통해 저조한 직무수행이 예측되어 선발하지 않았으며, 실제 채용되었더라도 만족스러운 직무수행을 보이지 못했을 사람들이다(물론 이 사람들은 채용되지 않았기 때문에 그 수를 실제로 측정할 수는 없다). 나머지 B와 D는 잘못된 선발결정이 내려진 경우들에 해당한다. B는 '잘못된 불합격자'로서 선발 시의 예측변인 측정에서 저조한 직무수행이 예측되어 선발하지 않았지만 실제로 채용되었다면 만족스러운 직무수행을 보여주었을 사람들이다. D는 '잘못된 합격자'로서 성공적인 직무수행을 보일 것으로 예측되어 선발하였지만, 실제 채용 후에는 기대 수준 이하의 직무수행을 보이는 사람들이다.

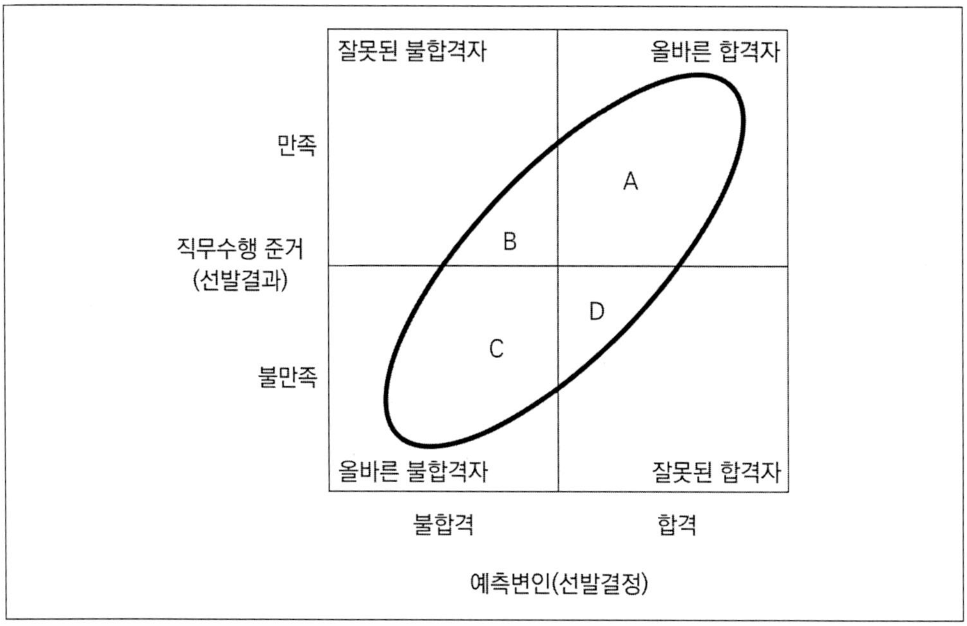

[그림 14-3] 선발결정과 결과물의 조합

종종 조직은 선발된 사람들이 실제로 우수한 수행을 보였는지 혹은 그렇지 못했는지에 대한 관심을 주로 갖는 경향이 있는데, 이 경우의 선발 의사결정의 정확성은 그림에서 (A)/(A+D)의 비율 계산을 통해 도출될 수 있다. 잘못된 불합격자(C)의 경우는 이미 조직 외부의 사람이고, (사회적 이슈화가 되거나 법적 분쟁이 유발되지 않는다면) 선발 결정 이후에는 조직에 미치는 영향이 없다. 하지만, 잘못된 합격자(D)는 이미 조직 내로 영입이 된 상태이며, 만약 이 인원들이 담당하는 것이 조직 전체의 안전을 담당하는 직무라면 조직 전체가 위험에 빠질 수도 있다. 특히 해고와 인원 이동이 경직된 조직이거나, 조직에 대한 사회적 주목도가 현저하여 조직원 1명의 불성실과 문제 야기로 조직 전체가 판단을 받을 수도 있는 조직이라면 잘못된 불합격자(C) 10명을 만드는 것보다는 잘못된 합격자(D) 1명을 만들지 않는 것이 중요해질 수 있으며, 이로 인한 조직의 부담은 훨씬 커질 것이다. 하지만, 일반적으로 종합적인 인사선발의 정확도는 (A+C)/(A+B+C+D)의 면적비율로 판단할 수 있는데, 이는 전체 지원자 중에서 올바른 선발 결정을 내린 비율(즉, A와 C의 비율)로 판단하는 것이다. 선발의 정확성을 어떤 관점에서 보느냐와 상관없이 선발 과정과 결정의 궁극적인 목적은 올바른 합격자와 올바른 불합격자를 최대한 늘리고, 잘못된 불합격자와 잘못된 합격자를 줄이는 것이라고 할 수 있다.

새로 선발된 종업원의 질을 결정하고 조직에 영향을 미치는 중요변수에는 예측변인 타당도, 기저율, 선발률 등이 있다. 예측변인의 타당도가 0인 상황을 가정해 보면, 그림의 타원은 원이 될 것이고 따라서 A, B, C, D의 면적은 동일하게 될 것이다. 반면에 예측변인 타당도가 1인 상황이라면 그림의 타원은 직선의 모양이 되어 B와 D의 면적은 0이 될 수 있다. 즉, 예측변인의 타당도를 향상시키면 그림에 제시된 타원의 폭이 더 좁아지는 결과를 가져오므로 B와 D의 발생확률을 감소시킬 수 있다. 기저율(base rate)이란 재직하고 있는 직원 중 높은 직무수행을 보이는 직원들의 비율을 말하는데, 기저율은 현 재직자들을 대상으로 했던 과거 선발과정에서의 선발 유용성을 보여주는 지표로 활용될 수 있으며, 이를 바탕으로 현재 시행하는 선발 과정의 유용성 수준을 결정할 수 있다. 선발결정을 위해 조직은 합격점을 설정할 필요가 있으며, 합격점을 바탕으로 기저율이 계산될 수 있다. 만약 어떤 기업의 현재 기저율이 90%라면 새로운 선발도구를 개발할 이유가 거의 없다. 왜냐하면 현행 선발도구가 매우 좋은 도구이므로 추가적인 개선은 매우 어려울 것으로 예측해 볼 수 있기 때문이다. 또 다른 변수는 선발률(selection ratio)인데, 이는 지원자 수 대비 선발하고자 하는 인원의 비율을 말하며 선발률이 1이란 것은 지원자를 모두 선발하는 상황을 말하므로 선발도구의 유용성이나 정확성이 큰 의미가 없다. 선발률이 낮은 즉, 지원경쟁률이 높은 조직일수록 직원 채용을 위한 선발시스템을 잘 갖추고 선발도구의 유용성을 높일 필요가 커진다. 뿐만 아니라 선발률이 낮아지면 자연스럽게 채용합격 커트라인이 높아지게(그림에서 우측으로 이동하게) 되므로 현재의 선발도구를 그대로 사용하더라도 잘못된 합격자(D) 발생 가능성은 감소 또는 제거할 수 있다(단, 잘못된 불합격자(B)의 발생은 증가한다).

14.2.3 직무수행평가

산업조직 심리학자들은 인사선발과 직무수행평가 영역에서 중요한 역할을 한다. 이를 위해 조직 내에서 직무수행관리 및 평가 시스템을 개발하고 시행하며, 개인 직무수행 향상을 위한 동기부여 시스템, 즉 직무수행관리에도 관심을 기울인다. 일반적으로 직무수행평가 결과는 조직 내에서 여러 가지 용도로 사용될 수 있다. 첫째, 가장 보편적이면서도 일반적인 용도는 승진이나 보상과 같은 인사결정의 기초자료로의 활용이다. 사람들은 자신이 남들보다 우수하거나 월등하게 일을 잘하는 경우 상응하는 보상을 기대한다. 만약 승진이나 보상결정이 업무수행 성과와 상관없이 결정되고 시행된다면 열심히 일한 고성과자 조직원들의 사기와 직무수행 동기는 심각하게 손상당할 가능성이 크다. 따라서 개인에게 중요한 인사결정은 학력이나 배경처럼 직무수행과 거의 관련 없는 입사 이전 요건이나, 또는 선입관이나 편견같이 객관적이거나 공정하지 못한 오류성 요인들보다는 종업원의 직무수행에 대한 객관적 평가자료에 기초해야 한다. 둘째, 직무수행 평가결과는 인사선발 기준의 타당화를 목적으로 활용될 수 있다. 앞 절의 인사선발 타당도 관련 논의에서 본 것처럼 종업원 선발방법의 타당성을 입증하기 위해서는 직무수행 성공 여부와 상관관계를 확인해 보아야 한다. 선발장면에서 어떤 검사나 평가도구를 사용하더라도 그 선발도구의 평가값에 기반하여 채용한 종업원의 직무수행성과를 평가해야만 그 선발방법이 타당한 것이었는지를 확인할 수 있는 것이다. 셋째, 직무수행평가 결과를 통해 종업원의 훈련 및 개발 필요성을 확인할 수 있다. 평가결과를 바탕으로 종업원 개인 또는 전체의 구체적인 직무기술, 지식, 또는 심리적인 태도상의 장단점 등을 발견할 수 있으며, 확인된 문제요소에 따라 필요한 교육이나 훈련을 제공함으로써 그 능력을 개선할 수 있을 것이다. 또는 직무수행 평가결과는 많은 경우 대상 종업원에 대한 피드백 자료의 역할을 하므로 그들이 어떤 방식과 수준에서 일하고 있는지를 알게 해준다. 따라서 자신이 어떤 장단점을 갖고 있는지 스스로 파악하게 되고 미흡한 역량에 대해 개발하려는 동기를 자극하는 역할을 할 수도 있다. 마지막으로 직무수행 평가결과는 직무설계의 중요한 기초자료로 활용된다. 예를 들어 특정 직무를 담당하는 대부분 직원의 성과가 낮다면, 낮은 성과의 원인이 종업원 개인의 능력 부족 때문이 아니라 직무의 구조나 환경의 문제일 수 있다. 이 경우에는 종업원의 교육과 훈련 등의 해결책보다는 직무 재설계를 하는 것이 성과향상을 위해 더 효과적인 방안이 될 수 있다.

14.2.3.1 직무수행평가 개요

종업원에 대한 직무수행은 여러 가지 준거에 의해 평가될 수 있다. 이 준거의 유형을 나누는 가장 일반적인 구분은 객관적 측정치와 주관적 측정치의 구분이다. 객관적 측정치란 생산량, 판매액, 불량률 등과 같은 생산자료나 전직, 지각, 결근 등과 같은 인사기록 상의 수치화된 자료와 같은 것으로 값의 산출이나 평가가 쉽고 편리하다는 점과 산출된 그 측정치의 객관성과 공정성에 대한 불만이나 이의제기가 상대적으로 어렵다는 장점이 있다. 하지만, 객관적 측정치가 전적으로 공정한 것도 아니며, 이 측정치만으로 종업원의 직무수행을 제대로 평가할 수는 없다. 왜냐하면 동일한 업무라도 본질이 다를 수 있고, 사무실 환경이 영향을 줄 수도 있고, 종업원의 근무연수에 따라서 달라질 수도 있기 때문이다. 주관적 측정치란 종업원이 자신의 직무를 얼마나 성공적으로 수행했는지를 평가자가 자유롭게 판단해서 평가하도록 하는 것이다. 특히, 비생산업무의 경우 수량화할 수 있는 구체적인 생산물이 없으므로 대상 직원의 능력이나 효율성을 질적인 측면에서 측정해야 한다. 따라서 평가자가 일정한 기간 동안 종업원의 직무수행 행동을 관찰하고 그 질과 수준에 대한 견해를 제시함으로써 직무수행 평가값을 산출하게 된다. 하지만 객관적 측정치와 달리 주관적 측정은 사람의 판단에 의존하기 때문에 실제적인 직무수행 수준 이외의 어떤 편파나 오류가 개입할 가능성이 높아진다.

따라서, 산업조직 심리학자들은 직무수행평가 체계 개발과 관리를 위해서 다음과 같은 연구문제에 관심을 갖는다. (1) 직무수행평가를 위한 가장 좋은 방식이나 측정척도는 무엇인가? (2) 평가자 오류와 편향은 어떤 것이 있으며, 이것들이 평가 프로세스에 어떤 영향을 미치는가? (3) 평가자 오류와 편향을 감소시키기 위해 어떤 훈련이 필요한가? (4) 어떤 맥락적 변인들이 평가과정에 영향을 미치는가? (5) 조직의 풍토나 문화가 평가 프로세스에서 얼마나 중요한가? 산업조직 심리학자는 이와 같은 질문에 답하기 위해 기초심리학적 원리를 사용하여 공정하고 정확하면서도 사용자 친화적인 평가 시스템을 개발하고 실행하는 데에 도움을 제공하는 역할을 수행한다.

14.2.3.2 평가방식

직무수행 평가방식과 관련된 주요 관심사는 누가 평가할 것인가와 관련된 평가자 선정의 문제와 어떤 유형의 척도나 기법을 사용할 것인가와 관련된 평가척도 선정의 문제이다.

직무수행 평가의 용도에서 알 수 있듯이 누가 평가를 하느냐는 매우 중요한 문제이다. 하지만, 누가 평가를 하더라도 평가자는 평가기법에 대한 훈련을 받았어야 하고, 충분한 기간과 횟수를 통해 피평가자와 직접적인 접촉이 있어야 하며, 이를 통해 피평가자와 그가 담당한 직무에 대한 지식을 충분히 갖추고 있는 상태여야 한다. 조직에서 직무수행 평가를 하는 평가자는 상사인 경우가 대다수이지만, 경우에 따라서는 자기 자신, 동료 또는 부하직원이 될 수도 있으며, 더 나아가 조직의 고객이 평가자가 될 수도 있다. 각 평가자들은 각기 장점과 단점이 있다.

첫째, 직무수행 평가는 일반적으로 상사에 의해 실시되는데, 그 이유는 직속상사가 각 개인의 수행을 가장 잘 알고 있으며, 관찰할 기회가 가장 많기 때문이다. 상사는 보상과 처벌을 결정하는 것에 대한 책임과 권한이 있는 경우가 많기 때문에 부하의 효율적이거나 비효율적인 직무수행을 인사조치에 결합시킬 수 있어야 한다. 하지만, 대부분 부하는 상사 앞에서 조직에 대한 충성이나 업무에 대한 열정을 실제보다 높게 표현하거나 과장할 가능성이 있으므로 상사는 부하의 직무태도에 대한 진실되고 정확한 정보를 획득하기 어려울 수도 있다는 단점을 안고 있다. 둘째, 동료에 의한 평가는 한 집단의 구성원들이 동료의 직무수행을 평가하는 것이다. 즉, 동일 수준의 직원들끼리 직무수행의 일반적 능력, 전문기술, 성격, 태도 등에 대해 서로 평가하는 방법이다. 육군사관학교에서 매 학기 생도들이 서로에 대해 '리더십역량진단'을 실시하는 것이 한 예가 될 수 있으며, 일반기업에서도 종업원의 승진을 위해 잠재력을 평가하는 경우에 많이 사용되고 있다. 하지만, 동료에 의한 평가는 친한 사이이거나 경쟁상태에 있는 동료를 평가할 때는 편견과 왜곡이 개입할 수 있고, 이 경우 동료에 대한 평가를 실제보다 더 좋게 또는 더 나쁘게 평가할 수 있다. 그리고 일반적으로 조직 내에서 구성원들은 서로를 평가하는 것을 좋아하지 않으며, 동료는 직접 업무지시를 하거나 결과를 보고받지 않기 때문에 피평가자인 동료의 현재 능력이나 성과 수준에 대해 판단하기 어려운 경우가 많다는 점이 제한사항이 될 수 있다. 셋째, 부하에 의한 평가는 부하직원으로 하여금 상사의 여러 가지 차원의 능력이나 자질을 평가하도록 하는 평가이다. 다국적 기업을 대상으로 한 연구(Mount, 1984)에서 부하들에게 자신의 중간관리자를 8개의 수행차원으로 평가하게 하였다. 그 결과 부하들의 평가값은 관리자 자신의 평가값보다 상사에 의한 평가값과 더 높은 상관관계를 보였으며, 평균값도 상사에 의한 평가와 비슷한 수준으로 나타났다. 이 결과를 보면, 부하에 의한 평가도 상사에 의한 평가만큼 타당한 평가값을 산출할 수 있는 잠재력이 있음을 알 수 있다. 하지만, 모든 조직은 평가가 의도하는 목적과 용도에 따라서 부하에 의한 평가를 신중하게 활용해야 한다. 왜냐하면 상사의 자기개발 필요성 진단을 목적으로 사용한다면 부하에 의한 평가가 긍정적 기능을 수행할 수 있지만, 상사에 대한 어떤 인사결정을 위한 목적이라면 부하의 의한 평가는 다양한 형태의 문제를 유발하거나 조직 전체 성과에 역기능적 결과를 야기할 수도 있기 때문이다. 자기평가는 피평가자인 종업원이 자신의 수행을 스스로 평가하는 것이다. 일반적으로 자기평가는 상사, 동료, 부하에 의한 평가보다 관대화 경향이 강하고, 편파가 더 심하며, 타인들의 판단과 덜 일치하는 경향이 있다(Harris & Schubroeck, 1988). 아울러 자기평가는 상사평가나 동료평가와 상관이 높지 않은 것으로 나타났는데, 이는 앞 장의 사회심리학에서 설명한 내부귀인-외부귀인의 차이와 관련이 있으며, 또한 직무수행의 여러 측면을 종합적으로 평가하기 때문에 후광효과의 영향을 덜 받기 때문일 수도 있다. 일반적으로 자기평가자들은 자신의 개인적 기능이나 기술적 능력을 더 강조하는 반면, 상사들은 결과와 산출물을 더 중요시하는 것으로 나타났다(Zammuto, London, & Rowland, 1982). 이러한 단점들 때문에 대부분 조직에서 자기평가는 인사결정보다는 직무상담과 자기개발의 목적으로 활용하는 경우가 많다.

한편, 기업의 서비스 측면의 중요성이 커지고 강조되면서 기업은 고객의 의견에 더욱 귀를 기울이게 되었다. 특히 고객과 상호작용이 많고 이를 통해 직무수행 수준이 결정되는 직무의 경우에 고객에 의한 직무평가가 많이 이루어지고 있다. 예를 들면, 금융기관의 창구직원, 전자제품 등의 A/S담당자, 컨설팅회사의 컨설턴트 등은 고객과 밀접한 상호작용을 하며 고객의 평가가 더욱 중요할 수 있다. 그러나 비록 그들이 제공하는 정보가 유용한 정보임에는 틀림이 없지만 고객이 기업의 목표를 완전히 알고 있다고 예단하기도 어려우며, 고객이 그 직원이 담당한 직무의 다양한 측면과 양상을 다 알기는 어려운 측면이 있다. 따라서, 이러한 고객의 평가정보는 승진, 보상 등의 인사결정에 영향을 미칠 수도 있지만, 타당화 연구나 직무성과 측정의 준거가 되는 인사연구, 또는 자기개발의 기초자료로 활용하는 것이 적정한 활용법이 될 수도 있다.

14.2.3.3 평가오류

12장에서 학습한 것처럼 인간은 자신과 타인을 평가하는 과정에서 자신도 모르는 사이에 다양한 형태의 판단적 오류를 범한다. 직무수행 평가과정에서 평가자가 범하기 쉬운 오류는 어떤 것이 있으며 그것을 해결하기 위한 방법은 무엇이 있는지를 살펴보겠다.

먼저, 직무수행평가에서 가장 보편적으로 범하기 쉬운 편향은 후광효과(halo effect)이다. 구체적이고 실제적으로 관찰했던 직무수행 과정의 행동과 성과들에만 기반해서 평가가 이루어져야 함에도 불구하고, 평가자들은 피평가자의 총체적인 인상이나 전반적인 느낌에 기반하거나, 직무수행과는 상관없는 특정한 특성에 기반해서 평가하는 경향이 있다. 특히 어떤 조직의 직무수행 평가체계가 전반적 직무수행을 평가하는 단일한 평가값 산출보다는 직무의 세부요소(A, B, C, D)들을 구분하고 각각에 대해 독립된 평가값을 산출하도록 요구하는 경우에, 평가자가 어떤 종업원이 특정한 'A'라는 특성이 매우 우수하다는 것을 본 이후에 강한 인상을 받았고 이를 토대로 나머지 B, C, D 특성에 대해서도 일률적으로 좋게 평가하는 경우가 여기에 해당된다. 이러한 후광효과를 줄이기 위해서는 둘 이상의 평가자가 평가하게 하여 개인특유의 편견과 선입견이 상쇄될 수 있도록 하는 방법과 평가자가 각 종업원의 모든 특성을 한꺼번에 평가하지 않고, 한 번에 한 가지씩만 평가하도록 하는 방법 등이 있다.

둘째, 순서에 의한 오류이다. 우리는 4장에서 정보의 제시 순서가 기억인출에 미치는 영향에 대해 살펴보았다. 그와 마찬가지로 피평가자의 여러 직무수행 행동이나 성과들 중에서 가장 처음에 관찰했던 정보가 전체 평가값에 크게 영향을 줄 수 있으며, 반대로 평가시점에 가장 가까운 마지막, 즉 가장 최근에 관찰했던 행동과 성과물이 전체 평가에 크게 영향을 미칠 수도 있다. 피평가자에 대한 최초의 정보가 이후에 나타난 정보들에 비해 최종평가에 더 영향을 주는 경우를 초두효과(primacy effect), 이와는 반대로 마지막에 나타난 정보가 앞서 나타난 정보들에 비해 최종평가에 더 큰 영향을 미치는 것을 최신효과(recency effect)라고 한다. 후광효과나 순서에 의한 오류는 일반적으로 관찰과정의 불완전성으로 발생하는 '관찰오류'에 해당한다. 즉, 평가자가 평가대상 기간 동안 피평가자의 행동과 성과물들을 지속적으로 세밀하게 관찰하고 기록하고 그 결과를 활용한다면 발생하지 않을 수 있는 오류에 해당한다.

셋째, 관찰한 사실들을 바탕으로 평가자가 평가값을 부여하는 과정에서 발생하는 '평가오류(rating error)'가 있다. 평가오류는 평가값을 부여하는 과정에서 평가자가 보여주는 특성과 관련된 것으로 중앙집중 경향, 관대화 경향, 엄격화 경향으로 나누어 볼 수 있는데, 이들 모두 평가자가 부여한 평가값의 분포와 관련된 것이므로 '분포오류(distribution error)'라고도 한다. 우선 중앙집중 경향은 평가자가 평가척도 상의 모든 점수값을 적절하게 사용하지 않고 평균치에 가까운 평가를 하는 경향을 말한다. 예를 들면 5점 척도 상에서 1점과 5점을 전혀 사용하지 않고 2~4점으로만 평가한다면 중앙집중 경향을 보이는 것이다. 이런 현상은 평가자들이 친숙하지 않거나 확신이 없는 사항에 대해 평가를 해야 하는 경우 특히 자주 발생할 가능성이 높으며, 응집력이 높은 집단 내에서 상호평가를 해야 하는 경우에도 자주 발생한다. 이 경향이 발생하는 원인은 평가자가 평가척도 사용법을 잘 이해하지 못하였거나 평가능력이 부족한 것, 평가방법에 대해 회의적 또는 반감을 갖고 있거나 피평가자를 잘 알지 못하는 것, 낮은 평가값을 부여할 경우 피평가자와 감정적 대립이 우려되는 것 등으로 생각해 볼 수 있다. 이 경향이 발생하면 종업원 간 차이를 정확히 반영하지 못하기 때문에 산출된 평가값이 조직이나 종업원 개인을 위한 유용한 정보를 제공해주지 못하며, 피드백을 통한 도움 제공에 문제가 될 수 있다. 관대화 경향과 엄격화 경향은 서로 반대되는 현상인데, 평가자가 피평가자의 역량이나 성과를 실제보다 더 높게 평가하는 경우를 관대화 경향, 실제보다 의도적으로 낮게 평가하는 경우를 엄격화 경향이라고 한다. 예를 들면, 5점 척도상에서 1~3점만 주로 사용하여 평가했다면 엄격화 경향, 3~5점만 주로 사용했다면 관대화 경향이 발생했다고 할 수 있다. 엄격화 경향은 평가자의 가치관에 의해 특정한 수행성과에 대해 기대수준을 높게 설정하고 있을 때 발생할 수 있으며, 피평가자와의 갈등관계에서 일종의 처벌이나 보복의 성격을 갖는 평가를 할 경우에 발생할 수 있다. 반대로 관대화 경향은 평가자가 피평가자를 나쁘게 평가하여 대립하는 것에 부담을 느끼는 상황에서 발생할 수 있으며, 자기 부하를 타 부서 종업원에 비해서 유리한 위치가 되도록 하기 위해서 또는 피평가자가 나쁜 평가를 받는 것이 상사인 자신의 책임처럼 느끼게 되는 상황에서 발생할 수 있다. 이러한 오류를 극복하기 위한 방법으로는 피평가자들의 평가값이 정규분포곡선의 형태가 되도록 평가를 요구하는 방법이 있지만, 이 방법을 사용하면 실제로 피평가자들이 평균적으로 우수하거나 저열한 경우에도 정규분포화된 점수값을 부여해야 하므로 부당하게 낮거나 높은 평가를 받게 되는 문제를 동반할 수 있다.

마지막으로 대비오류(contrast error)는 평가할 때 피평가자를 어떤 사람과 비교하는 경우에 발생한다. 이것은 평가자가 피평가자들을 사전에 정한 절대적 기준과 비교하기보다는 다른 사람과 비교하는 경우에 발생하는 오류이다. 대비효과는 상사들이 짧은 기간 동안 여러 명을 평가해야 할 때 발생하기 쉽다. 만약 한 관리자가 직무수행이 뛰어난 종업원을 평가한 직후에 평가받는 종업원은 앞선 사람과 비교되어 실제보다 낮은 평가를 받을 수 있다. 반대로 어떤 종업원이 저조한 직무수행을 보인 종업원과 비교되어 실제보다 더 높은 평가를 받은 경우에도 대비효과가 발생한다.

이와 같은 다양한 평가자 오류를 감소시키기 위한 방법으로 다양한 훈련법이 개발되었다. 가장 대표적인 것이 평가자 오류 훈련(rater error training: RET)이다. 이 훈련의 목표는 평가자에게 평가오류를 인식시켜 이러한 형태의 평가를 피하도록 가르치는 것이다. 이런 훈련으로 평가오류가 감소한다는 사실은 많은 연구에서 확인이 되었지만, 오류의 감소뿐만 아니라 평가의 정확도도 함께 감소하는 대가를 치를 수 있다는 연구도 있다(Bernardin & Pence, 1980; Hedge & Kavanagh, 1988). 즉, 평가값들이 피평가자의 실제 성과를 정확하게 나타내는지 여부와 상관없이 강제로 평가값들이 변산을 갖도록만 함으로써 후광효과나 관대화 오류 등의 패턴 빈도를 줄이기는 하지만 평가값이 실제 수행 수준을 반영하는 정확도는 떨어질 수도 있다는 것이다. 이러한 RET의 제한점을 해결하기 위한 다른 훈련유형도 있는데, 예를 들어 관찰법 훈련은 평정자들에게 직무수행과 관련된 행동을 관찰하는 방법과 그 관찰에 근거하여 값을 판단하는 방법을 가르치는 훈련법이다. 또한, 참조틀 훈련(frame of reference training: FOR)은 최근에 가장 널리 확산되는 훈련법인데, 이 훈련의 목표는 평가 과제에 대한 공통적인 이해를 제공하는 것이다. 이 훈련에서 평가자는 평가할 각 차원에서의 수행의 다양한 수준을 나타내는 구체적 행동사례를 제공받거나, 녹화된 종업원의 행동을 관찰한다. 이후 평가자들은 각자 행동에 대한 평가값을 부여하고 이후에 각자 부여한 평가값과 그 값을 준 이유를 비교하고 논의하는 과정을 거쳐 평가자들이 특정 행동에 대한 관찰 포인트나 부여한 평가값이 비슷한 수준으로 합치되도록 하는 훈련이다. Gorman과 Rentsch(2009)는 대학생을 대상으로 수행한 실험실 연구를 통해 이 훈련에 의해 산출된 평정의 정확성이 높아지고 평정자가 훌륭한 수행에 대한 준거를 정확하게 이해되었다고 제시하여 평가오류를 극복하는 유망한 하나의 훈련법이 될 수 있음을 보여주었다.

14.2.3.4 평가척도

직무수행 평가에 사용되는 객관적 측정치의 경우, 그 값이 직무담당자의 직무수행 수준을 얼마나 종합적으로 잘 대표하는가의 우려는 있지만, 그 값을 산출하는 과정이나 산출된 그 값 자체의 객관성과 정확성에 대한 우려에서는 비교적 자유롭다. 하지만 현대와 같이 직무수행의 내용이 복잡해지고, 다양한 역량과 기술이 사용되는 것이 보편화되는 추세를 고려할 때 객관적 측정치에 기반한 평가만으로는 직무수행 평가가 추구하는 목적을 달성하기가 점점 어려워지고 있다. 따라서 직무수행을 보다 효율적이고 정확하게 평가하기 위한 여러 가지 기법이 개발되어 왔으며, 이 기법들은 '판단적 자료'를 산출하는 대부분의 주관적 직무수행 평가가 갖고 있는 다양한 문제요소를 극복하거나 보완하기 위한 목적으로 고안되고 개발된 것들이다.

먼저 직무수행 평가에서 가장 전형적이면서도 널리 사용되는 기법은 평정척도(rating scale)를 활용하는 평가법이다. 이 방법은 개인의 여러 특성이나 직무요인들을 열거해주고 평가자들이 그 각각에 대해 판단하는데, 직무요인의 수는 보통

5~20개 사이이며, 보통 5점 또는 7점의 Likert식 척도 또는 이를 약간 응용 및 변형한 다양한 형태의 그래픽형 척도상에서 직무수행 수준이 판단된다. 자주 평가되는 차원은 작업의 양/질, 직무 이해도, 실제적 판단력, 직무지식, 협조성, 창의성, 동기 등이다. 이 기법은 타당도 측면에서는 상당히 효과적인데, 직무수행 평가의 목적에 따른 평가요소를 개발할 수 있고 평가결과에 대한 의미있는 수량화가 가능하므로 보상 책정 등에 유용한 정보를 제공할 수 있다. 하지만, 이 방법은 다양한 평가오류가 개입할 가능성이 높아지며, 신뢰도 측면에서 심각한 문제를 야기할 수 있다. 즉 평정자가 의도적으로 특정 피평정자를 높게 또는 낮게 평가할 수 있다. 이런 문제점들 때문에 아래에 설명하는 다른 유형의 직무수행 평가방법들이 개발되었다.

두 번째 유형은 종업원 비교법인데, 이것은 사전에 정의되어 있는 기준을 사용하여 종업원들을 평가하는 평정척도 방법과 달리 개인들을 서로 비교함으로써 개인 간 평가 차이가 발생하도록 하는 방법이다. 종업원 비교법은 순위법, 짝 비교법, 강제배분법 등 세 가지 유형이 있다. 순위법(rank order)은 평가자가 주어진 직무수행 차원에서 제일 높은 사람부터 제일 낮은 사람까지 순위를 매기는 방법이다. 순위법에 의한 평가값은 어떤 기준에 대한 절대적인 수준의 지표를 제공하지 못하고 단순히 상대적 순위 정보만을 제공한다는 단점이 있으며, 평가대상이 많은 경우에 전체 중에서 최상위 일부와 최하위 일부를 가려낼 수는 있지만 직무수행이 큰 차이를 보이지 않는 나머지 사람들의 순위를 매기는 것은 어느 정도 임의적일 수밖에 없다는 점도 제한요소가 된다. 따라서 순위법은 종업원의 수가 적고 종업원 간의 상대적 위치 외에는 더 자세한 정보가 필요 없는 경우에 사용하는 것이 적절하다. 짝 비교법(paired comparison)은 평가대상 집단에 속한 각 종업원들을 다른 모든 사람과 짝을 지어 비교하는 방법인데, 평가자가 할 일은 평가하고자 하는 차원에 대해 짝지어진 두 사람 중 더 나은 사람을 선택하는 것이다. 이 방법은 전형적으로 전반적 직무수행 같은 하나의 단일 차원으로 종업원을 평가할 때 사용되는 경우가 많은데, 피평가자들 중 짝 비교에서 선택받은 횟수가 많은 종업원이 더 높은 최종 순위를 받게 된다. 이 방법을 사용할 때 평가자는 모든 사람을 한꺼번에 비교하지 않고 한 번에 한 쌍만 판단하면 되기 때문에 평가자 입장에서 판단과정이 단순하다는 점과 동일한 수준의 능력을 가진 종업원들에게 같은 순위를 줄 수도 있다는 점이 장점이다. 하지만, 짝 비교법은 평가대상자 숫자가 적을 때 가장 적합한 방법이다. 왜냐하면 종업원의 수가 n명일 때 평가할 짝의 숫자는 $n(n-1)/2$의 공식을 계산되는데, 종업원의 숫자가 많아질수록 비교해야 할 짝의 수가 기하급수적으로 늘어나게 되므로 평가하는 데 시간이 매우 많이 소요된다. 예를 들어 5명을 평가해야 한다면 10개의 짝 비교만 하면 되지만, 20명을 평가해야 한다면 190개의 짝 비교를 반복해야 하므로 평가자에게 큰 부담이 될 수 있다. 강제배분법(forced-distribution)은 종업원의 숫자가 많아 앞의 두 방법을 사용하기 어려울 때 가장 유용한 방법이다. 이 방법은 일반적으로 단일 차원으로 평가할 때 사용하지만, 여러 개의 차원에서 평가할 때도 사용할 수가 있다. 이 방법은 종업원들의 직무수행 수준이 정규분포를 이룰 것이라는 가정을 전제로 하고 있는데, 정규분포 모양을 5~7개의 범주로 구분한 다음 사전에 결정되어 있는 백분율만큼 각 범주에 종업원의 수를 채워가는 방식이다. 즉, 이 방법은 평가자로 하여금 강제로 모든 범주에 걸쳐 정해진 비율만큼 반드시 할당하도록 요구하기 때문에 강제배분이라고 하는 것이다. 이와 같은 종업원 비교법은 평가대상자들을 어떻게든 구분해서 평가값을 부여하도록 강제하므로 중앙집중 오류, 관대화/엄격화 오류 등 척도의 한 부분에만 평가값이 편포되는 평가오류 발생을 방지할 수 있다는 장점이 있다. 하지만, 어떤 한 사람을 항상 다른 사람보다 높게 평가할 수 있으므로 후광효과는 여전히 존재할 수 있다는 제한점을 공통적으로 안고 있다.

세 번째 유형은 행동 체크리스트(또는 척도)를 활용하는 방법인데, 이는 직무수행 평가에서 가장 최근에 개발된 기법이다. 이 기법의 핵심은 '행동'을 기준으로 한다는 점인데, 이는 관찰된 행동이 다른 요인보다 상대적으로 덜 모호하기 때문이다. 이 범주에 있는 모든 방법은 직접 또는 간접적으로 중요사건법(critical incident technique: CIT)에 기초하고 있다. 중요사건은 좋거나 나쁜 직무수행을 초래하는 행동이다. 평가자인 상사들은 직무수행에 영향을 크게 미치는 행동들이 보일 때마다 기록을 해야 하는데, 그 자리에서 기록할 수도 있고 일정한 짧은 기간(일/주/월 단위)마다 회상하여 기록할 수도 있다. 중요사건 기법은 실제 직무행동에 초점을 맞추기 때문에 비효율적이거나 바람직하지 않은 행동을 구체적으로 지적해서 개선할 수 있도록 해주며, 특히 종업원 개인과의 평가 면담과 피드백을 통해 개선과 개발이 필요한 행동과 역량을 구체적으로 제시하고 자각시켜줄 수 있으므로 매우 유용하다. 또한 조직 전체적으로 많은 수의 중요사건이 수집될 때, 직무와 조직 내 문제에 대해 풍부한 사례와 정보를 제공할 수 있으며, 이를 바탕으로 조직단위 교육훈련 프로그램 개발로 연결시킬 수도 있다. 하지만, 이 방법이 성공적이기 위해서는 중요사건을 적시에 관찰하고 기록하는 능력이 중요하며, 중요사건 목록을 정확하게 수집하기 위해 많은 시간과 노력이 요구된다는 제한점이 있다. 행동관찰척도(behavioral observation scale: BOS)도 중요사건 기법에 근거하고 있지만, 이 기법은 특정한 행동적 사건의 발생빈도를 평가하는 것이다. 즉, 행동관찰척도는 중요사건 기법을 통해 도출된 중요한 행동의 목록을 바탕으로 '행동 빈도에 대한 평정 척도'를 만들어낸 것이다. 평가자인 상사는 각 종업원들이 행동목록의 행동들을 얼마나 자주 하는지를 5점 또는 7점 척도상에서 평가하면 된다. 이 방법은 전문가에 의해 척도개발이 가능하며, 내용타당도가 높다는 장점이 있지만, 회상에 의존하여 종업원의 특정 행동의 빈도를 응답해야 하므로 평가자들이 직무에 관해 관찰한 행동을 기억하는 정도에 의해 영향을 받을 수 있다는 제한점이 있다.

14.2.4 교육과 훈련

모든 조직이 효과적이고 정확도가 높은 선발체계를 구축하고자 노력하지만, 조직들은 조직구성원들의 역량증진을 위해 나름의 고유한 교육과 훈련체계를 갖고 있다. 선발시스템이 정확하게 작동하고 있고 선발을 통해 높은 수준의 KSAOs를 가진 직원을 선발한다면 선발 이후의 교육과 훈련에 소요되는 비용을 감축할 수 있을 것이라고 생각할 수 있다. 하지만, 이런 논리는 부분적으로는 타당하지만 몇 가지 문제점을 동시에 안고 있다. 첫째, 선발이란 '지원자'들 중에서 가장 직무에 적합한 사람을 채용하는 과정이므로 최종선발자가 해당 직무를 수행하기 위한 모든 조건과 역량을 갖추고 있다고 가정하는 데는 어려움이 있으며 반드시 추가적인 훈련이 필요하다. 둘째, 유사하거나 동일한 직무를 오랜 시간 수행한 직원도 변화하는 직무나 환경에 따라 추가적인 훈련을 받아야만 한다. 셋째, 교육과 훈련은 직원의 지속적인 발전을 위해 중요하며, 훈련 프로그램의 이수는 직원들의 조직몰입도와 직무만족을 높이고, 더 나아가 생산성을 높이고 결근율과 이직률을 감소시키는 결과를 가져올 수 있다. 특히 오늘날 대한민국처럼 고도화되고, 정보화가 가속되고, 인간에 대한 가치를 높게 부여하고, 직업적 성장에 관심 많은 사회에서 직원의 성장과 발전을 위한 교육 훈련의 중요성은 더욱 커지고 있다.

교육 프로그램 개발을 위한 최초의 단계는 조직 내 직무수행 과정에서 무엇이 부족한지를 파악하고 판단하는 것이다. 이를 교육 요구분석(needs assessment)이라고 하며, 구체적인 교육목표를 설정하고 어떤 교육방법과 기법이 수행에서의 결함을 감소시키거나 제거하는 데 가장 효과적인지를 알아내기 위해 교육의 필요성을 찾아내고 구체화하는 체계적인 과정 전체를 일컫는 것이다. 교육 요구분석은 크게 조직·직무·개인수준 분석 등 세 가지 수준에서 진행될 수 있다. 먼저 조직수준 분석은 조직 목표와 그 목표가 종업원 수행을 통해 어떻게 달성되는지에 관한 것인데, 이를 위해 조직의 주요 전략적 목표를 확인하고, 교육 개발 및 실시를 위해 소요되는 자원이 가용한지를 파악하며, 경영층과 종업원들이 교육 실시에 호의적인 태도를 갖고 있는가를 분석하는 것이다. 직무수준 분석은 각 직무에 포함되어있는 과업의 특성과 관련된 것으로, 종업원들이 직무를 수행함에 있어서 부족한 KSAOs가 있는지, 어떤 과업에서 지속적으로 낮은 수행을 보이는지를 알아내는 데 있다. 마지막 단계는 개인수준 분석인데 이는 직무지원자나 현 종업원이 직무 과업을 얼마나 잘 할 수 있는지에 관한 것이다. 교육 요구분석은 어떤 종업원에게 어떤 교육이 필요한지를 알아내는 것이 목적이며, 아울러 교육을 효과적으로 설계하고 전달하기 위한 학습자의 특성을 찾아내는 과정이기도 하다. 한 가지 주지해야 할 사항은 학습을 통해 직무수행에서의 결함과 문제가 모두 해결되는 것은 아니라는 점이다. 종업원들은 자신이 무엇을 해야 하는지 알고 있으면서도 그것을 효과적으로 실행하기 위한 능력과 동기가 부족할 수도 있기 때문이다.

이와 같은 세 가지 수준에서의 체계적인 교육요구 분석이 중요함에도 불구하고 조직들은 이 절차를 자주 사용하지 않는 것이 현실이다. 미국의 대규모 기업 1,000개를 설문 조사한 결과에 의하면, 관리자급 인력에 대한 훈련을 실행하기 이전에 교육 요구평가를 실시한 기업은 전체의 27% 수준에 머무르는 것으로 나타났다(Saari 등, 1988). 여기에는 여러 가지 이유가 있겠지만, 우선 교육 필요성이 비교적 명확할 경우에는 교육요구 분석을 간략히 하거나 완전히 생략하는 경우도 있다. 아울러 법적 또는 자격요건을 충족하기 위해 반드시 실시해야 하는 교육의 경우는 요구분석 절차가 굳이 필요하지 않을 것이며, 이런 요인들이 체계적인 교육 요구분석 실행 비율을 떨어뜨린 원인이 되었다고 추론해 볼 수도 있을 것이다.

어떤 대상에게, 어떤 방법·기법을 활용하여 교육훈련을 하는 경우에도, 교육실행자 입장에서 가장 관심을 갖는 것은 교육받은 내용과 방법을 실제 직무에서 얼마나 잘 활용하는가와 관련된 훈련전이(transfer of training)의 문제일 것이다. 조직의 관점에서 훈련전이는 훈련 프로그램의 성공을 위한 통합적 개념이며, 훈련 프로그램의 목표는 긍정적 전이, 즉 훈련을 통해 학습한 내용을 직무에 성공적으로 적용하여 성과를 향상시키는 것이다. 하지만 모든 훈련이 긍정적 전이로 연결되는 것은 아니며, 때로는 훈련 결과로 인해 성과가 감소되는 부정적 전이가 나타나는 경우도 있다. 여러 연속된 연구를 수행한 결과를 바탕으로 Goldstein과 Ford(2002)는 긍정적 전이 가능성을 높이기 위한 몇 가지 지침을 제시하였다. 첫째, 훈련제공자는 훈련상황과 실제 직무상황을 가능한 한 유사하게 만들어야 한다. 많은 훈련 상황에서 부정적 전이는 훈련과 실제 직무상황이 크게 상이할 때 발생한다. 예를 들어 충분한 재료·부품과 여유로운 시간을 부여받는 상황에서 특정 직무를 잘 수행할 수 있도록 숙달하고 현업으로 복귀한 경우를 가정해 보자. 만약 실제 작업현장은 훈련장면처럼 여유로운 자원과 시간이 허용되지 않는 상황이라면 훈련에서 학습한 것과 동일한 과정을 적용해 보려고 할 때는 오히려 성과가 감소할 수도 있는 것이다. 둘째, 학습자들에게 충분한 능동학습 기회를 제공하는 것은 긍정적 전이를 강화하기 위해 필수적이다. 신입직원의 경우 초과학습을 통한 반복 연습은 새로운 직무에서 직면할 스트레스 상황에서도 훈련받은 대로 행동하게 할 수 있다. 셋째, 훈련자는 학습자들이 다양하고 차별적인 환경에서 연습할 수 있도록 해주어야 한다. 단순한 환경에서 이수한 훈련은 현장의 다양하고 변화하는 요구에 응용할 수 있는 긍정적 전이 가능성을 저하시킬 우려가 크기 때문이다. 넷째, 훈련제공자, 학습자, 그리고 관리자는 훈련과정에서 상호 협력해야 한다. 다섯째, 훈련에 관여한 각 주체는 훈련에 대한 명확한 기대와 목표를 사전에 공유해야 한다. 마지막으로, 훈련자는 학습자에게 학습한 행동을 유지하는 데 도움이 되는 현장 중심의 유지 및 관리 프로그램을 제공해야 한다. 훈련 전이 연구자들(Baldwin & Ford, 1988)은 전이 과정에서 사회적 지지의 중요성을 매우 강조하는데, 특히 교육 후 환경에서 상사의 지원을 매우 중요한 요인으로 제시하였다. 이러한 상사의 지원에는 교육받은 행동을 강화해주거나, 본보기를 보여주거나, 새로운 목표설정을 해 주는 것 등이 포함된다.

어떤 측정이나 평가에서와 마찬가지로 교육훈련 장면에서도 수행에 대한 평가와 측정은 이루어져야 한다. 훈련평가를 위한 준거는 직원 평가나 선발체계에서의 준거만큼 중요하므로 신뢰할 만하고, 실용적이며, 공정해야 한다. 교육훈련 평가와 관련하여 가장 널리 인용되고 사용되는 준거는 Donald Kirkpatrick의 분류체계이다. 그는 오랜 기간의 연구를 바탕으로 훈련 프로그램의 평가를 위한 네 가지 준거를 분류하였는데, 이는 훈련이 다각적인 노력을 통해 이루어진다는 인식을 바탕으로 하고 있다(Kirkpatrick, 1976).

첫째, 반응준거는 훈련 프로그램에 대한 태도적 반응을 말하는데, 교육을 받은 사람들이 교육에 대해 느끼는 인상, 느낌, 감정 등의 반응을 통해 교육의 효과를 판단하는 기준이다. 일반적으로 대부분의 교육평가가 교육생의 반응을 평가하지만 보다 정확하고 완벽한 평가가 되기 위해서는 이와 같은 단순한 반응 이상의 것을 포함해야 할 것이다. 둘째, 학습준거는 훈련 프로그램을 통해 학습된 양이 얼마나 많은지를 반영하는 것으로 교육의 결과로 어떤 지식을 획득했고, 어떤 기술이 향상되었으며, 어떤 태도가 변화되었는지를 말한다. 이 준거의 측정을 위해서는 교육 종료 직후에 배운 것을 즉각적으로 측정하는 방법, 배운 지식에 대해 평가자가 나중에 측정하는 방법, 또는 학습한 행동과 기술을 역할연기나 모의상황 등에서 실제로 사용하는 것을 측정하는 등의 방법이 사용된다. 셋째, 행동준거는 훈련 후 업무로 복귀했을 때의 학습자 행동 변화를 말한다. 이 준거는 교육의 전이와 깊은 관련이 있으며, 생산성 증가나 결근·오류·사고·불만 감소 등과 같은 객관적 관찰이 가능한 지표값을 사용하여 측정한다. 마지막으로, 결과준거는 교육 프로그램이 회사나 조직에 가져다주는 경제적 가치와 관련된 것으로 회사가 그 훈련을 시행할만한 가치가 있는가에 대한 답변을 찾는 것이다. 만약 학습자가 훈련프로그램에 호감을 보이고, 훈련을 통해 새로운 것을 잘 배우며, 직무로 돌아와서 그들의 행동을 변화시킨다고 하더라도 훈련을 개발·계획하고 실행하는 데 소요되는 비용이 궁극적으로 경제적 이득이 없거나 손실을 가져온다면 그 훈련 프로그램은 실패한 것이라고 볼 수도 있다. 위 네 가지 준거 중 반응 준거와 학습 준거는 교육 프로그램 자체와 관련된 내부적인 것을 평가하므로 이 둘을 통틀어서 내적 준거로, 행동준거와 결과준거는 교육 프로그램 자체가 아니라 외부적인 것을 평가하므로 이 두 준거를 포괄하여 외적 준거로 구분하기도 한다. 일반적으로 훈련 프로그램의 평가에서 위 네 가지 준거가 동시에 사용되지는 않는데, 이 네 가지 준거가 때로는 다른 결론을 낳는 경우가 있으므로 단지 한 두 가지 준거만 사용하여 결론을 내리는 것은 충분하지 않을 수 있다는 점을 유의할 필요가 있다. 많은 훈련 프로그램의 평가가 반응준거와 학습준거에만 치중하는 경향이 있는데, 이는 훈련이 실제 성과로 이어지는지에 대한 평가가 결여되어 있기 때문에 문제의 소지가 있다(Levy, 2018).

14.3 조직심리학 분야 주제

14.3.1 일터에서 태도와 행동

산업조직심리학이 중요하게 연구하는 일터에서의 태도와 행동은 직무만족, 조직몰입, 조직시민행동, 반생산적 행동 등이 있다.

14.3.1.1 직무만족

직무만족은 사람들이 자기 직무 전반과 직무의 다양한 측면에 대해 어떻게 느끼는지를 나타내는 태도변인을 말하는데, 일터에서의 태도와 행동 중에서 가장 많이 연구된 주제이다. 직무만족에 대한 연구는 두 갈래의 방향으로 진행되어 왔는데, 전반적 연구접근과 단면적 연구접근 방법이다. 전반적 연구접근은 직무만족을 일에 대한 전반적 단일 감정으로 취급하는 반면, 단면적 연구접근에서는 직무의 단면들(facet), 즉 직무의 여러 측면에 초점을 두어 연구한다. 가장 많이 연구된 직무의 단면으로는 급여·보상, 직무조건, 승진 기회, 부가급부, 관리감독, 동료, 작업의 본질, 의사소통, 안전 문제 등을 들 수 있다.

여러 국가를 동시에 조사한 연구결과를 보면, 직무만족의 일반적 수준이 국가에 따라 상이하다는 점을 보여준다. 유럽 등 27개 국가의 직무만족 평균값을 비교한 연구에서는 스칸디나비아반도 국가(덴마트, 핀란드, 스웨덴), 독일, 호주 등이 가장 높은 수준이며, 동유럽(불가리아, 슬로바키아, 폴란드, 라트비아 등)에서 가장 낮은 수준이었다(Pichler & Wallace, 2009). 24개 국가를 대상으로 관리자들의 직무만족 수준을 비교한 연구에서도 국가 간 의미 있는 차이가 관찰되었는데, 캐나다, 스웨덴, 에스토니아, 미국, 벨기에, 독일 등 국가의 직무만족이 상위권이었으며, 동유럽(불가리아, 루마니아)과 아시아 국가(중국, 홍콩, 일본)들의 직무만족이 최하위권이었다.

이와 같은 국가 간 차이 발생원인 중 하나로 제시되는 것이 기본적 가치(basic value)의 차이 문제이다. Hofstede(1984)는 개인주의–집단주의, 남성성–여성성, 권력 거리, 불확실성 회피 성향 등 네 가지의 중요가치 차원을 40개 국가에서 측정하였는데, 비록 각 가치 차원에 있어서 국가 내에서 사람들 사이에 변산이 있긴 했지만, 국가 간에도 의미 있는 평균 차이들이 나타났다. 이후 연구들에 의해 이들 차원은 조직과 관련된 많은 변인과 관계가 있는 것으로 밝혀졌다. 예를 들면, 특정 국가의 개인주의－집단주의 점수는 직무만족 하위차원 중에서 일의 사회적 측면에 대한 만족과 유의미한 관련성을 보였으며, 집단주의적 국가의 사람들은 개인주의적 국가의 사람들에 비해 동료작업자에게 더 만족하는 경향을 보였으며(Hui, Yee, & Eastman, 1995), 개인 간 큰 권력 거리를 허용·수용하는 국가에서 전반적 직무만족이 낮아지는 등 권력거리와 직무만족 간의 관계성도 나타났다(Huang & Van de Vliert, 2003).

사람들은 무엇 때문에 자기 직무를 만족하거나 불만족할까 라는 의문에 답을 얻기 위해 수많은 연구가 진행되었는데 이 중 많은 연구는 조직환경적 관점에서 원인을 찾고자 접근하였다. 여기서는 직무과업의 본질(직무 특성), 급여, 조직 공정성 등의 영향을 살펴보겠다.

직무특성은 직무 과업 자체의 내용과 특성을 말하며, Hackman과 Oldham(1976)은 직무특성모형(job characteristics model)을 제시하여 직무 만족에 기여하는 직무특성요인을 체계적으로 정리하였다. 직무특성모형에 따르면, 특정 직무를 수행하는데 필요한 기술 다양성(skill variety), 과업 정체성(task identity), 과업 중요성(task significance), 자율성(autonomy), 피드백 등의 5가지 특성의 수준을 바탕으로 동기유발 잠재력 점수(motivating potential score: MPS)를 산출할 수 있으며, 이 값을 통해 종업원의 동기유발 수준을 확인할 수 있다. 이 이론의 주장을 분석한 메타분석 연구결과에 의하면, 직무특성 요인들은 직무만족과 .20 ~ .34 범위의 유의한 상관관계를 보이는 것으로 나타났으며(Fried & Ferris, 1987), 직무특성모형의 주장을 지지하였다. 하지만, 설문지 이외의 방법을 사용한 연구들은 이들 다섯 가지 직무특성이 항상 직무만족을 지지하는 것은 아니라는 점을 보여주는데, 예를 들면 한 연구에서 다양한 직무에 종사하는 종업원 표본을 대상으로 설문지 방법과 직무분석 기법을 사용하여 직무특성을 따로 측정하였는데 설문지로 평가한 직무특성은 직무만족과 상관이 있었으나, 직무분석으로 측정한 직무특성은 직무만족과 상관이 관찰되지 않았다(Spector & Jex, 1991). 비록 직무특성과 직무 만족의 관계가 서구 국가들의 표본을 대상으로 한 연구들에서는 일관되게 나타나는 편이지만, 이를 범세계적인 결과로 볼 수는 없을 것이다. 예를 들면, 말레이시아 간호사 표본을 대상으로 한 Pearson과 Chong(1997)의 연구에서는 두 변수 간에 의미 있는 상관관계가 관찰되지 않았다. 이에 대해 연구자들은 집단주의적 아시아 문화권에서는 높은 직무만족을 얻는 방법으로서 직무 자체의 특성보다는 동료와 상사의 관계에 좀 더 초점을 맞추는 것이 중요할 수도 있다고 주장하였다. 따라서 한 국가에서 얻은 결과를 다른 국가들로 일반화하는 데 신중할 필요가 있으며 미국에서 나타난 결과를 모든 국가에서 동일하게 얻을 것이라고 가정해서도 안될 것이다.

급여는 전반적 직무만족과 어느 정도 상관을 갖지만, 주로 급여 만족과 더 강한 상관을 갖는 경향이 있다. 또한 급여 만족은 급여 자체의 실질적인 수준보다는 급여 배분에 대한 공정성 또는 형평성이 더 큰 영향을 미치는 경향이 있다. 즉, 최소 임금을 받으면서도 급여에 만족하는 사람이 있는 반면, 일반인의 기대를 훨씬 초월하는 연봉을 받고도 불만족을 표현하는 프로운동선수나 연예인이 존재한다는 점이다. 이런 점들을 고려한다면 여러 직업에 종사하는 사람들을 한꺼번에 조사한다면 급여와 급여 만족의 상관이 매우 낮거나, 상관이 없는 것으로 나타날 수 있으며, 아울러 동일한 직업군에 있는 근로자들을 대상으로 조사를 하면 두 변수 간의 상관관계가 더 높게 나타날 것이라고 예측해 볼 수 있는데 이러한 가설은 현장연구를 통해 지지를 받았다. 다양한 직업을 가진 근로자들로 구성된 세 개의 표본에서 산출한 두 변수 간 상관계수의 평균은 .17 수준이었지만(Spector, 1985), 정신건강전문가 단일표집에서의 급여와 직무만족 사이에는 .50의 훨씬 높은 상관이 관찰되었다(Rice, Phillips, McFarlin, 1990). 따라서, 급여 만족은 개인 받는 급여를 일반적인 사람의 급여와 비교하느냐 혹은 동일 직종에 종사하는 타인의 급여와 비교하느냐에 따라 달라질 수 있다.

공정성(justice)에 대한 지각은 사람들의 직무에 대한 반응과 행동을 결정하는 중요한 요인이다. 분배 공정성은 종업원이 직장에서 보상의 분배가 공정하다고 지각하는 정도이며, 절차 공정성은 직장에서 보상이 분배되는 과정이 공정하다고 지각하는 정도를 말한다. 이 두 가지 공정성이 단면적 직무만족이나 전반적 직무만족과 관련되어 있다는 것이 여러 연구를 통해 검증되었다. 표 14-3을 보면, 두 유형의 공정성은 전반적 직무만족과 비슷한 수준의 유의한 상관관계를 보이지만, 급여만족의 경우는 절차 공정성(.45)보다는 분배 공정성(.58)이 더 밀접한 관계성이 있음을 보여주었다. 이는 두 공정성이 모두 중요하지만 급여 만족을 결정하는 데는 절차의 공정성보다는 분배 결과 자체의 공정성이 더 중요하다는 점을 시사한다.

직무만족의 원인변수를 찾고자 하는 대다수 연구들이 환경적 변수에서 원인을 찾고자 했지만, 일부 연구자들은 성격과 같은 개인적 특성 역시 직무만족을 결정하는 중요한 요인으로 제시하고 있다. 직무만족이 성격에 의해 영향을 받는다는 것은 직장이 바뀌고, 심지어 직업이 바뀌어도 담당한 직무에 대한 만족이 크게 변하지 않는다는 말이다. 담당한 직무가 아니라 개인의 성격요인에 의해 직무만족이 결정

▼ 표 14-3 직무 만족 유형별 분배 공정성 및 절차 공정성의 상관관계

직무 만족 유형	분배 공정성	절차 공정성
전반적 직무 만족	.39	.40
- 급여에 대한 만족	.58	.45
- 관리감독에 대한 만족	.36	.47
- 작업 본질에 대한 만족	.32	.31

출처: Cohen-Charash & Spector(2001)(Spector, 2015에서 재인용)

될 수 있다는 시사점은 호손 연구로 거슬러 올라갈 수 있는데, 호손 연구자들은 습관적 불평자라고 불리는 사람들이 직무에 대해 계속 불평을 늘어놓는다는 것에 주목했다(Roethlisberger, 1941). Boswell 등(2009)은 조직에 신규채용된 인력들을 대상으로 이전 직장에서의 직무만족도를 조사하였고, 그들의 재직 후 3, 6, 12개월이 지난 시점에서 현 직장의 만족도를 조사하였다. 분석결과에 의하면, 응답자들은 3개월 시점에서 가장 높은 만족도를 보였으나, 이후부터는 만족도가 점차 하락하여 이전 직장에서의 직무만족도 수준으로 낮아지는 경향을 보였다. 아울러 이들은 이전 직장에서 직무만족도가 높았던 사람들보다는 직무만족도가 낮았던 사람들에게서 이런 패턴을 겪을 가능성이 더 크다는 것을 발견하였는데, 이것은 사람마다 직무만족에서 일종의 기준점(set point)이 존재할 가능성을 시사해준다. Judge 등(2002)은 메타분석을 통해 Big-5 성격특성과 직무만족 간의 관계를 보고하였다. 직무만족은 신경증과 -.29, 외향성과 .25, 경험에 대한 개방성과 .02, 원만성과 .17, 성실성과 .26의 상관을 보이며, 전체적으로 직무만족과 .41의 유의한 다중상관을 보였다. 이와 유사하게, Illies와 Judge(2003)는 다른 환경에서 자란 일란성 쌍생아 연구에 기초하여 직무만족이 유전된다고 주장하였다. 이런 결과들은 직무만족이 일정 부분 성격적 요인에 의해 안정적이고 지속적인 영향을 받을 수 있음을 제시해준다.

14.3.1.2 조직몰입

조직몰입도 직무영역에서 많이 연구된 태도 변인 중 하나인데, 조직몰입은 직무만족과 관계성이 강하기는 하지만, 직무에 대한 개인의 호불호가 아니라 조직에 대한 개인의 애착에 초점을 맞춘 개념이라는 점에서 직무만족과는 명백히 다른 구성개념이다. 조직몰입은 일반적으로 종업원이 조직목표를 수용하고 조직을 위해 기꺼

이 일하고자 하는 마음을 가진 상태에서 조직에 계속 남아 있고자 하는 태도를 말한다. Meyer 등(1993)은 이를 세 가지 유형의 조직몰입으로 개념화하였는데, 정서적 몰입(affective commitment)은 종업원이 정서적인 애착 때문에 조직에 계속 머물고자 할 때 발생하며, 규범적 몰입(normative commitment)은 종업원의 가치에서 비롯되는 것으로 조직에 남는 것이 옳은 일이기 때문이라는 믿음 때문에 조직에 남아 있을 때 발생하며, 지속적 몰입(continuance commitment)은 종업원이 혜택이나 임금이 필요하기 때문이거나 또는 다른 더 좋은 직장을 찾을 수 없어서 조직에 어쩔 수 없이 남아 있을 때 나타나는 몰입을 말한다. 조직몰입은 직무에 대한 다른 태도와 행동에 영향을 미치는 중요변수로 연구가 되어왔는데, 통합분석 결과에 의하면, 정서적 몰입은 직무만족이나 직무수행 수준과 강한 정적 상관관계(가각 .50, .22)를 보이며, 규범적 몰입도 역시 직무만족과 정적 상관(.29)을 보이는 것으로 나타났다. 하지만, 지속적 몰입의 경우는 직무만족과 정적 상관관계를 보이기는 하지만 그 값이 .09 수준이었으며, 직무수행 수준과는 －.09의 상관을 보였다. 이런 결과는 조직에 대한 정서적 애착을 갖고 일하는 사람들은 자신이 담당한 직무에 더 만족할 뿐만 아니라 더 나은 직무수행을 보이지만, 어쩔 수 없이 일한다고 생각하는 사람들은 실제로 직무수행도 가장 좋지 않음을 보여주는 것이다. 아울러 이 두 가지 유형의 몰입이 강할수록 이직 의도를 갖는 것과는 강한 부적 상관(각각 －.48, －.29)을 보여 정서적 애착을 가진 종업원은 조직을 떠날 가능성도 낮아짐을 보여주었다.

14.3.1.3 조직시민행동

조직의 구성원들은 각자에게 명시되고 부여된 직무가 있으며, 그 직무수행의 총합을 통해 조직은 목표와 성과를 달성해 나간다. 하지만, 조직이 목표달성을 위해 일을 해나가는 과정에서 누군가의 직무로, 책임으로 세세히 명시되지 않았지만 조직을 위해서는 꼭 필요한 활동과 행동이 존재한다. 산업조직 심리학자들은 이처럼 종업원들 중 일부는 직무에 규정되어 있는 의무 이상의 것을 함으로써 조직의 번영과 효과성에 기여한다는 것을 파악하고, 자신에게 요구되거나 기대하지도 않는 부가적인 일을 함으로써 조직에 복리에 자발적으로 공헌하는 행동을 조직시민행동(organizational citizenship behavior: OCB)[5]이라 명명하였다. LePine 등(2002)은 실증

5) 친사회 행동, 역할 외 행동, 또는 맥락행동(contextual behavior)이라고도 부른다.

적 연구를 통해 조직과 관련된 과업이나 문제를 가진 특정 사람들을 기꺼이 도와주는 이타주의, 시간을 잘 지키고 집단 규준보다 모임에 더 많이 참석하고 규칙·규정·절차를 잘 따르는 성실성, 타인의 권리를 염두에 두고 존중하는 예의, 불평·불만·험담을 하지 않고 없는 문제를 과장해서 얘기하지 않는 스포츠맨십, 조직생활에 책임감을 갖고 참여하는 시민덕목(civic virtue) 등 다섯 가지를 조직시민행동의 하위 차원으로 제시하였다. 조직시민행동을 하는 종업원의 동기는 두 가지 측면에서 제안되었다. 하나는 '선행을 하고자 하는 시민의식'이고, 다른 하나는 '타인에게 잘 보이려는 인상관리' 동기이다(Grant & Mayer, 2009). 선행을 하고자 하는 동기는 자기 직무에서의 의무를 초월하여 조직 복리를 향상시키고자 하는 친사회적 동기에 기초한 것으로서, 훌륭한 군인처럼 되고자 하는 것이다. 타인에게 잘 보이려는 동기는 다른 사람들에게 자신을 드러내기 위하여 의도적으로 행동하는 것으로서 훌륭한 연기자가 되고자 하는 것이다. 종업원들은 동시에 훌륭한 군인과 훌륭한 연기자가 될 수도 있지만, 두 가지 중 한 가지 동기에 의해 행동하는 것이 일반적이다(Grant & Mayer, 2009; Muchinsky & Culbertson (2016)에서 재인용).

14.4 군사적 활용

산업조직심리학은 임상심리학과 함께 과학적 연구를 하는 동시에 과학적 원리를 적용하는 심리학의 전문분야라고 서론에서 설명하였다. 간략히 소개한 역사에서 볼 수 있듯이 산업조직심리학은 심리학적 이론을 조직에 적용하고 다양한 조직의 문제와 이슈들에 대한 해결책을 도출하는 데 관심을 갖고 태동되었으며, 그 성장과정에는 1차, 2차 세계대전이 기폭제 역할을 했다. 이것은 산업조직심리학이 군사적 장면에서 큰 역할을 수행할 수 있는 잠재력을 갖고 있으며, 실제로 전쟁을 수행하는 과정에서 부닥치는 다양한 문제에 대해 과학적 원리에 기반한 해결책을 성공적으로 제시해 왔다는 점을 증명하는 것이다.

오늘날 한국의 군대장면에서 산업조직심리학은 다양한 장면에서 적용되고 있으며, 그 적용가능성은 이전보다 더 확대되고 있다. 특히, 전 세계적으로 소수국가만이 갖고 있는 전국민개병제를 유지하고 있는 상황에서 모병보다는 징병에 의존해 온 한국군, 특히 육군의 경우는 학령인구의 급격한 감소로 인해 선발의 문제가 점점 중요한 상황으로 변화하고 있다. 군규모 감축에 대한 다양한 요구를 받고 있으며, 소수의 장병으로 동일한 전투력을 유지하기 위해서는 인원의 선발 및 적재적소 배치의 문제가 더욱 중요한 관심사로 대두될 수밖에 없다. 또한 용사의 복무기간 단축이 점진적으로 진행되는 현상황은 긴 복무기간을 통한 경험과 완숙미에 기반하던 기존 과업수행 모델의 작동이 불가능한 상황이며, 장병 개개인의 임무완수를 통한 궁극적 전투력 발휘는 모병이나 선병 이후 교육과 훈련의 역할이 더욱 커져야 한다는 숙제를 던져주고 있다.

육군은 이미 20여 년 전에 한국군 맞춤형 인성검사 개발을 추진하였으며, 개발된 검사는 현재 안정적으로 활용되면서 개선작업이 주기적으로 진행되고 있다. 이 검사는 심각한 심리적 문제와 불안정성을 지닌 용사의 입영으로 인한 지휘부담을 해소하고, 건강하고 안전한 병영문화 정착을 위한 기초자료의 기능을 수행하고 있다. 아울러 국방부에서는 사고 가능성과 도움이 필요한 장병을 식별하기 위한 목적으로 신인성검사를 활용한 진단작업을 주기적으로 시행하고 있다. 최근에는 데이터 과학과 인공지능기술의 발달을 바탕으로 AI를 활용한 인원선발 방법(즉, AI면접)에 대한 관심도가 커지고 있으며, 군이 이 분야에서 매우 적극적인 관심과 활용 노력을 보이고 있다. AI면접의 활용은 인간면접자들이 갖는 다양한 오류와 편향을 극복할 수 있는 가능성을 제시하고 있다는 점에서 매우 긍정적이다. 비록 현재 수준에서는 기술 수준의 제약과 알고리즘의 미흡으로 충분한 타당도를 보여주는 데 다소 제한점이 있지만, 향후 많은 투자와 기술적 개선을 통해 타당도를 증진시킨다면 군 장면에서 인원선발의 새로운 지평을 열 수 있는 가능성이 있다. 이는 평시의 관점에서 본다면 인간오류 개선 및 배제를 통한 선발 정확도 증진에 기여하는 정도이겠지만, 만약 전시가 된다면 그 기여도는 폭발적으로 증가할 수 있다. 왜냐하면 과거 전쟁에서 매우 짧은 기간에 수만 명 혹은 수십만 명을 검사, 선발, 배치해야 했던 병력충원 과정에서의 막대한 인적자원 소요와 부담을 과학기술이 대체할 수 있다면, 게다가 인간면접이 가지고 있는 근본적 오류와 편향까지도 극복한 선발도구라면 그 가치는 판단할 수 없을 만큼 값진 것이 될 것이다.

급격히 발달하는 과학기술은 교육과 훈련의 장면에도 영향을 미치고 있다. 군장면에서의 교육훈련은 사람에 의한 강의와 실기 시연 등의 방법이 여전히 주류를 이루고 있지만, 항공기, 헬기, 미사일, 전차 등과 같은 고가의 장비나 미숙자 운용으로 인한 위험성이 높은 장비의 훈련은 시뮬레이터를 활용하는 방법이 보편화되어 있으며, 안전 관련 교육이나 소부대 전투훈련 등을 위해 AR/VR 기술을 활용한 훈련 방법이 시도되고 있다.

이외에도 정기적 인사평정 시 관대화 경향을 보완하기 위한 부분적 강제할당법의 적용, 직속상관에 의한 평가에만 의존하던 진급 및 평가체계를 보완하기 위한 영관급 이상 장교들에 대한 다면평가의 시범적 활용, 일-가정 갈등 문제 해소를 위한 유연근무제의 도입 등 산업조직심리학 분야에서 연구대상이었던 다양한 해법이 군장면에서도 보편적으로 도입 또는 적용되고 있다.

참고문헌

Baldwin, T. T., & Ford, J. K. (1988). Transfer of training: A review and directions for future research. *Personnel Psychology, 41*, 63–105.

Benjamin, L. T., Jr. (1997). Organized industrial psychology before Division 14: The ACP and the AAAP (1930–1945). *Journal of Applied Psychology, 82*, 459–466.

Bernardin, H. J., & Pence, E. C. (1980). Effects of rater training: Creating new response sets and decreasing accuracy. *Journal of Applied Psychology, 65*, 60–66.

Bertolino, M., & Steiner, D. D. (2007). Fairness reactions to selection methods: An Italian study. *International Journal of Selection and Assessment, 15*, 197–205.

Boswell, W. R., Shipp, A. J., Payne, S. C., & Culbertson, S. S. (2009). Changes in newcomer job satisfaction over time: Examining the pattern of honeymoon and hangovers. *Journal of Applied Psychology, 94*, 844–858.

Campion, M. A., Palmer, D. K., & Campion. J. E. (1997). A review of structure in the selection interview. *Personnel Psychology, 50*, 655–702.

Cascio, W. F., & Aguinis, H. (2008). Research in industrial and organizational psychology from 1963 to 2007: Changes, choices, and trends. *Journal of Applied Psychology, 93*, 1062–1081.

Cohen–Charash, Y., & Spector, P. E. (2001). The role of justice in organization: A meta–analysis. *Organizational Behavior and Human Decision Processes, 86*, 538–551.

Fried, Y., & Ferris, G. R. (1987). The validity of the Job Characteristics Model: A review and meta–analysis. *Personnel Psychology, 40*, 287–322.

Goldstein, I. L., & Ford, J. K. (2002). *Training in organizations: Needs assessment, development, and evaluation* (4th ed.). Belmont, CA: Wadsworth.

Gorman, C., & Rentsch, J. R. (2009). Evaluating frame–of–reference rater training effectiveness using performance schema accuracy. *Journal of Applied Psychology, 94*, 1336–1344.

Grant, A. M., & Mayer, D. M. (2009). Good soldiers and good actors: Prosocial and impression management motives as interactive predictors fo affiliative citizenship behavior. *Journal of Applied Psychology, 94*, 900–912.

Hackman, J. R., & Oldham, G. R. (1976). Motivation through the design of work: Test of a theory. *Organizational Behavior and Human Performance, 16*, 250－279.

Harris, M. M., & Schubroeck, J. (1988). A meta－analysis of self－supervisor, self－peer, and peer supervisor ratings. *Personnel Psychology, 41*, 43－62.

Hedge, J. W., & Kavanagh, M. J. (1988). Improving the accuracy of performance evaluations: Comparison of three methods fo performance appraisal training. *Journal of Applied Psychology, 73*, 68－73.

Hofstede, G. (1984). *Culture's consequences: International differences in work－related values.* Beverly Hills, CA: Sage.

Huang, X., & Van de Vliert, E. (2003). Where intrinsic job satisfaction fails to work: National moderators of intrinsic motivation. *Journal of Organizational Behavior, 24*, 159－179.

Hui, C., Yee, C., & Eastman, K. I. (1995). The relationship between individualism－collectivism and job satisfaction. *Applied Psychology, 44*, 276－282.

Illies, R., & Judge, T. A. (2003). On the heritability of job satisfaction: The mediating role of personality. *Journal of Applied Psychology, 88*, 750－759.

Judge, T. A., Heller, D., & Mount, M. K. (2002). Five－factor model of personality and job satisfaction: A meta－analysis. *Journal of Applied Psychology, 87*, 530－541.

Kirkpatrick, D. L. (1976). Evaluation of training. In R. L. Craig (Ed.), *Training and development handbook: A guide to human resource development* (2nd ed., pp. 1－16). New York, NY: McGraw Hill.

Kreis, S. (1995). Early experiments in British scientific management: The health of munitions workers' committee, 1915-1920. *Journal of Management History, 1*, 65-78.

LePine, J. A., Erez, A., & Johnson, D. E. (2002). The nature and dimensionality of organizational citizenship behavior: A critical review and meta－analysis. *Journal of Applied Psychology, 87*, 52－65.

Levy, P. E. (2018). *Industrial and organizational psychology: Understanding the workplace* (5th ed.). New York, NY: Worth Publishers.

Meyer, J. P., Allen, N. J., & Smith, C. A. (1993). Commitment to organizations and occupations: Extension and test of a three－component conceptualization. *Journal of Applied Psychology, 78*, 538－551.

Mount, M. K. (1984). Psychometric properties of subordinate ratings of managerial performance. *Personnel Psychology, 37*, 687－702.

Muchinsky, P. M., & Culbertson, S. S. (2016). *Psychology applied to work* (11th ed.).

Belmont, CA: Thomson Wadsworth.

Pearson, C. A., & Chong, J. (1997). Contributions of job content and social information on organization commitment and job satisfaction: An exploration in a Malaysian nursing context. *Journal of Occupational and Organizational Psychology, 70*, 357－374.

Pichler, F., & Wallace, C. (2009). What are the reasons for differences in job satisfaction across Europe? Individual, compositional, and institutional explanations. *European Sociological Review, 25*, 535－549.

Primoff, E. S., & Eyde, L. D. (1988). Job element analysis. In S. Gael (Ed.), *The job analysis handbook for business, industry, and government* (Vol. 2, pp. 807－824). New York, NY: Wiley.

Rice, R. W., Phillips, S. M., & McFarlin, D. B. (1990). Multiple discrepancies and pay satisfaction. *Journal of Applied Psychology, 75*, 386－393.

Roethlisberger, F. J. (1941). *Management and morale*. Cambridge, MA: Harvard University Press.

Roethlisberger, F. J., & Dickson, W. J. (1939). *Management and the worker*. Cambridge, MA: Harvard University Press.

Saari, L. M., Johnson, T. R., McLaughlin, S. D., & Zimmerle, D. M. (1988). A survey of management training and education practices in U.S. companies, *Personnel Psychology, 41*, 731－743.

Schmitt, N., Gooding, R. Z., Noe, R. A., & Kirsch, M. (1984). Meta－analyses of validity studies published between 1964 and 1982 and the investigation of study characteristics. *Personnel Psychology, 37*, 407－422.

Society for Industrial and Organizational Psychology (1999). *Guidelines for education and training at the doctoral level in industrial－organizational psychology.*

Society for Industrial and Organizational Psychology (2006). *Building better organizations.*

Spector, P. E. (1985). Measurement of human service staff satisfaction: Development of the job satisfaction survey. *American Journal of Community Psychology, 13*, 693－713.

Spector, P. E. (2015). *Industrial and organizational psychology: Research and practice* (6th Ed.). Singapore: John Wiley & Sons.

Spector, P. E., and Jex, S. M. (1991). Relations of job characteristics from multiple data sources with employee affect, absence, turnover intentions, and health. *Journal of Applied Psychology, 76*, 46－53.

Taylor, F. W. (1911). *The principles fo scientific management.* New York, NY: Harper.

Van Iddekinge, C. H., Ployhart, R. E. (2008). Developments in the criterion-related validation of selection procedures: A critical review and recommendations for practice. *Personnel Psychology, 61*, 871-925.

Wiesner, W. H., & Cranshaw, S. F. (1988). A meta-analytic investigation of the impact of interview format and degree of structure on the validity of the employment interview. *Personnel Psychology, 56*, 103-124.

Zammuto, R. F., London, M., & Rowland, K. M. (1982). Organization and rater differences in performance appraisals. *Personnel Psychology, 35*, 643-658.

인명색인

A

B

C

D

E

F

G

사항색인

숫자

영문

ㄱ

ㅂ

ㅅ

ㅇ

ㅈ

저자 약력

강성록 교수
연세대 심리학 석사(임상심리)
미국 Oregon State University HDFS 박사
(현) 육사 심리학 교수

고재원 교수
서울대 심리학 석사(산업 및 조직심리)
미국 University of Arizona 경영학 박사(조직행동 및 리더십)
(현) 육사 심리학 교수

구자일 교수
서울대 심리학 석사(사회심리)
육사 심리학 조교수
(현) 서울대 심리학 박사과정(사회심리)

김용주 교수
서울대 심리학 석사(지각심리)
독일 Giessen 대학교 심리학 박사(지각심리)
(현) 육사 심리학 교수

문양호 교수
고려대 심리학 석사(생리심리)
미국 University of Iowa 심리학 박사(행동 및 인지 신경과학, 학습심리)
육사 심리학 교수, 교수부장(육군 준장)
(현) 건양대학교 심리상담치료학과 교수/상담대학원장, 육사 명예교수

이현엽 교수
서울대 심리학 석사(임상 및 상담심리)
미국 Oregon State University HDFS 박사
(현) 육사 심리학 부교수

최윤영 교수
고려대 심리학 석사(임상 및 상담심리)
고려대 심리학 박사(임상 및 상담심리)
(현) 육사 심리학 조교수

현승주 교수
서울대 심리학 석사(임상 및 상담심리)
(현) 육사 심리학 조교수

제2판

리더를 위한 심리학

초판발행 2022년 7월 30일

지은이 강성록 · 고재원 · 구자일 · 김용주 · 문양호 · 이현엽 · 최윤영 · 현승주
펴낸이 노 현

편 집 이아름
기획/마케팅 이후근
표지디자인 BENSTORY
제 작 고철민 · 조영환

펴낸곳 ㈜ 피와이메이트
서울특별시 금천구 가산디지털2로 53, 210호(가산동, 한라시그마밸리)
등록 2014. 2. 12. 제2018-000080호
전 화 02)733-6771
f a x 02)736-4818
e-mail pys@pybook.co.kr
homepage www.pybook.co.kr
ISBN 979-11-6519-300-3 93180

정 가 35,000원